suhrkamp taschenbuch 1384

Gisela Kleine studierte Germanistik, Philosophie und Publizistik an der Universität Münster und promovierte mit einer Dissertation über »Das Problem der Wirklichkeit bei Hermann Hesse« bei Benno von Wiese und Joachim Ritter. Ihre siebzehnjährige Erfahrung als Verantwortliche Redakteurin bildete die Grundlage für Buchpublikationen und Beiträge in Rundfunk, Zeitungen und Zeitschriften. Danach schloß sie ein Studium der Archäologie und der Kunstgeschichte an der Universität Bochum an. Sie lebt heute als freie Autorin in München.

Über drei Jahrzehnte, von 1931 bis zu seinem Tode, war Hermann Hesse in dritter und erstmals harmonisierender Ehe mit Ninon Ausländer (1895-1966) verheiratet. Bereits seit 1910 hatte Ninon, damals noch 14jährige Schülerin, mit Hesse Briefe gewechselt, ihn zehn Jahre später – inzwischen verheiratet mit dem Karikaturisten B. F. Dolbin – zum erstenmal in Montagnola besucht und sich ihm 1926 in der krisenhaften Zeit des *Steppenwolfes* so unentbehrlich gemacht, daß sich Hesse nochmals auf das Wagnis einer Ehe einließ. Diese Ehe sollte sich schon bald als seine beste, der inneren Stabilisierung und dem Werk förderlichste herausstellen.

»Wenn man das umfangreiche Werk aus der Hand legt, so weiß man, daß der Autorin dreierlei gelungen ist: eine differenzierte Darstellung der letzten drei Jahrzehnte Hesses; die Pathographie einer historisch keineswegs untypischen Ehe mitsamt ihrer allmählichen Heilung sowie die Durchleuchtung eines interessanten Frauenlebens.« *Egon Schwarz, FAZ*

Gisela Kleine
Zwischen Welt und Zaubergarten

Ninon und Hermann Hesse:
Ein Leben im Dialog

Suhrkamp

Umschlagphoto von Doris Rosenfeld
Die Ausgabe erschien im Jan Thorbecke Verlag, Sigmaringen,
unter dem Titel *Ninon und Hermann Hesse – Leben als Dialog*.

suhrkamp taschenbuch 1384
Erste Auflage 1988
© 1982 by Jan Thorbecke Verlag GmbH & Co., Sigmaringen
Lizenzausgabe mit freundlicher Genehmigung des
Jan Thorbecke Verlags GmbH & Co., Sigmaringen
Suhrkamp Taschenbuch Verlag
Alle Rechte vorbehalten, insbesondere das
des öffentlichen Vortrags, der Übertragung
durch Rundfunk und Fernsehen
sowie der Übersetzung, auch einzelner Teile.
Satz: IBV Satz- und Datentechnik GmbH, Berlin
Druck: Nomos Verlagsgesellschaft, Baden-Baden
Printed in Germany
Umschlag nach Entwürfen von
Willy Fleckhaus und Rolf Staudt

2 3 4 5 6 7 – 99 98 97 96 95 94

Inhalt

Einleitung 9

Erstes Kapitel
Zwänge und Freiheiten
Kindheit und Jugend in Czernowitz 17

Zweites Kapitel
Versuche mit der Wirklichkeit
Medizinstudium in Wien 61

Drittes Kapitel
Übergänge
Das Studium der Kunstgeschichte und die Ehe
mit Benedikt Fred Dolbin 100

Viertes Kapitel
Verlassenheit
Der Tod von Eltern und Schwester,
die Trennung von Dolbin 140

Fünftes Kapitel
Doppelbindung
Hesse – Schutzgott und Geliebter,
Dolbin – Freund und Bruder 182

Sechstes Kapitel
Fern-Nähe
Gemeinschaft ohne Gegenseitigkeit 225

Siebtes Kapitel
Entsprechungen
Wandlung von Hesses Frauenbild 271

Achtes Kapitel
Welthunger
Ehe im Zeichen des gläsernen Spiels 319

Neuntes Kapitel
  Doppelklang
  Hilfe für Verfolgte und Bedrängte 361

Zehntes Kapitel
  Spiegelungen
  Dionysos – Apollon – Hera 418

Elftes Kapitel
  Abschied
  Dienst an Hesses literarischem Vermächtnis 474

Zeittafel 524

Anmerkungen 531

Verzeichnis der Personennamen und Werktitel 621

Dank 642

Wenn ich mir einen Grabspruch
wünschen dürfte,
so wäre es Sophokles, Aias 394:

σκότος ἐμὸν φάος

Dunkel, du mein Licht

Ninon Hesse

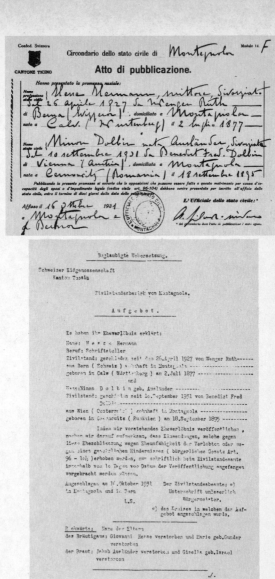

Das Aufgebot vom 16. Oktober 1931

Einleitung

Oktober 1931. Im Gemeindeamt von Montagnola/Tessin und im Rathaus zu Bern hängt ein Aufgebot: das Eheverlöbnis des vierundfünfzigjährigen Schriftstellers Hermann Hesse und der sechsunddreißigjährigen Ninon Dolbin geb. Ausländer aus Czernowitz. Die Hochzeit wird auf den 14. November 1931 festgesetzt. Am Vorabend der Trauung schreibt Hesse an den Publizisten Heinrich Wiegand: »Morgen nachmittag gehe ich aufs Standesamt, um mir den Ring durch die Nase ziehen zu lassen. Es war Ninons Wunsch schon lange, und diesen Sommer wurde ihre Wiener Ehe geschieden, und da sie jetzt das Haus so sehr hat bauen helfen etc., etc., kurz, es geschieht nun also.«

Was Hesse von einer neuen Ehe – es ist seine dritte – zu halten scheint, verdeutlicht auch sein Brief an Alfred Kubin: »Meine Heirat ist nichts anderes, als was bei mir eben eine Heirat sein kann: ein Akt der Ergebung nach langem Sträuben, eine Gebärde des Nachgebens und Fünfe grade sein lassen der Frau gegenüber. Immerhin, ich bin dieser Frau dafür dankbar, daß sie mich an der Grenze des Alters noch einmal in Versuchung geführt und zu Fall gebracht hat, daß sie mein Haus führt und mich mit leichten, bekömmlichen Sachen füttert, da ich meistens krank bin.«

Ähnlich äußert Hesse sich auch gegenüber Hermann Hubacher: »Unter anderem muß ich grade noch vor dem Abfahren in meine Badener Gruft aufs Standesamt und dort Ninon als Ehefrau eintragen lassen. Na, wenigstens macht es ihr Spaß, und eine Hochzeitsreise macht sie auch, nach Rom, sie hat es in den langen Bau-Monaten redlich verdient.«

Am Tag nach der Trauung schreibt Ninon von ihrer »Hochzeitsreise« an Hermann Hesse, der sich in Baden bei Zürich zu seiner alljährlichen Rheumakur aufhält: »Manchmal bist Du gütig wie mein Vater, und ich glaube ihn zu sehen, wenn ich Dich ansehe. Ich liebe Dich immer – Vogel – kleiner Knabe – geheimnisvoller Zauberer. [...] Ich bin wieder die kleine Ninon und träume von dem wunderbaren Dichter. Ich bin vierzehn Jahre alt und liege in der Hängematte zwischen dem Nußbaum und der Laube und denke an Dich. Hermann, es sind so viele Jahre seither vergangen, vom Lauscher zum Leo war der Weg weit, ich habe soviel erlebt und auch gelitten und auch Schönes gehabt – aber ich denke an

Dich wie damals in der Hängematte – an den wunderbarsten Menschen der Welt! Du bist mir soviel geworden – Geliebter, Beschützer und nun Gatte – und doch bist Du mir ein Wunder geblieben, das beglückendste Wunder meines Lebens.«

Ist es Pose, wenn Hesse das Beiläufige dieser Heirat betont und sie lediglich als eine Gefälligkeit oder Belohnung für Ninon ausweist? Ist es ärgerliche Einsicht, daß ihre Gegenwart ihm in einem seit April 1927 erprobten »getrennten Zusammenleben« unentbehrlich wurde? Ist er gezwungen, seine Bindungsangst und seinen Hang zur werkfördernden Isolation zu überwinden, um sich vor dem Verlust Ninons zu schützen? Braucht er sie, und will er es sich selbst und anderen nicht eingestehen?

Hesses Lebensweg ist in zahllosen Publikationen getreulich nachgezeichnet worden. Dabei hat man ihn zu einem monomanisch lebenden Einsiedler stilisiert. Ninon blieb neben ihm fast unbeachtet, denn sie stört das Bild vom »Einspänner« und »Eremiten von Montagnola«. Doch nicht nur für seine Leser blieb Hesse der heroische Alleinkämpfer, der niemandes bedurfte. Die 1979 erschienene Biographie von Joseph Mileck folgt abermals diesem Stereotyp: lediglich zwei von insgesamt 400 Seiten gelten Hesses 35 Jahre währender Gemeinschaft mit Ninon. So trifft immer noch zu, was diese am 16. Juli 1952 – nach fünfundzwanzigjährigem Zusammenleben mit Hesse – unmutig gegenüber Karl Kerényi äußerte: »Anläßlich des Geburtstages ist viel über den ›einsamen‹ Hesse geschrieben worden, über sein ›Einsiedler‹-, sein ›Eremitenleben‹, ein neu erschienenes Lebensbild hat es fertiggebracht, zwar die Namen der ersten und zweiten Frau von H. H. (wenn auch falsch) anzugeben, die dritte Frau aber überhaupt nicht zu erwähnen – so daß ich manchmal versucht bin, an meiner Existenz zu zweifeln.«

Ohne die geistige und lebensmäßige Verflechtung von Ninon und Hermann Hesse einzubeziehen, bleibt jedoch vieles in der Werkgeschichte unverstanden, zum Beispiel die Beruhigung und Glättung in Hesses Lebensstimmung zwischen der Abfassung des »Steppenwolfs« und seines nächsten Buches »Naziß und Goldmund«. In dieser 1930 veröffentlichten Erzählung scheinen die unerträglichen inneren Spannungen des »Einzelgängers H. H.« im Bild eines sich gegenseitig ergänzenden Freundespaares entschärft und ausgeglichen. Daß ein Gefährte heilend und mäßigend wirkt, ist der Grundgedanke dieser ersten Prosadichtung, die Hesse im Zusammenleben mit Ninon gestaltet. Sein Spätwerk, das in der »Morgenlandfahrt« und dem »Glasperlenspiel« seinen Weg aus steppenwölfischer Zerrissenheit und Isolation in die Bindung spiegelt, wird getragen vom gelebten Dialog mit Ninon.

Wer ist Ninon? Als vierzehnjährige Schülerin schreibt sie ihren ersten Brief an Hermann Hesse, weil ihr der Roman-Schluß seines Frühwerkes »Peter Camenzind« unglaubhaft erscheint: der junge Dichter bricht sein Werk unvollendet ab, da er dessen Voraussetzung, das Alleinsein, scheut. Daß Camenzind sich mit der Behaglichkeit eines kleinbürgerlichen Durchschnittsglücks bescheide und sich in die umzäunte Idylle seines Kindheitsdorfes zurückziehe, deutet sie als Verrat an seiner Begabung, seiner »Sendung«. Werkflucht aus Resignation? »Ich kann es nicht glauben!« Da Ninon erkennt, daß der Roman autobiographisch ist, trifft ihre Kritik an Camenzind zugleich Hermann Hesse. In dem nun beginnenden Briefgespräch vertritt die junge Leserin gegenüber dem erfolgreichen Schriftsteller bescheiden und doch selbstbewußt die Meinung, das Glück eines Dichters könne nur am beglückenden Widerhall seines Werkes gemessen werden.

Wie ein zweiter beherzter Zugriff auf den Autor wirkt Ninons Entschluß im April 1927, in Hesses Nähe zu ziehen. Wieder geht es um die Glücksferne und den Lebensverzicht des Künstlers für sein Werk, um die »tiefe böse Verdrossenheit, diese Dreckhölle der Herzensleere und Verzweiflung«, die Hesse in seinem 1926 verfaßten Roman »Der Steppenwolf« darstellt. »Ich habe mein Leben lang die Unabhängigkeit gesucht und habe sie nun so gründlich, daß ich daran ersticke«, schreibt er im Mai 1925 an Martha Ringier, und kündigt an, sich an seinem fünfzigsten Geburtstag aufzuhängen. Zum Jahresschluß 1926 hofft er in einem Brief an Emmy Ball-Hennings, die Courage zu finden und sich »den Hals durchzuschneiden, denn das Leben ist mir unerträglich«.

Ninon erkennt, daß Hesses depressive Lebensstimmung diesmal bedrohlicher, sein Zerfall mit der Wirklichkeit radikaler ist, entsprechend krasser klingen die Signale seiner Not. Hier nützt kein brieflicher Zuspruch mehr! Sie verständigt ihren Mann, den Karikaturisten B. F. Dolbin, von ihrem Entschluß, Hesses »Martyrium« durch behutsame Zuwendung abzumildern: »Hesse lebt ein so martervolles Leben, er quält sich so fürchterlich, er leidet so unter dem Leben und liebt es doch, er braucht die Einsamkeit und leidet doch auch unter ihr – das ist alles ein solcher Komplex von

Tragik – aber meine Rolle ist die entsagungsvollste in dem Drama von uns Dreien: H., der Mensch, der sich hat fallen lassen – Du, dem es freisteht, zu handeln, und ich, ich schwebe in der Luft. *Ich bin allein.*«

In der ihr eigenen Zähigkeit durchbricht sie die Abkapselung des Steppenwolfs. Dadurch verschafft sie nach langem »Dahinwehen« auch ihrem eigenen Leben Ausrichtung und Halt.

Bei meinen Besuchen erlebte ich Hermann und Ninon Hesse in ihrer wechselseitigen Zuordnung. Als im Hesse-Gedenkjahr 1977 die publikumswirksame Legende vom großen Einsamen durch Presse und Fernsehen wiederbelebt wurde, versuchte ich, über Ninons Biographie eine neue Perspektive auf Hesses schriftstellerische Arbeit zu gewinnen. Ich sichtete ihren Nachlaß im Deutschen Literaturarchiv in Marbach und sammelte ihre Tagebücher, autobiographischen Romanentwürfe, Kurzgeschichten, Gedichte, Reiseniederschriften, wissenschaftlichen Arbeiten über die griechische Mythologie und ihre Briefwechsel. Ich befragte Verwandte und Freunde des Ehepaars, das Hauspersonal und die Dorfbewohner Montagnolas. Ninons Weg aus Czernowitz, der Provinzhauptstadt im östlichsten Kronland der Habsburgischen Monarchie, über das gärende und völkervermischende Wien des Ersten Weltkriegs, über Paris und Berlin in Hesses Tessiner Dorf kennzeichnet zugleich die geistige Spannweite ihrer Entwicklung.

In ihren Selbstzeugnissen vibriert die Unrast begabter Frauen. Sie fürchtete ein Leben aus zweiter Hand und teilte ihre Zeit ein in die Pflicht für Hesse und die Verpflichtung gegenüber ihrer eigenen Begabung. »Lernen Sie nicht Aufopferung als Postulat an das Weibliche«, schrieb sie mir im Oktober 1954. »Gefährte-Sein ist eine Forderung, die für den Mann ebenso gilt wie für die Frau, beides aber ist ein Nebenziel, nicht die Hauptsache.« In einer aus Widerspruch und Einklang wachsenden Zusammengehörigkeit verbanden Ninon und Hermann Hesse die Qual des Sich-Ertragens mit dem Glück des Sich-Brauchens.

Unter dem Aspekt eines gelebten Dialoges möchte ich diese vielschichtige und wandlungsreiche Beziehung darstellen. Da ein Zitat lebendiger charakterisiert als viele erzählende Worte, habe ich alle Gestalten aus ihren Selbstzeugnissen aufgebaut. Die neu erschlossenen Quellen geben Auskunft über Hesses Frauenbild, seine überaus starke Mutterbindung, seine zwanghaften Verweigerungen, seinen Selbstgenuß im Leiden. Aus Ninons Sicht wird

Hesses werkerhaltende Neutralität während der Hitler-Zeit beleuchtet, seine Enthaltsamkeit gegenüber jeder öffentlichen politischen Parteinahme. Man erfährt Neues über den Zusammenhang von Lebensqual und Produktion; Hesses Klagen über depressive Verdüsterungen und die hypochondrische Betonung der kleinen Leiden mußten von seiner Umgebung als seelische Voraussetzung seiner schöpferischen Arbeit akzeptiert werden, bis wieder ein Werk, eine neue »Leidverarbeitung« entstand. Während Hesse der fernöstlichen Geisteswelt zugewandt war, fand Ninon ihre Wahlheimat in Griechenland. Während er den Weg nach Innen ging, war sie weltgeöffnet. Glück bestand für sie darin, das ihr Auferlegte mit Sinn zu füllen, es zu *wollen*; so verwandelten sich Zwänge für sie in Freiheiten. Mehr als alle Träume und Utopien galt ihr die Würde des Konkreten.

Ninons Briefe und Tagebücher werfen ein Licht auf das Zwiespältige im Wesen Hermann Hesses. Sie hatte schon bei ihrer ersten Hesse-Lektüre erkannt, daß dem jungen Dichter Camenzind, der im Trotz einer verzweifelten Selbstbehauptung gegen jede Anpassung protestierte, nichts willkommener gewesen wäre als eine familiäre oder soziale Geborgenheit. Sie spürte von Anfang an den Widerspruch zwischen Hesses Selbstdarstellung als Außenseiter und seinem wahren Bedürfnis nach Zugehörigkeit.

Hesse erscheint neben Ninon als der Sich-Versagende, der dennoch von der Liebe der anderen abhängig ist, als der Trotzig-Alleinbleibende, der stets gesucht werden will, als der Aufbegehrende, der immer versöhnungsbereit bleibt, als der Eigensinnige, der seinen Eigensinn schrittweise zurücknimmt. Er nennt sich »winzig kleiner Vogel«, aber sein Lieblingstier ist der Elefant. Er tritt als ein »Wanderer« ins Bild, der im Umgrenzten Heimat sucht, als »Zölibatär«, der dreimal heiratet, als zeitkritischer Bürgerfeind, der auf die Reputation eines Schriftstellers seiner Zeit nicht verzichten kann, als Außenseiter, der sich als Repräsentant seiner Zeitgenossen versteht, als Introvertierter, der den Dialog braucht.

Das Unentschiedene seiner Haltung zwischen Anarchie und Ordnung, zwischen Kreativität und Disziplin, zwischen Widerstand und Anpassung veranlaßt Hugo Ball, in seiner Hesse-Biographie (1927) von der Tragik einer unwahren Fassade zu sprechen; er zielt damit auf die Diskrepanz zwischen einem in der Phantasie vollzogenen Leben und der realen Existenz oder – anders ausgedrückt – zwischen gelebter und dichterisch gestalteter Wahrheit.

Der Künstler Hesse rebelliert gegen jede normengebundene Einengung; im Leben hat Hesse sich nur schwer von der Rücksicht auf bürgerliche Sitten und Bewertungen zu lösen vermocht.

Trotz aller Widersprüche und Vieldeutigkeiten, trotz aller Brüche und Sprünge in seiner Entwicklung bleibt eine Grundüberzeugung für ihn konstant: die Unvereinbarkeit von Kunst und Leben. Er sieht darin zwei Mächte, die einander verzehren und die von ihm eine klare Entscheidung verlangen: Gemeinschaft oder werkbezogene Konzentration, Familie und Ehe oder Schriftstellerberuf? Im Spannungsfeld zwischen diesen für ihn zwingenden, aber nicht lebbaren Gegensätzen wird er zeitlebens hin- und hergerissen, und wo Eindeutigkeit ihm versagt bleibt, entwickelt er sein literarisches Ich zur ausgleichenden Komponente.

Zur Unterordnung des Lebens unter die Kunst war Hesse entschlossen, seit er als Dreizehnjähriger entweder ein Dichter oder sonst gar nichts werden wollte. Die Hartnäckigkeit, mit der er dieses Ziel verfolgt, wurzelt in früher Kindheit. Sein Wunsch nach Elternliebe und -nähe wird bald durch die Bitterkeit verdrängt, in seiner Eigenart nicht angenommen zu sein. Darum möchte er sich eine widerstandslose Ersatzwelt zaubern und darin auch ein unverletzbares, autonomes Zweites Ich. Durch Einbildungskraft genährt, wächst es zum Kontrast-Ich, zum Ich-Ideal eines Künstlers, dessen Lebensverzicht und familiäre und soziale Bindungslosigkeit er in allen Werken als Notwendigkeit und Forderung an sich selbst thematisiert. Die Kluft zwischen Wollen und Vollbringen bleibt sichtbar, wenn in vielen Erzählungen sein »Doppel-Ich« auftritt oder seine »Ich-Spaltung« in der polaren Veranlagung seiner Protagonisten veranschaulicht wird. Sein Ziel aber ist und bleibt ein exemplarisches Dichterleben.

In der Metapher eines einsam herumschweifenden Wolfes zeichnet er 1926 ein Selbstbild, das *eine* seiner Entwicklungsstufen ausschnitthaft beleuchtet, das jedoch in seiner Einprägsamkeit für die Hesse-Rezeption maßgeblich bleibt. Durch das Gleichnis dieses sardonischen, unbehausten Menschentieres gerät er ins Bewußtsein seiner Leser als ein Autor, der am Rande der von ihm geächteten Gesellschaft unzähmbar seiner schriftstellerischen Arbeit nachgeht. Diese steppenwölfischen Züge haben sein literarisches Ich nachhaltig geprägt; zum Stereotyp verfestigt, wird es auch nicht aufgesprengt, als Hesses Weg zu Bindung und Gemeinschaft führt. So spiegelt es nichts von dem geist- und gefühlsgetragenen Kräftespiel, das sich zwischen ihm und Ninon entwickelt und dem sie in mühsam geduldiger Werbung um sein Vertrauen und in einer abgewogenen Fernliebe die entscheidenden Impulse vermittelt.

Als Einsamer und Außenseiter hat Hesse in drei aufeinanderfolgenden Generationen seine Leserschaft gewonnen. Die einen suchen in ihm ein bestärkendes Vorbild; sie sehen in ihm einen Verteidiger des Eigensinns gegen die Norm, der Erlebniskraft gegen die Manipulation durch Massenmedien, des freien Spiels gegen die Vorherrschaft des Zweckmäßigen und des Privaten gegen die Macht des Kollektivs. Die anderen beziehen von ihm den formenzersprengenden Mut, sich von Regelhaftigkeit und hemmender Autorität zu lösen und eine dynamische Sicht vom Leben zu gewinnen. Darüber hinaus wurde er zur einladenden Identifikationsfigur für alternative Gruppen, von San Franciscos Blumenkindern über die Erziehungsreformer der frühen siebziger bis zu den Ökologen der achtziger Jahre. Solche auf Legitimation bedachten Gesinnungskreise werten Hesses Erzählungen oft wortwörtlich wie Rezeptbücher aus, um sie in den Dienst ihrer weltanschaulichen Ziele zu stellen. Diese Teilaspekte müssen den Leser irritieren, der die Geschlossenheit des Gesamtwerkes vor Augen hat und darin die dichterische Verwandlung des Gelebten sucht, dessen Überhöhung zur künstlerischen Gestalt – die »Verdichtung«.

Und die biographische Wahrheit? Wer will schon wahrnehmen, daß Hesses Leben peinlich geordnet verlief, in sorgfältig geplanter Regelmäßigkeit und Tageseinteilung? Auch war er keineswegs weltfremd und hielt viel von Zettelkästen und fehlerloser Buchführung. Es gab wenig Rausch und kaum Anarchisch-Lustvolles in seinem auf Askese und Sparsamkeit bedachten Hausstand. Hesse disziplinierte sich lebenslang für sein Werk, das gegenüber dem in strenger Pflichttreue verlaufenden Alltag die blühendste Kontrastfärbung aufweist. Im Privaten sah Hesse einen Schlupfwinkel, den er vor fremden Blicken verschloß. Die persönlichen Dokumente beweisen, wie weit die Auslegung seiner Werke sich oft von den biographischen Tatsachen entfernt hat.

Daß Hermann Hesse sich im Rollenspiel der von ihm so oft geschmähten zeitgenössischen Gesellschaft selbst einen festen Platz zubilligte, verrät seine Betrachtung »Ausflug in die Stadt« vom Dezember 1925: »Daß Eremitentum kein Beruf sei oder ein minderwertiger, ebenso wie das Betteln, ist eine europäische Modemeinung, [...] welche niemand ernst nehmen wird. Einsiedler ist ein Beruf ebenso wie Schuster.« Er schilderte dann, wie er hin und wieder »aus seinem Beruf, aus seiner Maske und Rolle herausfällt«.

Hermann Hesse war im Erleben immer zugleich der selbstbeobachtende Registrator. Es gab bei ihm keinen Satz, keine Regung, keine Geste, denen er nicht mit ironischer Distanz zusehen konnte, und er hat seinen Lesern ein wohlabgestimmtes Bild seiner selbst geliefert und es konsequent beibehalten. Seine Biographen – außer Hugo Ball – haben ihn auf dieses literarische Selbstportrait festgelegt. Sie gingen davon aus, daß seine Romane das unmittelbare Zeugnis seines gelebten Lebens darstellten, darum leiteten sie seine Biographie aus der Werkanalyse ab. Doch das Leben ist nie deckungsgleich mit der dichterischen Selbstaussage. Trotz aller dokumentarischen Züge, trotz der erkennbaren Schauplätze und Ereignisse ist Hesses Dichtung immer auch Lebensersatz für ein Leben, das er gerade *nicht* zu führen vermochte.

Da Ninon und Hermann Hesse in gegenseitiger Entsprechung jenseits von »Maske und Rolle« lebten, wird von ihrer Gemeinschaft her sichtbar, wo sich die autobiographische Darstellung vom biographischen Hintergrund löst.

In einem Brief vom August 1929 klagt Hesse, daß die *Dichtung* sein Leben ausgezehrt habe. Der Dichterberuf sei nicht der gewünschte Hilfsweg zu dem ersehnten »wirklichen, persönlichen intensiven, nicht normierten und mechanisierten Leben« geworden, sondern Selbstzweck. »Ich bin ein Dichter geworden, aber ein Mensch bin ich nicht geworden. Ich habe ein Teilziel erreicht, das Hauptziel nicht. Ich bin gescheitert.«

Ninon hingegen hatte versucht, aus ihrem *Leben* eine Schöpfung zu machen: »Ich produzierte nicht Kunst, nur mein Leben: das war mein Werk.«

Erstes Kapitel

Zwänge und Freiheiten

Kindheit und Jugend in Czernowitz

> Heimat war mir die deutsche Sprache
>
> Ich wußte, was ein Dichter ist, schon früh. Ich ahnte es, bevor ich es wußte. Ich wußte es, als ich ›Unterm Rad‹ und ›Peter Camenzind‹ gelesen hatte, mit 14 Jahren. Dieses Wissen wurde mit den Jahren vertieft; die Ehrfurcht vor der Dichtkunst wuchs.
>
> Wir waren Töchter und blieben es auch, als es den Vater nicht mehr gab. Wir haben die Sehnsucht zu verehren, uns anzulehnen, nie verloren.*

Als vierzehnjährige Schülerin las Ninon Ausländer Hermann Hesses Frühwerk »Peter Camenzind«.[1] Betroffen von der Übereinstimmung dessen, was sie empfand, mit Hesses Weltsicht, schrieb sie ihm im Februar 1910 den ersten Brief:

»Ich habe lange hin und her gedacht, ob ich Ihnen schreiben soll, oder nicht. Manchmal war ich schon ganz nahe daran, es zu tun, aber immer wieder unterließ ich es, aus Furcht – ja aus Furcht vor Ihrer möglicherweise kommenden Antwort. So ein liebenswürdig-banales Briefchen, wie es Dichter an unbekannte junge Mädchen zu schreiben pflegen, das fürchtete ich. Aber wie schon jeder Mensch glaubt, eine Ausnahme zu sein, und hofft, als Ausnahme behandelt zu werden (sogar in diesem Glauben schablonenhaft), so glaube auch ich, und ich überrede mich langsam zu diesem Brief. ›Am Ende‹, dachte ich, ›kommt gar nicht das gefürchtete kleine Briefchen, sondern – sondern ––– ‹. Und nachdem ich einmal so weit war, setzte ich mich hin, diesen Brief zu schreiben. Und nun ich so weit bin, sehe ich erst, wie schwer das ist. Alles, was Ihre Werke in mir erregt haben, zu schildern, das ist schwer, nein es ist mir direkt unmöglich!

O wenn ich alles sagen könnte, was ich möchte! Denn das, was ich sage, was ich schreibe, das ist alles ein so unvollkommenes Bild

---
* Die Zitate zu Beginn der Kapitel stammen von Ninon Hesse.

dessen, was ich denke und empfinde. O wie ich sie beneide, die Dichter! Sie können sagen, was sie fühlen, sie können den ›tiefsten Schmerz, die höchste Lust‹ in Worten ausdrücken. Und doch hat Peter Camenzind recht mit seinen Worten: ›Das Schönste, das Allerschönste, kann man ja nicht sagen.‹ Vielleicht ist das gerade das Schöne am Allerschönsten, daß man es ganz für sich hat, daß kein anderer darum weiß! Ja, Peter Camenzind hat recht. Das, was uns die Dichter geben, ist noch nicht das Schönste, das Beste ihrer Gedanken. Aber viel Schönes, viel Gutes sagen sie uns. Und wir armen Nichtdichter, die wir nicht die Schaffensfreude kennen, die wir nur allzuhäufig die Natur und das Schöne, das in uns verborgen liegt, vor dem Schmutz des gemeinen Lebens vergessen, wir stehen staunend vor einem Menschen wie Camenzind, der sich eine so reine Seele bewahrt hat, vor einem Menschen, dessen Herz immer für das Gute und Schöne geschlagen hat und noch schlägt. Denn Peter Camenzind ist nicht gestorben, er lebt – und er ringt weiter. Denn Glück, Glück hat er gesucht, und hat es auch damals noch gesucht, als er glaubte, den Frieden errungen zu haben.

Oder ist der Friede Glück? Es muß eigentlich schön sein, wenn es still in einem geworden ist, ganz still und ruhig, und doch wieder muß es furchtbar sein, diese Ruhe, wenn sich keine Hoffnung an sie knüpft, Hoffnung, die vielleicht der beste Teil vom Glück ist. Aber sollte denn wirklich ein Mann, der mitten im Leben steht, der arbeitet und schafft, schon mit dem Leben abgeschlossen haben? Doch nein, er hat ja nicht mit dem Leben abgeschlossen, nur den Kampf mit dem Leben hat er aufgegeben, die Sehnsucht in seinem Herzen nach Liebe, nach Glück, die ist erstorben. Aber ich glaube auch das nicht! Ich kann es nicht glauben, daß ein Mensch plötzlich alle Gefühle, die ihm momentan lästig sind, über Bord wirft und ein andres Leben beginnt, daß einer, der immer ein ›Werdender‹ war, sich plötzlich sagt: ›Halt! Soweit und nicht weiter!‹ und sich damit begnügt, wehmütig lächelnd auf die Vergangenheit zurückzublicken.

Nein, ein Glücksucher wie Camenzind, der ist nicht glücklich, wenn er die Zufriedenheit statt des Glücks gewonnen hat. Zufriedenheit ist das Philisterglück! Und Camenzind ist doch kein Philister! – Ich habe viel zu danken, ihm, der den Camenzind geschrieben, ihm, der Camenzind selbst ist. Und da diese beiden doch nur eins sind, so danke ich Ihnen für das, was Sie mir mit Ihrem Werke gegeben haben. Es war ein Kennenlernen neuer Dinge, ein Auf-

gehn in der Natur und in einer Menschenseele, ein stilles Selbstvergessen – und eine kurze Seligkeit!
Ninon Ausländer«

Ninon beschrieb in diesem Brief ihr erstes großes Leseerlebnis. Hermann Hesse hatte ihr eine überwältigend schöne und doch befremdende Erfahrung vermittelt, die ihren geregelten Schulalltag auf eine bisher unbekannte Weise überhöhte: er hatte ihr etwas geschenkt, was sie empfinden konnte. Sie umschrieb es vieldeutig als ein »Kennenlernen neuer Dinge.« Schlagartig hatte sie die befreiende Kraft der Dichtung erfahren, die ihr alles gewährte, was sie bisher unbewußt entbehrt hatte: Mitschwingen, Gleichklang, Einverständnis. Sie fühlte sich verändert, ahnte Umkehr und neue Ziele. Aber ein solches Ereignis der Erregung und Erweckung lag außerhalb jeder Mitteilbarkeit. Hesse selbst hatte es einmal als Zwölfjähriger beim Lesen Hölderlinscher Verse erfahren und es ein dämonisches Erlebnis, ein »Erlebnis des Geweckt- und Gerufenwerdens«[2] genannt, das »erste Erstaunen meiner Knabenseele vor der Kunst«. Sicher spürte er, der die bahnbrechende Macht der Dichtung an sich selbst erfahren hatte und seine Berufung zum Dichter später auf diesen ersten Leserausch zurückführte, die Ergriffenheit der jungen Briefschreiberin.

Ninon hatte sich erst nach langer »Selbstüberredung« an Hesse gewandt. Würde er erkennen, daß dies kein beiläufiges Briefchen für sie war, sondern ein Anruf, zu dem sie nur allmählich ihre »Furcht« überwunden hatte? Für sie wäre eine unverbindliche Rückantwort – etwa ein Autogramm oder ein ähnlicher Fetisch gewährender Künstlergroßmut – etwas Furchtbares gewesen. Durch die erlebnishafte Teilhabe am Werdegang des jungen Dichters Camenzind war in ihr eine Zugehörigkeit entstanden, die sie entfalten und vertiefen wollte. Darum lieber keine Antwort als eine nichtssagende! Aber ihr Vertrauen zu Hesse hatte schließlich gesiegt; er, dessen Gedanken und Gefühle sie beim Lesen geteilt hatte, würde sie verstehen, er würde merken, daß sie »eingeweiht« war, und sie darum nicht mit der üblichen Dichterhöflichkeit für anonyme Verehrer abspeisen. So hatte sie schließlich gewagt, ihm zu offenbaren, wie befreit sie sich fühlte, weil sie mit ihren bisher ungeteilten Empfindungen nicht mehr allein war. Sie benutzte dazu religiöse Vokabeln, sprach von »Seligkeit« und »Selbstvergessen« – der Aufhebung der schmerzhaft empfundenen Ich-Begrenzung im Leseglück –, vom mystischen Einbezogensein als dem

Der Anfang von Ninons erstem Brief an Hermann Hesse (1910)

»Aufgehen in der Natur und in einer Menschenseele« und ihrer Identifikation mit der vom Autor geschaffenen Gestalt. Hesses Roman war ihr zum Mittel der Selbstentdeckung geworden. Sie fand darin fällige Antworten auf lange gestellte Fragen. Zwischen ihr und der autobiographischen Hauptfigur des Romans, dem jungen Camenzind, bestand eine innere Entsprechung, und sie wußte von nun an: Hesse war *ihr* Dichter.

Ninons gesteigerte Empfänglichkeit für die Romanhandlung wurzelte in ihrem zwiespältigen Lebensgefühl gegenüber ihrer Umgebung, einer von altösterreichischen Konventionen geprägten, sittenstrengen Provinzstadt. Sie hatte die Rolle der höheren Tochter fraglos angenommen, und dabei erschienen ihr Fügsamkeit und diszipliniertes Wohlverhalten als selbstverständlich. Nun aber begann sie, die Zwänge der Schule, die ständische Rücksichtnahme in der Kleinstadt und den solide vorgeplanten Lebensweg an der Freiheitslust Peter Camenzinds zu messen. Er, der Außenseiter, predigte den Sieg der Sehnsucht über die Realität.

»Um aus der nüchternen und drückenden Luft der Heimat herauszukommen, tat ich große Flügelschläge der Wonne und Freiheit«, schrieb Hesse-Camenzind, und er floh aus der normierten Umwelt, weil er »den Zusammenklang der Dinge und die Harmonie alles Lebens« erfahren wollte. Dabei wurde er von der Gewißheit getrieben, daß es für sein unstillbares Verlangen einen Widerhall geben müsse, den er im Alltag der Erwachsenen nicht vernehmen konnte. So wanderte er unbeirrt hinter seinen Träumen her und suchte befreiende Auswege aus der für Phantasie und Schönheitssinn so unzulänglichen Wirklichkeit.

In seliger Rückerinnerung an die Kindheit, als zwischen Ich und Welt noch keine Spaltung klaffte und das Leben als beglückende, von Zeit und Raum unabhängige Einheit gegenwärtig war, wagte Peter Camenzind, »sein eigenes kleines Leben mit dem Unendlichen und Zeitlosen zu verbrüdern«. Die vierzehnjährige Schülerin Ninon fragte sich nun, wie weit *sie* sich den Anforderungen ihrer Umwelt stellen und zugleich so ungehemmt leben könnte wie Peter Camenzind. Wie weit durfte sich ein »normaler Mensch« aus den Pflichten des Alltags lösen, um »durch den Dienst an Wahrheit und Schönheit an das Herz das Daseins« zu gelangen? Camenzind hatte den Mut, sich zu weigern, im Gleis der Vielen mitzulaufen. Er wollte seinen Idealen, die von den meisten Menschen mit der scheidenden Kindheit für Nutzen und Tüchtigkeit geopfert werden, weiterhin die Treue halten. Aber er war ein Dichter! Darum durfte er sich entziehen. Einem Dichter gestattete die Gesellschaft diesen Ausbruch.

Als »einsamer König in einem von ihm selbst geschaffenen Traumreich«, in dem die Grenzen und Widerstände der Lebenswirklichkeit aufgehoben waren, herrschte Camenzind wie zu Kinderzeiten. Dafür verzichtete er auf die Eingliederung in die Gemeinschaft. Er litt unter dieser Einsamkeit, die er dennoch brauchte. Ninon erfuhr, daß die Gnade des Schöpferischen mit dieser Leiderfahrung durch Einsamkeit und Nicht-Zugehörigkeit verbunden war; denn nur weil Peter Camenzind sich aus der geschäftig-lauten Welt der Tüchtigen fernhielt, blieb er einfühlsam und hellhörig. »Hermann Lauscher« nannte sich Hesse beziehungsreich in seiner ersten Prosa-Dichtung. Auch Camenzind war »Lauscher«, seine Sinne blieben durch Stille und Einsamkeit geschärft. Ihm war, »als sehnten sich Sterne, Berge und Seen nach einem, der ihre Schönheit und das Leiden ihres stummen Daseins verstünde und aussprächse, und als wäre ich dieser Eine und als wäre dies mein wahrer Beruf, der stummen Natur in Dichtungen Ausdruck zu gewähren.« Darum versuchte er, »als Dichter die Sprache der Wälder und Ströme zu reden« und das Rauschen des Wassers, das Ziehen der Wolken in die menschliche Sprache zu übersetzen. Es ging bei Camenzinds Dichtungsversuchen um die Wiedergeburt der Welt in der Sprache, um die Rückgewinnung und Erhaltung der unversehrten, der von Zweck und Nutzen entbundenen, der »wirklichen Wirklichkeit«.

So erfuhr Ninon, was ein Dichter war und wieviel er vermochte. Dichten erwies sich für sie als ein zweiter Schöpfungsakt. Sprachkunst bedeutete ihr seit der Camenzind-Lektüre eine Wiederherstellung des Vergessenen und Verlorenen. Der Dichter erschien ihr als ein Retter, der die Wahrheit der Dinge durch die Macht seiner Worte unverfälscht bewahrte. »O wie ich sie beneide, die Dichter!« Sie selbst aber fühlte nicht die Kraft, das Wirklichkeitserlebnis, durch das sie sich an die Seite des Dichters gestellt fühlte, zu gestalten und ein Werk zu schaffen. Das Element des Schöpferischen hatte sie beim Lesen des Camenzind-Romans zum ersten Mal verzweifelt an sich vermißt, und von nun an klagte sie häufig, ihr sei zwar die Empfindungs- und Erlebnisfähigkeit eines Künstlers gegeben, nicht jedoch seine Gestaltungskraft.

In diesem ersten Brief an Hermann Hesse zeigte Ninon sich schon als kritische Leserin mit einem untrüglichen Gespür für das Echte. Das Ende des Romans erschien ihr unglaubwürdig: Peter Camenzind legte seine Dichtung unvollendet beiseite und wurde als Gastwirt in seinem Heimatdorf seßhaft.

Das Ungenügen, das Camenzind an der Wirklichkeit empfunden und das ihn zum Dichter gemacht hatte, hatte sich schließlich in ein wehmütiges Arrangement mit der Umwelt verwandelt. Ninon verstand zwar, daß er aus der Leidfülle seiner Einsamkeit in die seelenwärmende Gemeinschaft floh, in das Behagen an den kleinen Freuden des Lebens. Aber sie mißbilligte seine Kraftlosigkeit, sein lässiges Versagen. Ein Dichter, der sich zur Ruhe setzte? Ninons ungläubiges Staunen klingt durch all ihre Überlegungen. Sie hatte sich mit Camenzind, dem Glückssucher, identifiziert. In dem Moment, da er – sich selbst bescheidend – in eine Dorfidylle auswich und ein »Philisterglück« statt Hoffnung und Entwicklung wählte, löste sie sich von ihm. Camenzinds bereitwillige Versöhnung mit der »*sogenannten Wirklichkeit*« erschien ihr als ein unlauteres Zugeständnis an die Welt, aus der er vorher so mutig den Absprung gewagt hatte. Ihr Brief klingt wie angstvolle Abwehr und gleichzeitig wie ein Ordnungsruf. Sie möchte Camenzind zu sich selbst zurückführen. Sein Ende als Dichter setzt sie mit »Gestorbensein« gleich. Sie sträubt sich gegen die Vorstellung, daß ein »Auserwählter« die offene Bewegung auf die Zukunft hin eintauschen könne gegen ein gemütliches Nest; denn nur die Freiheit gestattete ihm jederzeit den Aufbruch zur »*wirklichen Wirklichkeit*«. So wirkt Ninon – bei aller Ehrfurcht – schon in ihrem ersten Brief an Hermann Hesse wie eine Gewissensinstanz, voll jugendlicher Kompromißfeindlichkeit.

Da der Roman, wie die junge Ninon wohl spürte, autobiographisch zu verstehen war, identifizierte sie sich über den Titelhelden Camenzind auch gleichzeitig mit Hermann Hesse: »Ich habe viel zu danken, ihm, der den Camenzind geschrieben hat, ihm, der Camenzind selbst ist, und da diese beiden doch nur eins sind, so danke ich Ihnen.« Hier erfolgte ihr erster kühner Zugriff auf den Autor. Denn all ihre Zweifel an dem jungen Dichter Camenzind, der, wie sie rügte, sich selbst untreu wurde, galten somit auch Hesse. Geprägt durch die bildungsbürgerliche Tradition ihres Elternhauses, erklärte sie ihm, ihrer Meinung nach könne ein schöpferischer Mensch sich nie damit begnügen, »wehmütig lächelnd auf die Vergangenheit zurückzublicken«. Sie appellierte an seine Leidenswilligkeit und weigerte sich, an ein Ende seiner dichterischen Entwicklung zu glauben: »Denn Peter Camenzind ist nicht gestorben, er lebt – und er ringt weiter.« Mit dieser Bemerkung trennte sie Hermann Hesse von der Camenzind-Gestalt ab.³

In ihrem Brief benutzt Ninon neunmal das Wort »Glück«. Darin zeigt sich ihr eigentliches Anliegen. Was bedeutet Leid? Was Glück? Etwa Selbstbescheidung? Können Ruhe, Stille, Frieden denn Glück sein? Sie unterscheidet *Frieden* und *Zufriedenheit* als eine Ruhe, an die sich keine Hoffnung knüpft, – das »muß furchtbar sein«. Das atemberaubende Glück eines Dichters aber war von anderer Art, – sie hatte es mit Camenzind durchlebt.

»Ich wußte, was ein Dichter ist [...], als ich ›Unterm Rad‹ und ›Peter Camenzind‹ gelesen hatte«,⁴ notierte Ninon rückblickend in ihr Tagebuch. Weil sie die Literatur an sich selbst als ein Medium der Ich-Findung kennengelernt hatte, sah sie den Dichter fortan als Seelenführer und Menschenbildner. Durch ihr erstes Leseglück, das ihr die Identifikation mit Hesses Roman-Ich, Peter Camenzind, vermittelt hatte, entstand gleichzeitig ihre rätselhafte und unzerstörbare Bindung an Hermann Hesse. Noch an ihrem 60. Geburtstag erinnerte sie sich daran: »Der Peter Camenzind hatte auch Geburtstag, im Jahre 1909, also vor 46 Jahren, habe ich ihn zum Geburtstag bekommen«.[5] Und sie versicherte Hermann Hesse: »An meinem Geburtstag habe ich Dich kennengelernt [...], also ist dieser Tag auch Dein Geburtstag in meinem Herzen«.[6]

Ninon setzte ihren Namen unvermittelt unter den Text des Camenzind-Briefs, schmucklos und klar. Keine konventionellen Floskeln, keine artigen Grußworte. Nur: Ninon Ausländer.

Namen gelten als Kraftträger. Namensgebung ist Beschwörung, Anruf. Erstaunlich, daß Ninons Mutter, Gisela Anna Ausländer geb. Israeli, der ersehnten Tochter, die am 18. September 1895 um 22 Uhr geboren wurde,[7] den Kosenamen einer berühmten französischen Kurtisane gab! Wahrscheinlich war sie wie alle Bürgertöchter aus den Gegenden Österreichs mit vorwiegend polnischer Bevölkerung – sie stammte aus der Gegend von Krakau – in der Bewunderung für die französische Kultur aufgewachsen, und Anne de Lenclos, »Ninon« genannt,[8] war für sie das Urbild einer klugen und freizügigen Französin, die als eine an Bildung und Wissen ebenbürtige Partnerin geistvoller Männer anerkannt wurde. Ihr Salon bildete den Treffpunkt eines freisinnigen Freundeskreises; durch ihre einflußreiche Fürsprache unterstützte sie Künstler, so auch Molière, sie erkannte die Begabung des jungen Voltaire[9] und förderte ihn. Entsprach diese Frau, gleicherweise wegen ihres Charmes und ihres Esprits gerühmt, dem Traumbild des phantasiebegabten, doch kleinbürgerlich gezähmten Mädchens? Gisela Anna war neben zwei Brüdern streng erzogen worden; ohne die Freiheiten der Buben wuchs sie in engem Pflichtenkreis auf und hatte auf einen Ehemann zu warten, der sie aus der Strenge des Andrychauer Elternhauses herausholen würde.

Vielleicht aber dachte die seit ihrer Lyzeumszeit mit der französischen Literatur wohlvertraute Gisela Anna Ausländer bei der Namenswahl auch an Mussets Komödie »A quoi rêvent les jeunes filles«, in der die Zwillingsschwestern Ninon und Ninette nicht von einem respektablen Ehemann träumen, sondern von kühnen Entführern und Eroberern. Die leidenschaftliche Leserin Gisela Anna, die lebenslang dazu neigte, in der Literatur Leitbilder zu suchen, könnte auch an dieser Bühnenfigur Gefallen gefunden haben: Ninon verkörperte hier den Idealtyp eines phantasiebegabten, unbürgerlichen Mädchens, den sie vielleicht in ihrer Tochter wiederzufinden hoffte.

Im Nachnamen »Ausländer« spiegelte sich das durch die jüdische Geburt auferlegte Geschick, auf Erden keine echte Zugehörigkeit zu finden.

Die Herkunft der Familie Ausländer liegt im dunklen, bis sie in der Bukowina auftauchte. Dieses geschichtsträchtige Land, dessen Hauptstadt Czernowitz war, gehörte als nördlichster Teil des Fürstentums Moldau über 250 Jahre lang dem Osmanischen Reich an; der Vertrag von Konstantinopel brachte 1775 den Anschluß an Österreich, das nach den drei Teilungen Polens dieses Gebiet zur Abrundung seines Territoriums im Donau-Karpaten-Vorland forderte.[10] Die damalige österreichische Verwaltung unter Kaiser Joseph II., der als der »Aufklärer« in die Geschichte einging, war fortschrittlich liberal, verglichen mit der Gewaltherrschaft in benachbarten Staaten, Rußland und der Moldau. Das berühmte »Toleranzpatent« Josephs II.[11] ermöglichte, daß Protestanten, Griechisch-Orthodoxe und Juden einwandern durften, die bis dahin im katholischen Österreich Maria Theresias, der Mutter Josephs II., nicht gelitten waren. Er hingegen gewährte freie Religionsausübung, um die benötigten Siedler ins Land zu ziehen. Er sicherte den Einwanderern jede Entfaltung zu, während in Rußland und der Moldau Juden zum Beispiel nicht in Städten siedeln und keinen Grundbesitz erwerben durften, sie erhielten dort bis zum Ersten Weltkrieg keine Bürgerrechte und waren hoher Besteuerung und häufigen Pogromen ausgesetzt. So erklärt es sich, daß viele, dem Gefälle des leichteren Lebens folgend, nach Galizien und in die Bukowina überwechselten. Aus Kontrollgründen verordnete die österreichische Verwaltung, »daß die im bukowinischen Kreis befindlichen 264 Judenfamilien mit deutschen Namen in den Militärkonskriptbüchern angeführt werden müssen«. Bis dahin hatte der Vorname genügt, dem man den Vatersnamen zur Identifizierung anfügte. Nun aber mußte das Oberhaupt jeder Familie vor einer Kommission, die in der Bukowina aus österreichischen Offizieren gebildet wurde, erklären, welchen Geschlechternamen man zu führen wünsche. Die verschüchterten Bauern und die aus den angrenzenden Ländern ständig neu einströmenden Juden waren oft der Landessprache nicht mächtig und wußten nicht, wie sie ihre Wahl treffen sollten.[12] Dann »verordnete« die Kommission Namen, die manchmal das Herkunftsland anzeigten (Pollak, Litauer, Ungar), die aber auch oft lächerlich oder anrüchig wirkten.[13] Es ist anzunehmen, daß einem aus Rumänien oder Rußland geflohenen Vorfahren Ninons kurzerhand der Familienname »Ausländer« zugeteilt wurde. Ninon vermerkte in ihren Tagebuchblättern: »Wir Juden haben keine Heimat [...] Das Reich, in dem man lebt, duldet einen bloß, die Stadt, in der ich geboren bin, hieß nur Heimatstadt, sie bedeutete mir nichts«.

In Czernowitz, der Provinzhauptstadt der Bukowina,[14] war Ninon als älteste von drei Schwestern geboren worden, und hier, im östlichsten Kronland der Habsburgischen Monarchie, blieb sie, bis sie im Herbst 1913 nach Wien übersiedelte, um ihr Universitätsstudium zu beginnen. Sie wuchs in einer Grenzstadt auf, in der das buchenländische Deutschtum[15] von der Wiener Regierung nachdrücklich gefördert wurde.[16] Stolz waren die Einwohner von Czernowitz auf die östlichste Universität mit deutscher Lehrsprache, die 1875 anläßlich der hundertjährigen Zugehörigkeit der Bukowina zu Österreich gegründet worden war. Mit vier Fakultäten, der griechisch-orthodoxen theologischen, der juristischen, der philosophischen und der naturwissenschaftlichen Fakultät erfüllte sie als »deutschsprachige Nationalitäten-Universität«[17] einen im habsburgischen Sinne völkerverbindenden Auftrag, bis sie 1914, beim Einmarsch der Russen in Czernowitz, nach Wien verlegt wurde.

Viele der akademischen Lehrer, unter ihnen Richard Wahle, Professor für Philosophie,[18] verkehrten im Hause Ausländer. So wurde Ninon von Kind auf mit einer traditionsbewußten, deutschbetonten Geisteswelt vertraut. Obwohl die Angehörigen der Oberschicht die deutsch-österreichische Kultur gezielt stützten und ausbauten, gehörten sie doch zum Typ des »Donau-Europäers«, der gegen jeden Chauvinismus gefeit war und durch dessen Toleranz sich das Zusammenleben verschiedener Völker erst fruchtbar gestaltete.[19]

Ninon wuchs in einer Mischbevölkerung[20] von mehr als einem Dutzend Nationalitäten und zehn verschiedenen Glaubensbekenntnissen auf, dadurch gewann sie früh eine besondere Art von Weltläufigkeit. Der Reichtum an Vergleichsmöglichkeiten von fremden Sitten schärfte ihre Beobachtungsgabe und erzeugte jene in Grenzgebieten übliche Lebenskunst, sich weltoffen anzupassen und dennoch selbstbewußt abzugrenzen. So erwarb sie ein feines Gespür für das Andersartige in all seinen Abstufungen, sie wurde geübt, es intuitiv zu erfassen und einzuordnen. Als Kind schon schätzte sie die Eigenart der polnischen Köchin, die Kapusniak (Krautsuppe) und Bartsch (Rote-Rübensuppe) kunstreich komponierte, und des schlau-biederen ruthenischen Händlers; der rumänische Gärtner war ihr ebenso vertraut wie der tschechische Schneider oder der ungarische Schuhmacher, der mit seinem handwerklichen Können gleichzeitig seine Musikalität zeigte, wenn er bei der Arbeit heimische Weisen pfiff.[21] Ninons eigene Zuordnung: »Heimat war mir die deutsche Sprache« ist aus der nie in Frage gestellten Zugehörigkeit ihres Elternhauses zur Kultur Alt-Österreichs erwachsen.

Im bukowinischen Völkerkessel bedeutete die Sprache von Anfang an mehr als ein bloßes Verständigungsmittel, sie umschloß inmitten anderer Volksgruppen zugleich eine Erlebnis- und Geistesgemeinschaft. Daß jede Sprache eine andere Weise des Zugriffs auf die Wirklichkeit vermittelt und darum ein anderes Weltverständnis erzeugt, wurde Ninon früh bewußt. Daß Worte die Wirklichkeit immer schon auf die eine oder andere Weise auslegen, daß sie alles mitenthalten, womit frühere Generationen sie aus ihren Erfahrungen und Gewohnheiten befrachtet haben, daß sie also kaum übersetzbar einen ganz speziellen Sinn mitliefern, war den Bewohnern der östlichen Provinzen vertraut. Manès Sperber, der aus einem galizischen »Städtel« am Pruth stammt, beschrieb in seinen Kindheitserinnerungen das verführerische Aroma, das den Worten der verschiedenen Sprachen entströmte, wenn er sich als Kind »immerfort zurechtfinden mußte zwischen dem Ukrainischen und Polnischen, dem Jiddischen, Hebräischen und Deutschen [...] Wasser, Woda, Majim bedeuten das gleiche, ebenso wie aqua, eau und water. Aber ich ahnte recht bald, daß in jedem dieser Worte etwas mitschwang, das vielleicht nicht wirklich in ihm steckte, aber von ihm angerufen, mitgenannt wurde. Das slawische Woda ist noch heute für mich eine Flüssigkeit, die man aus dem Brunnen schöpft, das hebräische Majim sprudelt aus einer Quelle, das deutsche Wasser kommt aus dem Wasserhahn«.[22] Wer diese vermischte Sprachluft lange genug eingeatmet hatte, entwickelte eine besondere Sensibilität für den Gehalt von Worten und von der besonderen Atmosphäre, die ihnen anhaftet. Ninons Sprachgefühl wurzelte in dieser Erfahrung der Grenzbewohner, die nicht fraglos wie Menschen im Landesinnern in eine Muttersprache hineinwachsen, sondern inmitten des Fremdartigen ein reflektiertes Verhältnis zum Wort entwickeln und sich bewußt einer Sprachheimat zuordnen. Viele Schriftsteller ostjüdischer Herkunft haben diese existentielle Beziehung zur Sprache durch ihr Scheitern bezeugt, wenn sie nach Vertreibung oder Emigration die geistige Heimat im Wort aufgeben mußten.[23]

Auch für Ninon wurde die Sprache in jenem östlichen Zipfel des Habsburgischen Vielvölkerstaates zum heimatspendenden geistigen Raum. »Worte konnten mich gefangen nehmen, verletzen, berauschen. Worten lauschte ich lange nach. Worte überzeugten mich.« Worte bedeuteten für sie die Nahtstelle zwischen Wirklichkeit und Imagination. Lesend würde sie sich durch die Macht der Worte immer neue Freiheitsräume erschließen. Worte waren darum für sie prall mit Wirklichkeit gefüllt – einer Wirklichkeit, der gegenüber die Welt der Tatsachen und Fakten wie wesenloser Schein verblaßte. Durch Hermann Hesse hatte sie zum ersten Mal von der Geborgenheit des Geistes in der Sprache erfahren, und seitdem erschienen ihr Dichterworte wie kostbare Gefäße, die einen spirituellen Inhalt wohlverwahrt umschlossen.

Aber ihre achtungsvolle Scheu vor dem Wort hatte außerdem einen religiösen Ursprung: ihre jüdischen Vorfahren werteten das Wort als machtgeladen und wahrheitsspendend; denn die Glaubenswelt des jüdischen Volkes bestand allein in der Überlieferung durch das Wort. Es bewahrte für Ninon »die fiktive Wirklichkeit, die der Jude Jahrhunderte mit sich geschleppt hatte. Diese fiktive Wirklichkeit war die Autorität der Thora, und das Festhalten an ihr, wenn auch mit Hilfe der Auslegung, die den wörtlichen Sinn des Gesetzes bestehen ließ. Sie zauberte dem Juden die Atmosphäre seines alten Landes vor, ließ ihn glauben, daß alle Generationen am Sinai gestanden haben.« Aus dieser zeitüberbrückenden, sakralen Kraft der Sprache, die Ninon durch die Eigentümlichkeit ihrer an die Wortsubstanz gebundenen Religion erfuhr, wird ebenfalls ihre tiefe Bewunderung für die Dichter verständlich, die in schöpferischer Freiheit mit dem Wort umzugehen vermochten und aus der Sprache geistige Räume bauten, die nach ihrer Meinung denen der Religionsstifter an Ausstrahlung nicht nachstanden.

Die Sprache vermittelte Ninon aber auch in einem sehr realen Sinne Verbundenheit und Geltung. In der Hierarchie des spätfeudalistischen Kronlandes war die Sprache ein Kennzeichen der sozialen Schicht, der man angehörte, – bei der Familie Ausländer war es die pro-österreichische Oberschicht.

Daß der deutschsprachige Bevölkerungsanteil – die Einwohnerstatistik wurde nach der Umgangssprache erstellt – einen ständigen Zuwachs an Zahl und Einfluß erzielte, verdankte die dünne österreichische Oberschicht den jüdischen Mitbürgern, die sich zur deutschen Sprache bekannten.[24] Gerade sie waren entschiedene Anhänger der österreichischen Monarchie, auf ihre Staatstreue konnten sich Kaiser und Regierung verlassen. Diese Tradition hatte sich schon beim ersten Besuch Kaiser Franz Josephs 1851 in einer spontanen Huldigung gerade von seiten der jüdischen Bewohner herausgebildet. Durch ihn erhielten sie die ersehnte Gleichberechtigung mit den christlichen Einwohnern, noch geltende Besitzbeschränkungen und mangelnde Freizügigkeit – etwa die Zulassung zum Staatsdienst – wurden aufgehoben. Der Kaiser wußte sehr wohl um diese Anhänglichkeit. Als er 1855 wiederkam und 1880 am Jom Kippur, dem höchsten jüdischen Glaubensfest, sogar den Czernowitzer Tempel besichtigte, war die Ergebenheit der jüdischen Bevölkerung für das Kaiserhaus nicht mehr zu steigern. Sie hatte die Habsburger Monarchie als ihr Schicksalsland anerkannt, das durch liberale Gesinnung ihren sozialen Aufstieg ermöglichte. Auch Ninons Vater, ein angesehener Advokat in Czernowitz und der ganzen Bukowina, war ein treuer Anhänger des Kaisers.

Als Präsident der Advokatenkammer zählte Dr. Jakob Ausländer zu den Spitzenhonoratioren der Provinz. Bei allen offiziellen Anlässen hatte er neben dem Landespräsidenten und dem Erzbischof, dem Landgerichtspräsidenten und anderen Würdenträgern des Kronlandes ehrenvolle Aufgaben wahrzunehmen.[25] Seine patriotische Gesinnung äußerte sich nicht nur im aufrichtigen Stolz über den »Franz-Josefs-Orden« für besondere Verdienste am österreichischen Staatsgedanken, in seiner Mitgliedschaft beim »Österreichischen Flottenverband« oder in der dreimaligen Zeichnung von hohen Kriegsanleihen, wodurch die Familie im Ersten Weltkrieg nahezu das ganze Vermögen einbüßte. Sein österreichisches Engagement zeigte sich auch noch, als die Rumänen 1918 die Bukowina für sich beanspruchten.

Czernowitz wurde geprägt durch den Pruth; seine lehmigen Fluten strömten breit und träge unterhalb der Hügelstadt vorbei, die anmutig und beherrschend zugleich auf jenen Ausläufern der Karpaten lag, die der asiatischen Weite zugerichtet waren. Das Fluß-

Blick auf Czernowitz (aus: Czernowitz wie es einmal war, hg. von der R. F. Kaindl Gesellschaft e. V., Stuttgart)

bett verlief östlich der waldkarpatischen Gebirgszüge am Rande der lößgelben podolischen Tiefebene bis zum Schwarzen Meer – wie eine Grenzscheide zwischen Abend- und Morgenland. Vom Flußtal, dessen weidenumsäumte Ufer den Bewohnern der Grenzstadt immer etwas unheimlich waren und hinter denen im Osten die endlose bessarabische Steppe begann, stieg der Weg von der Pruthbrücke aus steil zur Stadt hoch, deren mitteleuropäisches Stadtbild von der Silhouette des Erzbischöflichen Palastes und der orthodoxen Kathedrale bestimmt wurde. Die russische Grenze war 30 Kilometer weit entfernt. Wien hingegen konnte man nur durch eine mehr als 800 Kilometer lange Bahnfahrt erreichen. Und doch fühlten sich die meisten Bewohner wie in einer Vorstadt Wiens; denn dieser Vorposten des Habsburgischen Reiches und der österreichisch-deutschen Kultur war eindeutig westlich ausgerichtet. Wien war Maßstab. Wien war unbestrittenes Vorbild. Wien war immer Ziel.

Die Czernowitzer haben ihre Stadt denn auch mit liebevollem Stolz »Klein-Wien« genannt. Die unverwechselbare Atmosphäre des kaiserlichen Österreichs lag über ihr, die sich kuppelgekrönt inmitten reicher Obst- und Weingärten auf der fruchtbaren Terrasse über dem Pruthtal ausbreitete. Auf alten Photos erkennt man an Straßen, Gassen, Plätzen und öffentlichen Gebäuden die »Nähe« zur österreichischen Hauptstadt.

Der Geist Alt-Wiens wurde aber auch beschworen im Klang der Namen, die Czernowitzer im Aufblick zu dem großstädtischen

Vorbild übernahmen. Da gab es den »Ringplatz« mit den Ringstraßen, auf denen sich die Bürger gern zum Sonntagsbummel trafen. Sie waren stolz auf die öffentlichen Gärten, die im Anklang an Wien das Stadtbild liebenswürdig auflockerten. Im »Volksgarten« wollten die Spaziergänger sehen und gesehen werden, wenn die Kapelle des k.u.k. Infanterieregiments Erzherzog Eugen Nr. 41 im Musikpavillon ein Platzkonzert gab und sie auf der breiten Hauptallee nahe am »Kursalon«, einem Gartenrestaurant, entlangschlenderten. Die »Schützenhöhe« am Ende des Volksgartens bildete den Schauplatz vieler Festlichkeiten von des Kaisers Geburtstag bis zu den Schützenfeiern, wo nicht nur die altgedienten Veteranen durch ihre schmuckfreudigen, mit Stolz getragenen Uniformen von einer kaisertreuen Gesinnung zeugten. Auf der schattigen »Habsburgerhöhe« hinter dem Erzbischöflichen Palais konnten lufthungrige Städter im Buchen- und Tannenwald auf Serpentinen hochsteigen, um einen weiten Ausblick ins Pruthtal zu genießen. Der »Franz-Josephs-Park« im Stadtinnern mit dem Denkmal der Kaiserin Elisabeth und dem repräsentativen Gebäude der Landesregierung im Hintergrund bot inmitten verkehrsreicher Straßen einen Ort zum Ausruhen. Die »Göbelhöhe« und der »Schillerpark« waren ebenso beliebte Treffpunkte wie die Biergärten und Eislaufplätze. Die Kaffeehäuser, das »Habsburg« in der Herrengasse, das kurzlebige »Nachtcafé Wien« oder das »Kaiser-Café« am Elisabethplatz, hatten etwas Wienerisches. Der Historismus in der Czernowitzer Architektur erinnerte an das Renaissance und Barock imitierende, museale Stilgemisch der Wiener Ringstraße, Musterbeispiele dafür boten die Deutsche Landesbibliothek und das Landesmuseum, worauf die Bewohner besonders stolz waren. Alle öffentlichen Gebäude sprachen vom damaligen Kunstgeschmack in der Hauptstadt, nicht zu vergessen das Stadttheater, das nach Wiener Bauplänen errichtet und zum hundertsten Todestag Schillers eröffnet wurde, wobei die Honoratioren feierlich eine Statue des Dichters an der Frontseite des Gebäudes enthüllten, – das war ein kulturpolitisches Programm! Das Stadtbild wurde zu allen Tageszeiten durch Gruppen junger Gardeoffiziere belebt, die an der »Pardini-Höhe« flanierten, und auch die Studenten der »Alma Mater Francisco Josephina« trugen durch ihre bunten Kappen zum farbenfrohen Eindruck eines Miniatur-Österreichs bei.

Alles Liebenswerte dieser Stadt, aber zugleich auch alles Beengende der gesellschaftlich festgefügten Szene hat sich in Ninons Kindheitserlebnissen niedergeschlagen. Sie liebte die eingrenzende Geborgenheit, die gemütliche Überschaubarkeit, die Nachbarschaft des Vertrauten. Aber gleichzeitig strebte sie aus den einschränkenden Erwartungen und Forderungen dieser Umgebung, wo Klatsch und Tratsch blühten, in eine großzügigere Lebensart, bei der die Maßstäbe der provinziellen Rücksichtnahme nicht galten.

Ninon lernte in dieser kleinstädtischen Enge, sich *geistige* Freiheitsräume zu erschließen, sie überließ sich, so oft sie konnte, dem widerstandslosen Traumreich ihrer Phantasie. Denn meistens war viel Selbstbeherrschung notwendig, um nicht aus dem Rahmen zu fallen, in dem die Mitbürger das Bild einer wohlerzogenen Advokaten-Tochter zu sehen wünschten. Zwischen den oberen hundert Familien waren die Umgangsformen festgelegt, und es war zweifellos schwierig, vor dieser sittenstrengen Oberschicht untadelig zu bestehen.

Die Rücksicht auf den öffentlichen Rang des Vaters stand als Leitstern über dem Familienleben. Sie wurde stets ängstlich betont von der Mutter, die den Reiz der jung erheirateten gesellschaftlichen Stellung im Czernowitz der Jahrhundertwende stolz und in vollen Zügen genoß. Sie konnte sich schöngeistigen Liebhabereien widmen, denn an Hausangestellten herrschte kein Mangel. In der Sorglosigkeit und Großzügigkeit dieser Ehe mit einem alles gewährenden, 14 Jahre älteren Mann erwuchs in ihr das Bedürfnis, die in ihrer Jugend versäumten Möglichkeiten des Erlebens und Lernens nachzuholen. Dabei übertrug sie ihren ausgeprägten Bildungsanspruch auf Ninon, die sie zu ihrer Gesprächspartnerin und vertrauten Begleiterin machte. Sie vermittelte der Tochter beizeiten das Gefühl, sich dem Diktat der lobenden oder verdammenden Umgebung beugen zu müssen, um Vorurteile abzuwehren. So lernte Ninon im Schatten ihrer schönen und geistvollen Mama die ihr zugewiesene Rolle der Gymnasiastin aus gutem Hause schicklich zu übernehmen. Zweifel in ihrem Selbstverständnis entstanden, als sie sich mit Camenzinds Augen sah, dadurch erhielt die weitgehende Identifizierung mit der bewunderten Mutter einen ersten Riß.

»Unsere Erziehung lag ganz bei der Mutter, und weil sie von ihren Eltern überaus streng erzogen worden war und eine schwere und peinliche Jugend gehabt hatte, – so wurden auch wir ›erzogen‹. Wäre es nach meinem Vater gegangen, wir wären aufgewachsen wie die Fohlen; er besaß eine natürliche Ehrfurcht vor allem Lebendigen und eine Vorurteilslosigkeit, die ihn befähigte, alles zu begreifen. Wir aber hatten Kinderfräulein und Gouvernanten und eine Typologie der Erscheinungen, ›vom Kinderzimmer aus gesehen‹, in der ich lange stehen geblieben bin«.[26] In ihrem Rom-Tagebuch 1934 zog sie Bilanz: »Ich hatte einen Hang zum Konventionellen, ich war von jeher unrevolutionär und wollte mich nicht auflehnen. ›So sein wie die anderen‹ war meine Sehnsucht. Gekleidet sein wie Charlotte, frisiert wie Steffi – ach nur den anderen möglichst gleichen! Nicht: ›Wie handle ich‹, hieß es bei uns zu Hause, sondern: ›Wie handelt man?‹ in diesem oder jenem Falle, und dies ›man‹, dieses bürgerliche Gespenst, dieser kategorische Imperativ, beherrschte mich viele Jahre lang, angefangen mit der Kleidung und aufgehört mit der Lebensführung.«

In einer ihrer Kurzgeschichten aus dem Jahre 1912 hat sich Ninon selbst geschildert: »Lolo [Ninon] war im Grunde eine verschlossene Natur. So stark und mächtig jedes Gefühl auch in ihr aufflammte, so wenig verriet sie es je mit einem Wort, ja auch nur mit einem Blick den anderen. Es war fast ein Trotz in ihr, ein Stolz: ›Wenn ich dich auch liebe, was geht's Dich an‹.« Die Sechzehnjährige, die ihre Gefühle meisterhaft zu verbergen gelernt hatte, schrieb: »Einen Moment durchzuckte es sie wie ein entsetzlicher, unerträglicher Schmerz. Aber sie wechselte nicht einmal die Farbe, als sie mit gleichgültiger Stimme antwortete.«

Die Maske, die die gesellschaftliche Rolle vorschrieb, beengte und schützte sie zugleich. Sie wurde ihr zur hemmenden Gewohnheit: »In mir lebte ein Ideal von Selbstzucht und Strenge, das ich immer am unrechten Ort verwirklichte. Vielleicht weil dieses Ideal unecht war, von außen in mich eingepfropft, nicht in mir gewachsen.«

Kein Zweifel: Ninon wollte wohlgelitten sein. Doch ab und zu versuchte sie kleine Ausbrüche, so zum Beispiel, als sie sich mit zwölf Jahren weigerte, Klavierspielen zu lernen, unverzichtbarer Inhalt bürgerlicher Erziehung. »Ich werde zeichnen lernen«, versprach sie. Sie fiel aus der Norm, als sie weiterhin erklärte: »Zur Tanzstunde gehe ich nicht, das finde ich albern!« Daß sie in Wien studieren wollte, stand von Anfang an fest. Dort lockte die Freiheit, – kein Wunder, wenn man die Realität ihres Schulbesuchs im Czernowitzer k. u. k. Ersten Staatsgymnasium mit der ersehnten

Studienzeit vergleicht: Drei Mädchen, unter ihnen Ninon, saßen als »Hospitantinnen« in der vordersten Bankreihe einer Jungenklasse unter dem auf sie besonders streng gerichteten Blick des Gymnasialprofessors. Wenn es zur Pause schellte, führte ein Lehrer die Mädchen unverzüglich hinaus, sie hatten bis zur nächsten Unterrichtsstunde in einem abgesonderten Raum zu warten. Dann wurden sie als letzte wieder in die Klasse geführt. Unter erschwerten Bedingungen mußten sie zudem als »Externe« in jedem Schuljahr eine besondere Prüfung ablegen. Wie sollte da nicht ein Ressentiment gegenüber den Jungen entstehen: warum sind *wir* benachteiligt? *Wir* Mädchen werden es zu etwas bringen! Wir gehen nach Wien und studieren!

Hier liegt wohl auch die Ursache dafür, daß sich Ninon nur schwer als Mädchen annehmen konnte – das teilte sie mit vielen begabten Frauen, die unter der Rollenzuweisung ihrer Umgebung litten. Sie fühlte sich als »Vater-Tochter«, und der Vater war und blieb zeitlebens das geliebte und unerreichbare Vorbild. Wie konnte sie ihm nachstreben, wenn sie – den Erwartungen der Umwelt entsprechend – in die hausgebundenen Pflichten einer Ehefrau und Mutter hineinwachsen mußte? Dagegen lehnte sie sich auf, nicht etwa aus blindem Ehrgeiz, sondern aus einem Gefühl der Gerechtigkeit, das in der Schule verletzt worden war.

Aber Ninon lernte noch eine Möglichkeit kennen, der Rücksichtnahme auf die ungeschriebenen Gesetze der Kleinstadt zeitweise zu entgehen: das Reisen. Sie wurde schon als Sechsjährige von der fernwehkranken Mutter mitgenommen, besuchte regelmäßig mit ihr Museen, Konzerte, Theateraufführungen, auch »im Westen«; das waren Wien, Kopenhagen, Ostende, Mailand und Genua. Die Mutter wollte sprunghaft und hastig die kulturellen Angebote ausschöpfen, ein dankbares Verweilen beim Erreichten war ihr fremd. So lernte Ninon, einbezogen in diese vorwärtstreibende Unrast, kein entspannendes Genießen kennen, keine Freude am Gewonnenen, keine innere Zufriedenheit. Hieraus läßt sich auch ihre Auslegung des Wortes »Zufriedenheit« in ihrem ersten Brief an Hesse verstehen, es wurde von ihr in den Gegensatz zur dynamischen »Glückssuche« gestellt und eindeutig abgewertet. Aufschlußreich erscheint dazu ein anderer Satz aus diesem Brief: »Es muß eigentlich schön sein, wenn es still in einem geworden ist, ganz still und ruhig.« Dieser zaghafte Wunsch, der Unstete – als weitertreibende, innere Sehnsucht gedeutet – einmal zu entfliehen, stieg in der Vierzehnjährigen auf, aber dann wies sie den Gedanken schnell wieder von sich und beschwor das Gespenst einer »Ruhe, wenn sich keine Hoffnung an sie knüpft«.

Das Reisen vermittelte Ninon und ihrer Mutter im Kennenlernen neuer Dinge das Glücksgefühl der Freiheit, während die beiden jüngeren Schwestern in einer Art von Schutz- und Trutzbündnis gegen Ninon und die Mama daheim blieben, mit Bediensteten in die weiten Buchenwälder der Umgebung fuhren oder die Ferien in den Karpaten verbrachten. Der Vater, meist unabkömmlich und oft tagelang bei Gerichtsverhandlungen in der Provinz, gewährte seiner Frau und ihrer erlebnishungrigen jungen Reisegefährtin gutmütig und verständnisvoll jeden ersehnten Ausbruch. Weil er beruflich von morgens bis abends eingespannt war, überließ er alle privaten Entscheidungen der Mutter, deren blitzende Intelligenz und sprühendes Temperament er als Gegenpol zu seinem schwerblütigen Wesen liebte und bewunderte. Gisela Anna Ausländer, unter deren ungebrochenem Einfluß Ninon aufwuchs, war in dem ihr überlassenen Freiraum ängstlich bemüht, daß sie und die Kinder dem Vater Ehre machten.

So gebunden das Alltagsleben in konventionellen Regeln ablief, so frei gestaltete es sich für die Familie Ausländer hinsichtlich konfessioneller Gebräuche: Dr. Jakob Ausländer war ein frommer Mann, dessen Güte, Hilfsbereitschaft und Toleranz sprichwörtlich waren. Er machte aus dieser Haltung heraus seiner Familie keine religiösen Vorschriften. »Unseres Vaters Frömmigkeit betrachteten wir als liebenswürdige Schwäche, die wir gütig duldeten. Wenn er am Vorabend des größten jüdischen Feiertags, des Versöhnungstages, aus dem Tempel kam, sah sein mildes Gesicht noch milder aus als sonst, ein Glanz ging von ihm aus, eine überströmende Güte. Er saß mit uns bei Tisch, während wir unser Nachtmahl aßen, und wir wollten nur immer wieder wissen, wie er das Fasten ertrage. Ob er schon hungrig sei und ob der Duft der Speisen ihn nicht reize und ob man im Tempel das Knurren der Mägen höre – überhaupt, Fasten erschien uns hochinteressant. Er lächelte, beruhigte uns darüber, versuchte, uns auf die Bedeutung des Festes hinzuweisen. Wir hörten zu und fanden den Papa famos – das Fest, das Judentum, die Religiosität sagten uns nichts. Wir vermochten nicht durch Äußerlichkeiten hindurchzuschauen in die Tiefe, uns über Formen, die abstießen, hinwegzusetzen, wir kamen nicht los vom Augenschein.«

Dr. Ausländer selbst hielt die Ostermahlzeit und den Versöhnungstag[27] streng ein, während er der Familie am Weihnachtstag auch den Christbaum schmückte und die Kerzen anzündete, weil, wie er meinte, die Kinder dieses Fest brauchten. Aber an den hohen Bußfesten des Neujahrs- und des Versöhnungstages ging er stets zum Tempel, betete und fastete. Für sich allein feierte er Gedenken und Entsühnung und versäumte nie den Höhepunkt der Andacht im jüdischen Gottesdienst, das Kol nidre (aramäisch: alle Gelübde), benannt nach den Anfangsworten des volkstümlichen Gebetsgesangs am Vorabend des Versöhnungstages. Die schwermütige hebräische Melodie, von Max Bruch in einem Cellokonzert aufgegriffen und ausgestaltet,[28] hat Ninon auch in späteren Jahren als eine Erinnerung an den Vater stark berührt. Bis zu ihrem letzten Lebensjahr zündete sie ihm am »Jom Kippur« – dem Versöhnungstag – eine Totenkerze an.

So gern Ninon jede freie Stunde des Vaters mit ihm geteilt hätte, zum jüdischen Gottesdienst begleitete sie ihn nicht, weil sie die Tempelbräuche als zu ekstatisch ablehnte. »Wir liebten die Rasse nicht, zu der wie gehörten, das heftige Temperament, die fahrigen, maßlosen Bewegungen stießen uns ab; wir hatten von Kind auf zu lernen, uns maßvoll zu bewegen, gedämpft zu sprechen – im Tempel überließen sich alle ihrer Leidenschaft, es wurde geschluchzt, gestöhnt, der Singsang des Betens stieß uns ab. Der Gottesdienst wurde in hebräischer Sprache abgehalten. Wir konnten nicht hebräisch, verstanden die Vorgänge nur zum Teil, begriffen überhaupt nie, warum man sich immer wieder mit dem längst Vergangenen beschäftigte, der ägyptischen Knechtschaft, der babylonischen Gefangenschaft, mit allem, was der Jude seit Jahrhunderten mit sich trägt und was ihm die Atmosphäre seines alten Landes vorzauberte und ihm das Heimatgefühl gibt, das er nirgends dort, wo er wirklich lebt, finden kann.«

Diese »wilden Beter«,[29] die Ninon gelegentlich im Tempel beobachtet hatte, waren ihr, die stets auf Distanz und diszipliniertes Auftreten Wert legte, unheimlich. Darum lehnte sie die ostjüdischen Kultgebräuche ab, in denen das religiöse Entflammen so unverhüllt bezeugt wurde und die Betenden sich gebärdenreich in eine enthemmende Maßlosigkeit hineinsteigerten. Von Galizien her war eine mystische Erweckungsbewegung einflußreich geworden, die sich um eine Wiederbelebung des Chassidismus[30] (Chassidim: hebräisch »fromm«) bemühte und damit auch um eine neue

Verinnerlichung der jüdischen Glaubenslehre gegenüber der erstarrten, volksfremden Gesetzeskasuistik der Rabbiner. Chassidim berücksichtigte die Gottessehnsucht des einfachen Volkes, die seit langem sowohl im Formalismus der Orthodoxen als auch im Aufklärertum der Liberalen und Assimilationswilligen unbefriedigt geblieben war. Die Scheidung zwischen Sakralem und Profanem sollte im Chassidismus überwunden werden, er bezweckte eine Heiligung des Alltags, weil Gott im Zugewiesenen wirke, im Gewohnten und Selbstverständlichen der täglichen Pflicht. So wurde in dieser Lehre der Einzelne ernst genommen, und die in geduldiger Frömmigkeit und Armut ausharrende, oft von Pogromen verfolgte Landbevölkerung glaubte, durch gute Taten und Gebete einen persönlichen Zugang zu Gott zu finden.[31]

Jakob Ausländer, der aus dem nordbukowinischen Dorf Schubranetz stammte, war in seiner Jugend von dieser jüdischen Glaubenserneuerung geprägt worden, die *tätige* Gottesliebe forderte. Ninon verehrte ihren Vater gerade wegen der Eigenschaften, die auf den Einfluß der chassidischen Lehre zurückgingen: »Güte, Mildtätigkeit, Geduld, Nachsicht, Frömmigkeit der Tat, Zuwendung zu den Armen und Beladenen, Achtung vor dem Nächsten in seiner Eigenart.« Für einen Chassidim konnte jeder Einzelne sich zum Mithelfer Gottes steigern; da die Schöpfung heute und immerdar fortdaure, wurde der Mensch durch jede gute Tat am Werk Gottes aktiv beteiligt. So gewann Ninon eine dynamische Sicht vom Kosmos und eine hohe Achtung vor der Verantwortung des Menschen für die Welt. Aber nicht nur die gute Tat als das Band zwischen Mensch und Gott bestimmte den Lebenswandel eines Chassidim, er trieb auch eigene Talmudstudien, pflegte eine Tradition reicher Gebetsmystik und festtäglicher Rituale.[32] Erzählen, besonders die Wiederholung der geheimnisträchtigen Legenden, galt als frommer Akt, den Dr. Ausländer an freien Tagen seinen Kindern gegenüber nicht versäumte. Auch seine religiöse Toleranz, in der er jeden den ihm gemäßen Weg zu Gott finden ließ, spricht von der chassidischen Hochschätzung des Einzelnen. Er leitete Ninon zur Meditation an und riet ihr, immer wieder in die Tiefe des eigenen Gemüts hinabzusteigen, um alle Kräfte dieser Welt in sich selbst zu finden. So lernte das junge Mädchen durch seinen Vater noch einen anderen Weg aus den Zwängen der Wirklichkeit in die Freiheit kennen: den Weg nach Innen.

Ninons Kindheitserinnerungen werden überstrahlt von der wegweisenden Gestalt ihres Vaters. Er gab dem Elternhaus, in dem auch seine Anwaltskanzlei untergebracht war, durch seinen Beruf Mittelpunkt und Gepräge. Als aufsteigender Advokat hatte er ein Haus mit einem baumbestandenen Vorgarten in der Dr. Rott-Gasse 13 gekauft, das aus drei Kanzleiräumen für ihn und seine sechs Mitarbeiter und aus sieben Privaträumen bestand. Es hatte zwei Eingänge, der eine führte in die Kanzlei, der andere in die Wohnung; das Arbeitszimmer des Vaters verband Wohn- und Kanzleitrakt. Für Ninon war es eine angenehme Unterbrechung der Hausaufgaben, schnell in die Kanzlei zu laufen und neue Federn zu holen, Tinte nachfüllen zu lassen oder um einen großen weißen Bogen Kanzleipapier zu bitten, das der Sollizitator nur zögernd aus dem aufklappbaren Stehpult herausgab.

»Das Zimmer war meist voll von Wartenden: Bauern in schwarzen Schafpelzen, Juden im Kaftan und mit Sammetkäppchen, Kleingewerbetreibenden. Der Geruch der Bauernpelze, der Dunst der dampfenden Kleider der Wartenden, die aus Schnee und Nässe kamen und oft stundenlang ausharrten, der Rauch der Pfeifen, das Schwatzen der vielen Menschen schufen eine Dorfwirtshausatmosphäre, die nur durch das Klappern der Schreibmaschine unterbrochen wurde.« Ninon ging an den Konzipienten vorbei, die an großen Stehpulten arbeiteten, am Laufburschen, der in einer Ecke herumlümmelte, in ein zweites Wartezimmer, in dem die »Kapitalisten und Intellektuellen« warteten und wo auf einem Mahagonitisch vor einer Polster-Eckgarnitur Lesestoff lag, die Zeitschriften »Über Land und Meer«, »Die österreichisch-ungarische Monarchie in Wort und Bild«, das »Neue Wiener Journal« und die »Neue Freie Presse«, die der Vater schon frühmorgens gelesen hatte. Den ganzen Tag über war er dann »Helfer, Berater, Retter, Schützer der Menschen, die ihn um seine Hilfe baten. Man kam zu ihm wie zu einem Seelsorger. Er nahm Leid und Mühsal der Beladenen auf sich. Er ergriff es und lud es sich selbst auf. Die Leute gingen schon getröstet fort, sobald er sie nur angehört hatte. Seine milden grauen Augen schauten in die Augen der Verzweifelten und sprachen zu ihnen. Sie gingen leichteren Herzens fort als sie gekommen waren. Er blieb schweren Herzens zurück. Beständig beschattete ihn eine leise Trauer.«

Ninon sah, daß in ihrem Vater die Eigentümlichkeiten fortlebten, die sich durch jahrhundertelange Beschränkung im Judentum herausgebildet hatten. Er war kein Kämpfer, kein Umstürzler, kein

Weltverbesserer, kein Erzieher. Er hatte sich stets gefügt und die Lebensform angenommen, die ihm von außen aufgedrängt worden war. Wie sie selbst neigte er dazu, sich den Gegebenheiten anzupassen und nicht aufzubegehren. Er war fähig, Bedrohungen auszuhalten, Gnade bedeutete ihm Ergebung. »Seine Güte war unkompliziert wie seine Frömmigkeit, sie floß aus seinem Wesen, sie war nicht verklausuliert und bedingt, sondern war da wie etwas Selbstverständliches. Er war groß und hielt sich schlecht, der Kopf war immer ein bißchen vornübergeneigt, als trüge er eine schwere Last. Er war frühzeitig grau geworden. Die Töchter fanden ›grau‹ zu gewöhnlich für den Vater und sagten, er habe einen silbernen Schopf und manchmal blaue, manchmal grüne Augen. Fast immer war sein Gesicht ›traurig‹, versonnen, in sich gekehrt der Blick. Richtete er aber seine schönen milden Augen auf den Menschen, der vor ihm stand, dann strahlte er etwas aus, das einen hinriß, unendliche Güte, ein Wissen um alles, Liebe zu aller Kreatur. Er war der Helfer, der Beschützer, er gab einem durch sein bloßes Dasein ein Gefühl von Geborgenheit.«

So war Ninon tief in der Sicherheit verankert, die von ihrem Vater ausging. »Ähnlich muß einem kleinen Vogel zumute sein, der unter die Flügel seiner Mutter kriecht.« Sie zögerte lange, einen vom behütenden Vater wegführenden Lebensweg einzuschlagen. Aus der Erinnerung schilderte sie den Einklang mit ihm, der ihre Kindheit so reich machte:

»Der Papa stand im Winter um 6, im Sommer um 5 Uhr früh auf, aber es kam auch vor, daß er schon um 4 Uhr früh am Schreibtisch saß. Um 7 Uhr wurde der Samowar ins Speisezimmer getragen und der Papa brühte selbst den Tee und trank ihn, einsam am großen Tisch sitzend, denn wir frühstückten gewöhnlich im Kinderzimmer, und die Mutter schlief morgens lang. Ich habe nie mit Helga[33] darüber gesprochen, aber ich bin gewiß, daß auch sie es als ungehörig empfand, daß uns die Mutter früh nicht weckte. Das gehörte zu unserem Normalitätsideal – früh weckt die Mutter die Kinder, hilft ihnen beim Ankleiden, bereitet das Frühstück und entläßt sie mit einem Kuß auf die Stirn. Uns aber weckte das Fräulein – später war es eine Mademoiselle, schläfrig schluckten wir unseren heißen Cacao herunter, eigentlich erwachte man erst in der Schule. Als ich 14 Jahre alt war, goß ich dem Papa den Tee ein, strich ihm ein Butterbrot – denn er aß keine Semmeln – und unterhielt mich gedämpft (um die Mutter nicht zu wecken) mit ihm über Syntax und

Aoriste, Homer und Plato und die Schwierigkeiten der Mathematik. Manchmal, im Sommer stand ich schon vor 7 Uhr völlig angekleidet, die Büchermappe unterm Arm, vor ihm; dann gingen wir spazieren und frühstückten draußen im Volksgarten. Nachher begleitete mich der Vater ins Gymnasium, das in der Nähe des Landesgerichts lag, und ich war glücklich über den schön begonnenen Tag, beschwingt durch das Gespräch und das Eins-sein mit meinem Vater, und fühlte eine Kraft in mir, Großes zu leisten, Ungeduld, dem Schulzwang zu entfliehen, und Sehnsucht nach später, nach Ferne.«

Durch diese starke Bindung an den Vater hatte Ninon Achtung und Ehrfurcht als Wesensbestandteil der Liebe erfahren. Sie hat auch jede spätere Liebe am Grundmuster dieser behütenden Vater-Kind-Liebe gemessen. Darum galt ihre Zuneigung meist überlegenen, reifen Männern, deren menschliche Sicherheit ihr Vertrauen einflößte und die sie in ihrer Entwicklung zu fördern vermochten. Dadurch entstand gleichzeitig die Gefahr, daß die erotische Erfüllung in einer solch geistbetonten Gemeinschaft unterschätzt wurde oder, wie Ninon es einmal nannte, »daß Liebe und Lust für immer getrennt wurden«. Indem sie sich voll und ganz auf den sorgenden Vater verließ und eigene Auseinandersetzungen mit der Umwelt vermied, mangelte es ihr lange an Vertrauen in die eigene Durchsetzungskraft. Sie fühlte sich ungeübt in der Standfestigkeit gegenüber den Anforderungen der Wirklichkeit. Andererseits gewann sie, die nie Selbstbehauptung und kämpferische Absetzung vom Elternhaus versucht hatte, die Fähigkeit, ihr Ich hintanzusetzen und sich dem Nächsten hilfsbereit zu öffnen. Sie war jederzeit bereit, aus Respekt vor einem überlegenen Partner sich selbst zurückzunehmen. In der Liebe zu ihrem Vater wurzelte ihre Toleranz, ihr Zuhören-Können und Gewähren-Lassen, ihre Begabung zum Gedankenaustausch, zum Mitschwingen und Assimilieren.

Das Elternhaus war für Ninon eine Enklave der Geborgenheit gegenüber den Forderungen der Welt. Oft hat sie allerdings auch seine Glashaus-Atmosphäre als belastend empfunden. »Der jüdische Fatalismus und die bürgerliche Befangenheit in Konventionen steckte in uns. Aber man hatte die Frömmigkeit verloren, die zu dem Fatalismus gehörte, und die Selbstsicherheit, die den Bürger stark macht. Man war gefangen, ohne die Gefängnismauern zu sehen; man schaute durch Glas und merkte es erst, wenn man in die frische Luft wollte und seinen Schädel blutig stieß. Aber meistens wollte man gar nicht an die Luft, sondern blieb daheim.

Man dachte nicht, man lebte darauf los. Man hatte die Richtung verloren, aber man merkte es noch nicht und torkelte dahin, Tag um Tag, Jahr um Jahr. Es hatte einmal Frömmigkeit gegeben und Ehrfurcht vor dem Gesetz; Eßvorschriften, Waschvorschriften, Ehevorschriften, Heiligen der Feiertage, Fasten, Beten, die heiligen Bücher lesen, Gott vertrauen. Man hatte sich davon emanzipiert, man lebte nicht im Ghetto, man machte sich ein wenig lustig über das buchstäbliche Befolgen des Gesetzes, man anerkannte es nicht. Was weiter? Folgten andere Gesetze, eine Reformation vielleicht, ein neuer frischer Wind? Nein, es folgte Gesetzlosigkeit, Willkür, »Freiheit«, aber die Freiheit war nicht erworben in der Strenge des Denkens, in der Qual der Auflehnung – sondern sie war Anarchie, sie setzte ein Leeres an Stelle eines Ausgefülltseins, sie war zuchtlos, gedankenlos, ordnungslos. Das Leben hatte keinen Sinn, aber man bemerkte nicht einmal das. Man war auch feig, etwas mit der neuen Freiheit anzufangen – nicht einmal sie zu genießen, wie es die nächste Generation tat.«

Ninons Feststellung: »Wir wurden ohne Religion erzogen« steht der Religiosität ihres Vaters und ihrer eigenen Behauptung gegenüber: »So wenig wir das Judentum achteten, so sehr waren wir doch unbewußt davon durchdrungen.« Wenn sie auch nie eine Zugehörigkeit zur jüdischen Kultgemeinde empfand, so blieb sie doch stets gebunden an die hinterfragende Denkweise, die ihr durch den Vater vermittelt worden war. Die oft bewunderte und gefürchtete jüdische Intelligenz verdankt ja ihre kritische Besonderheit nicht zuletzt der formalen Denkschulung durch den religiösen Diskurs. Dr. Ausländer erläuterte seinen Töchtern, warum der Talmud außer der Niederschrift der von Gott verkündeten mündlichen Offenbarung auch die Denkarbeit eines Jahrtausends – also die Rezeptionsgeschichte vom 6. Jahrhundert vor bis zum 5. Jahrhundert nach Christus – enthielt. Er bewies ihnen, daß die aufgezeichneten Religionsgesetze gleichzeitig in einer den Geist schärfenden antithetischen Form diskutiert wurden, daß Erzählungen, Sittensprüche eingebaut und alle jüdischen Lehren, Vorschriften und Überlieferungen der nachbiblischen Zeit zusammengetragen wurden, damit sie von jedem Gläubigen zu überprüfen seien. Er selbst erläuterte die Bibel auf liberale Weise, denn er faßte sie als ein Buch von Menschen auf, die von ihrer Begegnung mit

Gott ergriffen waren, darüber berichteten und eigene Überlegungen anstellten. Er wies seine Töchter darauf hin, daß es um die Anverwandlung des Überlieferten im mitfolgernden Denken gehe – hier wie überall.

Ninons Freude am wahrheitsklärenden Disput wurde entfacht durch die jüdische Geistigkeit, das freizügige Auslegen und Erörtern, das keine autoritären Tabus zu berücksichtigen hatte. Es gibt Tagebuchseiten, auf denen sie jede eigene Feststellung durch eine selbstgefundene Frage relativierte oder aufhob. Aber sie analysierte auf diese Weise nicht nur die eigenen Erkenntnisse und stellte alles Gewonnene wieder in Frage, sondern auch die eigene Person. These und Antithese erstanden in ihr selbst.

Die Briefform war darum die ihr gemäße Ausdrucksweise. Um sich selbst zu entdecken, brauchte sie das Zwiegespräch. Das zeigte sich auch in ihrem ersten Brief an Hermann Hesse, der schon alle Stilmittel enthält, die ihre späteren Schriften kennzeichnen. Ninon benötigte ein Gegenüber, um den Gedankenfluß voll strömen zu lassen. Während sie schrieb, machte sie Fortschritte in der Bekanntschaft mit sich selbst. Es war der Mitteilungsstil der Romantik, für die der Brief die bevorzugte literarische Ausdrucksform war, ein Stil, den Kleist als »Verfertigung der Gedanken beim Reden« gekennzeichnet hatte. Das Sprechen (auch beim Niederschreiben) richtete sich aus am »Du«, dessen mögliche Einwände bereits berücksichtigt wurden. Im sprachlichen Einkreisen, in Wortwiederholungen spiegelt sich ihr Denkprozeß. Dabei wirkt ihr Stil klar und lebhaft; sie benutzte gern emphatische Doppelungen, so wenn sie von Camenzind sagte: »Glück, – Glück hat er gesucht.« Verstärkende Wortvariationen, spontanes Folgern und Aufsplittern der eigenen Behauptungen machen den Reiz ihres Briefstils aus, der am deutlichsten beweist, daß sie ein dialogischer Mensch war, für dessen Selbstdarstellung und Abgrenzung der Partner unerläßlich ist. Auch darin traten Herkommen und erzieherischer Einfluß des Vaters zutage.

Ninon hat in ihren autobiographischen Aufzeichnungen ausführlich über ihre zwiespältige Beziehung zur Mutter berichtet, deren innerer Abstand zum jüdischen Glauben ausgeglichen wurde durch eine ehrfürchtige, schöngeistig betonte Hingabe an Kunst und Wissenschaft, die für sie eine Art Religionsersatz darstellten. Wie in allen literaturbeflissenen Kreisen des Bildungsbürgertums sahen die Töchter schon als Kleinkinder die »goldenen Klassiker«

mit den Augen der Mutter, Schätze verheißend, im Bücherschrank stehen. Eine französische Gouvernante hatte neben der Beaufsichtigung der drei Kinder auch noch die Aufgabe zu übernehmen, die Sprach- und Literaturkenntnisse der Mutter zu vervollkommnen. Die Mutter leitete die Töchter dazu an, Lebensmuster in der Literatur zu finden.

Musische Beschäftigungen aller Art waren für die weiblichen Mitglieder der Familie obligatorisch. Darin spiegelten sich die gesellschaftlichen Verhältnisse der Zeit, in der die Frau als kostbarer Besitz des Mannes, ja als »Zierde seines Hauses« durch Auftreten, Belesenheit und Kunstgeplauder seinen Rang bezeugte. Den Töchtern erschien das Leben zweigeteilt: zielstrebige Leistung kennzeichnete die rauhe Zweckwelt des Mannes; was er jedoch durch berufliche Erfolge erreicht hatte, verwandelte seine von lästigen Alltagspflichten und Knappheitssorgen unabhängige Frau in zweckenthobenes Bildungsstreben und gesellige Kulturpflege. Daß Ninon sich dieser vorbestimmten Rollenverteilung in einer bürgerlichen Ehe von Anfang an widersetzte, bewies ihr Wunsch, einen Beruf zu ergreifen, um – wie sie es in einem ihrer Briefe an Hesse ausdrückte – »Gutes zu leisten«. Ninon hat ihre Mutter schon früh als Dillettantin im Reich der Künste und Wissenschaften durchschaut. Vor allem störte sie die gläubige Art, in der jene alles angebotene Bildungsgut wahllos in sich aufnahm. Sie verstand, daß der dreißigjährige Vater als junger Rechtsanwalt einst von der Schönheit und dem Übermut der sechzehnjährigen Gisela entzückt gewesen war. Aber sie verzieh der Mutter nicht, daß sie in einer mutwilligen Oberflächlichkeit und Koketterie auf dieser Entwicklungsstufe stehengeblieben war. »Sie war ein Kind, als er sie heiratete, trotzdem sie inzwischen 20 Jahre alt geworden war, und sie blieb ein Kind auch als seine Gattin, auch als sie Mutter geworden war. ›Du bist ein Kind und wirst es e-ewig blei-eiben...‹ hieß es in einem damals beliebten Mode-Lied, ›das e-echte Weib bleibt e-ewig Kind‹. So etwas fand man – zumindest in einer gewissen Schicht des Bürgertums – ergreifend. Der Vater behandelte sie, als wäre sie das Herrlichste und Kostbarste auf der Welt. Für sie hingegen war er in erster Linie der Mann, der ihr jeden Wunsch zu erfüllen suchte, der ihr am liebsten, wie man es damals ausdrückte, seine Hände unter die Füße gelegt hätte, damit sie leicht ihren Weg ginge.«

Schon als Kind beobachtete Ninon, daß die Mutter ständig unzufrieden war: »Bei Tisch kritisierte sie die Speisenzusammenstellung oder -zubereitung, während alle stillschweigend dachten, die Mutter hätte sich ja rechtzeitig darum kümmern können, daß die Speisen richtig zubereitet würden. Aber einen solchen Vorwurf hätte sie gar nicht verstanden! Sie lebte in einem Traum, sie erwachte niemals. Haus, Garten, Möbel, Kleider, Mann, Kinder hat sie nie besessen. Sie bekannte sich nicht zu ihnen, sie litt sie nur und beklagte sich gelegentlich über sie. Sie haßte die Stadt, in der sie lebte, und das Leben, das sie führte. Wie ein Traum entglitt es ihr. Sie tat nichts, sie lebte und war unglücklich. Wie man im Traum in den unwahrscheinlichsten Situationen lacht, lachte sie zwischenhinein ein helles, herrliches, ansteckendes Lachen.«

Die Tochter empfand Unwillen und Mitleid gegenüber der Wirklichkeitsscheu ihrer Mutter. Hinter der eleganten Kleidung, hinter der modischen Löckchen-Frisur, hinter Anmut, Schlagfertigkeit und Witz erkannte sie eine tiefe Hoffnungslosigkeit. »Ihr war alles Spiel. Das machte sie so leicht, so entzückend, sie glaubte an die Märchenwelt, in der sie lebte. Sie glaubte auch nicht an das Böse. Sie liebte Schönheit und Gepflegtheit, Glätte, Grazie, gutes Benehmen [...] Sie liebte die schöne Oberfläche, den ›Esprit‹ mehr als den Geist, das Geschmackvolle mehr als das Künstlerische, den Schein mehr als die Wirklichkeit [...]. Sie paßte nicht in die Welt, in der sie lebte. Sie war vielleicht dazu geschaffen, in der ›großen Welt‹ zu leben, nicht in einem Bürgerhaus der Provinz. Sie war geschaffen, verehrt und verwöhnt zu werden, von Zofenhänden angekleidet, mittags und abends Gäste bei sich zu sehen oder eingeladen zu sein, zu tanzen, oder abends eine Weile in ihrer Loge im Theater zu sitzen, vor den Empfängen und Bällen. Das mondäne Leben wäre ihr nie langweilig geworden, etwas Hinreißendes lag in ihr, etwas Lebenssprühendes, ein Sichverschwendenkönnen im Augenblick.«

Das Koboldhafte, Neckisch-Verspielte hat der Mutter oft den Beifall der Umgebung eingetragen. Reiche Ehemänner konnten sich solche Luxusgeschöpfe, Puppenfeen, leisten. Dazu besaß Gisela Ausländer eine besondere Einfühlungsgabe und war schauspielerisch begabt. »Sie verstand dabei das Wesentliche so ausgezeichnet zu treffen, daß man glaubte, den Menschen leibhaftig vor sich zu haben, den sie mit irgendeiner schnellen Bewegung der Schulter etwa, einem gewissen Neigen des Kopfes oder einem Zuspitzen des Mundes mit hochgezogenen Brauen charakterisiert hatte. Wie Menschenstimmen konnte sie auch Tierstimmen imitieren, sie bellte und miaute vorzüglich, einmal, in einer Sommerfrische, unterrichtete sie einen Hahn im Krähen, wie sie sagte. Er krähte wirklich jammervoll, Mamas Krähen klang viel überzeugender.«

Die Flucht aus jedem Lebensernst in ein unverbindliches Gelächter, die Ablehnung von Sorgen und Ängsten der anderen durch die Rettung in die distanzierende Ironie, dafür konnten die Töchter erst, als sie erwachsen wurden, Bewunderung aufbringen. Vorher aber galt: »Wir wollten eine Mutter haben, und für das Charmante, das Entzückende, das in ihrem spielerischen Wesen lag, hatten wir als Kinder kein Verständnis.«

Ninons zwiespältiges Verhältnis zur Mutter hat sich in ihrer Einschätzung von Frauen und damit auch von sich selbst niedergeschlagen. »Ich hasse Frauen«, notierte sie mehrfach. Ihre Verachtung galt vorwiegend jenen Frauen ohne Eigenwert, die sich in allem auf den Ehemann verließen, die Ausbildung ihrer Persönlichkeit vernachlässigten und nicht einmal den ohnehin engen häuslichen Pflichtenkreis ausfüllten: »Du bist Deinem Gatten keine Kameradin und Deinen Kindern keine Erzieherin gewesen.«

Seit je wirkte das Vaterbild übermächtig in Ninon, aber es erschien ihr vorerst unmöglich, ihm auf dem Weg der Güte und Toleranz zu folgen. Zeitlebens strebte sie danach, dem gerechten und alles zusammenhaltenden Vater ähnlich zu werden. In der Jugend aber brauchte sie ein *erreichbares* Vorbild, und möglichst das Vorbild einer *Frau*. Daraus erwuchs ihre Zuwendung zu der aus der provinziellen Szene herausragenden Johanna Gold, die in Zürich Biologie studiert und nach Czernowitz geheiratet hatte. »Ich war 14 und sie 28 Jahre alt, als wir uns fanden«, schrieb Ninon über den Beginn dieser Freundschaft. »Sie erschien mir als das vollkommenste Wesen, ich liebte sie vom ersten Augenblick an, da ich sie gesehen hatte. Ich liebte die Glätte ihrer Haut und die Farbe ihrer Haare, ich liebte ihre Stimme, ihren schnellen, festen Gang, ihre hellen durchdringenden Augen, den fein geschnittenen Mund, dessen Winkel leicht emporgezogen waren wie bei den Frauen Leonardo da Vincis. Ihre Stirn war hoch und schmal wie das ganze Gesicht, den kleinen Kopf trug ein hoher Hals, die langen zartgliedrigen Finger hatten außerordentlich schön gewölbte Nägel. Sie war nicht groß, sehr schlank, zart und dabei kräftig. Etwas Federndes war in ihr, etwas Aufstrebendes. Ich träumte Tag und

Nacht von ihr, die mich kaum zu bemerken schien.« Ninon verstummte vor Herzklopfen, als die Bewunderte sie ansprach. »Mit einer mir ganz fremden, ihrer eigensten Stimme, sagte sie Worte, die mich bestätigten. Ich sah sie an. Mein Blick tauchte in den ihren, und in meinen Augen muß meine Liebe zu ihr gestanden sein. Sie sah mich an, so daß ich in Scham erglühte. Denn wie unwürdig war ich solchen Blicks! Aber gleichzeitig gelobte ich mir in jener Minute, dieses Blicks und dieses Menschen würdig zu werden. Ich wollte ein Held, ein Ritter, ein Weiser, ich wollte ein wunderbarer Mensch werden.« Johanna gegenüber wurde Ninon zur Werbenden und Strebenden. Alles, was sie dachte und erlebte, trug sie von nun an ihr zu.

»Ich liebte sie wie eine Göttin – diese Liebe brach in mein Leben ein wie ein Sturm – fegte weg, was nicht standhielt, beherrschte mich völlig. Jahrelang blieb diese Freundschaft das höchste Gefühl, das ich kannte. Sie versetzte mich in einen Glückszustand, der einem Rausch glich – aber dem Rausch folgte niemals die peinliche Ernüchterung, sondern ein wacheres Entzücken. Unsere Freundschaft war schön wie eine Liebe, in jedem Jahr wurde sie inniger.«

Dziunia, wie Ninon die Freundin zärtlich nannte, befreite sie von einem Stau eingedämmter Gefühle. Vorbehaltlos teilte sie alles, auch ihre kostbaren Lese-Erlebnisse mit ihr, aus deren Mund sie zuerst von Hermann Hesse hörte, denn Johanna Gold war es, die ihr den »Peter Camenzind« schenkte.

Ninon hat die Gefühlsseligkeit jener Jahre in Verse einströmen lassen, die uns heute als überschwengliche Stilisierung eines Freundschaftsgefühls anmuten. »Schön bist du, und ich darf dich sehen, mich an deiner Schönheit freuen. Mein Auge darf Dir folgen – wie beglückst Du mich!« beginnt ein Gedicht, dem sie in jugendlicher Bewunderung die Überschrift »Einer schönen Frau« gab und das mit der Zeile endet: »Wie reich bist Du, die mich so reich beschenkt«. Unter der Widmung »Der Freundin« schrieb sie schwärmerische Verse: »Doch Du bist Licht, bist Wahrheit und bist Treue«. Sie hatte das Bild der Freundin als Inbegriff des Guten und Schönen in sich aufgenommen: »Selig erschauernd fühle ich das Glück: dich Freundin zu nennen!«

Johanna war streng gegen sich und andere. Verantwortungsgefühl war ihre hervorstechendste Eigenschaft. Die Ernsthaftigkeit, mit der sie alles anfaßte und zu Ende brachte, stand im Gegensatz zur Verspieltheit von Gisela Ausländer. Ninon wurde in die Pflicht genommen, was ihr im Elternhaus nicht geschehen war. Johanna hat die Zuneigung der Freundin stets als eine erzieherische Aufgabe empfunden, oft redete sie die Jüngere mit »Mein Kleines« an, hob warnend den moralischen Zeigefinger, und auf Ninons Frage, warum sie ihr ständig Ratschläge erteile, antwortete sie: »Ich könnte erwidern, wie alle Eltern und Erzieher es immer tun, aus Liebe.« Ninon erkannte später: »Sie liebte mich, aber nicht mein Sein, das ihr zufällig erschien – sie liebte mein Wesen, das noch unentwickelt war. Niemals machte sie sich irgend etwas leicht. Und so verlegte sie die Liebe zu mir in die Zukunft, in der ich mich bewähren mußte.« Johanna bürdete dem »Zögling« auf, stets den schwersten, den unangenehmsten Weg zu wählen. Sie war eine Mentorin, die stets »das Höchste« erstrebte und »das Beste« verlangte. Ninon dazu: »Und was das Beste war, darüber hatte ich keine Zweifel: Besser war alles, was meinem Wesen entgegengesetzt war.«

Die Gefahren dieser beherrschenden Freundschaft konnte Ninon erst Jahre später abwehren. »Nicht mir, dem unerkannten, unerschlossenen Wesen wollte ich gleichen, sondern ihr«, schrieb sie im Rückblick auf jene Jugendjahre. »An dem Tag, an dem die schönste Beziehung begann, die ich zu einem Menschen gehabt habe, begann mein Leben an meinem Ich vorbei.«

In einer »Selbstentfremdung aus Liebe« habe sie das Vortrefflichkeitsideal der Freundin übernommen, ein »Höher- und Höherstreben« um seiner selbst willen. Sie hat die wachsende Spannung zwischen ihren eigenen Wünschen und dem »Gesetz« der Johanna Gold schon 1916/17 in einer Erzählung aufgedeckt – transponiert auf zwei junge Männer. Der jüngere möchte aus einer ihn fördernden und dennoch bedrückenden Freundschaft ausbrechen. Stichwortartig konzipierte Ninon das Ende ihrer Geschichte: »Zum ersten Male taucht der Gedanke auf, daß alles entlehnt ist, zitiert, nichts eigen... In der Nacht Verbergen des Gesichtes... Schauder vor den Kleidungsstücken des Freundes... Am nächsten Tag Beginn neuer Selbstquälerei... Immer stärkerer Haß gegen den Freund... In der Nacht Versuch, den schlafenden Freund zu töten. Dieser erwacht, mißversteht, ist voll zarter Aufmerksamkeit. Der Verzweifelte tötet sich selbst, – Ausweglosigkeit.«

Ninon hat das Scheitern ihrer ersten Ehe mit dem Karikaturisten B. F. Dolbin zum Teil auf die starke Beeinflussung durch die Freundin zurückgeführt, mit deren Moral- und Ehransprüchen sie dieser Künstlerehe nicht gerecht werden konnte. »Dziunia bewahrte mich vor ›Niedrigem‹, aber vielleicht wäre es besser gewesen, niedrig zu werden?« fragte sie 1932 im Entwurf zu einem Roman »Freundschaft eines Lebens«, in dem sie die langjährige Beziehung zu Johanna verarbeiten wollte. Sie nannte sie darin im Anklang an Goethes Frau von Stein »Charlotte«,[34] um das erzieherische Element ihrer Freundschaft herauszustellen.

Beim Abschied von der Kindheit aber fand Ninon eine Stütze in der selbstsicheren und lebensgewandten älteren Freundin. Eine solche Überlegenheit wünschte sie sich, wenn sie unter der eigenen Gefügigkeit litt, aus der sie von klein auf nur einen Ausweg gefunden hatte: Die Fluchtwelt der Phantasie, in der sie unumstritten herrschen durfte!

Schon als Elfjährige hatte sie stundenlang allein im geliebten Garten gespielt »mit einem Croquethammer und -kugeln. Es war ein Drama, das ich mit ihnen gleichzeitig erfand und aufführte. ›Oderint dum metuant‹ [Mögen sie hassen, wenn sie nur fürchten], hieß es. Der Satz hatte in meiner lateinischen Grammatik als Beispiel für ›dum mit dem Konjunktiv‹ gestanden und mich mächtig ergriffen. Mein Drama verherrlichte einen gewaltigen Tyrannen, und seine Aufführung durch Croquetkugeln mußte zuweilen unterbrochen werden, weil ich mir die Ehren- und Ruhmbezeugungen ausmalte, die mich, die Schöpferin des Dramas, erwarteten«. Ninon spielte »Dichterin«. Ruhm für ein Werk erschien schon der Elfjährigen höchst begehrenswert.

Der Kindheitsgarten mit den aufgesteckten farbigen Glaskugeln zwischen den Rosenstämmchen, den bizarr geformten Buchsbaumhecken, den wild blühenden Staudenbeeten und dem lichtfleckigen Nußbaumschatten erzeugte in ihr eine Stimmung für das Wunderbare, so daß sie »Schöpferin« sein und trockene Lehrsätze mit dramatischer Handlung füllen konnte. In einem versteckten Gartenwinkel las sie ungestört viele Stunden. »Ein Glück berauschte mich, von dem ich nicht hätte sagen können, worin es bestand.« Sobald sie die Anforderungen der Schule pflichtbewußt erfüllt hatte, flüchtete auch die Vierzehnjährige noch in die traumspendende Hängematte, ins Camenzindsche Leseglück: »Mir ist, als hätte ich jenen ganzen September lesend und träumend in der Hängematte verbracht. Ich war ganz von Versen erfüllt, Wolken zogen über dem blauen Himmel, und ich träumte ihnen nach, es sang in mir, nichts war klar und fest umrissen, es war Wiegen und

Tanzen, Schweben... Ich hatte im vergangenen Winter vieles gelesen, Keller, Mörike, Lenau, Goethe, Wieland, Herder. In der Schule schrieb ich alle Verse, die ich liebte, in ein Heft, anstatt dem Unterricht zu folgen, es war immer ein Gesang, der in meinen Ohren tönte, eilends schrieb ich nieder, was ich hörte, und alles das war mein. Ich war eine Harfe, in der wunderbare Melodien erklangen: ›Es ist so stille hier, als ob der große Pan gestorben wäre‹. Oberon tauchte auf, Niels Lyhne, Gösta Berling, der grüne Heinrich, Hermann Lauscher und Peter Camenzind. Von Peter Camenzind wußte ich viele Seiten auswendig, ich liebte dieses Buch mit einer Leidenschaft und Inbrunst wie kaum ein anderes. Und wenn ich in meiner Hängematte geliebte Verse sprach, den Wolken nachträumte und das Leben in schwebender Ungewißheit vor mir lag wie ein Traum, dann war es beglückend, daß keiner von meinen Träumen wußte.«

Diese Erinnerung an den September des Jahres 1910, in dem sie ihren ersten Brief an Hesse schrieb und die Freundschaft Dziunias gewann, wurde von Ninon gegen Ende der zwanziger Jahre niedergeschrieben. Ihr war noch lebhaft gegenwärtig, wie ungehemmt sie sich damals dem Gelesenen hingab. Verse – Wolken – Träume, diese Wortfolge steht leitmotivisch am Anfang und Ende ihrer Eintragung und läßt unüberhörbar jenen Dreiklang auftönen, den Peter Camenzind einst in seiner rauschhaften Naturdichtung angeschlagen hatte. In ahnungsvollem Dahinträumen lauschte sie nach innen, dabei folgten ihre Blicke den ziehenden Wolken, die Hesse-Camenzind als Sinnbild unbestimmter Sehnsucht seitenlang aufs einfühlsamste geschildert hatte. Verse, Wolken, Träume verschmolzen für sie zu einer erlebten Einheit, deren Stimmungsgehalt sie noch nach so vielen Jahren heraufbeschwören konnte.

Sie fühlte sich als Instrument, das durch Dichtung zu Klang und Leben geweckt wurde: »Ich war eine Harfe«. Sie hatte nicht nur mit ihrem Verstand gelesen, sondern mit allen Kräften des Gemütes; das Gelesene war in sie eingegangen, hatte sie ganz durchdrungen und verwandelte sich zu einer »wunderbaren Melodie«, die ihren Schulalltag übertönte. Sie mußte diesen »Gesang« wie ein Diktat niederschreiben, das allein befreite sie vom mächtigen Nachhall des Erlebt-Gelesenen. Die Hast, mit der sie das Andrängende, das da laut in ihren »Ohren tönte« zu Papier brachte, zeigte sich in der Doppelung: »Ich schrieb... eilends schrieb ich nieder...«. Dieser Zwang zur Niederschrift des auswendig gesprochenen Textes zielte auf die von ihr ersehnte Teilhabe an der künstlerischen Kreativität. Die Reproduktion gewährte ihr die weitestmögliche Identifikation mit dem Dichter. »Alles das war mein.« Erst das *schreibend* Anverwandelte machte sie reich!

Das gleiche Hochgefühl vermittelte ihr der Nachvollzug des Malens. Sie kopierte Gemälde, um sehen zu lernen, wie der Maler gesehen hatte. Immer wieder suchte sie in der nachgestaltenden Wiederholung das Einswerden mit dem Künstler.

Kunst wurde von ihr als Entgrenzung erlebt. Die schwingende Hängematte stand für sie in einem sinnbildhaften Zusammenhang zur raum- und zeitauflösenden Kraft der Dichtung. Im Schwingen, Wiegen, Schweben lösten sich die Umrisse der Dinge auf, die Welt zerfloß »in schwebende Ungewißheit«. In der Kunst spürte Ninon einen ähnlichen Glücksrausch von erdenthobener Schwerelosigkeit; nur hier fühlte sie sich von den niederziehenden Gewichten des Alltags erlöst. Was die Bücher in ihr an Freiheit und Verheißung geweckt hatten, übertrug sie erwartungsvoll auf das Leben: mit Hilfe der Poesie würde sie es bestehen. Immer wieder könnte sie die Schranken der realen Welt überspringen, könnte sich retten in den Zaubergarten der Kindheit und der Dichtung.

Zu den wegweisenden Bindungen, die Ninon aus der Kindheit ins Leben hinübergeleiteten, gehört darum ihre Beziehung zu den Dichtern. Da sie die lebensverändernde Kraft der Dichtung an sich selbst erfahren hatte, suchte sie hinter allem, was sie las, den Künstler, der solche Verwandlung bewirken konnte. Zu dieser Zeit tauchte zum ersten Male die »Gestalt« auf, eine Schöpfung ihrer eigenen Phantasie. Wie eine Spinne den Faden aus ihrem Leib herausspann und an ihm auf- und abtanzte, so habe sie die »Gestalt« aus sich heraus erschaffen und lebe mit ihr »in mystischer Vereinigung. Fortan begleitete mich die Gestalt, und ich sprach über alles mit ihr«.[35]

Lesend hatte Ninon sich die »Gestalt« vor ihrem inneren Auge aufgebaut. Sie sah die Romanfiguren als Protagonisten der Dichter, und wenn sie mit ihnen wie mit Freunden Umgang pflegte, so wünschte sie dem Autor zu begegnen. *Ihn* wollte sie erfassen, der eine so rätselhafte Macht ausübte, ihn, das war nicht der einzelne Dichter, es waren nicht Goethe, Keller, Hofmannsthal oder Schnitzler, sondern es war das Wesenhafte, das sie alle verband und das sich in Ninons Vorstellung zur »Gestalt« zusammenfügte.

Was immer sie las, sie blickte durch das Werk hindurch auf seinen Verfasser. Noch 1966, in ihrem Todesjahr, versicherte sie beglückt: »Ich erlebte Aischylos durch das Stück hindurch, als wäre es nur ein Schleier«.³⁶

Voller Überraschung fand Ninon in Goethes »Dichtung und Wahrheit« – im 13. Buch zur Entstehung des »Werther« – die Schilderung einer ähnlichen »Gestalt«: es ging dabei um die Umbildung des Selbstgesprächs in ein Zwiegespräch. In seiner Vorstellungskraft verwandelte der Dichter das einsame Denken zur geselligen Unterhaltung, indem er, wenn er allein war, irgendeine Person seiner Bekanntschaft im Geiste zu sich rief, sie bat, sich zu setzen, und an ihr auf- und abgehend das besprach, was ihn gerade beschäftigte. Während aber hier zu den dialektischen Übungen die widersprechendsten Geister zitiert wurden, rief Ninon immer die »Gestalt«,³⁷ die sich aus dem Text, den sie gerade las, herauslöste.

In Peter Camenzind war Ninon die »Gestalt« zum ersten Male nahegerückt und als Hermann Hesse greifbar geworden. Um sich seine »Gestalt« zu bewahren, hat sie es lange vermieden, ihm persönlich zu begegnen, sie hatte Angst, der Mensch und Mann Hesse könne die »Gestalt« zerstören, oder sie selbst würde dieser Begegnung nicht standhalten und die für sie so glückhafte Briefbeziehung könne abbrechen. Lebenslang fürchtete sie, ein Mensch könne nicht bestehen vor der Wirklichkeit einer von ihr erdachten »Gestalt«. Briefe hingegen machten die »Gestalt« unangreifbar, denn sie bewahrten menschliche Distanz trotz geistiger Nähe. Die Bindung an die »Gestalt« aber verschaffte ihr die Geborgenheit, in die sie sich lesend hineinsehnte.

Auf diese Weise wurde für Ninon jedes Buch zur Begegnung und das Gelesene zur eigenen Erfahrung. Gleichwertig mit den Tagesereignissen vermerkte sie darum in ihren Notizbüchern stets die abendliche Lektüre. Und wie man Erlebnisse nicht beliebig wiederholen kann, so ging es ihr auch mit dem Wiederlesen. »Ich nahm ›Cecile‹ von Fontane in die Hand und dachte, ich würde sie lesen, ich freute mich darauf. Aber es ging nicht. *Es war gelesen und vorüber für immer*, fühlte ich. Es kann nicht wiederkehren, was ich ehemals (lesend) erlebte. Lesen war ein Stück Leben und konnte eben darum nicht wiederholt werden. Vorüber war es«.³⁸

Über diese Grenzverwischung zwischen Realem und Gelesenem vermerkte sie einmal: »Wenn ich siebzig Jahre alt sein werde, wird es mir scheinen, als hätte ich alles das gelebt, was ich gelesen oder gehört oder gewünscht habe zu leben. Ich werde nicht unterscheiden zwischen Menschen, die ich in meinem einmaligen Menschenleben gekannt habe und solchen, mit denen ich mich im Geiste, in der Anschauung viel beschäftigt habe. Es wird mir scheinen, als hätte ich gelebt, was Proust erzählt oder H. H.«[39]

Über den Wirklichkeitsgrad, den das Gelesene für sie gewann, schrieb sie mit 17 Jahren an Hermann Hesse: »Mit den Büchern, die ich lieb habe, geht es mir eigen. Ich habe das Gefühl, als hätte nie zuvor noch jemand sie gelesen, als wäre ich die erste und einzige, die sie liest. So geht es mir mit unendlich vielen Büchern. Mit ›Goethes Briefwechsel mit einem Kinde‹ z. B., mit Jacobsens Novellen, mit ›Niels Lyhne‹ und ›Marie Grubbe‹ und mit ›Goethes Gesprächen mit Eckermann‹ und mit Gottfried Keller und – ach mit so unendlich vielen!« Durch jedes Buch fühlte sie sich persönlich angesprochen, und sie verhielt sich dazu: »Als ob ich selbst durch diese Bücher geläutert und veredelt würde«![40] Lesen war für sie ein Dialog mit dem Autor. Selbst auf Spaziergängen nahm sie ein Buch mit. »Ich lese fast nie, wenn ich draußen bin – ich glaube, ich nehme Bücher mit, um nicht ganz allein zu sein!«[41] Schriftsteller waren ihre Begleiter, und die Romanfiguren kamen ihr vertrauter vor als die Menschen ihrer realen Umgebung. Die Phantasie hatte bei ihr längst den Platz der sogenannten Wirklichkeit eingenommen, in der sie sich zwar bewähren wollte, deren Bedeutung ihr aber immer fragwürdiger erschien.

Unter der Maske des Pseudonyms Elisabeth Hermann schrieb Ninon im letzten Schuljahr 1912 postlagernd an einen unbekannt gebliebenen Dr. P. An der Schwelle von der Schule zum Leben erwog sie gegenüber diesem lebenserfahrenen Briefpartner, wie weit ihre Jungmädchenwünsche wohl erfüllbar seien. Reichte ihr Talent aus, um – wie sie heimlich hoffte – eine Schriftstellerin zu werden? »Ich glaube, es kommt im Leben eigentlich nur darauf an, einen Kompromiß zu schließen zwischen Wollen und Können. Und vor allem müßte man den Mut haben, sich seiner Kleinheit nicht zu schämen und sich frei und offen so zu geben, wie man wirklich ist, ohne sich durch Selbstpersiflage oder melancholische Unverstandenheit verschleiern zu wollen.« An dieser Briefstelle schleicht sich die Wunschform des Konjunktivs ein: »Man müßte den Mut haben...«. Sich als »klein« anzunehmen, dazu müßte sie sich noch durchringen, – der »Dutzendmensch« schreckte sie ab.

In einem zweiten Brief an Dr. P. griff Ninon die Frage nach dem

Glück wieder auf: »Trotzdem ich mir immer wieder sage, daß Glück ebenso wie Liebe oder Genie nur für Auserwählte ist, für einen unter Millionen, trotzdem ich weiß, daß ich ein ganz gewöhnlicher Dutzendmensch bin (bitte, das soll kein fishing for compliments sein) und keine der Auserwählten – trotz alledem glimmt noch eine leise Hoffnung in mir und eine tiefe große Sehnsucht.«

Wenn ihr aber das Schicksal eines »Dutzendmenschen« unentrinnbar beschieden sei, dann hätte sie ja in ihrer Phantasie eine Art Rückversicherung, denn »als Bestes bleiben mir ja meine Träume, meine Sehnsucht, Glückssurrogate, mit denen ich mich wahrscheinlich auf immer werde begnügen müssen«. Bereit zur realistischen Selbsteinschätzung, wog sie ab zwischen dem Ersehnten und dem Erreichbaren: »Wenn man nur wollte was man kann, ––– brrr! Gräßliches Philistertum! Natürlich will man immer das Unmögliche.« Sollte ihr jedoch das Leben die Erfüllung ihres Jungmädchentraumes verweigern, je als Künstlerin aus dem »Durchschnittsleben« herausgehoben zu werden, so müsse sie sich wie jeder »gewöhnliche Mensch« für das Mögliche entscheiden, um die Kluft zwischen Wünschen und Vollbringen zu überspannen. Es sei vielleicht besser, die reiche Traumwelt zu beschneiden, als »im tatenlosen Dahindämmern sein Leben zu verbringen. Überhaupt liebe ich die Arbeit, nicht als Rausch, die Arbeit als solche. Träumen? Ja, Träumen ist schön, oder auch Wünschen... Aber immer nur träumen? Immer nur das Unerfüllbare wünschen? Nein, das könnte ich nicht. Und doch gibt es kaum ein Werk, das ich ebenso voll und ganz verstehe wie die Tragödie der Ohnmacht: Hedda Gabler, – keine Gestalt, mit der ich tiefer mitempfinden kann.«

Die »Tragödie der Ohnmacht«, mehr zu wollen, als man erreichen kann, hatte Ninon in Ibsens »Hedda Gabler« mitgelitten. Hier taucht zum ersten Male unter den Gestalten der Dichtung, mit denen sie gleichfühlte, eine Frau auf. Hedda, eine Vater-Tochter wie sie selbst, scheiterte, als sie ihre Träume verwirklichen wollte, an einer Welt, deren Gesetze Männer gemacht hatten.

Ninon fühlte sich durch Ibsens Stück, das die Stellung der Frau als Eigentum, Schmuckstück oder Gespielin des Mannes anprangerte, tief aufgewühlt; wie alles Wichtige in ihrem Leben teilte sie Hermann Hesse mit, wie stark dieses Schauspiel sie gegen Abschluß der Schulzeit beeinflußt habe. Die bürgerliche Ehe war ihr schon lange suspekt durch das Beispiel der eigenen Mutter, die zutiefst unerfüllt war. Ibsens mutiger Angriff auf Verlogenheit und überalterte Wertbegriffe entlarvte die üblichen Beziehungen zwischen Mann und Frau als trügerische Glücksfassaden und nahm in Hedda für eine Frau Partei, die selbst über ihr Schicksal verfügen wollte.[42] Wenn Heddas Ausbruch auch vergeblich blieb, wenn auch ihr Veränderungswille in eine Tragödie weiblicher Ohnmacht einmündete, für Ninon stellte Ibsen neben Sehnsucht und Traum die befreiende *Tat*.

Sie unterschrieb ihren Brief an Dr. P. mit dem Decknamen »Elisabeth Hermann«. Elisabeth – davon ging der helle Glanz der zarten, blonden Jugendfreundin Hesses aus,[43] die er im »Hermann Lauscher« und »Peter Camenzind« als gleichgestimmte Gefährtin seiner Basler Jahre gezeichnet hatte: »Meine Seele erzählt mir in wohllautender Sprache von einer seligen Heimat, deren wir beide, Elisabeth und ich, verlaufene Kinder und verirrte Bürger sind.« Ninon, schwarzhaarig mit dunklen Augen, von kräftiger Statur, auf Photos dieser Zeit eher rustikal als grazil, bekannte durch diese Namenswahl ihren Wunsch nach Anverwandlung an die scheue, blauäugige und zart-edel gezeichnete Jugendliebe Hesses, der auch die Verse Peter Camenzinds galten: »Wie eine weiße Wolke / Am hohen Himmel steht, / So weiß und schön und ferne / Bist Du, Elisabeth«.[44] So möchte Ninon sein, der verehrenden Liebe des Dichters wert! Dabei muß sich die Schilderung der ersten Begegnung Hesse – Lauschers mit der von fern Bewunderten tief in ihr Gedächtnis eingeprägt haben: »Elisabeth. Ich traf sie im Garten. Sie trug eine neue Sommertoilette, sehr einfach, matt hellblau. Sie saß auf der Schaukel und wiegte sich wie ein schöner Vogel, der weiß, wie schön er ist«.[45] Ninon trug jahrelang zartblaue Kleider. Die wiegende Schaukel wurde ihre Fluchtburg. Sich Elisabeth anzugleichen, bedeutete für sie zugleich eine Annäherung an Hesse.[46] Seinen Vornamen fügte sie ebenfalls ihrem Pseudonym ein. Als sie 1912 gegenüber Dr. P., einem an Reife und Wissen überlegenen Briefpartner, ein Selbstbekenntnis ablegte, geschah es unter dem Schutz von Hesses Namen.

Um ihre Lebenspläne nach dem Abitur ging es auch in Ninons zweitem Brief an Hermann Hesse, den sie ihm am 2. August 1912 aus dem karpatischen Urlaubsort Jaremzce schickte: »Es muß doch herrlich sein, sich ganz und gar dem Studium zu widmen, das einen interessiert, denn im Gymnasium – da gibt es doch nur zweierlei: entweder interessiert einen ein Gegenstand – dann erfährt man darüber zu wenig, oder er interessiert einen nicht – dann erfährt man zuviel darüber! Aber ich will aufs Gymnasium nicht schimpfen – es hat auch sein Gutes. Z.B. es läßt einem genügend Zeit, sich auch anderen Dingen zu widmen, und ich besorge dies mit Wonne. Einseitig zu werden, davor fürchte ich mich überhaupt am meisten. Und doch, denke ich manchmal, kann man Großes nur dann leisten, wenn man ganz in einem Gegenstand aufgeht! Nun, vorläufig bin ich ja noch nicht so weit, um mich ganz auf dieses ›Eine‹ zu werfen, und so stecke ich denn meine Nase in alles mögliche herein.

Aber ich habe viel zuviel von mir gesprochen. Jetzt will ich Ihnen etwas über Ihre letzten Bücher sagen.« Und nun schlüpft die Schülerin Ninon wieder in die begehrte Rolle der Gesprächspartnerin eines Dichters, die zwar voller Ehrfurcht aber dennoch kritisch und für ihre 17 Jahre erstaunlich bestimmt über ihre Leseerfahrung berichtet: » ›Die Gertrud‹[47] ist wundervoll. Aber man merkt wohl, daß der Dichter sich eher nach dem inneren Frieden und nach Abgeklärtheit sehnt, als daß er sie wirklich erreicht hat. Man merkt, daß da noch Verschiedenes gärt und kocht und daß stiller Friede noch nicht das höchste Glück für den Dichter bedeutet.

Die ›Umwege‹[48] sind, glaub' ich, gegenüber den ›Nachbarn‹[49] ein großer Fortschritt in ihrer unpersönlichen Ruhe und Gleichmäßigkeit. Aber die Leute in den ›Nachbarn‹ habe ich lieb gehabt, die in den ›Umwegen‹ stehn mir fern. Ja, ich fühle, so und nicht anders hat es mit ihnen kommen müssen, zu diesem Endziel mußten sie schließlich durch viel Umwege hindurch gelangen – aber es läßt mich ganz kalt, ich kann nicht mitempfinden mit ihnen.

Und doch fühle ich, daß diese beiden Bücher künstlerisch einen Fortschritt bedeuten gegenüber jenen, die ich so lieb habe, dem ›Camenzind‹, den ›Gedichten‹, ›Hermann Lauscher‹, und dem Novellenband ›Diesseits‹. Und jetzt erwarte ich mit Sehnsucht ein Indienbuch von Ihnen! [...] Doch jetzt genug, ich will schließen; wenn ich aber wüßte, daß ich manchmal wieder schreiben darf (ich meine das ohne jegliche Konsequenz Ihrerseits), dann würden Sie mich sehr, sehr froh machen!

Ninon Ausländer«

Ein halbes Jahr später wandte sie sich dringlicher an Hesse:[50]
»Im August schrieb ich Ihnen das letzte Mal, und Sie antworteten mir mit einigen lieben Zeilen, für die ich Ihnen erst heute danke.

Denn ich wollte doch die Erlaubnis, Ihnen manchmal schreiben zu dürfen, nicht mißbrauchen. Aber heute – nach beinah sechs Monaten – da ist es doch wohl kein Mißbrauch mehr, und ich sehne mich so sehr danach, in Gedanken mit Ihnen zu sprechen.

Und wenn ich mir hundertmal sage: Es ist töricht und lächerlich, was ich tue – ich tu's doch! Ich schreibe doch!

Gewiß nicht deshalb, weil ich ›unverstanden‹ oder so etwas Ähnliches bin. Im Gegenteil. Wenn ich so mein Leben betrachte, sehe ich, daß ich eigentlich sehr glücklich bin!«

Dann stellte Ninon ihre Eltern, die zehn- und vierzehnjährigen Schwestern und die Freundin vor. Plötzlich unterbrach sie sich: »Ich muß Ihre lieben Worte, die Sie mir schrieben, wieder hervorsuchen und nochmals lesen! Es kommt mir sonst zu wunderlich, zu unwahrscheinlich vor, daß ich wirklich dasitze und Ihnen schreibe, von mir erzählen darf.« Sie beschrieb Hesse ihren »etwas eintönigen« Tagesablauf in Czernowitz: »Indes – bei aller Zufriedenheit mit meinem jetzigen Leben überkommt mich doch zuweilen eine plötzliche, furchtbare Angst, daß ich über all dem, was ich tue und ›leben‹ nenne, vielleicht das wirkliche Leben versäume. Und wenn ich wieder einmal irgendwo abgesagt habe und Mama mich warnt, daß ich meine schönsten Jugendjahre bei den Büchern versitze und es einmal bereuen würde, die Jugend nicht genossen zu haben, dann werde ich manchmal doch stutzig und frage mich, ob Mama nicht recht hat! Und dann – dann unternehme ich bisweilen einen kleinen Ausflug ins Reich der Geselligkeit, ins Reich des Flirts, nur um mich zu vergewissern, daß ich nicht ganz und gar Einsiedlerin geworden bin, und um zu prüfen, ob wirklich gesellschaftliche Erfolge das Leben reicher und glücklicher gestalten. Aber nach solch einem Ausflug kehre ich mit verdoppelter Lust wieder zu meinen Büchern zurück.

Und trotzdem ich nun ein Leben führe, wie ich es mir kaum anders wünsche, kenne ich doch keine Befriedigung. Nie, niemals noch habe ich mich am Abend hingelegt, ohne mit mir, mit meinen Leistungen unzufrieden zu sein. Am nächsten Tage wollte ich's dann besser machen, stand noch früher auf, ging noch später zu Bett, arbeitete noch intensiver – immer umsonst! Ich denke doch immer, daß ich noch mehr hätte leisten können! Und wenn ich so weit bin, daß ich erkenne, ›daß ich trotz allen Lernens doch eigentlich nichts weiß‹, dann lese ich Plato. Ich habe das Gefühl, als ob ich da Antwort auf alle Fragen finde.

Obwohl ich ganz genau weiß, daß man Antwort auf diese Frage nur in sich selbst findet.
Und dennoch – was mir Plato ist, kann ich gar nicht sagen! Ein wenig nur stört mich zum vollkommenen Genuß seiner Werke die Sprache, die ich nicht ausreichend genug (gelinde ausgedrückt!) beherrsche, um so schnell, wie ich möchte, lesen zu können. Doch träume ich davon, daß ich einmal sehr gut Griechisch können und Plato voll und ganz verstehen und genießen werde. Wenn ich eines seiner Werke lese, fühle ich mich so gefestigt, sehe alles so klar und rein und schön – während ich sonst ganz das Gegenteil von dem bin, was mein Ideal ist: Denn ich möchte so gerne unbeirrt und fest nach einem großen Ziele schreiten, möchte still und mit mir selber fertig sein – und bin doch heftig in der Freude und im Zorne, sprunghaft in den Gedanken und schwanke oft, ob auch der Weg, den ich gehe, der richtige sei. Dies mag auch zugleich die Erklärung sein, daß ich gerade Ihnen schreibe. Denn in Ihren Büchern – besonders in den letzten – da klingt und singt es wie lauter seliger Friede und ich finde neuen Mut und Glauben, wenn ich sie lese.
Und jetzt sollte ich eigentlich wie das letzte Mal schreiben, daß ich auf Antwort keinen Anspruch machen darf und will etc. Doch tu ich's nicht, weil dies nicht die Wahrheit wäre, denn wenige Worte nur von Ihnen würden mich unsagbar froh machen – wär' es auch nur die Bestätigung, daß Sie meinen Brief erhalten – und gelesen haben!

Ninon Ausländer«

Mit jedem Brief[51] vervollständigte Ninon das Bild, das Hesse von ihr gewinnen sollte. In ihren ersten Briefen stellte sie sich kurz vor, erzählte von äußeren Lebensumständen, charakterisierte knapp Eltern und Geschwister, die Freundin und ihren Tagesablauf. Einem späteren Brief wird sie sogar eine Photographie beifügen, damit Hesse sie vor Augen hat; wenn er antwortet, dann wird er sie, Ninon, persönlich ansprechen.
Im Brief vom August 1912 versicherte sie Hesse noch, daß sie nichts, gar nichts von ihm erbitte. »Ich schreibe Ihnen, damit Sie meinen Brief lesen! Nichts weiter wünsche ich mir.« Daß sie sich Hesse gegenüber zur Sprache brachte, bedeutete ihr Einlaß in die »wirkliche Wirklichkeit«. Seine Antwort erschien ihr zunächst unwichtig. Sie gewann auch nie den Eindruck eines Monologes, denn sie hatte den Dichter vor Augen und antwortete auf das, was sie aus seinen Büchern erfahren hatte.

Im sechs Monate später abgefaßten Brief steigerte sie jedoch ihre Zuwendung und Erwartung: sie möchte nicht nur gehört werden, sondern mit ihm »sprechen«. Sie bat nun auch um Antwort, denn sie brauchte einen verständnisvollen Mentor, der auf ihre Zweifel einging: »Ich schwanke oft, ob der Weg, den ich gehe, der richtige ist.« Einmal hatte Hesse ihr schon geantwortet. Sie wertete es als ein so wunderliches Glück, daß sie, das Mädchen aus Czernowitz, sich noch einmal seiner Zeilen vergewisserte. Sie suchte sie beim Schreiben hervor, las sie wieder und wieder. Unwahrscheinliches war Gegenwart: Wie oft verwischten sich doch für sie die Grenzen zwischen Traum und Wirklichkeit!

Ninons Briefe an Hermann Hesse bieten eine seltsame Mischung aus Ehrfurcht und Selbstüberzeugung. Die Bescheidenheit der jugendlichen Schreiberin am Anfang der Briefe und die achtungsvolle Distanz zum Abschluß stehen in einer eigentümlichen Spannung zu der dazwischen eingefügten Bewertung von Hesses Büchern. Sie stuft ab, unterscheidet, was sie inhaltlich überzeugt und was sie »künstlerisch« besser findet. Dabei wird die Begegnung mit seinem Werk immer in direkte Beziehung gesetzt zu ihrer eigenen Lebenssituation, in der sie sich »eigentlich sehr glücklich« fühle, nicht »unverstanden«. Indem sie in diesem Gegensatz das Ungenügen bestreitet, bringt sie es eben doch zur Sprache.

Wenn sie »eigentlich sehr glücklich« ist, so mißt sie sich an den bürgerlichen Maßstäben ihrer Umwelt. Aber es gibt ja seit ihrer »Camenzind«-Lektüre noch einen anderen Maßstab. »Es gärt und kocht, und stiller Frieden ist nicht höchstes Glück«, zitiert sie aus Hesses Roman »Gertrud«, und greift damit das zentrale Thema all ihrer Briefe an Hesse wieder auf: Wie verhalten sich Glück und Zufriedenheit zueinander? Es ist der alte Camenzind-Konflikt, den Hesse selbst, wie Ninon mit Freude festgestellt hat, nicht wie sein Protagonist Peter gelöst hat. Denn im Roman »Gertrud« gärt und kocht es wieder.

Unter diesem Blickwinkel ist auch Ninons Bemerkung über Hesses Erzählungsband »Umwege« zu verstehen, bei dem sie »kalt und unbeteiligt« bleibe. Sie vermißte die Spannung der Sehnsucht, dieses Mehr-Wollen als Können, das Über-sich-Hinausstreben.[52] Wo steckte in diesen Gerbersauer Kleinbürgern der Dichter, dessen Autobiographie sie überall suchte? Gehörten sie nicht alle zu den »Dutzendmenschen«, die sich ins Philisterglück retteten?

In der stillen Bescheidung eines Ohnegelt, Ladidel oder Pater

Matthias sah Ninon »Gleichgültigkeit« und »unpersönliche Ruhe« – sie vermißte das Leid des Dichters. Verbarg er sich noch hinter der Maske der Resignation, die der Schankwirt Camenzind aufgesetzt hatte?[53] Ninon erklärte Hesse, daß sie eine solche »Zufriedenheit« für sich ablehne. Sie wolle in einer Sache »aufgehen« und sei bereit, sich im rechten Augenblick ganz auf dieses »Eine« zu werfen. Wenn sie auch noch nicht ahne, was einer solchen Hingabe einmal wert sein könne, so sei sie dennoch entschlossen, »unbeirrt und fest nach einem großen Ziele zu schreiten«. Darum fand sie in diesen Erzählungen keine Basis für ihre gewohnte Identifizierung mit Hesse. Was immer sie auch in jugendlicher Unsicherheit von ihm über ihren eigenen Lebensplan erfahren wollte: Sie ging bei den »Umwegen« leer aus.

Es klingt treuherzig, wenn sie ›ihrem Dichter‹ als vorbildlichen Trostbringer Platon empfiehlt. Aber verbarg sich da nicht Hintersinn? Als Hermann Lauscher hatte Hesse einst aus Angst, das kleine Behagen, die gesellige Kurzweil zu verpassen, Platon geschmäht: »Elende Scharteke: Was ist mir Plato? Ich muß Menschen sehen, Wagen fahren können, neue Bücher und Zeitschriften aufschneiden und den frischen, unreifen Duft des schnellen Lebens atmen, auch sehne ich mich danach, Nächte in kleinen Weinschenken zu verbringen, mit gemeinen Mädchen gemeine Gespräche zu führen und tausend Nichtigkeiten zu treiben«.[54]

Lauschers Fluchtwunsch aus der Lese-Einsamkeit mit Platons Werken in »gemeine« Alltagsfreuden mußte Ninon bekannt sein, die Hesses Werke so genau gelesen hatte, daß sie ganze Passagen auswendig hersagen konnte. Für sie sei die Lektüre Platons beruhigend und tröstend, sie sehe danach alles »klar und rein und schön«, und das suche sie auch bei Hermann Hesse, wo es manchmal ebenso »klingt und singt wie lauter Friede, seliger Friede«.

In der Bändigung des »Gärens« lag die Faszination, die für sie von Hesses Büchern ausging. Sie, der »Zufriedenheit« im *Leben* verdächtig war, suchte im *Werk* den »Frieden«. Es mußte das Leid und seine Überwindung spiegeln und dadurch dem Leser Mut und Zuversicht vermitteln. Auf ihre erste Anfrage an Hesse, ob sich Peter Camenzind zur Ruhe setzen, aufgeben dürfe, gab Ninon nun selbst die Antwort: ein Dichter muß leidenswillig sein, damit er aus der Not der Welt einen Ausweg findet, der auch für seine Leser gangbar ist. Er vermittelt ihnen in seinen Gestalten den Frieden als verarbeiteten Konflikt. In den Werken, in denen Hesses Titelgestalten nicht zur Leidvermeidung ausweichen und Zufriedenheit im Schlupfwinkel suchen, sondern das Leiden an der Wirklichkeit durchstehen und schöpferisch verarbeiten, fand Ninon beim Lesen »neuen Mut und Glauben«.

Von Hesse wahrgenommen zu werden, bedeutete für Ninon Erhebung und Geborgenheit zugleich. Ihre Jugend stand im Schutze seiner Bücher. Sie schrieb im Rückblick: »Ich hatte immer solchen Selbstschutz, vom 14. bis zum 18. Lebensjahr (also die gefährlichste Zeit) war es Hesse, der mich bewahrte.«

Zweites Kapitel

Versuche mit der Wirklichkeit

Medizinstudium in Wien

> Nun aber heißt es, sich mit Realem abfinden.
>
> Wieviel Kraft gehört dazu, die Wirklichkeit zu ertragen. Es war so leicht zu träumen.
>
> Verleihe mir die Gnade, daß kein Schmerz und keine Seligkeit von außen in mich dringe, und daß aus meinem Innern eine Macht erstrahle, die stärker ist als alle Außenwelt.

Studentin der Wiener Universität zu sein, das hatte sich Ninon während ihrer Czernowitzer Schulzeit oft mit Vorfreude ausgemalt. Mit einer Übersiedlung nach Wien waren für sie – wie für alle Bewohner der östlichen Provinzen – verlockende Erwartungen verbunden, denn Wien war mehr als ein Glanzpunkt der »großen Welt«, es war das offene Tor zum Westen, nach »Europa«, und es übte als Hort prowestlicher Denkungsart weit über die Ostgrenzen der österreich-ungarischen Doppelmonarchie hinaus eine unwiderstehliche Anziehungskraft aus. Für die deutsch-österreichische Bevölkerung aber verkörperte Wien als Residenz des schwarz-gelben, des kaiserlichen Österreichs das Herzstück ihres *geistigen* Vaterlandes, dessen Ausstrahlung Ninon bisher nur im fernsten, von ihr oft als rückständig empfundenen Kronland kennengelernt hatte.

Im Wintersemester 1913/14 konnte sie sich endlich dem geistigen Sog der alten Kaiserstadt unmittelbar ausliefern, deren Boden seit der Jahrhundertwende so viele Ideen, Kunstrichtungen und wissenschaftliche Impulse entstammten und die trotz politischer und sozialer Verfallszeichen noch immer einen starken Lebenswillen ausstrahlte. Hungrig nach neuen Eindrücken ließ Ninon nichts aus, was an Konzerten, Ausstellungen, Theater, Museen und Dichterlesungen geboten wurde. Sie genoß es, an dem Ort zu sein, wo einst die Dichtung Jung-Wiens aufgeblüht war, die sie gegen Ende der Schulzeit so gefangengenommen und jenen wohligen und zugleich lähmenden Rausch des Sich-Selbst-Fühlens in ihr ausgelöst hatte. Hier waren die bildenden Künste durch die Wiener Secession wiederbelebt worden, hatten Handwerk, Kunstgewerbe und Wohnkultur durch die Wiener Werkstätten bahnbrechende Impulse erhalten. Hier fand die Musik durch Schönbergs »Wiener Schule« und Mahlers Opernreformwerk eine neue Richtung, hier wurden für Theater und Baukunst, aber auch für alle Wissenschaften, für Kunstgeschichte, Psychologie, Philosophie und Medizin umwertende Maßstäbe gesetzt. Ninon bedauerte es hin und wieder, daß sie sich nicht den Geisteswissenschaften zuwenden konnte, die in diesen Jahren in Wien noch einmal mächtig aufblühten, obwohl sich in ihnen der Niedergang der Monarchie deutlicher als anderswo ankündigte. Seit die einzelnen Volksgruppen des Vielvölkerstaates in ihrem Wunsch nach nationaler Selbständigkeit immer lauter gegen die zusammenhaltende Macht des Hauses Habsburg revoltierten und die vertrauten Lebensformen erschüttert schienen, hatten sich Müdigkeit, Überreife und die süß-wehe Melancholie eines nahenden Abschieds am ehesten in Kunst, Literatur und Philosophie niedergeschlagen und ihnen dadurch jene reiche Entfaltung und Verfeinerung gebracht, die nur eine Endzeitstimmung zu erzeugen vermag.

Ninon lebte abgekehrt von der Tagespolitik und kümmerte sich nicht um die nationalistischen oder sozialpolitischen Spannungen, unter denen der Glanz Altösterreichs nach und nach verblich, und dennoch war ihr die weitverzweigte Untergangsbereitschaft durch die Wiener Dichtung seit langem vertraut. Sie kam zu ihrem ersten Versuch mit der Wirklichkeit ausgerechnet an jenen Ort, wo der tiefeingefressene Zweifel an der Realität und die Hingabe an die Wahrheit des Traumes *das* zentrale Thema in Kunst und Wissenschaft bildeten. Der Wahrheitsgehalt des Geträumten wurde nicht nur durch den in Wien lehrenden Sigmund Freud verkündet, sondern auch in den Werken der zeitgenössischen Dichter und Maler. Ninon befand sich in einem geistigen Umfeld, das ihre Kindheits- und Lese-Erfahrungen von der Grenzverwischung zwischen Traum und Leben aufs neue bestätigte. Dabei war ihr die Entscheidung für das Medizinstudium nicht leicht gefallen. Alle wegweisenden Bindungen der Kindheit hatten sie von der Wirklichkeit abgelenkt. In Hesses Dichtung fand sie in ihrer oft schmerzhaft empfundenen Verletzbarkeit durch die Welt eine Rechtfertigung für den Rückzug. »Die Gestalt« zeigte ihr, daß die Gegebenheiten des wirklichen Lebens für den Künstler nicht zählten, sie waren für ihn nur Anlaß, seine Verwandlungskraft zu bekunden. Alle Leitbilder ihrer Jugend hatten sie darauf verwiesen, daß man die Wirklichkeit, wie sie nun einmal war, nicht allzu ernst nehmen solle und sich in selbstgeschaffenen Ersatzwelten einrichten dürfe.

Wie viele Lebensläufe hatte sie für sich entworfen, ehe sie sich die Fesseln alltäglicher Pflichten anlegte! »Dies habe ich mir immer gewünscht: viele Leben zu leben. Ich wollte Mann und Frau sein, ich dachte, daß es nur von mir abhinge, welche der vielen Leben, die mir begehrenswert erschienen, ich leben würde. Aber nie dachte ich, daß es doch nur eins sein würde.« Sie war nicht von der umweglosen Tüchtigkeit derer, die sich erfolgsbezogen auf die erstbeste Aufgabe stürzen. Oft packte sie jähe Angst, daß in der phantastischen Vielfalt von möglichen Leben das einzige, für das sie sich nun entschieden hatte, falsch angelegt und darum verloren sein könnte. »Ich habe nur *ein* Leben«, schrieb sie selbstwarnend mehrmals in ihr Tagebuch, und zur gleichen Zeit gestand sie Hermann Hesse: »Ich habe eigentlich lange geschwankt, habe mich geprüft, ob ich auch wirklich dazu fähig bin. Aber seit einem Jahr bin ich fest entschlossen, fühle ich mich stark genug dazu. Jetzt muß ich Abschied nehmen von vielem, was ich lieb gehabt habe: von Sprachen, Kunstgeschichte ––– und auch noch von anderem! Nun will ich mich nicht mehr zersplittern, von nichts mehr ablenken lassen, mich ganz und gar dem einen Studium widmen«.[1]

Gemessen an der vieldeutigen Lesewelt erfaßte sie die kostbare Einmaligkeit ihres Lebens nun als unabweisbaren Zwang: Wiederholung war nicht zugelassen, vertane Zeit nicht aufhebbar. Der Entschluß zum Medizinstudium verlangte Eindeutigkeit, Festlegung auf *einen* Lebensweg, der für sie den Ausschluß aller anderen Hoffnungen bedeutete.

Über all dies hätte sie gern mit Hermann Hesse einmal persönlich gesprochen; die Gelegenheit dazu war günstig, als sie ihre Mutter im August 1913 zur Belohnung für das »Mit Auszeichnung« bestandene Abitur auf einer Schweizreise begleiten durfte und sich eine Woche lang in Luzern aufhielt. Hesse hatte sie sogar eingeladen, ihn in Bern zu besuchen,[2] aber Ninons Mutter meinte, es schicke sich nicht, daß ein junges Mädchen den Dichter so ungeniert überfalle. Ninon beklagte diesen Zwist: »Ich durfte ja nicht selbst verfügen, und ich weinte acht Tage in Luzern, weil ich nicht nach Bern fahren konnte.« Sie gestand der Freundin: »Liebste

Dziunia! Ich schreibe nur, um mit mir selber ins Reine zu kommen. Du kannst mir zwar jetzt nicht helfen und raten, aber das Aussprechen mit Dir erleichtert mich schon!« Und sie zählte Johanna Gold auf, was für und was gegen ein Zusammentreffen mit Hermann Hesse spreche, und schloß: »Was ›sich schickt‹, was die ›Welt dazu sagt‹ – daran liegt mir nichts, das weißt Du! Aber wenn ich es so bei mir selber bedenke – nein, nein, ich tu's nicht! Nicht aus Feigheit. Nicht um weiterträumen zu können. Aber ich möchte mich so gerne einmal vom Leben tragen lassen, wirklich *erleben* – nicht immer selber Regisseur sein und die Schicksalsfäden in der Hand halten! [...] Und so verrinnen die kostbaren Minuten, und ich grüble und warte. Ich bin müde und apathisch, habe auch gar keinen Appetit mehr«.[3]

Zum Trost setzte sie das Briefgespräch mit Hesse schon von St. Moritz aus fort. Zwölf Seiten lang erzählte sie ihm von ihrer Freude über den Erfolg bei der Matura, von Reise- und Leseeindrücken. »In dieser Zeit habe ich wieder einiges Neue von Ihnen gelesen: Das wundervolle Indienbuch natürlich, auf das ich so lange gewartet hatte und das noch viel, viel schöner ist, als ich es mir dachte. Nur der ›Robert Aghion‹, der hätte eigentlich in die ›Umwege‹ gehört, nicht? Dann las ich einige Novellen von Ihnen: Das einzigschöne ›Fragment aus der Jugendzeit‹ und den ›Cyklon‹ (Sind nicht beide Novellen noch in der Camenzind-Periode entstanden? Sie klingen ganz anders, als die ›Umwege‹ z. B.!). Jetzt lese ich ›Roßhalde‹, das heißt, den 1. Teil habe ich gelesen und warte nun voll Ungeduld auf den Schluß. Ich kann mir nicht helfen, – die ›Umwege‹ scheinen mir ein ›Umweg‹ auch für Sie gewesen zu sein. ›Roßhalde‹ scheint mir wieder ein Schritt vorwärts zu sein. Die wundervolle Innigkeit, die in Ihren früheren Romanen und Novellen lag, finde ich hier wieder, und doch ist die Sprache groß und stark, nicht mehr lyrisch wie früher ———. Es ist anmaßend von mir, Ihnen das alles zu sagen. Sie sehen das selber viel klarer und auch richtiger als ich. Aber ermutigt durch Ihre lieben Worte, tu ich nicht nur dies, sondern ich will Ihnen sogar wiederum von mir erzählen«.[4] Und aus der Sicherheit der Ferne gab sie ihm ungehemmt ihre Gedanken und Empfindungen preis.

Ninon »verpaßte« Hesse im selben Jahr noch ein zweites Mal. Als er am 16. Oktober 1913 eine Dichterlesung in Wien abhielt, kam sie einen Tag zu spät aus Czernowitz an. Im Dezember 1913 aber berichtete sie ihm in vertrautem Ton über ihr Studium: »In den ersten Wochen ging ich fast täglich ins Krankenhaus zu Operationen, teils um mich selber zu erproben, teils aus Neugierde. In diesen Stunden hab' ich so unendlich viel erlebt – Mitleid mit den Armen, Unglücklichen, Kranken – man schämt sich ordentlich, selber so jung und stark und lebensfroh zu sein – und glühende Bewunderung für den Arzt, und zuletzt, wenn die Operation vorüber und gelungen war, so ein jauchzendes Glücksgefühl, daß *das* möglich war, daß ich selber dazu gehöre und selber einst so viel Glück werde spenden können! Ich sah auch andere Operationen, die tödlich verliefen, sah Fälle, die unoperierbar waren, dennoch – ich glaube – glaube weiter an meinen Beruf, vielmehr an den Beruf, der der meinige werden soll«.[5]

Wieder sprach sie zu Hermann Hesse vom Glück – freilich nicht vom eigenen, sondern von dem, das sie einst als »Glücksspenderin« anderen bereiten könne, darin dem Dichter verwandt, der erlebtes Leid in Glück verwandeln konnte: »Wie reich sind Sie, der Sie soviel Tausenden unendliches Glück und unendliches Leid zugleich spenden können!« Mit diesem Schlußsatz ihres Briefes spannte sie eine Brücke zwischen sich und ihm. Sie zeigte eine gefühlsbetonte Einstellung zu ihrem Studienfach; denn ohne Gemütsbeteiligung, Rührung und Mitleid, ohne glühende Bewunderung und jauchzendes Glück, ja ohne poetische Verklärung erschien ihr zu jener Zeit der Alltag schal. Im Reiz des Neubeginns wurde das physikalische Institut für sie zum »Zauberpalast«, die embryologische Demonstration zur »Offenbarung«, das Chemie-Kolleg zum »Einlaß in eine neue Welt«, der Chirurg zum »Heilbringer«. Sie fand unter den Professoren neue Vorbilder, an denen sie sich ausrichtete und die in ihr jene unverzichtbare Hochstimmung erzeugten, die sie als Verehrung deutete. Und war nicht Ehrfurcht im Spiel, als sie dieses Studienfach wählte? Durch ihr Medizinstudium gewährte sie einem Jugendtraum des geliebten Vaters eine späte Erfüllung; ihm hatten seinerzeit die Mittel für eine Übersiedlung nach Wien gefehlt, und darum hatte er sich für eine der vier Czernowitzer Fakultäten entscheiden müssen.

»Ehrfurcht ist eine Kompensation der Angst«, äußerte sie rückblickend in einer Tagebucheintragung vom 5. Juli 1934: »Ehrfurcht! Unter diesem Zeichen stand mein Leben. Ich war es gewohnt, zu verehren. Mein Vater hatte etwas so Beispielhaftes, er war so verehrungswürdig, man konnte ihn nicht anders lieben als in Bewunderung, in Entzücken. Der Freund des Hauses, Professor Wahle, war uns verehrungswürdig (trotzdem wir ihn gelegentlich mit Wonne verspotteten; doch bezog sich der Spott nie auf Wesentliches, immer nur auf Oberflächliches – Glatze, wienerischen Dialekt, gelegentliche Ungeschicklichkeit). Die Liebe zu meiner Freundin beruhte auf Verehrung, verehrendes Entzücken bezeichnet meinen Zustand besser. Ich möchte das Wort, das im I. Anatomischen Institut der Wiener Universität in großen Lettern geschrieben war: ›Hic est locus ubi mors gaudet succurrere vitae‹ variieren, um *mich* damit zu charakterisieren. Der geometrische Ort, in dem sich Mannigfaches kreuzte, wäre ich: Hic erat locus ubi ratio gaudebat admirari animum (ich glaube nicht, daß der lateinische Ausdruck glücklich ist, ich will sagen, daß der Verstand selig war, wenn er Gefühle preisen durfte). Da ich aber im Gefühl immer stärker war als im Verstand, überschätzte ich diesen immer. Und so wandte ich mich der Wissenschaft zu statt dem ›Entzücken‹.«

In Traumaufzeichnungen, Kurzgeschichten und Gedichten, die Ninon in der Wiener Zeit zwischen 1914 und 1917 niederschrieb, stellte sie eindringlich die Frage: Wer bin ich eigentlich? Natürlich wurde sie vom Freud-Fieber[6] angesteckt, das ganz Wien ergriffen hatte. Sie ließ sich nicht nur durch die einführende Lektüre des Buches, das Freud 1900 unter dem Titel »Die Traumdeutung« veröffentlicht hatte, stark beeinflussen, sondern besuchte auch seine Vorträge und beobachtete sich nach Anweisungen der Psychoanalyse. Sie zeichnete ihre Träume auf, um Ängste und verborgene Wünsche aufzudecken; denn das Wesen des Traumes besteht nach Freud in der Erfüllung eines verborgenen Wunsches, einer gefahrlosen – weil nur geträumten – Ersatz-Erfüllung, die jedoch Rückschlüsse auf die verdrängten Bedürfnisse des Träumenden zuläßt. Das alles kam ihrer Veranlagung entgegen, in einem gewissen Selbstgenuß von Stimmung und Verstimmung um das eigene Wesen zu kreisen.

Der Traum, dessen Wahrheiten Ninon nie bezweifelt und der immer in ihr Leben hineingewirkt hatte, erwies sich nun als Eingangspforte ins Unbewußte. Die phantasiebegabte und traumbesessene Ninon war für Freuds Lehre geradezu vorgeprägt und gab wieder einmal nur allzu gern der Anziehungskraft nach, die das eigene Ich – nun mit Fremdheit und Geheimnis ummantelt – auf sie ausübte.[7]

Häufig erschien Hermann Hesse in ihren Träumen; in der Niederschrift eines Traumes vom 19./20. Februar 1914 beschreibt sie einen Vortragssaal, »darin wird plötzlich *sehr tief* im Hintergrund eine Art Bühne sichtbar. Es ist aber keine Bühne, sondern der vergitterte Hof eines Gefängnisses. Im Vordergrund der Bühne sind zwei Menschen, die einen Fakir tragen, den sie eben aus dem Gefängnis gebracht haben. Er sieht ganz so aus wie eine Leiche, ist vollkommen in sich zusammengekrümmt und nackt. Ich habe den Moment verpaßt, in dem man ihn aus dem Gefängnis kommen sah, und sehe ihn jetzt erst auf der Bühne. Es erscheint nun ein Mann (ein Gefangener) am Gefängnistor, der die Arme zuerst hochhebt und dann feierlich beschwörend seitwärts ausbreitet. Dabei ist sein Gesicht wie verklärt, er starrt wie trunken vor Glück auf uns alle im Saal, und man weiß, daß er glücklich ist, wieder Menschen zu sehen und ihre Stimmen zu hören. Ich empfinde klar das Seltsam-Schöne des Bildes – die wartende Menge, der Gefangene mit den großen, feierlichen Gebärden und den verklärten Zügen – empfinde: wie schön ist das alles und zugleich heftiges Mitleid mit dem Unglücklichen.« Das schweigende Leiden des Fakirs, dem mit einem Messer Wunden zugefügt werden, ohne daß er einen Laut von sich gibt, erschüttert sie: »Ich empfinde leichten Schauder, erhebe mich aber doch, um das Messer zu prüfen.« Sie verzichtet im Traum auch nicht auf eine zweite Wahrheitsprobe des Fakirleidens. Das Ende einer »spiralförmig gekrümmten Glasröhre [...] soll dem Fakir an (oder *in*) den Leib gebracht werden, und man würde dann die Füllung dieser Röhre mit Blut deutlich verfolgen können. ›Einen Augenblick bitte!‹, sage ich und nehme die Röhre in die Hand. Alles drängt sich und sieht mich erwartungsvoll an. Ich bemerke in der Röhre rötliche Pulverkörnchen und sage mit überlegenem Lächeln: ›Nun ja, es ist ja klar, wie das gemacht wird. In der Röhre befindet sich eine poröse Scheidewand, das Wasser dringt durch und wird durch die roten Körnchen, deren Intensität ich nicht kenne, blutrot gefärbt‹. Die anderen Leute stimmen mir nicht zu, trotzdem habe ich ihnen imponiert und bin zufrieden.«

In einer kleinteiligen Analyse dieses Traumes verknüpfte Ninon die einzelnen Traumbilder recht vordergründig mit Tagesereignissen, etwa mit Hörsaal-Szenen, mit der Vorführung eines Geisteskranken, der sie in seiner Hoffnungslosigkeit tief erschüttert hatte, oder mit »blutleeren Leichen« im Seziersaal. »Ich war in diesen Tagen gerade verstimmt und befand mich in einer Art Krise: Zweifel an meinen Fähigkeiten – besonders an meiner manuellen Geschicklichkeit – quälten mich. Ich konnte diesen Gedanken wenig mehr entgegenstellen, als meinen festen Willen und Glauben. Dadurch, daß der Fakir nur mit Hilfe *dieser* Waffen die furchtbarsten Qualen erleidet, beruhige ich mich und meine Zweifel.«

Zwischen dem sorgfältig aufgezeichneten Traum und Ninons Deutung ergeben sich Auslassungen, die auf ihre Empfindlichkeiten schließen lassen. Im Traum fürchtete sie zum Beispiel, daß ihr Kleid zu hoch gehoben würde, und sie erläuterte wortreich, daß es sich dabei lediglich um einen Tagesrest aus dem »amphitheatralisch ansteigenden Hörsaal« handele. Sie erkannte nicht, daß hier ihre ständige Furcht vor Entblößung und Bloßstellung ins Bild getreten war, gleichzeitig ihre große Schamhaftigkeit und Verletzbarkeit. An einer anderen Stelle der Traumniederschrift heißt es: »Ich beobachte erst, wie es die andern auf der anderen Seite des Saales machen.« Darin zeigt sich ihr Wesenszug, nie auffallen zu wollen, sich den anderen anzupassen und zu tun, was man von ihr erwartete. Aber diese Szene des »Abguckens« wurde von Ninon – wie viele andere – überhaupt nicht beachtet und ausgelegt.

Besonders aufschlußreich ist jedoch die in ihrer Deutung ausgesparte Traumstelle, die sich auf Hermann Hesse bezieht. Hier spielte ihr bei der Erforschung des eigenen Unbewußten eben dieses Unbewußte selbst einen Streich, hier vermied sie Klarheit und verdrängte aufs neue. Indien, das Land, in das sie reisen möchte, seit sie Hesses 1913 erschienenes »Indienbuch« gelesen hatte, verband sich für sie mit dem gängigen Stereotyp eines Fakirs, dessen *Kunst* sie auf der Bühne erwartete und dem sie *zuhören* wollte. In ihrer Traumwiedergabe spricht sie gleichzeitig von einem »Gefangenen«, der auf die Bühne geführt wird und – wie von langwährender Einsamkeit erlöst – vor seinem Publikum gebethaft-feierlich Sprüche deklamiert. »Ich habe den Moment verpaßt, wo man ihn aus dem Gefängnis kommen sah.« Daß der Fakir mit dem Gefangenen als Doppelgestalt in *Leidensfähigkeit* und *einsamer Haft* für Hesse stehen könnte, erwähnt sie nicht. Dabei war sie dieser Deutung nahe, wenn sie gestand: »Mit der Vorstellung Indien verbindet sich tatsächlich sofort eine zweite an einen Moment, den ich ›verpaßt‹ habe.« Auf das Verpassen aber wollte sie nicht näher eingehen: »Die Deutung dieser Stelle übergehe ich.« Nur soviel vermerkte sie: »Ich bin mir aber selber nicht im Klaren darüber, ob es vielleicht nicht doch ein Glück für mich war, das ersehnte Erlebnis zu verpassen.«

Es ist bezeichnend, daß Ninon auch im Traum den Hauptteil der Vorstellung verpaßte. Sie sah nur noch den Schluß der Vorführung, als der Fakir stumm alle ihm zugeführten Verletzungen ertrug. Sexuelle Symbole tauchen auf: Messer, Glasröhre, Blut-Abzapfen, poröse Scheidewand, Berührungen.

Natürlich hatte sich Ninon schon oft gefragt, wie sie selbst bei einem Zusammentreffen auf Hesse wirken würde. So wurde auch im Traum beim Erscheinen des Fakirs ihr gefälliges Aussehen wichtig: »Emotionen standen mir.« Im Gefühl lag ihre Stärke, darin übertraf sie die anderen.

Ninon wählte gerade diesen Traum für ihren Analyse-Versuch aus, weil sie seine Bedeutung ahnte. Indem sie jedoch die einzelnen Traumbilder vorwiegend an Tagesereignisse anknüpfte, verfehlte sie den zentralen Traumgehalt: ihre Beziehung zum Dichter Hermann Hesse.

Was lag denn näher als der Schluß, daß die beiden »Künstler«, die sie jeweils in Wirklichkeit und Traum verpaßte, identisch waren? Daß sie Hesse, dessen Dichterlesung sie in Wien versäumte, dennoch im Traum – als Doppelgestalt – auf der Bühne sah, bedeutete eine typische Wunscherfüllung.

Der »nackte Fakir« wäre dann der nicht mehr hinter seiner Dichtung verborgene Hesse. Mit ihm trat ein Verbannter aus Isolierung und Unfreiheit heraus und wirkte »verklärt und trunken« mit überzeugenden Gebärden auf das Publikum ein. Er erschien Ninon glücklich, weil er sich wieder einmal unter Menschen aufhalten durfte. Sie empfand im Traum gleichzeitig schönheitsselige Bewunderung und »brennendes Mitleid mit dem Unglücklichen«; in einer üblichen Traumverschiebung sah sie in ihm nicht etwa einen »Auserwählten«, sondern einen »Gefangenen«, einen anderen Außenseiter der Gesellschaft.

Im Mittelpunkt des Traumgeschehens stand jedoch unübersehbar ihre Frage nach der Glaubwürdigkeit und Echtheit des Fakir-Leidens. Um sie zu klären, prüfte sie eigenhändig die Folterinstrumente. Dadurch hob sie sich von der Zuschauermenge ab und stellte eine persönliche Beziehung zum Fakir her. Sie hatte seine Qualen mit Schaudern verfolgt und beruhigte sich nun durch eine eigene Theorie, an der sie trotz allgemeinen Widerspruchs unbeirrt festhielt: dem Fakir entströme nicht echtes Blut – seine Lebenskraft, sondern ein raffiniert rot gefärbtes Scheinblut. Er bot Kunst! Ihm geschah also trotz seines sichtbaren Leidens nichts, was sein Leben gefährdete.

Wie in ihren frühen Briefen an Hesse ging es auch in diesem Traum um die Leidensfähigkeit und Leidensbereitschaft des Künstlers, die in der Traumverdichtung als Bild vom schmerzgekrümmten, totenbleichen und blutenden Fakir sichtbar werden. Ninon versuchte zudem, sich die Gestalt des Dichters, des Beschützers ihrer Jugendjahre, unverletzt zu erhalten: Sie hatte Glück oder Leid einer Begegnung mit Hesse in die Zukunft hinein vertagt. Das größere Glück lag für sie stets darin, sich eine Erfüllung zu versagen, um sich Traum und Sehnsucht zu bewahren. »Hoffnung ist vielleicht der beste Teil vom Glück«, hatte sie als Vierzehnjährige an Hesse geschrieben. Sie liebte offene Wünsche, die sie über das gegenwärtig Erreichbare hinauswiesen in ein unbegrenztes Warten, das schöner für sie war als jede Erfüllung.

Das galt auch für die Liebe. Sie sei nicht zu bewerten nach dem momentanen Glücksgefühl, das sie erzeuge, man müsse sie vielmehr frei von allen sinnlichen Augenblicksreizen in den Dienst einer andauernden Bemühung um die eigene Vervollkommnung stellen. Glück verderbe die Liebe, schrieb Ninon als »Lilith« in einem fiktiven Brief an »Helene« und verlieh sich dadurch jene Züge des Dämonisch-Nächtlichen, die Adams erstes Weib im jüdischen Volksaberglauben als schlangenhafter weiblicher Unglücksbringer gewonnen hatte.[8] Ninon-Lilith raubte der arglosen Freundin ein wenig altklug die Illusion einer glückbringenden »Dutzendliebe« und erklärte ihr, warum sie sich einem »Auserwählten« zugewandt habe: »Wie ich sie hasse, diese satte, zufriedene, sichere Liebe: Du bist mein, ich bin Dein, da läßt sich nichts daran rütteln! Nein, nein, nicht *so* ist Liebe! Die Liebe ist ein immerwährender Kampf, damit beide über sich selbst hinauswachsen, daß sie einander nicht lieben mit all ihren Fehlern und Unvollkommenheiten – sondern daß einer den anderen in seiner Idealgestalt liebt und ihn dadurch zwingt, rastlos weiter an sich selber zu arbeiten, um so zu werden, wie ihn der andere sieht.«

Dieser Auffassung von der Liebe als einer erzieherischen Macht lag das Muster der Freundschaft Ninons zu Johanna Gold zugrunde, die den Wert einer Liebe stets am Streben nach Vollkommenheit gemessen hatte, das sie im Liebenden erzeugte. Ein »Auserwählter« würde durch die gegenwärtige Erscheinung hindurchschauen auf die Anlagen und ungeahnten Möglichkeiten ihres Wesens. Nicht sie, das Mädchen aus Fleisch und Blut, solle er lieben, sondern die Werte, die sie dereinst verkörpern könne, ihre »Gestalt«. So würde sie notwendigerweise immer *den* lieben, der sie *nicht* liebe.

In einer autobiographischen Erzählung ohne Titel, die etwa zur gleichen Zeit entstand wie der Brief an Helene, maß Ninon einen jungen Offizier, der sie heiraten wollte, an ihren eigenen Lebenswünschen. Ihm fehlte die Überlegenheit jenes Ausnahme-Mannes. Er verweilte beim Augenschein, denn er war fest beheimatet in dieser Welt. Wie fremd war er ihr, die mit einer unauslotbaren Sehnsucht im Herzen sich auf etwas Unbestimmtes zubewegte, das – wie sie hoffte – einmal als Gnade in ihr Leben einbrechen würde und das ihr dann Opfer auferlegte, die sie willig darbringen wollte. Nie konnte er in seiner »selbstverständlichen arischen Einfachheit« begreifen, warum ihr Leben ein Warten bleiben mußte. »Was wußte *er* von Zweifeln? Gab es für ihn ein Irrewerden, an sich, an der Welt, an irgend etwas, das ihm einmal teuer gewesen? [...] Zweifel an dem selbstgewählten Beruf, Zweifel an sich selbst, Zweifel, ob man nicht noch andere Pflichten hatte als die zufällig auferlegten, gab es für ihn nicht. Kannte er das: Die plötzlich hervorbrechende, quälende, rasende Angst: Hier sitze ich und versäume das Leben mit Fragen und Zweifeln, und draußen irgendwo – in Indien, in Paris, Berlin ist Erfüllung – – Tigerjagden, Tempel, heilige Seen, irgendwo lebt vielleicht ein einsamer Dichter – – –. Könnte er das je begreifen, wie sie ziellos umherging und sehnsüchtig in die Fenster des einen und des andern Hauses blickte? So stark war ihre Sehnsucht, daß sie förmlich *wußte*: Hier wohnt einer – der mein Freund sein könnte – – er hat eine schöne, kluge Frau, die Kinder sind schon schlafen gegangen, ich rauche, die schöne, blonde Frau sitzt beim Klavier und spielt halblaut wie für sich – und er spricht: gütig und schön, und ich höre ganz still zu, und auf einmal ist alles so klar, und ich weiß, was ich tun soll, mein Weg liegt klar vor mir.«

Ninon wollte sich für etwas bereithalten, das nicht fest umrissen war. Diesen Mann aber begrenzte ein solider Lebensplan, in den sie sich nicht einfügen konnte. Sie würde sich aus innerem Ungenügen immer wieder losreißen. Ihren Abbrüchen und ihrer Unrast aber würde er verständnislos gegenüberstehen.

In der kurzen Überlegung, *was* denn eine solche »Erfüllung«, eine Hingabe an etwas Überpersönliches und Nicht-Materielles für sie sein könne, blitzte in ihr der Gedanke auf: »Irgendwo in Indien ––– irgendwo ein einsamer Dichter« –, und wieder war ihre Vorstellung von einer Sinnfindung für ihre Zukunft verknüpft mit Hermann Hesse. Schattenhaft taucht hinter ihren Worten eine Szene auf, die an »Roßhalde« erinnert, und an dieser Stelle fiel Ninon aus der bisherigen Erzählform der dritten Person heraus in das persönliche Bekenntnis: »Ich weiß, was ich tun soll, mein Weg liegt klar vor mir.«

Ein Ziel jedoch konnte sie vorerst nicht ausmachen, und dennoch schien ihr das Gegenwärtige nichts als Versprechen, Anwartschaft und Übergang. Sie blieb unterwegs, wollte sich auf das Außerordentliche mit gesammelter Kraft zubewegen. Vieles in ihren frühen Erzählungen klingt nach edlem Unverstandensein und schönem Leid. Aber jenseits von allen literarisch-epigonalen Klischees spiegeln sie auch ihr echtes Ungenügen an dem, was sie bisher als Liebe kennengelernt hatte. »Wie unglücklich wäre ich, wenn ich glücklich wäre«, schrieb sie in ihr Tagebuch, – wenn sie mit dem zufrieden wäre, was ihr als gefälliges biederes Klein-Glück angetragen wurde. Sie hatte überhaupt Angst vor dem Glück, weil sie vielleicht darin verweilen möchte und gefangen wäre, wo sie doch »fest und unbeirrt einem großen Ziel zuschreiten« wollte.

Manchmal freilich packten sie Zweifel. Stach sie nicht nur der Hochmut der Besonderheit? Verfing sie sich nicht in einer verhängnisvollen Selbstüberschätzung? Woher kam dieser sendungsgewisse Stolz? Hatte sie sich anhand der Lesebilder zu groß angelegte Lebensrollen ausgesucht, die sie wie ein zu weit geschnittenes Kostüm nie auszufüllen vermochte? »Es ist leichter, sich und der Welt eine Rolle vorzuspielen, irgendeine Idee ganz zu der seinen zu machen und alle Werte an diese Idee – nicht aber an seinem Ich – zu messen und in ihrem Sinne zu beurteilen«, schrieb sie dem jungen Czernowitzer Lyriker Erich Singer, ihrem ersten Dichterfreund.[9] Sie sei bereit, die Schminke abzulegen, mit der sie sich und andere lange getäuscht habe, wenn sie sich mit Helden identifizierte oder sich zu Ideen bekannte, deren Verwirklichung eines Ausnahmemenschen bedurft hätte. In einer Erzählung »Der Bruder« schildert Ninon, welche Erschütterung es für einen jungen Menschen bedeutet, wenn sein Wunsch-Ich, das er seit der Kindheit aufgebaut hat, nicht nach und nach korrigiert, sondern durch eine plötzliche Erfahrung jäh zerstört wird. Sie übertrug diesen krassen Zusammenbruch ihres jugendlichen Selbstbildes auf den siebzehnjährigen Robert, dessen hochfliegende Pläne ihren eigenen glichen. Wie Robert in jungenhafter Überheblichkeit und der damit verbundenen Unterschätzung seiner ganzen Umgebung auch seinen eigenen Bruder als einen »verächtlichen Durchschnittsmenschen ohne höheres Streben« verkannt hatte, so hatte auch sie auf ihre fünf Jahre jüngere Schwester Toka herabgesehen. Sie hatte nicht gewußt, daß es eine natürliche Entwicklungsstufe eines jeden jungen Menschen bedeutet, wenn er sich als die »große Ausnahme« betrachtet und als Lebensziel etwas »Hohes, Gewaltiges, Einmaliges« erhofft:

»Der ›einsame‹ Robert wußte nicht, daß nebenan sein Bruder Anton dasselbe durchmachte wie er selber vor einem Jahr. Er wußte nicht, daß das, was jetzt in ihnen beiden und tausend anderen wogte und brauste, nur die Jugend war, die Jugend und nichts weiter, kein Genius, keine höhere Macht! Wußte nicht, daß all dies schon nach kurzer Zeit vorübergehen würde, wie eine Kinderkrankheit [...]. Vielleicht wäre diese Erkenntnis für Robert nicht so bitter gewesen, wenn sie ihm durch einen Fremden gekommen wäre. So aber kam sie vom Bruder, – vom Bruder, bei dem er klarer als bei jedem andern die Unverhältnismäßigkeit der geistigen Anlagen mit den tollen Zukunftsphantasien einzusehen vermochte.«
Als Ninon Roberts schmerzhaftes Erwachen schilderte, bezog sie sich selbst ein, indem sie plötzlich das Wort »wir« benutzte:

»Es ist die Zeit des Überganges, in der die überschüssige Jugendkraft in einem kocht und tobt und einen nicht ruhen läßt. In solchen Tagen hat plötzlich alles ein anderes Gesicht, die Welt ist verändert – wir selbst sind anders und sind uns selber ein Rätsel. Dies ist die Zeit der großen Pläne, der unerfüllbaren Hoffnung – es ist die Zeit der Sehnsucht – aber auch die Zeit der wahren Begeisterung für alles Edle, Gute und Schöne!«

Nur bei wenigen Ausnahmemenschen verwirklichen sich die kühnen Jugendträume, Robert gehörte nicht zu ihnen. »Er erkannte auf einmal die Torheit und Fruchtlosigkeit seiner Pläne, die er auf nichts hin entworfen hatte! Mit voller Wucht brach die Erkenntnis seiner eigenen Kleinheit und Nichtigkeit über ihn herein. – Dem ersten, jähen Verzweiflungsausbruch folgte bald kühle, nüchterne Überlegenheit: Er hatte ja eigentlich nichts verloren, hatte sich vor niemandem eine Blöße gegeben – es war noch immer Zeit, den ›heillosen Irrtum‹, den er bezüglich seiner eigenen Person und der gesamten Mitwelt gehegt hatte, gutzumachen, und in realistischer Einschätzung von Ich und Welt ein neues Leben zu beginnen.«

In Robert nahm Ninon Abschied von der »Unreife«, vom selbstbetrügerischen Spiel mit Masken und Möglichkeiten. Um so stärker aber wuchs ihre Bewunderung für die »Auserwählten«, die sich in produktivem Trotz und Selbstvertrauen nicht zurücknahmen, sondern die Kraft besaßen, die Welt nach ihren Vorstellungen zu verändern. Sie fühlte sich angezogen von den Eigensinnigen, den »Heilen«, den »Ausnahmemenschen«, denen diese Verletzung erspart geblieben war. Ein solch machtvolles Ich besaß sie nicht; *sie* hatte sich mit der Wirklichkeit zu arrangieren.

Wer jedoch eine so starke Phantasie besitzt wie Ninon, der muß sich die realistische Einschätzung von Ich und Welt jeden Tag neu erkämpfen. In einem Gedicht »Schlaflosigkeit«, das Ninon in den Semesterferien des Sommers 1914 schrieb, hat sie dem Trug der Phantasie abgeschworen:

»Du fragst mich, wie ich meine Ferienzeit verbracht? Schlecht!, muß ich dir erwidern. Mit Phantastereien hab ich die Wirklichkeit um den Effekt gebracht.«

Ninon wendet sich in diesem Gedichtentwurf an ein ungenanntes Du – könnte Hesse damit gemeint sein? »So lebte ich mit dir und dennoch fern von dir. So durfte deine Freundschaft ich empfangen. Doch nur durch eine Lüge ward sie mir.« In ihrem Willen zur Nüchternheit verdammte Ninon die Phantasie als Selbsttäuschung und Lüge. Und doch spiegelte sich im Gedicht ihre Ungewißheit, ob sie je auf die phantastische Ausstattung der Welt werde verzichten können.

Daß sie es sich jedoch als schwere Schuld anrechnen würde, weiterhin in einer »selbsterschaffenen Welt« zu leben, zeigt eine zur gleichen Zeit (1914) von ihr verfaßte schonungslose Selbstanklage. »Es soll geprüft und *unerbittlich* Gericht gehalten werden. Jegliches Schamgefühl sei verbannt, alles Dunkle ans Licht gezogen – Wahrheit herrsche!« Nouna – Ninon wird schuldhafter Genußsucht angeprangert: Das Leben bot ihr nie genug, sie ließ sich durch die Phantasie zum immerwährenden Mehr verführen. Nouna »war durch und durch verlogen und unwahr«, sie betrog sich selbst unaufhörlich.

»Sie haßte die Wirklichkeit. Sie empfand Wirklichkeit, Zufall und Schicksal als demütigend. Und da ihre Genußsucht sie keine

›Wonnen der Demut‹ erleben ließ, wandte sie sich trotzig von der Wirklichkeit ab. Ihre Phantasie erfüllte ihr restlos jeden Wunsch. Hatte sie einen Brief erwartet, der nicht kam, so kam in ihrer Phantasie ein viel viel längerer, wundervoller, ein köstlicher Brief.«

Ninon verdammte in diesem »Gerichtsprotokoll« die Phantasie als ein verhängnisvolles Rauschmittel, das ihre mühsamen Versuche durchkreuzte, ein ausgeglichenes Verhältnis zur Wirklichkeit zu gewinnen. Sie klagte nun als Trug und Verführung an, was ehemals für sie Geschenk und Gnade war: die Bildkraft der Seele. Durch sie hatte sie sich einst lesend Ersatzreiche geschaffen, aus denen sie nun nicht mehr herausfand. In der Geringschätzung der nüchtern-schalen Wirklichkeit waren ihr das physikalische Institut als ein Zauberpalast erschienen, der Forscher als geheimnisumwobener Meister. »Nichts Wirkliches *war*!«, klagte sie. Aber auch sie selbst *war* nicht! Die übermächtige Phantasie hatte die vagen Umrisse ihrer Persönlichkeit stets wieder zersetzt. Ihre überdurchschnittliche Fähigkeit zur Anverwandlung beruhte ja auf einer hohen Begabung an Einbildungskraft. Sie litt unter dieser Wandlungsfähigkeit, in der sie viele Standpunkte vertreten, viele Rollen übernehmen konnte: die Feurige und die Kühle, die Leichtsinnige und die Beherrschte, die Arrogante und die Bescheidene. »Und sie spielte dies alles nicht nur – sie *war* dies alles!«

Mitten in der Selbstpersiflage bricht ihr Manuskript ab. Das Urteil blieb ausgespart. Damit jedoch das ernsthafte Erwachsenen-Leben endlich seinen Lauf nehme, konnte es nur gegen die »Lüge« der wuchernden Vorstellungskraft gerichtet sein. Der Machtspruch dieses Selbstgerichts sollte die Tür zur Phantasiefülle der Kindheit zuriegeln.

Für wie lange?

Sommer 1914. Es war auch für Ninon eine Zeit des Umbruchs und der hochgespannten Bereitschaft. Alle warteten auf eine unabwendbare Veränderung. Man lebte »schlafwandlerisch«,[10] »ohne innere Direktion«[11], bis etwas Unhaltbares abgelöst würde. Ninon, die sich nun der Wirklichkeit öffnen wollte, sah, wie die Wiener in einem ererbten Skeptizismus, aus dem ihre eigentümliche Lebenskunst erwuchs, dem Zerfall der Monarchie entgegensahen, die sich so stolz königlich und kaiserlich zugleich nannte. Für die geistige Oberschicht hatte sie seit langem mehr die Bedeutung eines geistig-seelischen Gefüges als einer ernstzunehmenden politischen Macht. Man hing zwar am verbleichenden Glanz des Sacrum Imperium, in dem die Werte eines humanistischen Bildungsideals noch einmal aufgeleuchtet waren, und dennoch ließ man, wie ein unbeteiligter Zuschauer, was öffentlich war, an sich vorübergleiten und bettete sich schwelgerisch ein in private Gefühlswelten.

Diese Endzeitstimmung war Ninon von Hause aus fremd. Sie hatte durch die patriotische Gesinnung in ihrem Elternhaus die Monarchie zwar etwas einseitig kennengelernt, nie aber diese Unbekümmertheit in »vaterländischen Fragen«. Dr. Ausländer bezweifelte, daß der altehrwürdige Habsburger Staat nicht mehr lebenskräftig sei, dessen Sachwalter der alte Kaiser Franz Joseph 66 Jahre lang gewesen war – ein Symbol des monarchischen Gedankens für drei Generationen. Da dieser friedliebende Herrscher seit 1848 das Reich zusammenhielt, hatte er für die anhänglichen Bürger des Kronlandes nach und nach übermenschliche Züge gewonnen, er wurde zur Institution, zum Mythos. So war sein Bild Ninon von Kindheit auf übermittelt worden, und die Garnisonstadt Czernowitz mit dem Schmelz altösterreichischen Charmes unterstrich den Eindruck einer heilen politischen Welt. Die deutsch-österreichisch gesinnten jüdischen Bürger in den östlichen Provinzen fürchteten nichts mehr, als daß sie im Streit nationalistischer Staaten wieder einmal heimat- und rechtlos werden könnten. Wenn die Juden jemals ein Heimatland besaßen, so war es die österreichisch-ungarische Doppelmonarchie.

Aus diesem Grund stand Ninon dem Zionismus Herzls[12] verständnislos gegenüber, als sie seinen Anhängern unter Wiener Studenten zum erstenmal begegnete. Das gehobene jüdische Bürgertum bekannte sich zur deutsch-österreichischen Kultur, es war auf dem Weg zur Assimilation und stand darum einem »Judenstaat«, Herzls Zukunftsvision vom eigenstaatlichen jüdischen Lebensraum, oft geradezu feindlich gegenüber; es witterte ein aus nationalistischen Bestrebungen entstandenes freiwilliges Groß-Ghetto. Die in die Wiener Gesellschaft integrierten Juden fürchteten sogar die politischen Pläne des Feuilletonredakteurs der »Neuen Freien Presse«, weil er sie in ihrem Heimatland als »fremdes Volk« verdächtig machte.

Erst als der Antisemitismus in Wien durch die große Zuwanderung der Ostjuden während des Ersten Weltkrieges und in der Nachkriegszeit gefährlich aufflammte – auch die »reichen Vettern« in Wien konnten sich von ihrer reservierten Haltung gegenüber den einströmenden armen östlichen Verwandten nicht frei machen –, fand Herzls Bewegung breite Zustimmung. Ninon aber fühlte sich in erster Linie als Österreicherin und blieb von israelisch-nationalen oder antisemitischen Bestrebungen unbeeindruckt.

Niemand hatte ihren Sinn für die soziale und politische Wirklichkeit geschärft. In Czernowitz war sie abgeschirmt im bürgerlichen Milieu aufgewachsen. Die Art von Literatur, die sie bevorzugte, hatte keinen Weg ins Soziale gezeigt. Den Naturalismus hatte sie nie gemocht, weil er die Wirklichkeit nicht verwandele, sondern nur wiederhole. Die Wiener Dichtung jener Zeit pflegte eine wohlabgewogene, stimulierte Resignation angesichts der Überreife der rund 650 Jahre bestehenden Habsburger Dynastie und war in ihren Wertbegriffen rückwärtsgerichtet, war ein Ausklang und Abgesang für jene traditionsreiche Zeit, die sich in den stilwiederholenden Prachtgebäuden der Wiener Ringstraße einen letzten repräsentativen Ausdruck verschafft hatte. Und selbst der Jugendstil[13] blieb ein spätbürgerliches Verweilen in einer edel verbrämten Salonwelt, ausgerichtet an Klimts[14] schönheitstrunkenen, goldgrundigen Traumszenen.

Die von der »Wiener Secession«[15] proklamierte Stilerneuerung, die Kunst und Leben wieder zum »Gesamtkunstwerk« vereinen sollte, versandete in einem Kunstgewerbe, das die Bürgerwelt weiterhin mit schönem Schein ausstattete und ihr geschmackssichere Interieurs schuf. Im Jugendstil fielen zwar die Ornamente, Liniendekors schufen eine weiträumige Perspektive, aber nur die Formen wechselten, das Schmuckbedürfnis blieb dasselbe. Die Kunst sollte wie eh und je das Leben angenehm ausstatten, darum ordnete man sie in die Reihe der subtileren Genußmittel ein. In Wien verlange man von einem Bild, daß es zu den Möbeln passe, nicht auffalle und, wenn man es nach dem Essen betrachte, einen unbedenklichen Eindruck mache, hatte Hermann Bahr[16] einmal sarkastisch formuliert.

Ninon wohnte bei Verwandten und verkehrte in Wiener Familien, »die ein sehr großes Haus machen. Anfangs dachte ich, ich würde mich in diesen aristokratischen Kreisen nicht wohlfühlen, aber man kam mir so lieb und herzlich entgegen, daß ich wirklich gern hingehe«.[17] Sie beobachtete, wie sich hier Illusion und Wirklichkeit ineinander verwoben; man wohnte in Miet-»Palästen«, die mit schloßähnlichen Renaissance-Fassaden geschmückt waren, und hatte sich in der freien Verfügung über die Reste der einstigen Adelsgesellschaft museale Innenräume mit viel Samt und Plüsch geschaffen.[18] In vollgestopften Salons versetzte man sich in märchenhafte oder historische Sphären, in Stimmungswerte, die der Alltag versagte. Vieles in Wien war wie in Czernowitz, nur hatte alles einen großzügigeren Rahmen, man war lässiger und toleranter. Auch hier wurde die literarische Bildung als Luxus und Aushängeschild für gesellschaftliches Renommee benutzt, und der geplagte Geschäftsmann, geschmückt mit einer repräsentativ-schöngeistigen Gattin und einer verseschreibenden Tochter, setzte sich dem Ritual von Theater- und Konzertbesuchen aus; im übrigen diente ihm die Kunst zur Entspannung und Zerstreuung. Malerei wurde zur optischen Lustempfindung entwertet, Dichtkunst zum gebildeten Zeitvertreib – auch das erinnerte Ninon im Hause ihrer Verwandten schmerzlich an ihre Heimatstadt, in der ihr Kunstgeschichte und Literaturwissenschaft als Studienfächer suspekt geworden waren durch die dillettantischen Versuche und Verschwärmtheiten ihrer Mutter. Auch hier sprach man bei geselligen Zusammenkünften über Neuerscheinungen, die sich thematisch an den bürgerlichen Lebensstil anlehnten, die dem Unterhaltungsbedürfnis dienten und trauliche Luftschlösser aufbauten, in denen sich der Bürger wie in seiner eigenen Häuslichkeit wiederfand, Ninon hat sie in ihrem Tagebuch als sentimentale »Romanchen« oder moralisierende »Erbauungsschriftchen« kurz abgetan. Ein seichter Plauderton, der das Leben behaglich ausstattete, lag ihr ebensowenig wie jene Malerei, die in Makartschem Farbenrausch[19] den Sinnen schmeichelte und dem pomphaften Ausdruck »Ästhetische Kultur« untergeordnet wurde. Dennoch imponierte ihr der von der Provinz aus so bewunderte selbstsichere Lebensstil, dem sich genießend alles unterordnete. Und wünschte sie sich nicht auch »Bilder zum Hineinträumen«? Sie liebte Böcklin und Feuerbach: »In München... da war nur ein Erlebnis für mich: Feuerbach«, schrieb sie an Hesse.[20] In einem ihrer frühen Gedichte »Nein, keine Lieder« wünschte sie: »Ich will im Unnennbaren ganz versinken.« In diesem ersten Studienjahr, eingespannt zwischen Universitätsbetrieb und den sinnlich-erotischen Valeurs, den kunstgewerblich aparten Reizen im Lebensstil der Wiener Vorkriegsgesellschaft suchte sie verunsichert, was für sie unerläßlich war: das Echte, das ihr Gemäße, das Verständliche. Sie fand es nicht.

Auch aus diesem Grund flüchtete sie häufig ins Briefgespräch mit

Hermann Hesse. Indem sie ihm schrieb, setzte sie eine Ordnung in die ziellose Vielfalt ihrer Wiener Eindrücke.

In der schwelgerischen Umgebung des gehobenen Bürgertums blieb ihr das Elend der Arbeiterviertel jenseits des Wiener Gürtels verborgen. Es lag außerhalb des Blickfeldes der »Helferin« und »Glücksbringerin«. Sie kannte das arme Wiener Wäschermädel allenfalls in seinem Operetten-Liebreiz; und obwohl sie doch Arme und Kranke heilen wollte, blieb sie seltsam unangegriffen von wirklicher Not. Hätte sie sich in Kliniken umgeschaut, die Zeitungen aufgeschlagen, so hätte sie mehr vom Volk und vom Wiener Erbübel erfahren, den überbelegten Kleinstwohnungen und der Wiener Krankheit – der Tuberkulose –, oder von den steigenden Lebensmittelpreisen, die seit 1911 zu Massendemonstrationen in der Arbeiterschaft führten. Seit Wien über zwei Millionen Menschen innerhalb seiner Stadtgrenzen unterbringen mußte, wohnten rund 55 Personen in einer Hauseinheit, sechs bis neun Personen in Zwei- und Dreiraumwohnungen. 1913, als das protzige Gebäude des Kriegsministeriums fertiggestellt wurde – mit historisierendem Zierat und militärischen Versatzstücken überladen, eine letzte Machtdemonstration im Ringstraßengeist –, verzeichnete die Statistik mehr als 22000 Tuberkulosefälle in Wien. Aber auch die offenkundigen Mängel an Hygiene und Ernährung drangen nicht ins Bewußtsein der Medizinstudentin. Deutlich hörbare Sozialkritik klang nur in der linken Presse an, wo zu jener Zeit »Egonek« Kisch mit scharfer Feder anprangerte, was niemand hören wollte, aber Ninon las sie ebensowenig wie die Boulevard-Presse. Es war, als sähe sie alles aus der Sicht des etablierten Bürgertums, das sich selbsttäuschend in artifizielle Paradiese flüchtete und in erotisch gefärbter Märchenseligkeit die Alltagslasten abwehrte. Stichwortartig vermerkte sie in ihren Erinnerungen: »Wien... Mein Leben wie im Traum gelebt... Spielte ich mit in diesem Stück?« Ihr Aspekt auf die Wirklichkeit war zeitgenössischen Autoren abgewonnen, die in Wiener Kaffeehäusern das Literaturgeschäft betrieben und eine schützende Glasscheibe zwischen sich und der Welt hatten. Alfred Polgar bezeichnete das Kaffeehaus als eine Weltanschauung, deren Kern es sei, die Welt eben nicht anzuschauen. Für Peter Altenberg, dessen impressionistische Feuilletons Ninon als Vorbild für ihre eigenen Schilderungen wählte,[21] war das Kaffeehaus eine Flucht- und Troststätte gegenüber der schalen Welt, und er gab das Café Central in der

Herrengasse als Heimatadresse an; für Hermann Bahr war es eine verräucherte platonische Akademie weltferner Ideen, für Schnitzler ein Umschlagplatz literarischer Informationen und für Berthold Viertel die »Zuflucht der impotenten Lumpen [...]. Im Café handelt niemand, aber jeder spricht«.[22] Die Kaffeehauszirkel prägten den Wiener Zeitgeist, in dem man fern vom wirklichen Leben die Nachbarschaft von Kunst und Untergang pflegte.

Auch Ninon hielt sich gern in Wiener Kaffeehäusern auf, Enklaven von wohlig-künstlicher Geborgenheit: »Vor der Wirklichkeit: Ins Caféhaus gehen und sich nach der Natur sehnen. Wissen, daß ›draußen‹ irgendwo die Welt ist – und gefangen sein in selbstgewählter Enge. Das Sehnen ist beglückender als die Erfüllung – also Feigheit verbarrikadiert den Weg in die Wirklichkeit?« Nicht die Feigheit verbaute den Zugang – folgenreicher war Ninons gläubige Fixierung auf die Literatur ihrer Zeit, die für sie Blickachsen schuf, an denen entlang sie die Welt sah.[23]

Daß sie sich selbst als »Alt-Österreicherin« einschätzte, verrät ein Zettelabriß, auf den sie eilig gekritzelt hatte, sie »gehöre in eine vergangene Zeit, die Bourgeoisie der Gründerzeit... Hofmannsthal, Schnitzler...«

Ninon konnte übermütig, ja koboldhaft ausgelassen sein. Aber es war eine Fröhlichkeit, die nie naiv aufglänzte, sondern immer nur im Widerschein des Ernstes entstand und ihn aufhellte. Sie verblüffte oft durch eine Lustigkeit, die jäh in Verstimmung und Angst umschlagen konnte. »Ich bin am frohesten, wenn ich so recht traurig bin«, schrieb sie an Hermann Hesse. »Ich bin so gerne traurig, und doch lebe ich gern, seltsam!« Gerade in der Wiener Umgebung lernte sie diese Lebensbejahung, die aus einer tieferliegenden, aber stets gegenwärtigen Traurigkeit aufblühte. Sie nahm die lächelnde Schwermut an, mit der die Wiener die Überreife, das Nicht-Mehr-Lange auszukosten verstanden. Joseph Roth kennzeichnete die innere Verfassung des Vorkriegswieners als »skeptischen Leichtsinn, melancholischen Fürwitz, sündhafte Fahrlässigkeit, hochmütige Verlorenheit [...]. Aus unseren schweren Herzen kamen die leichten Witze, aus unserem Gefühl, daß wir Todgeweihte seien, eine törichte Lust an jeder Bestätigung des Lebens«.[24] Auf diesem Nährboden wuchs die Resignation des sinnenbegabten österreichischen Menschen – eine Haltung, die Ninon im Leben später befähigte, in Enttäuschung und Verzicht positive Gefühlswerte zu sehen.

Kein Zweifel, Ninon verkörperte den »homo austriae« in seiner Mischung von Klugheit und Untüchtigkeit, von Scharfsicht und Trägheit, von Wachheit und Sorglosigkeit, von Traurigkeit und Witz. Als Hermann Hesse ihr später einmal in gespieltem Entsetzen zurief, die Widersprüche im Wesen einer Frau blieben ihm wohl für immer ein Rätsel, erwiderte sie: Nicht im Wesen einer Frau, wohl aber im Wesen eines österreichischen Menschen, den die Vorkriegszeit geformt habe. Zum Glück gebe es jedoch eine psychologische Gebrauchsanweisung, Robert Musils kakanisches Szenarium »Der Mann ohne Eigenschaften«,[25] in dessen Hauptfiguren sie sich 1931 beim Lesen des Romans wiedererkannt habe. Nach einer Dichterlesung Musils in Zürich Ende 1935 schrieb sie: »Ich hatte das Gefühl, niemand verstände ihn außer mir – dabei saß ich neben Frau Mann und Thomas Mann. Aber wer hatte die zwei Bände ›Der Mann ohne Eigenschaften‹ gelesen – nein verschlungen?! Wer wartete sehnsüchtig seit zwei Jahren auf das Erscheinen des dritten Bandes, aus dem er vorlas? Wer war nach den ersten Worten, die er aus diesem noch nicht erschienenen dritten Band vorlas, sofort im Bilde und wußte gleich um den geistigen Raum Bescheid, in den man versetzt war? Es war eine solche Einsamkeit um ihn – wie in einer Mandorla von Einsamkeit saß er vor uns, und ich hätte ihm so gern gesagt, daß *ich* ihn verstehe«.[26]

Musil hat in seinem Ideen- und Entwicklungsroman vor dem Panorama Altösterreichs den Menschen der Moderne gezeigt, dem es nicht mehr gelingt, Zentrum der Wirklichkeit zu bleiben, sondern der ein Opfer der Sachzusammenhänge wird, die seine Welt beherrschen. Sein Protagonist Ulrich spürt angesichts der versinkenden idealistischen Bildungswelt und des Aufstiegs des technisch-naturwissenschaftlichen Zeitalters die eigene Macht- und Substanzlosigkeit. Alles erscheint ihm zerstückelt und beziehungslos, er fühlt sich verloren im Unübersehbaren, fremdbestimmt, »ohne Eigenschaften«, ein zufälliger Integrationspunkt von Kraftfeldern außerhalb seiner selbst. »Der geometrische Ort, in dem sich Mannigfaches kreuzt, bin ich«, kennzeichnete sich Ninon. Sie hat Musils »Auseinandersetzung des Möglichkeitsmenschen mit dem Wirklichkeitsmenschen« als eine Spiegelung ihrer eigenen Vergangenheit aufgefaßt.

»Ich verwandelte alles Geschehen in Möglichkeiten«, schrieb sie über diese Zeit. »Warten, Hoffen, Schweben, darüber verrann mein Leben.« Und: »Ich tat nichts, ich verwandelte alles.« Musils unheldischer Held zieht sich nach drei Versuchen, »ein sehr bedeutender Mann zu werden«, im Jahre 1913 – da setzt die Handlung ein – in die Passivität des Privatlebens zurück; zugunsten einer ungestörten Reflexion verzichtet er darauf, sich weiterhin um seine Eingliederung in die Wirklichkeit zu bemühen. Auch Ninon floh immer wieder in den handlungslähmenden Kult des Sich-Selbst-Fühlens. Weil Musil statt Handlung diese Momente der Unentschlossenheit und des Zurückweichens vor der Wirklichkeit darstellte, fand Ninon bei ihm eine Deutung ihrer eigenen Zaghaftigkeit. Dabei begriff er das Freibleiben von Welt, die Leere nicht etwa als Unwert, sondern als Verheißung, als Fortbestand unbeschränkter Möglichkeiten. Musil war für Ninon *der* geniale Autor, der die geistigen Kraftfelder, die das 20. Jahrhundert bestimmten, in verschiedener Besetzung sichtbar machte – eine experimentelle Versuchsanordnung für zeitgeschichtliche Strömungen, in deren vielfacher Brechung sie sich auf wohltuende Weise bestätigt fand. Sie bewunderte dabei Musils Wechselspiel zwischen mathematischer Präzision und Phantasie, zwischen Ekstase und Verstand, zwischen »Genauigkeit und Seele« (Musil) ebenso wie das raffinierte Gemisch von epischem Erzählfluß und essayistischer Einblendung, das die konventionelle Romanform zu einem Kaleidoskop vielfältiger Aspekte und Erlebnisschichten aufsprengte. War nicht ihr eigenes Leben genauso bruchstückhaft, so zersplittert in seinen Ansätzen, Zweifeln, seinem Mangel an Konsequenz und Stetigkeit, in seinem unentwegten Vorläufig? »Verzagte ich in der wirklichen Welt, glitt ich hinüber in die andere, glückte mir dort etwas nicht, floh ich in die wirkliche zurück. Ich war nicht hier und nicht dort und dennoch hier und dort. In dem Nirgends-Hingehören und dennoch Überall-zu-Hause-sein sah ich meine Stärke.«

Ninon rechnete sich zu den Musilschen Spätzeit-Menschen, die »eine Reise an den Rand des Möglichen« antraten, die mit »Teilantworten operierten« und sich mit »Partiallösungen« begnügten, die krummlinig, in ständigem Richtungswechsel etwas Verlorenes suchten und experimentierend offenblieben. Sie wurden erst im Untergang des Bestehenden einem Realitätsschock ausgesetzt, der sie zu Entscheidungen zwang. Im Sommer 1914 fühlte sich Ninon ziellos unterwegs wie Musils Romangestalten, die sich ins Private retteten, um sich von dem letzten Aufbäumen eines untergehenden Reiches fernzuhalten, als ginge sie dessen Ohnmacht nichts an.

In diese Zeitstimmung fielen am 28. Juni 1914 die tödlichen Schüsse, die ein bosnischer Nationalist auf den österreichisch-ungarischen Thronfolger, Erzherzog Franz Ferdinand, und seine Frau Sophie von Hohenberg während ihrer Besuchsfahrt in Sarajewo abfeuerte. Die meisten Wiener glaubten nicht an eine ernste Gefahr, denn sie waren an nationalistische Wirren und politische Zugeständnisse gewöhnt. Im Grunde überlebte Österreich-Ungarn ja seit einem halben Jahrhundert in einer mühsam ausbalancierten Harmonie: es würde auch diesen Schrecken überdauern!

Dennoch hatte die politische Entschlossenheit der serbischen Aktivisten auch diejenigen kurz aufgeschreckt, die wie Ninon fern von der Tagespolitik lebten. Tschechische, serbische und magyarische Nationalisten rüttelten immer stärker am österreichischen »Völkergefängnis«, so daß die zähe Lebenskraft des schon lange vor sich hinkränkelnden Habsburger Reiches endgültig verbraucht schien. Das Schaukeln und Schweben, das die Literatur Jung-Wiens als ein immer wiederkehrendes Motiv durchzog, versinnbildlichte ja nicht nur ein zeitenthobenes ästhetisches Spiel gegenüber den allgemeinen Zwängen der Wirklichkeit. Es entsprach ebenso den konkreten gesellschaftlichen und politischen Verhältnissen, die ihre Stabilität eingebüßt hatten. Schaukeln und Schweben, Überlegenheit und Notwehr zugleich, kennzeichneten auch die Politik jener Vorkriegsjahre, die über den Verlust der Sicherheit und Standfestigkeit in einem schwankenden Staatsgefüge hinweggleiten mußte.

In den östlichen Provinzen war man stets am Herd der Unruhen. Hier spielte sich ein täglicher Kleinkrieg um die Vorteile verschiedener Volksgruppen ab. Hier hatte man am ehesten erfahren, daß im Zeitalter der nationalen Staatsgründungen der Vielvölkerstaat als Anachronismus angeprangert wurde. In Czernowitz war der Einfluß der Deutsch-Österreicher gesichert, aber schon wenige Kilometer vor der Stadt wohnten Polen, Ruthenen, Rumänen, deren proösterreichische Gesinnung zweifelhaft war, und dennoch erhielt Ninon in Wien beruhigende Briefe ihres Vaters, der greise Monarch werde den Frieden erhalten, da er gottlob wisse, daß Österreich in einem Krieg nichts gewinnen, aber alles verlieren könne. Er setze voll auf die Friedenspolitik des Kaisers, der, ein Schüler Metternichs, als absolutistischer Herrscher begonnen und wohlerwogen mit kleinen Schritten Entwicklungen vollzogen habe, die dem Volkswillen nach Liberalisierung und Fortschritt entsprächen. Es bedeute politische Weisheit, in einem restaurativen Bemühen alle revolutionären Vorzeichen herunterzuspielen und ein untergangsträchtiges System dadurch vielleicht in eine Zukunft hinüberzuretten, in der ein aufgeflammter Chauvinismus sich wieder übergeordneten Gedanken einfügen würde. Dr. Ausländer hatte seinen Glauben an das Durchhaltevermögen und die Überlebenskräfte des einigenden Habsburgerreichs auf seine Familie übertragen: ein befriedetes Vielvölkerreich an der Donau war für sie eine Zukunftsvision, die ihre Czernowitzer Erfahrungen ins Großräumige übertrug.

Der Sommer 1914 war heiß und staubig, die Wiener sehnten sich seit Wochen nach einem erlösenden Regen. Ninon, die mit ihrer Mutter einen Seeurlaub in Dänemark verbringen wollte, war an jenem grellen, hitzeflimmernden Sonntagnachmittag – dem 28. Juni – beim Kofferpacken, als die schwarzumrandeten Extra-Ausgaben der Wiener Blätter die Nachricht über die Ermordung des Thronfolgers verbreiteten. »Wien schweigt«, las sie in der »Freien Presse«, »das Leben ist erstarrt«. Damit sollte das Entsetzen der Bevölkerung angedeutet werden. Ninon aber stellte fest, daß das Leben sehr bald wieder seinen gewohnten Gang ging. Im Prater klang die Musik weiter, in Grinzing wurden die Gartenfeste kaum unterbrochen, und die Hauptstadt blieb voll sommerfrohen Lebens. So setzte Ninon die kurz unterbrochenen Reisevorbereitungen fort. Eine Katastrophe, ein Abbruch des gewohnten Lebens, ein Krieg gar – das alles war nicht nur ihr unvorstellbar.

Am 7. Juli las Ninon beruhigt in den Zeitungen, daß sich der Kaiser auf der Fahrt in seine Villa nach Ischl befand und wie sich der Hofstaat urlaubsmäßig in dieser Miniatur-Residenz einrichtete. Im »Illustrierten Wiener Extrablatt« galten 25 Zeilen einer Sitzung, die der Ministerrat wegen der drohenden Kriegsgefahr abhielt. Auch andere Blätter maßen den Vorgängen keine sonderliche Bedeutung mehr zu. Der Kaiser forderte die Belgrader Regierung in einer »Begehrnote« am 20. Juli auf, die Attentäter zu bestrafen und Österreich gewisse Kontrollrechte einzuräumen. So lebte man noch drei Wochen nach dem Attentat in der berechtigten Hoffnung, von Kriegshandlungen verschont zu bleiben.

Dennoch zeigte sich eine gewisse Lähmung, ein Druck, wie Sensitive ihn vor einem Gewitter empfinden. Auch Ninon spürte diese Reizstimmung wohl, als sie in die Ferien abreiste. Als am 25. Juli das kaiserliche Ultimatum von Belgrad abgelehnt wurde, sonnte sie sich schon mit der Mutter am dänischen Ostsee-Strand. Erstaunt lasen sie in den Zeitungen, die Wiener seien empört und nationalistisch aufgeheizt. Aufgebrachte Gruppen hätten am Denkmal Radetzkis für den Krieg mit Serbien demonstriert und bei Fackelschein nationale Lieder gesungen. Drei Tage später, am 28. Juli, erklärte Österreich-Ungarn nach einer Teilmobilmachung Serbien den Krieg. Am selben Tage veröffentlichte der vierundachtzigjährige Kaiser eine Proklamation »An meine Völker«, die Ninon in deutschen Zeitungen las: »Es war mein sehnlichster Wunsch, die Jahre, die Mir durch Gottes Gnade noch beschieden sind, Werken des Friedens zu weihen und Meine Völker vor den schweren Lasten des Krieges zu bewahren. Im Rate der Vorsehung war es anders beschlossen.« Krieg! Nun überschlugen sich die Ereignisse, Ninon und ihre Mutter packten überstürzt ihre Koffer, um abzureisen.[27] In überfüllten Zügen fuhren sie mit vielen Unterbrechungen nach Wien und waren erstaunt, daß der Krieg den Volksgruppen, die sich sonst feindlich gegenübergestanden hatten, ein einigendes Ziel bedeutete! Welche Kriegsbegeisterung überall unterwegs! Magyaren, Tschechen, Polen entdeckten ihre Treue zur Monarchie, sie brannten darauf, den Staat zu verteidigen, den sie als Völkerkerker geschmäht hatten. Die Deutsch-Österreicher jubelten über ihre Waffengemeinschaft mit dem Deutschen Reich. Überall auf der Strecke demonstrierten Massen für Kaiser und König und gegen den gemeinsamen Gegner.

Als die Urlauberinnen in Hast und Schrecken Wien erreichten, erhielten sie die ersten Nachrichten über Czernowitz. Vier russische Armeen waren an der ostgalizischen Grenze zusammengezogen worden, so daß die Stadt unmittelbar bedroht schien. Ninons Mutter blieb in Wien und wartete auf das Eintreffen der übrigen Familie, denn die Heimatstadt würde wohl wegen der Kampfhandlungen mit den Russen geräumt werden.

Der bedrohlichen militärischen Situation konnten die Czernowitzer 30 km vor der russischen Grenze nur ihr Vertrauen auf die österreichische Armee entgegenstellen, und dieses Vertrauen war groß! 60 Jahre patriotischer Erziehung in der Bukowina erzeugten nun ein Aufflammen vaterländischer Gefühle, zumal gleich zu Beginn des Krieges die Eingliederung des östlichsten Kronlands in das russische Reich als ein selbstverständliches Kriegsziel vom zaristischen Rußland gefordert wurde. Viele hatten wie Dr. Jakob Ausländer spontan Kriegsanleihen gezeichnet. Bald konnten sich die Czernowitzer auch über kleine Erfolge in nahen Grenzgefechten freuen. Die Front verlief vom Pruth bis zum Dnjestr, und die Bewohner der umliegenden Ortschaften standen auf den Hügeln von Czernowitz und verfolgten mit Ferngläsern die Kampfhandlungen wenige Kilometer vor der Stadt. Die ersten Kriegsgefangenen wurden unter dem Jubel der Bevölkerung durch die Straßen geführt, und in einem allzufrühen Siegesoptimismus verschloß man sich den schlimmen Botschaften aus Galizien über Plünderungen, Mord, Brand, Schändung und kopflose Flucht vor den Russen nach Westen. Wer es sich leisten konnte, reiste dennoch ab in die Sicherheit, und möglichst nach Wien. Als der Landespräsident, Graf von Meran, am letzten Augusttag Czernowitz verließ, sank auch Dr. Ausländers Zuversicht. Er hörte, daß die Bahnverbindung mit Wien über Galizien schon zerstört sei, der Fluchtweg führte nur noch südlich über Dorna-Watra. Noch marschierten die Österreicher scheinbar unaufhaltsam nach Galizien hinein. Als aber die beiden über den Pruth nach Westen führenden Brücken von Straße und Eisenbahn gesprengt wurden, bedeutete das die Aufgabe der Stadt. Ausländers packten in fliegender Hast das Notwendigste zusammen. Am 2. September zogen Hunderte von Bauernwagen mit Flüchtlingen südwärts, um wegzukommen, ehe die Russen die Grenze zur Bukowina überschritten.

Ninons Schwester, Lilly Kehlmann, erinnert sich an Flucht und Exil: »Da hieß es eines Nachts: ›Allgemeine Bergung‹. Das bedeutete für uns: in Windeseile alles einpacken, was uns mitnehmenswert schien, und am nächsten Morgen per Wagen in das südlicher gelegene Storojinetz zu Verwandten fahren, wo wir vorerst abwartend etwa 14 Tage lebten. ›Wir‹ waren Toka und ich mit Papa und dem ›Fräulein‹. Papa fuhr vorerst nach Czernowitz zurück, nach 14 Tagen holte er uns aber ab, da die Russen weiter vorrückten. Wir fuhren teils per Wagen und, wo immer es anging, auch per Eisenbahn über die ungarische Grenze mit Aufenthalten, auch in Budapest, und von dort aus erreichten wir mit dem Zug Wien, wo ja die Mama und Ninon inzwischen bei unserem Onkel in der Pension wohnten. Ninon mußte ihr Zimmer mit Toka teilen, ich mit Mama, Papa bekam ein Extrazimmer, und so wohnten wir beinahe zwei Jahre [...]. Im sechzehner Jahr gelang es Papa, für ein Jahr eine Wohnung in der Alserstraße 26 zu mieten, doch dieses Glück war von kurzer Dauer. Wieder mußten wir in Pensionen leben, manchmal aus Platzmangel jeder woanders«.[28]

Für die Familie Ausländer hatte ein Flüchtlingsschicksal begonnen, ohne Habe und zunächst auch ohne Erwerbsmöglichkeit. Man wußte nicht, wann man zurückkehren werde, denn wenige Tage nach der Flucht wurde die Stadt, die sich so stolz als östlichster Vorort Wiens zum österreichischen Staatsgedanken bekannt hatte, von den Truppen des Zaren unter General Evrimow eingenommen und abgeriegelt. Durch Requirierung von Gütern und Vieh, durch Strafmaßnahmen und Kampfhandlungen wurde die idyllische Garnisonstadt hart mitgenommen. Drei Jahre wechselhaften Kriegsgeschehens standen ihr noch bevor, in denen sie mehrfach von Russen und Österreichern umkämpft, erobert und wieder aufgegeben wurde.[29]

In einer Traumniederschrift von 19./20. September 1914 zeigte Ninon, wie tief sie vom Verlust des Elternhauses betroffen war. »Ich bin in Czernowitz und nähere mich von der Siebenbürgerstraße aus zu Fuß der Stadt. In der Herrengasse vergieße ich Freudentränen vor Rührung, daß es mir doch gelungen ist, in die von den Russen besetzte Stadt zu gelangen. Ich konstatiere, daß alles scheinbar in größter Ruhe ist. Ich passiere die Ecke Herrengasse – Dr. Rott-Gasse und sehe unser Haus ganz still und friedlich stehn; gleichzeitig sehe ich, daß die Nußbäume in unserem Garten ohne Laub dastehen, was sonst um diese Jahreszeit nicht der Fall ist. Ich erwäge, ob es nicht möglich wäre, daß ich mich in den Garten hineinschleiche, um einige Nüsse zu *stehlen*.« Sie überlegt im Traum, wie sie die Kostbarkeiten ihrer Kindheit retten könne. »Da sehe ich einen berittenen Offizier vor unserem Hause, der gerade im Begriff ist, das Tor sorgfältig mittels eines großen eisernen Vorhängeschlosses (wie wir es gar nicht haben) zu sperren.« Der Zaubergarten der Kindheit und der Dichtung ist verriegelt worden.

Wien aber glich nach und nach einem einzigen überfüllten Flüchtlingslager. Besonders aus den Ostgebieten strömten Vertriebene und Evakuierte in die Stadt, sie hatten sich oft nach Mühsal und Entbehrungen zu entfernten Bahnstationen geschleppt, von wo sie, in Viehwagen zusammengepfercht, ins Innere Österreichs und vorwiegend nach Wien transportiert wurden. Ninon war Tag und Nacht auf dem Wiener Nordbahnhof unter den ehrenamtlichen Helfern, die Flüchtlinge empfingen, einkleideten, bewirteten und weiterleiteten. Die in aller Eile eingerichteten Garküchen und Wärmestuben konnten ihre Aufgaben kaum bewältigen, der Zustrom war zu groß. Die Wiener, die zunächst mit spontaner Hilfsbereitschaft ihre geflohenen Landsleute aufgenommen hatten, wurden allmählich unwillig, sie machten die Zuwanderer verantwortlich für die Verknappung an Lebensmitteln und Brennmaterial und die unlösbare Wohnungsnot. Im dritten Kriegswinter 1916/17 geriet die Versorgung in gefährliche Engpässe, es gab Bezugscheine für Lebensmittel. Wegen des Kohlemangels brannte nur stundenweise die Straßenbeleuchtung, man mußte Licht und Heizung kraß einschränken.

Dr. Ausländer fand ein ausreichendes Betätigungsfeld. Seine Kanzlei, führend in der Provinz, hatte auch in Wien einen guten Ruf, man wußte, daß er nicht nur ein ausgezeichneter Zivilrechtler, sondern auch einer der besten Strafverteidiger in der Bukowina gewesen war. Er richtete sich in der Alserstraße 28 ein räumlich bescheidenes Büro ein und war erfolgreich als Anwalt tätig. Er hoffte, nach einem österreichischen Sieg in die Heimat zurückzukehren.

Durch die patriotische Gesinnung ihres Vaters beeindruckt, übernahm Ninon Pflegedienste in Wiener Spitälern. Doch bald schon schrieb sie an Johanna Gold, wie sehr ihr sozialer Einsatz sie enttäuschte. Der große Strom des Mitgefühls versandete im Kleinkram täglicher Verrichtungen. Darum ließ sie sich gern davon überzeugen, daß sie nach beendetem Medizinstudium für Kranke und Verletzte Nützlicheres leisten könne. So vertagte sie das Helfen in eine unbestimmte Zukunft und nahm ihr Studium wieder auf.

In der »Geschichte einer Heimkehr« behandelte sie die Ernüchterung, die sie bei ihrer unbedeutenden Mitarbeit empfand. Eine junge Frau geht durch die vertrauten Straßen Wiens. Beim Anblick der Kirche Maria am Gestade weiß sie: »So in sich ruhend wie dieser Bau, so hatte sie sich ihr Leben gedacht. Und wie war es geworden? Ruhelos, hastig, suchend. Sie vermochte sich nicht zu bescheiden, und mühevolle Kleinarbeit zu leisten, schien ihr verächtlich, so glitt sie von einem zum andern, rastlos, unbefriedigt, glühend und unfruchtbar.«

Sie flüchtete sich voller Selbstzweifel in den Schutz ihres früheren Geliebten – einer überlegenen, vaterähnlichen Gestalt. Auch darin spiegelte sich Ninons eigenes Erleben: ihre erste starke Gefühlsbindung während des Studiums, eine Mischung aus Liebe und Verehrung, galt Professor Moritz Oppenheim, Dermatologe an der Wiener Medizinischen Fakultät.[30] In ihrer Erzählung arbeitet die junge Frau als Assistentin eines berühmten Forschers; »er war, wie alle, bei denen sie gearbeitet hatte, entzückt über ihr schnelles Verständnis, ihren ungeheuren Fleiß, ihre Energie und Arbeitsfreude. Sie war pünktlich, verläßlich, enthusiastisch [...]. Ihren Schmerz, nur Helferin zu sein, erkannte er freilich nicht, ihre eigene Unfruchtbarkeit beachtete er nicht – *sie* aber litt unsagbar. Ihr war, als sehe sie ins gelobte Land, wenn sie an den Forschungen des Meisters mitarbeitete, ein Land, das ihr Fuß nie betreten würde.« Bei der geduldigen, kleinteiligen Zuarbeit zum Werk eines andern störte sie noch immer das unklare Sendungsbewußtsein, dessen Ursprung und Ziel sie nicht deuten konnte.

Außerdem war ihr das Studium zeitweise zu einem Alptraum geworden. Sie verlor sich im medizinischen Wissensstoff. Sie verlangte nach einer überschaubaren Welt, die Gliederung und Sinn von ihr – als deren Mittelpunkt – erhielt und die sie im Erlebnis begrenzen und auf sich hinordnen konnte. Je mehr sie mit Faktenwissen überschüttet wurde, das sie im Innersten unbeteiligt ließ, desto mehr verlor sie Standort und Übersicht auch in ihrem eigenen Leben, so daß sie dem enzyklopädischen Speichern von Lehrstoff immer häufiger entfloh und verzagt in die Seelenwärme der Bücherwelt zurückkehrte. Dabei fühlte sie sich in ihrem Wesen zuinnerst bestätigt, wenn ein Dichter den wissenschaftlichen Wirklichkeitsbegriff bewußt aufsprengen wollte in die Bereiche des Erträumten, Erdachten, Möglichen oder Geglaubten, denn seit ihrer frühen Kindheit hatte sie sich ja jenseits logischer Folgerichtigkeit andere Erkenntniswege erschlossen, in Traum und Intuition, in gefühlsbetonter Versenkung, in einer mystischen Hingabe, wie es ihrer Veranlagung und ihrer religiösen Herkunft gemäß war.

Die Dichtung der Jahrhundertwende wurde ihr aufs neue und in tieferem Sinne vertraut, bedeutete sie doch nichts anderes als die Reaktion der Künstler auf die wachsende Vorherrschaft der Naturwissenschaften und ihrer Methoden, wodurch Dinge und Geschehen aufgelöst wurden in experimentell nachweisbare Daten oder – wie bei den Geisteswissenschaften – in bloß historische Fakten, die keinen lebendigen Bezug mehr zum einzelnen Menschen herstellten. Wirklichkeit, das erkannte Ninon am zerstückelten Vielwissen in diesen vorklinischen Semestern und das bestätigten ihr auch Hesses Bücher, entstand allein durch Erlebnisse, durch Glück und Trauer, durch erfahrenen Schmerz und unvergeßliche Freude. Wo Emotionen herrschten, blühte sie auf. Vor allem die Dichter, deren vielfältige Versuche, ein neues Weltverständnis zu finden, in Schlagworten wie Neuromantik, Décadence, l'art pour l'art oder Symbolismus plakativ umschrieben werden, zeigten ihr die Wirklichkeit als einen gefühlsgetragenen Ich-Welt-Zusammenhang. Sie verwiesen den Leser auf seine eigenen seelischen Kräfte, indem sie ihm eine subjektive Welt boten, die er auch für sich entdecken konnte.

Ninon schrieb dazu: »Der Freund sprach zum Dichter: ›Du sagst, daß Du alles, was Leben heißt, liebst, und dennoch sind heute alle Deine Vasen voll Anemonen und Du siehst ihrem Welken und Sterben zu!‹ Aber der Dichter entgegnete lächelnd: ›Sieh, solange die Anemonen draußen im Walde blühten, lebten sie für sich und brachten niemandem Freude und niemandem Schmerz. Nun aber sind sie bei mir in einer Nacht alle erblüht und welken jetzt und sterben und leiden, und *ich sah* ihre Freude und ihr Leid und ihr Sterben. Ist es nicht göttlich, ihr Los?‹«

Für Ninon hatten die Anemonen, erst nachdem sie der Dichter wahrnahm, Anteil an Freude und Schmerz. Indem er ihr Blühen und Vergehen erlebte, erhielten sie einen Wirklichkeitsgrad, den sie »draußen« – das heißt außerhalb seiner subjektiven Beziehungswelt – nicht erreichten. Ninons Vorliebe für Märchen- und Mythenstoffe zeigte den gleichen Beseelungswunsch. Undine verzauberte sie ebenso wie Ariadne. Sie besuchte häufig die Wiener Oper, um das Stimmungselement des Wundersamen als Gegengewicht gegen die Hörsaal-Welt zu genießen; denn inzwischen war der »Zauberpalast« zum nüchternen Lern-Ort eines physikalischen Instituts entseelt worden. In ihren kleinen Erzählungen wandte sie sich in die Märchenwelt zurück, »Frau Sonne« wurde wieder zur gütigen Lebensspenderin, Pflanzen und Steine sprachen, und an verschwiegenen Waldseen tummelten sich Faune und Nymphen. In einer mythischen Wiederbelebung der Welt sah sie den Mond nicht mehr naturwissenschaftlich als einen Planeten, der in einem Abstand von etwa dreißig Erddurchmessern die Erde mit einer Geschwindigkeit von 2,38 km/sec. umkreist, sondern als den Freund aller Liebenden. Selene zog im mattgoldenen Wagen ihre Lichtspur über den Himmel und küßte den schlafenden Endymion in seiner Höhle am Berge Latmos. Dichtung und Mythos wurden für Ninon wieder zum Schutz- und Heilmittel.

Immer häufiger saß sie inmitten der Studenten der Literaturwissenschaft und freute sich tagsüber schon auf die abendlichen Lese-

Begegnungen wie auf eine für eine Medizinstudentin nicht ganz statthafte, weil zeitraubende Verabredung. Wie jeder Student in Wien hatte auch sie ihre »Fackel-Zeit«, selten versäumte sie die Vorträge von Karl Kraus,[31] der ihr außer sprachkritischen Maßstäben vor allem neue Einsichten in das Verhältnis des modernen Dichters zur zeitgenössischen Gesellschaft vermittelte. Was sie bisher durch Lesen intuitiv erfahren hatte, wurde nun theoretisch unterbaut.[32]

Erstaunt stellte sie fest, daß sie die Dichter immer noch so einschätzte, wie sie es in der Gymnasialzeit am Geniebegriff der Klassik gelernt hatte. Vielleicht war sie von Hesses »Camenzind« einst so begeistert gewesen, weil in dessen Ungestüm noch etwas von der Sendungsgewißheit des jungen Goethe lag, dessen Bild sie aus der »Theatralischen Sendung« Wilhelm Meisters gewonnen hatte: »Der Held lauschte ihren Gesängen, und der Überwinder der Welt huldigte einem Dichter, weil er fühlte, daß ohne diesen sein ungeheures Dasein nur wie ein Sturmwind vorüberfahren würde... ja, wer hat, wenn du willst, Götter gebildet, uns zu ihnen erhoben, sie zu uns herniedergebracht, als die Dichter?« Als sie noch voller Andacht dem prophetischen Ruf Hölderlins nachsann, daß die *Dichter* das Bleibende stiften, war ihr nicht aufgefallen, daß die Öffentlichkeit, die verspäteten Nachfolger der »Gründer« in den östlichen Provinzen, sich schon im Rausch von Technik und Kalkül ganz andere, auch für unsterblich gehaltene Denkmäler in einer Tatwelt setzten, für die Dichtung *keine* Wegweisung mehr bedeutete. Nun erst erkannte sie durch Kraus die Zuspitzung der gegensätzlichen Positionen. Der Dichter, ehemals Götterliebling und Musensohn, hatte seinen öffentlichen Rang eingebüßt. Er stand schon lange nicht mehr dort, wo ihn die Klassik angesiedelt hatte und wo ihn die Provinzbürger, wenn sie ihm Denkmäler weihten oder ihn in Feierstunden ehrten, immer noch wähnten: hochgeachtet und gleichberechtigt neben dem Philosophen und Wissenschaftler als Verkünder einer eigenen, der ästhetischen Wahrheit. Inzwischen aber war Dichtung Privatsache geworden. Dichtungsprobleme galten nicht mehr als Lebensprobleme.

Wenn Kraus den Zeitgeist geißelte, der sich nicht mehr in Kunstwerken, sondern in Fabrikhallen, Asphaltstraßen und Kanonendonner verkörperte, wenn er nachwies, wie durch die fortschreitende Technisierung und Kommerzialisierung des Lebens seit dem Beginn des Maschinenzeitalters Kunst und Leben immer strenger voneinander abgetrennte Bereiche wurden, überdachte Ninon das Verhältnis zu *ihrem* Dichter und sah ihn auf eine neue Weise. War Hesse als »Knulp« nicht auch aus der Bürgerwelt herausgewandert und hatte deren Forderungen umgangen, weil sie ihm ungemäß erschienen? War er nicht nach Indien gereist, um sich europamüde einem östlichen Wirklichkeitserlebnis aufzuschließen? Während die Maler- und Dichterfürsten noch im 19. Jahrhundert als Erlöser, Heilstifter und Götterlieblinge verehrt worden waren und in einem selbstverständlichen Herrschaftsanspruch stil- und gesetzgebend einer ganzen Epoche den Stempel aufgedrückt hatten, zog sich der moderne Künstler selbstrettend aus der Welt der Tüchtigen in Stille und Entlegenheit zurück. Kraus bewitzelte amüsant die Kraftlosigkeit der modernen Dichter und rügte, daß ihr Protest zu leise geworden sei. Wie laut aber, fragte sich Ninon, sollte ein Dichter seine Not dem tauben Jahrhundert entgegenschreien? War es nicht sinnvoller, sich wie Hesse-Knulp fortzustehlen, um als zaghafter Erinnerer für diejenigen hörbar zu bleiben, die an der versachlichten Welt litten?

Die Konzentration auf das Medizinstudium fiel ihr immer schwerer. Es zog sie an die Seite der »Gestalt«, die bei Hofmannsthal als »Unbehauster« und »Bettler unter der Treppe«, bei Thomas Mann[33] als »Gezeichneter« oder »Hungernder«, bei Rilke als »Fremdling« und »Unbrauchbarer« und bei Hesse als »Wanderer« und Einsiedler »nebendraußen« – außerhalb der Welt der Erfolgreichen in Erscheinung trat. Sie hatte sich geirrt, als sie sich für die Welt der Tüchtigen entschied.

Selten versäumte sie die kunstgeschichtlichen Vorträge von Egon Friedell,[34] der das Ernstnehmen des Erlebens gegenüber Wissen und Erkennen forderte: »Es gibt nur *eine* Realität – die Seele!« Ninon begann wieder zu schreiben, sie übte den »Telegramm-Stil der Seele«, den Peter Altenberg[35] 20 Jahre zuvor in seiner Sammlung »Wie ich es sehe« entworfen hatte. In ihren Tagebüchern erfaßte sie ihre Umwelt als subjektive Spiegelung. Sie gab sich Hofmannsthals feinnerviger Eindruckskunst hin, die ihr die eigenen Seelenregungen aufzuspüren half und sie zu psychologischen Skizzen inspirierte. Sie liebte an ihm ebenso wie an Schnitzler die hochgesteigerte Subjektivität, die bewußt gegenüber einer entpersönlichten Umwelt ausgebildet worden war. Melancholie und wohlabgestufter Weltschmerz wurden für Ninon zum Zeichen von Feinsinn und Sensibilität; denn Leiden veredelte, weil es die Trauer des Verlustes in einer Welt von Kommerz, Kalkül und Kriegsgeschrei zeigte und den Empfindsamen gegenüber einer entseelten und materialistischen Außenwelt ebenso auszeichnete wie gegenüber den stumpf Robusten, die in der Welt der Prosperität und des Kriegs zu Hause waren. In einer Zeit, deren Not laut nach dem sozialen Engagement schrie, entdeckte Ninon *die* Dichtung neu, welche die Leidenschaft für das eigene Ich steigerte. Fast süchtig griff sie wie einst in der Hängematte zu Jens Peter Jacobsen, weil der Grundton seines »Niels Lyhne« ihr innerstes Verlangen bestätigte: »Dieses nüchtern gelebte Leben war ohne das schimmernde Laster der Träume überhaupt kein Leben – das Leben hatte ja nur den Wert, den Träume ihm verliehen.«

Der Zwiespalt zwischen Gefühl und Verstand, zwischen Kunst und Wissenschaft brach oft plötzlich in ihr auf. Statt des mitgebrachten Lehrbuchs über Bakteriologie nahm sie Block und Zeichenstift zur Hand, und überwältigt von der idyllischen Landschaft, zeichnete sie mit Wonne, zeichnete wie im Rausch, und dabei fühlte sie sich hochgestimmt wieder einer Gestalt der Literatur verwandt, Kellers »Grünem Heinrich«.

Sie war nicht mehr die Studentin der Medizin, die sich Informationen ins Gedächtnis hämmerte – dies war ichseliger Genuß! Ernüchtert sah sie später das entstandene Bild und nannte es »kläglich«. Ihr Talent reichte nicht aus. Und dennoch folgte auf diese Einsicht, auf jedes traurige Sich-Bescheiden irgendwann der innere Zwang zum neuen Versuch: »Das Resulat war Null – aber wie schön war doch die Arbeit daran [...] ich konnte noch nicht aufhören – ich mußte weiterzeichnen.

Ganz zart und vorsichtig zog ich die Linien, es war mir, als liebkoste mein Bleistift den Baum [...]. Ich sah das alles so genau – so schmerzhaft schön empfand ich das alles – und was ich aufs Papier brachte, war doch nur armseliges Gekritzel. Und dabei *sah ich, sah* – wie ein Künstler es sieht. *Sah, fühlte* die Schönheit und war machtlos«.[36]

Während Ninon malte, trug sie Hesses neue Erzählung »Knulp«[37] bei sich, die das Außenseiter-Thema des Camenzind-Romans wieder aufgriff. Knulp reihte sich im Unterschied zu Camenzind nicht wieder in die Gemeinschaft ein, er blieb ein Glücksucher, der zur Einsamkeit Ja sagte und die Geborgenheit der Seßhaften mied. Er wurde zum Landstreicher, zum Greis mit einem Knabenherzen, darum gelang es ihm, die Träume der Kindheit durchs Leben hindurchzuretten. Im Sinne des bürgerlichen Tugendkatalogs war Knulp »entgleist« war nichts als ein gescheiterter alter Vagabund. Daß sein Leben aber in einem tieferen Sinn gelungen war, bezeugte ihm Gott selbst in seiner Todesstunde: Knulp habe durch sein »nutzloses« Leben, durch Traumseligkeit, Spiel- und Wanderlust den seßhaften Leuten immer ein wenig Freude und Freiheit gebracht. So erschloß sich dem sterbenden Tippelbruder, dem »Nichtstuer«, nachträglich sein Lebenssinn: Gott sprach ihn frei vom Versäumnis der Tüchtigkeit. Mehr noch: er bestätigte dem Lebenskünstler sogar ausdrücklich seinen Wert für die Gesellschaft, der er sich entzogen hatte. In dieser verspäteten Eingliederung Knulps beantwortete Hesse die ihn immer wieder bedrängende Frage nach der *sozialen Rechtfertigung des Außenseiters* auf eine versöhnliche Weise. Ein gütiger Vatergott entzog Knulp dem moralisierenden Vorwurf, ein gemeinschaftsfeindlicher Egoist zu sein. Nur von höherer Warte aus ließ sich für Hesse der *Widerspruch zwischen verweigerter Anpassung und ersehnter Zugehörigkeit* auflösen.

Ninon stellte befriedigt fest, daß Camenzinds einfacher Künstler-Bruder Knulp der Einsamkeit nicht entfloh, sondern sich selbst treu blieb, obwohl auch er die Wärme zwischenmenschlicher Beziehungen bitter entbehrt hatte. Sie erkannte außerdem, daß Hesses zentrale Frage, wie weit das lebensnotwendige Alleinsein mit der von der Umwelt verlangten Eingliederung – allgemeiner: wie Freiheit mit Bindung – vereinbar sei, eine Frage war, die sie zutiefst selbst betraf. Wie weit durfte sie sich den Erwartungen ihrer vom Krieg so hart betroffenen Umgebung verweigern? Hätte sie sich nicht mehr um die Schwestern kümmern sollen, die sich in Wien arg verloren fühlten? Wie oft müßte sie sich der Mutter widmen, die ihren Charme und spritzigen Übermut mit dem Traum vom geselligen Leben in der Hauptstadt längst verloren hatte und unter der bedrückenden Enge des Flüchtlingslebens verstummte? Angesichts der am Exil leidenden Familie stand die Frage oft drohend vor ihr: Wie weit gehören wir uns selbst, wie weit den anderen?

Den Vater traf Ninon täglich. Meist suchte sie ihn in seinem Büro auf, um ihn aufzuheitern, denn er schien durch die politischen Ereignisse des Jahres 1916 mehr und mehr bedrückt. Die Brussilow-Offensive im Juni 1916, die die Russen bis an die Karpatenpässe brachte, hatte ihm wie vielen Bewohnern der Kronländer die Hoffnung geraubt, das zurückgelassene Eigentum jemals wiederzusehen. Wer wie er mit einem schnellen und siegreichen Kriegsende gerechnet hatte, weil er auf die k. u. k. Armee und die Wunderwaffe Granate vertraute, war tief enttäuscht. Dieser Krieg wurde nicht mehr in Umfassungs- und Vernichtungsschlachten entschieden, sondern durch Ausdauer, weil die Fronten über Hunderte von Kilometern hinweg in Verschanzungen, im Stellungskrieg zäh verteidigt wurden. Jakob Ausländer hatte noch 1916 opferwillig »Gold für Eisen« gegeben und sogar die Mitgiftsummen seiner Töchter und alle Ersparnisse in österreichischen Kriegsanleihen angelegt. Die breite Masse aber wurde inzwischen unwillig. »Für Wien nichts«, unter dieser Parole lieferten Tschechen und Ungarn immer weniger Lebensmittel an die Millionenstadt, und seit Rumänien in den Krieg eingetreten war, hörten sogar die lebensnotwendigen Getreideimporte auf. Die Ernten wurden schlechter, weil Landarbeiter, Geräte und Dünger fehlten. Die Lebensmittelrationen wurden kleiner. Dafür kletterten die Preise: 1914 betrug der Kilopreis für ein Brot 32 Heller, 1916 schon 56 Heller, ein Ei kostete 1914 noch 9 Heller, 1916 bereits 29 Heller. Aber worüber ein Patriot wie Dr. Ausländer am meisten erschrak, das waren die Unruhen in Waffenfabriken, die allerorts aufflammten, weil der allgemeine Mangel und die harten Arbeitsbedingungen der Arbeiterschaft unzumutbar erschienen. Die Produktionsziffern für Munition und Gewehre sanken von Monat zu Monat, es fehlte an Material und Arbeitskräften. Er berichtete Ninon entsetzt von Heeresgruppen, die hungrig und ohne ausreichende Bekleidung in den Kampf geschickt wurden, und Ninon, seine engste Vertraute, litt mit ihm unter allen Unglücksnachrichten. Das getrennte Leben der Familienmitglieder, das magere Essen in Pensionen – er wollte alles klaglos ertragen, solange der Sieg und damit die Heimkehr noch zu erhoffen wären.

Eines Tages fand Ninon ihren Vater tief verstört durch die Tat des 37 Jahre alten Sozialdemokraten Dr. Friedrich Adler, der am 21. Oktober 1916 den Ministerpräsidenten Graf Stürgkh als den vermeintlichen Repräsentanten der Kriegspartei und damit der Kriegsverlängerer in einem Restaurant kaltblütig erschoß. »Nieder mit dem Absolutismus, wir wollen den Frieden«, soll er dabei gerufen haben.[38] Adlers Tat war ein Signal: die Revolutionäre wurden wach – den Monarchisten sank der Mut. Aber erst der Tod des alten Kaisers einen Monat später, am 21. November 1916, brachte Dr. Ausländer die trostlose Lage kraß zu Bewußtsein. Denn mit der Person des Kaisers war für ihn die Idee der Monarchie verknüpft; Franz Joseph war in 68 Regierungsjahren der alles zusammenhaltende Mittelpunkt des Reiches gewesen, er hatte zwei Thronfolger überlebt und wurde nun – 86 Jahre alt – mitten im Vielfrontenkrieg, den er unter allen Umständen hatte vermeiden wollen, zu Grabe getragen. Ninons Vater gehörte zu denjenigen, die am 30. November nachmittags tief ergriffen den Trauerzug zur Kapuziner-Gruft begleiteten. In diesem schweren dritten Kriegswinter hörte er beklommen die ersten Nachrichten von Deserteuren, Krawallen, Befehlsverweigerungen. Besonders die Tschechen und Italiener im österreichischen Heer überlegten, warum sie sich für Österreich schlagen sollten – die anfängliche Kriegsbegeisterung, die Verbrüderung der Volksgruppen war einer Ernüchterung gewichen, die durch den Tod des Kaisers noch stärker bewußt wurde. Die Respekt- und Vatergestalt der Monarchie fehlte in dem Augenblick, da Hunger und Mangel an allen Lebensgütern die Kriegsmüdigkeit verstärkten. Der noch unprofilierte Thronfolger Karl I. übernahm ein belastendes Erbe und begriff, daß er sofort das einzige rettende Ziel ansteuern mußte: einen erträglichen Friedensabschluß.

Wenn Ninon an ihrem Vater die ratlose Trauer wahrnahm, die sein Wesen noch stärker als früher beschattete, dann wußte sie, daß jedes Wehren sinnlos war. Sie fuhren alle in Gleisen, deren Richtung sie nicht bestimmen konnten. Wenn sie sich verloren fühlte, suchte sie Trost in Hesses Büchern; Knulp, der fernwehkranke Wanderer, war im rechten Augenblick als wegweisende Gestalt gekommen, um aus der Dumpfheit bloßen Abwartens ihre Hoffnung nach Glück, Weite und Freiheit wieder zu beleben. Wie er würde sie eines Tages alle Einengungen abstreifen. Wie er gehörte sie nicht zu den zielgerichteten Tatmenschen, die auf die Welt besitzergreifend zugehen.

Als Ninon im Frühjahr 1917 beim Anatomie-Rigorosum durchfiel – eine manuelle Ungeschicklichkeit soll dazu beigetragen haben –, empfand sie fast Erleichterung, und sie entschloß sich, das Medizin-Studium abzubrechen. Ein Jahr später wandte sie sich wieder an Hermann Hesse. »Ich will heute nur ganz kurz schreiben, will Sie nur fragen, ob Sie wieder der Kunst leben oder ob immer noch die Fürsorge für die Kriegsgefangenen und pazifistische Bestrebungen Sie erfüllen. Wollen Sie nicht nach Wien kommen und uns hier einen Vortrag, eine Vorlesung halten? Sie haben jetzt lange nichts von sich hören lassen – war es nicht ein Unrecht, das der Dichter beging, als er so ganz zurücktrat und nur Mensch, Helfer, Tröster wurde?« Zugleich mit ihrem Mahnruf, daß die Welt den *Dichter* brauche, berichtete sie über ihren Neubeginn:

»Oh könnte ich mit Ihnen sprechen! Mein Leben ist ganz verändert, ich habe nach 3 1/2 jährigem Studium die Medizin aufgegeben, seit einem Jahr studiere ich Kunstgeschichte, und mir ist, als hätte ich mich wiedergefunden, als wären diese 3 1/2 Jahre nie gewesen. Dennoch verdanke ich ihnen viel, aber das sind lange Geschichten. Ich fühle, daß ich jetzt den richtigen Weg (*meinen* richtigen Weg) gehe. Möge doch dieser Brief Sie erreichen und brächte mir ein Lebenszeichen von Ihnen!«[39]

Ninon hatte »die Kehrtwendung in glückseligem Zustand beschlossen«.[40] Das neue Leben war rückwärtsgewandt. Sie fragte Hesse, ob auch er vom sozialen Engagement zur Kunst zurückgekehrt sei. Wieder einmal stellte sie die Gewissensfrage, ob ein Dichter seine Sendung zurückstellen dürfe, um *nur* Mensch zu sein, sei es auch, um Kriegsleid zu mildern. Sie glaubte, für sich nun den richtigen Weg gefunden zu haben; hatte auch er, *ihr* Dichter, seinen richtigen Weg wieder eingeschlagen?

Ninons erster Versuch mit der Wirklichkeit endete mit Rückzug und Flucht. Ein Gedicht aus dem Sommer 1917 zeigt ihre angstvolle Weltabkehr:

An eine gläserne Kugel

Glaskugel du – sei meine Welt,
umgib gleich einer Muschel, Schale mich,
schließ mich in dir ein!

Laß allen Glanz der Welt in dir sich spiegeln,
verrate nichts vom Inhalt, den du birgst.
Laß jeden Strahl der Sonne sich an deinen Wänden brechen,
doch selber bleibe kühl und klar!

Vom Leid der Welt betaut sei deine kühle Hülle,
doch niemals dringe eine Träne in dich ein.

Sei Spiegel du! Ich fürchte diese Welt.
Vor Lust und Leid geborgen will ich in dir schlafen.

Jede Zeile dieses Gedichtes klingt wie eine Bitte um Schonung und ein Eingeständnis der eigenen Verletzbarkeit. In einer Glaskugel möchte Ninon sich wie Narziß mit den Spiegelungen des eigenen Ich umgeben. Diese Weltflucht verspricht ihr ungestörte Selbstbewahrung. Sie ersehnt Ruhe, Stillstand, Freisein von Hoffnung und Spannung. Darum wählt sie das Bild der Kugel, Abbild des in sich ruhenden Kosmos und Symbol zeitenthobener Vollkommenheit. Ninons Wunsch nach einer solchen monadenhaften Abgeschlossenheit offenbart ihre Angst vor dem Unbekannten, das sich im Morgen verbirgt.

Die Glaskugel bedeutet eine eiskühle Schutzhülle. Glas ist motivgeschichtlich ein Sinnbild der Erstarrung und der Lebensabkehr, im Märchen stets dem Totenreich zugeordnet; gläserner Sarg oder gläserne Berge kennzeichnen den Bezirk der vom Leben Abgetrennten oder Abgeschiedenen. Ninon beschwört einen vorgeburtlichen oder todesähnlichen Zustand. Aus Angst vor den Verletzungen durch die Wirklichkeit wünscht sie, in eine Art von Nichtleben und Stillstand auszuweichen, in »Schlaf«.

Die Bilder von Muschel und Schale zeigen ihre Schutzbedürftigkeit. Gegenüber den schmerzhaften Einwirkungen der Außenwelt braucht sie einen Panzer, hart wie Glas. Ihre Selbstabkapselung geschieht aus Notwehr: sie nimmt dabei eine Abschnürung in Kauf, an der sie ersticken kann. Sie wählt Glaskugel-Haft, Gefängnis und Enge, um den Berührungen durch Welt und Menschen zu entgehen. Sie nimmt die Beziehungsleere hinter einer eisigen Trennwand in Kauf, um sich nicht preiszugeben.

Der ersehnte Rückzug in die Glashaut offenbart aber auch die Angst vor dem eigenen Gefühlssturm, der sie Menschen und Dingen ausliefern würde. Kühle und Klarheit bedeuten für sie: Freibleiben von Leidenschaften.

So soll sich auch der Strahl der Sonne – Licht, Wärme und Leben, gleichzeitig Urbild phallischer Kraft – an der kühlen gläsernen Schutzwand brechen. Ninon hat lebenslang die heißen Sommer gehaßt und die südliche, sengende Sonne – Glut in übertragenem Sinne – bis in schwere seelisch bedingte Hauterkrankungen abgewehrt. Sie hat sich vor Erhitzungen jeder Art gefürchtet und »die glasklare Kühle des Septembers« ersehnt.

Glas bildet eine durchsichtige und zerbrechliche Schutzhülle – darin liegt die Möglichkeit des eigenen Ausbruchs oder der Aufsprengung von außen durch jemanden, der sie, die unbehelligt bleiben möchte, dennoch einbeziehen will. Daß sie sich unbestimmt danach sehnt, zeigt ihre Redewendung vom »Glanz der Welt«, der sie in ihrer Kugelgeborgenheit nur in gefahrloser Brechung erreicht, im ästhetischen Reiz einer Spiegelung.

In der Beschäftigung mit der Kunst möchte Ninon zwischen sich und die Welt eine gläserne Trennwand legen. Die Wirklichkeit, die sie fürchtete, würde ihr im magischen Reflex der Kunst ungefährlich sein. Der Studienwechsel erschien ihr darum als Flucht und Rettung zugleich: sie floh aus der Wissenschaft ins »Entzücken«, aus der Welt in den Zaubergarten.

Beim Entstehen des Gedichtes mag mitten im Krieg die Vision des Czernowitzer Kindheitsgartens aufgetaucht sein, in dessen Nußbaumschatten Ninon versesprechend den Wolken nachträumte. »Auf jedem Stock, an den ein Rosenbäumchen gebunden war, hatte eine große oder kleine bunte Glaskugel gesteckt«,[41] erinnerte sie sich. Ihr Lese-Glück in der schaukelnden Hängematte war mit dem Aufblitzen der Glaskugeln verbunden, die von der milden Septembersonne getroffen wurden. So ist der im Gedicht ausgesprochene Wunsch nach traumversunkenem Einbetten in eine gläserne Kugel nicht nur motivisch, sondern auch vom Sinngehalt her mit dem schwere- und bindungslosen Schweben zwischen Himmel und Erde verbunden, das in Ninon zum Abschluß der Kindheit ein fortwirkendes Glücksgefühl erzeugt hatte.

Zwischen beiden Bildern, in denen Ninon einen Wunsch-Zustand beschwor, liegt ihr erster Versuch mit der Wirklichkeit.[42] Die Schaukel versinnbildlicht den Aufbruch, die Kugel den Rückzug.

Drittes Kapitel

Übergänge

Das Studium der Kunstgeschichte und die Ehe mit Benedikt Fred Dolbin

> Oh, was bin ich für eine Kunsthistorikerin:
> Statt daß ich die Dinge packe,
> ergreifen sie mich.
>
> Den Irrweg verlassen... die enge Schale des
> eigenen Ich durchbrechen!

Zum Sommersemester 1917 immatrikulierte sich Ninon an der philosophischen Fakultät der Universität Wien und belegte Kunstgeschichte, Archäologie und Philosophie. In der Familie wurde über den Fachwechsel kein Wort verloren; die Mutter begrüßte im stillen, daß Ninon, fast 21 Jahre alt, nun endlich ein Studium ergriff, welches nach ihrer Ansicht viel eher mit Neigung und Begabung übereinstimmte.

Ninon schätzte den Vorzug, gerade in Wien Kunstgeschichte zu studieren. Der dortige Lehrstuhl, schon im 19. Jahrhundert durch seine positivistische Tradition berühmt, zeichnete sich durch exakte Quellenforschung und die Vermittlung fundierten historischen Einzelwissens aus. Aber neben die isolierte Sichtweise von Kunstwerk und Künstler war seit 1895 durch zwei große Gelehrte, Alois Riegl und Franz Wickhoff, eine entwicklungsgeschichtliche Betrachtung getreten, die sich vom Kult der Einzeltatsachen abwandte und das durchgängige Gesetz suchte, das alle Kunstwerke und -epochen verband.[1] Das bedeutete gegenüber der bis dahin üblichen deskriptiven Betrachtung von Einzelwerken einen unerhörten Anspruch auf Interpretation und Zusammenschau.

Schon kurz nach Beginn ihres neuen Studiums berichtete Ninon Hermann Hesse, wie stark sie durch Riegls Kunsttheorie beeinflußt werde, die das einheitliche Prinzip aufdecken sollte, das allem Kunstschaffen zugrunde lag, und gleichzeitig Stilwandlungen zu erklären versuchte. Um zu beweisen, daß Kunstgeschichte Universalgeschichte sei, hatte Riegl den Begriff des Kunstwollens eingeführt, das sich in jeder Epoche verändere, weil es mit deren

Weltbild untrennbar verbunden sei. Für Riegl gab es darum keine guten oder schlechten Stile, sondern nur dem jeweiligen Kunstwollen gemäße. Sein historischer Wertrelativismus kannte weder Verfallszeiten noch eine exemplarische oder »klassische« Kunst.

Zusammen mit Franz Wickhoff[2] legte er dar, daß man in der Kunst grundsätzlich nicht von »Dekadenz« sprechen dürfe, sondern die neuen Impulse aufdecken müsse, die eine veränderte Aussageabsicht bezeugten. Ob das Kunstwollen einer Epoche einen gelungenen Ausdruck fand, entschied für ihn allein über die Qualität eines Werkes.

Durch diese Lehrmeinung wurde nicht nur Ninons Sinn für Geschichte und für die Wandlungen des Zeitgeistes geschärft, sie untersuchte auch stets in Riegls Sinn, ob es einem Künstler gelungen war, das Kunstwollen seiner Zeit – den Zeitgeist – zum Ausdruck zu bringen.

Einen mindestens ebenso großen Einfluß wie die von Riegl geprägte Wiener Schule übte der in gleichem Maße gefeierte wie angefeindete Josef Strzygowski[3] auf Ninon aus. Dieser kämpferische und eigenwillige Gelehrte untersuchte mit Hilfe der Nachbardisziplinen Psychologie und Philosophie den Ursprung und die Wurzel aller Kunst, das Geheimnis der Kreativität und den seelischen Gehalt der Kunstwerke.

Strzygowski wurde zum Begründer einer vergleichenden Kunstforschung und bezog – immer um dialektische Abgrenzung bemüht – zur Erklärung der abendländischen Kunst vorderasiatische Kunstkreise ein. Ninon fühlte sich sofort angesprochen durch seine Kunstlehre, die den Horizont weit spannte. Ihm bedeutete Kunst – und wie gebannt war Ninon durch diese Bestätigung ihrer innersten Überzeugung! – den »sichtbaren Ausdruck eines Schöpferdranges; der Mensch setzt nur das Werk des Schöpfers fort, sobald sein Inneres schöpferisch veranlagt, er ein Künstler ist«. So jagte Strzygowski mit wissenschaftlicher Akribie auf der Fährte der Kreativität. Kunstwissenschaft habe sich mit dem Wesen des Schöpferischen zu befassen, das unterscheide sie grundsätzlich von Altertumskunde und Geschichte. Ein Kunstwissenschaftler dürfe kein kleinlicher »Vergangenheitskrämer« sein, er müsse vielmehr in geistiger Verwandtschaft mit dem Künstler das Schöpferische erfassen und die »Bedeutungsvorstellungen«, die im Kunstwerk Gestalt wurden, entschlüsseln. Intuition sei darum das wichtigste Erkenntnismittel.

Daß er in seinen Vorlesungen den Kunstwissenschaftler an die Seite des Künstlers rückte, machte aus Ninon eine begeisterte Strzygowski-Schülerin. Seine Lehre, daß nur der selbst Kreative den geistig-seelischen Kern eines Kunstwerks entdecken könne, spornte sie an. In anhaltender Betrachtung ein Werk auf sich einwirken lassen, in fast mystischer Versenkung Gehalt und Gestalt in sich einströmen lassen, das waren die Wege, die Strzygowski seinen Studenten als erste Stufen auf dem Weg zum Kunstverständnis empfahl. Nur durch eine fast erotische Spannung und Hingabe in einer Betrachter und Kunstwerk vereinigenden Schau könne man die Aussageabsicht des Künstlers erspüren und das eigene Urteil langsam entwickeln. Strzygowski hatte schon 1903 in einer programmatischen Schrift über »Die Zukunft der Kunstwissenschaft« vorgeschlagen, daß jedem Professor für Kunstgeschichte ein Künstler beigeordnet werden müsse, der ihn bei einer solchen »Wesensbetrachtung« unterstütze. Das »Einleben in die künstlerische Tat« sei Lehrinhalt und gehöre zum »schrittweisen Vorgehen der Erkenntnis«, bei dem die künstlerisch unbegabten Studenten sowieso bald scheitern würden, denn der Kunstforscher müsse zwischen Kunst und Wissenschaft angesiedelt werden. Das aber war der Platz, für den Ninon sich bestimmt fühlte.

Noch ein Hochschullehrer hat ihre geistige Entwicklung nachhaltig beeinflußt: Max Dvořák,[4] der sich ebenfalls entschieden von der positivistischen Tatsachenforschung abwandte und zum einflußreichen Vertreter einer geisteswissenschaftlichen Kunsttheorie wurde. Gegenüber seinen großen Vorgängern Riegl und Wickhoff führte er ein subjektives Element ein; denn deren entwicklungstheoretische Erörterungen erschienen ihm zu rational und zu werkfern. Der Kunsthistoriker müsse zu jedem Kunstwerk ein persönliches Verhältnis gewinnen, um es hinsichtlich seines geistigen Gehaltes und seiner formalen Eigenart interpretieren zu können.

Zu einer solchen Werknähe aber führten nicht allgemein gehaltene stilgeschichtliche Erklärungen, sondern allein das Kunsterlebnis. Im *erlebenden Verstehen* wurde von ihm das Emotionale als legitimes Erkenntnismittel in die Kunstbetrachtung eingeführt. Wie sehr kam auch das Ninon entgegen!

Für Dvořák, dessen Vorlesungen und Seminare sie selten versäumte, war jedes Kunstwerk Zeuge einer geistigen Zeitströmung. Auch durch diesen Lehrer wurde also – in Absetzung von einer eingrenzenden chronologischen oder stilorientierten Kunstbeschreibung – Ninons Blickfeld aufgerissen zu großlinigen Perspektiven in geistige Landschaften, denen sich die Kunstwerke organisch einfügten. Dvořák vermittelte diese Zusammenschau als »Sinnverstehen« von Kunst, wobei durch »intellektuelles Schließen« fremdgewordene Werte der Vergangenheit wieder verstehbar und in die Gegenwart projiziert werden könnten. Unter diesem geisteswissenschaftlichen Aspekt bedürfe die Kunstgeschichte der Hermeneutik[5] als Erkenntnismethode.

So übte Ninon bei Dvořák die Interpretation von Kunstwerken, wobei sie das geistige Umfeld der jeweiligen Entstehungszeit ermittelte. Für diesen Lehrer war auch die gefühlsbetonte Weise, in der sie sich einem Kunstwerk näherte, als Zugang legitim: Das Kunsterlebnis mußte dem Kunstverstehen vorausgehen. Ninon hatte von Anfang an das Kunsterlebnis gewünscht. Auch jetzt erschien es noch lange so, als ob sie die kritische Distanz scheue, durch die sie von der *Ergriffenen* zur *Erkennenden* würde.

Die positivistische Tradition der »Wiener Schule« pflegte während Ninons Studienzeit Professor Julius R. von Schlosser.[6] Er machte die Studenten mit dem »trockenen Brot der Geschichte« vertraut und verachtete den »süßen Schaum geschmäcklerischer Kunsttheorien«. Von ihm, seit 1921 der Nachfolger des verstorbenen Dvořák, erhielt Ninon später das Thema ihrer Doktor-Arbeit – eine kleinteilige Suchaufgabe über französische Goldschmiedearbeiten des 17. Jahrhunderts.

Ninon berichtete Hesse, daß die Archäologie in ihrem Studienplan einen immer breiteren Raum einnehme. Bei Professor Emil Reisch[7] lernte sie historisch-philologische Sachtreue, für die antike Literaturquellen verglichen und überprüft und die neuesten Ausgrabungsergebnisse zur Verifizierung herangezogen wurden. Bei Emanuel Loewy[8] erkannte sie eine neue Konzeption der Archäologie, die von der philologischen Periode der Altertumswissenschaft zur Interpretation künstlerischer Aspekte und formaler Qualität – und damit vom 19. zum 20. Jahrhundert in der Geschichte dieser Wissenschaft – geführt hatte.[9] Topographie, Inschriftenkunde, exakte Sehschulung an Kleinplastik und Vasenmalerei dienten vor allem dazu, hinter den Werken die großen Persönlichkeiten der antiken Kunst zu entdecken, deren Namen und Werkgeschichte selten überliefert worden waren. Loewy versuchte, antike Künstlerbiographien zu erstellen, was für Ninon von hohem Reiz war.

Loewy berücksichtigte dabei auch die religiösen und psychologischen Antriebe für das Kunstschaffen. Er sah – und gerade darin wurde Ninon ganz und gar seine Schülerin – im Apotropäischen[10] eine der entscheidenden Wurzeln der Kunst. Im Kunstwerk offenbare sich Weltangst oder Enthusiasmus, es sei Abwehrmittel oder Lockung. Solche Gedanken waren in der damaligen Archäologie unerhört neu. Zwei Behauptungen Loewys[11] wurden denn auch bahnbrechend:

Die erste These galt dem Maßstab für Qualitätsurteile: Die Wirklichkeitswiedergabe in der griechischen Kunst könne nicht an einer Idealform, wie man sie seit Winckelmann in der Klassik sah, gemessen werden. Es gebe kein deterministisches Hinentwickeln – ein aus den Naturwissenschaften entlehntes Konzept – zu qualitativer Höchstform. Durch Loewys Deutung der Archaik begriff Ninon die vorklassische Kunst nicht in evolutionistischer Sicht als primitive Vorläufigkeit, in der die Künstler noch keine vollkommeneren Techniken zur naturgetreuen Darstellung beherrschten. Der archaische Künstler »konnte« nicht weniger, er strebte – aus dem Geist seiner Zeit – eine andere Aussage an als der klassische.

Die zweite These Loewys galt der Verständigung zwischen Künstler und Publikum. Die in der antiken, vorwiegend handwerklichen Kunst so langlebigen Bildschemata waren Zeichen und Symbole, welche die geschichtliche Situation spiegelten. Der Künstler mußte sich an diese gängigen Darstellungsnormen halten, um vom Betrachter überhaupt verstanden zu werden, ihm blieb nur ein kleiner Spielraum für eigenschöpferische Varianten. So lernte Ninon durch ikonographische Vergleiche und Vorbildsuche, den Eigenanteil des formgebundenen und dennoch persönlich akzentuierenden Künstlers an einem Werk zu erkennen.

Loewy, heute noch bei Archäologen als elegant, geistig brillierend, als »Mann des Salons« in Erinnerung, hatte einen entscheidenden Einfluß auf die Hinwendung der jungen Studentin zur Archäologie als Kunstwissenschaft.

Durch diese verschiedenen Wiener Lehrmeinungen erhielt Ninon eine breitgefächerte und fundierte geisteswissenschaftliche Ausbildung, deren Schwerpunkt darin lag, die geschichtlichen Bedingungen der Kunst zu erkennen und stets die Einbettung des Künstlers in Zeit und Umwelt zu beachten: seine Abhängigkeit und seine Freiheit.

Vor allem übte sie das »erlebende Verstehen« im Sinne Dvořáks.

Sie probte das Einschwingen in Stimmungswerte, davon zeugen ihre damals entstandenen Gedichte über Gemälde und Werke der bildenden Kunst. Sie ersehnte das gefühlsmäßige Verströmen im Anschauen; über das Kunstwerk gelang ihr dann die Kommunikation mit dem Künstler. Wie sehr sie im emotionalen Nachvollzug seine Partnerin, seine Mitwisserin wurde, beweisen ihre meist im Vorbeigehen flüchtig niedergeschriebenen, formal nicht mehr überarbeiteten Verse zu Bildern, die sie besonders berührten, etwa zur »Judenbraut« von Rembrandt, zur »Schönen Melusine« von Moritz von Schwind, zu »Weiße Rosen« von Wyczolkowski und zur »Briefschreiberin«, einem Motiv, das sie, ob sie es nun bei Gerard Terborch, Gabriel Metsu oder Frans von Mieris fand, besonders anzog:

Briefschreiberin

An deinem Tische saßest du und schriebst. Es glitt die zarte Hand
Zeile um Zeile füllend über das Papier,
Dein Blick, dein ganzes Wesen war gespannt, dir schien
Leben und Lieben und Erfüllung alles Seins
geknüpft an diesen Brief, an dem du schriebst.
Was aber blieb von alledem zurück für Zeit und Nachwelt?
Armes kleines Menschenleben! Es blieb
der blaue Ärmel des Gewandes, das du trugst
mit Goldbrokat durchwirkt, das weiße, wundervolle, zarte Linnen
des Busentuchs, der braune Tisch, der düstertrübe Raum, in dem
du saßest,
die Perle, die an goldenem Gehänge dir vom Ohre hing herab
– was war dir alles das, als du an jenem Tage
in jenem Raume saßest, an jenem Briefe schriebst!
Was war'n dir Perle, Tisch und Wände und Gewand – du schriebst

– –

Und ist doch alles nun verlöscht, vergilbt, vermodert,
erfüllt dein kleines Menschenschicksal und
du selbst gestorben und begraben.
Er aber lebt, der Raum, in dem du schriebst – in diesem Bilde lebt
er fort,
es lebt der Brief, die Feder, Tisch und Wände,
der wunderbar gewirkte Teppich, lässig hingeworfen, strahlt in
tausend Farben,

du selber lebst – dein Auge blickt gespannt,
leidvoll erregt auf deinen Brief – was kümmert uns, was weiterhin
geschah!
Dein kleines Menschenschicksal ist erfüllt –
du aber lebst uns ewig in dem Bilde.

Ninons Gemäldeinterpretationen münden stets ein in *die* Frage, die seit ihrem Camenzind-Lese-Erlebnis von existentieller Bedeutung für sie war: Die Frage nach Ursprung und Ziel der Kunst. Hier fixierte der Künstler ausschnitthaft einen typischen Augenblick im Lebensablauf – das Briefschreiben! – und verlieh ihm Dauer und Bestand.

In einem anderen Gedicht ging es Ninon um den Aspekt des Künstlers:

Weiße Rosen
Nach einem Gemälde von Wyczolkowski

Auf dunkelblauem Hintergrunde lässig gebreitet Goldbrokat.
Aus dunkelblauer Vase tauchen helle weiße Rosen.
Sie sind geballt und scheinen hart und grell emporzusteigen
– du weichst zurück, da löst sich die Kontur
und weich verschwimmend siehst du einzeln jede Rosenseele.
Hier, einem Hauche zu vergleichen,
perlschimmernd neigt sich eine übern Vasenrand,
und jene prangt mit hocherhobenem Haupte
in ihres Reichtums Fülle, diese ist umwoben
von einem Schimmer, der der Morgenröte gleicht, und jene,
erwartungsvoll die Blätter halb geöffnet,
gleicht einer Wartenden. – Du schließt die Augen,
weichst zurück, blickst wieder hin und glaubst in deiner Seele
die Blumenseelen hier erfaßt zu haben.
Doch anders blicken sie, und staunend weichst du weiter noch zurück:
Verschwunden Perlenschimmer, rosenroter Hauch.
Erwartung, Demut, Seligkeit. – Aus dunkelblauem Grunde starrt
ein weißer Rosenstrauß
und ist nichts Menschlichem vergleichbar,
keiner Lust und keinem Schmerze,

weiß nichts von Schönheit, Stille und Symbol: *Er ist.*
Sie prangen schmerzhaft weiß, und eine jede
schließt Rätsel und Erfüllung in sich ein.

Im dreimaligen »Zurückweichen« scheinen sich für Ninon die
weißen Rosen zu verändern, in Wahrheit aber wächst mit zunehmendem Abstand ihre Einsicht. Indem sie ihren Anspruch auf Zuordnung und Maßgabe zurücknimmt und den Strauß schrittweise
freigibt, schenkt sie ihm sein Eigensein zurück, das sie zunächst
mit ästhetischen Bewertungen (Schönheit, Zartheit, Schimmer)
und beseelenden Attributen (Erwartung, Demut, Seligkeit) überlagert und verdeckt hatte. Solange der Künstler die Dinge als gefällige Sinnbilder seiner eigenen Empfindungen bewertet, tut er ihnen
Gewalt an. Erst wenn er sie nicht mehr auf sich hinordnet, nicht
Seele, Gleichstimmung und menschliche Gefühle in sie hineinheimnist, sondern bescheiden und enthaltsam zurücktritt, *erkennt*
er sie.

Daß Ninon hingegen diese nüchterne Distanz schwerfiel, daß sie
stets ergriffen wurde und sich selbst und ihre eigene Lebenssituation in die Kunstbetrachtung einbrachte, beweist ein Gedicht über
den Besuch einer Kirche, in der sie das Gefüge der Architektur,
»Aufbau, Gliederung und Grundriß«, untersuchen wollte. Aber
schon vor einem sachbezogenen Rundblick ergriff sie eine neidvolle Erregung, als sie den Meßnerknaben sah, der hier seinen täglichen Dienst verrichtete. Und »brennenden Blicks«, nicht wissenschaftlich registrierend, sah sie hinauf zu Decke, Pfeilern, Säulen:

Ich trat in einer dämmerkühlen Kirche Raum,
Um mich war Stille, und ich war allein,
Der Meßnerknabe nur ging hin und her,
Er steckte frische Kerzen in die Leuchter.
Und mich ergriff's wie Neid: Der Knabe, den ich sah,
er durfte Tag für Tag und viele Stunden lang
in dieser Kirche weilen – ich aber war nur Gast –

[...]

Doch wie ich alles dann gesehen und erkannt,
Aufbau und Gliederung und Grundriß, Bilder, Ornament,
war mir, als risse etwas mich hinweg, hinaus,

als rief's in mir: Sieh doch, die Welt ist groß!
Dort ist so vieles, was du nicht erkannt;
es schlummert ungeahnte Schönheit in Palästen,
es gibt noch Bilder, Häuser, Stimmen, Länder,
vor deren Pracht du wirst geblendet stehn.
Geh doch! Und laß den Meßnerknaben hier zuhause sein.
Sein Leben mag beschränkt nach Inhalt sein und Ort: Du aber geh.
Sollst vieler Orte ungeahnte Herrlichkeiten noch erleben,
doch nirgends bleiben: Denn du bist nur Gast –.

Für Ninon wurde aus jeder Kunst*betrachtung* ein auf die eigene Existenz bezogenes Kunst*erlebnis*. Auch beim geschilderten Kirchenbesuch wurde der Ansatz fachbetonter Erkenntnis sofort wieder durchkreuzt von Empfindungen, die sich am Gegensatz der christlichen Andachtsstätte zur eigenen religiösen Ortslosigkeit entzündeten. Tief betroffen erlitt Ninon die Spannung zwischen Zugehörigkeit (eines Dienenden) und dem Gastsein (eines Betrachtenden). Baugeschichtliche Details wurden ihr in dem Augenblick unwichtig, als ihr angesichts des Meßners bewußt wurde: für *sie* gab es nicht Heimat und Verweilen. Ihr war, als »risse« etwas sie hinaus. Die doppelte Aufforderung »geh doch... du aber geh!« verlangte gebieterisch den Abschied. »Sollst nirgends bleiben: Denn du bist nur Gast.« In fast prophetischer Eindringlichkeit wird auf die ständige Ausländer-Situation verwiesen. Wie weit Ninon bewußt einen Anklang an das Ahasver-Motiv[12] beschworen hat, ist ungewiß; jedenfalls sprechen einige Zeilen des Gedichtes von einem fast depressiven Genießen des Leids, in dieser Welt unbehaust zu bleiben, im immerwährenden provisorischen Unterdessen. Aber der beklagte Verzicht auf Bindung und Heimat wird von ihr in eine glückhafte Verheißung umgedeutet: »Die Welt ist groß«, ihre »märchenhafte Schönheit« kann nur der erblicken, dessen Leben nicht fest umgrenzt ist. Das Gast-Sein, oft als Fluch empfunden, schenkt dem, der wie ein Wanderer unterwegs bleibt, die Teilhabe an der verschwenderischen Fülle der Welt.

Kunst als Selbsterfahrung und Lebensdeutung! Noch 1932 geriet Ninon in den für sie typischen Zwiespalt zwischen Erleben und sachlichem Registrieren, als sie nach einer Romreise ein Reisetagebuch verfaßte: »Ich weiß eigentlich nicht, *wie*. Einmal möchte ich alle kunsthistorischen Betrachtungen unterdrücken und mich ganz dem Gefühl und dem Erleben hingeben; dann wieder möchte ich alles sehr sachlich fixieren. Eins steht fest: ich will diese Tage festhalten. Sie dürfen nicht zerrinnen. Aber will ich *sie* festhalten oder *mich* in diesen Tagen – kann man so etwas überhaupt trennen?«[13]

Viele Gedichte der Jahre 1917/1918 enthalten Ninons Klage, zur eigenen künstlerischen Aussage nicht begnadet zu sein.

»Stumm« und »gelähmt« fühlt sie sich angesichts eines Heckenrosenstrauches, dessen Schönheit sie im Bilde festhalten möchte:

Und wie ich lange dich betrachte, ist es mir,
als müßte ich es sagen, schreien, rufen: Wie ich dich erkenne!

Doch ich bin stumm.
Ehrfürchtig suchen meine Finger
mit dem Stifte dich zu zeichnen.
Lange blicke ich dich an,
und zögernd, langsam, unendlich zart
versuche ich den ersten Strich, zeichne die erste Blüte –
und mutlos lasse ich die Arme sinken.

[...]

Stumm, voller Ehrfurcht, scheu und sehnsuchtsvoll
erfasse ich das Wunder: Leben. Sein.
Erfasse meine Ohnmacht: Ich kann dich nicht gestalten,
nur fühlen: daß du bist
und lebst und atmest –
daß du mein Bruder bist,
du holder Strauch!
und daß ich stumm bin und gelähmt.

Ein anderes Gedicht, dem sie keinen Titel voranstellte, endet mit den Zeilen:

Denn kein Gott vergönnte mir, schaffend
mich zu befreien wie jene Seligen,
über sich selbst hinaus Wachsenden,
die, das eigene Leid verklärend, Erlösung finden,
selber Göttern vergleichbar, neue Welten erschaffen.

Zu »tausendfachem Sein« fühlte Ninon die Kraft. Aber allein dem Künstler war es gewährt, in immer neuen Werken tausendfach zu leben. Sie litt an dem unlösbaren Widerspruch, den ungestümen Drang und den Ideenreichtum zur künstlerischen Produktion in sich zu spüren, zur erlösenden Gestaltung jedoch keinen Mut zu finden. Das Material des Künstlers, wie Farbe, Wort, Ton und Marmor, entzog sich ihrem fast zwanghaften Wunsch zum Werk und wurde zu »Nichts«. Sie aber glaubte, nur die eigene künstlerische Produktion könne ihr die ersehnte »Befreiung« bringen.

> Bin ich denn wirklich? Oder ist dies alles Traum?
> Wo finde ich die Grenzen meinem Sein?
> Oh sich bescheiden können! Wissen: Dies ist mein
> und dieser Weg führt mich durch Zeit und Raum.
>
> Bisweilen ist es mir, als wüßt' ich kaum,
> was Leben ist. Als wäre alles dies nur Schein!
> Denn in mir fühl' ich Kraft zu tausendfachem Sein,
> und einmal nur blüht meines Lebens Baum.
>
> Ich möchte singen können, tanzen, rufen, schrein,
> in Farben, Worten, Ton und Marmor Ewigkeiten schaffen,
> Chaos gestalten, tausendfaches Leben leben:
> Doch ich bin stumm und kann mich nicht befrein,
> Ohnmächtig kann ich nichts aus Nichts erschaffen,
> Und keine Flügel wollen von der Erde mich erheben.

In vielen Versen entwirft Ninon ihr Wunsch-Ich: Künstlerin. Aber wenn sie schon mit »Stummheit« geschlagen war, wollte sie wenigstens im Umgang mit der Kunst an der schöpferischen Begabung derer teilhaben, denen das Werk gelungen war. Sie mußte dem für ihr Selbstverständnis lebenswichtigen Gegenstand nahebleiben! Ihr Kunststudium stellte eine Ersatzlösung dar. Die Methoden ihrer Wiener Lehrer begünstigten dieses kompensatorische Bedürfnis und gestatteten ihr, die hochgesteigerte Empfindungsfähigkeit in die Werkbetrachtung einzubringen. Im Grunde blieb sie immer den Künstlern stärker verbunden als der Wissenschaft, fühlte sich ihnen in Gespür und Gestaltungswillen verwandt, eine Künstlerin, der die Verwirklichung durch eine unerkannte Hemmung nicht gelang.

In den Semesterferien des Herbstes 1917 verbrachte Ninon drei Wochen in Wieliczka, einem durch Salzbergbau berühmten Städtchen südöstlich von Krakau, um durch eine Kur Gelenk- und Muskelschmerzen zu bekämpfen. Die Familie war wie immer seit dem Wiener Flüchtlingsleben auseinandergerissen. Ninon fühlte sich allein, und in Zakopany, am Fuße der Hohen Tatra, entstanden Gedichte, die in ihrem Stimmungsgehalt dem »An eine gläserne Kugel« eng verwandt sind. Einsamkeit und Weltangst sagen sie aus, auch das Leiden an der Unfähigkeit, die narzißtische Schale des Ich zu durchbrechen. Das Traumgespinst der Schönen Melusine wurde Lockung und Schrecken zugleich:

> ...Und wenn genugsam sie gerastet unter Blüten,
> glitt sie hinab in die kristall'ne Flut
> und liegt und träumt: Von Lieben, Leben, Sterben.

Melusine gleitet spielerisch zwischen Welt und wassertiefem Zaubergefilde hin und her. Die »kristall'ne Flut« bietet – wie eine gläserne Kugel – Schutz vor der gefährdenden Außenwirklichkeit, aber sie bedeutet zugleich todeskühle Abtrennung.

In dieser gedämpften Lebensstimmung muß die erste Begegnung mit Benedikt Fred Dolbin wie ein Schlag auf Ninon gewirkt haben. Ihr Notizbuch vermerkt am 3. März 1918: »Früh zwei Stunden beim Friseur gewartet. Philharmoniekasse. 4.00 Uhr zu Großmanns. Am Rückweg Dolbin: Hypnose«.[14] Dem fünfunddreißigjährigen Dolbin, von vulkanischem Temperament, konnte sie sich nicht entziehen. Sie spürte mit hypnotischer Sicherheit, daß er die Glaskugel-Existenz aufsprengen könnte. Sein Reich war von dieser Welt. Seine künstlerische Sinnenfreude und kraftvolle Wirklichkeitsbejahung machten ihm jeden Augenblick zur bewußt gestalteten Gegenwart.

Aufforderung an die Geliebte

> Vergib dich ganz an jeden Augenblick,
> Laß jeder Stunde ihre eigenen Zeichen,
> Dank jedem Tag ein anderes Erreichen,
> Laß dich an jenes Gestern nicht zurück!

Und hadere mit keinem Mißgeschick,
versuch ihm nicht nach Morgen zu entweichen,
denn jenes auch besitzt ein Ohnegleichen,
das zu verkosten lohnt, Stück um Stück.

Stehst Aug in Aug du jeder jungen Stunde,
wird dir das Blut aus jeder Lebenswunde
duftendes Harz an deines Lebens Baum.
Vergangenheit wird Wurzel, Zukunft Krone,
und deinem regen Wachstum blüht zum Lohne
in deine Gegenwart jedweder Traum![15]

Der wesensmäßige Gegensatz – bei Ninon angstvolle Abwehr gegenüber der Welt, bei Dolbin kampffreudiger Zugriff – macht die spontane gegenseitige Anziehung verständlich. Einige Tage später besuchte sie mit ihm ein Symphoniekonzert; danach blieben sie noch lange im Café Landtmann zusammen. Ninon war ebenso begeistert von Dolbins mitreißendem Temperament wie von seinem sprühenden Sachverstand. Die Faszination wuchs. Schon am 13. März wurde die feste Verbindung geplant. Ninon spürte in Fred die schöpferische Begabung, die für sie Voraussetzung jeder Liebe war. Die Verlobung fand Anfang Mai im Familienkreis statt.

»Die Zeit des Strömens war gekommen«, schrieb Ninon in der Rückschau. »In mir waren so viele Gefühle aufgespeichert, die ich einem künftigen Geliebten zu schenken hatte [...]. Das, was ich gab, hatte nichts mit dem Empfänger zu tun, der Empfänger war ein Statist, dem diese Rolle zugefallen war. Sein Dasein weckte keine andern Kräfte in mir, als daß es die Ventile öffnete, durch die ein langverschlossener Inhalt sich ergoß. Sie waren da, diese Gefühle, er hatte sie nicht erzeugt. Er hatte mich befreit von einer angestauten Last.« Wie an allen wichtigen Wegkreuzungen nahm Ninon auch jetzt wieder die Verbindung zu Hermann Hesse auf: »Wie glücklich wäre ich, wenn es diesem Brief gelänge, Sie herzurufen, nach Wien! Im Herbst 1913 waren Sie zuletzt hier. Damals war ich noch in Czernowitz und kam 24 Stunden zu spät zu Ihrem Vortrag. Aber jetzt kommen Sie, sprechen Sie zu uns! Wir hören seit dem Krieg soviel Vernunft und Unvernunft – wir wollen wieder einen Dichter hören«.[16]

In Ninons Notizbuch ist am 12. März das Wort »Brief« doppelt unterstrichen, es steht ohne Zusatz, als könne nur *ein* Adressat gemeint sein. Zehn Tage vorher hatte sie Dolbin kennengelernt, bei seinem Ungestüm sah sie sich zu einer Entscheidung gedrängt und brauchte Rat. Obwohl sie in Hesse immer den »Dichter« herausforderte, rief sie im Grunde doch wieder nach dem Menschen, dem sie seit dem Camenzind-Erlebnis vertraute. Dolbin aber, an den sie sich binden wollte, war der ganz andere, ein Gegenpol, gefährlich fremd und dennoch von unwiderstehlichem – auch maskulinem – Reiz.

Wer war dieser am 1. August 1883 geborene Wiener mit dem Pseudonym Benedikt Fred Dolbin,[17] den sein Vater »eine verschüttete Gewürzbüchse« nannte und an den er wegen seiner zerrissenen Berufsansätze mißbilligend schrieb: »Glücklicherweise warst Du von jeher mit Talenten gespickt wie ein Hund mit Flöhen«.[18] Im »Wiener Tag« vermerkte Dolbins Freund Oskar Maurus Fontana:[19] »Dolbin ist Wiener, zuerst eine Vielfalt von Eigenschaften, Bohémien, Ingenieur, Zeichner, Dichter in Stefan Georgeschen Rhythmen, Musiker in der Art der Mahlerschen Lieder aus des Knaben Wunderhorn, Kunstsammler und Kritiker der Avantgarde, Sänger mit und ohne Laute, heimlicher Zigeuner und unheimlicher Bürger – entschied sich Dolbin eigentlich erst als reifer Mann für den Stift allein«.[20]

Ninon kennzeichnet Fred im Rückblick auf die gemeinsamen Jahre: »Freudlosigkeit, Elternstrenge […] nichts hatte vermocht, die Quelle seiner Fröhlichkeit zu verschütten. Er hatte nie geklagt. Vorwürfe schüttelte er ab, wenn er überhaupt zugehört hatte. Nur in einem war er nicht ›bedürfnislos‹ oder ›genügsam‹: In der Kunst. Hier galt nur das Höchste, und er besaß eine Fähigkeit, das Höchste zu erkennen, das Unechte vom Echten zu unterscheiden, das Edle im Verborgenen aufzufinden, die ihn von allen unterschied. Denn nicht Erlerntes, nicht Bildung, Wissenschaft, Technik, überhaupt Methode leitete ihn, sondern er war wie eine Wünschelrute, die dort ausschlug, wo ›Kunst‹ war.«

Als Ninon ihn kennenlernt, war Dolbins erste Ehe gerade geschieden. Seit 1910 übte er den bürgerlichen Beruf eines Ingenieurs aus[21] und wurde als Mitarbeiter der bedeutendsten österreichischen Brückenbaufirma hochgeschätzt, nicht nur, weil er sechsstellige Zahlen im Kopf zu multiplizieren vermochte, in Schnellarbeit das Wesentliche erfaßte und erledigte, sondern weil man sich auf ihn verlassen konnte. So wurde er als unentbehrliche Firmenstütze im Krieg vom Militärdienst befreit. Als Schreibtisch-Beitrag zum kriegerischen Schrecken konstruierte er einen Bombenkran für 42-cm-Geschosse. Er selbst beurteilte diese Zeit in üblicher Selbstgewißheit so: »Zum ersten Male stand ich einem Organismus von Fachmenschen gegenüber. Hier feierte meine Überlegenheit als Mensch allgemeiner Bildung über die Menschen einseitiger Orientierung wahre Orgien«.²²

Künstlerische Fähigkeiten, die er vor und neben seiner Ingenieurtätigkeit erprobt hatte, steigerten sein Selbstgefühl. Daß er sie zeitweise nicht nutzen konnte, bekümmerte ihn nicht; Verwertungszwang lag ihm fern. Außerdem waren derartige Begabungen in seinem Elternhaus etwas Selbstverständliches: sein Vater, der Jurist Ernst Pollak, hatte in seinem Beruf kaufmännisch-technischen Erfindungsgeist bewiesen und war außerdem nach Freds Schilderung »Dilettant aller Künste, sehr belesen, übersetzte Kohelet²³, war Opernnarr, krähte Tenor«.²⁴ Die Mutter fühlte sich als »verhinderte Klaviervirtuosin«. Seine Schwester, von Gustav Mahler 1907 an der Grazer Bühne entdeckt, blieb unter dem Künstlernamen Bella Paalen 30 Jahre lang gefeierte Star-Altistin der Wiener Staatsoper und wurde 1935 durch den Titel »Kammersängerin« geehrt. Freds einziger Bruder, als mehrfach ausgezeichneter österreichischer Offizier an der Italienfront gefallen, hatte als Kaufmann Südamerika und Afrika bereist, außerdem Musik studiert und Bücher geschrieben. Eine an Talenten bemerkenswerte Familie!

Zwischen Ninon und dem Ehepaar Pollak blieb die Beziehung kühl. Sie sah, daß Dolbin unter einem Spannungsverhältnis zu seinen Eltern litt, die ihn lebenslang nicht aus der Elternbindung entlassen wollten, seine Erfolge als ihre eigenen genossen und ihm darum jedes Mißlingen besonders verübelten. Ein umfangreicher Briefwechsel zeugt von Forderung und Ansporn des Vaters, aber auch von Tadel und Vorwurf: der Sohn habe »nur vergeudete Zeit und verpaßte Gelegenheiten zu beklagen«.²⁵

Ninon empfand die ständigen Ermahnungen und Einmischungen des Schwiegervaters als unstatthaft. Sie bestärkte Dolbin darin, sich dem elterlichen Machtanspruch zu entziehen. Ernst Pollak spürte Ninons Widerstand und duldete Dolbins zweite Ehe mit gemischten Gefühlen. Da er als orthodoxer Jude jeden Gedanken an Assimilation strikt ablehnte, verurteilte er die religiöse Ungebundenheit seines Sohnes scharf, die durch die liberale Haltung Ninons bestärkt wurde.

Vergeudete Zeit sah Dolbin höchstens in seiner sachlich-nüchternen Tätigkeit als Ferrialingenieur und Abteilungsleiter, denn ihn plagte kein Zweifel an seinen künstlerischen Absichten. Sein Beruf füllte ihn nicht aus. Ninon spürte das kreative Gären, das ihn zu immer neuen Bewährungsfeldern trieb. Sie beobachtete die innere Unrast, »sein scharf geschnittenes kluges Gesicht, das niemals ruhig, immer auf Suche, auf Wache war«. Er schien immer im Aufbruch. Sie las sein Wesen aus seiner Haltung: »Wie er dasteht! Sprungbereit, erwartungsvoll, wie ein lauernder Jagdhund.«

Auch verpaßte Gelegenheiten legte er sich nicht zur Last. Vielmehr betrachtete er sein Leben als eine Kette von geschickt ausgewerteten Zufällen. Er habe sich immer auf seinen Instinkt verlassen können, eine zukunftsträchtige Situation blitzschnell zu erfassen.

In einem wahrscheinlich an Ninon gerichteten Brief charakterisierte er sich: »Du fragst mich, ob mir das Leben lebenswert erscheint. Das muß ich uneingeschränkt bejahen. Die Erkenntnis von der Relativität jeglichen Geschehens hat mich frühzeitig befähigt, zu jedem Ereignis jene Beziehungen zu erwerben, die meiner Entwicklung am förderlichsten sind, wie ein Schiffer mit ausgebildeten nautischen Kenntnissen jede Strömung oder Windrichtung mit Hilfe von Segel und Steuer seinem Ziel dienstbar machen kann.«[26]

Solch ein förderlicher Zufall hatte einst den cand. ing. Pollak an den Stammtisch von Peter Altenberg, Egon Friedell und Carl Leopold Hollitzer[27] geführt, dem auch Karl Kraus kurze Zeit angehörte. Bei einer Silvesterfeier dieser Runde 1905 im Stammlokal der Wiener Secession, dem Café Museum, sang er in fortgeschrittener Stimmung »Die zwei Grenadiere« von Schumann und wurde auf der Stelle für das Kabarett »Nachtlicht« engagiert, das der unter dem Pseudonym »Marc Henry« bekannte Conférencier des Münchner Kabaretts »Elf Scharfrichter« 1906 in Wien eröffnen wollte, nachdem das deutsche Unternehmen trotz der gesellschaftskritischen Zugnummern ihres Mitglieds Frank Wedekind finanziell nicht mehr zu retten gewesen war. Die Wiener Neugründung in der Ballhausgasse überdauerte nur zwei Jahre, aber in dieser Zeit wurde das mehr gesangsfreudige als kritisch-schlagkräftige Kabarett zum Treffpunkt der Wiener Künstler. Dolbin trug als klangvoller Bariton Lieder zur Laute vor, er dichtete und vertonte Texte von volksliedhafter und romantischer Stimmung. Sein

Freund Hollitzer sang mit mächtigem Baß Landsknechtsballaden. Friedell, Altenberg, Roda-Roda,[28] Erich Mühsam[29] und Felix Dörmann[30] lieferten teils angriffsfrohe, teils beschauliche Texte, Marya Delvard behauptete sich als weiblicher Star, und Karl Kraus, bissiger Stammgast, übernahm sogar einmal die Regie eines Einakters.[31] Dolbins weitverzweigte Verbindungen zu den Wiener Literaten- und Malerkreisen wurzelten in dieser Studentenzeit. Sein Auftritt als folkloristischer Liedersänger war auch mit der Schließung des Lokals nicht beendet; knapp vor seinem ersten eigenen »Kompositionskonzert«[32] entschloß er sich, bei Arnold Schönberg den Kontrapunkt zu studieren. Dort traf er Anton von Webern und Alban Berg. »Angesichts des eigenartigen Kopfes dieses musikalischen Genies Schönberg, angesichts der talenthaltigen Gesichter meiner musikalischen Studiengenossen erwachte wieder meine Zeichensucht. Die Notenhefte aus dieser Zeit trugen zwischen den Kontrapunktstudien einen cantus firmus aus Menschen- statt aus Notenköpfen.«[33]

Die Zeichenlust kam anfallsweise: »Quartalszeichner. Nüchtern: Ingenieur«. Eine Zeitlang liebäugelte er zum Entsetzen seines Vaters mit einer Sänger-Karriere, dann – wohl angeregt durch seine erste Frau, die Musikwissenschaftlerin und Komponistin Else Rethy – wollte er Komponist werden. Er schrieb mit Erfolg Bühnenmusik.[34] Er verfaßte Essays über Malerei, Tanz und Musik, daneben auch Kritiken und Kunstbetrachtungen. Er dichtete im Anklang an George, Rilke, Dehmel.

Das Gedicht »Herbst« beweist seinen geschärften Sinn für die magische Qualität der Sprache, er operierte ganz bewußt mit der Wortsubstanz, vermied abgeblaßte Bilder und versuchte, im sprachlich ungewohnten, ja sperrigen Zusammenzwingen ausdrucksintensiver Worte die Unruhe des Aufbruchs bild- und klanghaft zu umreißen, das Südwärts-Drängen, Peitschen, Hochsteilen, Perlen, Tropfen, Pfeilen eines sich sammelnden Vogelschwarms:

Herbst

Die dichtgezeilten Telegraphendrähte
sind morgens aller Schwalben Sammelort,
von wo schon manche ohne Führerwort
nach Süden perlen; wie vom Wind Verwehte.

> Sie, denen Sehnsucht schon die Flügel blähte,
> sind Wissende um dieses ferne Dort,
> das Warten hätte ihren Mut verdorrt;
> sie steilen hoch wie brünstige Gebete.
>
> Die aber Ahnung nur nach Süden drängt,
> sie tropfen ab und pfeilen wieder nah,
> denn sie verlockt noch immer dieses Da,
> an dem ihr ganzes junges Wissen hängt.
> Doch wie die Sonne plötzlich sich verhängt,
> da peitscht sie's alle fort: Nach Afrika![35]

Ein Herbstgedicht! Dolbin aber spricht nicht von Welken und Vergehen, von Blätterfall oder Abschiedswehmut. Er stellt den Herbst vielmehr als eine Zeit nervös-lustvoller Erwartung dar, die sich ungestüm auf ein noch vages Dort richtet. Er vermittelt das »Flügelblähen« der Ungeduld, bange Anspannung, Verlockung. Es gab für Dolbin keinen Verlust, in dem nicht zugleich ein Gewinn verborgen war. Sonnenferne wertete er als ein Signal, daß die Zeit für Abschied und neues Suchen reif war; denn irgendwo war immer Sonne! Darum deutete Dolbin jede Eintrübung als Anlaß zu Wagnis und aufschnellender Kraft.

Immer lag ein Skizzenblock bereit, immer reizte ihn der Zugriff auf ein fesselndes Gesicht. Ihm schien, »als ob die Menschen ihren Steckbrief im Gesicht trügen. Es ist Glück und Unglück zugleich, daß die Menschen ihren Mitmenschen gegenüber meist Analphabeten sind.«[36] Er aber buchstabierte die Einzelzüge bewegter Gesichter, lauerte als ein »sensitiver Seh-Räuber«[37] auf Verstecktes, erjagte unkontrollierte Gesten. Es war ein – von der Lektüre Freuds beeinflußtes – analytisches Sehen, das Verdrängtes mit siegreichen Strichen freilegen sollte. Aber nicht nur als »Kopfjäger«[38] liebte er es, viele Opfer um sich zu haben, er brauchte stets neue Anregungen und den raschen Wechsel von Milieu und Interessengebieten. Mehrfachbegabungen waren seit dem Jugendstil, der ja die Einheit von Kunst und Leben und in diesem Sinne das »Gesamtkunstwerk« forderte, nichts Außergewöhnliches. Wahres Künstlertum, so dachte man, verwirkliche sich in mehreren Kunstgattungen zugleich.

Vom Geist des Fin de siècle waren sie beide geprägt, als sie sich begegneten, Ninon Ausländer und Fred Dolbin. Aber auf welch verschiedene Art! Ninon war im entferntesten Kronland der Donaumonarchie vom Bildungsidealismus des gehobenen Bürgertums beeinflußt und durch literarische Leitbilder geprägt worden.

Der gebürtige Wiener Dolbin hingegen wuchs im Zentrum des damaligen Geisteslebens auf. Er war alles andere als der Typ eines introvertierten Lesers. Als wendiger Großstädter liebte er Anregung und quirligen Umtrieb; »novarum rerum cupidus« nannte ihn Ninon spöttisch. Während sie als »Büchermensch« der Verführung durch die Dichtung erlegen war, blieb Dolbin ein Widerspruchsgeist, der den Wiener Kunstbetrieb aus der Kenntnis des beteiligten Kaffeehaus-Disputanten beurteilte. Er durchschaute die literarische Attitüde, hatte Freude an formalistischem Spiel und modischem Experimentieren und unterlag oft selbst dem hektischen Produktionszwang jener Zeitgenossen, die auf den allmählichen Niedergang des Kaiserreichs nicht mit der Melancholie des Abschieds, sondern mit einem sich aufbäumenden künstlerischen Erneuerungswillen reagierten. Er gehörte zu jenem Teil der jüngeren Generation Wiens, der nach dem Krieg »eine kulturtragende Funktion« übernehmen wollte und der zunächst voll Enthusiasmus für die Secession – die Wiener Variante des Jugendstils – eingetreten war, nun aber neue Wege aus der Sackgasse kunstgewerblicher Verfeinerung suchte, in die diese zuletzt geraten war.

Für Ninon verkörperte Dolbin den aufrührerischen Zeitgeist. Wohl oder übel mußte sie sich in seiner Person mit dem Jugendstil, der Wiener Dichtung der Jahrhundertwende und deren Gegenströmungen kritisch auseinandersetzen, denn Dolbin neigte dazu, seine Umgebung hartnäckig von seiner Auffassung überzeugen zu wollen.

Der Jugendstil als geistige Erneuerungsbewegung, die Leben und Kunst gleicherweise einschloß, ihr Universalismus, ihr kühn entworfener Lebens- und Liebesfrühling, die Frischluft gegenüber der dumpfigen Bürgermoral – das alles hatte Dolbin einst hell begeistert. Er erzählte Ninon, wenn sie die Stadt durchstreiften, wie er mit der damaligen Wiener Jugend das Unzeitgemäße des aufgepappten Zementzierats an den kaiserlichen Prachtfassaden der Ringstraße geschmäht habe und wie sehr ihm die griechische Ornamentik neben den balkonstemmenden Karyatiden an den Prunkportalen der k. u. k. Verwaltungsgebäude mißfiel. Diese illusionäre Stilmaskerade an den Fassaden bürgerlicher Miethäuser müsse ebenso verschwinden wie der Wohlstand dokumentierende

Gründerzeit-Salon, der, jeden Wohnzweck mißachtend, einer vollgestopften Requisitenkammer gleiche. Wie vertraut waren Ninon hingegen solche musealen Räume! Wenn sie gegenüber Dolbin den historischen Stil verteidigte, eiferte er in seiner unüberwindbaren Ablehnung noch heftiger gegen pseudogotische Kirchen, das venezianisch anmutende Rathaus, das Neu-Renaissance-Opernhaus und das hellenistisch-römische Parlamentsgebäude, in dem Franz Joseph als Giebelfigur an Zeus' angestammtem Mittelplatz residierte. So wurde jeder Spaziergang durch Wien für sie zu einem baugeschichtlichen Kolleg.

Dolbin tadelte Ninons Vorliebe für den Jugendstil, der doch unverkennbar auf halbem Wege stehengeblieben sei; zwar habe er auf das Entrümpeln der musealen Anhäufungen gedrängt und die Augen jenseits des Palmkübel-, Samtportieren- und Vitrinen-Kitsches wieder an ungebrochene, klare Linien gewöhnt, aber trotzdem herrsche die Stilmaskerade in und an den Bürgerhäusern noch ungehindert fort. Darum begrüße die nachfolgende Generation, zu der er sich zähle, den Durchbruch der »Wiener Werkstätten«[40] mit Begeisterung, denn hier würde im »Angewandten« das eigentliche Ziel des Jugendstils weiterverfolgt: den neuen Stil einer Gesellschaft zu schaffen.[41] Dolbin, jedem l'art pour l'art-Standpunkt abhold, verteidigte gegenüber Ninon, daß hier die Kunst in den Dienst von Handwerk und Kunstgewerbe genommen wurde und sich an Gebrauchsgegenständen zu bewähren hatte. Tafelgeschirr und Tapeten, Stoffmuster und Keramik, Möbel und Gewänder verbanden sich zu einem dekorativen Ensemble, dem freilich auch der Mensch sich einpassen sollte. Dolbin bestand darauf, sich mit Ninon im Stil der Wiener Werkstätten einzurichten.

»Sage mir, wie Du wohnst, und ich sage Dir, wer Du bist«, diese These vertrat Dolbin in seinen Aufsätzen über die Wiener Wohnkultur. Er rügte darin, der Jugendstil habe in der Architektur allzu wenig bewirkt, sein neues Kunst- und Lebensprogramm sei schnell in konservativem Geist versandet und zu einer dekorationsfreudigen Elitekunst verflacht, die keine soziale Breitenwirkung bezwecke. Nicht von der Malerei, wie die Secessionisten geglaubt hätten, könne eine Stilerneuerung ausgehen, sondern von der Baukunst. Raumschaffend wirke der Architekt als Menschenbildner.

Dolbin war mit Adolf Loos[42] befreundet, der die Wiener »Zierseuche« durch Sachlichkeit, Formstrenge und materialgerechte Konstruktionen ablösen wollte. Dieser theoriebegabte Architekt hatte Wien, als er aus den USA zurückgekehrt war, eine »Potemkinsche Stadt« genannt, funktionsgerechte Bauformen vorgeschlagen und die Josephinischen Paradebauten ebenso bekämpft wie die »Ornamenthölle« des Jugendstils. Mit Loos, dessen berühmter Artikel »Ornament ist Verbrechen« 1908 erschienen war, verfaßte Dolbin gemeinsam die »Richtlinien für ein Kulturamt«, die über die Neugestaltung der Architektur hinaus eine umfassende Kunsterneuerung forderten. Als »Grundlinien für ein Ministerium der Schönen Künste« wurden sie in einer Denkschrift von Künstlern und Kunstexperten veröffentlicht – den Teil zur Musikförderung schrieb Arnold Schönberg – ein kulturpolitisches Programm für die Nachkriegszeit![43]

Dolbin forderte in diesem Text eine neue Baugesinnung, keine halbherzigen Reformen. Als Eisenkonstrukteur wies er auf die Gestaltungsmöglichkeiten durch neue Materialien und Verfahren hin. Er sprach sich für zweckgebundene, kubistische Formen aus, die in Eisenbeton gegossen werden könnten. Ein solcher Skelettbau brauche kein Stilkostüm.

Dolbin beteiligte sich überall, wo in Wien von zeitgenössischer Kunst die Rede war.[44] Sein Engagement für die Kunst ließ schon zur Zeit der Eheschließung mit Ninon den Weg vom Ingenieur zum Künstler immer klarer voraussehen.

In ihren Streitgesprächen klang es, als prallten zwei Generationen aufeinander. Ninon rechtfertigte den aussterbenden Geist der Jahrhundertwende, Dolbin verteidigte die nachkommende Generation. Unermüdlich erklärte er ihr, warum er – einst ein Begeisterter – nun gegen die Kunst des Fin de siècle und seine schwelgerischen Kunstparadiese einen ähnlichen Widerwillen empfand wie gegen die edle Süße des Jugendstils. Er lehnte die linearen Dekorationsmotive, die »Seelennudeln«, die sensitiven Schwingungen von Wellen, Flammen, Algen, Lianen, Haarsträhnen und die Einbannung des Menschen ins Ornament als esoterische Kunstgeste ab. Goldschimmer und Pathos, sinnlich flackernde Reizwirkung, erotisch-dumpfe Düsternis, selbstgenüßliche Melancholie, die sich in der Blässe und Vibration überlängter Körper, zerbrechlicher Glieder und dunkler Augenschatten spiegelten, hatten ihren darstellerischen Höhepunkt in der Klimt-Ausstellung 1903 erreicht, die Dolbin als Zwanzigjähriger besucht hatte. Seit ein unübersehbarer Flüchtlingsstrom Wien überschwemmte und das Elend in Wärmestuben und Notwohnungen kaum zu steuern war, sah er in jener weihevoll zelebrierten Elitekunst, die mit eklektischen Stilmitteln raffinierte Traumreiche errichtete, keine Möglichkeit für das notwendige politische und soziale Engagement.

Dolbin war hellwach für die gesellschaftliche Wirklichkeit. Es gab für ihn keinen Rückzug aus dieser Welt in verlockende Zaubergärten. Er lehnte darum auch die typisch wienerisch-sentimentale Überfeinerung ab, die sich in der Hinwendung zu Traumatmosphäre und Märchenzauber äußerte, und damit gleichzeitig jene empfindungsselige Stimmungskunst, in der Ninon einst Ich-Modelle gesucht und die sie zu ihrem Rückzug in die Glaskugel-Existenz verleitet hatte. Dolbin hielt sich vielmehr an ein Aperçu seines Freundes Albert Paris Gütersloh:[45] »Die Tiefe ist draußen.«

Für Dolbin sollte die Kunst die Wirklichkeit verändern. Er forderte darum immer wieder das Verantwortungsbewußtsein des Künstlers für die Welt. Der unübersehbare Bruch zwischen den Künstlern, die sich am eigenen Schönheitssinn berauschten, und denen, die einen Appell an das menschliche Gewissen richteten und durch aufrüttelnden Mißklang die gesellschaftlichen Zustände verbessern wollten, verdeutlichte sich für Dolbin an zwei Wiener Malern, an Gustav Klimt, dem Leiter der Wiener Secession, und Egon Schiele,[46] der – von Klimt ausgehend – in der Steigerung der Secessionskunst zum Bahnbrecher des Expressionismus wurde. Dolbin verfolgte gebannt, wie sie die österreichische Malerei bis 1918, ihrer beider Todesjahr, bestimmten, »des einen ein wenig kunstgewerblich verbrämte Sinnlichkeit, des anderen beinahe religiös-ekstatische Erotik«.[47] Schiele, der mit 28 Jahren ein Opfer der Grippe-Epidemie wurde, war für Dolbins ethische Kunstauffassung ebenso richtungweisend wie für den expressiven Stil seiner Zeichnungen.

Immer wieder bekannte sich Dolbin trotz Ninons Widerspruch zur engagierten Kunst: »Nur jene wenigen, viel zu wenigen in Europa, die gegen den Krieg schrieben, sangen und malten, retteten den ethischen Keim der Kunst in die Nachkriegszeit. Sie allein waren die Träger des neuen Weltgefühls – das der sozialen Gemeinschaft –, das einer neuen Religiosität glich [...]. Wenn in Österreich auch Erscheinungen wie George Grosz, Otto Dix, Frans Masereel oder Käthe Kollwitz fehlen, denen Haß gegen Unterdrücker und Liebe zur Kreatur die Hand führten, so haben wir doch Anton Faistauer, Anton Kolig, Ernst Wagner, Paris Gütersloh [...].«[48]

Durch Dolbin und seinen Freundeskreis wurde Ninon mit der Gedankenwelt des Expressionismus vertraut. Das war – ganz in Dolbins Sinn – keine Kunst des Rückzugs, sondern der Offensive, welche die Krankheiten des Jahrhunderts anprangerte. Um Angst, Einsamkeit, Hunger, Wahnsinn, Kriegselend, Krankheit und Tod darzustellen, erwies sich eine am Schönen orientierte Kunst als völlig ungeeignet, darum wurden der Wohlklang der Farben und gefällige Formen zwecks neuer Artikulierung aufgelöst.

Ninon verhielt sich zögernd gegenüber der Verfremdung organischer Formen, der Grellheit der Farben zugunsten der Ausdruckssteigerung, dem Deformierten, ja Häßlichen als einem Erkenntnisfaktor. In ihr lebte ein Bedürfnis nach Harmonie, und sie litt unter grotesken Verzerrungen und Dissonanzen. Allenfalls bewunderte sie den extremen Mut zum krassen Umbruch der Sehgewohnheiten und der ästhetischen Maßstäbe. Dolbin hingegen fand im Expressionismus die ihm wesensgemäße künstlerische Aussage. Wo Bild oder Sprache sich zu Ausdrucksmitteln für die leidenschaftliche Erregung des Künstlers steigerten, wo dessen Ergriffenheit und innere Bildkraft sich souverän der Außenwelt bemächtigten und sie in unrealistisch überbelichteten Farben oder zerborstenen Worten, in gehetztem Pinselstrich oder Satzstakkato steigerten, da fand Dolbin die entscheidenden Anregungen für seinen eigenen Weg als desillusionierender Zeichner.

Aber nicht nur der Stil verband den angehenden Karikaturisten Dolbin mit der expressionistischen Malerei, sondern ebenso deren Thema: die janusköpfige Existenz des modernen Menschen, dessen Leben in öffentliches und privates Dasein zerspalten war, in roboterhaftes Massendasein und tiefe Einsamkeit. Der Expressionist stellte diesem in sich uneinigen Ich den ganzen Menschen gegenüber und mahnte: Oh Mensch, vergiß nicht den besten Teil deines Selbst! Er bildete den Menschen ohne das schützende Kostüm der eingeübten Rollen ab, und genau das erstrebte auch Dolbin. Er wollte dem Menschen die Maske der Konvention abreißen, die ihm der Berufsalltag vorschrieb. Seine »Gezeichneten« sollten das Gesicht verlieren, wenn er das dahinter verborgene Antlitz freilegte: »Die Aufgabe des karikierenden Künstlers vor dem menschlichen Antlitz, vor der menschlichen Gestalt ist eine vielfache: er geißelt Gesellschaft und Sitte (Hogarth), er kämpft für eine große Idee (Goya: Los desastros de la guerra), er hat eine politische Plattform (Caran d'Ache, Léandre), er ist Zeitsatiriker mit sozia-

Henrik Ibsen,   *B. F. Dolbin,*
gezeichnet von Olaf Gulbransson   *gezeichnet von Carl Hollitzer*

lem Einschlag (T. T. Heine, Gulbransson, Daumier), er kämpft gegen eine Klasse und für eine Klasse (George Grosz, Zille), oder er erfüllt eine psychologische Aufgabe: etwa die des Entlarvers der Repräsentanten einer Kultur.«[49]

Dolbin zersprengte die Hülle von Schein und Status. Alfred Polgar, sein langjähriger Freund, bemerkte dazu: »Er läßt sich kein Gesicht für eine Fratze vormachen... Er kratzt die Übermalung herunter!«[50]

Dolbin, der sich »Autodidakt schlechthin, ein Selbstunterrichter auf allen Gebieten« nannte, antwortete, als Ninon ihn nach Vorbildern fragte: »Egon Schiele, Carl Hollitzer, Olaf Gulbransson; ohne deren Wissen und Willen.«

An dem vitalen Zeichner Hollitzer fesselte ihn der selbstsichere Zugriff auf ein Objekt und der überlegene Sinn für das Komische. Bei Gulbransson, den er einen »Zeitsatiriker mit sozialem Einschlag« nannte, lernte er, wie ein Mensch im Bewußtsein seiner sozialen Geltung dargestellt wird. Aber Gulbranssons kompakte Zeichnungen mit klarlinig umgrenzten Köpfen, mit der Geschlossenheit von Flächen- und Umrißlinien, entblößen nicht das Psychische, sondern ironisierten vorwiegend den gesellschaftlichen

Anspruch. Dolbin hatte ein anderes Ziel. Seine Striche tasten ab. Sie wirken vielfach gebrochen und grenzen darum ein Gesicht nicht ein, sondern blättern es auf. Für diese öffnende, sensitive Linienführung schulte er sich an seinem unerreichbaren Vorbild Egon Schiele. Karikare – überladen –, kühn mit Bedeutung überfrachten, das lernte Dolbin von ihm, der seelische Regungen wie Angst, Mitleid oder Zuversicht in der Überbetonung von Gesten und Gesichtszügen faßbar machte: Stenogramm eines Menschen, Beschränkung auf das Wesentliche! Dolbin, der Entlarver, »zeichnete kein Auge, sondern das individuelle Sehen. Er zeichnete nicht die Hand, sondern den individuellen Griff, er geht über den Rahmen des anatomisch Möglichen hinaus, amputiert Unwesentliches. Er löst sich von der Zeichnung und schreibt den Menschen nieder, der seinem Auge diktiert. Er kalligraphiert nicht, denn seine Produkte wenden sich nicht an das Auge als ästhetischen Werter. Sie wenden sich an ein geistiges Zentrum auf dem notwendigen Umweg über das Auge«.[51]

Die Aufdeckung des Seelischen gelang dem »Kopfjäger« vorwiegend im schnellen Entwurf, den keine Reflexion störte. Dolbin näherte sich unbemerkt seinen Opfern, er »blickte kurz auf den prominenten Mann, die prominente Dame, den Papierblock in der Hand, machte ein Zeichen, zog eine Kurve und steckte den Block wieder ein, ohne auch nur einmal auf die Zeichnung zu blicken. Selten dauerte es länger als eine fotografische Aufnahme«.[52] Er hat es später unschwer auf 200 Zeichnungen an einem Tag gebracht. Durch eine aufgesplitterte Linienführung, die er die »Technik des sicheren Strichs« nannte, wirken die Gesichter in Kontur und Zügen aufgelöst, preisgegeben.

Menschen- und Tierpsychologie sind eng benachbart. Bei seinem Wunsch, spontanem Verhalten auf die Spur zu kommen, erwies sich für Dolbin der Tierkörper als unverfälschter Ausdrucksträger.[53]

In psychologisierenden Tierzeichnungen, die er zum Teil in drei Büchern über Katzen, Hunde und Tiere im Zoo veröffentlichte, verdeutlichte er Freude, Spannung, Angst, Neugier, Schläfrigkeit. Der Ausdruck des Kreatürlichen verbindet Mensch und Tier: Dolbin hat sich selbst mehrfach als Hundemenschen gezeichnet, aber auch als scharfspornigen Kampfhahn.

Seine steile Karriere als »zeichnender Reporter« war noch nicht vorauszusehen, als Ninon den Ingenieur und Abteilungsleiter Dol-

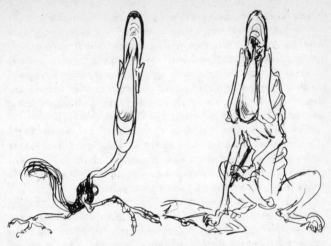

Selbstkarikaturen B. F. Dolbins

bin kennenlernte. Damals gründete er gerade eine Künstlergruppe, der er bezeichnenderweise den Namen »Die Bewegung« gab. So klingt denn auch der von ihm im April 1918 verfaßte Aufruf wie ein ungeduldiges Zukunftsprogramm der Neuerer, die »wie eine Gewitterwolke über der Stadt« lasteten, bereit zur Entladung, »denn die wahrhafte Kunst erwärmt nicht, sie zündet.«

Ninon beteiligte sich an den Vorbereitungen zur ersten Ausstellung dieser Künstlergruppe im Juni/Juli 1918.[54] Intuitiv unterschied sie, die gelernt hatte, in nacherlebender Betrachtung die Echtheitsfrage zu stellen, Schaumschlägerei von wahrem Anliegen. So wurde sie für Dolbin, den schnell Begeisterten, zur abwägenden Partnerin, die seine Hast und Ungeduld zügelte und den rasch Aufbrausenden zur Besonnenheit mahnte. Er respektierte mit der Zeit immer mehr ihre Ernsthaftigkeit und abwartende Beherrschung.

»Es ist mein Los, neben Freds schneller, impulsiver Art bedächtig, ja geradezu behäbig zu wirken. Nichts ist meinem Wesen in Wirklichkeit fremder«, vertraute sie ihrem Tagebuch an. Sie wirkte dämpfend, ausgleichend auf ihn, der allen Sinnesempfindungen maßlos ausgesetzt war, in Worten und Ideen aufflammte. Und da er gern über das Ziel hinausschoß, dankte er seiner Gefährtin wohl im stillen häufig für ihr Augenmaß. Er fühlte sich als Jäger, sprach von »Opfern« und »Beute«. Ninon schaute durch diese Pose des überlegenen und selbstgewissen Eroberers hindurch; für sie war Dolbin »Hase«, startschnell, wendig und behende, oft hakenschlagend und immer auf dem Sprung. Der kühne Jäger entpuppte sich für sie immer deutlicher als ein Gejagter, ein armes Beutetier, das, die Ohren angelegt, hin- und hereilte, ewig gehetzt durch die Unrast möglicher Versäumnisse.

Beide aber lebten sie auf einer Zwischenstufe, Ninon im vagen »Unterdessen«, Fred im spannenden »Vorläufig«. Ninon wollte auch nach der Heirat weiterstudieren, Fred im Strom zeitgenössischen Kunstgeschehens mitschwimmen, ohne den festen Boden seines bürgerlichen Berufs vorerst aufzugeben.

Zwei Einschränkungen, durch die sich Ninon bedroht fühlte, »Du bist allein« und »Du bist stumm«, wurden durch das Zusammensein mit Fred beseitigt. Sie sehnte sich nach der Aufhebung der schmerzhaft empfundenen Abkapselung und Vereinzelung, nach Welterfahrung. Eine beständige Verbindung zur Welt aber konnte nur die Liebe bauen, die nicht als eigene Gefühlsseligkeit genossen wurde, sondern die dem Mitmenschen galt und ihn in seiner Not ernst nahm. Ein Gedicht Ninons läßt diese neuen Töne anklingen, sie erbittet darin Hilfe, um »die enge Schale des eigenen Ich zu durchbrechen«:

Wie ist doch wenig Liebe in der Welt
und keiner, der dem andern Bruder sagt,
Hungernden gibt von seinem Überfluß,
Frierende kleidet,
Unwissende lehrt,
und läßt die Kindlein zu sich kommen.

Wir alle leben dieses Leben nur für uns,
achtlos lassen wir andere verbluten,
Seelen im Staube zertreten,
Schwache untergehen,
dünken uns reich
und spotten der einsam Kämpfenden.

Unsere Liebe – was ist sie anderes als Liebe zum Ich?
Nimmer erklingt uns in Demut die Frage: Und du?

»Ich« nur tönt es ringsum, mag auch der Bruder verbluten,
Sonne leuchtet nur uns,
Sterne sind unser,
und die Winde wetteifern, uns wohlzugefallen.

Selbst der Liebende und die Geliebte
lieben nur sich in dem Spiegel des andern
und die Lust, die sie einander in die Arme treibt.
Aber demutvoll ineinander versinken
in staunender Ehrfurcht
vor der Seele des Bruders, der Schwester kann keiner.

Wir sind arme verblendete törichte Menschen,
hilf doch Bruder dem Bruder den Irrweg verlassen,
hilf ihm die enge Schale des eigenen Ich zu durchbrechen,
daß er aus sich trete,
um sich blicke,
in Demut erkenne.
Auf daß die große Stummheit einst von uns genommen werde
und daß wir Brüder sind von aller Kreatur!

Das Gedicht, Klage und Anklage zugleich, nennt die Abkapselung einen »Irrweg«, der in Stummheit und Blindheit (Verblendung) führe.

In trennender Eigenliebe bezog Ninon bisher alles – Sonne, Sterne, Wind und die Geliebten – auf sich selbst. Nun aber möchte sie »um sich blicken«, sich in Nächstenliebe der Außenwelt öffnen.

Durch Dolbin erfuhr sie das Geschenk bewußt gelebter Gegenwart. Er wurde zum Anreger, zum Erwecker bisher unbeachteter Begabungen – so auch der Musikalität –, zum Förderer, der ihren Lebensängsten entgegenwirkte. Im Rückblick auf die behütete Kindheit ersehnte sie Geborgenheit; er, der sich seit je allein durchboxen mußte, genoß das lebensfrohe Auskosten jeder Minute. Sie wich immer wieder vor den Anforderungen des Alltags schreckhaft zurück. Er wagte den selbstvertrauenden Zugriff. Sie fürchtete die Flucht substanzlos verbrachter Tage. Er forderte Abwechslung, Abenteuer und immer neue Ziele. Ihrem Sicherheitsbedürfnis stellte er die Freude am Wagnis gegenüber, erfolgsbewußt und kampfbereit.

Ninon liebte in ihm das kreative Ungestüm: er war nicht

Selbstkarikaturen B. F. Dolbins

»stumm«. In einem Gedicht beschrieb sie, wie er sich vor dem leeren Blatt auf seine aus Trieb und Willen entspringende Formkraft verlassen konnte und wie stark sie sein Glück beim Gelingen eines Bildes mitempfand:

An den Künstler

Ein weißes Blatt Papier. In deiner Hand der Stift,
dein Auge sucht versonnen auf dem Antlitz deines Gegenübers.
In dir entsteht das Bild: Aus Chaos taucht Gesicht empor
und flammt in dir. Dann ziehst du Strich um Strich
und formst. Aus Linie, Licht und Schatten zündet Antlitz sich,
Trieb führt die Hand dir, Wille gibt die Form.
Dann blickt Gesicht dich an. Ist Ebenbild und doch von dir geschaffen.
Und jauchzend spürst du: Die ganze Welt ist dein, empfängt erst Leben,
sobald du Schöpfer ihr die Form gegeben!

Ein genau geführtes Notizbuch des Jahres 1918 zeigt den Wechsel in Ninons Lebensgefühl. Bevor sie Dolbin kennenlernte, hielt sie alle Einzelheiten fest. Als sie im Wintersemester 1917/18 einige Wochen lang zu kunstgeschichtlichen Besichtigungen nach Prag reiste, vermerkte sie am 21. Januar minutengenau Abfahrts- und Ankunftszeiten ihrer Rückreise nach Wien, danach das Programm eines dreitägigen Besuchs bei ihren Eltern in Baden bei Wien, den Einzug in ihr neues Zimmer am 25. Januar in der Pension Engel, Schlösselgasse 11. Sie notierte, wie intensiv sie ihr Studium betrieb, wie oft sie die Hofbibliothek oder Institute und Museen besuchte, wieviele Stunden sie in Seminaren verbrachte. Sie hielt täglich fest, was sie abends gelesen hatte. Bei dieser Aufgliederung jedes Tages in kleinste Programmpunkte erscheint es sonderbar, wie wenig Ninon von den weltpolitischen Ereignissen berührt wurde. Ihr Leben verlief seltsam flächig, ohne Tiefenbezug zum Zeitgeschehen, zum Kriegsverlauf, zur Flüchtlingsnot im überfüllten Wien, zur Lebensmittelknappheit. Ein einziges Mal erwähnte sie ein geschichtliches Datum »11. Februar: Frieden mit Rußland«. Aber auch das war eine auf das persönliche Schicksal rückbezogene Eintragung. Würde die Familie nun in die Heimat, in die vom Krieg zerstörte Bukowina zurückkehren können?

Das Notizbuch vermerkt die nebensächlichsten Verrichtungen vom Haarewaschen bis zum Umziehen vor dem Theaterbesuch. Es hat deutlich Alibifunktion: so randvoll ist mein Leben; hier steht es schwarz auf weiß, wie ich die Zeit nutze! Geschäftigkeit zwischen Seminaren und Einkauf, pausenlose Kontaktsuche bei Freundinnen und Familie, im Kaffeehaus! Es erscheint, als täusche Ninon sich über die Glaskugel-Leere durch den Stundenplan einer belanglosen Vielbeschäftigung hinweg.

Auch nach ihrer Verlobung mit Dolbin wurde das Notizbuch fortgeführt, diente aber mehr als Gedächtnisstütze für Verabredungen. Es zeigt, wie Dolbins zwingendes Vorwärtsdrängen sie mitriß. Fast täglich sind Theater-, Opern- und Konzertbesuche, Ausstellungen, Secessions-Gespräche oder Vorträge notiert; »Totenfeier für Wedekind«, »Einstudierung eines Mahler-Konzerts« oder »Adler-Kreis«. Sie trafen sich in Wiener Kaffee-Häusern, im »Central«, dem Urbild aller Wiener Cafés in der Herrengasse / Ecke Strauchgasse oder im Café Museum, Dolbins Stammlokal, wo Maler, Bildhauer und Architekten heiße Debatten bestritten, manchmal auch im »Herrenhof«, im »Imperial«, im »Wienzeile«. Sie verzeichnete Wohnungssuche, Möbelbestellung, »Linneneinkauf«, »Monogramm gewählt«, »Probekochen«, »Wiener Werkstätten«, »Papierkrieg«, »Warten auf Dokumente«. Allmählich zeigt das Notizbuch spärlichere Eintragungen, es tröpfelt aus. Ninon hatte keine Zeit mehr zu registrieren. Sie war voll damit beschäftigt zu leben.

Der zwölf Jahre ältere, seit 1917 geschiedene, faunisch veranlagte Fred, höchst erfahren und selbstsicher im Umgang mit dem andern Geschlecht, erwartete von einer Frau Geduld, Großzügigkeit und eine fast unbegrenzte Anpassungsbereitschaft.

Ninon merkte jedoch bald, daß er selbst keine Fesseln ertrug, oft egozentrisch, vergeßlich und unpünktlich war. Schon Karsamstag 1918 klagte sie zum ersten Mal in ihrem Notizbuch – »Vormittags allein, unglücklich, mittags Osterei und Hyazinthe von Do. Zwei Rohrpostbriefe an ihn geschickt.« Vergebliches Warten, Ungewißheit, wo er sich aufhielt; Traurigkeit und Verstimmung bedrückten Ninon häufig – sie vertraute dies nur ihrem Merkbüchlein an.

Als die Hochzeit am 7. November stattfand, hatte Ninon noch kein Lebenszeichen von ihrem Vater erhalten, der im Frühsommer 1918 aus dem leidigen Flüchtlingsdasein wieder in die Heimat zurückgekehrt war. Die Mutter, die es ohnehin nicht in die Provinz zurückzog, war zur Vorbereitung der Trauung in Wien geblieben. Konventionell, wie es dem häuslichen Milieu entsprach, bestand sie sogar auf einer Art Hochzeitsreise, und das Ehepaar Dolbin schob einen achttägigen Aufenthalt im Parkhotel in Schönbrunn-Hietzing ein, eine kurze Spanne der Alltagsferne, ein Ausblenden von Nahrungsmittelnot, Kohlenmangel, fortschreitender Geldentwertung und Teuerung und der täglichen Jagd nach lebenswichtigen Gütern. Diese zeitenthobene Begegnung des jungverheirateten Paares fiel in die historisch so bedeutsame Woche des formalen Endes der Habsburgischen Monarchie: am 11. November zog sich Kaiser Karl durch eine Verzichterklärung von den Staatsgeschäften zurück; am 12. November wurde die Republik Deutsch-Österreich ausgerufen: das 650 Jahre alte Habsburger Reich war endgültig zerfallen.

Wien wurde in diesen Tagen ein einziges großes Auffangbecken. Versprengte Soldaten, verirrte Heimatlose und Vertriebene verschlimmerten die Hungersnot und verursachten ein Verkehrschaos auf Straßen und Schienen. Die schon übervolle alte Hauptstadt des Vielvölkerstaates zog schlagartig einen wachsenden Strom von Ostflüchtlingen an, vor allem Altösterreicher, die aus slawischen Ländern kamen, wo sie einst deutschsprachige Enklaven gebildet hatten. Die Wohnungsnot war katastrophal. Ninon hatte zum letztmöglichen Zeitpunkt – dem 1. November – nach monatelangem Suchen eine Wohnung in der Schloßgasse gefunden.

Es war keine Zeit, die ein sorgenloses Privatleben gestattete. Dolbin, mit einem untrüglichen Sinn für Zeitgeschichte begabt, erfaßte Gärung und Chaos gleichzeitig als einmalige Chance für politischen und kulturellen Neubeginn. Er wollte dabeisein, handeln, mitwirken. Die junge demokratische Republik unter ihrem Staatskanzler Karl Renner stand politisch und wirtschaftlich auf schwachen Füßen. Der monarchische Großstaat von 50 Mill. war auf einen Kleinstaat von 6 Mill. Einwohnern geschrumpft, die sozialen und ökonomischen Probleme schienen unlösbar. Wien, von Sozialdemokraten – Dolbins Gesinnungsgenossen – verwaltet, hungerte und fror und mußte sich zugleich als gigantische Asylstadt bewähren. Es bot den besiegten Revolutionären des Balkans und Mitteleuropas, den Anführern der verbotenen und nun in den Untergrund ausweichenden Parteien Exil. Die nationalen Regierungen in den von der Habsburger Dynastie befreiten »Mehrheitsnationen« als den Nachfolgestaaten der Monarchie hatten teilweise Mühe, sich zu etablieren. Täglich erreichten Schreckensnachrichten über die Mittel ihrer Machtkämpfe die Wiener Bevölkerung: Pogrome in Rumänien, Ungarn, der Ukraine. Ninon ängstigte sich um Vater und Geschwister. Dolbin allerdings fühlte eine gewisse Hochstimmung aufgrund der politischen Leidenschaften, die überall kochten und Ventile suchten.

Der Unmut der Wiener Bevölkerung gegen die Zuwanderer vom Osten steigerte sich bis zu feindlicher Abwehr, eine Folge der Überflutung Wiens, die nicht mehr steuerbar erschien. Es kam zu Unruhen und Schlägereien. Kommunistische Parolen übten auf Notleidende und Entwurzelte eine immer deutlichere Anziehungskraft aus. Auch die Deutschnationalen rekrutierten sich, es kam zu antisemitischen Ausschreitungen angesichts des neuen großen Zustroms von Ostjuden, die nach der österreichischen Niederlage aus den Nachfolgestaaten in die Hauptstadt ihres ehemaligen »geistigen Vaterlandes« strebten, durch dessen Liberalität sie sich jahrzehntelang geschützt gefühlt hatten.[55]

Aber auch innerhalb der jüdischen Bevölkerung kam es zu starken Spannungen zwischen Ansässigen und Zuwanderern, zwischen liberal und national gesinnten Juden. Die Zionismusbewegung Theodor Herzls wuchs, gestärkt durch die Balfour-Deklaration von 1917, die den Juden die Gründung einer »Nationalen Heimstätte« in Palästina versprochen hatte. Außerdem forderten die Separatisten für die nationale Repräsentanz der österreichischen Juden eine verfassungsmäßige Verankerung.

In diesen Richtungskämpfen fühlten sich die jüdischen Bürger Wiens vor eine Entscheidung für oder gegen die Assimilation gedrängt. Für Ninon, die sich immer als Deutsch-Österreicherin fühlte, war eine liberale, prowestliche Haltung selbstverständlich, ohne daß sie je einen Übertritt zum Christentum in Erwägung gezogen hätte. Darin war sie mit Dolbin einig, der sich gegen die Taufe, aber für die Assimilation aussprach, dies gegen die Ansicht seines Vaters, der ihm immer wieder in geharnischten Briefen vorhielt, daß er »durch die lange Reihe jüdischer Vorfahren erblich belastet sei«, das bedeute Zuweisung und Verpflichtung. Dolbin aber wollte andere Nahtstellen seines Lebens ausbessern: Sollte er den Absprung in die künstlerische Ungebundenheit wagen? Wie lange sträubte er sich schon, dem ungeliebten Brot-Beruf nachzugehen! Ninon schrieb dazu:

»Er haßte den Betrieb, in dem er steckte! So spät wie möglich kam er hin, und mit dem Glockenschlag sauste er davon, mitten im Wort, wenn er schrieb, mitten im Satz, wenn er sprach. Wie ein Pudel, der aus dem Wasser steigt, schüttelte er sich und rannte pfeilschnell mit seinen langen Beinen die Treppen hinunter – ins Freie, in die Freiheit! Ich verliebte mich bei dieser Gelegenheit jedesmal neu in ihn, wenn ich ihn abholte und die Treppe hinunterrasen sah – die Ohren zurückgelegt und wie ein Hase!«

Dolbin nahm Abschied von der ihn entnervenden Bürotätigkeit: »Abermals dankte ich einem Zufall den letzten Anstoß. Eine abenteuerliche, wochenlange Fahrt nach der Bukowina mit einem aus Viehwagen zusammengekoppelten sogenannten Heimkehrerzug, mit den Gefahren oftmals vergeblich versuchter Grenzüberschreitung, das Hausen in einem zerschossenen Grenzdorf Galiziens, ohne Geld, ungenügend vor Kälte geschützt, allem Ungeziefer ausgesetzt, ohne Verständigungsmittel mit den polnisch sprechenden Bewohnern, abgeschnitten von der Außenwelt, an Barbusse's Kriegsbuch ›Feuer‹ sozusagen rationenweise mich geistig nährend, warf mich völlig aus dem Gleise! Als ich endlich auf Fürsprache einflußreicher Honoratioren nach Czernowitz gelangte, war ich innerlich mit dem Ingenieurberuf fertig.«[56] Im Chaos dieser Nachkriegswirren wuchs sein Mut, sich auf die eigene Kraft zu verlassen. Er zog einen Schlußstrich unter den bürgerlich-geordneten Lebensabschnitt.

»Sieben Jahre lebten wir miteinander, lebten wir uns – zuletzt erfolgreich – auseinander«, gestand Ninon in ihrem autobiographischen Romanentwurf, in dem sie Fred den Namen Reinhold gab. »Reinhold hatte ein fertiges Ideal von einer Geliebten und machte mich zu dieser Geliebten; ich hatte ein vages Ideal eines Geliebten und machte Reinhold zu ihm [...]. Denke ich an diese Jahre, kommen mir immer harmlose Szenen in den Sinn, nicht die entscheidenden Auseinandersetzungen, an denen es nicht fehlte. Eine große Stille, aus der das Haus auftaucht, ein modernes vierstöckiges Mietshaus in einer sonnigen kleinen Straße mit niedrigen kleinbürgerlichen Häusern und Höfen. Ein Lift, ein vergrämter geduckter Hausbesorger, ein ›Siemandl‹, wie man in Wien sagt, in der Loge, manchmal seine Frau, eine kräftige, böse Person mit Keifmund und füchsischen Augen und mit einer Stimme, die einen erschauern ließ, denn hinter dem langgezogenen demütigen ›Kißdhjaand!‹ hörte man die Oberstimme mitschwingen: ›Gnade euch Gott, ihr Hausparteien, lausige, geizige – wann ich euch derwisch…!‹ Wenn man Glück hatte, kam man unbemerkt in den Lift, zu dem man den Schlüssel besaß – auch ohne mit einer der anderen Hausparteien fahren zu müssen. Die Stille der kleinen Wohnung nahm einen auf. Das Gas in der Küche summte. Sonst war alles still. Die Wände waren weiß wie die Türen und Fenster. Die Vorhänge waren weiß, die Möbel im Vorraum waren weiß. Es war eine stille, kühle Helligkeit, die einen umfing. Die Tür zwischen Wohnzimmer und Eßraum war immer offen. Die Möbel standen da, als hätten sie auf einen gewartet.

Aber das war es eben. Nahm man aufatmend darin Platz, versank in sich und die Stille – war es schon wieder zu Ende. Nichts Beschwingendes ging von diesen Räumen aus. Es war nichts Endgültiges – es war ein ›Unterdessen‹. Man konnte hier nicht bleiben. Man konnte hier nichts tun. Man konnte hier schlafen oder essen, sich ankleiden, baden, telefonieren. Man konnte vor den Bücherschränken stehen, die Rücken der Bücher besehen – eins herausziehen, darin blättern, es zurücklegen: ›auf später‹. Es war alles ›vorläufig‹. Das Leben hatte noch nicht angefangen.« Dieses Gefühl, auf das eigentliche Leben noch zu warten, offen zu sein, bereit zu sein, hat Ninon neben Dolbin nie verlassen. Etwas in ihr blieb unerfüllt.

»Der Schreibtisch war ein altes Stück aus der Maria-Theresia-Zeit [...]. Es war eine Lust auf diesem Schreibtisch zu schreiben; man wurde hier an keine Realität erinnert. Auf dem weißen Blatt Papier, das vor einem lag, zog man Buchstaben und konnte sich eine eigene Welt bauen.

Weiße Vorhänge schlossen das Zimmer gegen die Außenwelt ab. Gegenüber lag die Nachbarwohnung, und nur wenn man schräg hinausblickte, sah man über das Dach eines niedrigen Nachbarhauses hinweg auf Dächer, Himmel. Bäume gab es nicht. Vielleicht war es dieser Blick, der mich immer wieder traurig stimmte. Niemals in den vier Jahren, die ich hier wohnte, hatte ich das Gefühl der Heimat gehabt, des Zuhauseseins. Es war eine Zwischenstation, eine Umsteigestelle, die Reise ging weiter.«

Die Niederschrift Ninons über diese gemeinsamen Jahre mit Dolbin macht auch die Spannungen zwischen ihnen deutlich: »Reinhold las nie. Am Anfang meiner Ehe hatte ich ihn oft gebeten, ein Buch, das ich liebte, zu lesen. Er lehnte es nicht etwa brüsk ab, nein, so war Reinhold nicht, liebenswürdig und bereitwillig versprach er, es ›demnächst‹ zu lesen. ›Demnächst‹ dauerte ein halbes Jahr. Ich erinnerte behutsam. ›Ja richtig. Natürlich gleich heute!‹

Gleich heute setzte er sich also, nachdem er aus dem Bureau gekommen war und sehnsüchtig zur Zeitung hinübergeschielt hatte, in den großen Ohrenfauteuil am Fenster. Die Schreibtischlampe wurde von ihrem Platz entfernt und in die Nähe des Fauteuil getragen. Das Buch lag neben ihm auf der breiten glatten Fläche des Fenstertisches [...]. Alles war bereit, die Lampe leuchtete, die Vorhänge waren herabgelassen. Aber Cigaretten fehlten. Also nochmals auf, Cigaretten und Aschenschalen geholt. Aber jetzt? Es war nur noch ein Polster zu holen, wenn keines da war, oder es wegzuschleudern, wenn es da war; ein Blatt Papier bereitzulegen und ein Bleistift für Notizen; ein reines Taschentuch zu holen. Er traf Vorbereitungen, als wäre es eine Reise, die er unternahm. Aber keine Vergnügungsreise! Endlich fing er an. Das Buch lag aufgeschlagen vor ihm, und er las. Vielleicht fünf Minuten. Nach fünf Minuten sagte er zu mir, die im Nebenzimmer las oder schrieb: ›Es ist fürchterlich heiß hier. Warum hast du so stark heizen lassen? Es ist doch draußen nicht mehr so kalt.‹ Ich stehe auf, sehe aufs Thermometer, es zeigt 14° Réaumur. Ich sage es Reinhold. Er zuckt die Achseln und liest weiter. ›Wenn er Zeitung liest, ist es nie zu heiß oder zu kalt!‹ denke ich. Drüben im Wohnzimmer bleibt es eine Weile still. Ich denke beglückt, daß er jetzt vielleicht schon die wunderbaren Worte liest, die mich so gepackt haben, sie stehen ziemlich am Anfang. Ich will Reinhold nicht stören, sonst hätte ich gern sein Gesicht gesehen. Er muß jetzt bei dieser Stelle sein. Vorsichtig schleiche ich zur offenen Tür und sehe ihm zu. Reinhold liest verbissen und unbeweglich. Aber er spitzt die Ohren, weil er meinen – wie ich hoffte unhörbaren – Schritt doch hört und sagt: ›Ich habe heute eine Zeichnung von Schiele gesehen – unerhört schön!‹ Da stehe ich und weiß nicht, ob ich lachen oder weinen soll. Da ist also mein Buch, mein geliebtes schönes Buch, und hier ist mein geliebter Mann – aber es besteht keine Möglichkeit, die beiden miteinander bekannt zu machen. Nein, ich will nicht lachen und nicht weinen. Ruhig gehe ich auf ihn zu und nehme das Buch, das in seinem Schoß liegt, an mich. Ohne ein Wort zu sprechen, verlasse ich das Zimmer. Reinhold aber ist erstaunt. Wenn ich dann nach einer Stunde ins Wohnzimmer trat, saß Reinhold am Tisch und las die Zeitung. Er sah mich vielleicht etwas unsicher an – denn daß er mich gekränkt hatte, hatte er gesehen, wenn auch nicht begriffen.«

Eines Tages kam Dolbin zwei Stunden früher als üblich vom Dienst nach Hause. Er schien ein bißchen unsicher zu sein, aber seine Verlegenheit war mit dem Griff nach der Nachmittag-Zeitung schon wieder verflogen. »Ich sehe ihm zu. Ich bin nicht mehr allein und habe doch auch wieder niemanden. Denn dieser schlanke, glattrasierte Herr mit dem flotten Aussehn und der gewölbten klugen Stirn hat nur Sinn für seine Zeitung. Und plötzlich seufze ich tief. Da erhebt sich Reinhold, freundlich lächelnd geht er ins Vorzimmer und überreicht mir eine andere Zeitung, die er in der Manteltasche vergessen hat. Er ist so fest überzeugt davon, mir eine Freude gemacht zu haben, daß ich lächelnd danken muß und mich scheinbar in die Lektüre vertiefe. Stille. Da stehe ich auf und gehe lautlos in mein Zimmer zurück. Die gute Stunde ist vorüber. Ich rücke einen Sessel zurecht und glätte die gelbe, rohseidene Decke, die ohnedies glatt auf dem breiten Bett liegt. Es hängen wenig Bilder an der Wand, zu Reinholds Schmerz, denn alle anderen Räume hat er dicht mit Bildern behängt. Aber in meinem Zimmer war ihm das nicht gelungen, sehr energisch hatte ich mich zur Wehr gesetzt.« Ninon liebte die leere Wandfläche, sie wollte Stille. Bilder aber sprachen. Sie schlug Dolbin vor, zwar Bilder aufzuhängen, jedoch die Wände mit Vorhängen zu verkleiden.

Wenn sie die Bilder zu sich sprechen lassen wolle, könne sie die Vorhänge zurückziehen, – wie neu wäre dann immer wieder jedes geliebte Bild! Zweimal nur hatte sie Freds Drängen nachgegeben, etwas aus seiner reichen Sammlung zu übernehmen, bei einer Bleistiftzeichnung Egon Schieles und einem Aquarell von Helene Funke:

»Ich habe einen weiblichen Akt an der einen Wand hängen, die elegante etwas manierierte Zeichnung eines frühverstorbenen Künstlers, dessen Werke ich liebe. Diese Zeichnung ist so ganz entmaterialisiert, daß sie beinahe wie ein Ornament wirkt, nicht wie ein Frauenkörper. Und das Auf und Ab der Linien, das Anschwellen des Striches, das Abklingen, jähe Abbrechen, sanfte Verhauchen ist von einer Melodik, die mich hinreißt.

Eine Aquarell-Landschaft habe ich so hingehängt, daß morgens beim Erwachen mein Blick darauf fällt. Ein orangener Himmel über einem tropischen Gefilde. Eine Agave steht ganz vorn im Bild, groß, kraftvoll, glühend. Sehnsucht nach Ferne liegt in diesem Bilde. Ich liebe es sehr.

Die Dinge stehen in ihrer Ordnung und schweigen. Sanft fallen die zarten, weißen, gefältelten Batistvorhänge hinab, der weiße Lack der Türen glänzt, auf dem Toilettentisch blinken Kristallflaschen und Dosen. Aber keine Pflanzen stehen in dem Zimmer, keine Blume außer den beiden Tulpen auf dem ovalen Tischchen vor dem Sopha. Und auch sie werden nicht lange hier bleiben. Ich liebe es nicht, Pflanzen als Zimmergefährten zu haben. Ihr langsames Wachsen macht mich ungeduldig. Immer dasselbe Gesicht zu sehen, sei schrecklich, versicherte ich Reinhold, nachdem wochenlang eine Araukarie bei mir gewohnt hatte. Oft graute es mir im Theater oder in der Universität vor dem Nachhausegehen, weil ich mir vorstellte, daß dort ›schon wieder‹ diese Araukarie stehen würde. Schnittblumen aber liebe ich sehr, sie waren kurze strahlende Besuche, man war immer wieder von neuem überrascht, wenn man sie prangen sah, sie gaben dem Zimmer einen neuen, fremden Glanz; ehe man sich eben an sie gewöhnen konnte, senkten sie die Köpfe, verblühten, starben, machten anderen Platz.«

An diesem Nachmittag kam Ninon stärker als sonst zum Bewußtsein, daß sie das Gespräch mit Fred wünschte. »Reinhold war einer der klügsten Menschen, die ich kannte, aber er war nicht mitteilsam. Und er interessierte sich nicht für den Mitmenschen, auch wenn dieser Mitmensch seine Frau war [...]. Ich lebte für mich, allein aber unfrei! Denn kein Mann durfte in dem Herzen leben, das ich ungeteilt verschenkt hatte. Ihn allein liebte ich. Liebte ich wirklich ihn allein?«

Da schlenderte Dolbin in ihr Zimmer und sagte leichthin: »Ich habe gekündigt.« Ninon war entsetzt. Aber gleichzeitig hoffte sie freudig: Er hat eine andere, eine bessere Stelle! »Ich springe auf und falle Reinhold um den Hals. ›Herrlich!‹ rufe ich. Reinhold lacht. ›Ich bin erstaunt, wie leicht du es nimmst‹ sagt er. ›Ich hatte beinahe ein wenig Angst vor deinen Klagen. Aber so ist es schön! Du — —‹, und er reißt mich heftig an sich. Denn Reinhold ist nicht für lahme Zärtlichkeiten, sondern geht aufs Ganze.

Aber da mache ich mich los und frage behutsam: ›Und — was hast Du im Sinn?‹ ›Nichts!‹ sagt Reinhold und wippt fröhlich mit dem Sessel, was mich selbst jetzt in dieser Schicksalsstunde nervös macht. Er sieht, daß ich die Lider zusammenzucke und eine kleine Längsfalte über der Nase erscheint, die er haßt. Also stellt er das Wippen ein — mein Herz aber hat sich zusammengezogen bei seinem fröhlichen ›nichts‹ — und mein Gesicht ist sehr ernst geworden. ›Vorläufig!‹ fügt Reinhold verheißungsvoll seinem ›nichts‹ hinzu — und wirklich, dieses Wörtchen genügt, um mir wieder Spannung zu geben. Ich sehe ihn erwartungsvoll an. Reinhold wird ein wenig verlegen. Er hat in Wirklichkeit keine Ahnung, was nun kommt, aber er ist sehr zufrieden, daß er gekündigt hat. Ach, daß man nicht in ihn eindringen kann, durch die Haut hindurch ins Innere hinein! Aber er sitzt vor mir, undurchdringlich, ich weiß nichts von ihm. ›Sesam öffne dich!‹ heißt es im Märchen. Ich aber habe kein Zauberwort, ihn zu öffnen!«

Dolbin hatte in der Wirtschaftskrise und bei der Arbeitslosenzahl der Nachkriegszeit nur geringe Chancen, einen neuen Arbeitsplatz zu finden — zum Entsetzen seiner praktisch denkenden Schwiegermutter.

»Wenn meine Mutter früher schon bewundernd von diesem oder jenem erzählt hatte, wie weit er es gebracht hatte — ›aus kleinen Anfängen!‹ sagte sie ergriffen — dann wollten wir uns totlachen. ›Sieht die Mama nicht aus wie eine Eule?‹ fragte Reinhold, — ›eine uralte weise Eule auf dem Ast.‹ Er zog sein Notizbuch, in dem die Zeichnung einer Eule lag und reichte sie Mama: ›Schau, das habe ich gemacht und Faber gezeigt und er hat sofort gesagt: Ach — Ihre Frau Schwiegermutter?‹ ›Wirklich?‹ fragte die Mama entsetzt und machte große Augen. Ihre Stimme klang ganz verzagt. Aber da brachen wir in ein schallendes Gelächter aus, packten sie, wirbelten sie im Kreise und schrien: ›Wir gehn ins Kino! Wir laden dich ein!‹ ›Das ist eure Art, ernste Dinge zu diskutieren!‹ klagte die Mama, während sie sich eilig fürs Kino ankleidete. ›Die einzig richtige!‹ sagte Reinhold kühl. ›Nur nichts ernst nehmen!‹ ›Aber du wirst es nie zu etwas bringen‹, klagte die Schwiegermutter. ›Wenn Du darunter verstehst, viel Geld verdienen – nein das allerdings nie!‹ sagte Reinhold höflich. ›Wir brauchen kein Geld!‹ rief ich aus dem Badezimmer herüber. ›So, und wovon lebt ihr?‹ ›Mama!‹ sagte Reinhold versonnen, ›also Du mußt morgen mit uns in die Ausstellung der Kunstschau gehn. Es sind ein paar fabelhafte Dinge dort!‹ Die Mutter klagte: ›Ja, natürlich Kunstschau. Ihr habt ja nichts als Bilder im Sinn. Und wie es nur bei Euch ausschaut. Wie in einem Warenhaus – diese vielen verrückten Bilder – in diesem Raum kann man ja gar nicht von Geschäften sprechen. Wie X. neulich bei mir war, um über die Vermietung unseres Hauses zu sprechen, hat er kein Wort herausbringen können, er hat nur immer auf die Bilder gestarrt, und wenn ich zu ihm gesprochen habe, hat er mich so blöd angeschaut, wahrscheinlich war ihm schwindlig von Eurer modernen Kunst!‹ ›Wirklich?‹ fragte Reinhold interessiert, ›war er betroffen? Das ist ja der Anfang des Verständnisses. Das heißt doch, daß er die Bilder *gesehen* hat! Die meisten Leute sehen überhaupt nicht.‹ ›Möchtest Du vielleicht zu ihm gehen und einen Sammler aus diesem Häusermakler machen, der kaum orthographisch schreiben kann?‹ spöttelte die Schwiegermutter. ›Warum nicht?‹ sagte Reinhold, denn nichts tat er lieber als ›zur Kunst erziehen‹.«

Die Tage vergingen, ohne daß sich eine Wende abzeichnete. Fred war immer »Irgendwohin«. Ninon spöttelte: »Nach der Kapellmeisterkrise in der Oper gab es die Krise der Tenöre. Es gab Fußballmatchs, Kunstausstellungen, Vorträge über moderne Kunst mit Diskussionen, Vorträge über Wohnhausreformen, Einladungen zu endlosen Gesprächen und Kaffeehaus-Unterhaltungen«. Dolbin hingegen versicherte ihr, er verschenke keine Zeit – das schiene nur denen so, die eine Tätigkeit für klingende Münze als einzig lohnende Beschäftigung ansähen. Manchmal aber bereute er doch, seine Stellung so leichtfertig gekündigt zu haben, dann tröstete ihn Ninon: »Etwas wird sich finden.«

Eines Tages erschien frühmorgens ein unbekannter Herr in der Wohnung und benahm sich sonderbar. Aufdringlich musterte er alles.« Reinhold saß noch beim Frühstück, schluckte eilig den letzten Bissen und lief ins Wohnzimmer, wo der Herr, der sich keineswegs durch die Bilder verblüffen ließ, vor dem Schreibtisch saß, das Hörrohr in der einen Hand und mit der anderen im Telephonbuch blätternd. Etwa eine Stunde blieb er. In dieser Zeit hörte man rauhes Gekrächze, unverständliche Worte, das Klingeln des Apparats; Zahlen und Adressen wurden gebrüllt, dazwischen Verwünschungen gegen die Telephonfräulein ausgestoßen. ›Was bedeutet das?‹ fragte ich, als der Herr weggegangen war […] Reinhold hatte es äußerst eilig. ›Ich schiebe!‹ rief er mir zu, stopfte mit wichtigem Gesicht eine Menge Papier in seine Aktentasche und stürzte davon. Nachdem er schon zwei Stockwerke hinuntergestiegen war, kehrte er noch einmal zurück und sagte: ›Morgen kaufe ich dir einen Blaufuchs!‹ Und ohne eine Antwort abzuwarten, trabte er befriedigt wieder die Treppe hinunter. Ich blieb sprachlos zurück.

Den versprochenen Blaufuchs habe ich natürlich niemals erhalten. Jener Herr mit der krächzenden Stimme war Tag für Tag gekommen, an jedem Morgen wurde telephoniert und geraucht, Reinholds Mappe schwoll von Papieren, und er trabte unermüdlich mit ihr herum. Ich sah ihn immer seltener, er hatte einen gehetzten Ausdruck bekommen, todmüde kam er abends nach Hause und erzählte nichts, – ich wagte nicht zu fragen.«

Als Ninon endlich zu der Überzeugung gekommen war, daß Fred als ›Schieber‹ keinen Heller verdiene, daß er aber von Tag zu Tag mehr herunterkam, abmagerte, appetitlos und nervös wurde, schlug sie ihm vor, dieses zweifelhafte Gastspiel in der Welt der Tüchtigen abzubrechen:

»›Vor allem mußt du wieder du selbst werden – du siehst ganz verwahrlost aus, struppig, hohläugig – zum Fürchten! Wir wollen reisen!‹ Das war nach Meinung der Vernünftigen das Unvernünftigste, was wir zu diesem Zeitpunkt tun konnten. Aber für etwas Unvernünftiges war Reinhold sofort zu haben. Ich machte eine Summe meines väterlichen Erbteils flüssig. Glückstrahlend reisten wir ab. Niemals liebten wir einander mehr als auf Reisen, niemals verstanden wir einander besser. Immer wollten wir gerade das gleiche sehen, und einzig das Tempo war es, das uns unterschied. Reinhold war immer ein wenig voraus. Wir reisten nach Padua, Mailand, Genua, Pisa, Lucca, Florenz. Wir blieben sechs Wochen fort, und diese sechs Wochen waren wunderbar.«

Viertes Kapitel

Verlassenheit

Der Tod von Eltern und Schwester
Die Trennung von Dolbin

> Die Wurzeln sind ausgerissen, ein Leben ohne Wurzeln beginnt.
>
> Lebensinhalt und Lebensziel habe ich bisher immer verwechselt.
>
> Leben – Schreiben, das bedeutet: zweimal Leben! Erst erleben, dann niederschreiben und erkennen. So wird alles mein.

»Vorläufig klang schön, es war so verheißungsvoll. ›Vorläufig‹ war ein atemloser kleiner Page, der voranlief. ›Vorläufig‹ gab dem Leben stets einen neuen Sinn. Nichts mußte ernstgenommen werden. Alles ging vorüber.« Nach einem langwährenden spielerischen Vorläufig erfuhr Ninon im Sommer 1919 zum erstenmal die Macht des Endgültigen.

An einem Juli-Tag schellte es in aller Frühe, und eine Verwandte stand totenblaß mit einer Botschaft vor der Tür: Ninon müsse sofort nach Czernowitz fahren, ihr Vater sei schwer erkrankt. »Ich erschrak entsetzlich: natürlich würde ich fahren. Fred, sehr dagegen, fügte sich«, notierte Ninon, »wird nachkommen, sobald er sich Einreisepapiere beschafft hat.«

Sie brach ohne Verzug mit ihrer Mutter auf. Während der langen Reise, die von ihnen ebenso viel Mut wie Geduld verlangte, stieg vor Ninon das Bild des Vaters auf, den während des Wiener Exils eine Sphäre von Einsamkeit umgeben hatte, die nach und nach dichter und schließlich undurchdringlich geworden war, als brauche er eine Schutzhülle vor der Welt, um Traurigkeit und Heimweh nicht schamlos preiszugeben. Als im Dezember 1916 der Stellungskrieg gegen Rußland durch eine österreichische Offensive im rumänischen Gebiet abgelöst und Hermannstadt und Kronstadt erobert worden waren, hatte er schon die Koffer bereitgestellt. Ein Vierteljahr später war in Rußland die Revolution ausgebrochen, Zar Nikolaus II. hatte am 15. März abgedankt, und wieder war für Jakob Ausländer die Heimkehr in greifbare Nähe gerückt. Aber noch einmal war der ungeduldige Rückwanderer enttäuscht worden: eine große Offensive der neuen russischen Regierung unter General Brussilow hatte im Juli 1917 wieder zum Rückzug der Ostarmee geführt und neue Schrecken und Ängste geschaffen. Nach der Oktober-Revolution am 7. November war die verzehrende Ungeduld des Vaters allen spürbar geworden, ohne daß er je ein Wort darüber verloren hätte: auch er hatte im Vorläufig gelebt, aber unsäglich darunter gelitten. Die Bolschewiken hatten nach der Machtübernahme den langersehnten Waffenstillstand eingeleitet, aber wieder waren die Friedensverhandlungen abgebrochen worden, und zunächst war nur ein Friedensschluß zwischen Österreich und der Ukraine zustande gekommen. Als endlich der Frieden von Brest-Litowsk den Kriegszustand mit Rußland beseitigt und zwei Monate später ein am 7. Mai 1918 in Bukarest geschlossener Friede auch den Krieg mit Rumänien beendet hatte, schien eine Rückkehr möglich. Allerdings war es für Dr. Ausländer noch ungewiß, in welche Nation er denn nun heimkehren würde. Noch hoffte er, Czernowitz bliebe vielleicht doch österreichisch.

Seit dem Sommer 1918 hatte der Vater sich mit den jüngeren Töchtern Toka und Lilly wieder notdürftig im zerstörten Haus eingerichtet und litt wie die Restbevölkerung der alten Heimatstadt unter jedem erdenklichen Mangel. Man hatte weder Lebensmittel noch Brennholz, noch Schuhe, und durch die allgemeine Verknappung stieg die Teuerung. Straßen und Gebäude waren zerstört, Beleuchtung und Kanalisation waren unbrauchbar, und es gab kaum Erwerbsmöglichkeiten, denn die meisten Einwohner waren abgewandert. Das alles aber wog nichts gegenüber der Angst vor der politischen Zukunft.

Es lag nahe, daß sowohl Rußland als auch Rumänien das von Österreich-Ungarn hinterlassene territoriale Vakuum für sich beanspruchen würden. Rumänien war von den Alliierten für den Kriegseintritt gegen Österreich-Ungarn gewonnen worden, die Bukowina – oder ein Teil davon – schien dafür ein angemessener Preis. Am 27. Oktober 1918 hatte sich in Czernowitz eine Versammlung ortsansässiger Rumänen für den Anschluß der Bukowina an das rumänische Altreich ausgesprochen. Der ukrainische Nationalrat hatte hingegen den Anschluß an die Ukraine gefordert. In dieser unsicheren Situation waren die Rumänen am 11.

November kurzerhand in die Bukowina einmarschiert.[1]

Bei den meisten Czernowitzern herrschte Verzweiflung. Besonders die jüdische Bevölkerung mußte die jahrhundertelange Feindschaft der Rumänen fürchten. Wer nicht die offizielle Amtssprache Rumänisch sprach, stand vor dem beruflichen Ruin. Deutsch blieb verpönt, Sprachkurse waren für lange Zeit im voraus überbelegt.

Der erste Brief des Vaters war Ende November 1918 in Wien eingetroffen, er enthielt Hochzeitsgrüße für Ninon und einen knappen Lagebericht: »Hier ist mit den rumänischen Truppen auch Ruhe und leidliche Ordnung eingetreten. Jenseits des Pruth ist es noch unruhig; allein auch dort·geht es nicht allzubunt zu, und langsam tritt auch dort wieder Ruhe ein.

In sehr schlechtem Zustand treffen nun die sogenannten Heimkehrer ein. Es sterben viele unterwegs an den Strapazen der Reise, und das ist herzzerreißend. – Leider fehlt es an jeder Organisation für die Heimbeförderung. Wir haben hier eine Labestation eingerichtet, die Tausenden von russischen Heimkehrern zustatten kommt [...]. Ich habe noch Kohle für 10-14 Tage und erwarte nächste Woche einen Wagen Holz, der aber horrend teuer zu stehen kommt, da das Verkleinern allein 700 K und die Zufuhr von der Station ebensoviel kostet [...]. Lyceum und Universität sind eröffnet, die Kinder daher in bester Thätigkeit. Das Geschäft stockt. Trotzdem habe ich Beschäftigung, da ich von der Regierung zur Mitarbeiterschaft in einer Gesetzgebungs- und in einer Agrarreform-Commission berufen bin. Es wird da recht viel und recht Nützliches zu tun geben.«

Auch die folgenden Briefe zeigten, daß Jakob Ausländer alles daransetzte, den Aufenthalt in der Heimat für seine Familie wieder erträglich zu gestalten. Häufig spürte er eine lähmende Müdigkeit, aber er wollte sie ebensowenig wahrhaben wie das Dahinschwinden seiner Hoffnung, die einstige in der ganzen Provinz bekannte »Nobel-Kanzlei« für Zivil- und Strafrecht jemals wieder aufbauen zu können. Ninon ahnte, daß seine Krankheit aus dieser seelischen Ermattung aufgekeimt war.

»Am 1. August 1919 unternahm ich mit falschem Paß die Reise nach Czernowitz, die elf Tage dauerte, wir fuhren über Agram, Semlin, Belgrad, Klausenburg, Dorna-Watra, in Viehwagen bisweilen, wurden immer wieder durch Kontrollen hingehalten, warteten allerorts auf Stempel und Papiere.« Diese Reise mit abenteuerlichen Verzögerungen führte sie per Schiff über Donau und Save, dann in Güterwagen oder Pferdefuhrwerken, teilweise auch zu Fuß über Bahnschwellen und zerstörte Brücken nach Osten; sie waren dankbar, wenn sie nachts in überfüllten Wartehallen kampieren durften, ertrugen klaglos Schmutz und Ungeziefer – »Ratten und Mäuse« erwähnte Ninon in ihrer ausgeprägten Angst vor Nagern. Als sie erschöpft in Czernowitz ankamen, fanden sie den Vater von einer schleichenden Krankheit angegriffen und entkräftet vor. »Der Vater dachte viel an den Tod, ohne Entsetzen, aber doch mit Trauer. Um die Schwestern bangte er und um die Mama. Er würde sie nicht mehr lange beschützen können.« Ninon habe ja Fred, dachte er beruhigt. Die Familie spielte Zuversicht. »Jedes unbedeutende Besserungssymptom nannten wir ›ein wahres Glück‹, so daß Papa in seinem Leiden einmal leise sagte, er wünschte wirklich, er hätte etwas weniger Glück – worauf ich betreten verstummte.«

Am Heiligabend 1919 starb Jakob Ausländer, umgeben von seiner Familie, die in ihm den alles zusammenhaltenden Mittelpunkt verlor. »Ich hatte nie zuvor das Sterben gesehen«, schrieb Ninon. »Der da lag, war nicht er. Ein Abbild war es, das dem Lebenden glich – und dies war das Grauenhafte, daß der Leichnam ihm glich, er aber verschwunden war. Das Starre dort im Bett, wachsbleich und kalt, das so tat, als wäre es Er, an dessen Bett wir saßen – das war nicht der geliebte Vater. Er war verschwunden, es gab ihn nie mehr. Und das war es, was ich nicht erfassen konnte.« Es war nicht nur der Schmerz des unwiderruflichen Abschieds, der sie so schüttelte, daß sie nachts im Schlaf aufschrie, sondern auch eine bisher unentdeckte Grenze: Endgültigkeit.

Das letzte Wort war gesprochen. Nichts, was den Toten anging, konnte mehr verändert werden. Rechtfertigungen, Beweise, die bisher nicht erbracht wurden, waren nun unmöglich. Das Versäumte erstarrte in ihr, sie fühlte das Unerledigte, das Nie-Wieder, wie eine eiserne Umklammerung.

Ihre Gedichte und Tagebücher dieser Zeit sind von Grauen erfüllte Vergänglichkeitsklagen. Der Verlust des Vaters blieb der Angelpunkt ihres Lebens, sie wollte ihn und später all ihre »armen Toten« vor dem Vergessenwerden retten, darum kannte sie fortan keine Feiertage mehr, sondern verwandelte alle Feste in Gedenktage, an denen sie die Toten im Geiste zu sich rief; denn das Nichts nach dem Tode konnte für sie nur durch das Andenken der Lebenden entmachtet werden. Das Nichts – ein Gedanke, der sie in eine Angststarre versetzte – rahmte das Leben ein, vor der Geburt war auch das Nichts; dazwischen gewährte das Leben eine kurze Spanne, von der sie nun mehr denn je Zeugnis ablegen wollte, ehe sie selbst ins Nichts zurücksank. Was aber konnte sie zurücklassen, wenn ihr das *Werk* versagt war? Das Entsetzen »blind« und »stumm« und darum zum Nichts verurteilt zu sein, flammte seit dem Tode des Vaters immer wieder in ihr auf. Sein Tod verwies sie unerbittlich auf die Grenze, an der ihr Warten auf das eigentliche Leben entwertet wurde, dieses träumerische Vor-dem-Lebenbleiben, das Verströmen im Unverbindlichen, das Treibenlassen ohne Ziel.

Der Tod hatte der alles relativierenden und beruhigenden Vergänglichkeit, jedem fröhlichen Vorläufig ein unerbittliches Nein entgegengestellt. Da er sich allen vertrauten Gesetzen von Raum und Zeit entzog, erschien er Ninon »unmenschlich«. »Du aber warst entrückt in Unermeßlichkeiten«, so beschrieb sie die unauslotbare Entfernung zum Vater in einem Gedicht, das ihre Erschütterung ausdrückte.

Der Tote blieb, sie aber mußte weitergehen. Nie hatte sie das Gefühl, der Vater sei *von ihr* gegangen, sondern sie glaubte, daß sie es sei, die ihn von nun an lieblos hinter sich zurücklasse. Es erschien ihr ungeheuerlich und schuldhaft, daß die Lebenden sich fortentwickelten und sich von den Verstorbenen entfernten:

Schon entschwindest du mir. Nur wie im Nebel
schimmert dein Antlitz noch, klingt deiner Stimme Laut.

Sieh, meine Augen durchdringen angstvoll die Leere,
meine Hände greifen sehnend ins Nichts.

Oh ich dachte dich ewig in mir geborgen,
unvergänglich bewahrt in sehnsuchterfüllter Brust.

Aber mein Auge ist trüb vom Lichte der Welt, meine Ohren
ertaubt im Geräusche des Tags und hören dich nicht.

Ja, ich weiß: Ich habe dich zweimal verloren,
als dein Leben erlosch, starbst du zum ersten Mal,

> aber ich trug dein Bild glühend in meiner Seele,
> selber war ich verlöscht, du nur lebtest in mir.
>
> Und nun wache ich auf. Dein glühendes Bild verblaßt,
> eigne Seele erwacht, flammt aus Asche empor.
>
> Nimmer gleiche ich dir: Du bist mir entglitten.
> Ferner wirst du mir stets: Du starbst. Und ich lebe.

In ihrer Angst, den Vater vollends zu verlieren, hatte sie nach seinem Tod sein Wesensbild mit der »Glut« einer starken Empfindung auf sich übertragen. Sie wollte ihn durch diese leidenschaftliche »Einbildung« in sich lebendig halten, auch unter Verzicht auf die eigene Persönlichkeitsentwicklung: »Selber war ich verlöscht.« Daß sie diese Identifikation aufgeben mußte, beklagte sie als einen zweiten Tod des Vaters, aber ebenso als Ich-Werdung: »Eigene Seele erwacht.« Das Bild des Phönix, der aus der Asche emporsteigt, in die das verglühte Vaterbild zerfallen ist, verdeutlicht ihr unter Schuldgefühlen befreites Ich: »Nimmer gleiche ich Dir.«

Ninon hat diesen Prozeß der Individuation lange Zeit als Unrecht gegenüber dem Verstorbenen empfunden; jede Geste der Unabhängigkeit deutete sie als unverzeihliche Lieblosigkeit. »Daß alles ruhig weiterging, als wäre nichts geschehen, daß wir atmeten, schritten, sprachen, daß wir es *überlebten,* ich begriff es nicht und haßte mich dafür.« In dieser Gewissensnot schrieb sie an Hermann Hesse. Er würde verstehen, daß sie sich treulos gegenüber dem Vater fühlte, unredlich in ihrer Lebenskraft, egoistisch in ihrer Eigenständigkeit, ein Überläufer von seinem Krankenbett zurück in die Welt: »Es sind jetzt vier Wochen, seit er starb, und ich beginne jetzt erst zu erfassen, was *ich* verloren habe. Denn bisher dachte ich nur an ihn. Ich bin so ganz von dieser Welt, daß Sterben mir das Fürchterlichste scheint und Leben der Güter höchstes. Und eben daß ich lebe und er gestorben ist, daß ich ihn liebte und dennoch leben kann, da er sterben mußte – das ist das Unfaßbare.

Der Hund, der am Grabe seines Herrn starb, ist mehr als ich: Er liebte. Wir Menschen aber haben keine Liebe.

Lieber verehrter Herr Hesse, Sie wissen nicht, wieviel Sie mir sind! Könnte ich Ihnen sonst so schreiben? Ihre Bücher glänzten als Sterne an meinem Kinder-Himmel, Peter Camenzind, Hermann Lauscher und alle, alle. Ich sah Sie wachsen, immer größer werden – Roßhalde und Knulp – das sind Bergesgipfel, dort ist Reinheit, Befreiung, Stille! Ich nehme jetzt Abschied von meiner Kinderzeit, nach Czernowitz werde ich wohl nie zurückkehren. Ich denke an die Tage zurück, die ich hier verlebte, verwöhnt und beglückt durch die Liebe meines geliebten Vaters – und ich denke an Sie, der unlöslich mit jener Zeit verknüpft ist. Wie hat sich seit damals die Welt, wie hat sich mein Weltbild geändert: Sie aber sind für mich derselbe geblieben, heute als Vierundzwanzigjährige blicke ich wie einst als Vierzehnjährige zu Ihnen auf, in Bewunderung, in Verehrung. Ihre Ninon Dolbin.«[2]

In Ninons Brief ging es nicht nur um Schuld und Freispruch. Sie wollte gleichzeitig Hesse, den Schutzgeist ihrer Jugend, hinüberretten ins kommende Leben. Ihn versuchte sie festzuhalten, da ihr der Vater entglitt. Sie schlug in diesem Augenblick des Abbruchs einen kühnen Bogen in die Zukunft: sie suchte eine Sicherheit spendende Kontinuität und fand sie in Hermann Hesse und seiner Dichtung.

In ihrem wohl wichtigsten Brief an Hesse übertrug sie die angsthemmende liebende Verehrung, die sie für den Vater gehegt hatte, auf *ihren* Dichter, auf die zweite vaterähnliche Gestalt, die ihr Geborgenheit vermittelt hatte. »Ich denke an meine Kindheit zurück und an Sie, der jene Tage verklärte«, schrieb sie ihm, und bestätigte sich selbst zum Trost: »Sie haben mir bisher immer geantwortet.« Er würde ihr also auch weiterhin Schutz gewähren im Anhören und Verstehen. Sie würde ihm vertrauen, wie sie dem Vater vertraut hatte.

Ihr Brief zeigt sie somit vorwärtsgewandt, obwohl sie ihn mit Trauer, Schuldgeständnis und einer ausführlichen Schilderung des verstorbenen Vaters einleitete. Dadurch wollte sie Hesse nicht nur begreiflich machen, wie unermeßlich groß ihr Verlust war, es drängte sie gleichzeitig, Vater und Dichter als die Beschützer ihrer Kindheit zum inneren Doppelbild zu vereinen.

Ninons Verlassenheit wurde durch die Ehe mit Fred kaum gemildert, sie wußte seit eh und je, daß er »alles eher als ein Beschützer war, vielmehr fahrig, hastig«. Als sie im Februar 1920 nach sieben Monaten von Czernowitz nach Wien zurückkehrte, deutete sich – durch Seitensprünge Dolbins verursacht – die erste Ehekrise an. Nach einem spannungsgeladenen Zusammenleben im Sommer entschloß sie sich, das kommende Wintersemester in Berlin zu verbringen. Bevor ihre Ehe in Bespitzelei und Gezänk absinken könnte, wich sie aus. »In diesen fünf Monaten, die ich getrennt von meinem Mann verleben werde, wird sich bestimmt gleichsam alles von selbst entscheiden. Ich werde zur Ruhe kommen, da ich Zeit vor mir habe und mich nicht unaufhörlich lauernd fragen muß: Was tun, bleiben, gehn? Es wird auch nicht im Affekt entschieden werden, sondern natürlich und in ruhigem Verlauf. Ich bin ganz leicht und frei, seit diese fünf Monate Berlin vor mir liegen.«[3]

Ninon hatte die eheliche Treue für etwas Selbstverständliches gehalten. »Ich war nie eifersüchtig, weil ich ruhig sein wollte. Ich liebte die Sicherheit. Aber dies war es nicht allein. War es auch die eigene Anständigkeit? Nein: Ungewecktheit!! Auf der Hut sein? Daran habe ich nie gedacht. Vertrauen…?«[4] Der Treuebruch schmerzte sie tief, weniger als Kränkung ihres Selbstgefühls – sie haßte vielmehr Freds Unaufrichtigkeit, sein Ertapptwerden, das zufällige Entdecken, das erzwungene oder herausgefragte Geständnis. Sie wollte ihm die Freiheit zurückgeben, um die Lüge zu unterbinden und das Mißtrauen zwischen ihnen auszumerzen.

In dem Gefühl, daß wieder einmal in ihrem Leben ein Umbruch bevorstand, schrieb sie am 22. Dezember 1920 an Hermann Hesse:

»Wie fern bin ich Ihnen. Eine Leserin. Eine unter so vielen.

Aber in Ihnen ist etwas, was mich seit Kindertagen mächtig erregte, anzog.

Ich lese eben ›Klingsors letzter Sommer‹ in der Rundschau vom Dezember 1919. Welche Sprache! Geballt, knapp, wuchtig und farbig und glühend!

Da riß es mich wieder hin, Ihnen zu schreiben. Es ist etwas so Starkes in mir erweckt, das mich treibt, Ihnen mein ›Ich bin!‹ entgegenzuschreien.

Es lebt in mir vieles, das ich nicht formen kann. Mir wurde das Erlebenkönnen verliehen, nicht das Gestalten. Ich werde von der Natur, vom Kunstwerk erschüttert und kann das Erlebte nicht aus mir heraus *Erschaffen* […].

Ich liege stundenlang wach und überlege, wie ich mir in Italien Geld verdienen könnte, um ein Jahr dort zu leben. Und doch glaube ich auch, es wäre traurig dort allein zu sein. Alle Herrlichkeit aufnehmen, ohne sie einem geliebten Menschen schenken zu dürfen. Zu schwach, um sie neugeschaffen allen als Werk schenken zu dürfen.

Berlin ist schön. Es rauscht, es arbeitet, man geht schnell, man hat Eile, die Stadt ist so groß, es gibt so viele Verkehrsmittel, ich stehe manchmal ganz still und horche auf das Brausen und spüre den Rhythmus dieser Stadt, der zu mir paßt, denn auch ich arbeite, eile, lebe.

Ich schicke Ihnen mein Bild. Ich wünsche mir, daß Sie einen Begriff von mir haben, wie meine Briefe ihn vielleicht nicht geben können.«

Dieser Brief läßt einen neuen, dringlicheren Ton anklingen. Das Hineinspinnen in erdachte Gespräche oder eine erträumte Begegnung half Ninon nicht mehr. Sie brauchte nach dem Tode des Vaters, getrennt von ihrem Mann und in der Anonymität einer fremden Großstadt, eine neue personale Beziehung. Durch das Photo, das sie ihrem Brief beilegte, wollte sie aus der Unsichtbarkeit einer fernen Leserschaft heraustreten. »Nimm mich wahr«, das klingt durch die Heftigkeit ihres Hesse entgegengerufenen »Ich bin« hindurch, »es geht mir nicht darum, mir monologisch etwas von der Seele zu schreiben. Ich will akzeptiert werden von einem, der mir soviel bedeutet.« Sie verlangte nach einer Antwort von ihm, der das, was sie selbst empfand, ohne es zum Werk formen zu können, in seinem Roman gestaltet hatte. Dem Dichter, dessen lockender Ruf aus Klingsors Zaubergarten herüberklang, wo Leben und Verglühen, Daseinslust und Todesbereitschaft sich zu einem qualvoll-schönen Lebensrausch durchdrangen, fühlte sie sich gleichgestimmt – und doch unterschied sie sich von ihm durch die Liebe zur Großstadt, deren brausendem, schnellebigem Rhythmus sie sich überließ. Sie paßte auch in *diese* Welt, und sie teilte es Hesse, dessen Abneigung gegen die städtische Zivilisation sie kannte, wahrheitsgemäß mit. Er war für sie in all der gegenwärtigen Ungewißheit der einzige feste Halt.

Eine solche Stütze hatte Toka, ihre jüngere Schwester, nicht gefunden. Die einundzwanzigjährige Chemie-Studentin glaubte, ohne die Zuflucht beim Vater dem harten Leben in der jungen und armen Republik Österreich nicht gewachsen zu sein, die der Jugend kaum Chancen bot und Arbeitslosigkeit und Mangel als unabwendbares Zukunftselend erwarten ließ. Zwei Jahre nach dem Tod des Vaters starb sie qualvoll durch die wohlüberlegte Einnahme von Zyankali. »Wir hatten die Sehnsucht, zu verehren, uns anzulehnen, nie verloren, und meine Schwester ist darüber gestorben; es gelang ihr nicht, diese Sehnsucht zu sublimieren, sie ging an ihrer Einsamkeit zugrunde.« Ninon hatte die innere Not der Schwester nicht wahrgenommen, wie es überhaupt wenig Vertraulichkeiten unter den Familienmitgliedern gab, die lange Zeit getrennt gewohnt und sich nur hin und wieder getroffen hatten. Der Freitod der Schwester ließ ein lebenslanges Grauen in Ninon zurück. In ihren Notizbüchern vermerkte sie am 27. Februar eines jeden Jahres: »Heute ist Tokas Todestag«, und noch am 18. Januar 1949: »Heute wäre Toka 50 Jahre alt geworden.« Sie zermarterte sich mit Vorwürfen, mitschuldig zu sein: Hätte sie durch ein Mehr an Geschwisterliebe das Wegwerfen dieses jungen Lebens verhindern können?

Über Toka, die in Ninons autobiographischen Aufzeichnungen verschlüsselt »Helga« genannt wird, schrieb sie: »Ich habe sie wenig gekannt. Sie ging nie aus sich heraus, sie war ungeschickt und linkisch, was uns beide – die Mama und mich – bis zur Tobsucht aufbrachte –, und die ergebene Geduld, mit der sie unsere Vorwürfe ertrug, reizte uns noch mehr. Zu anderen Zeiten hatte sie eine Art, sich selbst zu persiflieren, unsern Spott durch ihren eigenen zu überbieten, Witze zu erzählen, die in die Situation paßten, Witze über sich selbst zu machen, die uns entzückten. Der Witz regierte ja in Mamas Reich. In der Form des Witzes durfte man alles sagen. Helga erzählte glänzend, sehr kurz und gut pointiert, dabei wurde sie jedesmal selbst mitgerissen und konnte manchmal vor Lachen kaum weitersprechen.

›Was soll aus mir werden!‹ klagte sie dann wieder. ›Ich tauge nichts!‹, ›Solche Depressionen hat jeder!‹ erwiderte ich gedankenlos. Vielleicht wollte Helga von mir hören, daß sie etwas tauge, daß etwas Rechtes aus ihr werden könne. Aber ich sagte es nicht, und keiner war da, der es sagte. Mit Bewunderung betrachtete Helga alle Menschen, keiner, vor dem sie sich nicht klein dünkte. Sie war ungeschickt und überschätzte die Geschicklichkeit. Sie war linkisch und bewunderte die Gewandten. Je mehr sie ›die Andern‹ überschätzte, desto mehr wuchs ihre Selbstverachtung. Suchte sie aber einen Trost bei uns in ihrem Kleinheitswahn, fand sie nur dessen Bestätigung. Der Mama kam es nie in den Sinn, man könnte um des Nebenmenschen willen eine Überzeugung unterdrücken oder milder formulieren. Sie fürchtete für Helgas Zukunft und sprach das unbefangen aus.

Am Sterbebett des Vaters hätte sie gewußt, daß sie sich töten müsse, schrieb Helga in ihrem Abschiedsbrief. Sie machte uns keinen Vorwurf. ›Müsse‹ schrieb sie, ohne Gründe anzugeben. Wir möchten ihr verzeihen, schrieb sie, aber für uns wäre es doch auch gut, wenn wir die Sorge um sie los würden. Wirklich, es sei das Beste! Und wenn sie sich vorstelle, daß in einer halben Stunde alles zu Ende sei – also wirklich alles –, dann wisse sie sich vor Glück kaum zu fassen.

Wir – das waren die Mama, Reinhold und ich, jeder verschieden vom andern, Helga gegenüber aber eins. Wir bildeten eine Macht, die Macht derer, die fähig sind zu leben – sie aber war ein armes, kleines Wesen, von Ängsten gehetzt, hilflos den andern – zu denen wir gehörten – preisgegeben, sie hatte kein Zutrauen zu sich – wie sollte sie es haben? Wie hatten wir sie klein gemacht, verspottet, gedemütigt, alles, ›weil wir es gut meinten‹, wie wir vorgaben, weil wir sie ›fürs Leben‹ erziehen wollten. War das Leben noch härter als wir, gut, dann gab es Hilfe beim Tod. Sie stürzte sich verzweifelt und gehetzt in seine Arme, als wäre er der Vater und der Geliebte, einer, der sie rette, ihr Ruhe schenke, sie auf ewig beschütze.«

Ninon erinnerte sich, daß Toka meist allein gespielt oder sich in Bücher vergraben hatte. Sie blieb einzelgängerisch und in sich gekehrt. »Helga verstand nicht, sich anzupassen, niemand und niemals. Lag ein Stein im Wege, fiel sie darüber und schlug sich die Nase blutig – hängte sich jemand an sie, der ihr noch so zuwider war – sie besaß nicht die Fähigkeit, ihn abzuschütteln [...]. Immer wieder flüchtete sie zum Vater. Ach, der machte ihr keine Vorwürfe, wenn sie fiel, ihre Kleidchen zerriß, ihr Spielzeug zerbrach.« Er spürte die Gefährdung seines schwierigsten Kindes und schuf ihm einen Schutzwall. Als die väterliche Sorge nicht mehr das Gegengewicht zu ihrer depressiven Lebensangst bilden konnte, verzagte sie endgültig.

Ninon war darüber verzweifelt, daß Toka eigentlich an einem grotesken Mißverständnis gestorben sei; denn wie gut hätten sie sich verstehen müssen! Sie glichen sich – ohne es zu merken – auch in ihrer oft schmerzhaften Isolierung: »Helga hatte die gleichen Anlagen wie ich, aber vielleicht noch stärker ausgeprägt; gläubiger und kindlicher als ich, litt sie unter der Unfrömmigkeit ihrer Umgebung, litt an dem Unbegreiflichen alles Geschehens, an allem Ungerechten, Bösen, das sie sah, von dem sie hörte, sie war hilflos, wehrlos, ohne Vertrauen zu sich, voller Angst vor der Welt, Angst vor dem Leben.

Aus der Angst bauten Mama und ich gläserne Wände, die uns schützten, flohen in eine Kinder- und Traumwelt. Aus der Angst sah Helga keinen Ausweg als den Tod.«

Toka, die Studentin der Naturwissenschaften, vermochte solch rettende Trennwand zwischen sich und die leidbringende Wirklichkeit nicht aufzurichten. Ihrem analytischen Verstand war eine Welt des schönen Scheins für immer versperrt. Hierin unterschied sie sich schon in der Kindheit von Ninon, die von sich selbst sagte: »Ursachen wollte ich nie kennen. Niemals habe ich eine Puppe zerklopft, um zu sehen, was darin sei. Das hat mich nie interessiert; auch nicht wie es komme, daß die Puppe etwa Mama und Papa sage. Mochten andere sich den Kopf zerbrechen, woher das kam – ich spielte. Die Mama-Papa-Puppe wurde aufgenommen in die Puppenwelt und blieb darin, bis Toka sie zerschlug. Denn sie ging den Dingen auf den Grund (und richtete sich bei dieser Gelegenheit meist zugrunde), ich blieb dem holden Schein der Dinge hingegeben.« Ninons ästhetische Abschirmung und Tokas desillusionierender Zugriff entstammten demselben Motiv: Enttäuschungen zu vermeiden.

In der anhaltenden Gewissensnot, die Schwester durch Unverständnis und Lieblosigkeit mit in den Tod getrieben zu haben, schrieb Ninon am 12. März 1922 an Hermann Hesse:

»Ich denke so stark an Sie, daß ich glaube, Sie müssen es spüren. In meinem Schreibtisch liegen viele Brieffragmente, die an Sie gerichtet sind und die abzusenden mir stets der Mut fehlte.

Aber jetzt hat mich ein furchtbarer Schmerz getroffen, und ich vergesse Angst oder Mut, ich rufe Sie, ich klage Ihnen!

Meine Schwester ist gestorben. Ein blühendes Geschöpf, 23 Jahre alt, aber so hoffnungslos, so mutlos, so angeekelt von dem Leben, daß sie es wegwarf, und nicht plötzlich in einer Aufwallung, sondern nach monatelang gereiftem Entschluß [...]. Ich habe diese Schwester – ich habe noch eine andere – immer schlecht behandelt; ich weiß jetzt, daß ich sie eigentlich in den Tod getrieben habe. [...] Nun stehe ich und erkenne, was ich getan habe, sehe klar, was ihr gefehlt hat, wieviel Liebe sie bedurfte und weiß nur dieses Entsetzliche: Niemals wieder, niemals wieder werde ich gutmachen können, was ich ihr getan habe.

Ich sehne mich so nach Ihnen, und im Schmerz fühle ich wieder, wie stark ich mit Ihnen verbunden bin.

Bitte schreiben Sie mir. Ihre Ninon Dolbin.«

Hesse muß in seinem Antwortbrief[5] so großes Verständnis für ihre Not gezeigt haben, daß Ninon ihn in Montagnola aufsuchte, dem Tessiner Dorf, wo er seit 1919 nach der Trennung von seiner Familie lebte. So kam es im Sommer 1922 zu ihrer ersten persönlichen Begegnung. Die Gespräche, die sie miteinander führten, haben Ninon über die Selbstbezichtigung, am Tode der Schwester mitverantwortlich zu sein, hinweggeholfen.

Damit war eine neue Ebene in Ninons Beziehung zu Hesse erreicht. Der Dichter war zur Gewissensinstanz geworden. Sein Wort konnte verdammen oder freisprechen. Er löste sie aus der für niemanden sonst zugänglichen Verstrickung, in der sie sich selbst gefangenhielt, um ihre vermeintliche Schuld abzubüßen. Sie fuhr getröstet nach Hause.

Hesses Zuspruch hatte Ninon bestärkt, das wirklich Geschehene geistig zu verwandeln. »Alle leben, an die ich denke. Alle sind tot, an die ich nicht denke. Ich lebe also in einer selbsterschaffenen Welt. Ich weine um Tote, und doch steht es mir frei, sie zu Lebenden zu machen.« In einer Erzählung »Der Sarg« vollzog Ninon in Gedanken das Sterben der Schwester nach. Sie hat die Geschichte so einfühlsam abgefaßt, als sei sie selbst das Mädchen, das sich aus Angst vor der lärmenden und feindlichen Welt einen Sarg als Zuflucht wählte, den es weitab von Stadt und Menschen unter einem Baum eingrub: »Ein Glück erfüllte sie, wie sie es nie gekannt, es war kein Raum mehr in ihr für Wünsche oder Fragen. Der Sarg war groß und breit [...]. Abendtau lag auf ihr. ›Als wäre ich eine Pflanze‹, dachte sie beglückt. ›Als wäre ich eingegangen in die Erde und ein Stück von ihr!‹ Sie spürte sie mit ihrem ganzen Leibe, sie spürte Sonnenstrahlen und Schattenspiele, Horchen war nicht mehr allein in ihren Ohren, Sehen nicht allein mehr in den Augen: ihr ganzer Körper *sah,* ihr ganzer Körper *hörte*: Sie war ganz Gefühl.« Sie verlangte nicht nach Nahrung, und ihr Bewußtsein löste sich allmählich auf in einen unpersönlichen Dämmerzustand, der sie beseligte. »Kein Gejagtwerden mehr, keine Flucht. Sie war zu Hause. Erde roch sie. Erde fühlte sie, von Erde war sie umschlossen. Bald würde das Holz ihres Sarges verfault sein. Bald erlosch ihr Leben. Bald war sie selber Erde geworden, vielleicht wuchsen Gras und Baum und Blüte aus ihr. ›Es gibt keinen Tod!‹ spürte sie. ›Erde hat mich begraben. Erde wird mich wieder gebären.‹«

Durch diese Erzählung[6] hat Ninon sich schreibend vom Erlebten befreit, indem sie sich bis an die Grenze der Mitfühlbarkeit in Todeswillen, Entkräftung und Entkörperlichung, in die schlafähnliche Erstarrung, ja selbst in die anhebende Verwesung hineinversetzte. Dabei erfaßte sie die Erde als Materie und als Sinnbild. Als Urmutter, die alle irdischen Gestaltungen aus sich herausstößt und wieder in sich zurückfordert, zeugte die Erde für sie vom Kreislauf des Werdens und Vergehens und darum von immerwährender Todesüberwindung. In dieser Erdgebundenheit allen Daseins – in Hesses Dichtung im Bilde der Ewigen Mutter gegenwärtig – erkannte Ninon eine trostbringende Ordnung, in die sich auch der Tod der Schwester einfügte.

Von nun an übten alles Verläßlich-Erdhafte, Erdgötter und Erdkulte eine fast religiöse Anziehungskraft auf sie aus, und sie ging diesem Thema in späteren Archäologie- und Mythenforschungen bis in alle Verästelungen der antiken Überlieferung nach.

Nach Tokas Tod wandte sich Ninon in bewußter Aufmerksamkeit der acht Jahre jüngeren Schwester Lilly[7] und der Mutter zu, die seit dem Tode des Vaters Czernowitz verlassen hatte, »aber es war keine Übersiedlung. Es war etwas Provisorisches, ein Zwischenstadium [...]. Die Mutter mochte nicht mehr in das verlassene Haus zurückkehren. Sie lebte auf Reisen, bei Freunden, Verwandten, bei mir. Sie war nicht imstande, sich zum zweiten Male ein Heim zu schaffen, sie hatte genug, sie war ein Zugvogel geworden, der es nirgends lang aushielt; sie lebte ohne Pflichten, ohne Verantwortung, überall gern gesehen, nirgends zuhause.«

Sie blieb monatelang bei Ninon. »Sie lebte in unseren Zimmern, mit unseren Dingen.« Die kleine Wohnung der Dolbins erschien dann noch enger, und die Anwesenheit der Mutter wurde zu einer zusätzlichen Belastung für die ohnehin spannungsgeladene Ehe. »Ich kann nicht denken, mich konzentrieren, wenn ich weiß, daß jeden Augenblick meine Mutter hereinkommen kann oder wird. Was nützt es, wenn ich es ihr sage! Ich habe es ihr, als ich 14 Jahre alt war, gesagt – es hat bis heute nichts geholfen [...]. Sie ist heimatlos. Sie hat kein Fleckchen Raum für sich. Folglich wohnt sie in allen Räumen, selber gestört, stört sie mich und Fred. Was soll man da tun?«

Ninon war immer der erklärte Liebling der Mutter gewesen, und doch hatte seit Tokas Tod eine gewisse Kühle zwischen ihnen den Abstand nach und nach vergrößert, so daß Ninon in ihr Tagebuch schrieb: »Kinder würde ich nur väterlich lieben.« Durch ihre sprunghaft-geistreiche Verspieltheit war die Mutter für die kindlichen Annäherungen meist unerreichbar geblieben. Sie neigte dazu, alle Zärtlichkeiten zu ironisieren. Hinter dieser Schutzwand hatte sie sich jeder emotionalen Anforderung entzogen.

Da sich die Töchter nur schwer gegen den unnachgiebigen Spott der Mutter wehren konnten, waren sie ihm durch den Rückzug in eine eigene Welt ausgewichen. Auf die Dauer erschien ihnen eine unterkühlte Gefühlslage als die einzige Möglichkeit, Zurückweisungen oder Enttäuschungen zu vermeiden. Die heftige Ersatzliebe zu der 14 Jahre älteren Freundin war für Ninons unausgeglichenes Verhältnis zur Mutter ebenso kennzeichnend wie ihre Angst vor der Hingabe an einen Partner, die für sie immer zugleich Gefährdung bedeutete.

Die Befürchtung, daß Liebe vorwiegend Verletzungen eintrug, erfüllte sich auch wieder in ihrer Ehe mit Dolbin: »Die Enttäuschung war grenzenlos.« Sie klagte: »Liebe ist immer ein Sich-Ausliefern, ist immer ein Stück eigenen Todes. Man gibt etwas auf, ist zuversichtlich, daß der andere dieses Vertrauen, diese Hingabe erwidert, und erfährt: Ach, es gibt keine glückliche Liebe. Man ist immer unglücklich, wenn man liebt, und Lieben ist Leiden.«[8]

Ninons Liebe zu Dolbin war von Anfang an die übermäßige Angst vor seinem überfremdenden Einfluß beigemischt. Sie brauchte Abstand, um durch das Zwingende und Mitreißende seines Temperaments den inneren Halt nicht zu verlieren. Angststeigernd mag für sie sein geradezu naiver Glauben an männliche Potenz und Überlegenheit gewirkt haben. Dolbin hat Ninon im ersten Ehejahr gezeichnet, er sah sie als kindhaftes Wesen, für das er, vielseitig begabt und erfahren, der überlegene Mentor war. Seine hochgespannten erotischen Wünsche aber vermochte dieses unschuldig-versonnen dargestellte Mädchen wohl kaum zu erraten. Zweifellos fühlte sich Ninon durch das Phallisch-Aggressive seines Charakters bedroht, in dem er Frauen als Lustquelle männlichen Weltbesitzes wertete und sie allenfalls noch als »Gebärerin« gelten ließ. Daß Ninon diese »weibliche Produktivität« ihm gegenüber verweigerte, lag nicht zuletzt an Dolbins geringschätzigem Urteil über die Frau als geistige Partnerin, dem sein Verhalten freilich immer widersprach und von dem er im Verlauf seiner langjährigen Freundschaft mit Ninon abließ.

In den zwanziger Jahren zeigte er sich als ein überzeugter Kämpfer gegen jegliche Gleichberechtigung der Geschlechter: »Nach

> 5.VI.17
>
> Trieb.
>
> Krank ist mein Leib, doch meine Seele kränker,
> denn nichts ist mir verhaßter, als zu fühlen,
> dass tief in mir bereits die Sinne wühlen,
> ganz triebhaft, ehe sie bewusst dem Denker.
>
> Zu gerne bin ich des wachen Leibes Lenker. –
> Im Traum lässt sich gar leicht das Mütchen kühlen
> an einer Schemen-Unwelt, auf bequemen Pfühlen,
> allein erwacht wird alles ungelenker. –
>
> Und nur an diesem werde ich gesunden:
> dass mir kein Trieb aus einem Acker spriesst,
> der nicht gepflegt ist von bereiten Händen.
>
> Zu viel des Unkrauts habe ich gefunden
> auf Boden, dessen Saat in Halme schiesst,
> ehe ein Sämann Hüter seiner Lenden.

Gedicht-Manuskript B. F. Dolbins

dem Akt erhebt sich der Mann wieder zum Sein, während das Weib sich in das Werden versenkt, das in ihm anhebt. Das unbefruchtete Weib jedoch, und gar das unfruchtbare, sind zu jeder Art von Maskerade fähig, zu der vor allem die Sucht gehört, dem Manne gleichberechtigt zu sein, also *sein* zu wollen, statt *Sein* zu wollen.«[9]

Der Zwang zum sexuellen Erobern und Genießen verband sich bei Dolbin mit dem Wunsch nach bedingungsloser Unterordnung der Frau. Er wollte zeugend einem Gott gleichen, der in seiner Lust das Weib »knete« zur »Hörigen«, »Gefälligen«, deren Widerstand sogar noch an seiner Laune ausgerichtet sein sollte:

Metamorphose

Ich trage schwer am Dufte reicher Haare,
die zarte Haut wie junge Erde nährt.
Nur so wird mir Genießen ganz beschert,
wenn ich dabei in solche Wolke fahre.

Denn nicht wie Jupiter durch Io erfahre,
daß er der Gott nicht ist, den sie begehrt,
wenn er in ihren Schoß als Wolke kehrt, –
ich will der Gott sein, der sich so bewahre:

Aus Duft und Anhauch knete er das Weib,
das seinen Sinnen hörig, seinem Auge
zu jeder Lust gefällig, jeder Laune
den Widerstand gewährend, der ihm tauge,
doch wandelbar genug bleibt, daß sein Leib
so ihn zu Pan verwandle wie zum Faune.[10]

Dolbins Überbetonung des »Männlichen« in Habitus und Geist entsprach seinem erotischen Verlangen nach der unterwerfungswilligen – das hieß für ihn der »femininen« – Frau und einer geschlechtsabhängigen Lebensteilung, was immer er darunter verstand.

Wie sollte das zu vereinbaren sein: Ninon, allergisch gegen »Erhitzung« jeder Art, Fred, sich dem Gluthauch sexueller Verfallenheit immer wieder ausliefernd? In der Ohnmacht und Faszination gegenüber dem Geschlecht wurzelte auch seine tiefe Verbundenheit mit seinem Vorbild Egon Schiele, dessen panerotische Besessenheit seinem eigenen unstillbaren Sinnenhunger verwandt schien. Für ihn war darum Schiele ein »Zeichengenie von Eros Gnaden«, weil er die erotische Ekstatik und Abhängigkeit, die »tragischen Geheimnisse, die aufpeitschenden Wunder des Geschlechtes« immer wieder zum Thema nahm. Schiele habe »die mönchische Entsagung und religiös-erotische Sehnsucht nach Erlösung durch das Weib« gestaltet, Bilder, die Dolbins innersten Nerv trafen und ihn zu Aktzeichnungen und gewagten Paar-Studien anregten. »Oh ich Gekreuzigter an das Weib«, schrieb er 1919 in seinem Gedicht »Golgatha Egon Schieles« und bezeichnete sich darin als »an Trieb und Geschlecht verdingter Knecht«.[11]

Im Jahre 1920 schrieb er das bekenntnishafte Gedicht:

Der Ehebrecher

Vom Ehelager auf peitscht ihn durch Straßen
und dirnenvolle Gäßchen wehe Brunst,
nach jener, die mit allzu keuscher Gunst
die Flammen schürte, die sein Denken fraßen.

Wie liebt sein Weib er über alle Maßen!
Und doch sucht hastig im Kaschemmendunst
er Dirnen, die mit geiler Liebeskunst
Den Trieben dienten, die ihn je besaßen.
 (den Leib vortäuschten, den er jäh verlassen)*.

Ein jeder Leib wird ihm zum Ehebette,
auf dem er die bezwingt, die sich verwehrt.
Die *Gier* ist stumm, wenn er zurückgekehrt
der *Liebe* dient an ehelicher Stätte.
 (der Keuschheit dient an ehelicher Stätte).

Rein steht sein Sinn nach werbender Geduld,
ihm dämmert nichts von aufgehäufter Schuld
 (er fühlt sich frei zu werbender Geduld).

 (Und was ihm scheinbar fällt zu tiefer Schuld,
 Schenkt für des Eros Aussaat ihm Geduld.)¹²

Dolbin, der Kopfjäger, verlangte auch die Frau als immer neu erkämpfte Beute. In einem Gedichtentwurf[13] bekannte er seine Freude am Fangen und Umstellen:

Der Verführer spricht

Mit tausend Worten will ich nach Dir haschen,
in Gier geschickt, in Liebesglut getaucht,
so brunsterfüllt auch jeder Sinn verraucht
und Klang und Schrei allein Dich überraschen.

---

* Die in Klammer angefügten Verse entstammen der ersten Fassung des Gedichtes.

Die Kreuz und Quer in hundertfältigen Maschen
spinn ich das Netz. Kein Wort ist so erlaucht,
daß es zu solchem wüsten Zweck gebraucht,
nicht lockt, von Klang und Doppelsinn zu naschen.

Hab' ich Dich so mit Worten ganz umstellt,
daß nur in ihnen sich Gedanken künden,
ist das ersehnte Ziel damit erhellt:
denn die Gedankengänge, sieh, sie münden,
wohin Dir anfangs auch die Sinne stünden,
in meine Arme, Fänge meiner Welt.

Das Verführen und Abenteuern hatte für Dolbin kompensatorischen Sinn. Wenn seine Arbeit zäh vorwärtsging, brauchte er eine Geliebte, um »einer künstlerisch-geistigen Schwäche mit phallischer Kraft zu begegnen. Zu beraten und besprechen war hier nichts, hier kann nur gelten, sich ein wenig als Beherrscher fühlen zu dürfen«.[14]

Vielleicht half ihm der erotische Sieges- und Herrscherrausch über die ernüchternde und erfolglose Tätigkeit als selbständiger »Konsulent« hinweg, die er nach seinem Ausscheiden aus der Brückenbaufirma ausübte. Ninon sah seinem recht ziellos wirkenden Tagesablauf verständnislos zu. Ingenieur-Stellen waren rar, Arbeitskräfte im Überangebot: sein »Vorläufig« schien sich zum Dauerzustand zu verfestigen. Doch Dolbin, frei vom verhaßten Broterwerb, nutzte die Zeit zur lang vernachlässigten Weiterbildung: er studierte Kunstgeschichte, las viel, komponierte in den folgenden Jahren über 100 Lieder, davon 25 für Laute, begann ernsthaft zu zeichnen, machte Kunstreisen durch Deutschland, die Schweiz, Italien und Frankreich. Im Rückblick auf seine Kabarettjahre schrieb er an Ninon:

»Wann war ich je so lernbegierig? Wie hole ich das in den Jahren meiner unmännlichen Singwut Versäumte nach? Jenes kindische, seiltänzerhafte Eitelkeitsturnen auf gespannten Stimmbändern ist vielleicht schuld an der Verzögerung meiner geistigen Vollreife. Auch eine übermütige Konzentration auf mein Sexualleben sowie die Hochzüchtung meiner erotischen Triebe haben zuvor meine Lebensstunden beschnitten [...]. Bewußter Mangel – wie spät wurde mir solcher Mangel bewußt – ist der beste, unbestechlichste Mentor durch die Bezirke des männlichen Geistes.«[15]

Daß Dolbin sich seines »Mangels« bewußt wurde, verdankte er zum größten Teil Ninon, die unter der finanziellen Unsicherheit ihrer Ehe ebenso litt wie unter seiner beruflichen Planlosigkeit: »Ich sehe wirklich nicht ein, warum ich dich bewundern soll! Talent, das ich bei Dir immer anerkenne, ist doch nur Material, woraus man erst etwas machen muß. Was machst Du denn aus Deinen Talenten, die ich bewundern soll? Das sind doch alles erst Anfänge, Wege, Tastversuche, aber nichts Bewundernswertes. Ich würde Lessing nie bewundern, wenn er nichts anderes geschrieben hätte, als ›Der junge Gelehrte‹, der wirkliche Lessing wurde er doch erst später. [...] Ich bin auch mit Deinem Wesen nicht einverstanden. Ich hasse Deine Eitelkeit und Deine Faulheit und Deine Nicht-Ausdauer. Aber trotzdem ist etwas in Deinem Wesen, das ich liebe. [...] Ich müßte mit dem jungen Kant, E. T. A. Hoffmann, Schwindt, Riegl und Wickhoff (eine bunte Gesellschaft) beisammen sein und trotzdem in Bewunderung an Dich denken, so meinst Du, nicht wahr? Aber Du müßtest mir so imponieren wie Riegl, damit ich das täte! [...] Ich habe resigniert. [...] Das Dilettantische in Deinem Wesen reizt mich maßlos, und am meisten, da Du es ›künstlerisch‹ nennst. Ich will Dich nicht verurteilen, weil ich mir bewußt bin, daß ich Dich nicht verstehe. Du naschst an allen Dingen – Musik, bildende Kunst, Kritik, Ästhetik, in neuester Zeit Wissenschaft – und nichts reizt Dich zu tieferer Forschung oder zu Vertiefung überhaupt. Daher bist Du allen Künstlern sehr angenehm, Du verstehst von allem etwas – sie selber sind einseitig, weil sie *arbeiten* – Du aber schillerst in allen Farben, mit Dir kann jeder über alles sprechen. Nun, *ich* danke dafür. Ich bin mir zu gut, Allerkünstler-Freund zu sein, mich in Kaffeehaus-Disputen zu verausgaben, aber ich weiß, daß ich Dich nicht ändern kann und gebe zu, daß *mir* dieses Wesen unverständlich ist. [...] Ich habe Dich trotzdem lieb. Schöner wäre es ja, ich könnte mit Deinem Wesen einverstanden sein und Du mit meinem. Vielleicht, wenn wir beide älter werden und weniger hitzig.«[16]

Dolbin, betroffen von der Unnachgiebigkeit seiner Frau, suchte gefügig nach Auswegen, zeichnete verbissen, und wieder verdankte er dem Zufall seine Chance. Bei einem Vortragsabend von Joachim Ringelnatz[17] zeichnete er das Adler-Profil dieses chansonsingenden Matrosen und Vagabunden. Der Wiener »Tag« veröffentlichte diese Karikatur in seiner Ausgabe vom 8. März 1924, und sie überzeugte, begeisterte! Der Durchbruch schien geschafft.

Joachim Ringelnatz, gezeichnet von B. F. Dolbin

Die Liebhaberei durfte endlich zum Beruf werden. Dolbin brachte seine Bleistiftskizzen nach und nach immer müheloser in den neun Wiener Tageszeitungen unter, vermittelte den Lesern Gesicht und Charakter prominenter Zeitgenossen durch seine bei allen aktuellen Anlässen blitzschnell hingeworfenen Kopf-Stenogramme. Ninon atmete auf, war aber noch skeptisch, was Ausdauer und Durchsetzungsvermögen des »zeichnenden Reporters« anging.

Das Jahr 1924 entwickelte sich für Dolbin vielversprechend, aber die Anfangserfolge reichten nicht aus, um ihn von seinen drückenden materiellen Sorgen zu befreien. Darum spielte in seinen Zukunftsplänen Berlin eine immer größere Rolle. Diese Stadt erschien ihm als ein Presseparadies, in dem ein fähiger Karikaturist einen Abnehmerkreis von rund 60 Tageszeitungen und zahllosen anderen Druckerzeugnissen vorfände. Wien bedeutete ihm vergangene Größe, in Berlin aber entwickelte sich die Zukunft des Geisteslebens! Dort würde er auch das ganze Jahr hindurch die Prominenz finden, die ihm die nötigen Modelle für seine Kopfstudien lieferte, und vielleicht sogar feste Mitarbeiterverträge bei talentsuchenden Verlagen. Neu angereizt wurde sein Wunsch nach diesem Ortswechsel während des »Theater- und Musikfestes der Stadt Wien« im September 1924, das Künstler, Journalisten und

Theaterfachleute aus aller Welt zusammenführte. Dolbin lernte Mitglieder des Weimarer Bauhauses[18] kennen, die ihn darin bestärkten, daß Wien seit 1918 ein toter Arm im sonst so mitreißenden Strom des künstlerischen Neubeginns geworden und für eine Karriere gewiß nicht der richtige Startplatz sei.

Dieses Wiener Kulturfest bescherte Dolbin den Wendepunkt seines beruflichen und privaten Lebens. Er hatte zu seiner Ausgestaltung publizistisch und organisatorisch beigetragen, die »Internationale Kunstschau« in den Räumen der Wiener Secession eingerichtet und für die vielbeachtete »Ausstellung Internationaler Theatertechnik« gemeinsam mit dem Maler und Architekten Friedrich Kiesler eine »Raumbühne« entworfen, die innerhalb einer Schau von Bühnenmodellen aus aller Welt den avantgardistischen Beitrag Österreichs darstellte. Dolbin hatte das Stahlgerüst einer raumzentral angeordneten Bühne konstruiert, die dem Publikum von allen Seiten die Bühnenvorgänge sichtbar machte, und dies auf mehreren Handlungsebenen, die durch Treppen oder Spiralgänge verbunden waren. Die theaterbegeisterte Ninon war von seinem Vorschlag, die traditionelle Guckkastenbühne von einer Mittelpunktbühne abzulösen, so angetan, daß sie ein Manuskript »Raumbühne, Konflikttheater« abfaßte, ironische Szenenentwürfe und Dialoge, vielleicht konzipiert als eine Reaktion auf die Vorwürfe von Publikum und Presse, die herkömmlichen Stücke seien für die Raumbühne ungeeignet, sie müßten wohl erst noch geschrieben werden.[19]

Vorerst sollte die »Bodenwieser Schule« auf der mehrstöckigen Turmbühne ein »Triadisches Ballett« vorführen, vom Weimarer Bauhaus inspiriert. Dolbin verbrachte viel Zeit bei den Proben der Tanzgruppe. Das »Antlitz des Körpers« fesselte ihn, und er zeichnete wie im Rausch Tänzerinnen, immer wieder Tänzerinnen. »Ich suchte und fand das schöne Tier [...], karikierte, also übertriebene Grazie, karikierte, also übertriebene Anspannung. Diese Karikaturen sollen mit demselben Lächeln betrachtet werden, mit dem ein Tierliebhaber den Kapriolen seines Hundes folgt.« Tanzende Mädchenkörper in der Anmut des Tierhaften reizten den Künstler und den Mann; wieder einmal mußte Dolbin sich als Eroberer und Verführer bewähren!

Ninons Gefühle waren zwiespältig. Sie empfand denselben heftigen Schmerz wie beim Abschied von ihren geliebten Toten und war enttäuscht, daß die Entfremdung vom Gefährten der letzten schweren Jahre langsam und quälend wuchs. Daneben aber stieg eine müde Gleichgültigkeit in ihr auf, als sei diese Liebe nichts als eine Selbsttäuschung gewesen, die sie leer zurückließ:

Bisweilen ist es mir, als hätte ich in Wirklichkeit nie dich geliebt,
als wäre alles dieses nie gewesen, was uns verband. Als wäre
die Liebe selber es gewesen, der meine Glut gegolten,
die mein Hirn verbrannt und alle meine Sinne nahm gefangen,
Und du – ein Werkzeug nur für meine Leidenschaft!

Es ist mir dann, als wäre mir von unserer Liebe nichts geblieben,
Als wär' es Sehnsucht nur gewesen, die mich dir verbunden hat.
Als wartete Erfüllung mir in einer lichten fernen Zukunft erst,
da ich in Wirklichkeit empfange, was von dir nur meine heiße
                      Sehnsucht sich genommen.
Und du – ein Schatten, ein Symbol: Ich kenne dich nicht mehr!

In Tagebucheintragungen vom Mai 1924 klingt Ninons knappe Lebensbilanz traurig: »Ich habe Feder und Papier und nichts zu sagen als: allein! Fred ist weggegangen... Ich lebe ganz falsch. Die Tage zerrinnen und haben nichts gebracht, nichts reifen lassen. Es ist immer ein Berg voll Hindernissen vor allem Wesentlichen. Es ist gewiß nicht besonders schade, wenn ich zugrunde gehe.
  Ich habe mich immer deshalb vor dem Tode gefürchtet, weil man plötzlich isoliert ist – man streckt die Hände aus nach den Geliebten, man fürchtet sich so entsetzlich vor der Leere, vor dem Nichts, vor dieser fürchterlichen Einsamkeit, die der Tod ist. Aber – nicht allmählich – plötzlich blitzte in mir die Erkenntnis auf: So einsam ist jeder Lebende. Genauso einsam wie jeder Sterbende. Es besteht nicht der geringste Unterschied. Im Leben gibt es nur viel Selbstbetrug – Liebe – Freundschaft – – Nein, ich leugne nicht, daß es sie gibt. Beide sind wundervoll. Aber einsam bleibt der Liebende; einsam der Freund.«
  So durchlitt sie den Abbruch des bisherigen Lebens, während Dolbin durch seine Manifeste und Artikel gegen das museale Illusionstheater und für das »Agitationstheater« im Lichte der Öffentlichkeit stand und gleichzeitig den Durchbruch als Zeichner genoß. Für das nächste Jahr wurde eine Dolbin-Ausstellung im Graphischen Kabinett Bukum angekündigt: »Der Tanz in der Karikatur«. Mit dem Krystall-Verlag in Wien vereinbarte er 13

Bände »Die Gezeichneten des Herrn Dolbin«. Alles ließ sich hervorragend an. Dabei wurde deutlich, daß Dolbins Wirkungsfeld sich nicht auf Wien beschränken konnte: ein Jäger mußte als Nomade leben! Wer so viele Köpfe zeichnete, konnte sich nicht festsetzen.

Im Herbst 1924 kam es wegen eines schwerwiegenden Treuebruchs Dolbins zu einer erneuten Trennung. Ninon forderte, sie müsse endgültig sein. Immer wieder würde sie sich von ihm hintergangen fühlen, verstört durch seine Unzuverlässigkeit, verletzt durch die rücksichtslos-frivole Wahl seiner Geliebten aus ihrem engsten Freundeskreis. Von nun an wollte sie sich im Alleinsein üben und akzeptieren, daß alle, alle Bindungen vergänglich seien. In Tagebüchern leuchtete sie die eigene Vergangenheit aus und erkannte, daß sie nie nach einem planvollen Eigenleben verlangt hatte. Nichts hatte sich verändert, seit sie im Kindheitsgarten schaukelnd und schwebend hoffte, daß das Leben einst mit Macht über sie käme und sie mitrisse. Ihre Passivität war nur möglich gewesen im Schutze des Vaters und der erotischen Vatergestalt Dolbins. Sie war fremde Wege mitgelaufen. Hinter ihr lagen verwartete Zeit, verpaßte Entwicklungen, versäumte Begegnungen, verspielte Ziele. Sie war schicksalslos geblieben. Nun aber wollte sie »nicht mehr abhängen vom anderen, vom Geliebten abhängen, nicht mehr so leben, daß Er das tägliche Maß an Schmerzen, Freude, Hoffnung, Angst bestimmt«.[20] Sie wollte nun endlich erwachsen werden, eine allen Bindungen durch Tod und Trennung entwachsene Frau: »Ich will nun tapfer und einsam sein«.[21]

In ihrem Studium, das sie wie an einer langen Leine hinter sich herschleifte, fand sie keinen Halt. »Denn das Studium, das mir teuer und wichtig gewesen war, fing eben in diesem Zeitpunkt an, mir unwichtig zu werden [...]. Ich arbeitete, ohne an ein Ziel zu kommen, und ging auf Irrwegen; ich las verstaubte Schmöker, ohne die Hauptwerke meines Gebietes zu kennen. Weil ich nichts erstrebte, ging ich – mir selbst unbewußt – im Kreis. Ich übte keine Kritik. Ich gab mich hin.

Ich sah es wohl, daß die Kollegen und Kolleginnen über der Sache standen, sich nicht verschwendeten, nur das Notwendigste lasen und Bescheid wußten. Auch ich sah Probleme, auch ich bemühte mich um das eine und andere, aber alles geschah spielerisch. Ich wollte es nicht lösen, ich wollte mich darin verspinnen. Der Weg war mir wichtiger als das Ziel, das ich niemals auch nur hätte nennen können. ›Studieren‹ hieß: in einer Welt neben der wirklichen leben.«

Nun wünschte sie Abstand von allen Wiener Verflechtungen, um das Für-Sich-Sein zu üben. Sie beschloß, in Paris mit neuer Energie an der Dissertation zu arbeiten, deren Thema Professor Julius Schlosser ihr erteilt hatte: »Die Goldschmiedearbeiten des Orfèvre Delaune«.[22] Die Erforschung dieses französischen Renaissance-Epigonen erforderte eine geduldige Sucharbeit, die den gezeichneten Vorlagen für seine Gravuren und Münzen galt.

Nicht mit dem kühnen Wurf eines Genialen durfte sie sich in dieser langwierigen Arbeit beschäftigen, sondern mit schlichter kunsthandwerklicher Fertigkeit. »Ich will meine Arbeit sehr gut machen – aber ich will auch zugleich ein Stück Geistesgeschichte erfassen [...].« Daß ihre Auffassung über Inhalt und Methode der Untersuchung von der ihres Doktorvaters abwich, wußte sie: »Ich habe solche methaphysischen Probleme: Der Manierismus – dieses *Mehr wollen als man kann* ist etwas, was mir sehr nahe geht. Ich möchte das aus der Zeit heraus begreifen und klar darstellen. Titanen – nicht Götter! Unter Schmerz und Qual Schaffende – nicht aus eigener Überfülle gütig Spendende. Mein Delaune ist kein solcher Ringender; dazu ist er viel zu eklektisch, zu sachlich.« Und nun spendete sie sich selbst Trost: »Aber er ist ein Kind seiner Zeit, und in seinen harmlosen Vorlagen spiegelt sich das Ringen der Großen wider: wie es (das Genie) sich räuspert, wie es spuckt«.[23]

Daß der technisch versierte Nachahmer einen Widerschein der Großen bot, machte ihr die Beschäftigung mit ihm erst erträglich. Sie, die stets dem Geheimnis des Kreativen nachspürte, mußte sich nun mit dessen ferner Spiegelung im »Harmlosen«, im Gefälligen, im zum Gebrauch bestimmten Allerkleinsten befassen.

Der Sinn des Paris-Aufenthalts bestand jedoch nicht nur in der Materialsammlung für die Doktor-Arbeit. Ein Tagebuch enthält neben kunstgeschichtlichen Betrachtungen die Selbstreflexion, durch die Ninon die Verlassenheit annehmen wollte.

»War ich je unglücklicher als damals in Paris vor 14 Jahren? Aber die Erinnerung ist großzügig, solche ›Kleinigkeiten‹ vergißt sie«, schrieb sie im Rückblick 1938 an Hermann Hesse. Paris habe sie damals »katzenjämmerlich deprimiert«.[24]

Zum Jahresbeginn 1925 trug sie in ihr Paris-Tagebuch ein:
»Ich hatte nicht gelernt, das Leben ernst zu nehmen. Es war alles

Spaß, oder sagen wir, es war nur Schein. Man ging in die Schule, lernte ›fürs Leben‹ – aber das Leben zwinkerte mit den Augen: ›schon gut‹.

So wie in schweren Träumen man aufstöhnt, so war mir diese Erkenntnis heute. Nein, es ist kein Spaß, arm bist Du, unbeschützt, die Wellen werden über Dir zusammenschlagen.«

9. Januar:
»Oh Einsamkeit ––– Ich mußte mich gestern ganz fest an den Händen halten (wie Münchhausen sich an seinem Schopf), um die Kleinigkeit von sechs Stock nicht herunterzuspringen.

Dieses entsetzliche Buch, noch dazu von Maupassant: ›Une vie‹ machte mich so todtraurig.

Wenn ich nur nicht so sensibel wäre, so zerbrechlich! Aber eben darum meine ›Tüchtigkeit‹, ›Energie‹, ›Selbstbewußtheit‹. Am liebsten möchte ich ganz arm und klein dastehen und gehätschelt werden und ausgezogen und ins Bett gelegt – Wärme, Geborgenheit, Stille.

Aber ich lebe das Gegenteil von dem – Manierismus – mehr wollen als man kann, über sich hinausleben!«

10. Januar
»Warum schrieb ich gestern soviel dummes Zeug? Ich war so allein. Ich schrieb, um nicht zu schreien. Heute wachte ich auf mit einem bangen Lauern: Wie wird es heute sein?

Ach, warum lenke ich mich nicht selber und treibe so dahin? Warte auf Briefe, die vielleicht nie kommen werden. – Ich spürte heute, daß ich ohne Fred werde weiterleben können. Ich schreibe diesen Satz probeweise hin, vielleicht ist er falsch, aber es scheint mir so.

Aber nicht in Wien, nicht in ›unserer Wohnung‹. Schien sie mir noch vor zwei Monaten besudelt? Oh wie gleichgültig sind mir seine Liebesabenteuer geworden [...] Ich liebe ihn nicht mehr.

Ich bin frei. (Frei?) Ich werde vielleicht nie mehr frei sein. Ich werde vielleicht nie aufhören, Dich zu lieben, – Geliebter ––

Aber frei von der Liebe zu Fred. Und doch kommen mir die Tränen, wenn ich das niederschreibe. Es ist, als wäre alles Schöne, was wir in den sechs Jahren unserer Ehe erlebt haben, plötzlich nicht mehr wahr – und das schmerzt so sehr.

Im Pantheon zeigte der Führer das Grab des Chemikers Berthelot und sagte, er sei mit seiner Frau zusammen begraben, die ihm am selben Tag in den Tod gefolgt wär. Meine Liebe wäre ebenso stark gewesen – aber ich habe vielleicht niemals den Richtigen geliebt.«

10. Januar, abends:
»Im Zimmer der Madame de Sévigné hatte ich plötzlich so eine Sehnsucht, auch ein Heim, ein Zuhause zu haben.

Ich sah ihr Bild an – sie sah so heiter – selbstzufrieden aus, sie hatte eine Tochter, der sie die berühmten Briefe schrieb, ja *sie* wußte, wozu sie lebte.

Merkwürdig ist so ein historisches Museum. Da sind die Möbel der königlichen Familie im ›Temple‹, da ist der letzte Befehl Ludwigs XVI. an die Soldaten, da sind seine Strümpfe, die Schuhe der Marie Antoinette und eine Locke des Dauphins in einem Amulett – – oh, ich bin immer frei von diesen Sentimentalitäten gewesen, ich *haßte* die Sachen meines Vaters, die weiterlebten, während er, der geliebte, starb – ich will auch keine Locke von Dir, den ich nicht *ganz* habe [...] ich brauche keine Krücken der Erinnerung, in meiner Seele halte ich Dich, halte alle Stunden, die *uns* gehörten, alle Worte, halte Bilder –.«

Die Flucht nach Paris galt also nicht nur Dolbin, Ninon möchte sich auch von einem ungenannten Geliebten lösen. Wieder einmal bewährte sich die Kunst für sie als Medium der Selbsterfahrung:
»Ist denn das alles – dieser Trieb zu *erkennen,* Jahrhunderte zu erfassen, Entwicklungslinien zu ziehen, Ideen zu begreifen, alles im Ausdruck der Kunst – nichts anderes als ein Umweg zu mir?« fragte sie in ihrem Paris-Tagebuch. »Heute ist es der Gilles von Watteau, der mich ergreift. Wie er, ganz groß gesehen, ganz vorn im Bild steht, gerade vor sich hinblickend, die Arme gesenkt in unsagbarer Resignation – einer, der nichts mehr hofft, nichts erwartet, ein Preisgegebener. Hinter ihm die fröhliche Gesellschaft hat sich im Park gelagert, sie lachen, sie sind beisammen. Er aber steht einsam gegen den Wolkenhimmel, und es ist, als sagte er zum Leben: Hier bin ich. Nimm mich hin!«[25]

Das Bild des Fließens und Sich-Verströmens durchzieht alles, was sie in jener Zeit schrieb. »Das Leben zerrinnt, und unsere Trauer ist eben um das Unwiederbringliche.«

Der Vergänglichkeit galt auch ihr Abschiedsgedicht von Paris:

Ich fließe so dahin –
es ist kein Bleibendes
Freude riß eben noch mich mit und ist zerronnen
Schmerz griff mich an – aber der Fluß trug mich weiter.

Ich bin wie Jahreszeiten
blühe und sterbe und blühe wieder auf
es ist kein Bleibendes ––

Ich möchte bisweilen stille stehn
festhalten was eben noch mein war
hingebend mich verlieren –
aber der Fluß trägt mich weiter –

Das Geschenk einer umgrenzten Welt, des Halts und der Verläßlichkeit aber scheint mit jenem zweiten Du verknüpft zu sein, dem Ninon in ihrem Paris-Tagebuch immer wieder leidensbereit zuruft: »Aber ich will ja auch Dir gegenüber gelassen und frei werden!« Überall findet sie seine Gestalt: »Vor dem Diskobol stockte ich: Dich sah ich wieder. Aber ich will ja fertig werden. Ja, auch von Dir mich befreien.«[26]

Ninon lüftete den Vorhang der Anonymität dieses Geliebten ein wenig, wenn sie ihn in eine enge Beziehung zu Jean Paul[27] setzte: »Du warst Gottwalt in Jean Pauls Flegeljahren und Viktor im Hesperus und Roquairol im Titan. Liebe ich deshalb Jean Paul so sehr, weil ich immer *Dich* las?

Ich will das Fragment eines Gedichtes hersetzen, das schlecht war und von mir nicht umgearbeitet wurde, nur diese vier Zeilen, die mir jetzt noch oft im Ohr tönen:

–– da einer fremden Stimme Ton
Deinen geliebten Namen sprach.
Oh, wie das schmerzte:
Daß Du lebst – und ohne mich!«[28]

Das »Du« ist also ein Dichter, und da läßt die Vertauschbarkeit mit Jean Paul oder seinen Romanfiguren leicht den Schluß zu, daß es sich um Hesse handelt, der zu jener Zeit Werke Jean Pauls herausgegeben und von sich behauptet hatte: »Ich glaube, daß nicht viele heutige Dichter sich im Jean Paul so viel und dankbar umgetan haben wie ich und daß kaum jemand ihn höher schätzen kann als ich.«[29] Jean Paul hatte die Auflösung der autonomen Persönlichkeit beschrieben, die Zweifel am Ich als einer erlebbaren Einheit, die Zerfaserung des Ich bis zur völligen Ich-Spaltung, zum Wahn, zur Verrücktheit, zur Gefahr der Doppelheit. Beide Dichter spiegeln in allen Werken die eigene Seelenwelt in der zerstörerischen Gewalt von gegenläufigen Kräften.

Ninon hatte Hesse bei einem Besuch im Frühjahr 1924 in einer Krisenstimmung angetroffen. Fragwürdig erschien ihm Sinn und Wert seines Außenseitertums, fragwürdig seine dichterische Sendung, fragwürdig der Lebensverzicht für sein Werk, fragwürdig der Literaturbetrieb überhaupt und fragwürdig auch das eigene Weiterleben. Da mag sich Ninon der Vergleich mit den Gestalten Jean Pauls[30] aufgedrängt haben, etwa mit Schoppe im »Titan«, dessen »Höllenfahrt bei Lebzeiten« darin bestand, daß sein aus Selbstzweifel geborenes Rollenspiel ihn zerspalten hatte, bis das Gefüge seines Selbstbewußtseins sich nach und nach auflöste. »Wie oft habe ich nicht schon meinen Namen verändert [...] und wurde jährlich ein anderer, aber noch setzt mir der reine Ich merkbar nach.«[31] Auch Hesse unternahm diese »Höllenreise durch sich selbst« – so nannte er seine Selbstanalyse im »Steppenwolf« – und war, wie er durch veränderte Autoren- oder fiktive Herausgebernamen andeutete, mehrfach ein anderer geworden.

Mit seinem Wolfshund Mordax bildete Schoppe ein wölfisches Doppel-Ich, jene unheimliche Erlebniseinheit, die Hesses 1925 gestalteter, aber schon früh erfahrener steppenwölfischen Zweipoligkeit verwandt war. Schoppes Versuche, sich in den Humor zu retten,[32] sein Doppelgängertum, seine Spiegelfechtereien, Schoppe im Tollhaus,[33] seine Machtlosigkeit vor der gespenstischen Zerteilung seines Ich – »Ich gleich Ich« –, das alles mag Ninon an Hesses aus der psychoanalytischen Erfahrung geschriebenem Roman »Demian«[34] ebenso erinnert haben wie an seine übliche Romantechnik der Selbstverdoppelung – etwa in Freundespaaren wie Hermann Heilner und Hans Giebenrath, Berthold und Johannes, Max Demian und Emil Sinclair.

Ninon charakterisierte das ungenannte Du auch mit anderen Gestalten Jean Pauls; sie alle sind Dichter. So nannte sie den titanischen Himmelsstürmer Roquairol, der aus seinem gebrochenen Verhältnis zur Wirklichkeit schöpferische Kraft bezieht,[35] zitierte den Gottwalt der »Flegeljahre« herbei, jenen Dichter mit der poetischen Weltsicht, der sich als Walt in seinem ständigen Gegenspieler und Seelenzwilling Vult, einem analysierenden Satiriker, verhöhnt, verunsichert und bis zum Wahnausbruch verfolgt fühlt. Die Aufteilung der janushaften Seele Jean Pauls auf den Romantiker und den Satiriker verursacht eine Wechselschreiberei, bei der These und Antithese ständig ineinander verschränkt und im gemeinsamen Roman Walts und Vults – einer Zwillingsgeburt des Jean Paulschen Doppel-Ich – in ihrem Ursprung gezeigt werden. Gleichzeitig wird aber auch die Unmöglichkeit verdeutlicht, die persönlichkeitsspaltenden Widersprüche in *einem* Menschen allein auszutragen, ein Thema, das später in den abgeklärteren Nachfahren Walts und Vults, im Hesseschen Freundespaar Narziß und Goldmund,[36] eine neue Ausprägung finden sollte.

Da war noch Viktor im »Hesperus«, den Ninon mit jenem geliebten »Du« ausdrücklich in Beziehung setzte, ein Mensch »unter dem Abendstern« – als »Abendmensch« bezeichnete auch Hesse sich –, ein in seinem Lebensgefühl gebrochener Spätling, der gleichnishaft zwei Vornamen trägt und dessen Wesen sich in immer neuen Brechungen vervielfältigt. Der Erzähltrick der Verdoppelung trennt den wirklichen von dem in den Roman verwobenen Schein-Autor; dieses Sich-Verbergen und dennoch Mitteilen-Wollen erinnerte an den »Demian«, dessen Autor Hesse hinter dem Pseudonym Emil Sinclair unsichtbar hatte bleiben wollen, weil er – den Jean Paulschen Gestalten geistesverwandt – wieder einmal Abschied von sich selbst genommen hatte.

Ninon kannte die Werke Jean Pauls ebenso genau wie die Hermann Hesses. War *er* also der ungenannte Geliebte des Paris-Tagebuchs, den sie mit diesem Antiklassiker und seinen innerlich zerrissenen Gestalten verglich und von dem sie Abschied nehmen wollte? Vieles spricht dafür. Im Januar 1924 hatte Hesse die Sängerin Ruth Wenger geheiratet, und Ninon wußte um seine starke Gefühlsbeteiligung in dieser Ehe. »Abschied vom vermeintlichen Geliebten« forderte sie von sich in einer Notiz-Sammlung für einen autobiographischen Roman. Ninon unterbrach ihren Briefwechsel mit Hesse tatsächlich für fast zwei Jahre.

Wie aber sah Ninon ihren Dichter zu dieser Zeit? Sie nahm an ihm die Jean Paulsche Seelenkrankheit wahr. Sie verglich ihn mit dessen selbstzerstörerischen Romanfiguren, die alle einer Wesensergänzung durch einen opferbereiten Gefährten bedurften, der eingriff, half und oft auch nur durch sein Anderssein die Spannungen aufhob, die im Alleinsein nicht auszugleichen waren.

Wer stand Hesse zur Seite? Als Ninon ihn im Frühjahr 1924 besucht hatte, lebte seine Frau Ruth, die er auf ihren Wunsch hin im Januar desselben Jahres geheiratet hatte, von ihm getrennt. Die Ehe schien beendet, ehe die Gemeinschaft begann. Ruth Wenger wollte ihre Eigenständigkeit als angehende Sängerin nicht aufgeben. Steigerte sich Ninon in eine Wunsch-Liebe? Was war Phantasie, was Wirklichkeit? Galten Hesse die Gedichte, die sie im Februar 1925 in Paris schrieb?

Die Begegnung

Da ich dich sah
schien eines Atemzuges Weile stillzustehn die Welt
und alles reglos: Nur unsere Herzen schlugen
– eines Atemzuges Weile – –
Dann strömte Blutstrom schneller,
meine Augen, umnebelt, sahen nichts
– ich wußte nur:
Daß meine Träume dich kannten, eh ich dich gesehen!

Sehnsucht

Wie sonderbar die Welt – tun und geschehen lassen
und seltsam sinnlos alles ohne Dich!
Oh Staubkorn sein, daß windhauchgleich dein Atem mich bewege
oh Fluß sein, der Dir Fließendem begegnend
in Dich sich ganz ergießt – oh Ineinanderfließen!

Findung

Da du die Lippen auf die meinen senktest,
versank die Welt: Ein Dunkel war um mich,
gelöst von Erde schien ich zu entschweben –
da legtest deine Arme um die Entrückte du
und hast der Erde sie zurückgegeben:
Der unermeßlich einst die Welt erschienen,
hast du mit deinen Armen ihre Welt umgrenzt![37]

Dolbin bemühte sich mit aller Überredungskunst, Ninon zurückzugewinnen. Er sandte ihr dicke Briefpakete und ließ sie an seinem Leben teilhaben, das vorwiegend aus Reisen an Konferenzorte bestand. Ninon antwortete ihm Mitte März 1925: »Was für ein armes Tier du bist! Ein Hase, der einen Lastwagen zieht. Armer Hase! Du darfst Dich nicht so anstrengen. Diese Zeitungen sind entsetzlich: Du merkst das nicht so im Schreiben Deiner Briefe wie ich im Lesen, daß eines sich immer wiederholt: Dienstag zum Beispiel schreibst Du von 40 Zeichnungen für 40 Blätter und Mittwoch, daß alle 40 Blätter sie nicht gebracht haben. Am Donnerstag geht es wieder los und Freitag folgt die Enttäuschung. Wirklich, ich kann Dir gar nicht sagen, wie sehr Du mir gefällst – Deine Lebendigkeit lerne ich erst richtig schätzen, wenn ich mit andern Menschen zusammenkomme.

Freilich, ich bin im Zusammenleben mit Dir immer in Gefahr, aufgefressen zu werden. Und nichts ist für mich vorteilhafter als eine Trennung von Dir! Und doch kann ich die Konsequenz daraus nicht ziehen! Aber ich denke unablässig, wie ich mit Dir und doch getrennt von Dir leben könnte. Ich bin ein Mensch, der Einsamkeit braucht [...] In mir erklangen soviel Gedichte – die Stille sang – ich *sah* so unendlich vieles, anders als ich es mit Dir gesehen hätte. Stärker. Tiefer. Und vor allem: *Ich* sah, fühlte, erlebte. Wenn wir zusammen sind, bist immer Du der Stärkere. Ich will ja, daß Du der Stärkere bist. Aber ich will mich nicht von Dir überschwemmen lassen: Ich bin ein kleines Flüßchen, und Du bist ein starker Strom, aber ich will allein ins Meer münden, obwohl es sicher angenehmer und leichter wäre, vom starken Strom mitgerissen zu werden ––. Aber ich will nicht.«

Im April 1925 kehrte Ninon nach Wien zurück und blieb in loser Verbindung mit Dolbin. »Bitte schreibe mir weiter von Deinem Leben und Deinen Taten und folge mir ein wenig in puncto ›Anweisung zur Tüchtigkeit‹. Denn schließlich bin ich ja doch aus Czernowitz und Du ein armer Hase aus Wien!« Aber obwohl Dolbin sie stets um Rat fragte, befolgte er ihn oftmals nicht, was sie erzürnte: »Wenn Du doch versuchen könntest, *für Dich* zu arbeiten! Warum bist Du vogelfrei, warum hast Du für *jeden* Zeit und Geduld? Warum hast Du nicht die Kraft ›nein‹ zu sagen, wenn Dich jemand um etwas bittet? [...] Du hast Zeit, mit Hollitzer zu schmusen, Trude Burg zu beraten, Mila Cirul Vorträge über Tanz zu halten – und versäumst darüber Deine eigene Carriere.« Auf

Dolbins stürmische Bitten, wieder mit ihm zusammenzuleben, antwortete sie im selben Brief vom 4. Oktober: »Lieber Fred, ich bin dieses Lebens so müde. Das ist keine Phrase. Ich habe genug davon. Ich kann nicht mehr. So geht es nicht weiter.

Ich glaube fest an Dich, nämlich an Dein Künstlertum. Es macht mir nichts, daß Du wenig Geld verdienst – ich glaube an Dich. Du wirst Dich durchsetzen, man wird sich um Deine Blätter reißen, sie teuer bezahlen. Ich warte. Aber menschlich darfst Du mich nicht enttäuschen. Wenn die Welt Dich enttäuscht, wenn es Dir schlecht geht, Du keinen Erfolg hast – *ich* halte zu Dir, *ich* glaube an Dich. Aber Du mußt dieses Vertrauens würdig sein, mußt *für Dich* leben, *für Dich* arbeiten, Du mußt stark und männlich sein, dazu gehört auch *Härte*. Nicht jedermanns Diener sein, nicht jedermann gefällig sein – gehe doch *Deinen eigenen Weg.*«

Dolbin fuhr im Herbst 1925 mit über 1000 Zeichnungen im Koffer nach Berlin. Gleich in der ersten Woche verkaufte er 57 Zeichnungen. Angesichts der Zeitungskonzerne Mosse, Ullstein und Scherl wußte er, daß er den richtigen Ort zur Entfaltung seines publizistischen Talents gewählt hatte, darum verlegte er um die Jahreswende 1925/26 seinen Wohnsitz endgültig dorthin. Ninon blieb in Wien.

Ende Oktober 1925 reiste sie nach Czernowitz, um den elterlichen Hausstand aufzulösen. Ihre Mutter war plötzlich, erst 51 Jahre alt, am 11. September 1925 an einer Gesichtsrose verstorben. Ninon war selbst erstaunt, wie ruhig und gefaßt sie diesen Verlust ertrug. »Die Mama überlebte Tokas Tod drei Jahre [...] immer sinnloser erschien ihr das Leben; alles enttäuschte sie in dem Maße, in dem sie einsichtiger wurde, und je mehr sie sich der ›Wirklichkeit‹ näherte, desto mehr verfiel sie: Der Weg zur Wirklichkeit war für sie der Weg zum Tode. Sie war nicht krank, sie war mit ihrem Leben zu Ende, der Körper ergriff irgendeinen Keim, der von irgendwo herkam, und bemächtigte sich seiner gierig, in Todessehnsucht.«

Nach dem Tode der Eltern, der Schwester und dem Auf und Ab ihrer Ehe mit Dolbin erschien es Ninon, als türme sich die Verlassenheit um sie zu einer undurchdringlichen Mauer: »Alle, die ich geliebt habe, sind gestorben, Reinhold hat mich verlassen, ich weiß den Tag, an dem ich es erfuhr, es war der 11. November 1924, es wäre vielleicht besser gewesen, ich hätte mich an jenem Tag getötet.« Durch die Räumung des Elternhauses und die Trennung von den Dingen, die ihre Kindheit begleitet hatten, schienen ihre letzten Wurzeln ausgerissen; besonders schwer fiel ihr der Abschied von der großen Standuhr im Speisezimmer: Sie fürchtete sich stets davor, Uhren anzuhalten oder zu zerbrechen, als könne dadurch ein Stillstand des Zeitflusses heraufbeschworen werden. Nun aber mußte sie den Zeiger der alten Uhr, deren Schlag ihr Leben viele Jahre lang begleitet hatte, selbst anhalten.

Während dieser Heimreise nach fünf Jahren suchte Ninon die Begegnung mit sich selbst. Während ihr Leben früher wie eine Bilderschau an ihr vorübergezogen war und sie dessen Zerfall in Einzelszenen hingenommen hatte, ohne nach Ursachen und Wirkungen zu fragen, wollte sie es nun in seinem inneren Zusammenhang erfassen. »Es kommt nur darauf an, sich ganz genau zu erkennen, jeder Regung nachzuspüren in die tiefsten Verborgenheiten – dann kann man sein Schicksal bestimmen. Denn mein Schicksal ist nicht ein geliebter Mann, ist nicht Krankheit und Tod – mein Schicksal bin *ich*, und wenn ich *mich* kenne, dann kenne ich auch es.« Sie wollte sich des eigenen Wesens im Vergangenen vergewissern.

Beispielgebend und helfend trat ihr »Clara« zur Seite; hinter diesem Namen verbirgt sich in den autobiographischen Aufzeichnungen die junge Wiener Medizinstudentin Elisabeth Löbl.[38] Ninon hatte sie 1922 bei gemeinsamen Freunden kennengelernt und sich wegen ihrer gegensätzlichen Wesensart sofort angezogen gefühlt. »Kein Erlebnis ohne Rechenschaft«, war Claras Grundsatz. »Clara war eine Zuschauerin, eine nie Eingreifende.« Nie gab die »Klärende« Lebensrezepte, sie schärfte jedoch Ninons Selbstwahrnehmung. Darin bildete sie den vollkommenen Gegensatz zur »Freundin«, die Ninon stets nach ihren Maßstäben formen und verändern wollte.

Sie löste sich endgültig vom belastenden Vorbild. »Kamen mir früher unbequeme Gedanken, meine Studienzeit, meine Ehe oder ›das Leben‹ betreffend, dachte ich sie zu Ende? – o nein, ich lief fort, zu Johanna, zu Reinhold, ins Kaffeehaus, ich schrieb einen langen Brief, einerlei wem. Es handelte sich nicht um die Empfänger. Ich spiegelte mich in meinen Briefen mit unbewußtem Behagen.«

Nun aber flüchtete sie sich nicht mehr in die Mitteilung, sondern wählte sich selbst zum prüfenden Partner: »Alles, was geschieht, ist dumm und sinnlos. Der Sinn liegt allein in uns verborgen. Wenn wir ihn finden, erleben wir die göttliche Gnade«, das waren Claras

*Tagebuchblatt Ninon Hesses aus den autobiographischen
Aufzeichnungen über die Heimreise*

Worte. Ninon wußte plötzlich: Der Sinn konnte nur im *Wieder-Holen* der Vergangenheit gefunden werden.

In zukunftsgerichtetem Erinnern verfaßte sie flächige Seelengemälde. Daten des äußeren Lebenslaufs hielt sie selten fest. Die Dialoge blieben blaß; nur Selbstempfundenes vermochte sie farbig zu schildern. Die Umformung und Straffung in eine vom Ich losgelöste, bilderspendende und handlungsgesättigte Erzählung – so sehr sie sich auch darum bemühte – glückte ihr nicht.

Die erste Niederschrift dieser autobiographischen Notizen war nur für sie selbst bestimmt. Erst später kam der literarische Ehrgeiz hinzu, diese Aufzeichnungen zu einem Roman umzugestalten. Vorerst wollte sie nur »halten, was gewesen ist, auffangen, was verrinnt: mein Leben noch einmal leben«.

Für sie, die Nicht-Künstlerin, wurde das Tagebuch zur Rettung. Schreiben war Aufarbeiten, ein zweites versöhnendes Hervorbringen der Geschehnisse. »Ich gehe in dem alten Haus herum, und während ich die Gegenstände einen nach dem andern in die Hand nehme, beschaue, wegstelle, lebe ich unser ganzes Leben noch einmal. Das war der Sinn meiner Heimreise, das war es, was ich ›Ordnung machen‹ nannte. Das Dumpfe ausdrücken, das Gelebte im Geist gestalten, das Geschehene beseelen, dem Rätselhaften einen Sinn geben. Wer Ordnung gemacht hat, mag sich entscheiden, ob er leben oder sterben will. Oder ist ›Ordnung machen‹ schon die Überwindung der Todessehnsucht?«

Daß den Dingen Dauer verliehen war, daß sie die Menschen wie stumme Zeugen überlebten, belastete Ninon so sehr, daß sie sich von allem trennen wollte. »Schmerz hat mein Herz erstarren gemacht, einem Felsengrab gleich umschließt es meine Geliebten. Grabsteine sind die Dinge, das Haus, in dem ich mit ihnen lebte, die Gegenstände, die uns umgaben, die Bäume, die Wege, Beete, Buchsbaumsträucher, Weinspaliere.« Um frei für ihren weiteren Weg zu sein, konnte sie keine Grabsteine mit sich herumschleppen. Ihren Weg? Sah sie, deren Wunsch immer das absichtslose Verweilen war, ihn nun vor sich? Ihre Eintragungen wirken wie malerisch hingetupfte Einzelszenen auf einer unendlichen Fläche – nie war ein blockhaftes Fundament entstanden, auf dem sie aufbauen konnte. Sie charakterisierte ihr Roman-Ich Martina im Rückblick auf jene Zeit: »Sie wollte nichts, sie war ehrgeizlos, sie stand abseits vom Streben [...]. Ihre Kämpfe waren keine, die irgendeinen Besitz zum Ziele hatten.«

Nicht zufällig sprach Ninon in ihren Selbstwahrnehmungen stets vom »Strömen«. Ihr Wesen bestand in einem Hinüberfließen in Menschen und Dinge, es entbehrte fester Konturen. Festlegen ließ sie sich nicht. Sie gewährte. Aber zuzugreifen in dieser Welt war nicht ihre Sache.

Oft empfand Ninon, daß ihre Hände kraftlos seien. Das hatte sie auch bei der Mutter und bei der verstorbenen Schwester beobachtet. Lilly hingegen, die jüngste, war von anderer Art, als Malerin vertraute sie darauf, daß ihr die Gedanken in die Hand flossen und sie ungehemmt lenkten. Ninon vermißte an sich diese zwanglose manuelle Geschicklichkeit. Schon beim Sezieren hatte sie darüber geklagt und darin die Ursache für den Abbruch des Medizinstudiums gesehen. Sie schrieb einmal ein Feuilleton: »Die Hand«, in dem sie die Hände als Dienerinnen betrachtete, als fremde Wesen, die ihren Dienst verweigern konnten. Dabei erschien ihr die linke Hand, die ungeschicktere, als liebenswerter: »Es war die Hand für das Schöne, die untüchtige linke Hand, und sie fühlte sich ihrer Herrin verwandt.«

»Mein Körper ist so dumm«, klagte Ninon und begründete damit ihr mangelndes Talent für Sport, Tennis, Schwimmen, Skilaufen – und Tanzen. Aber auch jede Geschmeidigkeit in der Handhabung des Technischen fehlte ihr – ein Beispiel dafür bot in späteren Jahren ihr oft belächeltes Autofahren. Es war eine Ungeschicklichkeit, die nicht nur aus mangelndem Zutrauen zum eigenen Körper wuchs, sondern auch aus Ablehnung und Unwillen gegenüber der praktischen Welt.

Der »dumme Körper« aber erwies sich als übersensibel, wenn es um das Gespür von Gedanken- und Stimmungsnuancen ging. Die »kraftlose Hand« war stark genug, Zügel zu ergreifen, von denen Ninon damals noch nichts ahnte.

Sie lebte stets in einem Zwiespalt von Ich und Körper. Immer wieder schaltete sich der beobachtende Verstand ein und zerstörte die Unmittelbarkeit ihrer Bewegungen; Impulse wurden zwanghaft zurückgenommen, ehe sie sich in deutlichen Gebärden auswirkten. Ihre Gesten wirkten oft abgebrochen, im Ansatz erstarrt. Sie war empfindsam und spröde zugleich.

Viel zu tief steckte in ihr die Angst, daß alles unsicher und chaotisch würde, wenn sie einmal locker ließe, dem Körper nachgäbe, der Spontaneität vertraute. Vielleicht würden die verborgenen Bedürfnisse, einmal zugelassen, die zwischen ihr und der Welt aufgerichteten Mauern überschwemmen. So wurde immer ein blockierendes Halt eingeschaltet, das ihren Willen spaltete in Impuls und Rücknahme des Impulses.

Dabei sehnte sie sich nach innerer Entspannung. Wie sinnlos erschienen ihr nachträglich die verkrampften Anstrengungen in zwei Studiengängen und während der Ehe mit Dolbin. War sie nicht überall nur ein beiläufiger Gast gewesen?

Seit jenem Kirchenbesuch zu Beginn ihres Kunststudiums hatte sich in ihrer Einstellung zur Welt nichts geändert. Damals empfand sie dem Meßner gegenüber so etwas wie Neid auf seine Zugehörigkeit, die nur dem gewährt wird, der sich einer Sache im Dienen anbindet und durch Verantwortung gehalten wird. Heute aber löste sie sich *bewußt,* heute *wollte* sie frei bleiben.

Zuordnungen und Vorlieben sagen oft mehr über einen Menschen aus als seine Selbstzeugnisse. Ninon fühlte sich von den Frauengestalten der Annette Kolb[39] zuinnerst getroffen, sie haben bis in Bilder und einzelne Formulierungen hinein auf ihre autobiographischen Notizen eingewirkt. Annette Kolb beschrieb den Frauentyp des Fin de siècle, dessen Lebensklima spätestens 1914 vergangen war. Diese Endzeit-Frauen leisten einen hohen Einsatz an Gefühl, um dann den Gewinn zu verschmähen; sie wollen nichts behalten, sie wollen nichts erwerben. Sie bleiben Nicht-Eingreifende, Absichtslose wie *Mariclée,* –Ninon leitbildhaft vertraut seit ihrer Lektüre des »Exemplars« im Jahre 1913 in der »Rundschau«, die sie so gefesselt hatte, daß sie Hermann Hesse erregt davon berichten mußte.[40]

Mariclée, die Unbescheidene, verschmähte das Zweitbeste – aber in der Realität gab es eben immer nur das Halbe, das viel geringer war als das Ersehnte. Darum blieb sie abseits. Sie war »für den Kleinkampf des Lebens nicht gerüstet«, das zeichnete sie für die Autorin aus: »Sie hatte etwas Namenloses, Unzuständiges«, ihr Weg »lenkte sie nie ins Gelobte Land hinein«, an ihr war alles »wie hingeflogen und wieder abgerissen: ihr Verhältnis zum Leben zur Natur, zu den Menschen, zu sich selbst. Sie stand sich nicht sehr nahe«.[41] Annette Kolbs Frauen, in denen Ninon sich wiedererkannte«, ermatten vor der Anstrengung, weil sie die Ernüchterung fürchten. Sie spüren bei allem einen schalen Vorgeschmack, den jedes Erreichte erzeugt. Vor der Liebe sind sie durch die Glaswand geschützt wie *Daphne Herbst:* »Sie konnte ihre Gefühle nur einem solchen Manne zuwenden, bei dem aus irgendeinem Grunde eine

Verwirklichung ihrer Wünsche so ausgeschlossen war wie das Festland von der Meeresinsel«.[42]

Hier fand Ninon Spiegelungen des eigenen Wesens. War ihre Wunsch-Liebe zu Hesse nicht so beglückend wegen ihrer Unerreichbarkeit? Doch auch bei anderen Begegnungen hielt Scheu vor der Ernüchterung sie zurück. Sie empfand mit dieser fluchtbereiten, gewöhnungsbangen Romanheldin, von der Annette Kolb sagt: »Sie ließ sich nirgends eingrenzen und war es zufrieden, sich allem und jedem gegenüber eine vage Zugehörigkeit und einen vagen Protest vorzubehalten. Dies war ihre Geste«.[43]

Aber es gab noch eine Wahlverwandte in der Literatur, an der Ninon eine ähnliche Vergangenheit (und eine vergleichbare Zukunft) entdeckte: Renée Néré, die »*Vagabonde*« der Colette,[44] die als betrogene Ehefrau eines Künstlers nach ihrer Enttäuschung den Reiz der Vergänglichkeit bewußt auskostete. Über Ninons Verwandlung in eine schweifende »Vagabonde« geben ihre Tagebücher Auskunft. Sie schrieb über ihre Begegnungen mit verschiedenen Männern in dieser Zeit: »Ich liebte immer den Nichtliebenden. Sobald er mich liebte, war er verwandelt, war also nicht mehr der, den ich meinte. Ich wollte ihn kalt, er aber war hitzig geworden; *stolz* wollte ich den demütig Gewordenen, *fern* der Nahen. Denn das war es: ich liebte seine Ferne, sein Anderswo, sein Nicht-bei-mir-sein, und war er nahe, bei mir, glühend, liebend, hatte er mich verloren. Es war dann vorüber. Als hätte er eine Reise vollendet, wäre am Ziel angelangt. Ich aber wollte die Reise.«

Das Schweifen und Reisen als Vagabonde lockte sie so sehr, daß sie im November 1925 eine Kreuzfahrt nach Konstantinopel buchte. Sie empfand ein seliges Sich-Verströmen, ein Glück ohnegleichen in der vorübergleitenden Begegnung mit Menschen und Städten. Sie liebte das Kommen und Abschiednehmen um seiner selbst willen. »Darum leben wie ein weiblicher Don Juan: Wegwerfen, Sich-Befreien – Weiterstürmen!« Und sie erklärte einem Jugendfreund: »Ich passe nicht in die heutige Welt [...]. Im Café sitzen, in Illustrierten blättern, aufschauen, wenn Schritte ertönen, sich vorstellen: Er kommt! Aber es ist kein Er, auf dessen Erscheinen ich hoffe [...]. Warten auf eine Erfüllung, aber die Erfüllung fürchten: das Warten eben ist mein Element.«

Der Wiener Alltag aber verlief grau und trostlos.

»Ich hatte nun keine Heimat mehr und keinen Menschen, der zu mir gehörte. Ich mietete mir ein möbliertes Zimmer, das in einen

Hof hinaussah mit Schornsteinen und im Viereck angeordneten Nachbarfenstern. Es war ein häßliches großes Zimmer, ich stellte alle Möbel anders, als sie bis dahin gestanden hatten, und bildete mir ein, dadurch viel verbessert zu haben. Ich lag manchmal lange auf dem schmalen Divan, den ich quer ins Zimmer gerückt hatte, sah die alten schlechten Möbel an und die graubraune charakterlose Tapete, die an manchen Stellen abblätterte, und überlegte oft, wie ich mich am besten töten sollte. [...] Das Bewußtsein, daß ich mich nicht töten *mußte*, gab mir Kraft, weiterleben zu *wollen*. [...]

Ich lebte dieses neue Leben halb verzweifelt, halb amüsiert. Ich fand es komisch, daß mir eine Arbeit (als Bibliotheksgehilfin) bezahlt wurde, die ich sehr gern tat und die ich auch ohne Anstellung unbezahlt tun würde, weil ich nichts anderes gewußt hätte. Ich fand es schön, in einem ›möblierten Zimmer‹ zu leben, von fremden, stets wechselnden Dienstboten schlecht, aber doch freundlich bedient, die mich nichts angingen, wie auch das Zimmer mich nichts anging, der Schmutz darin, die Tapete, die schlecht gebauten, brüchigen Möbel, die Plüschdecke auf dem Divan. Es war außerhalb mir, es ging mich nichts an. Auch das Essen ging mich nichts an, manchmal war es gut, meistens schlecht, ich schluckte alles hinunter, bis ich satt war, mit einer Unbeteiligtheit, die mir jetzt komisch erscheint. Es war, als hätte ich mich gespalten, als lebten zwei Ich nebeneinander, ein geformtes, sichtbares, klaglos funktionierendes und ein unsichtbares, vages, unberührbares, an das die Welt nicht herankam. Ich wußte nicht, wozu ich lebte.«

Aber noch einmal gelang es Ninon, ihre Verlassenheit mit Hilfe einer Gestalt der Dichtungs- und Opernwirklichkeit zu deuten und dadurch mit Sinn zu füllen: das Lebensmuster der *Ariadne* wurde für sie so wegweisend, daß sie in ihren autobiographischen Aufzeichnungen das »Ich« ausstrich und durch deren Namen ersetzte. Es war freilich nicht jene *handelnde* Ariadne, die aus der kretischen Antike[45] als Helferin und Retterin des Mannes überliefert wurde, sondern ihre *erduldende* neuromantische Nachfahrin,[46] der Ninon zum ersten Male im Kriegssommer 1916 bei der Wiener Premiere der Strauss-Oper »Ariadne auf Naxos« begegnet war. Ihre Vergangenheit schien ihr mit der Ariadnes verwandt, die betrogen und im Schlaf von Theseus verlassen wurde, und so übernahm sie auch die Deutung des Ariadne-Lebens durch Hugo von Hofmannsthal, von dem die literarische Vorlage der Oper stammt: Sich-Lösen-Können war das Geheimnis ihrer Enttäuschung und Leid überwindenden Existenz. Ariadne, die sich vertrauensvoll in jedwede Fügung, ja sogar in den Tod fallen ließ, erlebt das Wunder der Verwandlung: die Wiedergeburt in den Armen eines Gottes. »Wer leben will, der muß über sich hinwegkommen, muß sich verwandeln: er muß vergessen.« Der Ninon so vertraute Dichter behandelte auch in diesem Stück wieder sein Kern-Thema, die Antithese von Verwandlung und Beständigkeit; Verwandlung bedeutete ihm das »Leben des Lebens, das eigentliche Mysterium der schöpfenden Natur«, Beharrung und Treue bedeuteten ihm Erstarrung und Tod.[47] »Leicht muß man sein / mit leichtem Herz und leichten Händen / halten und nehmen und halten lassen / ... / Die nicht so sind, die straft das Leben / und Gott erbarmt sich ihrer nicht«, warnt die Feldmarschallin im von Ninon ebenfalls geliebten »Rosenkavalier«; es ist die gleiche Mahnung, die Zerbinetta der um Theseus trauernden Ariadne gibt, und zur gleichen Lösungsbereitschaft überredete die »Ägyptische Helena« ihren Gatten.

Wer sich zu lösen vermochte, der verwandelte selbst den Tod, diese letzte große Bewährung des Lösen-Könnens, in eine neue Freiheit. Ariadne, die lebensmüde in den Armen Dionysos', des »Lösers«, zu sterben wähnte, erwachte wieder, verwandelt durch dessen Liebes- und Lebenskraft. Ninon spürte schlagartig, daß sie selbst mit dieser leidüberwindenden Ariadne-Kraft begabt sei, um das Dasein in seiner ganzen Widersprüchlichkeit von Glück und Gefahr zu bejahen. Sich vom Vergangenen zu lösen, hieß, sich selbst zu erlösen. Das einzige Mittel gegen ihre Verlassenheit war, sich vertrauensvoll in diese Verlassenheit hineinfallen zu lassen.

Gleichzeitig erkannte sie am literarischen Beispiel der Ariadne, was *Lebenskunst* bedeutete. Das Leben konnte zum Kunstwerk gesteigert werden. Sie war in ihren Klagen über die eigene »Stummheit« davon ausgegangen, daß schöpferische Begabung sich allein in der künstlerischen Produktion äußere. Nun erkannte sie, daß auch zur Gestaltung des eigenen Lebens Kreativität notwendig war: ein Lebenswerk mußte nicht literarisch, mußte nicht künstlerisch sein! Das Leben selbst verlangte schöpferische Impulse. Plötzlich traute sie sich zu, ihr bruchstückhaftes Leben zu einem vorweisbaren Ganzen zusammenzufügen. In ihrem autobiographischen Fragment heißt es: »Von nun an nahm sie ihr Leben wie ein ernst betriebenes Spiel, das heißt, sie *machte aus dem Leben eine Schöpfung*. Sie bearbeitete das Material, das dieses Leben darstellte, und gab ihm eine Form, sich selbst, den Former, darin einbeziehend. Das war ihr Werk.«

Dieser aus Mythos und Literatur übernommenen Deutung und Überhöhung ihrer realen Lage stehen Schilderungen ihrer krassen Alltagsnot gegenüber. Ein Feuilleton »Möbliertes Zimmer« verrät Trostlosigkeit: »Kein Brief ist gekommen. Im Ofen brennt das Feuer. Die Wände sind blau. Im Schrank riecht es nach Salat. Sind es böse Wände? Ach nein, gewiß nicht. Auf dem Tisch liegt eine weiß-blau-karierte Decke. Auf dem Fensterbrett steht eine rote Azalee. Man könnte eine weiße Tischdecke statt der karierten auflegen und Tee kochen. Man könnte vielleicht Ordnung machen. Ordnung machen ist gut, gibt einen Sinn. Dann wieder Stillsitzen. Dumpfes Harren. [...] Man saß zusammengekauert auf dem Sopha und starrte auf die blauen Wände, die Fenster, die schrägen Mauern, die Decke, starrte darauf, als könne man nicht entrinnen, als hieße ›leben‹ von diesem Raum umschlossen sein. [...] Wirklich sind allein die blaue Wand, das schräge Dach, der Flickenteppich, die Schränke, die Stühle, das rote Plüschsopha —— wirklich ist das Umschlossensein, das Sichnichtrührenkönnen ———— Aber du kannst dich rühren, Herrgott noch einmal! [...] Aber was wäre damit bewiesen? Man kann sich selbstverständlich darüber täuschen, daß man im Sarge ist. Man kann es nennen ›Möbliertes Zimmer‹, es hat eine blaue Tapete und sogar eingebaute Schränke. Man kann klingeln, Licht andrehn oder abdrehn, Fenster öffnen oder schließen, Freunde einladen oder es bleiben lassen, das Zimmer mit Geschwätz erfüllen, mit Musik oder auch mit ›Bestrebungen‹. Nur ist es trotzdem genau das Gleiche, als läge man in seinem Sarge. Auf die kleinen Unterschiede kommt es wirklich nicht an!«

So *beschrieb* Ninon ihr damaliges Leben.

Und wie *deutete* es Ninon-Ariadne? »Warten war *ihr* Werk. Erfüllung kam von außen. Warten war *ihre* Produktivität.«

Fünftes Kapitel

Doppelbindung

Hesse – Schutzgott und Geliebter
Dolbin – Freund und Bruder

> Ich lerne jetzt erkennen, daß es nicht so gradlinig geht, wie ich früher dachte. Man kann beginnen, einen andern zu lieben, ohne aufgehört zu haben, den einen zu lieben.
>
> Als ich zu Hesse zog, wußte ich um die ganze Schwere dieses Schrittes.

»Sie sind nun einmal aus meinem Leben nicht auszulöschen, ich habe niemals aufgehört, mit Ihnen verbunden zu sein – verzeihen Sie diesen Ausdruck, ich bin mir der Einseitigkeit dieser Bindung wohl bewußt«, schrieb Ninon am 1. März 1926 an Hermann Hesse. Nach einer fast zweijährigen Briefpause teilte sie ihm mit, daß eine Schweizreise sie in seine Nähe führe: »Ach, es wäre unendlich schön, Sie wiederzusehen!«

Das Ziel der geplanten Reise war Genf. Fred Dolbin hatte seine Frau dorthin eingeladen, um die Versöhnung endgültig zu besiegeln. Seit seiner Übersiedlung nach Berlin zum Jahreswechsel 1925/26 hatte er immer wieder versucht, sich mit Ninon über eine gemeinsame Zukunft zu verständigen. Ninon verhielt sich lange abweisend, sie war zu tief verletzt durch seine leidenschaftlichen Beziehungen zu anderen Frauen, und dennoch hatte sie sich schließlich dazu bereit erklärt, zu ihm zurückzukehren. »Je mehr ich über Welt und Mensch nachdenke, desto mehr komme ich zur Überzeugung, daß ich am liebsten mir Dir lebe«, schrieb sie ihm im Februar 1926. »Wirklich keiner ist wie Du, so klug und beweglich, – überhaupt, wenn ich bedenke, daß Du in siebeneinhalb Jahren, die ich Dich kenne, noch nie etwas Dummes gesagt hast und alles immer einen Zug ins Große, in die Tiefe, ins Ganze hat, und daß Du Dich entwickelst und immer neu bist!« Nach ihrem Entschluß schien Ninon sogar enttäuscht, daß Dolbin sie nicht sofort von Wien nach Berlin nachkommen lassen konnte: »Wenn ich Deine Briefe lese, werde ich ganz wild auf Berlin – ach, wie gerne würde ich dort leben!« Dolbin aber war vorerst Tag und Nacht damit beschäftigt, sich eine neue Existenz aufzubauen. Ninon ermutigte ihn und mahnte: »Sei nicht nervös, Hase, Du brauchst nicht ›sofort‹ zu verdienen, sei *ruhig* tüchtig, nicht fahrig, hastig, hetze Dich nicht!«[1]

Dolbin aber hatte der liebenswerten Beschaulichkeit Wiens für immer abgeschworen und sich aus Überzeugung den neuen Zeitbegriff, das Berliner Tempo, zu eigen gemacht. »Dies Berlin ist überhaupt ein erstaunliches Arbeitsfeld für einen, der in Schwung ist. Und das bin ich!«[2]

Die Konkurrenz war groß. Die Hauptstadt der Weimarer Republik war in kurzer Zeit zu weltstädtischer Entfaltung gekommen und zog Talente aus ganz Europa an. Dolbin beschrieb Ninon in seinen Briefen den ungeheuren Sog, den Berlin auf alle Aufstiegswilligen ausübte. Ihn faszinierte die junge geistige Metropole im Herzen Europas, an deren kometenhaftem Aufstieg er teilhatte, und er schätzte die Berliner in ihrer Liberalität, ihrer Lebendigkeit und Aufgeschlossenheit. »Wie ich in dieser Welt *lebe!*«, frohlockte er. Hier war der Nachrichtenhunger einer Millionenbevölkerung zu stillen, und Dolbin sah in der Atemlosigkeit von Informationsbeschaffung und -übermittlung so etwas wie eine »Verdoppelung des Lebens«; denn Schnelligkeit und Abwechslung bedeuteten für ihn, den Tag prall mit Geschehen anzufüllen. Er war geblendet durch die Macht der Zeitungsverlage, in denen die Pressezeichner als Vertreter eines neuen journalistischen Berufsstandes hoch geachtet wurden. Bis Ende der zwanziger Jahre gab es noch kein Radio, die Presse hatte die Aufgabe einer schnellen Berichterstattung zu erfüllen. Aus drucktechnischen Gründen genoß der Pressezeichner den Vorrang vor dem Photographen. Als zeichnender Reporter hatte Dolbin aktuell zu sein, aber gleichzeitig konnte er stets seine künstlerische Aussagekraft und sein psychologisches Gespür beweisen; seine Kopfstenogramme lieferten den Lesern nicht nur physiognomische Abbilder, sondern zugleich Charakterstudien, und waren hochgeschätzt. In der Atmosphäre der »Zeitungsstadt Berlin« – ein Begriff, den Peter de Mendelssohn durch sein 1959 erschienenes Buch über die Pressegeschichte so treffend prägte[3] – lebte Dolbin auf wie in einem eigens für ihn geschaffenen Milieu. Er war immer ein leidenschaftlicher Zeitungsleser gewesen, nun wurde er zu einem besessenen Publizisten.

Seine Briefe an Ninon spiegeln die Hektik seines Berliner Berufsalltags. Rastlos und erfolgssicher wollte er den großen Durchbruch erzwingen. Ninon stärkte sein Selbstbewußtsein: »Verlerne endlich Deine Bescheidenheit, Hase. F. zum Beispiel,[4] der Träumer, der Dichter, ist ein so nüchterner Geschäftsmann, daß ich manchmal Tränen lache. Und er sagte mir, Monatsgagen von 2000-3000 Mark seien für seine – sagen wir ›Branche‹, Kritik und so weiter – durchaus üblich, und Du, Hase, träumst von 600! Dabei kann Kritiken wirklich a jeder! schreiben, aber Karikaturen à la Dolbin – wer? [...] Du wirst Berlin erobern, es kann sich nur um einige Monate handeln. Ich bin ›fest auf Hase‹«.[5]

Aber in ihren Briefen redeten Ninon und Fred aneinander vorbei. Dolbin war weit fort von jeder Gemeinsamkeit. Seine Berichte klangen wie Monologe. Ninon war unzufrieden, daß kein echtes Briefgespräch zwischen ihnen zustande kam: »Warum antwortest Du nie auf das, was ich schreibe? [...] Leider folgt jetzt eine furchtbare Drohung, gemischt mit Erpressung. Also! Wenn Du Dir nicht vor Schreiben des nächsten Briefes meine sämtlichen bisher an Dich geschriebenen Briefchen vornimmst und (mit Wonne) durchliest und nicht sodann Punkt für Punkt, Pünktchen für Pünktchen sie beantwortest, respektive Dich ›diesbezüglich‹ äußerst —— ist dieses Briefchen das letzte, das Du von Ninonchen erhalten hast, und ich schreibe nur noch kurze, bissige Korrespondenzkarten.« Ihre Drohung wirkte nicht. Noch einmal ermahnte sie Dolbin: »Korrespondenz muß Schlag auf Schlag gehen, Rede – Widerrede, und ich hab's ja immer gewußt: Du, der berühmte Briefschreiber, kannst nicht korrespondieren!«

Obwohl Ninon immer wieder traurig feststellte, Dolbin könne ihr »nur schreiben, aber nie antworten«, berichtete sie ihm ausführlich von ihrem eigenen Tagesablauf. Sie klagte: »Die Dissertation geht nicht, sondern kriecht vorwärts.« Oder sie teilte ihm froh mit: »Romanchen hat zwei neue Absätze erhalten und wird bildschön werden. So zwischen Dostojewski und Hamsun, mit etwas Stifter, Dickens und überhaupt allem, was gut und teuer ist (ungefähr Gorgonzola mit Schlagobers)!« Sie jubelte, wenn sie durch Feuilletons ein bißchen Geld verdient hatte, und rüstete sich für den Umzug nach Berlin.

Als Dolbin die Atemlosigkeit seiner neuen Weltstadt-Erfahrungen unterbrechen wollte, um mit ihr in Genf zusammenzusein, frohlockte sie: »Genf im Frühling – das ist nicht auszudenken... Toll vor Glück – Ninon.«[6]

Aristide Briand   Zeichnungen von B. F. Dolbin   Paul Hindenburg

Das Berliner Tageblatt hatte Dolbin den Auftrag erteilt, über die Völkerbundsitzung im März 1926, bei der die Aufnahme Deutschlands erwartet wurde, eine gezeichnete Reportage zu liefern. Hier konnte er historische Augenblicke und weltbekannte Persönlichkeiten festhalten, – eine gehobene Ebene der Berichterstattung! Stresemann und Aristide Briand führten die Reihe der Kopfstudien von Genfer Politikern an, durch die Dolbin schlagartig berühmt wurde. Neue Auftraggeber meldeten sich. Nach zwei unbeschwerten Wochen in Genf, die Dolbin in beruflicher und privater Hochstimmung verbrachte, reiste das Ehepaar getrennt ab, Dolbin kehrte nach Berlin, Ninon nach Wien zurück.

Sie machte in Zürich Station. Wenn ihre Reise sie schon in die Nähe Hermann Hesses führte, wollte sie ihn auch wiedersehen. Sie wußte, daß er die Wintermonate seit 1925 am Zürcher Schanzengraben Nr. 31 verbrachte, wo ihm seine Freunde Fritz und Alice Leuthold[7] eine kleine Wohnung zur Verfügung gestellt hatten. In einer Mischung von freudiger Erwartung und angstvoller Beklemmung besuchte sie ihn am 21. März 1926 in seiner möblierten Mansarde. Sie ging durch den kleinen parkettbelegten Vorplatz im ersten Stock des Mietshauses, vorbei an einer blankgeputzten Araukarie auf ihrem Podest, und eilte die Treppe zum oberen Stockwerk hinauf.

Dort trat sie aus der Kulisse einer kleinbürgerlichen, abgestaubten Wohnwelt hinein in die steppenwölfische Dachklause, wo Hesse »ungleichmäßig und launisch« lebte und sich seinen Besuchern als »Selbstmörder auf Abruf« vorstellte. Aber »Eile tat nicht not, mein Todesentschluß war nicht die Laune einer Stunde, er war eine reife haltbare Frucht, langsam gewachsen und schwer geworden, vom Winde des Schicksals leise geschaukelt, dessen nächster Stoß sie zum Fallen bringen mußte«.[8] Vorerst aber wehte ihm der Wind des Schicksals eine dreißigjährige Besucherin zu, die von ihm Wegweisung und Lebensrat erwartete.

Zu dieser Zeit arbeitete Hesse an seinem Roman »Der Steppenwolf«. Er durchlitt dabei eine Phase seelischer Zerrissenheit, einer anhaltenden depressiven Lebensstimmung und inneren und äußeren Isolierung: »Seit bald drei Jahren fand ich aus meiner menschlichen und geistigen Vereinsamung und Erkrankung keinen anderen Ausweg, als indem ich diesen Zustand selber zum Gegenstand meiner Darstellung machte.« Ninon hatte Hesses Entwicklung vom »Demian« zum »Klingsor« lesend mitvollzogen, sie kannte die Sprünge und Steigerungen seines Wesens, den Wandel, der ihn von belletristischer Allgemeinverständlichkeit zur schreienden Bekenntnisdichtung geführt hatte. Sie war eine Mitwisserin seines Lebens, soweit es sich im Werk spiegelte. Aber trotzdem war Hesse für sie noch eingebunden in das Bild, das sie seit ihrer Kindheit von der »Gestalt« in erdachten Dialogen und ungeschriebenen Briefen entworfen hatte. Der erste Gefühlssturm fegte alle Züge steppenwölfischer Verdrossenheit, die nicht in ihr Bild vom begnadeten Dichter hineinpaßten, hinweg wie unwesentliche Entstellungen.

»H. das ist die höchste Steigerung des Hingabevermögens«, schrieb sie später in einem autobiographischen Romanentwurf. »Ariadne liebt zum ersten Male demütig, der Geliebte ist ihr Gott, sie unterordnet sich ihm völlig, nicht äußerlich – das wäre eine Bagatelle, aber innerlich. So wie in der ›Mappe meines Urgroßvaters‹ von Stifter der sanfte Obrist von seinem Weibe erzählt – ›und so ging ihr die Seele verloren, bis sie sonst nirgends war als in mir‹ – so lebt Ariadne in H.« Ariadne-Ninon, die niemals im Genuß einer Erfüllung ihren Traum hingeben wollte, die die Sehnsucht wachhielt im Kampf gegen die Enttäuschung, die im Suchen, nicht im Festhalten ihr Glück vermutete, sie wurde zum ersten Male vom wirklichen Geschehen gebannt. »Bin nicht mehr ich, in Deinen Armen liegend, hab' ich mich verloren«, heißt es in einem Gedicht, das sie dieser Liebesbeziehung widmete.

Blitzartig erkannte sie, daß all ihr Zögern und Verwarten, all ihre Scheu vor einem festen Platz im Leben nachträglich gerechtfertigt waren. Sie sah sich gleichsam auf dem Gipfel ihres bisherigen Lebensweges angekommen, für dessen Teilstrecken und bruchstückhafte Ansätze es bisher an einem übergreifenden Zusammenhang gemangelt hatte, und wußte: Hesse war das große Ziel, auf das sie sich unerkannt zubewegt hatte! Es grenzte für sie ans Wunderbare, in all ihren schmerzhaften Umwegen den verborgenen Sinn zu entdecken, der seit ihrer Camenzind-Lektüre in ihr selbst geruht hatte, und sie entschloß sich darum, alles, was sie hatte, in diese Beziehung zum Dichter einzubringen, die nicht abreißen durfte, damit sie das, was sie ihr Schicksal nannte, nicht verfehle.

Im Unterschied zu allen vorherigen Liebesbegegnungen vollzog sich das Zusammensein mit Hesse für sie in jener »wirklicheren Wirklichkeit«, für die nur die Göttermythen Vergleichbares boten: Sie fühlte sich verwandelt wie Ariadne in Bacchus' Armen, durch goldenen Regen ausgezeichnet wie Danae durch Zeus, »liebkost von ihrem Gott«. Der Zeitfluß ruhte. Die Welt drang nicht mehr ein. Alle irdischen Begrenzungen schienen aufgesprengt. Die »Heimat des Geistes«, nach der sie immer verlangt hatte, umschloß sie im mystischen Einswerden mit dem Dichter, der sie und ihr Weltverständnis von Kindheit her geformt hatte. Sie war bei ihm und damit zugleich bei sich selbst angekommen. Ihre Gedichte zeugen vom zeitlosen Augenblick des Einklangs:

Die sieben Nächte

I An deinem Lager sitzen
   dein geliebtes Antlitz sehn
   und wenn dich Schlaf umfängt
   mich zu dir neigen
   und deine Atemzüge trinken.
   Schlafendem
   will ich zuerst mich nahn.

II Da ich dich nicht kannte, Geliebter
   war meine Seele einsam wie mein Mund
   der nicht auf deinem ruhte, einsam mein Leib, mein Schoß:

      Da du über mir schwebtest, Geliebter
      verschlossest du mich der Welt
      und meine Welt ist ganz in dir beschlossen!

III   Das ist das Schönste: Aus Ermattung Süße aufgeschreckt
      nicht wissen ob es eigenen Blutstroms Rauschen
      ob es dein Herz Geliebter war
      des Klopfen mich erwachen machte.

IV   Wie unterm goldenen Regen Danae
      liebkost von meinem Gotte liege ich, umschlungen
      und dennoch sehnsuchtsvoll –
      ich trinke dich
      und dürste doch nach dir – –

V   Bin nicht mehr ich
      in deinen Armen liegend hab ich mich verloren
      – oh Zeit steh still
      will niemals mehr mich finden.

VI   Ganz tapfer sein
      nicht denken
      daß es dich gibt
      Du bist nur Ahnung einer Märchenferne
      ich aber darf niemals dorthin.

      Es ist so schwer
      stille zu bleiben
      da du ferne bist.
      Oh alle Tapferkeit zersprang –
      Ich will über alle Fernen
      ich will zu dir!

VII Ackerfeld bin ich. Ausreift der Samen.
      Der du entschwebtest, Geliebter
      du wächst in mir neu.

      In meinem Leibe trag ich Erinnerung,
      trag alle Süße dieser Stunden,
      halte Geliebter dich –
      schaffe Geliebter dich neu.

Aber nicht nur Ninons Gedichtzyklus umreißt die Erlebnisebene, auf der sich ihre Hingabe an Hesse vollzog. All ihre Briefe sprechen von einer unbedingten Zuordnung auf »ihren Dichter«, wobei sich Literatur und Leben auf seltsame Art durchdrangen. Schon am 24. März 1926 schrieb sie ihm auf der Heimfahrt von Zürich nach Wien: »Ich bin so sehr erfüllt, und ich möchte laufen und schreien – und sitze unbeweglich in meine Ecke gepreßt und denke an Dich. Dein Buch liegt auf meinem Schoß, und ich streichle es und liebkose es und lese hin und wieder eine Seite, aber dann muß ich aufhören, so stark klingt das Gelesene in mir nach.«

Wenn sie las, war er ihr fern und zugleich gegenwärtig. »Ich las gestern in Deinen Büchern, die doch *in mir* sind, – ja, ich habe Dich verschlungen wie der Evangelist Johannes das Buch verschlang.« Im Glück seiner geistigen Nähe überfiel sie oft jäh ein Schrecken, der Mensch aus Fleisch und Blut könne ihr verloren gehen. »Ich stelle Dich mir immer wieder vor, in Angst, daß Du mir entgleitest, das gehört zu meiner Wirklichkeitsscheu, daß ich mir alles umdichte, umforme, so daß mir auch die geliebten Gesichter, wenn ich sie lange nicht gesehen habe, verschwimmen. Ich bilde Dein Gesicht in mir – noch habe ich es – wenn es dann zu verschwimmen droht, wirst Du kommen, es mir wieder zu zeigen.«

Zwei Tage später gestand sie ihm: »Ich lebe ganz mit Dir – früh, beim Erwachen lese ich in einem Deiner Bücher, dann denke ich zur Abwechslung an Dich. Dann gehe ich aus – in die abscheuliche, von mir so inständig gehaßte Stadt Wien: Wirklichkeit erfaßt mich. Manierlich spreche ich und benehme mich, stehe Rede, gebe Auskunft, sehe alle business-Menschen mitleidig an und flüchte dann zu mir, zu mir allein, wo nichts anderes ist als Du.«[9] Sie verglich Hesse mit antiken Göttern und christlichen Heiligen. »Zeus konnte eine Sterbliche nur lieben, wenn er sich verwandelte – er wurde Schwan, er wurde Wolke, Stier, Weib – er mußte sich verkleinern, zu einem Teil seines gewaltigen Wesens werden, um lieben zu können – so sehe ich Dich, und wie einem Gotte gebe ich mich Dir«.[10] Sie sah in ihm »den Wunderbaren, der die Seele der Tiere kennt, der sie liebt und begreift wie der heilige Franziskus. Ich liebte diesen Heiligen so und habe einmal unter Dvořák eine Arbeit über ihn geschrieben – aber viel später erst begriff ich, daß ich Dich in ihm liebte«.[11] Schon Peter Camenzind hatte Franz von Assisi als Gegenkraft zu seinem eigenen Leben entdeckt, das in einer übersteigerten Konzentration auf das eigene Ich ablief; ein

Jahr nach der Niederschrift des Romans hatte Hesse dann die Lebensgeschichte dieses Heiligen verfaßt, zu dem sich Ninon wiederum 1918 in ihrer Seminar-Arbeit über die bildlichen Darstellungen des »Sonnengesangs« und der Tierpredigten bekannt hatte.

In ihrer verehrenden Liebe kam Ninon überhaupt nicht der Verdacht, daß sie vielleicht nur eine Episode in Hesses Leben bedeutete. Er hat jedoch sein hastiges und unstetes Liebe-Suchen in diesen Jahren vor der Lebensmitte in den »Krisis«-Gedichten und im »Steppenwolf« nachgezeichnet. Da es ihm bis dahin immer nur um die Ausgestaltung seiner geistigen Persönlichkeit gegangen sei, habe er kurz vor dem Ende des fünften Lebensjahrzehnts beschlossen, den Wolf in sich nicht länger zu zähmen, sondern ein Stück versäumten Sinnenlebens nachzuholen, Liebe und Lust, naives Triebverlangen, – ein an seinem Protagonisten H. H. (Harry Haller) dargestellter, freilich oft recht willkürlich und forciert anmutender Versuch, sich mit Hilfe des Intellekts zu enthemmen. Er wollte der »Wollust unerprobter Sünden« Raum geben und die verdrängte, dunkel-gefährliche Seite seines Wesens, die »Ahnung von Liebe, Ahnung vom Weibe« und die »Wonnen des Geschlechtes« nun endlich auch in Wirklichkeit erfahren. Hesse befand sich nach eigenen Worten in den zwanziger Jahren in »einer jener Etappen des Lebens, wo der Geist seiner selbst müde wird, sich selbst entthront und der Natur, dem Chaos, dem Animalischen das Feld räumt.« Er wollte, »da das Schreiben hübscher Dinge an sich mir keine Freude mehr macht und nur eine gewisse spät erwachte, leidenschaftliche Liebe zur Selbsterkenntnis und Aufrichtigkeit mich noch zum Schreiben treibt«, auch diese »bisher unterschlagene Lebenshälfte ins Licht des Bewußtseins und der Darstellung« rükken.[12] Leben und Schreiben standen, als Ninon ihm begegnete, unter dem verzweifelten Versuch, Verpaßtes aufzuarbeiten:

> Manchmal tut mir leid, daß ich dies Leben
> Eines Steppenwolfes allzu spät begonnen.
> Hätt ich jünger schon mich ihm ergeben,
> Wär es eine Quelle vieler Wonnen,

heißt es in Hesses »Krisis«-Gedicht »Gewissen«,[13] das Licht wirft in diese Zeit des »fatalen Lebenshungers« eines Fünfzigjährigen, des Nachholbedürfnisses an Liebe und naivem Leben, an durchzechten Nächten, an »Shimmy-Tanzen und den Künsten des Lebemannes«.

Ninon wurde Hesses Geliebte in einer Zeit, da er beschlossen hatte: »Lassen wir die Welle branden, lassen wir diese angeblich letzte Wallung des Lebensdranges sich austoben«;[14] dennoch hat sie instinktiv erkannt, daß Hesse unter der Maske des »Verführers« und »Wüstlings« – Gedicht-Titel aus der »Krisis« – nur einen neuen, erbitterten Ausbruch aus seiner tödlichen Isolierung ins Leben wagte. Sie zweifelte keinen Augenblick am Ernst ihrer gegenseitigen Beziehung.

Hesse hatte ihr jedoch am 23. März 1926, dem letzten Tag ihres Züricher Aufenthaltes, ein Abschiedsgedicht gewidmet. Während die Zeitform der vorletzten Zeile andeutet, daß sein Dank für ihre Einfühlsamkeit noch fortwirke, ruft ihr die Schlußzeile ein freundliches Lebewohl zu, während sie noch bei ihm weilt: Hesse wählte – bewußt oder unbewußt – das Praeteritum, das Tempus für das bereits Vorübergegangene, Abgeschlossene und bezeugte dadurch seinen inneren Abstand:

Ninon

Weit war der Weg, den du zu mir gegangen,
Oft bist du unterwegs allein geblieben,
Was für ein Traum, was für ein Glückverlangen
Zwang dich in all den Jahren, mich zu lieben?

Ach, mich zu lieben, den verlorenen Sohn,
Bringt Zwiespalt nur und bittere Bedrängnis,
So viele deiner Schwestern liebt' ich schon
Und wurde allen Irrweg und Verhängnis.

So viel Verstehen hab ich dir zu danken,
Hold klang dein Ruf in meines Lebens Wüsten.[15]

Dagegen wirkt Hesses zweite namentliche Widmung für Ninon, »Fest am Samstagabend«[16], wie ein verschlüsseltes Treueversprechen: »Meine Sehnsucht geht nur nach Dir, niemals werd ich nach Mailand fahren.«

Darin steckt ein literarischer Bezug: Goethe hatte in seiner Novelle von der schönen Mailänderin eine Verzichtliebe zu einem »gleichsam anfragenden Wesen« dargestellt, die sich während seines zweiten römischen Aufenthaltes 1787/88 ereignete.[17]

Fest am Samstagabend

Heut war die schöne Mailänderin dabei,
Wir tanzten wenig, saßen lang und sprachen,
Früh um fünf Uhr kam ich nach Haus,
Man sah am Himmel, daß der Tag schon nahe sei.
O Ninon, du darfst nicht schelten noch lachen,
Die Mailänderin sah so traumhaft aus,
Ihr Auge und Mund ist so klar geschnitten,
Zwei Stunden lang war ich in sie verliebt,
Ohne sie doch um mehr zu bitten,
Als was jede Frau jedem Mann von selber gibt.
Jetzt schau ich zurück auf die festliche Nacht,
Sie hat mir doch etwas wie Glück gebracht,
Und nun träum ich von deinen schwarzen Haaren,
Liebe Seele, wärest du hier!
Meine Sehnsucht geht nur nach Dir,
Niemals werd ich nach Mailand fahren,
Wenn ich es auch so obenhin versprach.
Der Sonntagmorgen schaut in mein Gemach,
Nur eine Minute schlief ich und sah im Traum
Dich und die Milanesin zusammenfließen,
Weib und Schlange unter dem Lebensbaum,
Und mich so fest und glühend umschließen
Wie ichs in Jünglingsträumen einst gefühlt,
Die niemals eine Wirklichkeit ernüchtert und gekühlt.
Das Paradies stand hell in Flammen,
Und ihr beide drücktet mein Herz
So voll selig tötender Liebe zusammen,
Daß ich verging in rasender Wollust Schmerz.
– Wohin ist das schon wieder entschwunden?
Ich liege, Schlaf erwartend, seit Stunden,
Müde, müde, aber noch immer ein wenig froh.
Nun ja, ich weiß, es bleibt nicht lange so.

In einer Vision morgendlichen Dämmerschlafs verfließen die Gestalten der verführerischen Mailänderin und Ninons zu jener biblischen Einheit von Weib und Schlange, die unter dem Lebensbaum durch sündhafte Verlockung Adam die Erkenntnis brachte und ihn aus der Unschuld des Paradieses stieß.[18] Die christliche

Vermengung von Lust und Schuld wirkt in dieses Gedicht noch aus der von pietistisch-asketischen Einflüssen geprägten Jugend Hesses herüber, als ihn in heißen Träumen die Glut noch unerfahrener Umarmungen mit dem Reiz des Verbotenen schreckte und lockte. In seinem Wachtraum vom wieder entflammten Paradies verschmilzt Ninons Bild mit dem biblischen Urbild der Frau, mit Eva, der Ur-Geliebten, was sich in der erregten Phantasie des Schlaflosen bis zur »selig tötenden« Liebesempfindung steigert.

Dennoch muß Hesse über das Ungestüm der Empfindungen Ninons erschrocken gewesen sein. Ihre Erwartungen, ihr fast ekstatisches Vertrauen, haben ihn zweifellos irritiert und in seiner damaligen Krise überfordert. Wir kennen seine Erwiderung auf ihre frühen Briefe nicht. Sie sind vielleicht mit anderen persönlichen Dokumenten von Ninon verschnürt und versiegelt dem Deutschen Literaturarchiv in Marbach zur Aufbewahrung übergeben und bis zum Jahre 2008 gesperrt worden.

Ninons Antwortbriefe spiegeln jedoch seine Abwehr. »Oh, wie weh hat mir Dein Brief getan. Ich kann Dir das nicht schreiben. Ich bin von dem Weg, der scheinbar der meine war, ganz fort, ich sehe nichts – ich fühle nur das Eine: Ich muß zu Dir. [...] Oh, nichts von ›Tragweite‹, nichts von ›bedenken‹: Ich will zu Dir –– es zieht mich, treibt mich zu Dir. Oh, Dein Brief. Wie weh, wie weh hat er mir getan!«[19]

Sie schlug Hesse ein Treffen vor. Er antwortete ablehnend. Sie schrieb ihm: »Wie gut, daß dieser schreckliche gestrige Tag vorüber ist. Dein Brief hatte mich für viele Stunden gelähmt, ich lag unfähig, ein Glied zu rühren da, dachte immer im Kreise – genug, ich will es Dir nicht beschreiben [...] Du schreibst mir einen Brief, als wärst Du 95 Jahre alt, wie Du immer sagst – so kalt und klar und weise – aber Du bist doch nicht so.

Aber eben das, daß Du alles bist – jung – alt – kalt – glühend – Gott – Teufel – das ist eben das Wunderbare.

Als ich die Stelle las: Ich schicke Dir Montag Deine Halskette nach – fiel ich um, lag auf dem Boden, lange. Denn ich war so sicher gewesen, Du würdest sie mir selber bringen. Ach Lieber! Lies das nicht als Vorwurf – Du bist so, wie Du sein mußt – aber ich will Dir alles sagen, was in mir ist, ich tue es ohne Zweck, nur weil es mich treibt und weil ich Dir schreibend näher bin und weil ich Dir nahe sein will«.[20]

Ein paar Tage später wandte sich Ninon wieder an Hesse: »Liebster, sei nicht böse über mein Ungestüm. Heute will ich klar und vernünftig sein und alle Bürgertugenden in mir hervorsuchen! Weißt Du, als ich von Zürich abreiste, schien mir alles so klar – so klar, daß man gar nicht darüber sprechen mußte – daß ich bei Dir bleibe, diese Abreise war nur eine zufällige, unwesentlich für uns. Deshalb erschreckte mich Dein Brief, der von alledem, was zwischen uns war, wie von Gewesenem sprach, für etwas dankte, das eben erst begonnen hatte, Abschied nahm, da ich erst Begrüßung erwartete.«

Sie litt unter Hesses abweisenden Briefen und wünschte Klarheit. »Wenn Du mich warnst, mein Schicksal mit Deinem zu beladen – denkst Du da mehr an Dich oder an mich? Ich meine: Ist das, weil Du *mich* schonen willst, weil Du für *mich* fürchtest, *meine* Enttäuschung, *meinen* Jammer? Oder fürchtest Du das alles für Dich auch? Das, scheint mir, muß zwischen uns klargestellt werden.

›Es kann Dir von mir nichts Gutes kommen, nur Böses‹, schreibst Du. Oh Lieber – ich frage nicht nach Gut und Böse, wenn ich bei Dir bin, wenn Deine Hand es spendet. Glaube nicht, daß ich blind bin, daß ich Schweres leichtnehme. Aber ich fürchte mich auch nicht.«

Zweifellos entsprach der Ton der Briefe, durch die Hesse Ninon vor einer weiteren Bindung abschrecken wollte, seinen im Winter 1925/26 entstandenen *Steppenwolf-Gedichten*. Darin hatte er in der Metapher des einsamen Wolfes, der hungernd, frierend und gefährlich rachsüchtig die Behausungen der Seßhaften umkreist, das alte Außenseiter-Thema bis in die Darstellung von Haß und Blutgier eines Ausgestoßenen gesteigert. Diese vor dem Prosa-Steppenwolf entstandenen autobiographischen Verse zeugen von den destruktiven Zwängen eines Verbitterten, der sich in provozierender Menschenfeindlichkeit und Tötungslust gegen jene aufbäumt, die ihn vermeintlich ins Abseits verbannt hatten. Diesem »Tagebuch in Versen«[21] fehlte noch der rettende Gegenpol, den Hesse ein Jahr später im Steppenwolf-Roman seiner irdischen Pein als möglichen Ausweg gegenüberstellte: der heitere Raum der Unsterblichen, zu dem er im Geist Jean Pauls eine Brücke schlug; im »Ewigkeitsgelächter« relativierte er alles Weltleid zum unbedeutenden zeitlichen Zwischenspiel – ein versöhnlicher Ausgleich, wie ihn schon Knulp von Gottes höherer Warte her erfahren hatte. Durch die Steppenwolf-Gedichte aber trabte das unbehauste, mordgierige Raubtier – Sinnbild des eigenen Unbewußten – unerlöst und doch erlösungshungrig, und sie zeugen ebenso wie Hesses zeitgleiche Briefe von Lebensekel, betäubendem Alkoholgenuß und dem Überdruß an privaten Sorgen durch zwei gesundheitlich gefährdete Frauen und drei schwierige heranwachsende Söhne, – Belastungen, die auch die stets heilsame schriftstellerische Arbeit verhinderten.

Wahrscheinlich versuchte Hesse, Ninon durch die Schilderung seiner verzweiflungsvollen Tage und durchzechten Nächte von einem weiteren Besuch abzuhalten. Vergebens, – Ninon glaubte hinter all seinen bitterbösen Anklagen und Selbstmorddrohungen die Gebärde eines Verletzten zu sehen, der um Verständnis und Liebe warb. Seine Gedichte und Briefe klangen für sie wie schrille Notschreie eines vom Lebensspiel Ausgeschlossenen, der dennoch im tiefsten Innern hofft, akzeptiert zu werden. Da er ein Zusammentreffen mit ihr auf halber Strecke abgelehnt hatte, teilte sie ihm kurzfristig ihre Ankunft in Montagnola mit, wo er inzwischen in seiner Sommerwohnung eingetroffen war. Sie blieb ungefähr eine Woche bei ihm und berichtete darüber nach ihrer Rückkehr am 17. April in einem Brief an Dolbin: »Ich war jetzt einige Tage mit Hesse beisammen. In Zürich war ich zu kurz, Briefe erzeugten Mißverständnis und Unruhe, jetzt ist es klarer zwischen ihm und mir. Er weiß, daß ich bereit bin, ihm zu folgen, wenn er mich ruft. Ich weiß, daß er mich lieb hat und daß er Furcht davor hat, mein Leben an das seine zu binden, das kein Leben, sondern ein Martyrium ist. Vielleicht überwindet er Angst und Zweifel und ruft mich. Vielleicht sehen wir uns niemals wieder. […] Ich muß jetzt tapfer sein und das schwere Leben tragen.« Alles, was sie nach ihrer Rückkehr aus Montagnola schrieb, spiegelt eine tiefe Verzweiflung. Eigentlich bestand ihr Tagesablauf in Wien nur darin, auf Post zu warten, auf eine Nachricht von Hesse. So schrieb sie ihm am 29. April: »Ich habe jetzt drei Tage keinen Brief von Dir gehabt und bemühe mich, tapfer zu sein. Aber glaube nicht, daß Du mir schreiben ›mußt‹ – ein Brief oder Gruß von Dir ist ein Geschenk, kein Tribut.« Eine innere Unrast erfüllte sie: »Stillsitzen ist schwer!« Sie dachte an Hesse, wenn sie durch die Straßen lief, sah sein Bild, hörte ihn sprechen, fand ihn in seinen Büchern. »Aber dann kommt der Augenblick, in dem diese ganze tröstliche Welt von Bildern und Worten zusammenfällt, und ich spüre, daß ich allein bin und nichts von Dir weiß, nicht einmal, wo Du bist.«

Gedicht-Handschrift Ninon Dolbins aus dem Jahr 1926/27

Ninons innerer Dialog mit Hesse riß nicht ab. »Was tue ich denn seit 16 oder 17 Jahren anderes, als Dir schreiben?« Sie dankte ihm für sein Vertrauen, »daß Du mich soviel von Dir wissen läßt – auch wenn es das Wissen um Deine Liebe zu einer anderen Frau ist.« Auch weiterhin trug sie ihm alles zu, wurde »jedes neue Erkennen, jedes Erleben ein Schritt auf dem Weg zu Dir!«[22]

Aber auf rätselhafte Weise wurde ihre Distanz zu Hesse größer, als Mann entzog er sich ihr; als Dichter aber, als »Gestalt«, wurde er wieder deutlicher, greifbarer, wurde zum eigentlichen Ziel ihrer Gedanken und Empfindungen. Darum tragen auch die meisten ihrer Briefe an Hesse keine Anrede: »›Liebe Ninon‹, schreibst Du, das klingt so einfach und selbstverständlich, aber ich kann Dich nicht so nennen, wie die Juden das Wort Jehova nicht sagen dürfen. Als ich Dir meinen ersten Brief schrieb, konnte ich es schon nicht – Du warst ein wunderbares Wesen und ein ungeheures – wie konnte man das in die bürgerliche Formel ›hochgeehrter Herr Hesse‹ zwängen – schwer genug war es ja, die Adresse zu schreiben! Und so blieb es bis heute. [...] Wenn ich ›Du‹ sage, so ist das ein Schrei, keine Benennung. Und daß ich Dir so ungeschickt schreibe oder unbeholfen zu Dir spreche, das ist dasselbe, und das steht auch schon in der Bibel, daß Moses stotterte, als er mit dem Herrn sprach. Der *Ergriffene* stottert eben, er hat sich nicht in der Gewalt«.²³ Ein andermal versicherte sie ihm: »Ich versuche immer, Deinen Namen zu sagen, aber es geht immer noch nicht!« Es verging fast ein Jahr, bis sie einen Brief mit »Lieber H.!« begann, und erst im Mai 1927 wagte sie ein »Lieber Hermann«, und, wie um zu üben, wiederholte sie zum Abschluß dieses Briefes: »Ich habe Dich lieb – Hermann, lieber Hermann!«

Sie verwahrte sein Bild in einer Schachtel. »Um Dich zu sehen, muß ich immer erst die Schachtel öffnen, es ist wie ein Flügelaltar – das Liebste und Heiligste soll nicht offen herumstehen oder -hängen, es muß geschützt sein, und nur wenn man mit ganzer Seele dabei ist, soll man den Schrein öffnen.« Sie barg die kostbaren Erinnerungsstücke in einem »Heiligtumkästchen«, Zeitungsausschnitte über Hesses Vorlesung in Wien im Jahre 1913, Briefe, Karten und Grüße von ihm. Auch die erste Fahrkarte nach Lugano aus dem Jahre 1922 hatte sie wie eine Reliquie darin aufbewahrt. Ihr Gedenken und ihr innerer Dialog galten wie einst dem *Dichter*, weil der Geliebte in gläserne Fremdheit entrückt schien: »Oft glaube ich Dich zu verstehen, und doch ist es immer nur ein Teil Deines Wesens, den ich erfasse. Aber manchmal, ganz kurze Augenblicke lang, verstehe ich Dich plötzlich ganz und stehe offen und empfange Deinen Geist«.²⁴

Die Botschaften Hesses klangen jedoch sparsam und knapp, und sie machten Ninon unsicher und traurig: »Ich wundere mich, daß Du mir so wenig schreibst, aber ich verlange es nicht, und ich bitte Dich auch nicht darum. Ich sage es Dir nur. Für mich ist Dir-Schreiben etwas so Gebieterisches, ich muß einfach, ich wähle es mir nicht, ich nehme es mir nicht vor. Es ist wie Umarmen! Sehnsüchtig schicke ich meine Wörtchen aus und glaube Dir näher zu sein, wenn ich Dir schreibe.«

Seine Briefe erschienen ihr kühl und abgeklärt: »Du sagst mir überhaupt so wenig von Dir! Was Du mir schreibst, ist alles schon Kristall. Ich aber *erlebe* Dich und mich im Schreiben. Aber Du sollst nicht anders sein – glaube das nicht, daß ich das will«.²⁵

Oft aber wurde Ninon unsicher, ob ihre Briefe Hesse überhaupt erwünscht oder ob sie ihm nicht sogar lästig waren: »Ich bin schon seit einigen Tagen so zerrissen und will Dir sagen, weshalb. Es ist, weil ich nicht weiß, ob ich nicht unrecht tue, Dir zu schreiben«, gestand sie ihm am 14. Mai 1926. »Ich fürchte mich vor dem steten Tropfen, der den Stein höhlt, ich fürchte mich vor der Epheustärke.« Sie warnte ihn, sich durch ihre Beteuerungen, daß sie zu ihm stehe und auf seinen Ruf warte, nicht aushöhlen oder sich von der Epheustärke ihrer Annäherung umschlingen, ja »erdrosseln« zu lassen. In einer von ihr vorgeschlagenen Probe- und Wartezeit versuchte sie, ihren früheren Lebensrhythmus und die Arbeit an der Dissertation wieder aufzunehmen, »es geht, wenn auch noch nicht sehr gut. Plötzlich fällt mir die Feder aus der Hand, und ich sehe meine Manieristen nicht mehr und höre einen Satz aus Deinem Brief und muß die Augen schließen. – Aber tapfer nehme ich dann wieder das Federchen und ›produziere‹ weiter.« Täglich arbeitete sie in der Sammlung der Albertina, aber die Hieroglyptik und Emblematik der Renaissance vermochten sie nicht mehr zu fesseln, immer wieder schweiften trotz fleißiger Bild- und Textstudien die Gedanken ab. Alles verwies sie auf Hesse; als sie Delaunes Stiche vom verlorenen Sohn betrachtete, klang die Verszeile aus seinen »Gedichten des Malers« in ihr auf: »Noch einen Sommer, Du verlorener Sohn«. Im Grunde wollte sie sich von ihrem inneren Umgang mit Hesse gar nicht ablenken lassen: »Verzweifeln, nicht arbeiten!« ermahnte sie sich, nur so konnte sie das Erlebte verarbeiten. Und weil Vernunft, die zum Verzicht drängte, und Gefühl, das sie zu Hesse hintrieb, ständig in ihr stritten, unterschrieb sie ihren Pfingstbrief 1926 in diesem Zwiespalt: »Ninon« und »Ninon«.

In dieser Zeit, da Ninon in Hoffnung und Zweifel auf Hesse hin gerichtet war, begann Dolbin ungestüm um sie zu werben. Lange hat er ihr den Schritt, den sie von sich aus auf Hesse zu getan hatte, nicht verziehen; immer wieder warf er ihr tief gekränkt vor, sie habe die folgenreiche Begegnung mit Hesse auf der Rückreise von Genf herausgefordert und ihn dadurch gleich nach ihrer Versöhnung hintergangen: »Ich habe es bis heute (trotz bestem Willen, trotz Versteckspielen vor mir selbst) noch nicht verschmerzen können, daß Du mich eben zu dieser Zeit verraten hast, als mich der Kampf um meine neue Existenz am stärksten in Anspruch nahm. Und: *ich* hatte Dir die Reise in die Schweiz ermöglicht, ich hatte meine *ersten* Ersparnisse darauf verwendet, Dich bei mir zu haben, Du hattest zu sehen bekommen, wie ich, mit welchem Einsatz von Körper und Geist, ich mich durchzukämpfen habe, und hast doch jene verhängnisvolle Begegnung herbeigeführt, die uns auseinanderreißen sollte. Wäre die Begegnung *zufällig* erfolgt, kein Wort des Vorwurfs käme über meine Lippen. Das wäre Schicksal zu nennen gewesen«.[26]

Ninon verstand Dolbins Verbitterung. Sie beteuerte ihm wiederholt: »Mit keinem Gedanken, mit keiner Faser meines Herzens hatte ich an die Möglichkeit gedacht, daß es zwischen H. und mir so kommen könne, als ich nach Zürich fuhr. Ich wußte, daß er vor zwei Jahren ein schönes junges Mädchen geheiratet hatte, ich glaubte – wenn ich es auch nicht gerade hoffte, aber ich war fast sicher –, seine Frau kennenzulernen. Aber sie war nicht da. Wir sprachen mehrere Stunden, dann fragte ich zaghaft nach ihr, und er erzählte, daß sie ihn gleich oder bald nach der Hochzeit verlassen habe, sie lebe in Basel. Wie hätte ich das ahnen sollen! Nein, unsere schöne Schweizreise, Dein schönes Geschenk an mich, das darfst Du nicht in den Schmutz ziehen, es war so wunderschön, *und unser Beisammensein gehörte nur uns beiden!*« Sie schloß diesen Brief vom 19. Mai mit der Frage: »Hast Du mir meine Sehnsucht nach Annette Kolb verargt? Meine Freude am Mont Blanc, an Konrad Witz? Ebenso groß war die Freude auf das Zusammentreffen mit dem verehrten und von Kindheit an geliebten Dichter.«

Immer war Fred es gewesen, der als Mann fraglos alle Freiheiten für sich in Anspruch genommen hatte und der sich trotz seiner zeitweiligen Entfernung von Ninon *ihrer* Gefühle stets sicher gewesen war. Nun aber, da er sie an Hesse zu verlieren schien, erkannte er, wie sehr er die Klarheit und Beständigkeit ihres Charakters neben sich brauchte, und er kämpfte um sie mit Drohung und Verlokkung, mit beleidigender Schroffheit und mit zärtlicher Freundschaft. Nach ihrem zweiten Besuch bei Hesse hatte Ninon ihm am 17. April geschrieben: »Daß ich Dir wehtun muß – ach wie schmerzt mich das. Du bist so allein, nicht nur in Berlin, auch sonst im Leben, obwohl Du Eltern hast und Bewunderer und Anbeterinnen. Und nun muß ich, Dein bester Freund, Dir eine Wunde schlagen, und ich möchte doch so gerne Dich streicheln und gut zu Dir sein. Man wählt sich das nicht. Ich habe selber Schmerzen und muß Schmerzen bereiten. [...] Ich muß jetzt tapfer sein und das schwere Leben tragen.«

Es bedeutete schon Trost für sie, wenn Dolbin ein wenig Verständnis zeigte; denn seine Anklagen verletzten sie tief: »Unmännlich ist sie gar nicht, Deine Einstellung – im Gegenteil, sie ist so richtig männlich (male = tierisch-männlich) im Gegensatz zu ›menschlich‹. Aber es ist nicht an mir, Kritik an dem zu üben, dem ich Schmerz zugefügt habe. [...] Ich lerne jetzt erkennen, daß es nicht so gradlinig geht, wie ich früher dachte. Man kann beginnen, einen andern zu lieben, ohne aufgehört zu haben, den einen zu lieben.« Ninon schlug Dolbin in diesem Brief vom 4. Mai eine Schonfrist vor, bis sie ihre zerspaltenen Gefühle wieder überschauen und sich eine abgewogene Entscheidung zutrauen könne: »Es ist mir, als wäre ich krank, zwischen Leben und Sterben. Wenn ich leben bleibe, dann bleibe ich bei Dir, wenn ich sterbe, dann kann ich ein neues Leben beginnen (auch das Leben bei Dir wäre ein ›neues Leben‹ nach solcher Krise). Jetzt aber lebe ich nicht und bin nicht gestorben, und niemand hilft mir, niemand kann mir helfen.«

Sie bat Dolbin am 19. Mai 1926, sich ohne Argwohn mit dieser »Zwischenphase« abzufinden: »Wir greifen nicht vor mit Entscheidungen und Entschließungen, was kommen muß, wird kommen. Warten – in Freiheit wählen! Und meintest Du nicht Ähnliches, als Du schriebst: ›Zwischen uns ist so sehr alles aus, daß es beinahe wieder einen Anfang geben könnte [...]‹? Ich verstehe, daß Du in Deinen Gefühlen für mich jetzt nicht konsequent sein kannst. ›Schreibe mir doch und versuche, mich als Deinen Freund zu betrachten‹, schreibst Du, und im heutigen Brief: ›Ich verzichte auf die Freundin!‹ Aber wie schön schreibst Du: ›Mut, Mut, mein Liebes! Handle nur Dir zuliebe?‹ Es fällt mir so schwer, Dir *nicht zärtlich, nicht liebevoll* zu schreiben. Und ich habe es ja auch hier in Wien viel schwerer als Du in ganz neuer Umgebung.

Alles erinnert an Dich und an acht, trotz allem schöne Jahre (soweit sie unsere Beziehung betreffen, denn eigentlich habe ich doch so viel Unglück in dieser Zeit gehabt! Aber über das spreche ich nicht, weil es doch vergeben ist und also vergessen sein muß. Muß? Müßte).

Oh, sage mir nichts Böses, quäle mich nicht, sei gut zu mir. Denn ich quäle mich sehr, es geht mir schlecht.« Wenn Dolbin aber in seinen Briefen Freundschaft und Mitgefühl äußerte, machte er sie glücklich und unglücklich zugleich. »Glücklich, weil ich Dich bewundern durfte, Du hattest nicht nach dem banalen Rezept ›tuez-la‹ gehandelt, nicht nach den bourgeoisen Besitzer-Begriffen – unglücklich, weil jetzt mein Kampf ganz neu begonnen hatte! [...] Nach Deinen Briefen sah ich mich wie die ›Frau vom Meer‹ wieder vor die Wahl gestellt. Das zerriß mich, das machte mich unglücklich.«

Wie gewohnt fand Ninon eine Typisierung ihres Schicksals in der

Literatur, in Ibsens »Frau vom Meer«,[27] Ellida, die in ihrer Doppelbindung an zwei Männer von einer seltsamen Seelenkrankheit befallen wurde. In unverbrüchlicher Treue wartete sie auf einen Fremden, der vor Jahren mit einem gestrandeten Schiff vom Meere kam und dem sie sich als Mädchen durch ein geheimnisvolles Verlöbnis verband, dessen Gültigkeit für sie auch durch ihre Ehe nicht aufgehoben wurde. In vielen Stunden, die sie traumversunken am Meere – seinem Element – verbrachte, erwartete sie den Fremden. Ihr Mann, der allmählich eingesehen hatte, daß sie in seiner überschaubaren Alltagswelt nur Gast war und jenem Fernen innerlich angehörte, kämpfte um sie; aber erst als er sie freigab, brach der Bann des Fremden, und Ellida bekannte sich zu ihm, sie blieb seine Frau.

Indem sich Ninon gegenüber Dolbin mit der Frau vom Meer verglich, dankte sie ihm, daß er ihr durch Großmut und Verzicht die Freiheit der Wahl zurückgeschenkt habe. Gleichzeitig aber deutete sie ihr Gefühl für Hermann Hesse als eine innere Zugehörigkeit, die unablösbar bestand, seit er sie einst – wie der Seefahrer Ellida aufs Meer – in die Zaubergärten seiner Dichtung entführt hatte. »Daß es geschehen konnte, Fred, daß eine neue Liebe mich ergriff, das muß ich eben tragen. Es ist sehr schwer. Denn zwischen H. und mir ist alles unklar, und vielleicht wird es noch viele Monate lang so unklar bleiben, und vielleicht auch werden wir nie zusammenkommen.« Da Dolbin jedoch ihren Entschluß mit List oder treuherzigen Angeboten herausfordern wollte, verweigerte Ninon ihm am 2. Juli ein Zusammentreffen; denn »alle schwebenden Verwirrungen schweben weiter [...] ich kann für die Zukunft noch nichts sagen, es kann sich nur um Gegenwart handeln«.

Ninons Abwehr kränkte Dolbin, der sich seiner Macht über Frauen gewiß war. Bei ihr war er machtlos! In verletzter Eitelkeit bemerkte er am 5. Juli: »Schmerzlich getroffen ziehe ich meine Einladung zurück, die in unverbindlicher Form gehalten ist und derart gebefreudig erfolgte, daß aus ihr Bedingungen nur *der* herauszuhören vermag, der bereits seit vielen Wochen *eine andere Sprache* – besser: die Sprache eines andern – spricht. Ich stand bis heute Dir gegenüber wie jemandem, den ich in mein Leben ziehen will (nicht *wieder ziehen* will!) [...] Nun werde ich die nächsten Tage und Wochen ganz anders einteilen.« Drei Tage später stellte er angreiferisch fest: »Du willst nicht kommen, weil sich eben zwanzig Stunden Bahnfahrt wegen vier bis fünf Tagen zwar nach Lugano, nicht aber nach Weimar lohnen. Nun, ich will weder kleinlich noch nachträgerisch sein. Schließlich weißt Du selbst scheinbar nicht, *wie* unbegründet Dein Glauben ist, Du ständest zwischen zwei Männern.« In seinem Wirklichkeitssinn hielt Dolbin Ninons rätselhafte Gebundenheit an Hesse schlichtweg für einen Wahn, der wie ein nächtliches Traumgespinst verfliege, wenn Daseinsfreude – Betrieb in Berlin – sie wieder aus ihrer Zurückgezogenheit aufschrecken würde.

Auf seinen nächsten Vorschlag, sich einmal »zwischen Weimar und Wien« auszusprechen, ging Ninon ebenfalls nicht ein. Dolbin vermutete Ausflüchte: »Für einen Narren des Herzens enden die Überraschungen eben nie: hatte ich doch erwartet, daß die Nähe, van Gogh und ein bißchen Sehnsucht Dich veranlassen würden, hierher zu kommen. Ach, ich weiß, es gibt Schwierigkeiten, Fahrplan, Geld, was weiß ich, aber gibt es dem einen Menschen gegenüber keine, dem andern gegenüber alle möglichen Schwierigkeiten? Ach, wie Du Dich selbst belügst! [...] Wenn mein Tagesprogramm auch hier und da noch so geschieht, als fragte ich mich, was *Du* in diesem Falle tätest, ich hoffe sehr, daß das nicht lange währen wird. [...] Über Dich Wahnsinnige ein andermal!«[28]

Dolbins Briefe boten Ninon eine Mischung aus Drohung und Verführung. Durch laufende Berichte über seine Berliner Erfolge wollte er ihr Bewunderung abverlangen, so teilte er ihr am 14. Juli stolz mit: »Bei vielen Gelegenheiten merke ich, daß ich nicht nur bekannt, sondern bereits berühmt bin! [...] Ich freue mich über Deine Fähigkeit, stolz auf mich zu sein, und über Deine Wünsche, die meine Rußlandreise angehen. [...] Die Bewunderung, die ich skizzierend errege, ist grotesk. Beinah täglich erscheinen zwei bis acht Zeichnungen. Zehn Tage allerdings intensivster Tätigkeit – am Samstag der Vorwoche habe ich zum Beispiel 300 Zeichnungen gemacht –, haben mir hier in Frankfurt über 2300 Mark gebracht, was Dir sogar imponieren dürfte. [...] Meine Popularität: heute verkündete der Süddeutsche Rundfunk, daß ich beim Homburger Termin anwesend sei«.[29]

Sein Wunsch, Ninon nach Berlin einzuladen, um ihr das abwechslungsreiche Leben an seiner Seite schmackhaft zu machen, fand keine Gegenliebe: »Wie? Nicht einmal in Erwägung ziehst Du einen Aufenthalt in Berlin statt in Zürich? [...] Wie niederdrückend die Machtlosigkeit vor Dir! Meine Lockung – gewiß, ich schreie nicht, drohe nicht, winsele nicht – wird Dir keineswegs spürbar.«

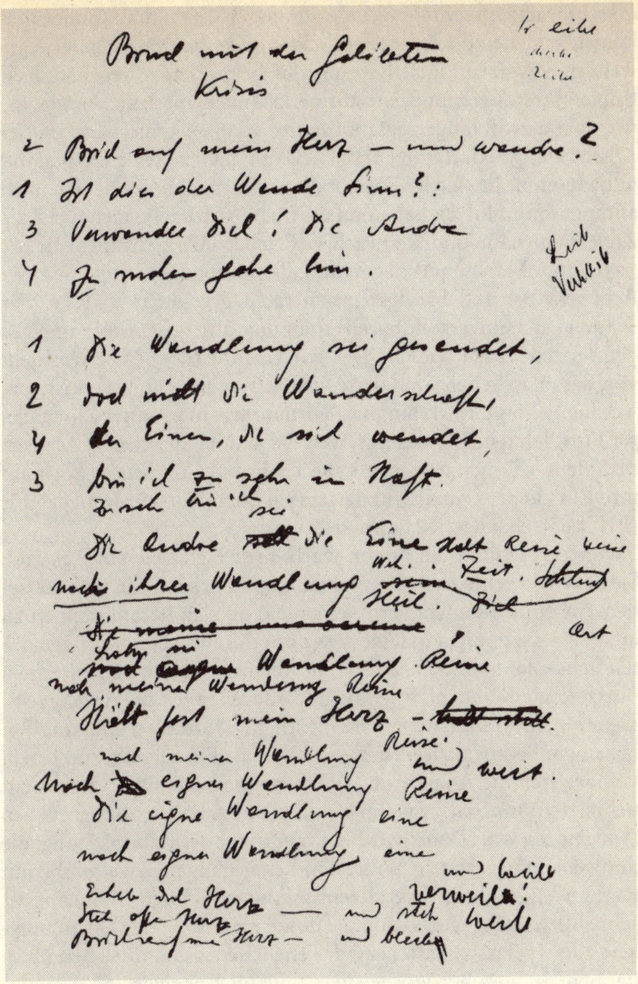

Gedichtentwurf B. F. Dolbins: Bruch mit der Geliebten – Krisis

Dolbin schickte Ninon alle Zeichnungen, die ihm besonders gelungen schienen oder veröffentlicht worden waren, denn er legte weiterhin Wert auf ihr Urteil, und sie bekundete in regelmäßigen Briefen ihre unverminderte Aufmerksamkeit für seine Arbeit. Er, der selbstgewiß lange geglaubt hatte, »daß es keineswegs großer Anstrengung bedarf, um Dich wieder an mich zu fesseln«, gestand nun kleinmütig: »Ich leide unter dieser Ohnmacht, zu der ich mich anfangs entschlossen habe und die heute aufzugeben ich nicht die Zuversicht habe und wozu ich vielleicht auch nicht mehr in der Lage bin.« Manchmal stieg in ihm, der Ninon offen zugab, »trotz Arbeitstrubel und Erfolgstamtam nicht glücklich« zu sein, der Schmerz der unvermeidbaren Trennung auf: »Ich fühle mich in den letzten Tagen wie ein Tier vor einem Erdbeben: etwas geht vor, das mein Leben verändern wird; ich weiß nicht, was es ist, von wo aus es kommt, ich bin nur bedrückt wie in gewitterschwangerer Luft. Ich teile Dir das mit, weil Du ja doch der einzige Mensch bist, dem ich mich mitteilen kann.« Ab und zu hoffte er noch auf ihre Rückkehr: »Am liebsten hätte ich doch, Du würdest Dich für Berlin entscheiden. Vielleicht?«[30]

Während Dolbin um Ninon warb, hielt Hesse sie auf Abstand. Sie aber versuchte zunächst einmal, ihm in Briefen zur Seite zu stehen. Sie spürte sein Zögern, jemanden an sich herankommen zu lassen. Hatte er nicht in seinem 1925 veröffentlichten »Kurzgefaßten Lebenslauf« erklärt, daß »sein Alleinsein«, sein »Besessensein durch Leiden« ihm als »Schutz und Panzer gegen die Außenwelt« diene?[31] Darin bestand ja der eigentliche »Komplex von Tragik«: in seinem Bedürfnis frei zu bleiben und als Einzelgänger zu leben, verbarg sich die Angst, auf Anforderungen von außen Rücksicht nehmen zu müssen, was ihn von den Aufgaben abzog, an denen ihm gelegen war. Daneben aber litt er unter der Enttäuschung, die ihm seine nach langem Widerstand eingegangene zweite Ehe mit Ruth Wenger bereitete, deren bindungssüchtiger Hingabe er schließlich nachgegeben und die ihn dann aus innerer Unstimmigkeit allein gelassen hatte, ehe das eheliche Zusammenleben überhaupt aufgenommen worden war. Nun blieb er eigensinnig gebunden an die Bedürfnisse seines hochentwickelten Individualismus. Seine schonungslose Selbsterforschung kulminierte in einer Leidenschaft für die eigene Person; er baute sie aus, indem er sich selbstanalytisch in seine Stimmungen und Strebungen zerfaserte. Diese »Vivisektion des eigenen Ich« beschrieb er im 1927 erschienenen Roman vom »Steppenwolf« Harry Haller, an dem er die Aufspaltung seines eigenen Wesens in vielfältige Triebrichtungen auf zwei Sinnbilder fixierte, auf den nicht gemeinschaftsfähigen Wolf und den Geistmenschen, der, durch Mozart getröstet, trotz aller irdischen Not auf die Sternenwelt des Ewigen gerichtet blieb. Sein Protagonist H. H. spürte, wie das Leben ihn »ausstieß und wegwarf« und er – wie er es nannte – der »Dreckhölle der Herzensleere und Verzweiflung« nicht mehr entkommen konnte. Denn »mitten in der erreichten Freiheit nahm Harry plötzlich wahr, daß seine Freiheit ein Tod war, daß er allein stand, daß die Welt ihn auf eine unheimliche Weise in Ruhe ließ, daß die Menschen ihn nichts mehr angingen, ja er selbst sich nicht, daß er in einer immer dünner und dünner werdenden Luft von Beziehungslosigkeit und Vereinsamung langsam erstickte. Denn nun stand es so, daß Alleinsein und Unabhängigkeit nicht mehr sein Wunsch und Ziel waren, sondern sein Los, seine Verurteilung, daß der Zauberwunsch getan und nicht mehr zurückzunehmen war, daß nichts mehr half, wenn er voll Sehnsucht und guten Willens die Arme ausstreckte und zur Bindung und Gemeinsamkeit bereit war: Man ließ ihn jetzt allein«.

Nie habe ihm das Lebenmüssen so weh getan, wie gerade zu dieser Zeit, erklärte Hesse. »Wo war der Mensch, dem mein Tod etwas bedeuten könnte?« fragte er. »Nahe an ihn heran kam niemand«, so kennzeichnete er sein Roman-Ich Harry, »Bindung entstand nirgends, sein Leben zu teilen war niemand gewillt und fähig. Es umgab ihn jetzt die Luft des Einsamen, eine stille Atmosphäre, ein Weggleiten der Umwelt, eine Unfähigkeit zu Beziehungen, gegen welche kein Wille und keine Sehnsucht etwas vermochte«.[32]

Wer Hesses Weg seit der Trennung von seiner Familie im Jahre 1919 und seiner Übersiedlung in das Tessin zurückverfolgt, findet die ersten »Anzeichen dieser »Krisis« schon im Jahre 1920. Die Flucht ins Entlegene hatte Hesse zwar die gewünschte Befreiung aus einer abgestandenen, belastenden Ehe gebracht. Aber der rauschhaften Hingabe an den ersten verschwenderischen Sommer in der südlichen Landschaft, an das raketenhafte Hochsteigen seines Lebensgefühls in der Klingsor-Zeit folgte eine qualvolle Stokkung während der Niederschrift des Siddhartha-Romans im »toten Jahr 1920«, das »wohl das unproduktivste in meinem Leben gewesen«. Er klagte in einer Tagebucheintragung aus dem Jahre

1920, er liege nun seit Monaten zu Bett, und »gerade heute, wo ich mir das Leben nehmen will, ist es Sommer. [...] Noch vor Stunden, vor meinem letzten Einschlafen, habe ich den Entschluß gefaßt, heute unter allen Umständen und bei jedem Wetter das Bett zu verlassen, mich zu rasieren, Stiefel anzuziehen und in die Stadt zu gehen, in den dreckigen Laden in der Via Piombo, wo der antiquarische Revolver für 40 Lire zu haben ist«.³³

Im »Tagebuch 1920/21« stellte er außerdem fest, er habe »astrologisch schwere Oppositionen, die noch lange dauern werden, und die sich in meinem Leben als schwere Hemmungen und Depressionen äußern. Oft fällt es mir lächerlich schwer, das Leben weiterzuführen und nicht wegzuwerfen, so leer und fruchtlos ist das Leben geworden« (Februar 1921). Der Lebensüberdruß steigerte sich: »Ich schmeiße es hin, mein Leben, daß die Scherben klirren«, drohte er im »Tagebuch eines Entgleisten« (1922). »Da sitze ich nun wieder einmal und könnte ebenso in Berlin oder Amerika oder längst tot sein, mein Tun und Leben ist für niemand nütze, verläuft einsam in sich selber, ohne Frucht« (Tagebuch 1921). Wie sein Held Siddhartha ersehnte er das »Entrinnen aus der Qual des Ichseins« und brachte in jener Lebensphase geradezu zwanghaft den Wunsch, die »verfehlte Existenz« auszulöschen, auch in Briefen immer wieder zur Sprache. An Lisa Wenger, die Mutter seiner zweiten Frau, schrieb er im Sommer 1920: »Und dabei fühle ich doch ganz deutlich, daß ich an die Kunst und meine Künstlerschaft nur noch halb glaube.« Sein Leben müsse sich ändern, da es »so wie jetzt nimmer lange zu ertragen wäre, die Lähmung durch den vollkommenen Unglauben an den Wert unserer ganzen Literatur ist für mich zu groß« (am 22. Mai 1921 an Lisa Wenger). In der 1925 geschriebenen »Nürnberger Reise« fühlte er sich als ein »Dichter, der im Tiefsten an sich und dem Wert seiner dichterischen Bemühungen zweifelt«. Er befinde sich in jenem »Stadium des Lebens, das bei geistig Kämpfenden unter dem Symbol der ›40 Tage in der Wüste‹ dargestellt wird, nur daß die Wüste bei mir schon drei Jahre dauert« (im Juni 1921 an Theo Wenger). »Der Konflikt liegt für mich in der völligen Unfähigkeit, mich im Gefühl und in den Lebensgewohnheiten an andere zu binden, weder an eine Frau, noch an Freunde, noch an Vorgesetzte oder was immer es sei« (Ende 1922 an Olga Diener); er müsse dies »mit viel Einsamkeit, auch unerwünschter« bezahlen. Anfang 1922 beschrieb er Hugo Ball seine Tage in Montagnola: »Bin ich hier, so spucke ich einsam ins Kaminfeuer, lese viel und lebe in einer gespenstischen Stille wie hinter einem trüben alten Spiegelglas, märchenhaft und nobel, aber ohne Kontakt mit dem Lebendigen.« Er vermisse, »was der Mensch braucht, einen Sinn und Mittelpunkt. Mir fehlt das, wenn ich auch zu Zeiten meine Schreiberei für einen solchen Sinn gehalten habe – er hat nicht genügt, und ich habe darum keine frohen Tage« (im Mai 1923 an Hilde Jung).

Als Hesse im Jahre 1924 trotz seiner Ehescheu wieder geheiratet hatte, geschah es »nicht aus eigener Wahl und in der Absicht, dabei glücklich zu werden«, vielmehr »ungern und mit tausend Bedenken«, es war ein »Sichunterwerfen«, ein »Schicksal-Erfüllen« (am 28. Dezember 1923 an Carl Seelig). »Es ist wahrhaftig für einen Dichter und Denker, der gewohnt ist, seine eigenen Wege zu gehen und seine eigenen einsamen Spiele zu spielen, noch schwerer als für andere Leute, sich hinzugeben und sein wertes Ich ein wenig zu vergessen« (am 24. Februar 1924 an Hugo Ball).

Im Mai 1925 wurde bei Ruth Hesse-Wenger eine Tuberkulose festgestellt. Sie brauchte eine Liegekur und übersiedelte von Basel in Hesses Nähe nach Carona, wo ihre Eltern das im Klingsor-Roman beschriebene »Papageienhaus« besaßen. Hesse klagte der mit ihm befreundeten Alice Leuthold über sein Verhältnis zu Ruth: »Es glückt mir nicht, es ihr recht zu machen, obwohl ich mir diesen ganzen Sommer über die äußerste Mühe gab und unzähligemal hinüberlief (was für mich immer eine gewisse Überanstrengung ist), immerzu kleine Grüße und Geschenke schickte etc. – Trotzdem hat sie mir erklärt, daß ich mich nie richtig benehme und daß es unmöglich sei, daß sie je mit mir lebe.« Daß eine Ehegemeinschaft mit seiner zweiten Frau nie mehr zustandekommen würde, war »nur die nochmalige Bestätigung dessen, was ich seit langem wußte. Aber die Frage, was ich künftig anfangen und wie ich mein Leben einrichten soll, um nicht dauernd der Verzweiflung gegenüberzustehen, wird eben immer brennender« (am 17. September 1925). Auf einer handschriftlichen Postkarte klagte er der Freundin kurze Zeit später: »Ich weiß nicht, wie lang ich noch in dieser Hölle von freudloser Vereinsamung brennen muß, seit sieben Jahren bin ich darin. [...] Ruth, die seit fünf oder sechs Wochen in Carona ist, hat mich noch nie besucht.«

Solche Signale seiner Einsamkeitsnot sandte er über Jahre an seine Freunde. »Ich habe nun viele Jahre ganz einsam gelebt, oft Monate, ohne mit jemandem zu sprechen, und nun, wo ich da und dort mir versuchsweise die Welt wieder ansehe, zeigt es sich, daß ich eine Kruste um mich habe und nach irgend etwas rieche, was die Geselligen nicht vertragen können, so daß ich ganz von selber immer schnell wieder allein gelassen werde, auch wo ich das nicht mehr suche« (am 15. Mai 1925 an Stefan Zweig). Hugo Ball bekannte er: »Ich lebe seit langem in einer solchen Hölle, daß an kein Briefschreiben zu denken ist. Die Situation ist natürlich innerlich begründet und läuft auf eine zunehmende lähmende und schwer erträgliche Freudlosigkeit und Schwermut hinaus, begleitet und unterstützt von fast beständigen Schmerzen, namentlich in Augen und Kopf« (am 25. Juni 1925). Ständig wuchs die Zahl der Tage, in denen Hesse sein »Leben als mißglückt und weggeworfen« empfand und es ihm nicht mehr gelang, »einen Sinn in der Sache zu finden, in meinen Augenschmerzen, in meinem Lebensekel, in meinem Ekel gegen meinen Beruf, in meinem Ehe-Unglück etc.« (am 30. Juli 1925 an Hugo Ball).

»Ich lebe nun seit Jahren, seit meinem Weggang von Bern, außerhalb der Menschenwelt, ohne Familie, ohne jede Lebensgemeinschaft, beinah jeden Tag vor dem Problem des Selbstmordes stehend« (Ende 1925 an Helene Welti). Er nannte sich den »halbverreckten Steppenwolf«, denn er sei »monatelang beständig dicht am Selbstmord gewesen« (7. Januar 1926 an seinen Stiefbruder Karl Isenberg). »Ich bin nun monatelang fast jede Stunde am Abgrund gegangen, und ich glaubte nicht, daß ich davonkommen würde, der Sarg war schon bestellt« (am 17. Februar 1926 an Hugo Ball). Den mit ihm befreundeten Schriftsteller Heinrich Wiegand warnte er, »sich die Ruine Hesse anzusehen« (am 7. Juli 1926). »Ich bin des Lebens satt zum Erbrechen«, bekannte er 1926 dem Schriftsteller Felix Braun. Er verschreckte die tief religiöse Emmy Ball-Hennings, die ihr Buch »Der Gang zur Liebe« einer heilen, christlichen Glaubenswelt gewidmet hatte, mit seinem Lebensekel: »Die Welt wird nicht vom Heiland regiert, sondern vom Teufel, und das Leben ist kein Gottesgeschenk, sondern eine unerträgliche Qual und Schweinerei« (am 31. Dezember 1926).

Er laufe unentwegt auf den Absturz zu und fühle das Nichts gähnend unter sich. Darum sei sein Verhältnis zum Leben »so wie zu einem Portemonnaie, in dem nichts drin ist. [...] Da der Inhalt fehlt, schätzt man es nur mäßig und fragt sich oft, warum man sich eigentlich immer weiter damit schleppt« (am 12. Januar 1927 an Emmy Ball-Hennings). Anläßlich seines 50. Geburtstages teilte er

Hugo Ball als einzigen Wunsch mit, daß er »den 51. nicht mehr zu erleben brauche«. Der Freund jedoch deutete in seiner Hesse-Biographie von 1927 die Not allgemeiner, als Lebensverzicht eines schöpferischen Menschen, »weil die Kunst, wo sie souverän wird, das Leben plündert und aushöhlt«.[34]

Diese Zitate verdeutlichen wohl am besten, in welcher Verfassung Ninon den Dichter bei ihren zwei kurzen Besuchen im Jahre 1926 antraf. Sie machen zugleich das Zwingende dieser Begegnung verständlich.

Ihr Wille, heilend und mäßigend auf Hesses »martervolles Leben« einzuwirken, wurde von Dolbin als übertriebenes Sendungsbewußtsein belächelt. Für ein bißchen überspannt hatte er Ninon immer gehalten: wenn ihre Ideale in Gefahr gerieten, begann sie zu kämpfen. Die Leitsterne ihres Lebens durften nicht untergehen, ja nicht einmal verblassen; ihnen blieb sie treu, um sich selbst treu bleiben zu können. Er warnte sie – fern von Eitelkeit und Eifersucht – in zärtlicher Besorgnis: Würde sie die gleiche Gefühlskraft aufbringen, den leidenden Mann Hesse zu lieben, wie sie einst ihren »fernen Gott« liebend verehrt hatte? Doch Ninons Erschütterung über Hesses Lebensverneinung war so umgreifend, daß sie alle Bedenken zurückstellte.

Schon im Jahre 1926 veränderte sich nach und nach ihr Hesse-Bild, sie sprach in einem anderen Ton zu ihm. Spiegelten ihre früheren Briefe die emphatische Ergriffenheit, Geliebte des Dichters zu sein, dessen Gestalt sie seit der Kindheit mit Vertrauen erfüllte und von dem sie in ihrem eigenen Schutzbedürfnis nie lassen wollte, so war es nun der an Zweifeln und Selbstqual leidende Mensch Hesse, dem *sie* Mut zusprechen und den sie nicht im Stich lassen wollte. Nachdem sie sein Steppenwolf-Gedicht »Der Wüstling« gelesen hatte, gestand sie ihm: »Wir Leser genießen die dunkle Musik der Verse – Du aber, welche Qualen mußtest Du erdulden, ehe Du *das* schreiben konntest.« Am 18. August 1926 gelobte sie: »Soviel ein Mensch dem andern helfen kann, will ich Dir helfen.« Sie möchte ihn schützend einhüllen und umbergen. Als sie im Berliner Tageblatt seine Erzählung »Aus meiner Schülerzeit« las, schrieb sie ihm postwendend: »Wie gern möchte ich Dein Hemd sein – Dich ganz umgeben, Dich spüren, Dich wärmen, Dir nahe sein, von Dir geliebt werden – ›Hemd, mein Hemd‹ würdest Du sagen, wie der Ritter«.[35]

Nach dem Besuch einer Katzenausstellung im Wiener Prater

schrieb sie ihm am 20. Mai 1926: »In Deinen Augen leuchtet bisweilen auch so etwas auf – gehetzt und preisgegeben, fern von der Welt der Sicherheiten, ohne Teil an ihr.« Anläßlich eines Zoobesuches am 11. Januar 1927 fiel ihr ein, sie möchte »der Löwe sein, der mit Dir ›im Gehäuse‹ und in der Wüste ist, der Dich beschützt und liebt!«

Aus dem Schutzgott ihrer Jugend war ein schutzbedürftiger Mensch geworden, aus ihr, der Schutzsuchenden, die Schutzgewährende. Liebe verwandelte sich für sie in Verständnis, Dienst, Fürsorge, und so wurde sie in der breiten Skala ihrer Zuwendung bald dazu fähig, Hesse ohne Einbuße an Liebe und Achtung als »mein armes Kind!« anzureden, als »liebwinziges Köpfchen!«, »Lieb-Winziger«, als »Lieber, Lieber, den ich schützen will!« Es gehört zur Tragik ihres Lebens, daß Hesse niemals geäußert hat, ihrer zu bedürfen; sie aber war fest davon überzeugt, daß er sie brauche.

»Nicht blind, hellsehend, hellhörig macht mich Liebe!« versicherte sie ihm in ihren Briefen. Sie, die seine Bücher bis zum autobiographischen Hintergrund durchschaute, wollte ihm wenigstens einen Abglanz der Geborgenheit verschaffen, die ihm einst die Liebe seiner Mutter geschenkt und die er auch in seiner ersten Ehe mit der zehn Jahre älteren Maria gesucht hatte. Nach der mutterumhegten Kindheit hatte er immer zurückverlangt, seit er in allen frühen Werken nach der Mutter rief. Ninon, die lesende Mitwisserin seiner Entwicklung und seiner innersten Bedürfnisse, versuchte ihm in ihren Briefen die umbergende Zärtlichkeit einer fernen Mutter-Geliebten zu vermitteln und ihm gleichzeitig die ersehnte und in seinem Werk beschworene Rückverwandlung in einen beschützten Knaben zu gewähren: »Mein lieber, armer Bub!«

Unerschrocken gestand sie dem Bindungsscheuen am 9. Oktober 1926: »Ich war in der Oper beim ›Corregidor‹ von Hugo Wolf […] ›Ich will wachen und warten, bis der Morgen dämmert‹, – das ergriff mich so – und immer, wenn ich ergriffen bin, bin ich Dir ganz nahe. Da spürte ich dies: ›Ich will wachen und warten‹ so stark in mir, als wäre es mein Verlöbnis mit Dir, als wäre es mein Schmerz, mein Versprechen.« Noch war es ein einseitiges Verlöbnis.

Hesses Antwortbriefe wirkten weiterhin abweisend und frostig. Der Notruf, auf den Ninon wartete, blieb aus. Dolbin hingegen warb unentwegt mit Einladungen und höchst verführerischen Reisen. Für Ninon, die in ihrem möblierten Zimmer in Wien zurück-

Gedichtentwurf Ninon Dolbins

gezogen und eingeschränkt lebte, schienen seine Lockrufe von einem anderen Stern zu kommen. Ende 1926 wurde ihr klar, daß sie in ihrer seltsamen Doppelliebe gefangen blieb, ohne daß sich eine Entscheidung abzeichnete, – kein Wunder, hatte sie weder Dolbin noch Hesse seit mehr als einem halben Jahr wiedergesehen!

Vielleicht hatte die Wirklichkeit ihr Zögern schon überholt? Es war an der Zeit, sich selbst in Für und Wider noch einmal zu überprüfen. »Ich komme zu Dir«, kündigte sie Hesse darum zum Jahreswechsel 1926/27 an. »Nein, so nenne ich es nicht. Das könnte Dich belasten, wenn jemand ›zu Dir‹ kommt. Ich komme nach Zürich. Niemals habe ich darin geschwankt. Nur der Zeitpunkt war ungewiß.« Hesse wehrte ab, er wollte allein bleiben.

Daraufhin beschloß Ninon, zunächst Dolbin wiederzutreffen und Weihnachten und Neujahr mit ihm in Berlin zu verbringen. Er war stolz, der Gefährtin seiner schweren Jahre zuzutragen, was sein junger Ruhm ihm eingebracht hatte: interessante Freunde, Einladungen zu kulturellen Veranstaltungen, ein Genießen ohne Knappheit; Ninon, die seit ihrem Wintersemester 1920 eine Vorliebe für Berlin bewahrt hatte, gewann ein farbenfrohes Bild von dem leichten und anregenden Leben, das sie dort an Freds Seite führen könnte.

Zwei Monate später besuchte sie Hermann Hesse während einer Badekur, der er sich alljährlich in Baden bei Zürich gegen sein Rheuma- und Gichtleiden unterzog. Sie traf ihn in düsterer Stimmung und war erschrocken über seine angegriffene Gesundheit, ja körperliche Hinfälligkeit. Wieder fühlte sie sich zum Eingreifen genötigt und beschrieb Dolbin ihre Ratlosigkeit. Sie leide – seit Berlin fast schon für ihn entschlossen – wieder an ihrem unlösbaren Zwiespalt: »Ich denke viel an Dich! H. ist noch immer krank. Ich weiß, daß alles von mir abhängt, und lasse doch die Tage vergehen, ohne einen Schritt dahin oder dorthin zu tun«, schrieb sie ihm am 2. Februar und fügt am nächsten Tag hinzu: »Ich danke Dir für Deine Liebe, die mich *geleitete*, die *mir half*. Hier in Freiheit spüre ich, wie lieb ich Dich habe. Aber ich kann noch nicht fort. Nicht ein drittes Mal den Fehler begehen, zu früh abzureisen. Das einzig Richtige war herzukommen. Nun bleiben, bis ich in mir selbst ein Ende gemacht habe! In ein paar Tagen dürfte H. wiederhergestellt sein. Ich küsse Dich – Ninon.«

Am 5. Februar: »Hesse ist noch immer krank, eigentlich geht es ihm schlechter. Er will durchaus sterben, er haßt das Leben (und liebt es doch!), und wie soll er da gesund werden? Ich bin froh, daß ich hier bin, trotzdem alles so traurig und verworren ist. Aber alle Fäden werden sich lösen, und solange muß ich eben bleiben.«

Am 8. Februar: »Ich denke alle Tage an Dich. Ist es nicht merkwürdig, wie stark ich Dich liebe? Hast Du nicht aus meinem Leben einen Weg von Leidensstationen gemacht? Frauennamen... Jedesmal ist etwas zerbrochen. Aber geflickt, zusammengeleimt, liebt mein Herz Dich immer noch. Ich verstehe das einfach nicht! Du weißt, was Hesse mir von Kindheit an bedeutet hat; so nur kannst du ermessen, wie seltsam mir das war, als er vor einem Jahr in mein Leben trat. Laß mir Zeit, frei zu werden. In Wien ging das nicht. Ich muß hierbleiben.«

Am 9. Februar: »Du sagst, daß in mir immer die Sehnsucht nach meinem Vater lebt. Du hast gewiß recht. Manchmal, besonders jetzt in Berlin, hast *Du* vermocht, mir das Gefühl der Geborgenheit, des Schutzes zu geben, und ich liebte Dich sehr. Du kannst nicht wissen, wann das war: Es waren nur Augenblicke, einmal streicheltest Du mein Haar, einmal sahst Du mich lange gut an, einmal war es, als Du nachts bei mir lagst. Niemals liebte ich Dich stärker. Du nennst mich ein Kind, und vielleicht hast Du recht, vielleicht ist meine Art zu lieben kindlich.« Am 27. März: »Es geht mir schlecht, liebster Fred, aber nun muß ein Ende gemacht werden. Ich will nicht in Deiner Schuld stehen, ich ertrage nicht länger, Dich warten zu lassen. Ich bin hier nicht zuende, aber ich sage Dir Lebewohl, obwohl ich ahne, daß es auch hier in Zürich zuende geht. Aber diese Halbheit, Doppelheit, ist meiner unwürdig, und so gehe ich den dunklen Weg, den das Schicksal mir zu weisen scheint. Lebewohl. Ich leide entsetzlich. Ich habe nicht aufgehört, Dich zu lieben. Ich sagte Dir immer, daß ich nicht gewußt habe, daß es das gibt – diese Doppelheit, dieses Gespaltensein. Zu *Dir* kann ich darüber sprechen. Du bist so jung, so voller Glauben an Dich selbst. Du schreibst, alles, was Dir begegnet, bringt Dich weiter – vielleicht wirst Du aus diesem Schmerz, den ich Dir bereite, neugeboren auftauchen. Aber H. ist so entsetzlich unglücklich, so allein, trotz seiner drei Söhne und zwei Frauen und hundert Freunden – sie sind nur Genossen für seine guten Stunden, keiner konnte die schlechten Stunden ertragen – vielleicht auch, weil niemand ihn so versteht wie ich. Ist das nicht Schicksal? Ist das nicht meine Berufung? Es ist ein so unsagbar schwerer Weg, nicht allein, weil ich mit 100 000 Fäden an Dich gebunden bin, er wäre auch furchtbar schwer, wenn ich frei gewesen wäre; denn für ihn, für Hesse, wandelt sich alles in Qual, er *will* leiden, er quält sich und indirekt mich (denn entsetzt muß ich fragen, vermehre *ich* nicht am Ende noch seine Leiden?). Aber dann spüre ich wieder: er ist krank, er braucht mich. Aber er braucht mich *ganz*.

Fred, Du brauchst mich nicht, Du hast es oft bewiesen. Da sind so viele Frauen, die dich reizen, die Dir schenken, was Du brauchst. Da ist Deine Kunst, die Dir so viel Glücksempfindung, Rausch und Erfüllung schenkt.

Montag: An diesem Brief schreibe ich schon seit 14 Tagen, (solange wie ich Dir nicht schrieb) es ist so furchtbar schwer.

Ich bin ganz allein, niemand sagt mir, ob ich nicht wahnsinnig war, in mein Verderben rannte.

Ich male mir schöne Bilder des Zusammenlebens mit Dir aus – endlich, endlich geht es gut, nun könnten wir ein schönes Heim haben, man könnte im Mai ganz nach Berlin übersiedeln, dann eine herrliche Reise machen – man könnte ein ganz *neues Leben* anfangen.

Aber da steht H. dazwischen für Dich, und Ellen Herz für mich.

Es ist 11 Uhr nachts, ich bin in fürchterlichem Regen spazierengegangen. Ich liebe Dich und sehne mich nach Dir. Aber ich bin hier nicht fertig. Und ich weiß ja, daß es kein Zurück gibt und daß man immer weiter, vorwärts gehen muß. Aber mir hilft niemand«.[36]

Am 29. März: »Seit 14 Tagen glaube ich, schreibe ich Dir in Gedanken unaufhörlich. Erzähle Dir, frage Dich um Rat, versichere Dir meine Liebe, grolle Dir aufs Tiefste wegen X. –, und dazwischen geht es mit H. gut und schlecht, und ich glaube verrückt zu werden. [...] H. braucht mich – aber *ich* kann nicht bei ihm bleiben, das ist mir in den letzten 14 Tagen wieder so klar geworden. Aber nun glaube Du nur ja nicht, daß ich jetzt ›reuig‹ zu Dir zurückkehren will. Nichts, nichts bereue ich. Ich bin den Weg gegangen, den ich für meinen Schicksalsweg hielt. Aber der Weg war schwer, dornig und schmerzhaft. Ich mußte mich ganz von Dir lösen, so nur konnte ich hoffen, einen Menschen zu retten. Und jetzt löse ich mich von ihm. Er weiß es noch nicht, aber er spürt es wohl. [...] Ich möchte übermorgen nach Wien fahren.«

Schon sechs Wochen später traf Ninon, beunruhigt durch einen gequälten Ton in Hesses Briefen, wieder in Zürich ein. Es kam an langen Abenden mit ihrer Cousine Nelly Kreis zu heftigen Auseinandersetzungen über ihren Plan, in Hesses Nähe – nach Zürich oder Montagnola – zu übersiedeln. Nelly erwies sich dabei als ein entschiedener Anwalt Dolbins.[37] Sie warnte Ninon vor der Einsamkeit des Tessiner Dorfes und Hesses schwierigem Wesen. Werde ihre Zuneigung, die ja vorwiegend dem Dichter gelte, sich nicht abnutzen, wenn sie den Alltag mit dem oft ruppigen Einsiedler verbringen müsse? Wie lange könne sie sich die Kraft erhalten, um hinter den Launen und Gebrechen dieses 18 Jahre älteren Mannes noch ihr eigentliches Ziel zu sehen: ihren Dienst an seinem Werk? Hesse, der so hochgesteigert empfindsam sei, daß ein Geräusch ihn zu einem Wutausbruch veranlassen und eine harmlose Störung ihm den ganzen Tag verderben könne, werde schwer zu betreuen sein. Wenn er Verdauungsbeschwerden, Zahnschmerzen, Gicht und alles Unwohlsein, über das er in seinen Briefen an Ninon immer wieder klage, tatsächlich auf sie ablade, werde sie dann in den oft banalen kleinen Krankheiten noch das Leid erkennen, »aus dem die Dichtung wächst«?

Ninon blieb trotz der düsteren Prophezeiungen der Cousine fest entschlossen, ihr Leben in Wien abzubrechen und Dolbin damit endgültig zu verlassen. Hesse aber schrieb im April 1927 an seinen Freund Ernst Morgenthaler: »Momentan ist eine Frau aus Wien da, die plötzlich hergereist kam, weil sie mich gern hat, aber, obwohl sie mir gefällt und ganz lieb ist, kann ich nichts mit ihr anfangen und stehe der dramatischen Lage ohne allen Humor gegenüber«.[38]

Ninon wußte, daß ihre Briefe allein nicht ausreichen, um geduldig auf eine Besserung von Hesses Befinden hinzuwirken. Sie wollte ihn pflegen und umsorgen. Sie wollte ihm zur Schonung seiner Augen vorlesen, ihm zur richtigen Ernährung gegen seine Stoffwechselerkrankungen verhelfen und durch alle nur möglichen Hilfeleistungen seine Leiden mildern.[39]

Noch wichtiger als alle körperliche Fürsorge aber war, daß sie für ihn eine Brücke zur Außenwelt bildete. Hesse krankte am Zerfall mit dem eigenen Zeitalter, das er entartet und »feuilletonistisch« nannte und dem er die Verflachung des Geistes nicht verzieh, den Niedergang der Literatur in formalistischer Spielerei, den Verlust humanistischer Gesittung, die Verlogenheit der Scheinideale, die Irreführung der Jugend, die Unwahrhaftigkeit aller politischen Bestrebungen und die Zerstörung der Natur. Er hatte sich aus der Blech- und Betonwelt der Massen, der vergifteten Luft der Städte, aber auch von den kollektiven Ansprüchen und der Vermarktung aller traditionellen Werte in ein naturheiles Abseits zurückgezogen. Konnte er trotz seiner einzelgängerischen Abkehr, seines immer wieder betonten inneren Abstands zur gegenwärtigen Gesellschaft dennoch als Schriftsteller gewiß sein, er spreche nicht nur *zu* seinen Lesern, sondern auch noch *für sie*?

Wie weit war er, der sich ins Entlegene gerettet hatte, als Autor noch eingebunden in die Mitwelt und konnte ihr Lebensgefühl ausdrücken, ihre Daseinsfragen behandeln? Er brauchte ein Echo, das ihm überzeugend vermittelte, ob er – der Außenseiter – noch als Sprecher seiner Zeitgenossen kompetent sei. Ihm war das Schreiben zur einzigen Existenzform geworden, zur Überlebenschance, und darum benötigte er mehr als literarische Anerkennung. Er wollte akzeptiert werden. Nur so ist zu verstehen, daß er im Vorwort zu den Krisis-Geschichten seine Freunde bat, sie möchten ihm, auch wenn sie seine Verse nicht billigten, ihre *Liebe* erhalten. Noch in seiner späten Erzählung »Die Dohle« gesteht er: Ich »las meine Gedichte vor, nicht als seien es Gedichte und seien mein Werk, sondern als wären es Angeln, die ich auswürfe, um damit Menschen zu ködern«.

Ninon merkte aus vielen Äußerungen, wie sehr Hesse die Rückkoppelung an sein Lesepublikum vermißte. Er brauchte die Bestätigung, gehört und verstanden zu werden, besonders stark, seit seine Dichtung unabhängig von konventionellen ästhetischen Normen zum persönlichen Bekenntnis geworden war und viele seiner treuen Anhänger Befremden, Ratlosigkeit oder Ablehnung gezeigt hatten. Er war gerade zu dieser Zeit über das Verhältnis zu seinen Lesern tief verunsichert.

Ninon erkannte, daß Hesse unter einer doppelten Angst litt. Er fürchtete, in der zeitgenössischen Zivilisation unabsehbaren Leiden ausgesetzt zu sein und hätte sich am liebsten überhaupt nicht mehr aus seiner Tessiner Zuflucht herausbegeben. Aber ebenso groß war seine Angst, daß er, der erklärte Outsider, als Repräsentant seines Zeitalters nicht mehr ernst genommen und darum in seiner schriftstellerischen Kompetenz angezweifelt würde.[40] Er wollte am liebsten unauffindbar, unbelästigt, gut verborgen bleiben und dennoch wahrgenommen, einbezogen, gelesen, vermißt und nicht vergessen werden. Er wollte ungestört schreiben; gleichzeitig aber wurde sein Bedürfnis immer heftiger, dem Abseits, der Ausschaltung zu entgehen. Diese gegenläufigen Strebungen lähmten ihn und führten zu Unsicherheit, zu Selbst- und Welthaß.

Da dieser quälende Widerspruch von Außenseitertum und Zugehörigkeit von ihm allein nicht aufgelöst werden konnte, überlegte Ninon, wie sie ihm wohl aus der Sackgasse seiner janusköpfigen Angst heraushelfen könnte. Im Grunde brauchte er jemanden, der seine Einsamkeit teilte und ihm trotz des notwendigen Abstands von der zeitgenössischen Wirklichkeit das Gefühl von Einbezogenheit und Beteiligung, von Liebe und Verstandensein vermittelte. Als »gute Leserin« könnte sie stellvertretend für sein Lesepublikum zu ihm sprechen und ihm dadurch seine Welt und seine Wirkung bestätigen. »Ich lese alle Tage im ›Steppenwolf‹, und immer wieder bin ich hingerissen«, schrieb sie ihm am Pfingstsonntag 1928. »Es ist *alles* darin, ein Reichtum, eine Fülle, eine Tiefe erschließt sich, vor der man bange steht. Die Zwiespältig-, Vielfältigkeit des Steppenwolfs ist darum so ergreifend, weil *das* ausgesprochen, gestaltet ist, was auch wir spüren, und dieses ›Das bist *du*‹ sieht uns zwischen den Zeilen an, das ist es, was uns bange werden läßt. Das ist nicht mehr Erzählen, was Du tust, das ist ein Ergreifen, und wen Du ergriffen hast, kannst Du nicht mehr verlieren. Aber wie alle Gestalten Harry sind, so ergreifst Du auch den Leser in vielen Gestalten: Der Denker spricht und der Weise, der Ironische, der Lyriker, der Neurastheniker und der Bürger.«

Wie stark ihre Gegenwart Hesse den Widerhall seiner Zuhörer bei Lesungen vermittelte, beweist ein Brief, den er ihr am 8. November 1929 von einer Vorlesung in Stuttgart schrieb, zu der sie ihn nicht begleitet hatte, während sie im Vorjahr mit ihm dort war: »Jetzt ist auch die zweite Vorlesung erledigt, gestern in dem Dir bekannten Saal und nachher in dem Dir bekannten Restaurant. Äußerlich alles wie damals vor eineinhalb Jahren, aber so ganz anders für mich. Für mich war es eine starke Überanstrengung und eine Enttäuschung; ich hatte große Mühe, die Sache durchzuführen, ich zitterte vor Anstrengung, Freude war keine dabei, und am Schluß hatte ich das Gefühl: Es war alles vergeblich.« Nach der Veranstaltung sei man zum Abendessen gegangen und er habe fremd und entbehrlich dabeigesessen. »Ich sah eine halbe Stunde lang zu, dann schlich ich mich hinaus, zog den Mantel an und ging heim, niemand merkte es.«

Ninon widersprach diesem Eindruck gleich am nächsten Tag: »Mein Lieber, Du bist *unfaßbar* – Du bist so wunderbar, daß man Dich niemals auf einmal ganz erfassen kann. Du gibst so viel: Und dem einen bleibt ein Klang, dem andern ein Gedanke, und vielleicht ist das so stark, daß es noch nach Jahren in ihm aufbricht, wie eine Wunde, die er längst geheilt glaubte. Aber Du bist *alle* Gedanken und ich, die Dich zu kennen glaubt, sehe doch immer wieder, daß ich Dich nur ahne. [...] Wie könnten die Menschen, die in dem Saal sitzen und Dir zuhören, Dich mit einem Mal erfassen!

Aber wie gut verstehe ich Deine Enttäuschung! Die Menschen verstehen nicht ihre Erschütterung zu zeigen – und das ist ja wieder schön, daß sie das verbergen müssen. Du aber gehst fort und glaubst, alles sei vergeblich gewesen.

Ich glaube es nicht. Du hast etwas in ihnen erschüttert, und das bleibt – in ihnen, vielleicht in ihren Kindern. Ich glaube, daß Du ewig leben wirst.«

Seit Ninon über ihr erstes großes Leseerlebnis an Hermann Hesse schrieb, hatte er aus jedem ihrer Briefe eine Resonanz seiner Werke empfangen. Auch jetzt fühlte er sich von ihr verstanden. Ninon bemerkte dazu: »Wie nah bin ich Dir! Aber Du warst ja auch mein Leben, und da ist es kein Wunder, wenn ich manche Dinge so sehe wie Du.«

Ihre Nähe zu Hesse aber bedurfte zugleich der Bereitschaft zur Ferne. Sie wollte ihn nicht einengen. »Als ich neulich darüber nachdachte, wie schwer das sei, schien es mir, als hätte man im Leben nichts anderes zu tun, als sich rechtzeitig zu begrenzen.« Sie würde, versprach sie ihm am 21. November 1926, nur dann zu ihm kommen, wenn er ihrer bedürfe, »wie überhaupt das richtige Dienen, wie ich es mir denke, nicht nur darin besteht, dazusein, wenn einer den anderen braucht, sondern vor allem darin: nicht dazusein, wenn einen der andere nicht braucht.«

Die Beständigkeit ihres auf ihn gerichteten Willens und Gefühls hat Hesse zweifellos beeindruckt. Wie oft hatte er geklagt, daß er am »Weggleiten« der Welt litt: »Ich bleibe immer allein und kann nie die weite Leere durchstoßen, die mich von den anderen Menschen trennt«.[41] Nun spürte er, mit welcher Kraft diese Leere überbrückt wurde, oder, um ein anderes von ihm geprägtes Bild zu benutzen, die »Kruste« um ihn zerbrochen wurde. Weil Ninon bereit war, zurückgezogen zu warten, bis er sie jeweils rufe, sah er zudem die Gefahr eines Übergriffs auf seine Freiheit gebannt. Darum stimmte er im April 1927 Ninons Vorschlag zu, ein getrenntes Zusammenleben zu versuchen.

Er brauchte einen Menschen, der ihn verstand und zugleich umsorgte, der ihm Bindung verschaffte und dennoch die Unabhängigkeit sicherte, die er für seine Arbeit benötigte; jemanden, der seine Weltabwehr ertrug und der zugleich Gemeinsamkeiten schuf, ohne ihn einzuengen.

Das »Bedürfnis nach Menschennähe« durchzieht Hesses Werk. Es führte den Dichter des Camenzind nach achtjähriger Zurückgezogenheit am Untersee zwischen Konstanz und Stein am Rhein im Jahre 1912 nach Bern, »um Freunde und Nachbarn, Gespräch und Musik zu finden«,⁴² und später aus seiner Tessiner Abgeschiedenheit immer wieder auf Kurzreisen zu Freunden und in vertraute Städte. Alles schien bei Hesses steppenwölfischem Ausscheren anders zu sein als bei dem harmlosen Geselligkeitsbedürfnis Peter Camenzinds. Das Erlebnismuster blieb jedoch dasselbe: die Unvereinbarkeit von notwendiger Vereinzelung des Künstlers und seinem Bedürfnis nach Zugehörigkeit und Widerhall. Ninon war bereit, die werknotwendige Isolation mit ihm zu teilen. Sie wollte dafür sorgen, daß sein schützendes Gehege für ihn nicht wieder zum Käfig würde.

   Ninon begegnete Hesse zu einem Zeitpunkt, der von seinen Biographen stets »der rechte« genannt wird: »Kurz vor dem 50. Lebensjahr des Verfassers ist der intensive Lebensüberdruß der Vorjahre verebbt. Fortan zeichnet sich eine selbst- und lebensbejahende Einstellung – auch in seinen Werken – ab. Der Wandel dürfte größtenteils einer neuen Lebensgefährtin, Ninon Dolbin, geb. Ausländer, zu verdanken sein«, vermutete Rudolf Koester.⁴³ »Danach, im späteren Jahr 1927, ist von Lebensüberdruß kaum, von Selbstmord überhaupt nicht mehr die Rede [...] die neue Lebensgefährtin, die ihm bis an sein Lebensende zur Seite blieb, bestätigte ihm, was keine Frau bisher vermocht hatte, die Echtheit und Gültigkeit seiner eigenen Wirklichkeit, die er nun nicht mehr zu verlassen brauchte«, so bewertete Peter de Mendelssohn⁴⁴ die Bedeutung Ninons für den Wandel im Lebensgefühl des Dichters.

   Joseph Mileck nannte Hesses Gemeinschaft mit Ninon »äußerst erfolgreich«. Er verzeichnet von 1927 an durch sie eine Beruhigung und Glättung in Hesses Leben, die seine Leiderfahrung – aber zugleich damit auch seinen Produktionszwang – dämpfte. Sie habe ihm all die Sicherheit und Befriedigung gebracht, die er immer gesucht, doch in keinem seiner früheren Wagnisse gefunden habe. »Anders als ihre Vorgängerinnen schätzte Ninon den Menschen Hesse nicht weniger, als sie seine Kunst verehrte. [...] Es gelang ihr auch, ihr Leben um das Hesses aufzubauen, ohne ihre Unabhängigkeit zu opfern«.⁴⁵

   Die Aussage einer Verwandten Hesses sei stellvertretend für die vieler anderer Augenzeugen angeführt: »Ninon war sicher der einzige Mensch, der fähig dazu war, Hesse über die Jahre des ›Klein und Wagner‹, des ›Steppenwolf‹, die Gedichte ›Krisis‹, die Ver-

Hermann Hesse, gezeichnet von B. F. Dolbin

zweiflung, den Wunsch nach Selbstmord hinwegzuleiten und stärkend bei ihm zu sein bis zum Glasperlenspiel und den Jahren der Weisheit, der Größe des Alters«.[46]

Ninons Entschluß, Hesse in seiner Lebenskrise beizustehen, gab zugleich ihrem eigenen Leben einen Sinn, er verschaffte ihr nach all dem ziellosen Unterdessen eine festumrissene Aufgabe.

Was sie ihr »Schicksal« nannte, verachtete Dolbin als »Götzendienst«. Stets egozentrisch auf sein eigenes Wohl bezogen, konnte er Ninons Entscheidung für Hesse nur Kopfschütteln entgegenbringen.

Hinzu kam, daß er Hesse nicht mochte, seit er ihn im Jahre 1913 bei einer Lesung in der Wiener Universität beobachtet hatte.[47] Ihm lag die unzugängliche Art nicht, das Gequälte, Leidende des Auftretens – man sieht es unschwer aus einer recht griesgrämigen Zeichnung, die er von Hesse anfertigte. Er prophezeite Ninon nur Kummer und Enttäuschung. »Du verbohrst Dich immer mehr in den verderblichen und irrsinnigen Irrtum, daß Du Dich H. opfern müssest. Du glaubst, ihm, der Welt, einen Dienst zu erweisen«, warnte er am 12. Oktober 1927 und wollte den »Wahn ihres Sendungsbewußtseins« zerstören. »Der Gedanke, daß Du abermals aus Trotz, Irrsinn, Verbohrtheit, Dummheit, falschem Opfermut oder Götzendienerei zu H. zurückkehrst, macht mich an Dir, an mir verzweifeln.«

So sah Dolbin nur Opfer, wo auch Gewinn für Ninon war. »Es ist eben seine Art, nichts auf der Welt ernst zu nehmen als sich selbst«, erläuterte sie Dolbins Haltung in einem Brief an Hesse vom 1. Dezember 1928. »Ich, die immer nur für mich lebte und es nicht anders wußte, wie war ich stolz, hart, egoistisch – es ist schön, Dich zu lieben! Wie danke ich Dir!«

Bevor sie sich jedoch in Montagnola ein möbliertes Zimmer suchte, war die Frage ihrer Dissertation zu regeln, die ja immer noch »vorankroch«. Im November 1926 hatte sie gemeinsam mit ihrem Ordinarius, Hofrat von Schlosser, bestürzt festgestellt, daß sie in jahrelanger Sucharbeit Stoff für drei Doktorarbeiten zusammengetragen hatte. Dennoch beschloß sie Ende März 1927, die Arbeit abzubrechen. Als sie wieder einmal mißmutig über das Ausmaß ihrer Recherchen gegrübelt hatte, fragte Hesse sie: »Warum hast Du eigentlich die Absicht, Dein Studium mit der Promotion abzuschließen? Laß doch den ganzen Krempel liegen und kümmere Dich nicht mehr darum!« Ninon rief kurz darauf jubelnd ihre Cousine Nelly an: »Denk Dir, selber wäre ich nie auf diese Idee gekommen! Ich bin selig! Ich bin frei!«[48] Hesse war die Instanz, der sie vertraute, und doch wäre es im Hinblick auf ihre späteren archäologischen Forschungen besser für sie gewesen, das Studium formell abzuschließen; denn das hätte ihr vor sich selbst bestätigt, zu wissenschaftlicher Arbeit qualifiziert zu sein. Ein Rest Unsicherheit darüber blieb und hielt sie vor mancher Veröffentlichung zurück.

Als sie Ende April nach Wien zurückkehrte, fühlte sie sich denn auch weniger befreit als unglücklich: »Ich habe keine sehr gute Zeit, ich bin maßlos unzufrieden mit mir. […] Das Aufgeben der Wissenschaft beschäftigt mich doch mehr als ich dachte, es ist doch so eine Art Bankrott, und ich muß mit all dem erst fertig werden. […] Es ist so schrecklich einzusehen, daß man zu nichts taugt. Ach, daß ich Dir doch das sein könnte, was ich möchte!« Hesse erklärte ihr unverblümt, daß er keine neue Bindung eingehen werde. Das lockere Nebeneinander-Leben könne sich nie ändern, wenn auch seine Frau Ruth im März 1927 die Scheidungsklage eingereicht habe – übrigens mit Begründungen, die aus Hesses eigenen Büchern stammten, vorwiegend aus dem »Kurgast« und der »Nürnberger Reise«. Durch ein Urteil des Zivilgerichts des Kantons Basel vom 26. April 1927 wurde die Ehe getrennt, da das Zusammenleben mit Hesse als einem einzelgängerischen Sonderling, einem unter Schlafstörungen leidenden Psychopathen, für eine Frau nicht zumutbar sei.

Hesse war wieder frei. Die sarkastische Bemerkung Robert Musils trifft dennoch nur den äußeren Augenschein: »Frau Dr. Kreis hat von Hesse erzählt. Ihre Cousine, Kunsthistorikerin, verehrt ihn seit ihrer Mädchenzeit, hat den Augenblick benutzt, wo er seine Geliebte bloß heiratete, um sich in Anstand von ihr zu trennen, wonach sie seine Frau wurde«.[49] Eine solche Deutung erlaubt Rückschlüsse auf das ambivalente Verhältnis, das Musil gegenüber Hesse hatte. Ninons Briefe aus jener Zeit sind ehrlichere Zeugnisse.

Die Zeit der Doppelbindung klingt aus in zärtlichen Briefen an Dolbin, den Freund und Bruder. »Wo warst Du die ganze Zeit, Hase, wo hast Du gesteckt, was hast Du getrieben? Ich habe täglich mit großer Sehnsucht die Post erwartet und war immer wieder enttäuscht. Ich hatte schreckliche Angst um Dich, ich dachte, Du müßtest krank sein, es war mir ganz unbegreiflich, daß Du plötzlich schwiegst. Ich habe oft von Dir geträumt, sehr merkwürdig, immer warst Du in irgend einer Traumsymbolik ›der Retter‹, ›der Beschützer‹, meistens aber der Retter. [...] Ich träume oft von einem Leben mit Dir, im Winter in Berlin, meine Sachen sind jetzt endlich geregelt, bis auf die Wiener Wohnung; 300 schw. Frcs. ungefähr habe ich dann monatlich aus Czernowitz, ein hübscher Zuschuß. – Aber wann habe ich Dich je für mich gehabt! Hast Du nicht immer und immer andere Frauen begehrt und auch gehabt, ihnen geschrieben, sie gezeichnet – und war ich nicht oft traurig, daß Du überhaupt nur zu den Mahlzeiten da warst? Tisch und Bett – das ist keine Gemeinschaft! Nach einer anderen sehnte ich mich, und diese *andere* habe ich jetzt. Wär' ich jetzt bei Dir, ich sehnte mich nach dem Leben mit H. Und jetzt träume ich von Dir.« Den Grundton ihres Abschieds aber traf ein Kartengruß, der ihrer beider lebenslängliche Freundschaft einleitete: »Lieber, lieber Hase! Ich denke immer an Dich – und kann doch nicht anders. Ach, sprechen wir nicht mehr davon! Und verlieren wir uns niemals! Deine Ninon«.[50]

Die Art ihrer Hinwendung zu Hermann Hesse aber verrät ein Gedicht, in dem sie mythisches Geschehen anklingen läßt. Sie möchte bei ihm wachen, wie Selene[51] bei ihrem Geliebten Endymion.

Von meinen Wünschen soll ich Dir erzählen? –
Sieh, es ist wenig, was ich mir ersehne!
An deinem Lager sitzen nachts, still dich betrachten,
dein ruhend Antlitz, deine Augen, die geschlossen.
Leis meine Hand auf deine Brust dir legen
und deinen Atem fühlen. Denken
an deine klaren klugen Augen,
vor denen ich mich heimlich fürchte. Deinen lieben
geliebten Mund betrachten – oh nicht küssen,
nur stumm betrachten. Denken
an alle Liebesworte dieses Mundes,
an meinen eignen Leib, den küssend dieser Mund gesucht.
Ganz still sein. Wissen, daß du mein,
denn keiner der Gedanken hinter dieser hohen Stirn
kann dich mir jetzt entführen. Dein Auge sieht mich nicht,
nichts kann der Mund mir sagen, was zu hören ich mich fürchte.
Mein bist du, mein! – Sieh ich lege
dir meine Hände auf das Antlitz, streiche dir
die Haare aus der Stirn,
umfasse deinen lieben, geliebten Kopf
mit meinen beiden Händen – du schläfst ja doch und so gehörst
                                                                                 du mir –
– Wie, regst du dich? Willst du erwachen? Nein!
Nein bleibe so! Erwache nicht! Wenn du erwachst, ist alles so wie
                                                                                 sonst
und war so schön doch eben. – Du warst mein.

Im Schlaf wird Trennendes gebannt. Darum liebt Ninon die Nacht, liebt sie den Schlafenden in fast andachtsvoller Versenkung. Dann spricht sie zu ihm ohne Zwang und ohne Vorbehalt. Tagsüber fürchtet sie oft seine Worte, die sie abweisen oder verletzen könnten. Nun aber darf sie seinen Mund gefahrlos-still betrachten; – »oh nicht küssen!« wehrt sie ab, als müsse sie sich vom Verdacht einer unerlaubten Annäherung freisprechen. Am Tage scheut sie auch seinen durchdringenden Blick, der sie oft wehrlos macht. Darum wünscht sie in dieser fast tödlichen Schlafstille, seine Lippen möchten noch länger schweigen, seine Augen sie nicht forschend ansehen, seine Gedanken ihn nicht so bald von ihr fortführen. Der im Schlaf Entrückte, Ferne, ist ihr so nah wie einstmals die »Gestalt«.

In einem Zustand übermäßiger Wachheit stellt sie sich vor, er möge *ihr* gehören, *ihr* gelte seine Liebe. Sich selbst überredend »mein bist Du, mein«, wagt sie eine zarte Berührung, der schlafende Geliebte kann ihre Hand nicht zurückweisen. Trotz ihrer dreifach bangen Abwehr, er möge nicht erwachen, zerbricht die kurze Illusion: diese Verbundenheit hat vorerst keine Dauer, sie wird mit dem Erwachen schon zur Vergangenheit.

Sechstes Kapitel

Fern-Nähe

Gemeinschaft ohne Gegenseitigkeit

> Mit 14 und 15 Jahren träumte ich von Dir
> und daß ich Dein sein wollte. Ich bin Dein.
> Und wenn ich jetzt auch sterben sollte, so
> hat mein Leben doch einen Sinn gehabt.

> Das richtige Dienen, wie ich es mir denke,
> besteht nicht nur darin, dazusein, wenn der
> andere einen braucht, sondern vor allem
> darin, nicht dazusein, wenn der andere einen nicht braucht.

Im Juni 1927 zog Ninon nach Montagnola. Sie fand eine möblierte Unterkunft in der »Casa Camuzzi«, in der auch Hesse seit 1919 seine Sommerwohnung hatte. Immer schon gefiel ihr dieser theatralische kleine Palazzo, der mit Türmchen, Giebeln, Mauervorsprüngen und Stuckornamentik reich verziert war und in seinem willkürlichen und doch wohlabgewogenen Stilgemisch ein Barockschlößchen imitierte. Von der Nordseite her, einer zum Platz erweiterten Dorfstraße mit Brunnengeplätscher und Platanenschatten, gab er sich wuchtig und herb. Sein protziges Rundportal führte auf einen Bogengang mit einer repräsentativen Treppe, die jedoch in echt manieristischer Täuschungsfreude nicht hinauf ins Haus, sondern hinunter in den üppigen Garten führte, der in Terrassen angelegt war und sich in einer Waldschlucht mit urwaldhafter Pflanzenpracht verlor: Klingsors Zaubergarten.

Für Ninon bestand der Reiz dieses romantischen Gebäudes darin, daß es auf diesen Garten verwies, ihm den Vorrang ließ, ihm diente, ja überhaupt wohl wegen dieses Parkterrains gebaut worden war und sich dem wildwuchernden Formenüberfluß von Palmen, Magnolien, indischen Weiden, Lorbeer, Glyzinien und Schlinggewächsen anpaßte. Von der Schauseite, von Süden her, schien der Palazzo denn auch diesen Paradiesgarten mit seinen Seitenflügeln zu umarmen, die spitzwinklig auf einen mächtigen Mittelturm zuliefen, auf dem sich, alles krönend, ein winziger Rundtempel hochreckte, der in der Zartheit seiner Säulen vor dem blauen Himmel an pompejanische Wandmalereien erinnerte. Diese Seitenflügel hatten feierlich getreppte Giebelfronten, spitze und rundbogenförmige Konsolen und ausladende Gesimse. Ein gedrungenes Attika-Geschoß mit runden Bullaugenfenstern und einem wahren Furioso von Steinranken, Masken, Kartuschen überzog all diese phantastisch verschachtelten Bauformen, und über allem flatterte keck eine blecherne Wetterfahne auf dem Dach des luftigen Tempelchens, als künde sie vom Mutwillen der Erbauer, die sich aller historischen Stilsplitter so souverän bedient hatten,[1] und der Bewohner, meist Künstler, die sich in diesem landschaftsbezogenen Gartenschlößchen ein beschauliches Refugium schufen.

Auch Hesse fühlte sich in dieser Umgebung wohl. Er hatte nach seinem Fortgang von Bern und einem kurzen Zwischenaufenthalt in Sorengo durch einen Hinweis seines Malerfreundes Karl Hofer[2] diese Wahlheimat gefunden. Als er zum ersten Mal vom Dorf Montagnola her die phantasievolle Silhouette der Türme und Giebel im Waldgrün erblickt hatte, glaubte er das ländliche Schloß einer Eichendorff-Novelle vor sich zu sehen und hatte nicht gezögert, dort eine kleine Wohnung zu mieten. Vom winzigen eisenvergitterten Balkon seines Arbeitszimmers fiel der Blick auf das Blätter- und Astgewirr des Gartendickichts. Hesse hat den »halb feierlichen, halb drolligen Palast« geliebt und belächelt und ihm in immer neuen zeichnerischen Perspektiven so manches Bild-Denkmal gesetzt; auch in seinen Betrachtungen »Beim Einzug in ein neues Haus« von 1931 bedachte er ihn mit zärtlichen Abschiedsworten. Zum ersten Male hatte er die exotische Pracht der Camuzzi-Wildnis schon 1919, in Klingsors farbenflammender Welt, wie ein Wunder beschrieben.

Ninons Räume lagen parterre im linken Seitenflügel und waren ein wenig dumpf und feucht, aber sie konnte aus der Kühle ihrer schattendunklen Zimmer mit wenigen Schritten in das geheimnisvolle Lichtgeflimmer des Parks eintauchen, dessen Schlinggewächse bis an die Steinbalustrade ihrer Terrasse herankrochen. Außerdem war sie jederzeit für Hesse durch Zuruf erreichbar, denn er wohnte im Obergeschoß des rechten Seitenflügels. »Ich habe eine Riesen-Sommerwohnung, möbliert, fünf Zimmer, von denen ich aber nur zwei benütze, ein drittes steht als Gastzimmer bereit, Küche, Holz- und Speisekammer«, berichtete sie Dolbin am 26. Juni 1927. »Zum Schlaf-, zum Gast- und zum Studierzimmer kommt man auf zwei steinernen Treppen direkt vom Garten herein – dann gibt's noch den richtigen Hauseingang und einen Kücheneingang – und schließlich kann man, da es doch Parterre ist, durch jedes Fenster mühelos einsteigen. Du kannst Dir denken, wie entsetzlich ich mich nachts in dieser Riesenwohnung allein fürchte, und oft denke ich an Dein Wort: ›Du brauchst keinen Mann, Du brauchst einen Wachmann‹ — und wie ich einen brauche.«

Ninon schilderte Dolbin auch ihren Tagesablauf. Sie schreibe, lese und gehe am Nachmittag allein spazieren. »Abends lese ich vor.« Ein Unterton verrät Zweifel und Einsamkeit: »Aber das alles wäre doch nicht das Richtige, wenn nicht seit einigen Tagen zwei süße junge Katzen mich besuchten. Ich formuliere das so: wenn die Landschaft nicht durch den Besuch zweier junger Katzen das Rein-Vegetarische verloren hätte.« Die Katzen wurden ihr zu den einzigen Gefährten während vieler Stunden des Tages. »Was mir fehlt, ist eine Heimat. Ich muß irgendwo wurzeln. Die Schloßgasse ist mir niemals eine Heimat gewesen, und ich habe auch bisher niemals wieder eine gefunden. In meiner jetzigen Wohnung bin ich gern, aber doch nur im Sommer, sie ist sehr feucht und kühl [...] von November bis März dürfte sie tödlich sein. Und doch ist es jetzt schön, sie zu haben, ich komme gern vom Spaziergang nach Hause, nicht nur wegen der Katzen.«

Zwischen Hesse und Ninon spielten sich die Zeiten für Gemeinschaft und Alleinsein schnell ein. An manchen Tagen waren sie nur durch die Nachrichten der treuen Haushälterin Natalina[3] verbunden, die Hesse seit 1920 versorgte. Hesse bemerkte über diese ersten Wochen ihres getrennten Zusammenlebens: »Ich habe schon den ganzen Sommer meine Freundin aus Wien hier, d. h. eine Symbiose ist es natürlich nicht, sie wohnt im Nebenhaus und ißt im Restaurant, aber sie ist doch da, und damit ist diesmal mein hiesiges Einsiedlerleben etwas verändert.«[4]

Ninon erschien der Aufenthalt vorläufig noch wie eine kurz bemessene Sommerfrische im Süden. Auf der Collina d'Oro zu leben, hatte sie sich zwischen den grauen Mauern Wiens ganz anders ausgemalt: wie süß schmeichelte sich damals dieser Name ins Ohr und ließ der Phantasie weiten Spielraum: ein sonnenwarmer goldener Hügel, umfangen von zwei Armen des Luganer Sees, mit rebengesäumten Wegen, Obstbäumen und Edelkastanien an sanften Wiesenhängen, waldige Schluchten, darüber buschige Bergflanken unter ungetrübtem Himmel. Sie ahnte Milde, behäbige Fülle, Geruhsamkeit und darin ein Dorf, von melancholischem Zauber umsponnen, Hesses »Montagsdorf«. Die Wirklichkeit war wie immer ganz anders. So vermerkte sie in ihrem »Kleinen Tagebuch aus der Sommerfrische«: »Die Landschaft umgibt mich kulissenhaft, ich bin auf einem ziemlich niederen, aber dafür sehr langgestreckten grünen Hügel, rings um mich blauen die Berge, tief unten ladet der See zum Bade, aber es braucht gute 45 Minuten, um zu ihm hinunter zu gelangen, und gute 55 wieder herauf. Nein, mit dem Baden ist es nichts, und mühelos entfallen so auch Bootsfahrten oder Ausflüge mit dem Dampfer oder Motorboot. Mit den Bergen geht es einem ebenso. Um auf irgendeinen hinaufzusteigen, muß man erst einmal hügelab wandern. Dann geht es auf der heißen, staubigen Straße weiter, und bis der eigentliche Aufstieg beginnen soll, denkt man: ›Mir war's gnua!‹«

Berge und See erschienen Ninon wie ein grellbunter Bühnenhintergrund, vor dem ihr sparsamer Dialog mit Hesse ablief. Sie fühlte sich in diese Landschaft nicht einbezogen. Zwar liebte sie die Berge über alles, aber diese hier hatten keine lockenden Gipfel, sie reizten nicht zum Besteigen. Hitzeempfindlich, wie sie immer war, verkroch sie sich hinter einem Sonnenschutz und wartete, wartete. Worauf? Eigentlich nur auf die Abende, an denen sie Hesse zur Schonung seiner Augen vorlas. Von ihrer Aufbruchstimmung zeugt eine Geschichte aus dem Jahre 1927, »Die verlorene Spiritusmaschine«, in der es heißt: »Seit 14 Tagen bin ich nun hier im Süden, sehe die Berge von ferne und einen blauen See, sitze tagsüber hinter geschlossenen Fensterläden im Zimmer wegen der unerträglichen Hitze und gehe erst abends aus. Wahrscheinlich ist es sehr schön, auf den Bergen zu sein, die ich von hier sehe, es muß auch unten am See schön sein, aber ich bin von beiden ziemlich weit entfernt, ich sehne mich nach beiden – und tue doch nichts anderes, als am Morgen aufstehen und warten, bis es Abend wird!... Ich habe mir eine kleine Spiritusmaschine gekauft, um mir Frühstück zu kochen, aber ich hatte sie nur drei Tage, und am vierten war sie fort, war einfach fort, hatte mich verlassen. [...] Bravo, kleiner Spirituskocher, tapferes kleines Maschinchen! Du paßtest nicht in diese Umgebung, und darum liefst du eben einfach davon. Für mich ist es ja ein wenig beschämend, daß du mich verlassen hast. Es ist immer traurig und beschämend, wenn wir verlassen werden, ich wenigstens fühle mich immer schuldig, wenn mir ein Knopf ›fehlt‹ oder ein Taschentuch ›verlorengeht‹, wenn Wimpern oder Haare ›ausgeh'n‹ – sie mögen mich nicht, sage ich mir dann traurig, sie haben mich verlassen. So hat es auch die kleine Spiritusmaschine gemacht, ganz schnell hat sie sich entschlossen. Drei Tage lang sah sie das alles mit an, es paßte ihr nicht, und da lief sie am vierten Tag eben davon. Das ist so einfach, und darum begreift es niemand. Ich aber habe es begriffen. Und ich werde das tun, was das kleine Spiritusmaschinchen mich gelehrt hat: Ich laufe davon!«

In diese Wochen der Desillusionierung nach ihrem Ortswechsel in den Süden fiel Hesses 50. Geburtstag, und Ninon gewann erste Sympathien in Hesses Schweizer Freundeskreis: Max und Tilly Wassmer von Schloß Bremgarten, die seine Festgesellschaft in einen ländlichen Gasthof eingeladen hatten; Hans Moser, ein Bruder von Louis Moilliet, dem Maler, der in den Klingsor-Roman als »Louis der Grausame« eingegangen war; Dr. Josef Bernhard Lang, der Psychoanalytiker und Freund Hesses mit seiner Tochter; Annemarie Hennings, die Tochter von Emmy Ball.[5] Es fehlte zu aller Kummer Hesses Freund Hugo Ball, der drei Tage vor dem Fest schwer erkrankt in eine Züricher Klinik eingeliefert und schon am Geburtstag operiert werden mußte, aber sein Geschenk lag vor: eine bis heute gültige Biographie, in der er die geistesgeschichtlichen Linien zog, in die sich Hesses Werk bis zum Jahre 1927 einordnen ließ.[6]

Anläßlich dieses Geburtstages lernte Ninon auch Hesses erste Frau, Mia geb. Bernoulli, kennen, die in Ascona lebte. Ein ausgewogenes Verhältnis mit seiner Familie bahnte sich an, zumal Ninon auch Verständnis für die Söhne zeigte: »Ich denke oft an Deine Söhne, vor allem an den zweiten, der Dich vielleicht haßt, weil er glaubt, Dich nicht lieben zu können. Er ist vielleicht ein armes Kind und kann den Weg zu Dir nicht finden. Wie kann es anders sein! Es ist schwer, zu Dir zu kommen«.[7] Ninon versuchte zu vermitteln und zu begütigen. Martin, dem schwierigsten Sohn – *mein* Sohn, bestätigte Hesse häufig – habe sie versichert, wie sehr der Vater ihn liebe. »Wir hatten nachts ein langes Gespräch. Er leidet sehr darunter, zu Dir kein inniges Verhältnis zu haben und versteckt dieses Leid unter Trotz und Bolschewismus und Unabhängigkeitssinn. Er *sehnt* sich danach, Deine Bücher zu lesen, und empfindet es als absurd, sie nicht zu besitzen. Ich erklärte es ihm, sagte, er müsse es Dir zeigen, sagen, daß er sie lesen wolle, Du drängtest Deine Bücher niemandem auf«.[8]

Zwischen Bruno, Hesses ältestem Sohn, und Ninon bahnte sich schnell ein freundschaftliches Verständnis an. Er war von ausgewogenem Wesen und in seinem zweiten Zuhause bei Hesses Freund, dem Maler Cuno Amiet in Oschwand, ebenso geborgen wie in seiner Malkunst, die ihn mit seinem Lehrer und Pflegevater genau so verband wie mit seinem Vater, den er oft und gern auf Mal-Ausflügen in Montagnola begleitete. Bruno hat Ninon in ihrer Sorge für den Vater hochgeschätzt.[9]

Das Jahr 1927 brachte für Ninon außer der endgültigen Beendigung des Kunststudiums und der Übersiedlung in Hesses Nähe noch zwei wichtige Entscheidungen: den Verkauf ihres Elternhauses und die Aufgabe der Wiener Wohnung. Nach 50 Stunden Bahnfahrt und sieben Grenzkontrollen war sie in Czernowitz so weit weg von Hesse wie einst, und noch einmal erlebte sie bewußt die kaum glaubhafte Fügung: »Hier, zwischen der Laube und dem Nußbaum, hing die Hängematte, hier saß ich und las Deine Bücher und träumte von Dir. Wie warst Du unwirklich, wie ferne! Und nun kenne ich Dich und bin so glücklich in meiner, in Deiner Liebe«.[10]

Im September 1927 fuhr sie nach Wien, um die Wohnung aufzulösen, in der sie sechs wechselvolle Ehejahre mit Dolbin verbracht hatte. Als sie am Westbahnhof ankam, wußte sie plötzlich, wie innig sie mit dieser Stadt durch eine dreizehnjährige Haßliebe verbunden war. Das Quirlige der Großstadt berauschte sie nach dem dreimonatigen Dorf-Frieden Montagnolas wie Sekt, und allzugern ließ sie sich hineinreißen in das Gedränge, Gestoße, Geschiebe, in diese betäubende Hast und Überstürzung. Das Vertraute überwältigte sie bis zu »heißen Freudentränen«, und sie erwartete Dolbin mit Sehnsucht, der sich zur Hilfe angesagt hatte, aber dann ausblieb. Auf Schritt und Tritt glaubte sie ihm zu begegnen, und sie wußte, wie tief sie ihm trotz aller schmerzhaften Zerwürfnisse verbunden blieb. An Hesse, der ihr seltsam fernrückte, schrieb sie am 25. September: »Oh wie weit bin ich von Dir! Nicht daß ich 25 Stunden lang gereist bin, aber hier, in meiner Wohnung, sitze ich nun, und es ist mir, als wären Jahre vergangen [...] Du warst wieder der ferne Gott und ich das sehnsüchtige kleine Mädchen. [...] Heute nacht träumte ich, daß ich von meinem Zimmer zu Dir hinübersah, Du saßest am Schreibtisch und schriebst, standest auf, um eine Cigarre zu holen, schriebst weiter, ich sah aber gar nicht genau hin, weil ich ja eh zu Dir hinübergehen wollte. Später erschien Hindenburg in Überlebensgröße und fragte, ob ich etwas wünsche. ›Ich will Sie nur ansehn‹, sagte ich, und er schritt lächelnd an mir vorbei. Er hatte schöne blaue Augen. Leb wohl Liebster, ich küsse Dich auf die Augen.«

In der Traumverbindung zwischen Hesse und einem achtunggebietenden Feldherrn, der majestätisch an ihr vorüberschritt, wünschte sie sich »nichts« von ihm, das gebot ihre ehrfürchtige Scheu. Nur betrachten wollte sie ihn – wie manchmal nachts, wenn sie seinen Schlaf bewachte. Daß er lächelte, zeigte ihn so gütig, wie sie ihn sich wünschte. Im Traum fielen ihr seine Augen auf, deren durchdringende Strahlung sie – wie es auch in ihrem Nachtgedicht heißt – heimlich fürchtete; oft sprach sie von der einschüchternden Vogelschärfe seines Blicks, seiner unwiderstehlichen Helläugigkeit oder seinen »heiligen Augen«. Die Traumgestalt verkörperte Autorität, die ihr Strenge und Schutz zugleich verhieß und die ihre Macht über sie durch die Schärfe des stählern blauen Blicks erlangte.

Wie anders sah sie Dolbin! Als sie am Nachmittag über die Ringstraße bummelte, fiel ihr eine Geschichte über ihn ein: »Der Karikaturist übersiedelt«; sie stürzte in ein Trafik, kaufte Papier und Bleistift und schrieb sie im nächsten Kaffeehaus nieder, wie unter Diktat. Was wäre dabei herausgekommen, wenn er, der besessene Zeichner, zum Ausräumen der Wohnung rechtzeitig gekommen wäre? »Leichtfüßig sprang mein Mann, der Karikaturist, aus dem Eisenbahnwagen und schritt mit elastischem Gang, wie nur Potentaten oder Tenöre ihn haben, neben mir am Perron hin. Ich hatte ihn abgeholt und begann, um keine Minute zu verlieren, sofort von den brennendsten Übersiedlungsproblemen zu sprechen. ›Und welcher Spediteur, meinst Du, sei also vorzuziehen?‹ schloß ich meine Ausführungen. ›Gewiß‹, nickte mein Mann höflich und zog sein Skizzenbuch aus der linken Achselhöhle, in der er es eingeklemmt trug, und schon war eine kühne Nase und ein Schlagflußhals – Charakteristika des diensthabenden Beamten – skizziert, datiert und signiert, und mein Mann wendete sich dem Ausgang zu. [...] Während ich über Möbelwagengröße, Kistenformate, Packertarife und Versicherungsklauseln informiert wurde, saß mein Mann lammfromm daneben, das geliebte Skizzenbuch auf den Knien, [...] er arbeitete unermüdlich, ohne Pause, er arbeitete faustisch, besessen, unaufhörlich. Er zeichnete Möbelpacker und

Hausbedienerin von vorn, im Profil und ›dreiviertelverloren‹, beim Morgenimbiß und Abendtrunk. Das Papier ging ihm aus und die Farbe, die verpackt worden waren. Da merkte er sekundenlang, daß hier eine Übersiedlung stattfand. Aber er vergaß es schnell und arbeitete mit dem Bleistift weiter.« Dolbin war gekränkt durch den Übermut, den Ninon bei der Auflösung des gemeinsamen Hausstandes zeigte. Er hingegen sei ausgeblieben, weil er sich vor dem Abbruch ihrer letzten Gemeinsamkeit »gegrault« habe, und darum weigere er sich auch, ihre Kurzgeschichte, der es allzu deutlich an Zartgefühl und Abschiedsweh mangele, zu illustrieren. Er schrieb ihr jedoch weiterhin regelmäßig und lud sie nach Berlin ein.

Ninon wurde in ihrem Entschluß, den Winter 1927/28 in Zürich zu verbringen, durch Hesses Briefe indirekt bestärkt, die ersten, die uns aus der frühen Zeit zugänglich sind. So schrieb er ihr am 11. Oktober von seiner Badener Kur nach Wien: »Die Gichtschmerzen sind sehr häßlich, und Mittel kann ich nicht nehmen, da der Magen etc. ebenfalls sehr empfindlich sind. Ach, einmal einen Tag lang keine Schmerzen und etwas Freude am Dasein haben zu können. [...] Denke im Guten an mich, ich bin in der Hölle. Von Herzen Dein H.« Sie empfand seine Briefe als Hilferufe und antwortete postwendend: »Wohnung aufgelöst! Ich denke in Liebe an Dich und wünsche sehnlichst, Dir helfen zu können. Wenn ich wüßte, daß Dir meine Gegenwart hilft, ich ließe jetzt die Injektion und käme gleich zu Dir. Zähle auf mich, ich bitte Dich darum! Ich küsse Dich auf die Augen und streichle Dich, mein Lieber, Lieber, und wünsche, Du wärest mein Kind, und ich könnte Dich vor aller Qual und vor Schmerz bewahren!«[11] Glücklich teilte sie ihm mit, daß die Injektionen gegen ihre Venenbeschwerden Erfolg hatten. »Wie würde Homer mich wohl nennen, die ›beinfrohe Ninon‹?«, jubelte sie. »Ich habe *zwei* schöne Beine statt eines, denke Dir, und strahle! Am liebsten möchte ich mir alle Kleider kürzen und zwölf Paar Seidenstrümpfe kaufen, um die ›neuen‹ Beine würdig zu bekleiden – aber die Vernunft wird mir ja hoffentlich bald zurückkehren. Aber nicht wahr, Du kannst das begreifen, wie mir zumute ist?« Hesse antwortete: »Deine Annahme, daß ich mich in Deine Gefühle würde hineindenken können, ist doch ein Irrtum. Mich in einen Menschen mit gesunden Beinen, gesunden Händen, gesunden Augen, gesundem Darm hineinzudenken oder mir vorzustellen, wie es wäre, eine Stunde lang oder gar einen Tag lang ohne

Brief B. F. Dolbins an Ninon vom 6. November 1927

Schmerzen zu sein, das ist mir vollkommen unmöglich«.[12]

Es schien, als ob Hesse in seiner Badener Kurabgeschiedenheit das zukünftige Zusammensein mit Ninon im Züricher Winter fürchte und noch einmal überdenke. Er warnte und wollte sie durch Alter und Krankheit abschrecken: drei Wochen sei er nun in Baden und »fast die ganze Zeit im Bett, und fast die Hälfte dieser Zeit in Wickeln oder Wärmekissen. Jetzt stehe ich jeden Tag etwas länger auf, die Verdauung ist noch schwankend, die Schwäche noch groß.« Er schickte Ninon am 30. Oktober gequält einen Auszug aus dem Brief eines Freundes:[13] »Es steht darin über Dich eine ganze Heiligenlegende, das ist schön, aber es hat mich doch bedrückt. Also, die Sache sieht für einen Zuschauer so aus: daß Du Dich nur aufopferst, Dein ganzes Leben nach mir richtest, und daß ich dies annehme und selber nichts dafür tue und gebe. Ich habe diesen Brief nicht verdauen können, noch schlechter als die Schleimsuppen. Darum schreibe ich Dir heute. Der Winter steht bevor, und ich weiß, daß Zürich Dir nicht sympathisch ist. So lieb mir Deine Nähe ist, so wäre es mir doch lieber, vollends allein kaputt zu gehen, als mit dem Gefühl zu leben, daß Du meinetwegen beständig Opfer bringst. Ich bitte Dich, Dich frei zu entscheiden; Du kannst, mit vielleicht weniger Kosten als in Zürich, in Paris, Berlin oder Rom leben. Ich müßte das ausführlich darlegen, aber jede Zeile Schreiben fällt mir, da ich schwach bin und die Hände schmerzen, sehr schwer. Ich bin kein Mann mehr, mit dem eine Frau Staat machen kann und der einer Frau irgendetwas zu bieten hat: was mir bei dem ewigen ermattenden Kampf um das bißchen ›Gesundheit‹ und Lebenskraft noch bleibt, brauche ich für meine Dichtung. [...] Lebe wohl, Ninon, ich wünsche Dir Gutes. Dein H.«

Wieder antwortete Ninon sofort auf diesen zwiespältigen Abschiedsbrief, der trotz der äußeren Abweisung wie ein Notruf an sie klang: »Ich bin nicht ›edel‹, und ich bringe Dir keine Opfer. Und wie Du aufschreist vor Entsetzen, daß Dir Opfer gebracht werden, so schreie ich auf bei dem Gedanken: *Dankbarkeit*, die Du mir schulden solltest. Es ist alles Liebe. Und sobald es anders wäre, wäre es zuende. [...] Wie wir ›möglichst parallel‹ nebeneinander leben wollen, ohne einander zu stören, haben wir ja genau besprochen. Mag manches davon für den Zuschauer wie ein Opfer von mir aussehen – für mich wandelt sich alles, was ich Deinetwegen tue, in Liebe um«.[14] Aber trotz Ninons Beteuerungen, er schulde ihr *nichts*, spürte Hesse ein Unbehagen. Am 15. November schrieb er an Heinrich Wiegand: »Ninon, die seit zwei Monaten in Wien ist, will nun übermorgen in Zürich ankommen, da muß ich mich aufraffen, muß Kofferpacken und strammstehen, und Arbeit liegt auch viel da; ich werde es also versuchen. Ich tue es ohne Glauben und bliebe viel lieber ewig im Bett in Baden liegen. [...] Es sind eben die Frauen, wegen derer wir Spaß am Leben haben und wegen derer wir kaputtgehen. Aber bald werde ich ein

Inserat aufgeben, daß älterer, kränklicher Herr bereit ist zu Heirat mit gesetzter Person, wenn sie nur zu kochen und hauszuhalten verstehe.«

Hesse hatte inzwischen Pflege und Regelmäßigkeit schätzen gelernt und wollte auch weiterhin wohlversorgt sein. Aber der geistig-vitale Anspruch, den er bei seiner 18 Jahre jüngeren und weltzugewandten Freundin voraussetzte, erschien ihm zu anstrengend – »strammstehen« mochte er nicht, fremde Erwartungen verstörten ihn. Hingegen würde eine »gesetzte Person«, die er sich ironisch zur rein haushälterischen Betreuung wünschte, ihre Sorge auf sein leibliches Wohl beschränken und ihn gewiß nicht zu einem dialogischen Zusammensein herausfordern.

Ninon ließ sich nicht abschrecken, sie kam nach Zürich, und zum Ausklang dieses Jahres, nach dem ersten Versuch des getrennten Zusammenlebens, widmete Hesse ihr das Gedicht: »An Ninon«.[15] Es war ein Dank für das, was sie in sein Leben verändernd hineintrug, ein Dank für das Geschenk ihrer Anwesenheit.

Welche Steigerung gegenüber dem Gedicht »Ninon« vom März 1926, das ihr Willkommen und Abschied zugleich geboten hatte! Doch wie damals beginnt Hesse seine Verse mit der Verwunderung, daß er so geliebt werde; der Zweifel, liebenswert – der Liebe wert – zu sein, steckte seit seiner Kindheit tief in ihm und wurde erst allmählich durch Ninons unbeirrbares Gefühl besiegt.

Der Entwurf des Gedichtes, der glücklicherweise erhalten blieb, zeigt, welche Gedanken Hesse ursprünglich in diese Verse einbringen wollte. Die zunächst vorgesehenen und in der Endfassung gestrichenen Zeilen waren konkreter abgefaßt, Hesse räumte darin ein, daß ihn zu lieben nicht leicht sei. Auch die Einschränkung »Ich kann Dir wenig geben«, die Bitte »Bleib mir« und die unvollendete Zeile »Nur Du ahnst« wurden später gestrichen. Daß sie seine Beschwerden teilte, bei ihm wachte, daß sie die Schatten um ihn aufzuhellen vermochte – die Aufzählung alles dessen, was sie für ihn *tat*, entfiel ebenfalls, und in der Schlußfassung des Gedichtes dankte er Ninon nur noch für das, was sie für ihn *war*, was sie für ihn als Wesensergänzung bedeutete.

In der letzten Fassung des Gedichtes erwähnt Hesse seine eigenen Empfindungen nicht mehr, er nennt nur das, was von Ninon, der Liebenden, auf ihn ausstrahlte. Alle Spannung, aller Antrieb, alle Wirkung auf ihr Beisammensein gehen in diesem Gedicht von ihr aus. Hesse stellt sich als den Empfangenden dar, der ihre Liebe als

»guten Geist«, ihre Gegenwart als eine Mahnung an das ihm verborgene Glück des Daseins – »des Lebens süßen Kern« – wie ein Geschenk entgegennimmt. Seine Verse durchzieht ein Grundton dankbaren Staunens, daß sie trotz der Dunkelheit seiner Tage (er beschwört dieses Dunkel zweimal, in der ersten und der letzten Strophe) bei ihm weilt; er hat das Dauer versprechende Wort »bleibt« in dieser Fassung durch »weilt« ersetzt, es drückt Hoffnung aus, nicht Sicherheit.

Im Entwurf stand »Schatten« sinnverwandt für »Dunkelheit«. Durch den Austausch dieser Worte hat Hesse das Bild seines Lebens noch finsterer gezeichnet. Verschattungen bedeuten eine vorübergehende Einbuße an Licht, Dunkel aber ist dichter, anhaltender. Ninon wurde zur Lichtbotin. Sie vermochte Hesses Schwermut aufzuhellen, wurde ihm zum »Trost der Nacht«.[16]

In seinem Gedicht »Verse in schlafloser Nacht« redete Hesse Ninon als Lichtbringerin in seiner Lebensnacht, als mondhafte Gefährtin an:

Liebe Ninon, heute bist Du mein Mond,

Scheinst in meine bange Finsternis herein,

Wo mein Herz so verhängt und traurig wohnt.[17]

Ninons Gegenwart wirkte auf Hesse tröstlich, weil sie »im Leben eine Mitte wußte«. In einem frühen Prosastück »Wanderung« hatte Hesse das gleiche Bild gebraucht: »Heimat in sich haben! Wie wäre das Leben dann anders! Es hätte eine Mitte, und von der

Mitte aus schwängen alle Kräfte. So aber hat mein Leben keine Mitte, sondern schwebt zuckend zwischen vielen Reihen von Polen und Gegenpolen. Sehnsucht nach Daheimsein hier, Sehnsucht nach Unterwegssein dort. Verlangen nach Einsamkeit und Kloster hier und Drang nach Liebe und Gemeinschaft dort.«[18] Ninon hatte »Heimat in sich«. Sie lebte aus der Stärke ihrer eigenen Empfindungen heraus und konnte darum das Wagnis einer Gemeinschaft ohne Gegenforderung eingehen, zu deren Verteidigung und Fortbestand sie sich schon fest entschlossen hatte, als sie Hesses überraschendes Bekenntnis zu Weihnachten 1927 erhielt.

Die folgenden Jahre vergingen im regelmäßigen Wechsel von Zusammenleben und Trennung. Auch Ninon brauchte hin und wieder das Alleinsein. Hesses übermächtiger Gegenwart und dem Bannkreis seines Blicks konnte sie sich nur durch eine Reise entziehen: »Mein Liebster, sei mir nicht böse, wenn ich Dich für einige Wochen verlassen habe. Du bist so groß, und ich bin klein und in steter Gefahr, in Dir zu ertrinken. Darum ist es gut, wenn ich wieder einmal allein bin, *ganz ich,* dann kann ich wieder neben Dir leben und mich bewahren und hoffentlich weiterentwickeln. Du verstehst das, ich weiß es, und doch habe ich das Bedürfnis, Dich deswegen um Verzeihung zu bitten. [...] Liebster, aber nicht wahr: Wenn Du mich brauchst, rufst Du mich? Ach, was schreib ich da, ich weiß ja, Du tust es nicht! Also gut, ruf mich nicht, aber laß es mich wissen ---.«[19]

Während der zwei Monate, die Ninon im Frühjahr 1928 in Paris verbrachte, spürte sie immer wieder, wie gefährlich stark ihre Ausrichtung auf Hesse geworden war. Sie fühlte sich ganz von ihm durchdrungen, und sie erkannte, daß sie sich immer wieder abwenden, in die Ferne retten mußte, um ihm die starke und unabhängige Gefährtin zu bleiben, die er neben sich brauchte: »Ich bin wirklich nicht aus Übermut in Paris. Ich spüre, trotz Sehnsucht, wie gut es für mich ist, eine Weile allein zu sein. Alle Dinge sprechen. Ich sehe unaufhörlich Bilder, und ich schreibe viel auf von dem, was ich sehe. Wenn Du da bist, seh ich immer wieder nur Dich. Nur Du lebst dann in mir. Das ist schön, aber doch nicht genug, ich will, – aber ›ich will‹ ist nicht das richtige Wort – ich *muß* fern von Dir sein!« schrieb sie Hesse am Abend vor ihrer Heimreise. Im Allein-Sehen, Allein-Erleben festigte sich ihr eigenes Wesen. Auf ihren Reisen suchte sie darum die Wiederbegegnung mit allem, was ihr früher wichtig und vertraut war: das Kunststudium, der Wiener Freundeskreis, Dolbins Künstlerwelt, die Großstadt mit ihrem Kulturangebot, die Kindheit in der Bukowina. Indem sie die Stätten aufsuchte, die ehemals ihr Leben reich machten, indem sie sich also ihrer eigenen Existenz rückschauend versicherte, gewann sie gleichzeitig ein wirksames Gegengewicht zur beherrschenden Persönlichkeit Hesses, der jedoch Verständnis dafür zeigte, daß Ninon ab und zu wegreiste und ihr eigenes Leben nicht aufgab: »Daß Du fort bist und immer wieder zeitweise fort sein mußt, um Dein Leben in Form zu halten und Dich nicht bei mir zu verlieren, das ist ganz natürlich und richtig, ich freue mich, wenn Du in Paris und sonst das Deine findest und dann wieder in meine Nähe kommst. Und wenn es mir einmal so gehen sollte, daß ich mich ganz verloren fühlte, dann würde ich es Dir auch schreiben. [...] Du fehlst mir oft, das ist natürlich, und Du hast ja auch meine Augen mitgenommen, die sonst für mich so viele Briefe und Bücher lesen.«[20]

Ihre Augen! – Ja, sie gehörten *ihm*. Wer die Briefe liest, die er während Ninons Abwesenheit schrieb, kann den Eindruck gewinnen, er vermisse Ninon nur als Vorleserin. Daß er auf ihre gesunden Augen angewiesen sei, versicherte er immer wieder, und so auch in jenem berühmten »Brief an die Freundin«, der im Berliner Tageblatt vom 29. April 1928 abgedruckt wurde und den Ninon während ihres Paris-Aufenthaltes unverhofft am Zeitungskiosk entdeckte. Auch in ihm klagte Hesse, sie »habe ja auch seine Augen mitgenommen«.[21] Er schrieb ihr am 22. April: »Liebe Ninon! Das ist nicht gut, daß Du Deine Augen und Dein Köpfchen in Paris so anstrengst. Wozu wäre denn das Prinzip der Arbeitsteilung erfunden? In dem Ressort der Kopf- und Augenschmerzen etc. leiste ich doch wirklich Erstklassiges, das sollte für uns beide genügen.«

Natürlich war es für ihn, der seit seiner Kindheit durch ein schmerzhaftes Augenleiden gequält wurde, eine große Erleichterung, daß Ninon ihm zeitlebens täglich mehrere Stunden vorlas. Ein seit dem Jahr 1929 erstelltes Titelverzeichnis der gemeinsam gelesenen Bücher zeigt, daß sie Hesse insgesamt 1447 Werke vorlas, in manchem Jahr über hundert. Sie, die leidenschaftliche Leserin, mag darin zwar einen zeitweilig anstrengenden Liebesdienst, jedenfalls aber kein Opfer gesehen haben, denn die Dichtung war ihre gemeinsame Welt, hier kamen sie sich am nächsten. Dennoch erscheint es erstaunlich, daß Hesse Dritten gegenüber so ausschließlich betonte, daß er Ninon als »Vorleserin« schätzte. »Im Dezember kommt Ninon, meine Augen haben es nötig, sie tränen den ganzen Tag und tun weh«,²² klagte er. »Morgen soll Ninon aus Wien zurückkommen. Das Leben wird vielleicht dadurch erträglicher, weil ich wieder vorgelesen bekomme, aber es wird auch schwieriger. Ich bin das Alleinsein zu sehr gewohnt«, schrieb er an Emmy Ball-Hennings; und einige Tage später, nun sei »endlich das Mädchen Ninon wiedergekommen, [...] und dadurch ist mein Leben, das bisher täglich aus zwanzig Stunden Augenschmerzen bestand, erleichtert und verschönt«. Er bekundete: »Seit Ninon wieder da ist und ich jemanden habe, der mir täglich stundenlang vorliest, geht es natürlich sehr viel leichter. Die Wochen vorher waren richtig eine Hölle.«²³ Oder: Ninon fahre wieder einmal fort, um ihn »ihre Unentbehrlichkeit fühlen zu lassen. Ich lächle dazu und fürchte mich doch vor dieser Zeit. [...] Vorerst ist mir eine Lese-Hungerkur, wie Ninons Reise sie mir auferlegt, geradezu scheußlich.«²⁴ So klang es auch, als habe Hesse seine »als Vorleserin unentbehrliche Freundin« nur wegen der allabendlichen Lesestunden in den Winterurlaub nach Arosa mitgenommen. Er sprach von Ninon als einer Reisebegleiterin, »die mir des Vorlesens wegen unentbehrlich ist«.²⁵

Ninon aber wußte sehr gut, daß diese Reise ohne sie überhaupt nicht zustande gekommen wäre. »H. kann – das ist buchstäblich so – hier nicht ohne mich sein«, schrieb sie Dolbin am 16. Februar 1928 aus Arosa. »Ich will nur soviel sagen, daß er elf Jahre (!) nicht mehr im Gebirge war, weil er wußte, er könne Packen, Reisen, Hotelleben nicht ertragen. Und siehe da – mit mir ging alles! Aber er sagt es immer wieder, ohne mich hielte er es keine Stunde hier aus.«²⁶

Wie wichtig Ninons Begleitung für Hesse war, zeigte sich auch Ende März 1928 auf einer gemeinsamen Reise in seine Heimat, wo sie in Ulm, Blaubeuren, Ludwigsburg, Stuttgart, Maulbronn und Calw Station machten und Ninon die Orte seiner Jugend kennenlernte. Danach wollten sie sich in Würzburg trennen, Hesse sollte nach Berlin weiterfahren, Ninon hatte ihr Billet für Paris schon in der Tasche. Da erklärte Hesse, er werde stehenden Fußes in seinen Zaubergarten zurückkehren, Berlin kümmere ihn nicht. Kurz entschlossen bot Ninon ihm an, ihn nach Berlin zu begleiten, und er, froh über ihre Weltläufigkeit, dankte ihr. So fuhr sie auf dem Umweg über Berlin nach Paris, und er schrieb ihr dorthin bittere Klagebriefe, denn er »saß in Lankwitz und wußte nicht, wie fortkommen aus diesem Sand und dieser öden, dummen Stadt, und da nahm ich ein Flugzeug und flog am Dienstag nach Ostern bis Stuttgart, anderntags nach Zürich«.[27]

Aber bevor Hesse, der leidenschaftlich gerne flog, seit er im Jahre 1911 von Friedrichshafen aus eine Reise im Luftschiff des Grafen Zeppelin unter der Leitung des Dr. Eckener mit unbändigem Hochgefühl genossen hatte,[28] »zufrieden in die Luft hinaufschnurrte« und dadurch diese »etwas unüberlegte Nordlandreise beendete«, schrieb er Ninon am 8. April einen wahren Klagebrief aus Brandenburg und Berlin, »wo ich die Luft nicht atmen kann. [...] Also, soweit hat in 14 Tagen meine Energie gereicht, daß ich mir den einen Besuch im Museum und die Matthäuspassion erzwungen habe. Jetzt muß ich noch zwei öde Tage absitzen, wozu auch das Reisen gehört, dann entläßt man mich, und ich finde vielleicht irgendwie wieder ein Maul voll Luft zum Atmen. Vielleicht hätte ich mich auf dieses öde Berliner Abenteuer nicht einlassen dürfen. Vielleicht aber mußte es sein, vielleicht mußte ich wirklich einmal 14 Tage in die Luft von Großstadt und Zivilisation gestoßen werden, um wirklich zu erfahren, daß diese Welt die Hölle ist.«

Ninon hingegen genoß zur gleichen Zeit die Weltstadt in vollen Zügen. Sie schilderte Hesse am 16. April, wie sie sich in Paris selbst gegenüberstand, der ehemaligen Studentin der Kunstgeschichte. »Dann ging ich wie auf einen Friedhof, milde und pietätvoll in die Kunstgewerblichen Säle des 16. Jahrhunderts, wo ich dereinst gierig nach Delaune-Entwürfen ausgeschaut hatte. Wie konnte mich das nur interessieren?, dachte ich mit kühlem Staunen vor dieser fremden, unbegreiflichen Ninon! Plötzlich sah ich einen Schrank mit Holzschnitzereien nach Delaune und stürzte begeistert darauf zu, um im nächsten Moment laut aufzulachen. Wie ein pensioniertes Jagdhündchen im Forst spazieren geht, wehmütig und doch ein bißchen verächtlich an ›Früher‹ denkt und bei der leisesten Spur eines Wildes bellend darauf losstürzt – nun, ich klemmte den Schweif bald wieder ein und ging besonnen und überaus vernünftig weiter.«

Paris blieb wie Wien für Ninon ein Ort der Selbstbegegnung und der Selbstprüfung: was hatte sie zurückgelassen, um in der einsiedlerischen Stille des Tessiner Dorfes Hesses Kameradin, Begleiterin, Sekretärin, Freundin und Geliebte zu werden? Genügte ihr das, was sie ihm bedeutete, als Lebensinhalt? Lohnten sich Abbruch und Verzicht? Sie spürte eine prickelnde Wiederbelebung der Doktoranden-Zeit, als sie den Delaune-Saal betrat. Wie einen »Friedhof« begrabener Hoffnungen hatte sie ihn schnell durchschreiten wollen, aber dann mußte sie sich eingestehen: es lebte noch die alte Spannung in ihr, eine unvermutete innere Beteiligung, die, Wissensbeute witternd, wie ehemals ansprang.

Mit heftiger Wehmut verließ Ninon den Schauplatz des Unerledigten. Seit dieser zwiespältigen Wiederbegegnung war in ihr der Wunsch geweckt, den Faden wieder anzuknüpfen an das, was ein Jahrzehnt lang den Mittelpunkt ihres Lebens ausgemacht hatte: die Beschäftigung mit der bildenden Kunst. All ihre zukünftigen Reisen zielten darauf hin, diesen Zusammenhang wiederherzustellen.

Ähnliches empfand sie auch auf der zweiten großen Reise dieses Jahres, die sie von Mitte Oktober bis Ende Dezember 1928 über Wien, Breslau und Krakau nach Berlin zu Dolbin führte. Das Großstadtleben Wiens beschwingte sie wieder, Konzerte, Ausstellungen – besonders eine Schiele-Ausstellung –, Opernbesuche und Einladungen, Modeeinkäufe und Auslagen-Anschauen, Kinoprogramme und Kaffeehaus-Treffen mit den alten Freunden, der Malerin Helene Funke, die sie porträtierte, dem Schriftsteller Oskar Maurus Fontana, der immer noch die schwebende Mitte zwischen Feuilleton und geistreichem Essay hielt, dem Czernowitzer Arztfreund Alexis Zaloziecki, dem sie eine unbefangene Zuneigung bewahrt hatte. Als sie Ende Oktober ein Visum für Polen erhielt, reiste sie noch tiefer in die eigene Vergangenheit, nach Krakau, zu Verwandten, und nach Czernowitz, wo sie ihre Schwester Lilly[29] wiedersah, die aus Bukarest anreiste. Über all diese Wiederbegegnungen schrieb sie am 26. November an Hesse: »Ach, Deine kleine Ninon ist ganz zerstreut, überallhin, bei den Lebenden und bei den Toten – sie muß sich erst wieder zusammenklauben, Dein kleines Mädchen.«

Aber die Reise in die Vergangenheit war damit noch nicht beendet. Eine weitere Station galt Dolbins bunter Welt, »wo so viel gemacht wird, und alle rennen und tüchtig sind«. Möchte sie hier mit ihm leben, zwischen den immer Geschäftigen, den gierig Hastenden, inmitten dieser Tempo-Tempo-Betriebsamkeit? Manchmal sehnte sie sich heftig aus all diesem Getöse in die Stille eines Tessiner Nachmittags. Und doch fand sie auch hier überall im Großstadttrubel die goldene Spur, die einst den Steppenwolf so tröstlich hinauswies aus der Welt ins Überzeitliche und Gültige. Für Ninon gab es noch eine Versöhnung zwischen der sogenannten Wirklichkeit und der Wahrheit, zwischen Innen und Außen, zwischen Welt und Zaubergarten. Das unterschied sie von Hesse, der die Zivilisation der großen Städte als Blech- und Betonwüste verdammte, weil sie durch die Zerstörung der Natur, durch Vermarkten und Verbrauchen gekennzeichnet war. Für Ninon aber blitzten überall, selbst zwischen Tramway-Lärm und Einkaufsfieber, noch Schönheit und ewige Werte auf. Als sie nach dem Stoßen und Drängen auf überfüllten Straßen die Stille des Stephansdoms einatmete und sich durch ein Requiem von Berlioz aus der Zeit entführen ließ, gedachte sie Hesses: »Wenn etwas schön, hoch und herrlich ist, dann bist *Du* da, dann spüre ich das Wort *vom wirklichen Leben* und weiß, wo es ist.«[30] Aber sie fand es nicht nur bei ihm und in seiner Dichtung, sie fand es überall auf ihren Reisen: die Welt war für sie reich an Erlebenswertem, an »goldenen Spuren«. So stand sie in Krakau plötzlich vor einem Hausportal aus dem 16. Jahrhundert, an dem feierlich »Procul este Profani« (Bleibt fern, Ihr Ungeweihten) eingemeißelt war, und sogleich wünschte sie, dies möge auch vor Hesses Tür stehen, aber nicht für *sie* gelten, »denn ich komme immer wieder in Dein Reich wie in einen Zaubergarten«.[31] Überall fand sie Brücken, die aus der profanen Welt hinüberleiteten zur »wirklichen Wirklichkeit«. In Breslau wurde ihr »atemlos vor Glück« bewußt, daß sich in der nüchternen Tatsachenwelt Träume erfüllten, wenn man mit aller Kraft an ihre Verwirklichung glaubte: »Als kleines Mädchen wünschte ich mir so, die Magdalenenkirche in Breslau zu sehen (ich hatte damals das Gedicht vom Glockengießer zu Breslau gelesen) – und nun war ich dort. Später, mit 14 und 15 Jahren, träumte ich von Dir und daß ich Dein sein wollte, ich bin Dein.«

Dieses Wissen gab ihr eine innere Sicherheit gegenüber denen, die in Dolbins Umgebung nach Tagesruhm, Geld und Prestige jagten und die, wie er selbst, stets auf dem Sprung waren. Sie tadelte Dolbin in der besorgten Zärtlichkeit einer Schwester, er sei dem Geist dieser Stadt allzu hörig. Gewohnt an Hesses Tessiner Abseits und die Stille seiner Welt, empfand sie den Abstand, der sie von all den »Machern« trennte, besonders stark, als sie inmitten des sensationslüsternen Berliner Publikums eine Vorstellung von Josephine Baker besuchte, »ein ganz wunderbares Menschentier oder eine

Menschenblume, und im ersten Moment, als sie über die Bühne rannte und ich den wunderbaren Leib sah, dachte ich, sogar der liebe Gott müßte ihr stundenlang zusehen und entzückt sein, daß er so etwas Herrliches erschaffen hat! Sie kann nicht viel, aber das verlangt man auch nicht (außer, wenn man ein Berliner ist! Denn hier hat sie sehr mißfallen!!)... man ist so dankbar, daß man sie sehen darf, und einen Berliner interessieren gewiß Blumen auch nur dann, wenn sie dressiert wären oder so, aber, daß sie ›nur‹ duften, das ist nichts für die ›Anspruchsvollen‹ (das ist ein Berliner Ehrentitel)«, schrieb sie Hesse am 6. Dezember. Ähnlich ging es ihr mit der »Petroleumsinsel« von Feuchtwanger, ein Stück, über das sie Hesse eine Woche später berichtete: »Es wurde herrlich gespielt, regiert, inszen- und musiziert, aber das alles war furchtbar viel Lärm um Wenig, fand ich. Der *Berliner Theaterstil 1928* besteht überhaupt darin, recht zu schreien, die Pointen zu brüllen, die Zuhörer zu fangen, weil die Konkurrenz groß und das Interesse gering ist. ›Um Gotteswillen, leiser!‹ möchte ich immer sagen, und dann im 3. Akt: Bitte, ist das nun wirklich alles? Parturiunt montes...?«

Ninons Wahl war längst getroffen, aber um immer im Zaubergarten zu bleiben, war sie zu wißbegierig, zu beweglich, zu neugierig auf die Welt. Sie tauchte gern ein in die Tagesaktualität, um sich gleichzeitig von ihr abzuheben. Sie brauchte hin und wieder den Betrieb der Großstadt, um mit neuen Erfahrungen auf ihre schwebende Insel zurückzukehren, wo, wie Hesse verheißend lockte, »es weder Montag noch Samstag noch ein Berlin, noch ein Auto gibt. Da gibt es nur den Piktor und den Goldmund und eine Lampe und Bücher, den Dickens und andre. Freilich, es gibt auch kranke Augen und Ischias, nun ja.«[32]

Besonders wenn Ninon fern von Hesse war, sah sie wieder die große Linie, in der ihr Leben zu ihm hingeführt hatte, und sie war gewiß, nachdem sie so lange unbehaust gelebt, als Gast, als »Ausländerin« ohne Wurzeln geblieben war, nun in der Beziehung zu ihm eine Heimat gefunden zu haben. Aber ein Rest von Unsicherheit über *seine* Gefühle blieb stets in ihr: War er innerlich beteiligt oder schätzte er nur ihre Fürsorge? Daß er sie brauchte, wußte sie, aber wußte er es auch? Hin und wieder gab es Zeichen dafür, so in seinem Brief vom 7. November aus Baden: »Ninon, liebes Herz, geh mir nicht verloren! Es ist mir nicht oft geglückt, jemanden zu finden, der mich einigermaßen versteht (mir also verzeiht), einer war Hugo Ball, wenigstens ein Stück weit. Und jetzt habe ich bloß Dich.« Aber solche Geständnisse waren selten. Meist klangen seine Briefe wie Hilferufe:

»Traum von heut Nacht, 23. November 1928. Ich war in einem Haus in Köln, wo der Schriftsteller Wilhelm Schäfer war und den Hausherrn vertrat. [...] Da übergibt mir Schäfer für das Gastzimmer drei Handtücher, die ich nehme. Dabei spricht er von jemand namens S. und sagt, er habe schon seit Jahren nicht das Geringste mehr getan. Obwohl ich mich nicht erinnern kann, wer S. ist, sage ich: ›Schade, so ein begabter Kerl.‹ Plötzlich sehe ich, daß Schäfer am Boden auf einer Bastmatte ein Bett hergerichtet hat, es ist kurz wie ein Kinderbett. Ich bin entsetzt, daß in dem Gastzimmer außer mir noch jemand schlafen soll und frage, für wen das Bett bestimmt sei. Schäfer sagt: ›Für S.‹ Ich bin verzweifelt, wage aber zu ihm nichts zu sagen, ich weiß, er ist ja doch stärker als ich und tut, was er will. Dann öffne ich die Zimmertür und rufe laut hinaus: ›Ninon‹, in der Hoffnung, sie komme und könne mir vielleicht helfen.«

Ninon versicherte Hesse viele Male: »Oh, Dich beschützen dürfen! Lieber, Geliebter! Was für eine wunderbare Aufgabe hat mir der liebe Gott gegeben!«[33] Überall vernahm sie auf ihren Reisen seinen Ruf, »nun müsse ich zu Dir stürzen und Dich gegen die ganze Welt verteidigen«, und sie folgte seinem Rat »fugam saeculi« und eilte zurück ins Montagsdorf.

Seit Anfang April 1927 arbeitete Hesse an einem neuen Roman, »Narziß und Goldmund«.[34] Da alles, was er schrieb, von ihm selbst handelte, bedeutete jedes neue Werk eine autobiographische Fortsetzung des vorherigen, dabei drängte ihn die eigene Entwicklung auch zu neuen schriftstellerischen Lösungen. Darum mußte sich auch die Gemeinschaft mit Ninon in einer verschlüsselten Selbstaussage niederschlagen. »Narziß und Goldmund« war das erste Werk, das er konzipierte, nachdem Ninon in sein Leben getreten war. Es sollte den Untertitel »Roman einer Freundschaft« erhalten.

Hatte Hesse im »Steppenwolf« den vereinsamten Außenseiter dargestellt, der durch unvereinbare Widersprüche zu zerreißen drohte, so gestaltete er in diesem Roman die Möglichkeit, durch einen verständnisbereiten Gefährten zum Einklang mit sich selbst zu gelangen. Die Spaltung der Welt, die für Hesse mitten durch jedes Menschenherz geht, konnte nach seiner Meinung nicht in ei-

nem Menschen allein überbrückt werden. Um zwischen Weltliebe und Weltverachtung, zwischen Geist und Sinnlichkeit, zwischen dem mütterlichen und dem väterlichen Prinzip als kosmischen Urmächten eine Versöhnung herbeizuführen, bedurfte es einer Polarisierung durch zwei Menschen, die sich in duldender Liebe gegenseitig ergänzten und die dadurch These und Antithese zur gelebten Synthese vereinigten.

In dieser neuen Erzählung behandelte Hesse eine Freundschaft, in der alle Spannungen zum Ausgleich gelangten, die im allein lebenden Steppenwolf nicht befriedet werden konnten. Blieb jener im Zwiespalt seines eigenen Wesens gefangen, so wurde nun bei den zwei Hauptfiguren dieses Romans die Begrenzung ihres Ichs aufgesprengt und zu einer beglückenden Doppelexistenz ausgeweitet. Der klösterlichen Geisteszucht und asketischen Weltentsagung des Mönches Narziß stand die erotische Hingabelust und Sinnenfreude des weltseligen Künstlers Goldmund gegenüber; so verkörperte dieses Freundespaar eine übergeordnete Einheit, in der die Gegensätze des Individuellen harmonisch verschmolzen wurden.

Hesse gestaltete zwar einen Freundesbund zwischen zwei Männern und kein mann-weibliches Paar. Ninon, die »Freundin«, kommt im Roman nicht vor, wohl aber, was sie für Hesses Leben bedeutete.

Zum ersten Mal stellte er eine dauerhafte Paarbeziehung dar und wies sie gegenüber dem isolierten Einzelleben als eine überlegene, ja rettende Existenzform aus. So spiegelt auch dieses Werk seine damalige Lebensstufe, die Wesensergänzung im Medium der Freundschaft: Zweiheit erlöst.

Ninon hatte ihre Tageseinteilung völlig auf Hesses Zeitplan eingestellt. Um die spannungsgeladene Arbeitsatmosphäre abzubauen, verständigten sie sich durch kleine Zettelgrüße. »Kalorum, Du bist, wie immer, morgen Sonntag zu Tisch erwartet, und ich stand heute Morgen um halb zehn vor Deinem Fenster in der Gasse und versuchte mich durch Rufen verständlich zu machen, um Dir das zu sagen, aber es gelang mir nicht. Daß Du auch heute mit mir essen willst, freut mich sehr. Du bist um Mittag willkommen. Sollte die Gicht mir gerade eine Grimasse abnötigen, so weißt Du ja, woher das kommt und wem sie gilt. Auf Wiedersehn. H.« Diese kurzfristigen Verabredungen sicherten Hesse einen störungsfreien Zeitraum für seinen Roman: »Ninon, ich glaube, ich sollte heute möglichst allein bleiben. Goldmunds wegen. Morgen kann ich mich mehr freimachen. Wenn dieses schöne Wetter anhält, sollten wir morgen einen etwas größeren Gang machen, Salvatore oder Carona oder so etwas, sei es über Mittag oder nachmittags. Ich wäre dafür zu haben. Auf Wiedersehn. H.«[35]

Wenn der Herbst nahte, wuchs Ninons Wunsch nach einem »Fleckchen eigener Wohnung«. Heimat war innen; aber ein Heim, wenigstens ein »Asyl«, fehlte ihr. Seit ihre Möbel in Wien auf Lager standen, lebte sie aus dem Koffer. Fünf Sommermonate verbrachte sie in der Casa Camuzzi, im Spätherbst wurde die unheizbare Wohnung zu feucht, dann mußte sie sich ein Winterquartier suchen. Im Vorjahr hatte sie endlich ein Dachstübchen im Züricher Schanzengraben Nr. 25 gefunden, das nur drei Häuser von Hesses Wohnung (Nr. 31) entfernt war, so daß sie bequem zu allen gewünschten Zeiten bei ihm zum Vorlesen erscheinen konnte. »Da verzogen die Hauseigentümer, und wieder stand ich auf der Straße. Ich war völlig fassungslos und verzweifelt. Vor mir Montagnola, und nachher wieder dieses wochenlange Suchen in Zürich, und dann etwas Schreckliches finden – o, ich hatte genug und wollte nicht mehr mitmachen! Nun, ich habe mich beruhigt, sonst könnte ich Ihnen das nicht so erzählen, und so mag es nun in Gottes Namen weitergehen«, schrieb sie am 13. März 1929 an Emmy Ball-Hennings und fügte hinzu: »Hesse ist in elender Verfassung, mit dem Auge geht es gut, aber er ist verstimmt, verzweifelt, nervös, traurig. So leben wir, so leben wir ––– Ich bin jetzt selten mit ihm zusammen, nämlich nur am Nachmittag eine Stunde und dann erst wieder am Abend. Ich habe ihn darum gebeten, mich in der Zwischenzeit als ›verreist‹ zu betrachten.«

Das Jahr 1929 wurde zum Jahr der Prüfungen. Die Reizbarkeit hatte schon im Herbst 1928 eingesetzt, als Hesse feststellte: »Ninon geht nach Wien, es ist mir lieb, sie war neuestens bedrückt und launisch. Meine Gesellschaft wird Goldmund sein.«[36] Auch der Skiaufenthalt in Arosa zum Jahresbeginn 1929 brachte weder Hesse noch Ninon die gewünschte Entspannung. »Jede Aufregung äußert sich ›herzlich‹«, schrieb Ninon von dort an Dolbin, dem sie ohne Scheu all ihren Kummer mitteilte. »Aber zu allem kommt mein Talent mich aufzuregen. Du nanntest mich immer eine ›Mimose‹, und das Mimosenhafte wird immer ärger. Ich werde immer empfindlicher, und das Herz lauert auf jede Spannung.« Mit ihrem Roman, der für ihre Selbstgewißheit eine große Rolle spielte, ging es nicht mehr vorwärts. Die Angst, es könne ihr damit wie mit der Dissertation ergehen, lähmte sie – »das wäre unerträglich!«

Begeistert und entmutigt zugleich wurde sie durch Prousts Werke; es erschien ihr sinnlos und voller Hybris, nach Proust überhaupt noch zu schreiben. Sie, die nun mit *ihrem* Dichter, Hesse, zusammenlebte, empfand nach der Lektüre von »À la recherche du temps perdu«: »Kein Dichter ist mir so nahe, ich bewundere auch andere, aber sie gehn mich weniger an, sie sind mir nicht so nahe, ich verehre sie – aber bei Proust schreie ich auf – es ist *mein* Dichter – oder vielmehr, er ist der, der *ich* sein möchte.«[37]

Was Ninon an Proust geradezu aufwühlte, war seine Methode, das Vergangene wiederzufinden, ohne das Gegenwärtige mit all seinen sinnlichen Reizen auszuschalten. Er ließ sich, angeregt durch einen Duft, einen Geschmack, einen Klang, einen Zuruf oder eine flüchtige Geste vom Strom der Erinnerung forttragen. Der reale Sinneseindruck wurde ihm zum magischen Tor in eine ferne, aus dem Gedächtnis entschwundene Welt. Ninon stellte an sich selbst fest: Schockartig vermochte ein Eindruck in der Macht seiner gegenwärtigen Wahrheit einen anderen, vergangenen Eindruck und damit eine stimmungsverwandte Situation wieder bildhaft hervorzubringen. Sie übte sich darin, die Czernowitzer Kindheit assoziativ und unabhängig von ihrer Chronologie abzurufen und sie gemäß ihrer »inneren Zeit« umzugestalten. Auch sie war ja auf der Suche nach einer verlorenen Zeit, die jenseits von Daten, Jahreszahlen und ordnendem Gedächtnis lag und die ihr kraft gegenwärtiger Empfindungen wieder zufließen sollte, um sie festzuhalten – in Sprache zu fassen.

Hesse bespöttelte hin und wieder ihre Sucht nach Außenreizen. Ihre Sinne seien im Proustschen Zeitlupenstil allzu weit geöffnet, – wer wisse, was da an Impressionen alles hineingelange! Ihr aber war der Vorgang des Erinnerns ebenso spannend wie das Erinnerte selber. Sie erklärte Hesse, daß sie nicht nur das Damals, sondern auch den Prozeß des Wiederfindens und Verknüpfens mit dem Heute schreibend nachgestalten wolle. Während er in sich hineinhorche, wittere sie jeden Hauch der Außenwelt und versuche, das Gegenwärtige mit dem Vergangenen zu einer nahtlosen Erlebniseinheit zu verschmelzen. Aber Ninon hatte sich als Proust-Epigonin eine zu schwierige Aufgabe gestellt. In einem quälenden Perfektionismus verwarf sie immer wieder die eigenen Texte. Sie fragte auch Hesse nicht um Rat, denn sie scheute sich vor seinem Urteil. Dolbin hingegen, der bruderhaft Vertraute, erfuhr, warum sie »depressabel wie eine Böe über dem Ozean« sei. In der bedrükkenden Stimmung des Jahres 1928/29 traf sie ihn mehrfach in kurzen Abständen in Nizza, Lugano, Saas Fee und im Wallis. Dolbin widmete ihr sein »Hundebuch«,[38] und auf seinen Wunsch hin fügte sie ein Nachwort an, das ihre damalige Stimmung verrät. Die Zuwendung des Hundes zu seinem Herrn erschien ihr tragisch, denn sie erkannte darin unerwiderte Liebe: »Weil der Hund den Menschen liebt, will er ihn ganz haben und ganz verstehen, und er verzweifelt Tag für Tag daran, daß der Mensch ein ihm unbegreifliches Leben führt und wenig Zeit für ihn hat, für ihn, der doch nur für den geliebten Menschen da ist! Weil er sich nach Menschenwort, Menschenliebe, Menschenverständnis sehnt, ist er unglücklich. Anders als die Katze, die in *ihrer* Welt lebt, ihren Schwerpunkt in sich selber hat – liebt er mit ganzer Kraft den Andersartigen, den Menschen – ist unersättlich in seiner Liebe! Er hat sich verloren, er hat sich dem Menschen hingegeben. Darin liegt seine Stärke und seine Schwäche, darum ist er unglücklich – *unglücklich wie jeder Liebende.*«

Dolbin versuchte, Ninon aufzumuntern. Als er im Jahre 1929 den Auftrag für die Bühnenbilder zur Berliner Inszenierung des Karl-Kraus-Dramas »Die Unüberwindlichen« erhielt, beriet er sich mit ihr in Briefen über seine Entwürfe, und sie versprach ihm, zur Premiere am 20. Oktober nach Berlin zu kommen. Bei allen wichtigen Fragen suchte er ihren kritischen Rat. Sie hingegen war beglückt durch die Teilhabe an seinem Schaffen, ein Einbezogenwerden, das sie bei Hesse vermißte. Als er mit Tierzeichnungen für ein Zoo-Buch[39] beschäftigt war, schickte er ihr die Probeabzüge und fragte: »Welche Titelzeichnung würde Gnädige wählen?« Sie hingegen warnte ihn in echter Besorgnis vor der Hektik seines Berufes und dem hasenhaften Hakenschlagen, das ihm letztlich nichts einbringe. »Ich zerbreche mir wieder einmal den Kopf, wie Dir zu helfen wäre – Du gehst zugrunde, Hase, wenn Du so weitermachst. [...] Immer Grand Hotel, Jazz, Kunstausstellungen, Theater – Du bewunderst immer so sehr die Kunst, bewundere doch einmal auch den lieben Gott als Künstler – das Wallis, zum Beispiel, ist ihm wirklich gelungen, es war eine seiner besten Perioden, als er es schuf – aber das kann man nur erkennen, wenn man Muße hat, Zeit, um sich zu sonnen, zu schauen, zu wandern«, warnte sie ihn am 24. Juli 1929. »Du mußt Dich wirklich besinnen, Hase, – ›mach Deine Rechnung‹ und bedenke, ›——— nicht hundert Jahre kannst Du Dich ergötzen ———‹, und darum mußt Du klug leben, als Meister, nicht als Gejagter, Sklave des Geldes! Ich kenne wenig Menschen, die so bedürfnislos sind wie Du, und das gefällt mir so wahnsinnig – und wie Du Deine Anzügchen trägst und jahrelang ohne Fleckchen, und wie Dir Kaffee beinahe als einziges Nahrungsmittel genügt – lauter Dinge, die ich glühend bewundere – und was für Folgen ziehst Du daraus? Wie ein jüdischer Schieber jagst Du dem Verdienst nach – wozu?«

Zu seinem Geburtstag am 1. August wünschte sie ihm, daß er weiterhin ein ewiger Komparativ seiner selbst bleibe: »Vielleicht wirst Du in 1000 Jahren eine Legende wie Orpheus sein, der Mann, dem alle Tiere ›saßen‹, der Löwe wandte geduldig den Kopf, als Du ›mehr Profil‹ riefst, die Leoparden kletterten noch einmal so graziös, wenn sie sich von Dir beobachtet wußten, der Elefant bewegte den Rüssel aufs Anmutigste, und die Hündchen bellten so laut sie konnten, weil sie dachten, das sei das Einzige, was auf Deinem Bild noch fehle. Später wird man Dich mit Methusalem verwechseln, wenn man Deine Menschenkopf-Archive finden wird – Gelehrte werden berechnen, wieviele Jahre ein Mensch gelebt haben muß, um so viel gezeichnet zu haben. Zwischen 780 und 850 Jahren, werden sie dann entscheiden. Ich aber wünsche, sie hätten wenigstens teilweise Recht!«

Wer Ninons Briefe an Hesse und an Dolbin nebeneinander liest, könnte annehmen, sie stammten von zwei verschiedenen Schreiberinnen. All ihre Äußerungen gegenüber Dolbin waren spontan und unbeschwert, ihre Briefe an Hesse waren hingegen ganz auf dessen Erwartungen ausgerichtet und zeigten sie ängstlich bemüht, ihn nicht zu kränken und mögliche Mißverständnisse von vornherein auszuschließen. Als sie einmal versäumt hatte, sich für ihn nach einem Buch zu erkundigen, bat sie ängstlich: »Liebster, sei mir nicht böse... ich habe es vergessen! Oh, wie tief beschämt bin ich! Ach, ich bin so wütend auf mich.« Einmal schrieb sie scherzhaft, sie habe einen Brief verfaßt, »den stellenweise der alte Goethe geschrieben haben könnte, weißt Du, so unausstehlich weise«, da begriff sie, daß Hesse diese Anmaßung verärgern könnte, und bat: »Nicht wahr, Du nimmst mir den Scherz nicht übel, Du weißt, wieviel Ehrfurcht in mir steckt und daß ich mich nicht im Ernst mit einem Großen vergleiche!«[40] Das besorgte Zurücknehmen spontaner Aussagen ist für die Briefe dieser Jahre bezeichnend. Als Hesse ihr sein Gedicht »Widerlicher Traum« zusandte, in dem er sein Grauen bei einer Vision des eigenen Greisenalters ausdrückte, antwortete Ninon: »Könnte ich ein Gedicht schreiben ›Guter Traum‹, da würde etwas darin stehen von den wunderbaren, klaren, leuchtenden Augen.« Hesse wurde damals an seinen vereiterten Tränenkanälen operiert, darum fürchtete sie, er könne glauben, sie nähme sein Augenleiden nicht ernst, und begütigte: »Du darfst nicht böse sein, wenn ich das sage, denn so sind diese Augen für uns – man sieht es ihnen nicht an, daß sie Dir Schmerzen bereiten.«[41]

All ihre Briefe durchzieht dieses bittende »Nicht-böse-sein!« Sie entschuldigte sich, erfand rituelle Formeln, um möglichen Unmut einzudämmen, schmeichelte ihm und vermied alles, was Hesse als Forderung auslegen könnte: »Das weißt Du doch, Lieber, daß Du Dir alles einteilen kannst, wie Du es willst, mit mir?«

Kränkungen trafen sie tief, gerade weil sie sich dagegen wehrlos fühlte. Einmal beschrieb sie Hesse einen qualvollen Traum: sie empfand ihre Ohnmacht, sich nie gegen einen Angreifer wehren zu können. Sie wollte zum Schlag ausholen und vermochte den Arm nicht zu heben, so wurde immer nur eine sanfte Berührung daraus. Angstgelähmt akzeptierte sie im Erwachen ihre Hilflosigkeit.

Ihr Leben glich wahrhaftig nicht den literarischen Mustern einer Dichtergeliebten, die den Dichter musenähnlich inspirierte und am schöpferischen Prozeß Anteil hatte. Die »Gestalt« rückte ihr fern und ferner. Aus ihren Briefen geht hervor, daß mit dem Jahre 1928/29 eine Phase bitterer Ernüchterung angebrochen war.

Der große Bogen, den ihr Leben von ihrem jugendlichen Leseglück in Czernowitz bis zur Dichtergefährtin in Montagnola zog, zerbröckelte in Alltagspflichten. Ihre kleinen Dienste wurden zudem von Hesse oft mehr geduldet als gewünscht, bis auf einen: das für ihn unentbehrliche Vorlesen. Es waren oft nur Kleinigkeiten, ein ausgeliehenes Buch, ein verlegter Gegenstand, eine falsch hingestellte Lampe, eine vergessene, schwarzfleckig gewordene Banane, ein vergebliches Rufen, die bei Hesse Mißstimmungen erzeugten.

Der Schriftsteller Manuel Gasser schilderte aus seiner Erinnerung einen solchen Zornesausbruch während seines Besuchs im Jahre 1928: »Gegen Abend gingen wir in die Casa Camuzzi hinüber. Und da ereignete sich etwas, was mich mit einem Schlag aus den Hochgefühlen riß, in die mich das Zusammensein mit Frau Ninon versetzt hatte: Kaum war die Begrüßung vorüber, entdeckte Hesse, daß eine Blumenvase in seinem Arbeitszimmer nicht dort stand, wo sie hätte stehen sollen. Ob dieser Bagatelle geriet er in Wut und wies die Freundin mit so schneidend-scharfen Worten zurecht, daß es mir durch Mark und Bein ging.

Oh, es waren nur zwei, drei Sätze, in die er seinen Unwillen kleidete, und seine Stimme war gedämpft, fast leise – das Erschütternde an der blitzartig sich abspielenden Szene aber war, daß auch kein Gran von Humor in Hesses Zurechtweisung mitschwang.

Die peinliche Situation wurde von der Gerügten unverzüglich und geschickt überspielt, und auch Hesse schien den Zwischenfall schon nach Sekunden vergessen zu haben – ich aber war ganz aus der Fassung geraten; das Bild, das ich mir vom Dichter gemacht hatte, lag in Scherben, und erst Jahre später begriff ich, daß die starrköpfige Unerbittlichkeit, deren Opfer die arme Ninon an jenem Abend war, keine Schwäche, sondern im Gegenteil die Stärke von Hesses Charakter war. Denn, wenn sie sich oft gegen andere und gelegentlich sogar gegen seine Nächsten richtete – auch ihm selber gegenüber war sie immer präsent und wirksam.«[42]

Ninon fühlte sich im Umgang mit Hesse verunsichert: »Ich will Dich weder ärgern noch Dein Leben erschweren«, beteuerte sie immer wieder. Aber ihre Hingabebereitschaft, die er wesensgemäß nicht erwidern konnte, belastete ihn, auch wenn sie noch so unaufdringlich dargeboten wurde. Ninon fürchtete die Heftigkeit seiner plötzlich aufsteigenden Unmutsausbrüche, die manchmal von einem befreienden Lachen abgelöst wurden, oft aber auch länger anhaltende Verstimmungen erzeugten. Ihre Freunde berichten, daß sie in jenen Jahren, wenn Hesse gelegentlich Wut oder Haß äußerte, die ihm selbst oder der Welt galten, bis zur Maskenhaftigkeit erstarrte. Obwohl sie vor Fremden Tadel und Rügen Hesses, ja auch schroffe Kontaktabbrüche duldete und durch eine scheinbar unveränderte Gelassenheit überbrückte: Es war ihr weh zumute. Sie verbarg ihre Verletzungen unter einer undurchschaubaren Hülle von Selbstbeherrschung. Jene Disziplin, die von ihr in Czernowitzer Kleinstadtzwängen einst verlangt wurde, kam ihr nun zustatten. Sie lernte zu lächeln, wenn sie innerlich weinte und alles in ihr angstvoll aufbegehrte.

Manuel Gasser bemerkte bei seinem Besuch, daß Ninon ausgewogener, ja reifer wirkte als Hesse. »Denn alles, was sie an diesem Abend über Welt und Kunst und Menschen äußerte, war rundes, kluges, einfühlendes Urteil, verglichen den sprunghaften, etwas überspitzten, absichtlich zum Widerspruch reizenden Bemerkungen, die Hesse in das Gespräch warf. Die Frau, die den Jahren nach beinahe seine Tochter hätte sein können, wirkte neben ihm abgeklärt-weise, während die Art, wie er sich gab, und alles, was er sagte, mir den Eindruck des Jungenhaften, irgendwie Unausgegorenen machte und die Beobachtung bestätigte, die ich bei der Lektüre des Werks immer wieder gemacht hatte, und die dahin ging, daß Hesses geistiges Wachstum in einem bestimmten Jugendstadium stecken geblieben sei, sich dann aufs feinste und vielfältigste nach allen Seiten verästelt habe, ohne aber jene Reife und Endgültigkeit zu erlangen, die andere, gleichzeitige Dichter-Schriftsteller kennzeichnete.«[43]

Eine nachhaltige Gereiztheit wird in vielen jener kleinen Hausbriefe offenbar, die zwischen Ninon und Hesse ausgetauscht wurden: »Liebe Ninon, ich war gestern etwas verwundert, daß Du meinen Wunsch, mein Verfügungsrecht über meine Bücher in der Hand zu behalten, so böse aufnahmst. [...] Für mich hat das Leben beinahe keine Freuden mehr, ich lebe in der Hölle. Du aber hast zum Glück bessere Beziehungen zum Leben, und daß Du neben mir lebst, bedeutet von Dir einen großen Verzicht, daneben kommen Kleinigkeiten nicht in Betracht. Ich werde mit den neuen Büchern eine Einrichtung treffen, die Dich befriedigt. Bald werde ich keine Bücher mehr besitzen, und wir werden keine Gelegenheit mehr haben, einander wohl oder wehe zu tun (morgens 5 Uhr).«[44] Da Ninon nicht antwortete, legte Hesse am selben Tag einen zweiten Brief vor ihre Tür: »Liebe Ninon, schade, Du machst also daraus, daß auch ich ein Recht an meinen Büchern zu haben glaube, eine Prinzipienfrage und missest meine Liebe zu Dir an dem Grad von Wurstigkeit, den ich meiner Bibliothek und meiner Arbeit entgegenzubringen imstande bin. [...] Wenn Du bei Stifter oder im Rosenhaus des ›Nachsommer‹ oder in manchem andern Haus zu Gaste wärest, wo Bücher etwas gelten, würdest Du auf dieselbe Auffassung stoßen, daß die freundlichste Bereitwilligkeit zum Verleihen nicht gleichbedeutend ist mit Verzicht auf Ordnung.

[...] Mein Leben ist nichts wert, ich bin froh über jeden Tag, den es früher aufhört. Es besteht nur aus Schmerz. Das Angenehme und Hübsche daran, außer dem bißchen Maler-Spielen, bist Du. Du wirst bei jedem Streit stärker sein als ich, denn Du bist jünger und gesünder. [...] Vorerst bist Du ja beleidigt und verstimmt, ich kann daran nichts ändern, und solange es so ist, kann ich auch keine Dienste und Freundlichkeiten von Dir annehmen.«

Daß Hesse sich weigerte, Ninons Dienste in Anspruch zu nehmen, war eine harte Strafandrohung. Wenn er sich ihrer Fürsorge entzog, bezichtigte sie sich sehr bald selbstquälerisch eines Versagens in ihrer Verantwortung für ihn und geriet in einen Zustand ständigen schlechten Gewissens. Hesses in jenen Jahren ausgeprägtes Selbstmitleid verfehlte seine Wirkung auf sie nie, so daß sie schnell alle Unstimmigkeiten ausräumen und nachgeben mochte, ja, sich oft schuldbewußt eines Unrechts bezichtigte.

Aber Hesses Brief enthielt noch weitere bittere Kränkungen. So wurde Ninon als »Annehmlichkeit« eingestuft und zudem als »Gast« angesprochen und gleichzeitig ihrer Zugehörigkeit zur Gruppe derjenigen beraubt, denen Bücher etwas gelten.

Ninons Jugend und Stärke erwähnte Hesse oft wie einen Vorwurf für ein unfaires Kräfteverhältnis im Versuch ihres getrennten Zusammenlebens, das nun endgültig in eine Sackgasse geraten schien. Durchhalten oder aufgeben? Ninon bat um eine Aussprache: »Es ist Unordnung zwischen uns. Wirklich, *Du* bist es, der in letzter Zeit oft so gereizt ist, daß ich mich nur mit der Gattin von Klein und Wagner[45] vergleichen kann und Dich mit ihm.« Hesses Titelfigur Klein, der den Wagner in sich unterdrückte – ein Name, der für ihn gleichzeitig das Genie des großen Tonkünstlers und einen ausgescherten Schulmeister bezeichnete –, war in seiner Doppelnatur ein Vorläufer des Steppenwolfs. Den seinem zwiespältigen Wesen entstammenden Selbsthaß hatte Klein auf seine Frau übertragen, der er sich, ohne sie wirklich zu lieben, verbunden hatte. Klein floh aus seiner bürgerlichen Existenz, um den Mordgelüsten gegenüber seiner Frau zu entgehen und um sich von ihrer ungeliebten Gegenwart zu befreien. Der Wunsch nach einem »Schlachtopfer« entstammte dem übertragenen Selbsttötungsdrang, dem Klein schließlich nachgab. Es war ein belastender Vergleich, den Ninon da anführte! Sie weigerte sich mehrfach eisig, »Frau Klein« oder gar »Frau Mia« zu werden, also das Schicksal mit Hesses erster Frau zu teilen, die sich wegen psychischer Störungen langjährigen Behandlungen unterziehen mußte. Ninon beschloß, durch Distanz weitere Mißhelligkeiten zu umgehen. So schrieb sie z. B. beim Ausleihen von Büchern nun stets einen Hausbrief: »Ninon erlaubt sich anzufragen, ob sie folgende Bücher nach Zürich mitnehmen darf: 1.) Wells ›Weltgeschichte‹, Bd. 2 u. 3, 2.) Freud ›Das Unbehagen in der Kultur‹, 3.) Kafka ›Die chinesische Mauer‹. Sie bittet um schriftliche Absage, wenn Hermann ihr die Bücher nicht gern leihen will, ›nein‹ genügt. Ein ›ja‹ kann Hermann sagen oder schreiben, wie er lieber mag.«

Aber auch ihr nicht auf Dauer und Bleiben abgestelltes Untermieterdasein, ihr Tagesablauf, der in nichts verankert war als an Hesses Bedürfnissen, trugen zu ihrer Verzweiflung bei: »Ich weiß, daß mir nichts gehört.« Sie war nun 34 Jahre alt und lebte ohne Geselligkeit und Freunde neben dem achtzehn Jahre älteren Autor, dessen ganze Intention auf seine literarische Produktion ausgerichtet war. Daß dem Werk alles unterzuordnen sei, respektierte Ninon. Aber erschöpfte sich das, was sie für ihn tun konnte, nicht nur im Vorlesen, Begleiten auf Spaziergängen und gelegentlichem gemeinsamem Essen? War sie bei Hesse nicht nur gelitten wegen dieser unscheinbaren Erleichterungen seines Alltags, und bedurfte es dafür gerade ihrer Person? Was, zum Beispiel, bedeuteten ihm ihre Gespräche? »Es ist wahr, ich bin manchmal traurig, weil man Dir nicht widersprechen darf. Ich lerne viel aus Rede und Widerrede«,[46] gestand sie ihm, und einer Freundin klagte sie, Hesse spreche immer ex cathedra.

Hesse hingegen fühlte sich oft in seiner ungeschickten Annäherung zu wenig anerkannt: »Daß Du keine Opfer verträgst, ist schade, oft wäre sicher ganz nett, eine Anpassung oder Aufmerksamkeit des andern wenigstens mit einem Nicken anzuerkennen. Aber daß jedes Schlechtgehen bei mir, jeder Darmanfall, bei Dir, die doch essen kann und gesünder ist, zu solch bösen Reaktionen führt, ist doch schade. [...] Bei Dir werde ich mich wieder einfinden, wenn es mir besser geht oder wenn ich Gedichte oder sonst was zu schenken habe, nicht, wenn ich krank bin und selber etwas vom andern brauche.«[47]

Aber Ninon hörte aus seiner Verbitterung stets das Gebot zu mehr Zuwendung. Darum gelang es ihr, selbst wenn sie sich gekränkt, ja gedemütigt fühlte, ihm entgegenzukommen: »Es tut mir leid, daß ich nicht bei Dir sein darf, *gerade weil Du Schmerzen hast!* Ich gehe wahrscheinlich nach Agnuzzo, die Emmy besuchen, wahrscheinlich wird sie nicht da sein, mir glückt nichts mehr ––

abends will ich Dir gerne vorlesen oder mit Dir in den Grotto gehen oder was Du willst. Ich komme gegen 3/4 8 Uhr. Aber, wenn Du vielleicht lieber allein sein willst, laß es mich durch die Natalina wissen, wenn sie zum Arzt geht. Aber die Einreibung und das Handbad sollten wir doch womöglich machen, ich will *kein* Wort dabei sprechen, wenn Du heute nichts vertragen kannst! N.«[48]

Die Grundstimmung des Sommers 1929 offenbart ein Brief, den Ninon vor Hesses Wohnung legte, um ihm das zu sagen, was sie ihm nicht Auge in Auge gestehen konnte: »Es ist mir, als hättest Du etwas gegen mich, irgendein Ressentiment, – vielleicht noch von damals von den Büchern her. [...] Aber es ist nicht das allein. ›Ich bin ein alter Mann und habe nichts mehr zu tun als zu verrekken. Dabei soll man mich nicht stören!‹ schriest Du mich an. [...] Aber ich habe geglaubt, wir *leben* zusammen. Du hast mich verlassen mit diesen Worten, und warum willst Du nicht begreifen, daß mir entsetzlich weh ist, und daß ich nicht weiß, wie ich mich retten soll.«[49]

In diesem Jahr äußerte Ninon mehrmals den Wunsch, ihrem Leben ein Ende zu setzen: »Der Tod kann gar nicht so weh tun wie das Leben!« In ihrer Erzählung »Die Liebende«[50] kommt ihre damalige Mutlosigkeit zur Sprache. Eine liebende Frau überlebt den verzweifelten Todessprung und erblickt in nachfolgenden Fieberphantasien einen Engel. Sie wollte vor ihm Klage führen gegen ihren Geliebten, der sie während Krankheit und Schmerzen allein gelassen hatte, nur ein einziges Mal war er für wenige Minuten gekommen. »Du mußt schauen, daß Du gesund wirst!« sagte er und ging schnell wieder fort. Einmal hatte sie ihm ihr Bild geschenkt. »Er hat es niemals angesehen. Es lag irgendwo unter Papier und Gerümpel: Das hat mir weh getan.« Am qualvollsten aber empfand die Liebende, »daß er immer so unglücklich war. Das tat mir so weh! Wenn er mich wirklich lieb hätte, dann könnte er doch gar nicht so unglücklich sein! Aber er sprach immer davon, daß er sterben wolle.« Doch am Schluß aller Anklagen bezichtigte sich die Liebende, sie selber »habe unrecht getan, ihm böse zu sein«, und sie entschuldigte sein Fernbleiben, sein vermeintlich liebloses Verhalten, alles! Sie suchte sogar Gründe dafür, daß er trotz ihrer Liebe sterben wollte, und der Engel, der Recht und Unrecht abwog, erklärte der Sterbenden zu ihrer Erleichterung: »Deinem Geliebten wird vergeben werden.«

Ninon versuchte Hesse selbst dann noch zu verstehen, wenn er sie aus einem inneren Zwang heraus verletzte. Ein Gedicht aus jener Zeit zeugt von ihrer Stimmung zwischen Verwundung und Versöhnung.

So gib mir deine Hand. Ich will
Mit meinen Händen sie streicheln und an meine Augen führen.
Denn meine Augen brennen nach durchwachten Nächten
Und Deine Hand soll diesen Brand mir kühlen.
Und weiter gleite deine Hand mir über Stirn und Wangen,
Denn meine Stirne schmerzt. Es kämpfen
Wilde und fiebernde Gedanken heute hinter ihrer Glätte
Und meine Wangen sind heiß und feucht noch von vergossenen
Tränen, die ich um dich weinte.
Dann aber lege deine geliebte Hand auf meine Lippen
Ich will sie küssen und dir danken
Für alles, was du mir gegeben und genommen.

Als Hesse im Spätherbst in seine Züricher Stadtwohnung übersiedelte, blieb Ninon allein in der Casa Camuzzi. Sie brauchte den klärenden Abstand. Doch ohne ihn erschien ihr die Anwesenheit in Montagnola noch sinnloser. Das Bilderbuchhafte dieser Landschaft war ihr, die das herbe Hochgebirge liebte und durch deren Träume die kühlen Buchenwälder ihrer Kindheit weiterrauschten, so fremd geblieben wie in den ersten Wochen. Das fertig Gezeichnete des Berg- und See-Idylls, das ihrer Phantasie keinen Gestaltungsraum mehr ließ, beengte sie so, daß sie kurzentschlossen nach Wien floh. Aber auch dort blieb ihr Leben ein Notbehelf, sie wohnte bei Verwandten oder mietete sich ein preiswertes Zimmer. Wie erlöst war sie darum, als Hesses Freund und Gönner Josef Englert – bekannt als Jup der Magier im Bund der Morgenlandfahrer – sie zusammen mit ihm zu einem vierwöchigen Urlaub auf der Chantarella bei St. Moritz einlud. Am 10. Januar 1930 trafen sie dort ein. Die fast dreimonatige Trennung hatte zur gegenseitigen Prüfung und Klärung beigetragen.

Hesse schrieb in diesen Ferien unter eines der kleinen Aquarelle, mit denen er gern Briefbogen für seine Freunde schmückte: »Liebe Ninon, ohne Dich ist das Leben gar nicht schön«, und legte es mit Frühlingsblumen vor ihre Zimmertür.[51] Ein retardierendes, umweghaftes Geständnis, in dessen doppelter Verneinung viel Scheu und Hemmung steckte! Denn es bedeutete ja keineswegs dasselbe

5. Nov. 29

Lieber Hermann!

Ich schicke Dir einen Gruss und bitte Dich viele liebe Menschen zu grüssen!
                    Erstens
Molts, die liebe Frau Molt ganz besonders. Dann Rosenfelds. Den <u>lieben</u> Häcker und wenn Du nach Blaubeuren gehst auch die Frau Häcker und die liebe Frau Weizsäcker. Die Adele na=
türlich ganz besonders. Hartmanns wenn Du sie siehst. Sonst weiss ich niemanden mehr.
Ich habe den letzten Band Thibaults gelesen - er ist sehr schön. Es ist schade, dass Du die zwei letzten Bände nicht kennst - 'Sorellina' und der "Tod des Vaters"- sie sind so schön wie der erste. Ich glaube nicht
                zu Ende
dass der Zyklus ~~fertig~~ ist.
            Der Fontana hat mir seinen neuen Roman geschickt und ich werde ihn heute lesen.
                                Die Funke wird morgen hier sein
und ein Aquarell von Frau Geroe machen. Sie war über den Gobelin ganz entzückt.
        Der Ofen ist so brav wie der Esel, dem man das Fressen abgewöh=
nen wollte - er braucht täglich weniger - ich fürchte aber, an dem Tag an dem er gar nichts brauchen wird, wird er ausgehen.
Gestern war ein wunderbarer sonniger Tag, die Landschaft herrlich.
Ich hoffe, es gehe Dir gut und die Freunde schonen Dich. Es ist traurig fern von Dir zu sein - ich weiss gar nicht mehr wie Du ausschaust und auch nicht wie Du bist! Einen Gruss von
                                        Ninon

Ninons Brief vom 5. November 1929 aus Montagnola an H. Hesse in Zürich, bevor er zu Dichterlesungen nach Württemberg fuhr.

wie »Mit Dir ist das Leben schön!«. Das wäre eine Allerweltsfeststellung, die einer glückhaften Aufwallung entspränge und außer der Freude am Zusammensein mit der Geliebten auch ein gewisses Maß an Lebenslust ausdrückte. Dagegen schwingt in Hesses Werbung um Ninon – und es ist eine Werbung! – die Erfahrung ihrer Ferne mit: ohne Dich – das könnte zwar sein, aber es wäre eine böse Möglichkeit, es wäre »nicht schön«, – nein, die Steigerung erst trifft die Wahrheit, es wäre »gar nicht schön«. Ein leicht ironisches Lächeln scheint durch dieses wohlabgewogene Liebesgeständnis hindurchzuschimmern, das er unter eine lichtblaue Winterzeichnung schrieb; und es überzeugte Ninon.

Manchmal vermochte sie durch den leidenden und hadernden Menschen Hesse hindurchzublicken auf die »Gestalt«: »Lieber, ich sehe Dich alle Tage, wenn wir zusammen sind. Aber manchmal geht ein Glanz von Dir aus, daß ich die Augen schließen muß. Und im Augenschließen erfasse ich Dich vielleicht besser, als wenn ich Dich mit den leiblichen Augen sehe.«[52] Dann war sie gewiß, die Essenz seines Wesens zu erfassen, und sie wählte die Fern-Nähe des Briefes, um ihm ihre Liebe ungehemmt zu zeigen: »Lieber, während ich gestern bei Dir war, hätte ich Dir am liebsten einen Brief geschrieben. Dein Gesicht war wie von innen erleuchtet, es strahlte, ich sah Dich an und dachte: Bist Du es denn? [...] So fern warst Du, so wunderbar. Die Jünger von Emmaus müssen Ähnliches erlebt haben: Der Nahe ist der Ferne.«[53]

Brachte das Jahr 1929 eine Kette von Prüfungen, so wurde 1930 zum Jahr der Klärung. Das beweist auch eine autobiographische Erzählung, die Ninon unter dem Titel »Die Entscheidung« unter dem Pseudonym Anna Jakob – zusammengesetzt aus den Vornamen ihrer Eltern – in der Vossischen Zeitung vom 2. September 1930 veröffentlichte. Sie schilderte, wie eine junge Frau nach zweijährigem Zusammenleben mit einem schwierigen Partner eine Krise überwindet. »Er hatte seinen Beruf und seine Neurasthenie, sie hatte die Mission, als Prellstein zwischen der Welt und ihrem Mann zu funktionieren. [...] Anna war eines der Mittel, die es ihm ermöglichten, das Leben zu ertragen. Mit ihr aber stand es so, daß sie sich an der Grenze ihrer Kräfte glaubte. Sie war stark und gesund gewesen, jetzt aber, nach zwei Jahren, fühlte sie sich müde und verbraucht. [...] ›Ich werde hier zermalmt. Ich gehe zugrunde, ich habe vielleicht nicht einmal mehr die Kraft zu fliehen.‹ Als sie sich dennoch entschlossen hatte, fortzugehen, wurde ihr schlagartig bewußt, wie oft sie in ihrem Leben schon etwas aufgegeben hatte: ›Niemals war ich treu. Ich bin aus manchen Berufen geflohen, ich bin aus dem Elternhaus in die Ehe geflohen, und nun will ich wieder fliehen, ich will diesen Mann verlassen und zu einem andern gehen, den ich verlassen werde wie diesen – in Wirklichkeit aber meine ich nicht ihn und nicht jenen, sondern mich.« Sie begriff, daß Flucht nichts anderes als erneute Selbstflucht bedeutete.

»Es war gleichgültig, gegen welche Kräfte man sich zu wehren hatte. Ob man blieb oder ging, ob man liebte oder geliebt, gequält, verwöhnt, gebraucht wurde – es war einerlei. Man konnte durch das eine zermalmt werden oder durch das andere. Wer sich selbst treu blieb, war stärker als die Kräfte, die gegen ihn drangen. [...] Sie würde bleiben.«

Wie Anna in dieser Geschichte entschied sich Ninon, weiterhin an dem Platz nützlich zu sein, an den sie sich selbst gestellt hatte. Annas Begriff der Treue war mit dem des »Charakters« oder der »Persönlichkeit« eng verknüpft; Treue zu sich selbst verschaffte ihr Stete und Verläßlichkeit, ohne die ihr eigenes Leben und das der Nächsten ohne allen Halt wären. Wie Anna wollte Ninon sich all der zermürbenden Alltäglichkeit stellen, damit Hesse für die »wirklichere Wirklichkeit« frei blieb und sie störungsfrei in seinem Werk gestalten konnte.

Seine seltenen Bekenntnisse, daß sie sein Leben erleichtere, enthielten für sie jedoch kein Glücksversprechen mehr. Sie hatte erkannt, daß es für sie eine gesteigerte Form des Glücks gab: Die Erfüllung einer selbstgewählten Aufgabe. Sie wußte, wie schwer es für sie war, treu und beständig zu sein. Aber sie wußte auch, daß um einen geringeren Preis die Sinnfindung für ihr Leben nicht zu haben war.

Wer sich entschließt, das Hier und Jetzt ernst zu nehmen, kann sein Leben nicht als andauerndes Provisorium auffassen. Am 13. März 1930 gestand Ninon in einem Brief an Hesse den Wunsch, ihr nun vier Jahre alter Bund möge auch nach außen hin durch eine Ehe bestätigt werden. »*Zwischen uns* soll sie nichts bedeuten und nichts verändern. Es handelt sich um unsere Stellung gegenüber der Öffentlichkeit. Wir leben nicht auf den Gallapagosinseln, hier ist meine Stellung in der Welt falsch.« Sie fuhr fort: »Ich kann mir denken, daß es eine Zeit geben kann, in der das nicht mehr Mode ist. Einstweilen gibt es kein anderes Zeichen der Zusammengehörigkeit eines Paares als die Ehe.« Zwischen ihnen sei zwar ausgemacht worden, einander nicht zu heiraten. Damals aber habe sie nicht an die Welt und ihre Wertungen gedacht, darum sei es ehrlich, wenn sie ihm nun mitteile, daß sie ihre Meinung geändert habe. »Aber Hermann, ich mag nicht aus Zwang und in Qual und Auflehnung geheiratet werden. Wenn Du es nicht so sehen kannst, wie ich es sehe, als ein freudiges und stolzes Bekenntnis zu mir: Das ist *meine* Frau, das ist die Frau, die *meinen* Namen trägt – dann soll davon zwischen uns nicht mehr die Rede sein. Bitte antworte mir in drei oder vier Wochen. Ich möchte nicht, daß Du etwas Übereiltes sagst oder tust. Ich möchte nicht, daß Du etwas wie unter einer Erpressung tust. [...] *Ich möchte einig mit Dir sein.* Ich will kein Opfer. Ich will, daß Du gern tust, was Du tust, und was immer Du beschließt, an unserm Bund soll nichts geändert werden.«

Anders als Ninon sah der ehescheue Hesse jedoch mehr in diesem Schritt, als einen bereits bestehenden Bund vor der Öffentlichkeit zu legitimieren. Wir wissen nicht, was er auf Ninons Vorschlag antwortete. Als sie jedoch den April 1930 bei Dolbin in Berlin verbrachte, erklärte sie ihm, sie hege keine Heiratsgedanken, nach einem Gespräch mit Hesse seien sie ihr gründlich vergangen.

Trotzdem bahnte sich im Frühjahr 1930 eine Wende an. Als Hesse mit Ninon bei der mit ihm befreundeten Familie Bodmer[54] in Zürich zu Gast war und beiläufig erwähnte, daß es ihn manchmal danach verlange, wieder seßhaft zu werden, sagte Dr. Bodmer ihm spontan die Erfüllung dieses Wunsches zu: er wolle ihm ein Haus bauen, und Hesse und Ninon, die von Bodmers sehr geschätzt wurde, sollten sich dazu ein Grundstück nach eigenem Geschmack auswählen. Sie fanden in Montagnola ein steil nach Süden abfallendes 11 000 qm großes Gelände, das einen Rebhang, Wald, Gesträuch und Wiesenflächen, Beete und Obstbäume auf Terrassenhängen trug und einen freien Blick auf den Luganer See in Richtung Porlezza gewährte. Die Verhandlungen zogen sich lange hin, und Ninon bangte schon, das Land nicht zu bekommen, und prophezeite Emmy Ball-Hennings am 3. Juni düster, »dann bleibe ich in meiner Schimmelburg, und die Pilze wachsen auf meinem Leibe«. Hesse dagegen fürchtete sich vor grundlegenden Veränderungen. Auf die Absicht Bodmers, ihm das ruhige und gut heizbare Haus zu schenken, erwiderte er knapp, er möchte nicht Hauseigentümer werden und schlage darum vor, daß das Haus auf Kosten des Mäzens gebaut werde und ihm zu beliebig langer Zeit mietfrei zur Verfügung stehe. Er wolle prüfen, ob er und Ninon »fähig sein werden, ein Haus zu führen, moralisch wie finanziell«. Vorerst bezweifelte er, den Pflichten eines Hausherrn gewachsen zu sein: »Ob es im neuen Haus sorgloser wird, weiß ich nicht. Ich habe Vertrauen zu Ninon.«[55]

Ninon führte zähe Verhandlungen um das Grundstück und entwarf mit dem Architekten Hauspläne: »Es war so wie in einem

Märchen – ich brauchte nur zu wünschen, und schon stand alles auf dem Papier da, und es war still und schön und ganz wie ein Traum. Am Nachmittag sagte ich dann zu H., ich sollte doch vielleicht meinen liebsten Ring in den See werfen wie der Polykrates, denn ich hätte Angst, so viel Glück, das könnte gar nicht sein! Aber H. meinte trübe, das Schlimme würde schon noch kommen, mit dem Ring könne ich ruhig noch warten.«[56]

Nach langen Beratungen entsprach der Bauplan ihren bisherigen Lebensgewohnheiten und dem gegenseitigen Freiraum. Eigentlich bestand das Gebäude aus zwei Häusern, jedes hatte einen eigenen Eingang und einen eigenen Treppenaufgang, miteinander waren sie nur durch eine einzige Türe zwischen den Baderäumen im oberen Stockwerk verbunden. Das kleinere Haus war Hesses Reich und darum wie eine Klause oder ein Zwinger, dessen Tür sich selten für Besucher öffnete; das größere – für Ninon, das Personal, die Gäste und die Bewirtschaftung – enthielt im Erdgeschoß die gemeinsamen Räume: für die Arbeit das Atelier, ein Vielzweckraum mit einer großen Terrasse, in dem Hesse später malen, Post empfangen, Briefe beantworten und Bücher verschicken wollte; hier sollte auch seine Handbibliothek aufgestellt werden. Für die Muße war der daneben liegende Raum vorgesehen, hier würde Hesse seine »Bibliothek der Weltliteratur«[57] anordnen, Gäste empfangen, Musik hören, vorgelesen bekommen. Auch von hier ging der Blick weit in die Tessiner Landschaft, hinaus auf den Monte Salvatore und dahinter auf den Monte Generoso und umfaßte zugleich die Höhenzüge von Carona jenseits des Tals. Eßzimmer, Wirtschaftsräume und Gästezimmer lagen fernab, damit der geräuschempfindliche Autor vom Haushalt nicht gestört wurde. Völlig abgetrennt und ruhig – als Herzstück des Baus – war Hesses Studio im ersten Stockwerk innerhalb seines Hausteils mit dem nach Süden und Osten geöffneten Schlaf- und Wohntrakt untergebracht. Nach Südwesten lag Ninons Studio, an das sich ihr Schlafzimmer mit ihrem Bad anschloß. Hier sollte *ihre* Welt entstehen, in die sie sich immer dann zurückziehen würde, wenn sie ihre Pflichten für Hesse erfüllt hatte.

Aber noch stand alles erst auf dem Papier. »Im August kannst Du beginnen, Dir ein Haus zu bauen – überleg' es Dir zum letzten Mal«, warnte Hesse Ninon scherzhaft und übertrug ihr damit die Verantwortung. »Ich brauche nach wie vor die Erlaubnis, krank zu sein und andere Menschen mit meiner Gegenwart verschonen

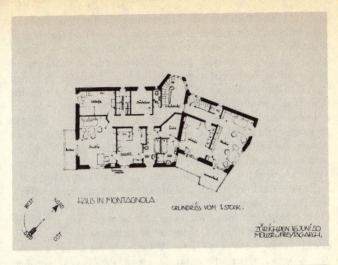

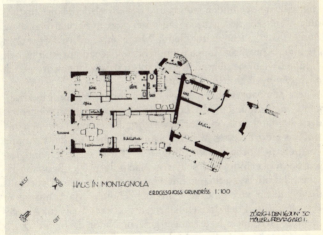

zu dürfen. Ich habe seit vielen Monaten keinen Tag ohne Schmerzen und keine Stunde gehabt, in der mein Leben und Dasein mir noch etwas wert gewesen wäre. Leider habe ich auch keinen Menschen, der dies ahnt oder gelten läßt.« Wiederholt äußerte er Furcht vor Seßhaftigkeit und Bürgerlichkeit, obwohl er ja in der Casa Camuzzi auch ein »Seßhafter« war – er lebte dort über zehn Jahre lang während des Sommers und reiste selten fort. Er klagte während seiner Badener Herbstkur in einem Brief an Ninon: »Nächstes Jahr muß ich aus meinem Schlupfwinkel in Zürich heraus und auch aus meinem Zaubergarten in Montagnola, und alles wird anders, und Du mußt das dirigieren und möglich machen, wer denn sonst? Man macht ja fast alles falsch im Leben. Um leben und sterben zu können, braucht man eine Mutter, aber kein Waisenhaus vom Herrn Brocchi.«[58]

Ninon bekam nach und nach eine »Mordsangst« vor Hesses innerem Widerstand, dem Umzug mit Möbeltransporten aus Wien und 75 Bücherkisten aus Hesses Wohnung in der Casa Camuzzi, dem Umgang mit dem Personal, das sie für die Pflege des großen Hauses erst noch finden mußte, und der »Plage der Haushaltsführung«. Sie sei »den ganzen Tag unterwegs in Sachen Hausbau. Zum Glück macht es ihr Spaß. Mir nicht«, schrieb Hesse an Freunde. »Sie sucht Tapeten und solche Sachen aus und lächelt darüber, wenn sie sieht, daß das Haus mir Sorgen macht und ich mich ein wenig vor ihm fürchte.«[59]

Diese Zeit banger oder freudiger Vorbereitungen wurde durch einen Winterurlaub unterbrochen, den Hesse mit Ninon wieder auf der Chantarella bei St. Moritz verlebte. Im Januar/Februar 1931 trafen sie dort Hesses Verleger Samuel Fischer, dessen Frau und Tochter, die Buchgestalterin Brigitte – »Tutti« – Fischer, und dessen Schwiegersohn und späteren Nachfolger, Dr. Bermann-Fischer. Jakob Wassermann mit Frau und Sohn waren ebenfalls dort, und für drei Wochen kam auch Thomas Mann mit seiner Frau Katia und der dreizehnjährigen Tochter Elisabeth. Auf gemeinsamen Schneespaziergängen gewann Ninon die freundschaftliche Zuneigung von Katia Mann, deren Charme und Klugheit sie bewunderte. Während sie über Thomas Mann, der ihr stets mit ausgesuchter Höflichkeit, ja Hochachtung begegnete – lakonisch feststellte: »Tommy gäb ich billig«, schrieb sie Dolbin am 13. Februar über Katia Mann: »Ich habe mich derart in Frau Mann verliebt – ich kann Dir nicht beschreiben, wie entzückend sie ist.«

Katia Mann, die später in einer Lebensrückschau nüchtern feststellte: »Ich habe in meinem Leben nie tun können, was ich hätte tun wollen«,⁶⁰ kannte den entbehrungsreichen Alltag einer Künstler-Ehefrau. Das Bild einer musenhaft inspirierenden Dichtergefährtin, deren Leben durch die geistige Teilhabe an der literarischen Produktion beflügelt wurde, bedeutete für diese kluge und selbstkritische Frau ein schönfärberisches Klischee, das nur in verschwärmten Leserköpfen herumgeisterte, und sie riet Ninon, ihre eigenen Interessengebiete neben Hesse niemals aufzugeben. Vor allem aber warnte sie Ninon davor, unverheiratet mit Hesse ins neue Haus zu ziehen. Sicherlich war es dem Einfluß der um Ninon fast mütterlich besorgten Katia Mann zuzuschreiben, daß diese das Zwielichtige ihrer Stellung – oft wurde sie als Hesses Sekretärin vorgestellt, oft als seine Geliebte abschätzig behandelt – beenden wollte und Dolbin am 25. Juni 1931 um die Scheidung bat: »Mein lieber Hase, ich werde immer Dein Freund sein, immer zu Dir stehen, und, solange ich lebe, bist Du nicht allein. Vergiß es nicht. [...] Unser Verhältnis ist gewiß nicht alltäglich – wir wollen beide daran arbeiten, daß es schön und intensiv bleibt wie es ist! Einen herzlichen Kuß von Deiner Ninon.« Der Schlußstrich unter ihre Wiener Ehe wurde am 10. September 1931 gezogen.

Ein Brief Hesses aus dem Sommer 1931, der sich auf eine vergleichbare Situation im Vorjahr bezieht, enthält vermutlich seine zweite Absage auf Ninons Wunsch, ihr nun vierjähriges Zusammenleben zu legalisieren: »Zugleich mit der Angst wegen des Hauses, das mein stilles und einfaches Leben vollends verändern wird, drückt auch dies andre auf mich, und ich bin in einem schlechten Zustand. [...] Ich brauche da in mir innen einen Raum, wo ich völlig allein bin, wo niemand und nichts hineindarf. Deine Fragen bedrohen diesen Raum. Du bist rascher und klüger als ich im Fragen, im Aussagen, im intellektuellen Klarstellen von Seelischem. Ich bin darin langsamer und schwerer, ich muß außer meinem Leben auch meine Dichtung mit hindurch retten durch das Chaos. Du hast in letzter Zeit mehrmals das Tempo gestört, in dem meine Seele lebt. [...] Schon vor einem Jahr einmal sagte ich in einem ähnlichen Fall zu Dir ›Ich warne Dich‹, und Du konntest es damals nicht verstehen, ich aber konnte nicht mehr sagen.« Er bat sie weiterhin um Vertrauen und Duldsamkeit.

Hesses Geburtstag am 2. Juli wurde noch einmal in der Casa Camuzzi gefeiert. Danach hielt er sich, bis alle Unruhe des Woh-

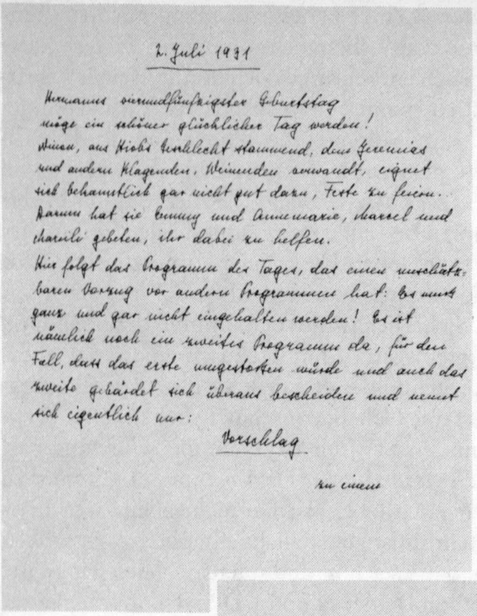

2. Juli 1931

Hermanns vierundfünfzigster Geburtstag
möge ein schöner glücklicher Tag werden!
Ninon, aus Hiobs Geschlecht stammend, dem Jeremias
und andern Klagenden, Weinenden verwandt, eignet
sich bekanntlich gar nicht gut dazu, Feste zu feiern.
Darum hat sie Emmy und Annemarie, Marcel und
Charili gebeten, ihr dabei zu helfen.
Hier folgt das Programm des Tages, das einen unschätz-
baren Vorzug vor andern Programmen hat: Es muss
ganz und gar nicht eingehalten werden! Es ist
nämlich noch ein zweites Programm da, für den
Fall, dass das erste umgestoßen würde und auch das
zweite gebärdet sich überaus bescheiden und nennt
sich eigentlich nur:

Vorschlag

zu einem

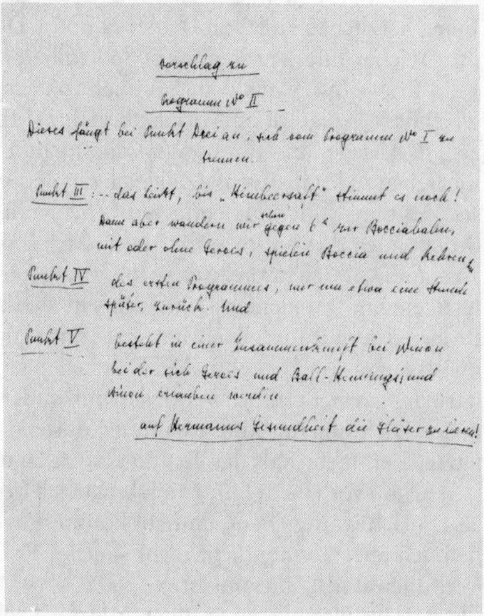

Vorschlag zu

Programm No II

Dieses fängt bei Punkt Drei an, sich vom Programm No I zu
trennen.

Punkt III: -- das heißt, bis „Himbeersaft" stimmt es noch!
Dann aber wandern wir schon gegen 6h zur Bocciabahn,
mit oder ohne Gerocs, spielen Boccia und kehren,

Punkt IV des ersten Programmes, nur um etwa eine Stunde
später, zurück. Und

Punkt V besteht in einer Zusammenkunft bei Ninon
bei der sich Gerocs und Ball-Hennings und
Ninon erlauben werden

auf Hermanns Gesundheit die Gläser zu leeren!

Ninons Vorschläge zur Feier von Hesses 54. Geburtstag

nungswechsels vorüber war, in Baden und danach noch einige Tage bei seinem Freund Dr. Welti[61] im Lohn bei Kehrsatz auf. Von dort aus schrieb er Ende Juli seinem Sohn Martin, der beim Umzug half, er möge doch dafür sorgen, »daß Ninon sich nicht vollends allzu sehr kaputt macht. Wenn Ninon Dir müde und nervös scheint, so rede ihr zu, sich für eine Stunde hinzulegen oder für einen halben Tag, oder in den Wald zu gehen und sich um gar nichts zu kümmern.« Ihr aber riet er ermunternd:

> *Zum ersten Tag im neuen Haus*
>
> Wenn der Kummer an Dir frißt,
> Wenn Du voller Sorgen bist,
> Angst und Ärger an Dir reißt,
> Wähle Heilung durch den Geist.

Seine Eingewöhnung im »Roten Haus« spiegelt ein Gedicht in freien Rhythmen, das wie eine getragen-feierliche Rechtfertigung seiner neu erlangten Seßhaftigkeit klingt:

> *Der Mensch und sein Haus*
>
> Aus Mutterleib gekommen,
> Bestimmt in der Erde zu modern,
> Steht verwundert der Mensch.
> Götter-Erinnerung streift noch seinen Morgentraum,
> Dann wendet er sich, gottab der Erde zu,
> Werkt und strebt und aus Bangigkeit*
> Vor der Herkunft und vor dem Ziel
> Baut er und schmückt sein Haus,
> Malt seine Wände, füllt seine Schränke,
> Feiert Feste mit Freunden und pflanzt
> Holde lachende Blumen ringsum.

* später ersetzt durch »in Scham und Furcht«   29. August 1931.[62]

In diesem von Form und Inhalt her untypischen Gedicht macht Hesse die Wendung des Menschen »gottab« und hin zur Wirklichkeit verständlich: nachdem auf dessen verwunderte Fragen nach Herkunft, Ziel und Sinn die Antwort ausblieb, löst er sich vom Enträtseln des Daseins und sieht sich auf diese Welt verwiesen. Um

> Radici vitis jam
> gratias egi
>   H.
>   avis mant.

der existentiellen Ungeborgenheit zu entgehen, gestaltet er sie häuslich aus, schmückt sie, sucht Freunde und Freundlichkeit.

Tatsächlich schien sich in dieser Zeit bei Hesse eine – wenn auch stets gefährdete – Versöhnung mit der Wirklichkeit anzubahnen: »Es waren für mich Jahre leidlichen Wohlergehens nach einer ernsten Lebenskrise«,[63] eine Spanne der Erholung und der wiederkehrenden Lebensbejahung.

So war ihm trotz aller Furcht vor der Veränderung doch noch ein »holdes Los« zugefallen, und »holde lachende Blumen« pflanzte er rings um sein Haus. Er empfand es als Wohltat, die geistigen Beschäftigungen durch körperliche Arbeit auszugleichen, in gärtnerischer Geduld zu pflanzen und zu hegen, Bauer und Weingärtner zu sein und die gedankliche Konzentration beim Schreiben durch die Meditation bei naturhafter Erdbestellung abzulösen. Die »Freundschaft mit Blumen, Bäumen, Erde, Quelle, das Gefühl der Verantwortlichkeit für ein Stückchen Erde, für fünfzig Bäume, für ein paar Beete, Blumen, für Feigen und Pfirsiche«[64] bildeten von nun an den Hintergrund seines Spätwerks.

Im Herbst 1931 teilte Hesse seinen Freunden mit, daß er – wenn auch widerstrebend – noch einmal eine Ehe eingehe. Seinen Mäzenen Hans und Elsy Bodmer, die zugunsten Ninons einen sanften Druck auf ihn ausgeübt hatten, versicherte er, wahrscheinlich werde vor seiner Herbstreise zur Rheumakur nach Baden »hier noch auf dem Civilstandesamt die Trauung stattfinden, ohne weitere Feier. Da Ninons erste Ehe in diesem Sommer endlich geschieden wurde und ich ihr nach dem Hausbau etc. doppelt verpflichtet bin, konnte ich trotz meiner Abneigung gegen die Ceremonie nicht anders.«

Bleistiftzeichnung Hesses mit dem Kommentar »Ninon sitzt im Wald [rechts im Bild] und liest André Gide«

Er widmete Ninon zum 36. Geburtstag ein Gedicht, in dem er ihr das Haus als eine Stätte immerwährender Geborgenheit zueignete. Die Verse vermitteln einen Widerhall seiner Freude, ihr, dem »Kameraden«, diese Heim- und Gartenzuflucht bieten zu können.

Zum ersten Geburtstag im Haus

> Wenn Du einmal bang und traurig bist,
> Denk' dann dran: hier ist ein Dach für Dich
> Und ein Haus gebaut, es wachsen rund
> Um das Haus für Dich die Bäume,
> Wachsen Blumen, Trauben, singen Vögel,
> Gras und Laub und Stille grünen um Dein Heim,
> Und im Schein der Lampe wartet abends
> Buch an Buch, und in der Werkstatt
> Wartet, Ninon, Deiner treu der Freund.
> Hier ist unsre Insel, unsre Burg,
> die wir uns erbaut und lang ersehnt,
> die wir schützen wollen und uns schön erhalten.
>
> Wohne drin, mein Kamerad, für immer,
> Und von jedem Ausflug in die Welt
> Kehre froh zur Zuflucht wieder: zu den Blumen,
> zu den Bäumen, zu den Büchern
> Und zu Deinem winzig kleinen Vogel.

Hesse begrüßt das neue Haus als »schützendes Dach«, als Zuflucht für Ninon, er nennt es jedoch gleichzeitig »unsere Insel, unsere Burg« – Bilder mit komplexem Symbolgehalt. Insel und Burg sind Schutzzonen, die gleichzeitig Isolation bewirken. Im zweiten Teil des Gedichtes wünscht Hesse, sich gemeinsam mit Ninon in Inselstille und wehrhaft verteidigte Abgeschiedenheit zurückzuziehen. Er ist nun sicher, daß sie bei ihm bleiben wird, der seine Zartheit und sein Schutzbedürfnis andeutet, wenn er sich »winzig kleiner Vogel« nennt. Trotz all ihrer Weltlust wird sie sich immer wieder bei ihm einfinden: im Zaubergarten seiner Natur- und Lesewelt.

Siebtes Kapitel

Entsprechungen

Wandlung von Hesses Frauenbild

> Haben wir denn das Recht, einen Menschen zu hindern, sich auf seine Art zugrunde zu richten? Hüter des Bruders – ja, aber unser Leben darf nicht nur ein Hüten des andern sein.

> Man darf nicht »für andere leben«, man darf nicht sein Zentrum in einen anderen Menschen verlegen.

So tief sich Ninon mit Hesse verbunden fühlte, so unglücklich war sie über das Scheitern all ihrer Bemühungen, aus seinem Leben Verzweiflung, Mißmut und Hypochondrie zu verbannen. »Ich habe früher gedacht, ich könnte ihm helfen, ›glücklicher‹ zu werden, ich könnte ihm manche Quellen seines Leids verstopfen. Aber da fand ich immer wieder neue Quellen neuer Leiden. Er liebt das Leid, und er braucht es, und er holt es sich von überall her. Aber weil das der Weg war, den er gehen mußte, um schöpferisch zu arbeiten, und weil alles Leid, das er erlitt (und wie können wir von ›wirklichem‹ und vom ›eingebildeten‹ Leid zu sprechen wagen), durch ihn hindurchgehen mußte, damit er schreiben konnte, darum bestand Helfen nicht im ›Vermindern des Leids‹, wie ich anfangs naiv gedacht hatte. Helfen hieß ganz einfach: Dasein, zu ihm stehen, sein Bereitsein unterstützen.«

Da für Hesse Lebensqual und literarische Fruchtbarkeit eng zusammenhingen, festigte sich in Ninon die Gewißheit, daß mildernde Eingriffe in sein Stimmungsgefälle seinen Produktionszwang dämpfen würden. Wenn sie dem Menschen half, gefährdete sie den Dichter. Noch im März 1957 – nach dreißigjähriger Lebensgemeinschaft – schrieb sie in diesem Zwiespalt an ihre Schwester: »Ich denke sehr oft, daß Hermann doch recht viel Glück hatte, als er mich traf! Um gleich darauf zu denken, vielleicht hätte ihm sogenanntes Unglück gerade so gut getan – es kommt ja nur darauf an, was jemand daraus macht!«

Ninon gewöhnte sich nur schwer daran, daß sie Hesses inneren

Leidensdruck nicht vermindern durfte. Er wollte sich davon allein durch seine schriftstellerische Arbeit befreien. Jedes Werk bedeutete für ihn einen Heilungsversuch gegenüber den Verwundungen, die er durch die Welt erlitten hatte: »Alles, was in meinen Dichtungen steht oder angedeutet ist, alle Töne meiner Musik und alle Erkenntnisse und Erfahrungen, beruhen [...] auf einer Begabung zum Leiden, einer Begabung, wie die Prinzessin auf der Erbse sie hatte, einer äußerst zarten Sensibilität.« Die Fähigkeit des Feinnervigen zum Leiden bewertete er darum als »Auszeichnung und Orden«, und er betonte immer wieder, »daß der Dichter selber nur darum etwas vom Leben ahnt und sagt, weil er tief und unheilbar leidet«, und daß es folglich »besser und schöner ist, tapfer zu sein und zu leiden, als es gut zu haben«. In »Sinclairs Notizbuch« äußerte er, oft scheine Hiob sein Bruder zu sein, und angesichts der unsterblichen Geister, die ihn auf seiner »Nürnberger Reise« umgaben, fragte er: »Waren denn das nun nicht alle auch besondere, kranke, leidende, schwierige Menschen gewesen, Schöpfer aus Not, nicht aus Glück, Baumeister aus Ekel gegen die Wirklichkeit, nicht aus Übereinstimmung mit ihr?«[1]

Ninon erkannte, daß auf dieser Überzeugung sein Zerfall mit der Wirklichkeit beruhte, die ständige selbstquälerische Gegenüberstellung der wirklichen mit einer möglichen Welt, des wirklichen mit einem erträumten Menschen. Weil der Schmerz an der Welt für ihn die Voraussetzung der schöpferischen Leistung bildete, wollte er sich all sein Unbehagen, all seinen Lebensverdruß, all seine Konflikte im Umgang mit der Wirklichkeit unaufgelöst bewahren, damit er sie wieder in einem neuen Werk sublimieren könnte.

Ninons Liebe und Verständnis, so sehr er sie insgeheim ersehnte, erschienen ihm wie eine Bedrohung, der er vorsorglich auswich. Dadurch aber war ihr Lebensziel, ihm zu einer bejahenden Lebenseinstellung zu verhelfen, unerreichbar geworden, ihre »Mission« zum Scheitern verurteilt. Hesse beharrte in seiner Auffassung von der Schädlichkeit des Glücks für den dichterischen Impuls. Ninon sollte die von ihm gerufenen Teufel nicht vertreiben, da er überzeugt war, daß dann auch die Engel ihn verließen. Sie durfte sich nur am Rande seiner vielschichtigen Leidenssphäre ansiedeln, eine Weggenossin in wohlbemessenem Abstand, die seinen oft selbstvertieften Groll über die Kränkungen der Welt unangetastet ließ, weil er ihn als Vorbereitung und Zwischenstadium für seine Dichtung brauchte.

Es gibt wenig Äußerungen Hesses über Ninon. Einmal jedoch hob er in einem Brief an seine Schwester Adele vom 25. Dezember 1930 ihre »Lebenstrauer« hervor, durch die sie ihm nah und verwandt sei. »Sie ist ein lieber und treuer Mensch, unbedingt und zuverlässig in ihrem Fühlen, im Grunde sehr der Traurigkeit unterworfen, man muß aufpassen, sie nicht zu sehr zu belasten. Es glückt nicht immer.«

Ninon hingegen wurde gewahr, daß neben Hesse nicht nur Selbstbescheidung, Entschiedenheit, Bereitschaft zu Dienst und Pflicht erforderlich war, sondern vor allem Leidenswilligkeit, das Erbe ihrer uralten Rasse, in die der Schmerz wie ein langsam wirkendes Gift so tief eingesickert war, bis er zu einem vertrauten Befinden wurde. Auch Ninon schien stets bei sich selbst angekommen, wenn sie sich einem Schmerz hingab und »nach Herzenslust trauerte«. Erfüllung, auf die sie in einem unklaren Vorgefühl immer gewartet hatte, war durch ihre Sorge für einen Dichter wie eine Gnade von außen eingebrochen, und darum wollte sie das Zugeteilte auf sich nehmen.

Sie vertraute 1933 ihrem Tagebuch an: »Ich brauche auch den Schmerz, die Qualen, wie die Pflanzen den Regen und den Wind.« Im tiefsten Innern teilte sie Hesses Glauben an den Wert des Leids: »In diesem Aufsuchen des Leids bin ich seine Schwester. Der Weg, der am schwersten zu gehen war, das war mein Weg.« Schon in ihrem ersten Brief an Hesse hatte sie ja an die Leidenswilligkeit des Camenzind-Autors appelliert, weil sie glaubte, daß dessen Begnadung und »Auserwähltheit« nur durch die Leidnähe seiner Existenz erkauft würde.

Nach und nach gewöhnte sie sich daran, Hesses Klagen über depressive Verdüsterungen, seine quälende Selbstbeobachtung und die unaufhörliche Betonung seines körperlichen Unbehagens als seelische Notwendigkeit für die schöpferische Leistung zu verstehen, als Warten auf die neue Produktion, bis eruptiv wieder ein Werk, eine neue Leidverarbeitung entstand. Im Rückblick erklärte sie: »Er konnte nur deshalb mit mir leben – 35 Jahre –, weil ich wußte, daß seine Arbeit, und nicht nur sie, auch die *Bereitschaft zur Arbeit*, für ihn das Wichtigste war; Liebe und Gemeinschaft, Freundschaft und Kameradschaft, das kam alles erst in zweiter Linie.«[2] Dennoch wurde sie von Hesses niedergepreßtem Wesen stark angegriffen und suchte Auswege aus der auch bei ihr wellenweise aufsteigenden Schwermut und Verzweiflung.

Während des ersten Jahrzehnts ihrer Ehe schrieb Hesse sein umfassendes Alterswerk »Das Glasperlenspiel«,[3] und Ninon leistete für ihn einen schweigsamen Bereitschaftsdienst, der ihr vor allem zwei Verpflichtungen auferlegte: seine stille Unerreichbarkeit nicht zu stören und seine Lebensqualen nicht zu mildern, sondern stillschweigend mitzutragen.

In dieser Zeit des Abwartens und Reifens konnte Hesse geradezu Schuldgefühle entwickeln, wenn er sich selbst einmal in freudvollere Stimmungen hineinsehnte: »Seit vier Wochen sieht mir, dem alten Moralisten, jeder Wunsch nach etwas Freundlichem und Gutem verdächtig wie ein Wunsch nach Flucht aus, und es ist auch etwas Richtiges daran, weil seit einigen Wochen ein literarischer Plan in mir aufgetaucht ist, zu dessen Ausführung und Bewältigung ich zwar noch gar keinen Weg sehe, der aber eben doch da ist, als Forderung und Ausrufezeichen und Damoklesschwert.«[4] Er lebte, wohlabgegrenzt von Ninon, in einer ständigen Produktionsbereitschaft, die um ihn herum eine gespannte Atmosphäre erzeugte. Schon ein gewisses Wohlergehen erwies sich als unbekömmliche Ablenkung und verursachte ihm Gewissensskrupel und Ungeduld.

Im Warten auf Hesses produktive Phasen sah Ninon in ihrer Ehe eine Art von Geburtshilfe für das Schöpferische, das sich spontan entfaltete oder verweigerte. Ihr ersehnter Dienst an der Dichtung hatte sich dabei am Unscheinbaren zu bewähren, an kleinen Handreichungen, deren erleichternde Wirkung Hesse meist verborgen blieb. Ninon wurde für ihn zur unentbehrlichen und zugleich überflüssigen Person: »Ich lernte es schwer, dieses lautlose Dasein und Verschwinden, das Immer-Bereitsein und Nicht-Dasein, je nachdem, wie es der andere brauchte. Wenn ich sage ›schwer‹, so meine ich nicht, daß ich manchmal etwas anderes lieber getan hätte. Aber ich hatte doch so etwas wie eine eigene Arbeit und ein eigenes Leben gehabt, und nun war ich auf einmal sozusagen ein Mensch zweiten Ranges, nein, das ist gar nicht bitter gesagt, also ein Mensch, der *für* jemand anders lebt, nicht für sich, der alles, was er will und sein möchte, vom andern abhängig macht – und das war oft so furchtbar schwer zu lernen, trotzdem ich es doch nicht anders gewollt hatte.«

Aber diese Abhängigkeit – die sie oft als eine absolute Auslieferung an Hesses rasch wechselnde Bedürfnisse durchlitt – bedrückte sie weniger als die Aussichtslosigkeit, jemals eine durchgreifende Besserung seines körperlichen und seelischen Befindens bewirken zu können. Nach und nach gewöhnte sie sich daran, seine täglichen Unpäßlichkeiten als Ausweichgesten zu deuten. Sein »Krankmelden« auf vor ihre Tür gelegten Briefzettelchen und seine schriftlichen Bitten um »Dispensierung wegen Unpäßlichkeit« zeigten ihr seinen Wunsch an, sich in den werkbehütenden Zauberkreis seines Studios zurückzuziehen, was sie, wenn auch seiner Klagen manchmal überdrüssig, nach Kräften unterstützte. »Dem armen H. geht es leider miserabel«, wehrte sie einen Besuch von Emmy Ball-Hennings ab. »Er sagt, es gibt jetzt schon fast nichts mehr in seinem Körper, was nicht weh tut. Es ist schrecklich. Ich massiere ihn so gut ich kann, aber ich wünsche, ich könnte es besser.« Sie selbst habe die Dorfeinsamkeit von Montagnola wieder einmal gründlich satt. »Aber ich halte mich vorläufig noch artig zurück.«[5]

Viele Wünsche hielt sie artig zurück. Sie verbrachte die freie Zeit lesend und schreibend in ihrem Studio; denn es gab in Montagnola wenig anregende Freunde. Am stärksten fühlte sie sich zu Maria Geroe-Tobler hingezogen, einer begabten Teppichweberin, einst Schülerin von Kandinsky und Klee am Bauhaus in Dessau: »Liebe Mareili, ich bin so froh, daß es Sie gibt!« Zum Einzug ins neue Haus hatte Hesse Ninon mit einem »Liebespaarteppich« der Geroe überrascht, auf dem der kleine Montagnoleser Freundeskreis in einem Paradiesgarten – einer bunt bevölkerten Märchenwelt – dargestellt war, darunter auch Ninon und er selbst, in sich versunken einander zugewandt. Ninon empfand die Teppiche der Geroe in ihrem gedämpften Farbenspiel und ihrer weltenthobenen Flächigkeit als reine Poesie, und Hesse hat auf ihre Bitte hin diesem kunsthandwerklichen Meisterstück und damit auch der von ihm hochgeschätzten Künstlerin eine Betrachtung gewidmet.[6]

Zu dem kleinen Kreis um Hesses gehörten auch Emmy Ball-Hennings, die unruhevolle Schriftstellerin,[7] und ihre vielseitig begabte Tochter Annemarie,[8] die an der Accademia di belle arti in Rom und danach als Graphikerin und Weberin am Bauhaus ausgebildet worden war und Ninon fürs ganze Leben eine verläßliche Freundin und tüchtige Helferin blieb.

Im Jahre 1944 bezog der Maler Hans Purrmann[9] eine Wohnung in der Casa Camuzzi, und er, der von seinem Freund Matisse die Freiheit im Umgang mit der Farbe übernommen hatte und die sonnendurchglühte Welt des Südens in seinen Bildern aufflammen ließ, war nicht nur für den behutsamen Aquarellisten Hesse ein anregender Gesprächspartner, sondern ebenso für Ninon: er besaß als leidenschaftlicher Antiken-Sammler kostbare Fundstücke, darüber hinaus aber auch eine wertvolle Auswahl der Malerei und Graphik von Dürer bis Picasso. Ninon fühlte sich in seiner Gesellschaft wohl, und er schätzte ihr fundiertes kunstgeschichtliches Wissen ebenso wie ihr sicheres Urteil über Bilder.

1945 erweiterte eine junge Künstlerin diesen kleinen Freundeskreis, Ursula Bächler,[10] die als Gobelinweberin den gestalterischen Eigenwillen mit einer subtilen handwerklichen Fertigkeit verband; sie heiratete kurz darauf den Maler und Graphiker Gunter Böhmer, der seit 1933 in Montagnola wohnte und mit Hesses eng befreundet war.

In den ersten Ehejahren jedoch, in denen Hesse während der schwierigen Einfädelung seines neuen Werkes zeitweise eine arktische Kühle ausstrahlte, wärmte sich Ninon an selbstentzündeten Feuern. Sie verweilte wehmütig in ehemaligen Gefühlswelten. Die zwischen 1930 und 1933 durch die Lektüre der beiden neu erschienenen Bände des »Mann ohne Eigenschaften« wiederbeschworene Musilsche Endzeitstimmung entsprach ihrer Gemütsverfassung und verschmolz mit den traumumflossenen Bildern des Südens, die sie seit 1932 in ihren Reiseschilderungen festhielt; weltflüchtig liebte sie in diesen Jahren am antiken Rom vor allem die Todesnähe des Vollendeten, jenen zypressendüsteren Zauber, der sie schon als Mädchen an Böcklins Toteninsel angezogen hatte. Es tat ihr wohl, sich in Briefen und Tagebüchern ganz dem Schmerz des Daseins zu überlassen.

In einem 1932 entstandenen Konzept »Versuche und Gedanken zur Treue« bekannte sie, daß sie täglich hart mit sich kämpfen müsse, um an der 1927 getroffenen Entscheidung für Hesse festzuhalten; denn diese Treue, zu der sie sich stets von neuem mühsam überrede, bedeute auch »ein immer neues Jasagen zum eigenen Unglücklichsein. [...] Woher nimmt man täglich aufs neue die Kraft weiterzuleben?« Sie sehnte die Fühllosigkeit des Todes herbei: »Er ist der Befreier. Man darf ihn rufen, sich nach ihm sehnen, darf ihn aber nicht gewaltsam zu sich ziehen --- alles - alles ertragen!«

Nicht aus mangelnder Einsicht, sondern aus »Selbstverführung« habe sie ihre Lage allzu lange verkannt. Sie habe sich die Illusion des Glücks, an der Seite eines Begnadeten, eines Dichters zu leben, bewahren wollen. Weil sie ihre ehemaligen Hoffnungen nicht sterben ließ, sondern sie aufputzte und mumifizierte, damit auch die andern sie nicht als tot ansähen, habe sie viel zu viel Kraft verbraucht: »Solange ich den Ehrgeiz hatte, vor mir und der Welt als die Glückliche zu gelten, gab es Konflikte, weil ich die Lügenhaftigkeit dieser Haltung empfand und unter der Lüge ebenso litt wie unter dem Unglück, das auf diese Weise zur Schmach degradiert wurde. [...] In dem Augenblick, als ich es auf mich nahm, bereit und willig, es zu tragen, wurden Kräfte in mir frei, die sich vordem verzweifelt aufgelehnt hatten: Das Unglück war mein geworden, und ich gehörte ihm.«[11]

Im März 1932 begann Ninon ein »Tagebuch der Schmerzen«. Hesse hatte den Winter 1931/1932 noch einmal in seiner Züricher Winterwohnung am Schanzengraben verbracht. Sie besuchte ihn dort: »Er sieht mich auf der Straße und begrüßt mich kaum. Er lächelt nicht, er reicht mir nur die Hand, sein Gesicht bleibt leidend, unfroh. Er antwortet nachsichtig, ungeduldig, gereizt, erstaunt, gar nicht. Er steigt die Treppen hinauf und macht ein beleidigtes Gesicht, beleidigt, weil es zwei Treppen sind, weil es ein elegantes Haus ist, weil ich hier zu tun habe. [...] Alles tut furchtbar weh. Der Mensch kann aber viel Schmerzen ertragen.« War sie für Hesse auch nur noch ein Widerstand der Außenwelt, an dem er sich stoßen mußte, um unmutig zu sein? »Er küßte mich nicht, er wollte von mir geküßt sein. Er verzog das Gesicht, als ich nach einem Buch fragte. Er wollte mir ein Mäppchen schenken, fing das aber so ungeschickt an, daß ich es nicht verstand. Er verbat sich meine ›Ratschläge‹ und schleuderte das (– wie er glaubte – verschmähte) Mäppchen zu seinen Papieren. Er brachte mit Jammermiene das erbetene Buch aus dem Schlafzimmer (also wollte er selbst es lesen), er sagte leidend adieu. Ich ging. Ich dachte in großer Eile, in großer Hitzigkeit, wie man es denn mache, daß man immer wieder auftauche, nachdem man doch hunderte und hunderte Male tief ins Wasser gestoßen worden war. Was zog einen immer wieder hinauf? [...] Woher kam diese unsinnige Kraft, diese heimliche Kraft, denn sie war ja ihres Seins nicht froh, sie winselte, lag am Boden und war doch da. Untersinken und Hochschnellen lösten einander ab.«

Aber auch Hesse litt unter Ninons Bedrückung. So schrieb er am 3. April an Helene Welti aus seinem Züricher Domizil: »Der invalide Darm und der ganze schlechte Zustand machen mich passiv, höchstens wäre es mir oft angenehm, meiner Frau davonzulaufen, die mein Kranksein und mein Beschäftigtsein mit ihr noch unsichtbaren Arbeiten wenig schätzt.« Hingegen versicherte er Ninon vier Tage später: »Liebes Herz! Niemand meint es böse mit Dir. Daß mir das Leben jetzt besonders schwer fällt, damit hast Du nichts zu tun. Es ist außer dem Kranksein auch anderes: der Abschied von Zürich bedrückt mich, und der Frühling und das Gedicht vom Frühling und dem Greis, der sich begraben lassen soll, war von mir nicht so ganz humoristisch gemeint. Und außerdem habe ich in den letzten 14 Tagen mich mit der Konzeption einer Dichtung gequält, noch nicht mit der Arbeit selbst, nur mit den Präliminarien, dem Einfädeln, und es ist mir nicht gelungen, es ist mißglückt. Ich war unterwegs nach Morgenland und bin fehlgereist.« Er schloß seinen Brief: »Bald treffe ich Dich wieder, so hoffe ich, irgendwo auf der Fahrt nach Morgen, fern von Zeit und Zahl.«[12]

In der Wirklichkeit der Morgenlandfahrer, in der die Gesetze von Raum und Zeit aufgehoben sind, wußten sie sich immer vereint, hier wurzelte ihre unzerstörbare Verbundenheit. Daß Hesse sich dessen gewiß war, zeigt seine schon 1932 abgefaßte Verfügung, durch die er Ninon zur Verwalterin seines literarischen Nachlasses machte. Er vertraute ihr, deren Kompromißlosigkeit in Fragen der Dichtung er kannte, damit die postume Verfügung über sein Werk an.[13]

Aber jede gemeinsame »Fahrt nach Morgen« ging schnell zu Ende, und dann wurde aus dem Dichter wieder der reizbare und schwierige Mensch, der aufgeschreckt Anstoß nahm an der Zudringlichkeit der Welt. Hesse war innerlich ständig mit seinem neuen, schwer zu bewältigenden Stoff beschäftigt, und er zweifelte oft an der Durchführbarkeit seines Plans, ein imaginäres Spiel mit sämtlichen Inhalten und Werten unserer Kultur zu entwerfen. Im Laufe der elf Jahre währenden Arbeit am »Glasperlenspiel« änderte er mehrfach die Verknotung seiner Spielbeschreibung mit den vorgesehenen fiktiven Lebensläufen Josef Knechts ab. Nach dem ursprünglichen Plan sollte dieser Protagonist mehrere Wiedergeburten erleben, um die Beständigkeit seines Wesens in ähnlichen Schicksalsabläufen zu verschiedenen Epochen und in verschiedenen Kulturkreisen zu bezeugen.

Die Abfassung dieses weitgespannten Werkes wurde immer wieder durch große Stockungen unterbrochen, durch Umschreiben und Neukonzipieren. Hesse ging von der Idee der Re-Inkarnation ab und stellte einen einzigen Lebenslauf Knechts, den des Glasperlenspiel-Meisters, in den Mittelpunkt der Erzählung.

Ninon trug alle Phasen der Planung und Verwerfung mit, der Zweifel und Selbstzweifel und der qualbedingten Produktionsschübe. Sie litt weniger darunter, daß Hesse sich wegen der schwer anlaufenden Vorarbeiten zum »Glasperlenspiel« abkapselte, als an seinen oft heftigen Zurückweisungen. »Wahrscheinlich hatten mich frühere Übel im Grunde nie tief getroffen. [...] Um eine Frau einen Augenblick lang zu sehen, ging der Mann vier Stunden Weges in Hitze, Kälte, Wind; um einer anderen Frau einen Kuß zu geben, scheut er später den Weg durch ein leeres Zimmer, das sie von ihm trennt: er ist zu müde, es ist zu spät, er hat keine Zeit. [...] Ich hatte diesen Mann, wie ich glaubte, unendlich geliebt, aber nun erfuhr ich, daß diese Liebe ›endlich‹ war: ich sah zu, wie sie nach und nach erlosch. Aus Liebe wurde Gleichgültigkeit, aus Gebundenheit Freiheit.«[14] Und in einer Aufwallung von Verzweiflung klagte sie: »So weit habe nur ich es gebracht. Mia hatte Kinder, ich aber bin allein. Damals konnte ich noch wählen, 1927. Ich habe falsch gewählt. Um H. noch einmal das Leben mit Mia erleben zu lassen, brauchte ich nicht zu kommen. Mias Leben war reicher. Sie wurde zwar später Frau Klein, sie wurde Frau Wagner – ich aber soll Frau Mia werden?«[15]

Ninon litt vor allem unter dem Gefühl, gegenüber Hesses werkbezogener Lebens- und Liebesabwehr machtlos zu sein. »Arbeiten heißt für ihn ›bereit sein‹, der Stimme in sich horchen, leiden und lauschen«, erklärte sie einer Bekannten. »Ich darf ihm nicht raten und auch nicht helfen, ich muß mit ihm leiden, und ich gestehe Ihnen, daß ich mich oft dagegen sträube. Denn ich habe keine Kinder und habe keine Kinder haben wollen und weiß genau, um was ich mich dabei gebracht habe, aber ich habe es getan und stehe dazu.« Sie habe Hesse nicht mit einer neuen Familie belasten wollen, zumal er seine drei Söhne aus erster Ehe mit Besorgnis liebe. »Wer am meisten dabei zu kurz kommt, bin ich – denn für mich bleibt oft gar nichts mehr übrig, weder Zeit noch gute Laune. Ich bin der Alltag und gehöre zu H. wie der Rheumatismus, die Augenschmerzen und anderes. Das mag ehrenvoll sein, es ist aber oft kaum zu ertragen.«[16]

Hesse, den Ninons niedergepreßte Stimmung belastete, vertraute kurz darauf, im Oktober 1932, seiner Freundin Alice Leuthold an: »Ganz unter uns: Ninon war seit längerer Zeit so deprimiert, nervös und launisch, daß es wie ein Berg auf mir lag und daß ich die vierzehn Tage ihres Fortseins wie Ferien und Erlösung empfand, auf einmal war alles harmlos und einfach, ich mußte nicht bei jedem Schritt Überraschungen, Verstimmungen und Launen befürchten.« Er beschloß, ihr aus der Ferne väterlich ins Gewissen zu reden. »Liebe Ninon, kleines Mädchen«, begann er. »Ich glaube, eigentlich hast Du die Hauptwünsche Deines Lebens erfüllt, und was Du an Sorgen hast, ist, objektiv genommen, sehr klein, im Vergleich mit dem, was fast jeder andre Mensch an Sorgen hat. Müßtest Du um Deinen Geliebten zittern, weil er im Kriege ist oder am Verhungern, oder müßtest Du ihn und vier Kinder mit Deiner Arbeit durchbringen, oder wäre für morgen kein Brot und kein Pfennig mehr im Haus, so könntest Du nicht schwerer, banger und trauriger blicken, als Du es oft tagelang getan hast.« Ihm sei, wenn sie so bedrückt und übelgelaunt erscheine, angst geworden; »an den Tagen, wo Du das Ölgötzengesicht machst und Deinem Moloch opferst, ist es schwer, auf Dich angewiesen zu sein. Ich begreife manches, alles natürlich nicht, ich bin 56 und bin ein Mann, wie sollte ich wissen, was in einer Frau von 20 Jahren weniger vorgeht. Aber es bedrückt mich sehr, daß Du zu Zeiten den Eindruck machtest, als sei Dein Leben die reine Sklaverei und daß Du diesen Sommer sogar vor der Sammlung und Zurückgezogenheit, die ich vor der Produktion brauche, keinen Respekt hattest.«[17]

Ninon antwortete postwendend, froh, daß der Bann der schweigsamen Entfernung gebrochen war. Auf Hesses Ermahnung, sie möge ihre Ängste und Unpäßlichkeiten nicht »begießen und pflegen«, sondern »beschneiden und kurzhalten«, erwiderte sie: »Ich kann nicht anders, als bisweilen traurig sein, das ist meine Rasse, ich kann sie nicht verleugnen und will es auch nicht, und auch Du willst es ja nicht. Ich könnte auch gewiß nicht so von Herzen vergnügt, so glücklich sein, wenn ich nicht so traurig sein könnte. Ich bin nicht aus Bosheit ein Ölgötze, Hermann. Gewiß will ich diesen Zustand nicht pflegen, es ist eine Reaktion auf innere Erlebnisse – es ist eine Eisschicht, die mich manchmal umzieht, mich isoliert, eine Art Schutz. Ich habe das zum ersten Mal nach Papas Tod an mir erfahren – das Gefühl einer Erstarrung – und ich hatte das Gefühl, sie schütze mich, sie verhindere, daß mein Herz breche. Ich will versuchen, dem entgegenzuarbeiten, wenn Du glaubst, daß es nicht meine Natur ist, die mich schützen will, sondern daß es eine Art Krankheit ist. Ich will mich nicht in Krankheit flüchten, ich will nicht so feige sein.«

Immer wieder bemühte sich Ninon, das Unzerstörbare ihrer Gemeinschaft mit Hesse auch im Ehealltag sichtbar zu machen. Hesse spürte sein Ungenügen, ihr dabei entgegenzukommen. In einer Tagebucheintragung vom Juli 1933[18] umriß er die Grenzen seiner Zuwendung und seines Liebesvermögens. Hinter einer politisch veranlaßten Betrachtung über sein Verhältnis zu jenen »völkischen Dichtern«, die im Schlepptau des Nationalsozialismus zu Ansehen und Ruhm kamen und die von der Liebe zum Vaterland beherrscht seien, einer »starken, blinden, bluthaften, unausrottbaren Art ihrer Liebe, die durch kein Leid, keine Macht und auch keine Vernunft zu beeinträchtigen« sei, steht verloren der Satz: »Es quält mich etwas ganz anderes.« Fast unmerklich gleiten seine Gedanken ins Private und Persönliche über, zur eigenen eingeschränkten Bindungs- und Hingabebereitschaft: »Ich neige dazu, jede starke Liebesfähigkeit zu bewundern, beinah zu beneiden, so wie ich auch bei den Frauen, die mich geliebt haben, immer der mit fast schlechtem Gewissen Bewundernde war, denn immer erschien mir ihre Fähigkeit zur Hingabe an einen Einzigen etwas unsäglich Starkes und auch Schönes, was mir aber fehlt, was ich bewundern, aber nicht nachahmen kann.« Er sei zu dieser »Gewalt der Hingabe«, die er als Tugend und Stärke empfinde, weder für eine geliebte Person noch für ein Volk fähig. Für ihn stelle nur das Überpersönliche ein taugliches Liebesobjekt dar, »Gott oder das All, die Menschheit oder der Geist oder die Tugend oder eine Idee«. Er bekannte sich zu seinem »Mangel an Liebesdynamik, an Hingabe, an Besessenheit« und erklärte: »Zu dieser Art von Liebe fühle ich mich wenig begabt, es fehlt mir da, schon vom Körperlichen her, eine gewisse Ungebrochenheit und Saftigkeit des Wesens, ich bin dafür allzu schwach und zart, allzu ›geistig‹, alles ohne Ironie gemeint.« Sein Hang zur Absonderung entstamme dem Gefühl mangelnder Zugehörigkeit. »Ich habe z. B. unser Dorf und die Bauern durchaus gern, ich übe viel weniger Kritik daran als etwa Ninon, aber ich komme doch nie mit ihm in Berührung.« So sei er theoretisch ein Heiliger, der alle Menschen liebe, praktisch jedoch »ein Egoist, der nie gestört sein mag«. Ninon hingegen spürte, daß in seinen Annäherungen viel guter Wille und

Bemühung steckte, und sie beschied sich damit.

Ist es verwunderlich, daß Bitterkeit in ihr aufstieg, wenn gerade in dieser Zeit ein anderer ihm näherrückte? Im April 1933 war der zweiundzwanzigjährige Maler Gunter Böhmer[19] auf Einladung Hesses in Montagnola eingetroffen und hatte dessen ehemalige Wohnung, die Casa Camuzzi, bezogen.

Hesse, von Böhmers zeichnerischer Begabung ebenso überzeugt wie von ihrer beider innerer Verwandtschaft, vermittelte ihm bei seinem Verleger Samuel Fischer den Auftrag, den »Hermann Lauscher« zu illustrieren.[20] Böhmers vignettenhaft in den Text eingestreute Zeichnungen, zartlinig, leicht und gelöst, trafen das zauberische Zwischenreich der schwermütigen Lauscher-Welt und bewiesen, daß dieser einfühlsame junge Künstler sich längst in Hesses Gedankenkreis bewegte.

Nach und nach entwickelte sich eine Männerfreundschaft, ähnlich der, die Hesse später am Verhältnis des »älteren Bruders« zu Josef Knecht im »Glasperlenspiel« geschildert hat. Die Vertrautheit, die sich zwischen Hesse und seinem »Mal- und Gartenbruder« von der Arbeit an der Staffelei bis zum Unkrautjäten und Wasserschleppen im Weinberg herausbildete, ist in Böhmers Zeichnungen von ihren gemeinsamen »Stunden im Garten« auf subtile Weise eingefangen worden.[21]

Der Gleichklang beim Malerlebnis, den beide auf ihren Streifzügen in Montagnola ausgiebig genossen, erschien Ninon wie ein Einbruch in ihre Zweiergemeinschaft mit Hesse, der seinerseits an dem aufgeschlossenen jungen Mann seine väterliche Freude hatte. Böhmer, der während seiner Berliner Ausbildung bei Emil Orlik und Hans Meid erfolgreich gearbeitet hatte, sich Max Slevogt verpflichtet fühlte und zudem durch Max Picard und dessen Buch »Das Menschengesicht«[22] geprägt worden war, erwies sich als ein selbstkritisch reflektierender Künstler, und Hesse, der Autodidakt, lernte gern von ihm, wenn sie über Bildgestaltung und Farbtechnik ihre Erfahrungen austauschten.

Ninon, von Hesse ermutigt, begann wieder zu malen. Aus dem Jahre 1933 ist uns ein *Selbstbildnis* erhalten, eine aquarellierte Zeichnung, die ihre damalige Verfassung kennzeichnet. Ernst, Strenge und Abweisung sprechen aus ihren Zügen. In einer schonungslosen Ausdrucksstudie ohne schmückendes Beiwerk, ohne Andeutung des Umraumes, ganz isoliert und beziehungslos, hat sie ihr Gesicht in der Proportion eines auf unzweifelhaftes Erkennen abzielenden Paßbildes dargeboten, vergrößert auf eine Fläche von 22 × 28 cm. Sie war mit ikonographischen Bildmustern wohlvertraut und muß das Bannende im frontalen Blickbezug zum Betrachter beabsichtigt haben. Unter den kohlschwarzen, schräg hochsteigenden »Teufelsbrauen« klaffen bedrohlich übergroße Augenöffnungen, an deren oberem Rand die nachtschwarze Iris eine Blickstarre erzeugt, die durch zwei aufgesetzte Glanzlichter nicht aufgehoben, sondern eher verstärkt wird. Der breite, blutrote Mund, farbiger Mittelpunkt des Bildes, verheißt durch seine fest zusammengepreßten und in den Mundwinkeln nadelspitz auslaufenden Lippen ein unerbittliches Verstummen. Er wirkt schön und grausam und ebenso angsterregend wie der gorgonisch versteinernde Blick. Über die kantigen Umrißlinien des Gesichtes spannt sich niedrig eine stahlblaue, straffe Haarkappe, sie unterstreicht das Gedrückte und Ungelöste des Ausdrucks, der in einer krassen Spannung zu den grellen Farben von Haar, Augen und Mund steht. Der zunächst so bürgerlich-brav anmutende weiße Kragen hellt das Düstere des Ausdrucks nicht auf, fahl liegt er auf dem verblaßten Rot des Kleides, und vielzipflig wie der Schlangenkragen der Medusa kontrastiert er zur strengen Kontur des Gesichtes, das nicht nur verschlossen und unzugänglich erscheint, sondern mit einer Erstarrung bis ins Maskenhafte droht. Wer sich so sieht, mag sich nicht. Wer sich so darstellt, warnt vor sich – vor dieser finsteren Möglichkeit seines Wesens. Über dem Bild liegt eine tiefe Traurigkeit.

Obwohl Ninon in wohlbemessener Distanz Hesses Leidens- und Schaffenszone wie eine mondhafte Gefährtin umkreiste, hatte seine Gegenwart für sie etwas Zwingendes. Um ihn war stets eine hochgespannte Atmosphäre, die sich auf alle Anwesenden übertrug. Emmy Ball-Hennings, deren poesievolle Einfälle Hesse sehr schätzte und die er darum gern ausforschte, mußte sich nach einem Zusammensein mit ihm stets durch eine Stunde Stille und Unansprechbarkeit erholen. Hans Purrmann, der sicherlich vital und selbstgewiß war, winkte einmal auf dem Rückweg von Hesse einem Freund abwehrend zu: »Nicht ansprechen! War bei Hesse, brauche eine Woche Bettruhe!«[23] Rudolf Jakob Humm wies auf die seltsame Erregung hin, die ihn während seines Aufenthaltes bei Hesse überfiel, »ein eigentümliches Herzklopfen, eigentlich schon mehr ein Herzpumpen, das ich nie zuvor gekannt hatte, und das von der großen Spannung kam, die die ständige Gegenwart dieses so unsichtbaren, dieses so zarten und gebrechlichen und doch so starken Menschen in mir erzeugte. [...] Noch Tage später merkte ich, welche tiefe Wirkung mir von dieser ungemein starken Sammlung, diesem dichten, in sich beschäftigten Wesen gekommen war.«[24] Auch Gunter Böhmer beschrieb die »Herausforderung durch Hesse«, gegen die Wehren sinnlos erschien: »Er aktivierte Kräfte, provozierte Gegenkräfte, selbst Widerstände.«[25] Hesses geistige Sprungbereitschaft verlangte vom Gesprächspartner höchste Konzentration, er fühlte sich geprüft und durchschaut. Lilly, Ninons Schwester, empfand bei ihren Besuchen, daß sie die Spiegelung ihres eigenen Wesens in Hesses Blicken und Worten ertragen und sich darum unwillkürlich zusammenreißen müsse. Hesse habe, so stellte Joachim Maass in einer Aufzeichnung über seinen Besuch in Montagnola fest, »ein schwer beschreibbares Etwas in der Mimik (ein abwartendes Auf-der-Hut-Sein, eine gespannte Aufmerksamkeit des Ausdrucks), einen Höchstgrad von Empfindlichkeit, von Reaktionsraschheit und -genauigkeit«,[26] auf die sein Gegenüber sich einstellen müsse. Hesses lächelndes Entgegenwarten veranlasse jeden seiner Gesprächspartner zu einer Art Gegenleistung, sich ganz auf ihn einzustimmen, ihm zu entsprechen oder sich in einer konzentrierten Selbstäußerung von ihm abzusetzen –, dabei würde alles Zufällige und Banale ausgeschaltet.

Selbst Peter Suhrkamp, durch seinen Beruf als Verleger mit vielen Schriftstellern vertraut, rechnete die Begegnungen mit Hesse zu den stärksten Eindrücken seines Lebens. Seine Ausstrahlung habe ihn so getroffen, daß ihm der Atem stockte, ja, daß er geglaubt habe, ein anderer zu werden. Unterredungen mit Hesse seien stets Augenblicke der Selbstbegegnung gewesen, die lange über den Abschied hinaus fortwirkten. »Er reichte mir die Hand; dabei ruhte sein Blick auf meinem Gesicht. Anders kann ich es nicht nennen: Es war ein scharfes, sprühendes Licht.« Hesse habe ihn gezielt befragt und eindringlich beobachtet. »Und wieder spürte ich, wie ich unter diesen Augen aufblühte.«[27]

Hesse war von einfangendem und auf sich hin zentrierendem, zugleich oft unduldsamem Wesen. Er zog seine Umgebung in Bann, dabei brachte er jedem Anwesenden die eigenen Fähigkeiten ebenso zum Bewußtsein wie die eigene Unbeholfenheit. Wer bei ihm war, steigerte sich, um der Erwartung zu entsprechen, die von ihm ausging.

Ninon hatte Hesses Anspruch auf Klarheit, Sicherheit und disziplinierte Selbstäußerung unablässig zu entsprechen. Er sei »ein Großverbraucher an menschlicher Kraft«, klagte sie einmal ihrer Schwester. Wenn sie längere Zeit mit ihm zusammen war, fühlte sie sich ausgebrannt und matt. Hesse, der den faszinierenden Umgang mit sich selbst zum Thema seiner Bücher machte, der die Welt von sich fernhielt und dauernd in einer Abwehrstellung gegen alles Ich-Fremde stand, versuchte sich im Gespräch mit Freunden weit zu öffnen. Was er auswählend und filternd in sich hineinzog – in einem oft unersättlichen Aufnahmewillen –, verwandelte er in Eigenes und vervielfältigte dadurch seine Seelenwelt. Ninon hatte manchmal die Vision, daß dieser Innenraum Hesses zu einer Riesenhöhle ausgeweitet sei, die, nach außen gewendet, der ganzen Welt spiegelbildlich entspräche.

Hesses Gegenwart hatte für seine nächste Umgebung etwas Verzehrendes. Sein Anspruch auf Anverwandlung an seine Person steigerte sich gegenüber denen, die ihn liebten, bis zum Wunsch nach symbiotischer Verschmelzung. Ninon hingegen vermochte sich dem Sog seiner Persönlichkeit entgegenzustemmen. Hesse beklagte sich häufig darüber, daß sie ihn wieder einmal »durch einen schweigsamen Stimmungsausbruch zur Verzweiflung und um den Schlaf der Nacht gebracht« habe. Aber er respektierte ihre Kraft, sich ihm gegenüber abzublocken: »Du warst plötzlich nicht mehr zu sprechen. Und manchmal bewundere ich das an Dir und liebe es beinah, wie Du Dich mit einer Mauer umgeben und abriegeln kannst.«[28]

Ninon erkannte, daß in ihren zeitweiligen Verweigerungen ein aufbauendes Element für ihre Ehe lag. Hesse schätzte ihren Eigensinn. Die festen Konturen ihres Wesens verschafften auch ihm Widerstand und Halt. Gegenüber Emmy Ball-Hennings betonte Ninon ihre Fähigkeit, sich in sein Leid einzufühlen, sich aber nie ganz mit hineinziehen zu lassen: »Ich habe soviel Egoismus, daß ich mich von fremdem Leid niemals umwerfen lasse. Das muß Ihrem christlichen Gemüt ganz sonderbar klingen, aber wirklich, so ist es. Ich liebe meinen Nächsten *wie mich selbst,* mit besonderer Betonung des ›mich selbst‹.«[29] So übte sie Maß und Begrenzung auch in der Hingabe. In den autobiographischen Aufzeichnungen jener Jahre nannte sie sich »Martina« im Anklang an den Heiligen der ausgewogenen Teilung: »Es ist wie mit dem heiligen Martin, der dem nackten Bettler die Hälfte seines Mantels schenkt. Der Bettler darf sich ruhig darüber freuen, dem Heiligen bleibt noch genug

Mantel übrig: wie aber wäre es gewesen, wenn er den ganzen Mantel verschenkt hätte? Hätte es den anständigen Bettler wirklich freuen können, daß der Heilige jetzt nackt zurückblieb?« Trotz aller Bereitschaft zu Selbstrücknahme und Verzicht versuchte sie sich neben Hesse eigenständig zu bewahren. Sie bot ihm nicht »Symbiose«, sondern Gegenüber, und darum war sie die Partnerin, mit der er seine Konflikte aufarbeiten konnte.

Hesse hat jeder seiner drei Frauen ein Märchen gewidmet. Ein Vergleich dieser autobiographischen Deutungen zeigt, wie sehr sich durch Ninon seine Lebensstimmung und seine Gedankenwelt gewandelt hatten. Wie Hesse sich die früher ersehnte Symbiose zwischen Mann und Frau vorstellte, bekunden seine Märchen »Iris«,[30] das – 1916 geschrieben – seine erste Ehe mit Maria Bernoulli nachklingen ließ, und »Piktors Verwandlungen«,[31] das er 1922 für seine damals zwanzigjährige Geliebte Ruth Wenger verfaßte, die 1924 seine zweite Frau wurde. In beiden Märchen zielen die Liebeswünsche des Mannes auf einen Zustand völliger Verschmelzung mit der geliebten Frau. Das Urbild aller symbiotischen Beziehungen blieb für Hesse die Mutter-Kind-Einheit, in der sich das Kind noch nicht als ein eigenständiges Ich von der Mutter gelöst hat. Dieses kindhafte Einheitserlebnis von Ich und Welt – übertragen auf Mann und Frau – beschwor er in diesen beiden Märchen als einen paradiesischen Urzustand. Ninon, bei der er diese »Symbiose« zunächst schmerzlich vermißt hatte,[32] widmete er 1932 ein Märchen: »Vogel«,[33] das eine völlig andere Art der wechselseitigen Zuordnung beschreibt.

In »Iris« spiegelt sich Hesses Wunsch nach einer grenzenauflösenden Liebesvereinigung mit der »ewigen Mutter Frau«, für die jede Geliebte nur Sinnbild und Verheißung ist. Dieses von der Psychoanalyse geprägte Märchen galt seiner 1904 geschlossenen Ehe mit der zehn Jahre älteren Mia, bei der er die Nähe zu seiner zwei Jahre vorher verstorbenen Mutter wiederzufinden hoffte. Beide trugen denselben, für ihn nach Mutterwärme und Kindheitszauber klingenden Vornamen »Maria«, der in Hesses Werken immer dort auftaucht, wo ein Mann von dem rätselvollen Verlangen getrieben wird, in den mütterlichen Schoß zurückzukehren, weltabgewandt und geborgen im Geheimnis seiner eigenen Herkunft. Auch Anselm drängt es nach dem Rausch der Rückverwandlung in die Mutter-Sohn-Einheit seiner Kindheit. Als Knabe war ihm der tiefblaue Blütenkelch der Iris im mütterlichen Garten wie ein offenes Tor erschienen, durch das seine Seele ins Innere der Welt eindringen konnte. Nach vielen geschäftigen Welt-Jahren brachte ihm eine Geliebte mit dem Namen »Iris« wieder die Erinnerung an den »holden Schlund« der Schwertlilie, an ihren »samtenen Abgrund«, in den er lustvoll hineingleiten möchte, und an die mutterumhegte Kindheit. Als Iris starb – so die Version im Märchen – wurde sein Wunsch übermächtig, die qualvolle Vereinzelung aufzuheben und sich in den Tod, den mütterlichen Urschoß, wie in die Umarmung einer Geliebten fallen zu lassen. Die begehrte Symbiose mit der »ewigen Mutter Frau« wurde erst im Sterben verwirklicht. Die Geliebte aber bedeutete für Anselm nichts weiter als Zwischenspiel und Wegweisung auf dem Sehnsuchtspfad zurück zur Mutter.

Auch im Märchen »Piktors Verwandlungen«, das Hesse seiner mädchenhaften Geliebten Ruth widmete, gestaltete er den paradiesischen Urzustand einer mannweiblichen Symbiose. Piktor hatte sich nach vielen Verwandlungen *eine* Gestalt gewählt, er wollte ein Baum werden, für Hesse das Sinnbild kühner Vereinzelung.[34] Piktor aber litt bald an dieser Abtrennung, er fühlte sich ausgeschlossen aus dem lebenzeugenden Kreislauf des Werdens und Vergehens, und er entkräftete und verkümmerte. Doch angesichts eines jungen Mädchens mit blondem Haar und blauem Kleid wurde ihm Rettung zuteil; er entfaltete ein Kraftfeld von Sehnsuchtsströmen, durch die das Mädchen das Verlangen des Einsamen spürte und sich hingabewillig an seinen Stamm schmiegte: »Die Schöne wurde entrückt, sie sank dahin, sie wurde eins mit dem Baum, trieb als starker junger Ast aus seinem Stamm, wuchs rasch zu ihm empor. Nun war alles gut, die Welt war in Ordnung, nun war das Paradies gefunden.« Der schlaffe und welke Baum wurde aufgefrischt zum hermaphroditischen Vollwesen. Er war »aus einem Halben ein Ganzes geworden«. Und die Geliebte? Sie wurde verzehrt, sie verwandelte sich in Seelenenergie für Piktor. Um das Glück symbiotischer Doppelheit wieder zu erleben, hatte er sie sich einverleibt. Er wurde zu »Zwillingsfluß« und »Doppelstern«. Am Schluß des Märchens »war er ganz, war ein Paar, hatte Mond und Sonne, hatte Mann und Weib in sich«.

Piktors Sehnsucht nach der Vereinigung mit der Geliebten war von absorbierender Kraft, und ähnlich vermochte Hesse in einer machtvollen Egozentrik die Kräfte seiner Umgebung auf sich zu lenken. Wie Piktor die Geliebte in sich einbezog, so konnte Hesse alles, was ihm begegnete, zu einem Teil seiner selbst machen und

Titelblatt zum Typoskript von Hesses autobiographischem Märchen »Vogel«, illustriert vom damals 22jährigen Maler Gunter Böhmer

dadurch als eigenständiges Gegenüber aufheben. Auch Ninon? Die Antwort darauf gab Hesse selbst in seinem Märchen »Vogel«, das er – zehn Jahre nach dem »Piktor« – für sie schrieb. Er schenkte ihr eine maschinenschriftliche Ausfertigung, die mit Zeichnungen Gunter Böhmers versehen und mit einem Zwirnsfaden eigenhändig zusammengebunden war, zum 18. September

Letzte Seite des illustrierten Vogel-Märchens mit der Widmung der Gratulanten H. H. und Gunter Böhmer

1933, ihrem 38. Geburtstag. »Von Hermann und von Gunter Böhmer« steht in beider Handschrift als Widmung auf der letzten Seite unter einem Bild, auf dem sie als Gratulanten auf Ninons Katzen, »Löwe« und »Tiger«, heranreiten und von ihr auf einem riesigen Buchenwälder Kuchen mit freudig ausgestreckten Armen erwartet werden.

Hesse selbst ist der Titelheld dieses Märchens, ist »Vogel«, der nahe der ehemaligen Werkstatt des Zauberers am geheimnisträchtigen Schlangenhügel mit jener »Ausländerin, auch Ninon genannt«, zusammenlebt, die in »Sagenresten einer alten mutterrechtlichen Kulturschicht« eine Rolle spielte und von der das Gerücht umging, sie habe eine geheimnisvolle Macht über Vogel erlangt. Er selbst gelte als schwer einschätzbar, werde viel gerühmt und oft geächtet, teils bewundert, teils belächelt. Aufgrund angsterzeugender Gerüchte über die seltsame Lebensart mit seiner Gefährtin, seine geheimnisvolle Herkunft und seinen unerklärlichen Einfluß auf die Menschen, beobachtete man ihn mißtrauisch, und er werde schließlich sogar für vogelfrei erklärt. Vor den Fangnetzen und Schrotflinten der Vogelkundler sei der freischweifende, flinke Vogel ins Ungewisse verschwunden, und zwar so spurlos, daß man in späteren Zeiten vielleicht einmal an seiner wirklichen Existenz zweifeln werde.

Über diese humorvolle Selbstcharakterisierung hinaus deutet Hesse in parabelhafter Verschlüsselung seine Ehe mit Ninon. Diese geschickte »Vogelfängerin« habe ihn, den freiheitliebenden Vogel, zum Nestbewohner gezähmt, denn sie kenne ihn beherrschende Riten und Praktiken. So bereite sie ihm eine Lockspeise, das »Bischofsbrot« (das Ninon tatsächlich nach einem alten Czernowitzer Rezept zu backen pflegte). Die Titelzeichnung des Geburtstagstyposkriptes zeigt sie denn auch als eine flötespielende Zauberin, die »Vogel« freudig tänzelnd in einem Gitterkäfig auf ihrem Rücken davonträgt.

Um seine Veränderung durch die Ehe mit Ninon anzudeuten, vergleicht Hesse den eingefangenen kleinen grauen Vogel des Montagsdorfes mit dem prächtig bunten Vogel seiner wilden Klingsor-Zeit: »Unter anderem tauchte mehr als einmal die absurde Behauptung auf, Vogel sei identisch mit dem bekannten Piktor-Vogel«, aber jener »Vogel rot und grün, ein Vogel schön und kühn ist in den Quellen (Pictoris cuiusdam de mutationibus. Bibl. avis Montagn. Codex LXI) so genau beschrieben, daß man die Möglichkeit einer solchen Verwechslung kaum begreift.« Der Vogel des Montagsdorfes war nämlich »weder besonders bunt, noch sang er besonders schön, noch war er etwa groß und stattlich: nein, die ihn noch gesehen haben, nennen ihn klein, ja winzig«. Aber dieser unscheinbare Dorf-Vogel war von glanzäugigem Scharfsinn und Humor. Hesse betont in dem fast zärtlichen Selbstportrait List, Schelmerei, Zierlichkeit, Keckheit und siegreiches Überleben gegenüber einer poesiefeindlichen Umwelt. Zum ersten Male läßt Hesse in »Vogel« das Doppelbild seiner selbst fortfallen, entgegen der bisher üblichen Aufspaltung seines Ich auf zwei widersprüchliche Romangestalten lebt Vogel auf *einer* Bewußtseinsebene und scheint mit sich im reinen. Das Märchen strahlt eine neue Ich- und Welt-Lust aus, ein heiteres Behagen an seiner Lebensweise mit Ninon, und an manchen Stellen schimmert das genüßliche Schmunzeln des Autors durch, so, wenn er die Ansicht der Montagsdörfler weiterraunt, dieser Ausländerin sei es gelungen, Vogel jahrelang gefangen zu halten. »Es gibt aber auch das Gerücht, Ninon die Ausländerin habe Vogel, noch lange ehe er in Vogelgestalt verwunschen wurde, noch als Magier gekannt und habe im Roten Hause mit ihm gewohnt [...].« Man rätsele im Dorf um das Geheimnis ihrer archaischen Herkunft.

In »Vogel« verwendete Hesse die gleiche Erzähltechnik wie in der 1931 entstandenen »Morgenlandfahrt«,[35] die Ninon von all seinen Werken am liebsten hatte. Wie er darin die vertraute Umgebung in Zeichen und Sinnbild verwandelte, entsprach ihrer Auffassung von Dichtung: »Es genügt nicht, die Dichtung zu erfassen, man muß hinter ihr das Gedichtete sehen – Lesen ist ein dem Dichten kongruenter Vorgang; ebenso wie Sehen dem Bilden (Malen, Bildhauern usw.) kongruent ist.«[36]

Hesse hatte schon bei der formalen Gestaltung von »Vogel« auf Ninons Vorliebe Rücksicht genommen. Er wußte, daß sie stets die Teilhabe am schöpferischen Prozeß suchte. Lesend wollte sie nachvollziehen, wie etwas – poetisch verwandelt – Gestalt gewonnen hatte; vom Vorgang des Verdichtens her war ihr Dichtung interessant. Wie in der »Morgenlandfahrt«, so wurde auch in »Vogel« der Schleier vom Geheimnis der Kreativität ein wenig gelüftet und erkennbar, woran sich Hesses Phantasie entzündete. So konnte er beim Hören gewisser Namen – auch bei Ninons Mädchennamen – geradezu in Verzückung geraten, sie setzten den Vorstellungsfluß bei ihm in Gang, veranlaßten ihn gar zum Entwurf einer Geschichte oder einer Romangestalt. »Ninon die Ausländerin« kommt in beiden Erzählungen vor. Als Weggenossin des Pilgers H. wandert sie mit ihm aus Zeit und Raum gen Morgen in ein Reich des Glaubens und der Seele, und als von fernher zugereiste Vogelfängerin züchtet sie im »Märchen« geheimnisvolle schwarze Schlangen und Eidechsen mit Pfauenköpfen.

In der »Morgenlandfahrt« und im Märchen »Vogel« verfremdete Hesse tatsächliche Ereignisse und Schauplätze seines Lebens und gestaltete sie in phantastische Geschehnisse und Orte um. Er verschränkte innere und äußere Begebenheiten. Beide Werke zeigen, wie er immer wieder neu an der Wirklichkeit ansetzt, ihren Schein-Ernst auflöst und sie zur poetischen Vision steigert, dabei bleiben Menschen und Dinge als Ausgangspunkt seines Verwandlungsspiels für den Eingeweihten erkennbar.[37] Hesse wirkte auf Ninon wie ein Zauberkünstler, der dem Publikum das Vergnügen läßt, seine Tricks zu durchschauen. Wie etwa die Tessiner Felsschlucht von Morbio inferiore als unheilvoller Schauplatz der Versuchung und des Glaubensabfalls in die »Morgenlandfahrt« einging, so wurde im Märchen eine »Vogelstudie« erwähnt, die an einer »ostgotischen Universität« verfaßt wurde – gemeint ist eine Dissertation über Hesse in Leipzig[38] –, der Gemeindeschreiber Ballmelli ist Hugo Ball, die einstige Werkstatt des Zauberers ist die Casa Camuzzi. Überall wird Hesses Freude am Versteckspiel und Verschlüsseln sichtbar, viele Anspielungen und verdeckte Bezüge freilich werden nur denjenigen verständlich, die mit seiner Biographie vertraut sind. Dieses Hin- und Herspringen zwischen dem Phantastischen und der Tatsachenwelt, die Vermischung des Unwirklichen mit dem Wirklichen, der immer neu gewagte Vorstoß aus dem Alltag ins Magische vereinigten für Ninon Welt und Zaubergarten in einer kühnen Grenzauflösung.

Hesse veröffentlichte »Vogel« erst 1945 zu Ninons 50. Geburtstag als Erinnerung an den ersten Sommer ihrer Ehe im Roten Haus.

In der gedruckten Fassung fehlte jedoch ein Absatz des Typoskriptes: »Die einen erzählen, Ninon sei, vom Vogel verführt, ihm in die Wälder gefolgt, habe ihm wunderbare Speisen gekocht und ihn vollkommen zahm gemacht – die andern sagen, sie habe dem Vogel so lange nachgestellt, bis es ihr gelungen sei, ihn zu fangen und in einen Käfig zu stecken, dort habe sie ihn bei schmaler Kost jahrelang gefangen schmachten lassen.« Ninon hatte sich durch diese Textstelle verletzt gefühlt. Hesse schrieb auf ihre Bitte, die Passage über ihr »Nachstellen« zu streichen: »Ich denke über jene Zeilen im ›Vogel‹ völlig anders als Du«, und er versicherte, sie seien »nicht als eine Beleidigung, sondern als eine Huldigung an Dich im Jahre Deines 50. Geburtstages gemeint«.[39]

Alle drei Märchen sind für die Eigenart und den Wandel von Hesses Frauenbild aufschlußreich. In »Iris« gestaltete er das rückgewandte Verlangen nach umbergender Mütterlichkeit, das er bei Mia gesucht hatte, in »Piktor« seinen Wunschtraum von der hingabewilligen Kindfrau Ruth, in »Vogel« die bändigende und haltende Kraft Ninons. Der Schlußsatz des Piktor-Märchens »er war ein Paar« hätte für Hesses Beziehung zu Ninon nicht gepaßt, denn *sie* waren ein Paar.

Mit welchen Namen Hesse auch immer Ninons Wesensbild umriß, es geschah in einer dialogischen Entsprechung zu sich selbst. Alle seine Metaphern, Kosenamen oder Attribute beweisen, daß Hesse sie beide stets als *Paar* sah, als zweipolige Einheit. So erschien Ninon als lichtspendendes Gestirn im Schwermutsdunkel der vergangenen Jahre, als Fatme des Morgenlandfahrers H. H. oder als Vogelfängerin, auf Hesse als »Vogel« besonders eng bezogen. Da Ninon jedoch das aggressive Gleichnis des Fangens und Nachstellens ablehnte und ihren Einfluß auf Hesses Leben nicht »Zähmung« genannt wissen wollte, tauchte dieses Doppelbild nicht wieder auf.

Den Namen »Vogel« hingegen hatte Ninon für Hesse gewählt, und er, in dessen Denken und Träumen das Fliegen eine große Rolle spielte, behielt ihn im gegenseitigen Umgang lebenslang bei. Er unterschrieb seine Briefe an sie mit »Vogel« oder malte unter den Text einen Vogel, der als Ausdruck seiner jeweiligen Stimmung entweder stolz und geputzt oder als kläglich zerrupfter Piepmatz daherkam.

»Namen sind auf kürzeste Formeln gebrachte Geschichten«, behauptete Ninon. Sie kannte Hesses vogelhaftes Hinüberschwingen aus der Wirklichkeit in Traum und spielerisches Treiben, das stets Aufbruchbereite in ihm, der dennoch des sicheren Nestes bei der Rückkehr bedurfte. Sie nahm aber auch in Hesses scharfer Profillinie eine äußerliche Ähnlichkeit mit einem Vogelkopf und besonders im unbestechlich wachen Blick ein Vogelauge wahr. Sie war zudem Zeugin seiner Flugleidenschaft, der er seit der ersten Zeppelinfahrt 1911 immer wieder nachgab; am liebsten hätte er sich schon 1928 – nach seiner Luftreise von Berlin nach Zürich – bei der Lufthansa für die erste Weltraumfähre angemeldet.[40]

Ninon erfaßte in ihrem Wahlnamen für Hesse aber nicht nur das Charakteristische seiner Persönlichkeit, sondern sie griff darin auch ein durchgängiges Motiv all seiner Werke auf. Schon in seinen frühen Erzählungen hatte er mit Vögeln gleichgefühlt, mit Raben und Falken, mit Sperbern und Papageien. Er sah an ihnen bestimmte *Eigenschaften,* die er sich selbst wünschte: Schwerelosigkeit, Ungebundenheit, Vereinzelung, Fluchtvermögen, Scharfblick oder Sangesfreudigkeit. Erst allmählich wurde ihm der Vogel darüber hinaus zum *Sinnbild* der Überlebenskunst und wirkte auf ihn wie ein rettender Wunschgedanke in den Bedrängnissen der Wirklichkeit. Ein Vogel zu sein, erschien ihm sicher wie Wind und Pfeil, und er beneidete alles Beflügelte um den grenzensprengenden und weltüberwindenden Aufstieg in die Freiheit. Alles »Vogelleichte« zog ihn unwiderstehlich an.[41] Diese Entmaterialisierung, die auch schon im Bild antiker Religionen vom Vogel als einem Symbol der Seele angesprochen wurde, war für Hesses »Vogelwünsche« bezeichnend. Mit der Anrede »Seele, banger Vogel Du«, umriß er schon im frühen Gedicht[42] die innere Rastlosigkeit. Der Vogelflug als irdische Entrückung und die Seele als ein Flügelwesen waren ihm als Sprachbilder aus der romantischen Literatur geläufig; »der Seele gebundene Flügel zu lösen« ersehnte er bereits 1908 in »Heumond«,[43] und nach der Erzählung »Aus Kinderzeiten«[44] schreckte den Knaben Hermann einmal zutiefst der Anblick eines flügelgestutzten Falken. Das Bild der Seele als eines Vogels gebrauchte Hesse in psychoanalytischer Abwandlung im 1916/17 entstandenen »Demian«:[45] »Es kämpft sich ein Riesenvogel aus dem Ei, und das Ei war die Welt, und die Welt mußte in Trümmer gehen.« Seit der Psychoanalyse, der sich Hesse nach dem Tode seines Vaters in 60 Sitzungen vom März bis November 1916 unterzogen hatte, verglich er das Unbewußte, das fruchtbare und zerstörende Seelenchaos, mit einem Vogel, der sich aus der beklemmenden Schale – ein Gleichnis für die überalterte Welt und ihre Wertbegriffe – befreien mußte.

Die unsterblichen Seelenkräfte des Menschen erschienen Hesse vogelhaft. Siddhartha »hörte den Vogel in der Brust singen« und folgte dieser inneren Stimme. Klingsor, der Künstler, fühlte sich in schöpferischer Hochstimmung kühn und frei wie »ein Vogel, ohne Heimat, ohne Schwere, nur den Sternen gegenüber«. Er genoß beim Malen das vermischte Bewußtsein von irdischer Gefährdung und zeitloser Überlebenskraft: »Du bist wie ein Vogel im Sturm.« Das Schreiben war für den »Kurgast« Hesse wie »ein einsamer Flug durchs All«.[46]

Erst im Zusammenleben mit Ninon wurde »Vogel« zur *Selbstbezeichnung* Hesses. Es schien für ihn wie eine Erfüllung zu wirken,

sich neben Ninon als Vogel zu fühlen. Wie weit dabei die Übereinstimmung mit dem von ihm als »vogelleicht« gekennzeichneten Wesen seines Vaters und damit auch ein später Ausgleich seines jugendlichen Spannungsverhältnisses zu jenem eine Rolle spielte, bleibt Vermutung. Johannes Hesse hatte sich als Grabspruch den Psalmvers gewählt: »Der Strick ist zerrissen, der Vogel ist frei.«

Als Leo der »Morgenlandfahrt« versuchte Hesse in brüderlichem Geist die Vogelsprache zu erlernen, bald folgte seine behäbige Selbstdarstellung als »Vogel« im Märchen, und noch im Jahre 1951 äußerte er deutlich seine genußreiche Identifikation im späten Bruderbild der Badener »Dohle«,[47] die, »durch Schicksal und eigenen Willen volk- und heimatlos« geworden, nun eigensinnig, keck und scharfsichtig ihre publikumswirksamen Spiele trieb und dabei die Menschen nicht ernstnahm, obwohl sie nicht auf Zuschauer verzichten konnte.

Nun *war* er Vogel, war es jenseits aller sinnbildhaften Einzelzüge. In seinen Erzählungen nahm er die Gestalt eines Vogels an, und bald erschien Ninon in erwünschter Entsprechung als die »große Schlange« neben ihm, so auch in einem seiner spontan hingereimten Gelegenheitsgedichte:

Zehrpfennig für
Kemper auf dem Gang
durchs neue Jahr.

Ergebenst überreicht
von

11. Juni 1934.
mit 100 Simon Ärzt. Zigaretten

Nach einem Traum Ninons

> Die große Schlange zu beschwören,
> schleicht Vogel leise sich heran,
> und kaum beginnt sie ihn zu hören,
> so wird sie Mensch und schließt den Chören
> der Bocciaspieler fromm sich an.
> Zwar macht die Sprache ihr Beschwerden,
> sonst aber tut sie's jedem gleich.
> Und große Freude herrscht auf Erden:
> Wenn Schlang' und Vogel Menschen werden,
> so gründen sie das Vierte Reich.[48]

Hesse umriß Ninons Wesen im Bild dieses erdverhafteten, in alten Religionen sogar erdentsprossenen Tieres. Als Schlange entsprach sie ihm, dem Vogel, in seinem erdflüchtigen Aufschwingen als notwendiger Gegenpol.

Alle Flugtiere haben Hesses Phantasie angeregt. So liebte er auch die Schmetterlinge[49] und betrachtete sie zärtlich und wehmutsvoll als Gleichnis schnell vergänglicher Schönheit, wenn sie verspielt und zerbrechlich im kurzen hochzeitlichen Zauber dahinflatterten, – in ihrer samtigen Buntheit eher den Blumen als den Vögeln verwandt. Ihrem Lufttänzeln fehlten jedoch das weiträumige Gleiten des Vogelflugs und ebenso die Weitsicht gewährende Höhe. Gerade diese umfassende Perspektive aber war es, die er als »Vogel« für sich beanspruchte. Den raubtierscharfen Blick des hochsteigenden Vogels hatte er schon am Wappenbild des »Demian« betont, und Klingsor beschrieb er als »alten Sperber mit dem scharfen Kopf« und dem durchdringenden Malerblick. Er stellte sich vor, wie ein Vogel in einer gleichsam göttlichen Zusammenschau die Welt überblicke. »Mit dem Weltenauge zu sehen«, war von jeher sein Wunsch, um die Bipolarität aller Erscheinungen zu überwinden. Diese alles verbindende Vogelschau war es ja auch, die ihn bei seinen Flügen mit Zeppelin und Flugzeug so begeistert hatte.

Zum Vogel-Sein gehörte für Hesse auch der wahrsagerische Fernblick. In der Erzählung »Die Stadt«[50] ruft ein prophetischer Vogel höhnisch »Fortschritt, Fortschritt«. Ein Vogel bringt als Geleiter und Vorahnender »merkwürdige Nachricht von einem anderen Stern«,[51] und als ein Eingeweihter leitet der Piktor-Vogel zu ewiger Verwandlung an. Als Zeuge und Bote trägt ein Vogel von fernher im »Lied von Abels Tod«[52] die Mordklage übers Land. All diese Wesenszüge eines Warnenden und Weitblickenden hat auch Ninon an Hesse wahrgenommen, und sie sind in ihren Kosenamen eingeflossen.

Hesse schilderte mehrfach seine Turm- und Fall-Träume. Im jähen Absturz und in rasender Angst vor dem Zerschellen fand er meist Rettung im Flug, im sanften Niedergleiten aus gefährlicher Höhe. In »Berthold« (1907/1908) hatte er einen solchen Traum erzählt, in dem ein Klosterschüler beim Ausnehmen eines Krähennestes vom Kirchturm in die Tiefe stürzte: »Aber siehe, die Luft fing sich in seinem langen, zugeknöpften Mantel und blies ihn auf wie eine Glocke, und so schwebte er zum Erstaunen der Leute ganz sanft und wie ein großer schwarzer Vogel auf den Marktplatz hinab.«[53] Einen Traum-Absturz ohne die Erlösung durch den Gleitflug schilderte er hingegen in einem Tagebuch tiefer Verzweiflung von 1920/21[54] und deutete damit den damaligen Verlust jeder Sicherheit an.

Es ist verwunderlich, daß ein Vorfall, der vielleicht Hesses gesamtes Verhältnis zur Wirklichkeit beeinflußt hat, selbst in psychologisch ausgerichteten Betrachtungen bisher kaum beachtet worden ist. Er berichtet in der Erzählung »Meine Kindheit«, daß aus dem Erinnerungsdunkel seiner frühen Jahre nur *ein* Entsetzen hell belichtet herausragt: Als Knabe von ungefähr drei Jahren hob man ihn auf einem hohen Berg über die Brüstung eines Turmes und ließ ihn in die Tiefe hinuntersehen. »Davon ergriff mich die Angst des Schwindels, ich war aufgeregt und zitterte am ganzen Leibe, bis ich zu Hause wieder in meinem Bette lag. Von da an trat in schweren Angstträumen, denen ich damals oft zur Beute fiel, häufig diese Tiefe herzbeklemmend vor meine Seele, daß ich im Traum stöhnte und weinend erwachte!«[55]

Beim Blick aus unbekannter Höhe war die vertraute Umgebung ins Ferne und Unheimliche gerückt. Bäume, Wiesen und Felder, die ihn vor der Turmbesteigung noch greifbar und selbstverständlich umgeben hatten, lagen nun in gähnender Tiefe unerreichbar und feindlich gegenüber. Im Augenblick seiner gräßlichen Fallangst hatte sich ein trennender Schnitt zwischen ihm und der Welt ereignet. Hesses Gedächtnis vermochte nie über jenen allerersten Ich-Schrecken hinaus vorzudringen, in dem die bis dahin kindhaft erlebte Einheit mit der Welt zerstört wurde. Sein Ich-Bewußtsein entstand im Moment dieser Höhen- und Verlustangst. Der Flug wurde ihm darum früh zum Sinnbild möglicher Rettung, der Vogel zur Wunschgestalt.

Die Hesse wohlvertraute Psychoanalyse sieht in Flugträumen die Verhüllung erotischen Verlangens. Sie hat die mythische Sehnsucht nach dem Menschenflug auf einen sexuellen Ursprung zurückgeführt, auf den Wunsch nach großer generativer Potenz; schließlich haben die Alten, die die Zeugungskraft als Gnade und fernwirkenden Reichtum deuteten, den Phallos geflügelt dargestellt. Ein sprachliches Beispiel der uralten Verknüpfung von Sexus und Flug bieten manche Dialekte, in denen Vogel und Phallos mit demselben Wort bezeichnet werden, was Hesse auch aus dem Sprachgebrauch im Tessin vertraut sein mußte. Einige Textstellen beweisen, daß in seinem Wunsch, »Vogel« zu sein, auch der geheimnisvolle Zauber der Liebesfähigkeit angerührt wurde. In »Berthold« erwähnte er das »flügelschlagende Glück« pubertären Sehnens in Verbindung mit dem »Zauber des Venusgartens«: »In selig schwebenden Träumen wurde seine Beklemmung zu lächelnd erlöstem, flügelschlagendem Glück, das alle Härte und alles Ungenügen aus seiner hochmütigen Seele nahm und sie zu einem Vöglein machte, das in den Lüften jauchzt.«[56] In »Der schöne Traum« (1912)[57] wurde Fliegen für ihn zu einer mit Liebeslust verschmolzenen Todesentrückung, »er schloß die Augen und flog in sanftem Schwindel eine tönende, ewig vorbestimmte Straße dahin«.

Zum mythischen Geschehen gesteigert wurde diese erotische Entspannung des Fall- und Flugtraumes im Märchen »Der schwere Weg«,[58] das Hesse 1916 während seiner psychoanalytischen Behandlung schrieb. Der Aufstieg ins Höhenreich der Vernunft verlange asketische Zucht, Vereinzelung und Verzicht auf Liebeswärme und Geborgenheit. Wer der Erkenntnis teilhaftig werden wolle, müsse sich den lockenden Lebensrufen aus der Tiefe entgegenstemmen. Wer aber das Niemandsland des Geistes in seiner gläsernen Starre und »spöttisch dünnen Luft« nicht länger ertrage, dem weise ein *Vogel* den Ausweg: den mutigen Sturz in die Tiefe, zurück ins »Brunnendunkel der mutterumhegten Kindheit«, in die chthonischen Schichten der Seele, in Schlaf, Bewußtseinsferne oder Tod: »Ich fiel, ich stürzte, ich sprang, ich flog, in kalte Luftwirbel geschnürt, schoß ich selig und vor Qual der Wonne zuckend durchs Unendliche hin abwärts, an die Brust der Mutter.« Die Beschreibung dieses qual-seligen Sturzes enthält sexuelle Elemente, und vielleicht ist es nicht ganz von der Hand zu weisen, daß Hesse, der über Jahrzehnte im Andenken an die Mutter den Frauen in kühler Liebesablehnung auswich, der nach eigenem Zeugnis keusch und abstinent lebte und ein Feind aller erotischen Kraftprotzerei – auch in der Literatur – war, nicht nur seine Gefährdung und Zerbrechlichkeit betonte, wenn er sich gegenüber Ninon »winzig kleiner Vogel« nannte.

Gerade dieser letztgeschilderte Flug macht den Kosenamen verständlich, den Hesse für Ninon – in Zuordnung zu sich als »Vogel« – am häufigsten und am liebsten benutzte: er nannte sie »Keuper«. Das Wort ist im Schwäbischen geläufig und bezeichnet eine Gesteinsart aus der frühen Erdgeschichte.[59] Hesse, der den Umgang mit Erde liebte und seine Gartenarbeit wie einen Kult für Erd- und Wachstumskräfte vollzog, sprach in diesem Kosenamen Bestand und Treue des mütterlichen Bodens an. Dabei war Ninon jedoch *der* Keuper, wie sie *der* Kamerad, *der* Freund für ihn war. Dieser herbe Kosename traf das Archaische ihres Wesens und bezeugte zugleich, daß sie für Hesse trotz aller Geistigkeit »Erde« hatte und ihm fest und zuverlässig erschien wie der heimatliche Schwabenboden.[60] Spröde wirkt der Name auch nur, weil er den geologischen Beigeschmack von steinerner Härte hat. Keuper-Landschaften hingegen sind milde und lieblich, Keuper-Böden von schillernder Vielfarbigkeit.

Ninon hat diesen Namen angenommen, und zu ihrer Freude ist er ins »Glasperlenspiel« eingegangen: »Keuper nannte H. H. mich, und da er sich über meine Beschäftigung mit Griechischem freute, wurde das Philologiestudium der Kastalier im Keuperheim betrieben.«[61]

Die Hesse-Ehe spielte sich auf zwei Ebenen ab: neben dem trennenden Alltag mit Leidsuche, Abweisung und werkbezogener Gereiztheit gab es eine tiefere Erlebnisschicht, in der Ninon und Hermann Hesse wie auf jener »Fahrt nach Morgen« unlösbar vereint waren und sich gegenseitig Heimat und Zugehörigkeit schenkten. Ob Hesse Ninon »Keuper«, »Mond« oder »Schlange« nannte, er betonte stets das Chthonisch-Lunare ihres Wesens, das ihn zutiefst anzog. Er sah sie »mit dem rosenhaften Hauch von Schwermut, dem stillen Ergebensein in die Vergänglichkeit«.[62] Das Glück der Melancholie, die Anziehungskraft des Verhängten und Matten, waren ihr aus der Wiener Zeit vertraut, und darum war sie fähig, seine periodischen Verdüsterungen mit ihm zu durchleiden. Sie hat lächelnd abgewehrt, als Karl Kerényi,[63] der ungarische Religionsforscher, sie einmal fragte, ob sie Helios verehre und eine »Tochter der Sonne« sei: nein, sie gehöre Selene und Saturn.

Hesse liebte das *Mondhaft-Gedämpfte* ihres Wesens. Die Zeit, bevor sie in sein Leben trat, nannte er »die Zeit vor deinem Mondaufgang«.[64] In einem Brief nach Rom, wo Ninon ihre »Hochzeitsreise« bei den antiken Statuen verbrachte, fragte er besorgt: »Möndchen, scheinst Du noch? Halb oder voll?« Sie wurde zu seiner »Mondgöttin«, der zartglänzenden Lichtbringerin, die von altersher zugleich die geheimnisvolle Schutzgöttin der Zauberer war; und ein Zauberer hatte Hesse ja seit seiner Kindheit wegen seiner Unzufriedenheit mit der Wirklichkeit sein wollen.[65] Auch der alte Zauberer vom Schlangenhügel im Märchen »Vogel«, der im Mondlicht rituelle Formeln murmelt, Kräuter sammelt und Echsen züchtet, verehrt die Mondgöttin, weil sie mit den Wachstumskräften der Erde, mit Geburt, Wassertiefe und Tod in geheimnisvoller Beziehung steht.

Im »Glasperlenspiel« bezeichnet sich Josef Knecht in seinem ersten fiktiven Lebenslauf, dem eines Regenmachers in mutterrechtlicher Zeit, als »Mondverehrer und Mondkenner«, dessen hingebende Forschung dem Mysterium dieses milden Nachtgestirns galt, seinem Hinschwinden und Neuwerden.[66]

Für Hesse war Ninon als Eingeweihte der Mondgöttin auch Hüterin des magischen Kraftquells Schlaf, der ihm so oft versagt blieb, den sie aber dämpfend und besänftigend herbeizuzaubern vermochte. Hesse nannte sie eine »Tochter der Selene« und ließ das mythische Gleichnis des Endymion anklingen.

Selene ist eine gestaltverändernde Göttin. Die Mondphasen versinnbildlichen ihr Hinsterben und Wiedererscheinen. Im Geheimnis des Neumonds vollzieht sich in der Verfinsterung ihre Neugeburt. Im Rhythmus des oft fahlen, dann wieder goldglänzenden Lichtbringers spiegelt sich für Hesse Ninons Wesen: Beständigkeit im Wandel zwischen traurig-stillen und dann wieder lichten und heiteren Phasen; hierin lag die Spannungsbreite ihrer Begegnungen.

Die gleichen Züge des Wandelbaren und doch Gleichbleibenden hat Hesse auch im Bild der *Schlange* angesprochen, die durch ihre periodischen Häutungen dem wechselhaften Mond gleicht. Wie er versinnbildlicht dieses Dunkelheitstier Werden und Vergehen,

Tod und Wiedergeburt. Wie er ist es sichtbar und unsichtbar, denn es lebt teils unterirdisch, teils auf der Erde. Es wird in alten Kulten dem Totenreich zugeordnet und hält sich doch bei den Häusern der Lebenden auf. Das Tellurische, das Hesse im Kosenamen »Keuper« ansprach, griff er nicht nur im Bild des Erdtrabanten Mond, sondern auch in dem der erdverbundenen Schlange wieder auf.

Wie sehr Ninon auf Hesse verändernd wirkte, läßt sich gerade am Bedeutungswandel der Schlange in seinem Werk belegen, der mit seiner gewandelten Auffassung von Liebe und Frauen in engem Zusammenhang steht. Wenn er Ninon in seiner herben und oft schwer deutbaren Zärtlichkeit als Schlange bezeichnete, so geschah das nicht in der jüdisch-christlichen Einschränkung auf die doppelzüngige Verführerin zum Bösen. Diese »falsche Schlange« wurde von Hesse noch im Krisis-Gedicht »Fest am Samstagabend«[67] beschworen, sie verbündete sich dort als Stimme Satans aus dem Paradiesbaum mit dem zu erbsünderischem Frevel verlockenden Weib. Auch im Piktor-Märchen (1922) tritt die Schlange noch in der jüdisch-christlichen Einschränkung auf das Böse schlechthin auf, das die Austreibung aus dem Paradies bewirkte. In der gedanklichen Verbindung von Weib und Schlange lagen für Hesse noch in der Steppenwolf-Zeit zugleich Hemmung und Steigerung der ersehnten erotischen Lust. Der puritanisch gefärbte Pietismus des Elternhauses und die dort übernommenen Ordnungsbegriffe haben ihn lange belastet. Ninon hingegen kannte keine Schuldgefühle durch Sexuelles, sie war lange genug Dolbins Frau gewesen, für den die Liebeskunst in allen Spielarten und Verfeinerungen das Natürlichste von der Welt war.

Daß sich durch das Zusammenleben mit Ninon der bedrückende Lust-Sünde-Komplex bei Hesse verflüchtigte, zeigt sich u. a. an der veränderten Geltung der Schlange. In der »Morgenlandfahrt« und in »Vogel« entspricht ihr Bild nicht mehr den christlichen, sondern den archaischen und fernöstlichen Religionen, wo die Schlange im Kult zahlreicher Götter große Verehrung genoß; sie konnte heilen, helfen, Segen spenden und zugleich Gefahr und Tod verbreiten. Im Märchen »Vogel« tritt die Schlange als Beschützerin auf. Dem Tempeltier antiker Religionen verwandt, verteidigt sie die Werkstatt-Schwelle des Zauberers, eine Andeutung Hesses auf Ninons unheilabwehrenden Schutz. Einige Morgenlandfahrer hofften, auf ihrer Pilgerfahrt der heiligen Schlange Kundalini zu begegnen.⁶⁸ Sie ist im indischen Tantris-Kult, der Hesse durch C. G. Jung wohlvertraut war, nicht nur ein Sinnbild für Häutungen, also für Hinsterben und Auferstehung, sondern verkörpert als ein dämonisches Mischwesen eine allversöhnende Kraft, mit der die Gegensätze der Welt überbrückbar sind.

Wenn Hesse Ninon als Schlange ansprach, so beschwor er zugleich Kräfte von androgyner Ambivalenz. Er sah in ihr stets Männliches und Weibliches, Geistiges und Erdhaftes, Helles und Dunkles, Gutes und Schädliches, Scheuheit und Mut. Daß Ninon die nach seiner Ansicht schöpferische Fähigkeit besaß, alle scheinbar unvereinbaren Widersprüche in sich zu harmonisieren, hat Hesse voller Staunen wahrgenommen. Er selbst konnte seine inneren Spannungen nur auflösen, indem er sie auf verschiedene Gestalten seiner Romane projizierte. In Ninon aber klangen für Hesse stets Stimme und Gegenstimme an. Diese »Doppelmelodie« des Lebens hatte er immer ersehnt und nie erreicht. Ninon hingegen dachte und lebte in Gegensätzen, die sie durch eine angeborene Kraft des inneren Ausgleichs in sich versöhnte. Sie verband die Zähigkeit des Willens mit Biegsamkeit, Stärke mit Nachgiebigkeit, Gelassenheit mit Trotz, Hingabe mit Eigensinn. Für sie galt kein Entweder – Oder, sondern ein »Entweder und Oder«, und gerade das war es, was Hesse an ihr anzog und fest an sie band.

In diesem Sinne war Ninon für Hesse »*östlich*«. Dem »Tertium non datur« der abendländischen Rationalität stellten die östlichen Denker seit je das Doppelgesichtige gegenüber. Dazu gehörte das Androgyne, gehörte die Geist-Stoff-Einheit, gehörten alle inkommensurablen Eigenschaften, die nur das Symbol in einem Bild zusammenfassen kann. Dazu gehörten auch die archaischen Urvorstellungen von Göttern, von Mond, Schlange, Erde, – Symbole der Vereinigung des Gegensätzlichen. Das Wort »Osten« behielt für Hesse seit der Kindheit einen magischen Klang; denn er hatte im elterlichen Missionarshaus das ostasiatische Geistesklima in vielen Abstufungen kennengelernt. Der vom indischen Geist geprägte Großvater, der schwäbische Sprachgelehrte Hermann Gundert, war dem Knaben als Weiser erschienen, der mit dem indischen Wortschatz zugleich die fernöstlichen Geheimnisse in sich aufgenommen hatte, und auch seine Mutter Marie Hesse war voll in diese »Zauberwolke des Großväterlichen« einbezogen. Später suchte Hesse bei den östlichen Denkern die Versöhnung der Gegensätze, deren quälendster für ihn die Trennung von Gut und

Böse in ihrer christlichen Ausschließlichkeit war. In seiner Studie über Dostojewski (1918) und in seiner Warnung »Blick ins Chaos« (1920) hatte er dem abendländischen Dualismus ein Ende vorausgesagt und eine Umwertung aller Werte, eine Umdeutung aller gängigen Ordnungsbegriffe im Sinne seines »asiatischen Ideals« angekündigt: alles verstehen, alles gelten lassen, Gott und Teufel zugleich anerkennen. Nun fand er in Ninon dieses »magische Denken« gestalthaft ausgebildet, weil sie über die Polaritäten des Daseins hinausgelangte zu einer *gelebten* Synthese, die er mit Staunen wahrnahm und wie eine persönliche Befreiung empfand. Sein Bemühen, in die östliche Geisteswelt einzudringen, reichte von 1909, als er eine Studie über Konfuzius schrieb, über das Bekenntnis »Mein Glaube« 1931 und über sein Selbstbild als »älterer Bruder« im »Glasperlenspiel«, wo er im Bambusgehölz als Chinese wirkte, bis zum Jahre 1960, als er, 83 Jahre alt, die Betrachtung »Blick nach dem fernen Osten« verfaßte. Das Östliche in der ganzen Weite des Begriffes bedeutete für ihn die Wiederherstellung einer ungespaltenen Welt: Einheit.

Vor diesem Hintergrund läßt sich ermessen, was es für ihn bedeutete, wenn er Ninon »östlich« nannte. Daß »die Ausländerin« in einer Grenzstadt des abendländischen Kulturkreises aufgewachsen war, beflügelte schon seine Phantasie. Darüber hinaus aber hatte er in ihr die fernöstliche Atmosphäre seines Elternhauses in einer nahöstlich-jüdischen Variante wiedergefunden. Ninon charakterisierte sich selbst einmal voller Ironie als »nordische Jüdin«,[69] und diese Mischung von mediterraner Erbschaft und nördlicher Kühle, von Mystik und scharfem Verstand, von archaisch-herber Verschlossenheit und Weltoffenheit war es gerade, was Hesse an ihr faszinierte.

Für ihn spiegelte sich Ninons uralte Herkunft in ihren »östlichen« Augen, während ihr Mund vom modernen Auskosten der Schwermut in allen »leidbeflissenen« Verfeinerungen sprach. So fand er in ihr noch ein Gegensatzpaar zur Synthese vereinigt: das Abendländische und das Morgenländische.

Ninon, die Hesse täglich mehrere Stunden vorlas, wurde für ihn auch zu *Fatme*. Seit er der erzählkundigen orientalischen Prinzessin als Knabe in seiner liebsten Märchensammlung aus Tausendundeiner Nacht begegnet war, blieb sie für ihn »die Perle unter den Frauen«. Als Klingsor glaubte er, sie in Ruth gefunden zu haben, die er »Fatme von Damaskus« und »Königin der Gebirge«

Das Gedicht »Bildnis Ninon«[70] in Hesses Handschrift

nannte.[71] Doch Ruth verschwand wieder aus seinem Leben, und Fatme blieb das Pilgerziel des Morgenlandfahrers H. H.; denn er glaubte, an ihr das Geheimnis des Weiblichen ergründen zu können. »Ich traf und liebte Ninon, als ›die Ausländerin‹ bekannt, dunkel blickten ihre Augen unter schwarzen Haaren, sie war eifersüchtig auf Fatme, die Prinzessin meines Traumes, und war ja doch wahrscheinlich selbst Fatme, ohne es zu wissen.«[72] Im Bundesarchiv der Morgenlandfahrer wird Ninon denn auch als »*princ. orient. 2, noct. mill. 983, hort. delic. 07*« bezeichnet. Aber Ninon wurde nicht nur Hesses zweite orientalische Prinzessin, er fand in ihr auch die »Tochter des Königs der steinernen Stadt« wieder, die im Märchen der 983. Nacht als einzig fühlende Seele in einer zu Stein erstarrten Umwelt überlebte; lesend, zeitentrückt und nur von Paradiesäpfeln ernährt, wartete dieses fürstliche

Mädchen auf den ihr vorbestimmten Geliebten und blieb trotz vieler Versuchungen beständig und ihrem Glauben treu.[73] Außerdem versetzte Hesse die Morgenlandfahrerin Ninon in einen »köstlichen Garten«. Bei dem Reiz, den die Vorstellung des Paradieses als einer Gegenwelt zum irdischen Jammertal seit den frommen Erzählungen seiner Mutter auf ihn ausübte, kann mit »hort. delic.« nur der Garten Eden[74] gemeint sein, der ja in ästhetischer Umdeutung auch in Klingsors Zaubergarten fortlebte, in den sich Ninon immer hineinwünschte. Als Eva im Paradies erfuhr sie nun durch Hesse eine mythische Überhöhung zum Urbild der Frau schlechthin – ähnlich Sinclairs Frau Eva oder Goldmunds Evamutter –, zur Mutter-Geliebten.

Als Fatme erinnerte Ninon Hermann Hesse an die traumspendenden Züge seiner Mutter, an den »unermüdlichen Zauberborn ihrer Lippen«. Er fand als Knabe in Marie Hesses Erzählungen einen »Überfluß von Welten und Brücken für meine Träumerei. Ich habe Leser und Erzähler und Plauderer von Weltruhm gehört und fand sie steif und geschmacklos, sobald ich sie mit den Erzählungen meiner Mutter verglich. [...] Ich sehe Dich noch, meine Mutter, mit dem schönen Haupt zu mir geneigt, schlank, schmiegsam und geduldig, mit den unvergleichlichen Braunaugen!«[75]

Ninon erinnerte Hesse aber nicht nur als Vorleserin und in ihren äußeren Zügen an die schwarzhaarige, samtäugige Mutter, sondern auch in ihrer gewährenden und ihn beschenkenden Zuwendung. Sie betrachtete es als ihre Aufgabe, mütterlich über ihn zu wachen, und er wollte von ihr behütet sein, scheu, verletzbar und überempfindlich wie er zeitweise war.

Sie war die erste Frau in seinem Leben, die ihm die *Mutter* ersetzte, nach der er in allen Werken unüberhörbar gerufen hatte; noch für seinen 1928 entstandenen Roman »Narziß und Goldmund« hatte er seinem Verleger Samuel Fischer u. a. den Titel »Narziß oder der Weg zur Mutter« vorgeschlagen. Erst im Zusammenleben mit Ninon gelang ihm die späte Ablösung von der Mutter, was er als Abschied und Ernüchterung durchlitt: »Erschütternder, tiefschöner Traum: Tote Mutter, brennend einstürzendes Vaterhaus am Fluß, fremde Frau. Schweres Erwachen, Erinnerung an gestern, an Aussprache mit der Frau, an die Erkenntnis, daß man infantile, schöne Träume gelebt hat.« Er bescheinigte sich »Einsicht und Resignation. [...] Dennoch unendliche Schönheit der Träume und Atavismen: Frau als Heimat, Ehe

> Titel:
>
> Narziss oder der Weg zur Mutter
>
> ---
>
> Das Lob der Sünde
>
> ---
>
> Narziss und Goldmund

Notizblatt Hesses mit Titelvorschlägen

als Sakrament. Schwerer Abschied vom Traum, die Angst (Magen) ist vorüber, man ist ernüchtert, aber es hat viel, es hat zu viel gekostet, den Traum, den Glauben, das Heilige.«[76] Ninon bedeutete für Hesse Beraubung und Gewinn: er mußte die Mutter opfern, um an ihrer Seite etwas Neues zu gewinnen, das kritische Gegenüber zur eigenen Vergangenheit und zur Frau[77] anstelle der bis zur Gestaltung des »Goldmund« unverminderten Regressionssehnsucht in die mutterumhütete Knabenzeit.

Ninon vermochte die Mutter als eine den Sohn beherrschende Lebensmacht nur darum zu verdrängen, weil sie ihr so ähnlich wie möglich und zugleich so fremd wie nötig war, damit Hesse sie ohne Schuldgefühle lieben konnte. Im Dunkeläugig-Geheimnisvollen war er verwurzelt, aber trotz einer gewissen physiognomischen Ähnlichkeit zur Mutter war Ninon als emanzipierte Jüdin von deren pietistisch enger Strenggläubigkeit geistig und wesensmäßig weit entfernt.

Hesse war im Unterbewußtsein so auf das Erinnerungsbild seiner

Anzeige aus dem »Calwer Wochenblatt« vom 26. April 1902

Mutter als der allerersten Geliebten seines Lebens festgelegt, daß er es lange nicht durch triebhaftes Begehren anderer Frauen trüben wollte. Er hatte es zeitweise zu verdrängen versucht, hatte sich von der Mutter losreißen wollen, aber selbst darin blieb er auf sie fixiert und ihr allein treu. Sein Blick war rückwärtsgewandt, weil er in Kinderzeiten die höchste erotische Seligkeit – eine nicht mehr erreichbare »Symbiose« – genossen hatte, – jenen unbeschreiblichen Zustand gegenseitiger Erfülltheit,[78] der ihn in eine wohlige Passivität versetzt hatte, in ein geschenktes Glück, das seine Eroberungslust gegenüber der spröde entgegenstehenden Wirklichkeit, einer durch den Vater vertretenen Welt von Gesetzen und Verboten, gelähmt hatte.

Die erste schmerzhafte räumliche Trennung von der Mutter vergaß Hesse nie. »Gestern waren es 50 Jahre seit dem Tag, an dem meine Mutter mich als vierzehnjährigen Schüler im Kloster Maulbronn einlieferte«, erinnerte er sich noch am 12. September 1941 gegenüber Ninon. Er zeigte früh eine kühle Abwehrstellung gegen Mädchen, die ihn der Mutter entziehen könnten. Den größten Teil seines Lebens hindurch habe er sich angestrengt und Systeme ersonnen, um sich gegen Frauen zu wehren, gestand er 1926.[79] Aber schon 25 Jahre früher – im Jahre 1901 – hatte er nach mißglückt angelegten oder halbherzigen Verliebtheiten eine »halb traurige, halb ironisch skeptische Vereinsamung, auch den Frauen gegenüber« an sich festgestellt. Das zärtliche Heimweh nach Lulu im Winter 1899/1900, »das Wilde und Quälende jener Liebe zerfloß zunächst in einer neuerlichen Skepsis, dann auch durch die Bekanntschaft mit Elisabeth, die mich zu halber Liebe reizte. [...] Im ganzen nahm während dieses Jahres mein Wesen eine männlichere, aber kühle Art an.«[80] In instinktiver Welt- und Liebesflucht führte er »ein Schattenleben im blassen Land der Buchstaben«. Gleichzeitig setzten seine autistisch betonte Selbstbeobachtung und seine Selbstanalyse ein. In den frühen Werken der »Lauscher«-Zeit wechselten ichsüchtiger Rausch und menschenscheue Vereinsamung mit depressiven Selbstvernichtungswünschen ab. All seine ambivalenten Empfindungen waren auf ihn selbst gerichtet. Dabei bewahrte er die Liebe zu seiner Mutter im intensiven Andenken an die eigene Kindheit.

Dennoch hatte sich im Sommer 1899 eine Auseinandersetzung zwischen Mutter und Sohn angebahnt, die durch gegensätzliche Auffassungen von Dichtung ausgelöst wurde. Marie Hesse bewertete Wahrheit, Tugend und Gotteslob ranghöher als formale und ästhetische Schönheit. Sie warnte ihren Sohn vor der »Fiebermuse«,[81] der sinnlichen Reiz auslösenden Dichterphantasie; und sie empfahl ihm »höhere Inhalte«. Die in seinen »Romantischen Liedern« besungene Liebe erschien ihr zuweilen nicht keusch und rein.[82] Hesse hingegen erwiderte mehrfach auf ihre Ermahnungen, daß Schönheit und Kunst ihm das Endziel bedeuteten. Er könne seine Gedichte keinem anderen Zweck als dem des Schönheitsdienstes unterstellen, nicht einmal der Lobpreisung Gottes!

So begann für Hesse ein schmerzhafter Prozeß der inneren Entfernung und Verselbständigung, währenddessen »Mutter mir ein- oder zweimal häßliche und vernichtende Dinge über meine Dichtungen sagte, so daß ich einmal im Zorn ihre sämtlichen Briefe an mich, in Jahren treulich gesammelt, verbrannt habe«.[83]

Für Hesses weitere Entwicklung – und damit auch für sein Verhältnis zu Frauen – war ausschlaggebend, daß diese gerade begonnene Ablösung von der Mutter durch deren Erkrankung jäh unterbrochen und dann durch ihren Tod für immer verhindert wurde. Mit Abwehr und Grauen, die allein aus der starken Identifizierung des jungen Hesse mit der Mutter verständlich sind, hatte er ihr Sterbelager gemieden. Von Basel, wo er seit August 1901 im Antiquariat Wattenwyl als Buchhändler arbeitete, hätte er ohne Schwierigkeiten heimreisen können, statt dessen verbrachte er Weihnachten im Odenwald und reiste im Februar zum Wintersport in die Schweizer Berge. Marie Hesse starb im April 1902 nach einjähriger qualvoller Krankheit – einer Knochenerweichung, zu der sich ein schweres Nierenleiden einstellte –, ohne daß ihr Sohn sie im letzten halben Jahr noch einmal besucht hatte. Er kam auch nicht zu ihrer Beerdigung.

Hesse verhielt sich so, als wolle er den endgültigen Verlust der Mutter nicht wahrnehmen: »Oft habe ich die Empfindung ihrer Gegenwart und Liebe stärker als je zu ihren Lebzeiten.«[84] Tatsächlich festigte sich das innere Band wieder: »Aber da kam, nachdem der erste Jammer sich ausgeweint hatte, ein so durchdringendes Gefühl von der Existenz und Nähe der Verstorbenen über mich, daß ich wunderbar getröstet mein gewohntes Leben wieder aufnehmen konnte. Und seither lebt sie mir [...].« Der achtundzwanzigjährige Sohn versetzte sich in die Lage eines Neunzigjährigen, nicht nur, um zwischen sich und den Tod der Mutter eine schmerzmildernde Zeit-Distanz zu legen, sondern auch, um aus der fiktiven Rückschau zu bekräftigen, daß er mehr als 60 Jahre lang unverbrüchlich an sie gebunden blieb. »Sie war nicht die leidenschaftlichste, aber die mächtigste und edelste Liebe meines langen Lebens.« Und der todesgewisse Greis gesteht: »Ich beginne mich mit Bangen auf das Wiedersehen mit meiner Mutter zu freuen.«[85] Dieses 1905 entstandene skurrile Prosastück verrät Hesses Vorsatz, der Mutter für immer treu zu bleiben.

Kurz nach dem Tode der Mutter hatten ihn die quälenden Augenkrämpfe befallen, unter denen er lebenslang litt. Er selbst verknüpfte in der Rückschau beide Ereignisse: »Am 24. April 1902 starb meine liebe, unvergeßliche Mutter. [...] Ich kann nicht an sie denken, ohne daß mir das Herz in Liebe und Trauer schlägt. Auch sonst war es ein böses Jahr: Im Juni begannen die Augenschmerzen, die bis heute dauern, und ich konnte wenig arbeiten.«[86]

Seinem Vater gestand Hesse in einem Brief vom 12. Mai 1902: »Das schwerste Stück der Trauer bleibt mir nicht erspart, die Reue über alle Lieblosigkeiten, mit denen ich Mama so oft weh getan habe und die sie mir noch extra verziehen hat. Aber dies Sich-Besinnen und dies traurige Nicht-Wiedergutmachen-Können hat auch wieder seine positive, lehrende und bessernde Seite.«

Hesses resignative Einsicht in seine Versäumnisse wird augenblicklich abgelöst vom entsühnenden Selbsttrost, daß Verfehlung und Sünde ja moralisch wertvoll seien. Sie galten ihm nicht nur als Beweis für ein empfindliches Gewissen und damit für edles Menschentum, sondern sie erzeugten in ihm auch Unmut und Leid, die Antriebskräfte seiner schriftstellerischen Arbeit.

Der 1903 erschienene Roman »Peter Camenzind« trägt deutlich die kompensatorischen Züge einer Leid- und Schuldverarbeitung. Was Hesse im Leben versäumte, holte er als Camenzind in der Phantasie nach: »So kniete ich nahezu zwei Stunden und sah meine Mutter den Tod erleiden.«[87] Er schilderte auch, wie der Sarg in Camenzinds Beisein in die Erde gesenkt wird, eine Szene, die Rückschlüsse auf die Reue zuläßt, die er über sein Fernbleiben von der Beisetzung seiner Mutter empfand.

Der didaktisch ermahnende Zug all seiner Schriften kennzeichnete schon dieses Frühwerk, in dem er sich hinter lautstarker Dichter- und Naturseligkeit vielfältig mit Krankheit, Sterben und Beistandsleistung auseinandersetzte. Dazu gehörte auch, daß Camenzind die Pflege eines hilflosen Krüppels übernimmt und dadurch Grauen und Ekel vor dem Siechtum überwindet, – auch dies wirkt wie eine Geste der Wiedergutmachung und des Andenkens an das lange Krankenlager und den körperlichen Verfall seiner Mutter. Hesse hing an ihr mit vielen Fasern, das Gefühl von Schuld und Reue aber verfestigte diese Bindung noch.

Weil ihm die Loslösung aus dem Wesenskreis der Mutter nicht gelang, wuchs seine Angst, tief im Herzen nicht zur Liebe fähig zu sein. Augustus im gleichnamigen Märchen[88] spricht für alle Protagonisten Hesses, wenn er sich nur das Eine wünscht: Lieben zu können, ein »Glück, das ich mir wohl oft gedacht und gewünscht, aber nie erlebt habe«.

Diese Angst, nicht lieben zu können, ging Hand in Hand mit dem Genuß des Leidens an einer hoffnungslosen Liebe. »Berthold«, ein frühes und für Hesses Beziehung zu Frauen höchst aufschlußreiches Selbstbild aus dem Jahre 1904, »trug seine Liebe wie ein auszeichnendes Martyrium«. Er »wußte von den Frauen weniger als vom Mond. So unabhängig und weltkühl er sonst geworden war, gegen Frauen hatte er noch immer eine spröd abwehrende Schüchternheit behalten.«[89]

Das Mutterbild störte bis zum Zusammenleben mit Ninon Hesses Verhältnis zu Frauen: »Von der Mutter her und auch aus eigenem, undeutlichem Gefühl verehrte ich die Frauen insgesamt als ein fremdes, schönes und rätselhaftes Geschlecht, das uns durch eine angeborene Schönheit und Einheitlichkeit des Wesens überlegen ist und das wir heilig halten müssen.« Er sei in der Liebe ein Knabe geblieben. »Für mich ist die Liebe zu Frauen immer ein reinigendes Anbeten gewesen, eine steile Flamme, meiner Trübe entlodert, Beterhände zu blauen Himmeln emporgestreckt.«[90] Weil er die Frauen auf den Sockel der Unberührbarkeit gestellt habe, blieb er nach eigenen Worten ein resignierender, schüchterner, ein mut- und erfolgloser Liebhaber. Sein Protagonist Berthold ermordete den Freund Johannes, weil dieser seine Verzichtliebe verlacht hatte und als zynischer Verführer das »hehre Frauenideal« in ihm zerstören wollte.

Auf eine geradezu stereotype Art vermochte Hesse immer wieder eine unglückliche und unerwiderte Verliebtheit zu provozieren, daran zu leiden und seine Umgebung zum Mitleiden zu zwingen. »Der Zyklon«,[91] ein Naturereignis, das Hesse in der gleichnamigen Erzählung dem machtvollen Einbruch der Pubertät gleichsetzte, erschien ihm als Symbol aller Ich-Bedrohung durch die Liebe. Er wies – wie diese wahre Geschichte zeigt – die Liebeswünsche eines Mädchens erschrocken zurück. In seiner Hingabeangst erschien ihm die Liebe, die ihn vom Knaben zum Mann gemacht hätte, nicht als Ausweitung, sondern als Beschädigung, als Ich-Tod.

> Wohl endet Tod des Lebens Not
> Doch schauert Leben vor dem Tod.
> So schauert vor der Lieb ein Herz,
> Als ob es sei vom Tod bedroht.
> Denn wo die Lieb erwachet, stirbt
> Das Ich, der dunkele Despot.
>
> Dschelal ed-Din Rumi[92]

Dieser Spruch, in Hesses Handschrift abgefaßt, hing, gerahmt wie eine Warntafel, in seinem Atelier.

Gefahrlos waren nur die Fernen und Unerreichbaren: »Ich liebe Frauen, die vor tausend Jahren / Geliebt von Dichtern und besungen waren. [...] Ich liebe Frauen – schlanke, wunderbare / Die ungeboren ruhn im Schoß der Jahre.« Den gegenwärtigen Mädchen aber lief er davon. Er zog die nur geträumten Umarmungen vor und lebte gleichzeitig in der ständigen Angst, von der Wirklichkeit emotional überrumpelt zu werden:

> Wie oft hat mich die Wirklichkeit geweckt,
> In der ihr lebt, und mich zu sich befohlen!
> Ich stand in ihr ernüchtert und erschreckt
> Und habe bald mich wieder fortgestohlen,

heißt es in seinem Gedicht »Verlorenheit«, das mit der Verheißung endet, er finde sich dereinst »schluchzend bei der Mutter wieder«.[93]

Es scheint, als sei die sechsunddreißigjährige Maria Bernoulli, die Hesse – siebenundzwanzig Jahre alt – im Jahre 1904 heiratete und mit der er drei Söhne hatte, seiner Mutter in vielem ähnlich gewesen und habe deren Platz einnehmen sollen. Aber auch diese Beziehung, die auf Hesses Verbundenheit mit dem Muttertum beruhte, brachte für ihn qualvolle Spannungen, die zur Trennung führten und die er 1909 in »Gertrud«, dem Roman einer Künstlerehe, dargestellt hat.

Da Hesses allzu starke Bindung an die Mutter den Zugang zur Frau als der Geliebten lange erschwerte, wurde für ihn die Männerfreundschaft zum emotionalen Ersatz. Er hat selbst häufig darauf hingewiesen, daß er ein schlechter Geliebter und Gatte sei, dafür aber ein treuer und zuverlässiger Freund. Auch seinen Romanhelden stehen immer hilfreiche Gefährten zur Seite, und viele von ihnen entwickeln jenen hermaphroditischen Reiz, den Berthold im Knabenseminar schon entzückt an Johannes wahrnahm (»lang bewimperte Augen und einen lächelnden frauenhaften Mund«) und der sich bis ins Glasperlenspiel hinein verfolgen läßt: »Knechts Tod zart homoerotisch«, wertete Thomas Mann. Hesse, dem Reiz des Androgynen stets aufgeschlossen, hatte in seinem Krisis-Gedicht »Schizophren« in später gestrichenen Zeilen sarkastisch festgestellt: »Was mich betrifft, so bin ich Zimmergesell / Psychisch belastet und leicht homosexuell.«[94] Er bestritt, daß Freundschaften zwischen Männern völlig frei von Sinnenwärme und Begehren sein könnten: »Ich bin geschlechtlich ›normal‹ und habe nie körperlich erotische Beziehungen zu Männern gehabt, aber die Freundschaften deshalb für völlig unerotisch zu halten, scheint mir doch falsch zu sein.«[95]

Hesses männliche Romangestalten zeigen neben der Begabung zur Freundestreue eine kühle Abwehr gegenüber Frauen und träumen dabei doch den Paradiestraum von Verführung, Sünde und unerlöster Lust. Auch durch die Psychoanalyse wurde Hesses unausgeglichenes Verhältnis zu Frauen nicht gemildert, seine Helden pendelten weiterhin zwischen den Gefühlen von scheuen Knaben und Lüstlingen, zwischen Heiligen und Wüstlingen, zwischen Asketentum und hastig-gieriger Ausschweifung. Die Liebe behält immer den Beigeschmack von Gottesdienst oder Verbrechen, von Wonne oder Grauen. Im »Tagebuch eines Entgleisten« erniedrigt Hesse die Frauen, um sie berührbar zu machen. Da er die eigene erotische Hemmschwelle abbauen möchte, verkündet er angewidert, »daß das Paradies bloß eine Schenke war«. Aus »Heiligen« werden nun Huren, aus verehrten Jungfrauen käufliche Mädchen. Sex wird nach langen Entzugserscheinungen als Allheilmittel propagiert. Dabei gerät er in eine Hypertrophie vermeintlicher Männlichkeit: Klingsors »gute ängstliche Weibchen« gehören zur angenehmen Weltausstattung, denn »Essen, Wein und Weiber und Kaffee« braucht er zum Wohlbefinden, und im »Steppenwolf« wird das kurzfristige Liebesspiel mit dem »schönen, gefährlichen Wappentier der Weiblichkeit und der Sünde« aus Nachholbedarf zur Seelentherapie erklärt. Aber auch der vordergründige Trieb- und Tanztaumel beseitigt die erotische Kontaktsperre nicht. Hesses Protagonisten erleiden weiterhin »diese tiefe Verlegenheit, diesen zuckenden Zwiespalt von Begehren und Angst«.

»Zu den paar Freunden und Medikamenten und Mittelchen, die mich dennoch immer wieder zum Leben verführen, gehört, neben der Sommersonne und dem gelegentlichen erotischen Interesse für Frauen vor allem das Malen«[96], erklärte er 1926, und ähnliches gilt auch für Goldmunds »gelegentlichen« Frauengenuß, der allein seinem Selbstgewinn als Künstler dient. »Mir ist von der Geschlechtsliebe und von der Freundschaft nicht viel mehr zu erleben möglich gewesen, als im ›Narziß‹ steht«, bekannte Hesse.[97] Mehrfach verteidigte er »das rein sinnliche Vergnügen am Weibe« bei Goldmund: Die Beseelung des Sinnlichen gelinge diesem eben nicht in der Liebe, sondern erst in der Kunst. Goldmund trinke bei der Frau als der für ihn wirksamsten Quelle der Natur den Tropfen Lust und Qual, aus dem er seine Werke entstehen lasse, er sammle Liebe wie die Biene den Blütensaft, aus dem diese »zu Hause, die Blumen schnell vergessend, ihren Honig macht«.[98]

Hesse hat in seinen Büchern keine Frauengestalt von klarer Individualität geschaffen. Die Umrisse der sporadisch Geliebten verfließen wie das Wasser, von dem die Männer zu ihrer gelegentlichen Erfrischung trinken. Selbst die Konturen einer Titelfigur wie der »Gertrud« bleiben unscharf; denn diese sei – wie Hesse erklärte – nur »Stimulans, dessen Kuhn zu seiner ganzen Entwicklung bedurfte«. Goldmund verzagt vor dem künstlerischen Unvermögen, seinen vagantenhaften Frauengenuß im Bildnis *einer* Frau zu gestalten. Nur die »Urlust« vermochte ihn zu binden. So blieb ihm die Vereinigung mit der Geliebten bis zu seiner Sterbestunde versagt: »Mutter Tod, gib mir die Hand!«[99]

Hesses »Geistesmenschen« hingegen konnten das Geschlechtliche nicht in ihre Persönlichkeit integrieren. Die Triebquellen der Glasperlenspieler sind verdorrt. Zwar bescheinigt ihnen Hesse Gelüste, deren Zähmung ihnen Mühe mache, doch glaubhaft dargestellt hat er dies nicht. In der kastalischen Geistesprovinz fanden Frauen keinen Platz, sie werden nur beiläufig als Mütter oder als Dirnen erwähnt. Wenn von Liebe die Rede ist, verkommt sie bei gelegentlichen »Stadtbesuchen« der Kastalier zu Sex und Hygiene.

Affektexplosionen regeln bei Hesses Protagonisten vom Unbewußten her die vernachlässigte Beziehung zum anderen Geschlecht. Sein Werk ist voller Mordvisionen, Todesart: Zustechen mit dem (Rasier)Messer. Klein ist vom Zwang besessen, Frauen – und zugleich das Mutterbild – in sich zu töten, Klingsors Selbstbildnis zeigt eine mit dem Messer zerschnittene Frauenbrust, Haller stößt in seinem Wachtraum Hermine ein Messer in den Leib – der Liebesakt pervertiert in Haßträume und Selbsttötungswünsche. Daneben durchzieht Hesses Werk seit dem »Demian« auch das Inzestmotiv der Mutter-Sohn-Vereinigung. Johannes, Narziß und Knecht hingegen sind mutterlos aufgewachsen und blieben somit – laut Hesse – verschont vom Unglück derer, »die allzuviel Mutterwärme und Zärtlichkeit abbekommen haben und daran verderben«.[100] Hesse läßt sie »störungsfrei« in die für ihn männliche Sphäre von Geist und Gelehrsamkeit gelangen.

Für Hesse stellte sich die Welt als ein in männliche und weibliche Sphären getrenntes Ordnungssystem dar. Ninon, die Freund-Gattin, vereinigte in Geist- und Sinnenfreude viele Eigenschaften, die Hesse in seinem Denk- und Erlebnisschema als männlich und weiblich streng gesondert hatte. Aber für ihn bildete Ninon eben eine Ausnahme. Er beharrte auch weiterhin auf seiner bipolaren

Weltsicht, die auf den gegensätzlichen Prinzipien des Männlichen und des Weiblichen als kosmischen Urmächten aufgebaut war.

Daß Hesse seit frühester Kindheit auf diesen Dualismus und damit auf eine geschlechtsgebundene Rollenverteilung festgelegt war, zeigt eine kleine Episode, die seine Mutter aufschrieb. Als sie den Sechsjährigen, der sich für Naturkunde begeisterte, fragte, »ob die Schwester Luise ihnen dies Fach gebe, rief er höhnend: Ja, wenn vollends so e Jungfer Naturgeschichte geben könnte! Da würden wir wohl lernen, der Löwe sei ein schwacher, fauler Esel! Nein, was meinst, der Herr Lauffer lehrt uns!«[101] Marie Hesse bot ihrem Sohn jedoch keineswegs das Beispiel einer geistfernen und unkritischen Frau! Sie hatte sogar als allererste Lehrerin an einer württembergischen Realschule unterrichtet, freilich nach öffentlichen Protesten und mit einer Sondergenehmigung des Stuttgarter Kultusministeriums. Die scherzhaft »Frau Professorin« genannte Marie war außerdem eine begabte Schriftstellerin.[102] Dennoch schienen ihrem Sohn die Mädchen – als das ganz andere Geschlecht – nur zu Heirat und Mutterschaft geeignet. »Wir Männer, wir treiben hundert Dinge, wir schaffen und forschen und arbeiten, wir haben Amt und Beruf und eine Menge kleiner Freuden und kleine Laster – aber, was haben sie, die Frauen, die nur in Liebe leben, nur auf Liebe hoffen könnne?«[103] Ein gewisses Mitleid mit diesen benachteiligten Geschöpfen ist Hesse nicht abzusprechen. Sie waren allenfalls dazu bestimmt, sponsa des männlichen Geistes zu sein, die Stimme des Mannes ungehört zu begleiten, als »Stimulans«, – Gefährtinnen sui generis! Noch 1930 schrieb er über die Schriftstellerin Emmy Ball-Hennings, sie sei »weiter nichts als die Frau und Stütze des großen Hugo Ball gewesen und daneben eine Frau, welche die schönsten Seiten deutscher Prosa geschrieben hat, die seit Jahrzehnten von einer Frau gekommen sind«.[104]

Aus Zeit und Umwelt wurde Hesses Frauenbild geprägt. In seiner Erzählung »Schön ist die Jugend« bemerkte er dazu: »Mädchen, mit denen man kameradschaftlich umgehen und über Leben und Literatur reden konnte, waren in meinem damaligen Lebenskreis Seltenheiten.«[105] So setzte sich das Bild vom zarten Seelchen in ihm fest, das wäßrig blau gekleidet, von »zierlich feiner Gestalt« und »leicht und schnell wie ein Reh«, Klavier spielend oder verschämt plaudernd die Ritterlichkeit des Mannes herausforderte – ein Bild, dem Ninon schon 1912 nicht entsprach, als sie in der Hängematte ihre mögliche Anverwandlung an Camenzinds Geliebte Elisabeth überdachte. Ebensowenig glich sie den im späteren Werk auftretenden Frauen von erotischer Verfügbarkeit, die steppenwölfischen Kurzbegegnungen dienten oder Goldmund-Honig spendeten. Ninons Wesen war festlinig, und die Spannweite ihrer Liebesfähigkeit schloß viele Weisen der Begegnung ein, hinter denen sie jeweils mit ihrer ganzen Person stand.

Durch Ninon wurde Hesses auf Sex und Familiendienst beschränktes Frauenbild ad absurdum geführt. Die eigentümliche Starre, mit der er bis dahin an den mann-weiblichen Bewertungen festgehalten hatte und damit auch an der Gleichsetzung von Weiblichkeit und Mütterlichkeit, löste sich neben der kinderlosen Ninon, die den für Hesse so beklemmenden Machtbereich der Mütter nicht um sich hatte. Aber gleichzeitig zeigte er sich in seiner Einschätzung von Frauen aufs neue tief verunsichert. Auf die Frage, warum im »Glasperlenspiel« keine Frauen vorkämen, antwortete er, daß er einen reinen Männer-Orden gestaltet habe, liege an seinem Bedürfnis, genau und gewissenhaft zu sein und nicht von einem ferngerückten Stück Leben zu sprechen, »worüber etwas Wirkliches zu wissen er sich nicht anmaßt und traut«.[106] Er habe darum den Bereich von Liebe und Geschlecht im »Glasperlenspiel« ausgespart.[107] Er verwies jedoch auf das »Geistige und Übergeschlechtliche« des Spieles und versicherte, daß man sich in Kastalien »alle klugen und geistig überlegenen Frauen von Aspasia bis heute« hineindenken könne.

Es gibt einen Beweis dafür, daß Hesse im Zusammenleben mit Ninon eine Umwertung seiner bis dahin unumstößlichen Ordnungsbegriffe vornahm: das nachgelassene Fragment »Der vierte Lebenslauf Josef Knechts«.[108] In diesem zwischen 1932 und 1934 konzipierten, aber später nicht in den Roman eingefügten Prosastück überwand Hesse das alte stereotype Rollenbild von Mann und Frau.[109] Während in allen bisherigen Werken die Mutter die Seite des Lebens mit den Bereichen Natur, Liebe, Kunst abdeckte, der Vater hingegen Gewissen, Maß, Gebot und Strafe verkörperte, vertritt die Mutter hier zum ersten Male Ordnung, Gesetz und Sitte in einer geradezu poesiefeindlichen Gewissensstarre. Der Vater hingegen – in seiner Sinnenfreude wohl ein Wunschvater Hesses – ist als Brunnenmacher mit den Geheimnissen der Natur im Bunde, ein Wasserlauscher, ein Quellen- und Waldgänger, ein Flötenspieler, der Volkslieder und Tanzböden liebt und durch seine gelegentlichen Anfälle von Trunksucht auch der Nachtseite des Lebens seinen Tribut zollt. Diese Revision – ja Umkehrung – seines bisherigen Vater- und Mutterbildes erfolgte Anfang der dreißiger Jahre, als er seiner Schwester Adele schrieb: »Aber an Mutters Leben sehe ich das, was mich stört, allzu deutlich«[110], und sich mit der »feigen verlogenen Ängstlichkeit« der Eltern auseinandersetzte, »mit der sie das Geschlechtliche als nicht vorhanden betrachtet und weggelogen« hätten, so daß er es nicht in den Rahmen seiner Persönlichkeit habe integrieren können.[111]

Aber noch eine weibliche Figur dieses Fragment gebliebenen schwäbischen Lebenslaufes Knechts zeigt gegenüber früheren Mädchengestalten ungewohnte Züge: Knechts Schwester Benigna – die Milde, ein im Widerspruch zu ihrem Namen ungebärdiges, rothaariges Mädchen – verkörpert nicht mehr den schwäbischen, »weiblichen« Typ der Hesse-Gundertschen Frauen, sondern eine sich kraftvoll aufbäumende Vatertochter.

Durch Ninon, die Hesse Geliebte und Kameradin war und die ihn verstand, wie er sich vorher nur von seiner Mutter verstanden fühlte, ergaben sich für ihn neue Erfahrungen, die sich im Spätwerk niederschlugen. Da Ninon ihn aus der Mutterbindung zu lösen vermochte, wurde er frei für die Vaterwelt. Die Auseinandersetzung mit der protestantisch-pietistischen Tradition seines Elternhauses, die Anfang der dreißiger Jahre einsetzte, bedeutete eine lange hinausgeschobene, aber längst fällige Auseinandersetzung mit dem Vater als dem Repräsentanten dieser religiösen Wert-Welt. Das aber bildete die Voraussetzung für die Gestaltung Kastaliens im »Glasperlenspiel«.

Achtes Kapitel

Welthunger

Ehe im Zeichen des gläsernen Spiels

> Ich bin stolz, daß ich zu Dir und Deiner Welt gehöre, und daß ich mich auch in der anderen zurechtfinde, ist ja für uns beide gut.

> Glauben Sie, daß Dichterfrauen in einen besonderen Himmel kommen, als Belohnung für vieles?

Es gab im Zusammenleben von Ninon und Hermann Hesse wohl Zeiten der Einsamkeit, nie aber der Eintönigkeit. »Ich bin immer wieder überrascht von Deiner Vielfältigkeit«, hatte ihm Ninon vor ihrer Ehe geschrieben. »Ich liebe so viele ›Du‹, diesen Hermann und jenen, heute einen, morgen einen andern.« Sie mußte sich ständig neu auf ihn einstellen. Rückblickend schrieb sie im Jahre 1948: »Wie ist es möglich, daß man einen Mann, mit dem man 21 Jahre zusammenlebt, immer noch mehr liebt? Es ist ein so lebendiger Strom des Lebens in ihm – er ist der sich ewig Wandelnde, obwohl er in einem andern Sinn der Ewig-Gleiche ist –, daß auch die Liebe zu ihm immer neuer Entwicklungen fähig ist.«[1] Die Überraschung im gegenseitigen Umgang endete nie.

Die vielbestaunte Dauerhaftigkeit ihrer Ehe beruhte sicherlich auf einem nahezu unendlichen Rollenspiel. Ninon war entzückt, wenn Hesse sie wie ein verspielter Knabe zu spitzbübischem Unfug und Witz reizte, wenn er neckte oder schauspielerte, wenn er im Garten zündelte oder sie mit Scherzgedichten herausforderte. Sie entsprach ihm, wenn er als altersloser Weiser meditierte oder als »Vogel-Winzling« nach ihrer fürsorgerischen Zärtlichkeit verlangte. Sie hatte ebensoviel Verständnis für den überempfindlichen Studiogelehrten wie für den kraftvoll ausschreitenden schwäbischen Bauern, der mit ihr in Weinberg und Garten arbeiten wollte. Sie nahm seine Krankheiten ernst und wurde zur Pflegerin. Sie war das begabte Kind, das gläubig zu ihm aufschaute und das er ermahnen durfte. Der hübsche Page Ninon, der 1926 im modischen Eton-Schnitt in Hesses Züricher Mansarde trat, wurde zum gelehrigen »Johannes-Jünger«; sie gefiel ihm als »Savoyarden-Knabe«[2] ebenso wie als »puella piccola«. Hesse, der nie eine Tochter hatte, fühlte sich in der patriarchischen Verantwortung eines Gewährenden und Versagenden wohl: »Ich mußte ihr die Reise nach Athen natürlich im letzten Moment verbieten, es war zu unsicher dort.« Als Ninon zu Kriegsbeginn außer der Luganeser auch noch die »Zürcher Zeitung« abonnierte, betonte er: »Ich erlaubte es sehr ungern.«[3] Oft tröstete er: »Herzlein, Liebste, nicht verzweifeln«, oder mahnte: »Liebe Ninon, kleines Mädchen.« Er »belohnte« sie durch Freizeit, Reisezuschüsse und kleine Geschenke, etwa »Zigaretten für die starke Raucherin«, oder eigene Aquarelle. »Dem lieben Keuper zur Belohnung fürs Briefe-Vorlesen«, schrieb er als Widmung in ein Buch. Wer belohnt, bestraft auch. Es gab Zeiten, in denen er sie aus seinem Zaubergarten ausschloß, Spannen schmerzlicher Verweigerung. Ninon befolgte darum Hesses meist schriftliche Aufforderungen. Sein »Merke: gelesene Bücher notieren« beherzigte sie ebenso wie seine strengen Anweisungen zur Sparsamkeit oder zur peinlich genauen Gewichtskontrolle und Frankierung der Briefe, denn sie fürchtete seine schroffen Tadel.

Ein Aspekt dieser vielgestaltigen Beziehung war das Lehrer-Schüler-Verhältnis, das beide brauchten und genossen. Ninon behielt lebenslang etwas von einer Studentin, lernbegierig, aufnahmefähig, für alles Neue zugänglich. Hesse hingegen war stolz auf seine gute Schülerin, er lehrte und korrigierte gern. Ninon nahm auch diese Rolle an: »Ich versuchte mich über Sophokles zu äußern. H. billigte alle diese Versuche in seiner großen Güte und ermutigte mich durch Anhören und gelegentliches Lob« schrieb sie am 3. Oktober 1936 an Dolbin. In späteren Jahren wehrte sie sich gegen solche Bevormundungen: »H. verfällt in belehrenden Ton, den ich schlecht vertrage, besonders, wenn ich Bescheid weiß!«[4]

Das eingespielte Verhältnis von abgeklärtem Rat und überlegener Besorgnis auf Hesses, von eifriger Rechtfertigung auf Ninons Seite, zeigte sich vor allem in ihren Reise-Briefen: »Manchmal ertappe ich mich bei dem Gedanken, daß es schön sein müßte, zum Vergnügen in Rom zu sein! Mein Tag ist ausgefüllt von Pflichten und Pflichtversäumnissen, an allen Ecken fehlt mir was, hier eine Bronzetür, dort ein Fresko, und dabei erlaube ich mir ›Schlendern‹ erst immer nach 5 Uhr nachmittags«, schrieb sie Hesse im Novem-

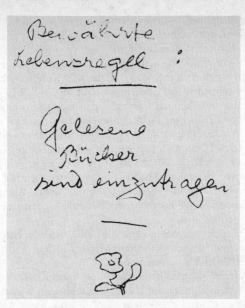

Empfehlung Hermann Hesses an Ninon

ber 1931. Er aber rügte: »Mit Deinem römisch-jüdischen Pflichtleben machst Du Dich tot, puella stupida.« Oder er warnte: »Denke daran, daß Du nicht die Aufgabe hast, auch noch in den Ferien Tatkraft, Ausdauer etc. zu zeigen, denn Mut zeigt auch der Mameluk, und Heroismus ist auch Görings Ideal, des Keupers Schmuck aber sei Gehorsam, nämlich Weisheit – Gehorsam gegen die Weisheit unseres Körpers und unserer Seele (nicht unseres Willens und Intellekts)«.[5] Ninon aber glaubte, nicht genießen zu dürfen, sondern ein ihr von ihm gewährtes Pensum absolvieren zu müssen, und sie wartete geradezu auf Hesses beschwichtigende Worte: »Du argumentierst, die täglichen Genüsse in Museen etc. müßtest Du Dir doch durch tugendsames Verhalten und strengen Fleiß auf der Reise verdienen! Du vergißt ganz, daß die ganzen Ferien und Reisen von Dir schon längst ›verdient‹ sind, noch eh Du sie antrittst! Du hast sie durch ein Jahr Haushalt reichlich verdient und sollst Dir dann die Ferien selber nicht auch noch durch Heroismus verdienen müssen.«[6] Und angesichts ihres Erlebnishungers mahnte er: »Du glaubst noch immer, großes Kind, man könnte vielleicht doch noch in einem Menschenleben zu Rande kommen mit der Welt, alles Schöne gesehen haben, alles Weise gelernt haben. Das kann man aber nicht, die Welt ist unerschöpflich, wir aber sind sehr erschöpflich, darum ist ein Mundvoll besser als ein in Hast halb geleertes Faß, was Du alles sehr wohl weißt, aber in Deiner betrübenden Torheit nicht wissen willst.«[7] Liebevoll rügte er: »Du dummes, dummes kleines Mädchen. Du wirst einmal vor dem Sterben darüber unglücklich sein, daß Du 400 305 608 ungesehene Kunstwerke auf der Erde hinterläßt statt nur 400 305 503.«[8] Ninon entgegnete: »Vogelchen, liebster Lieber – immer schreibst Du gerade das Richtige! – seither habe ich ein etwas ruhigeres Tempo, und beinahe gelassen streiche ich dies oder jenes durch.«[9] Der Briefwechsel während Ninons Reisen zeigt Hesse als umsichtigen Ratgeber, dessen Briefe sie in ihrem Perfektionismus entlasteten.

Sie waren sich gegenseitig Leidende und Tröstende, Furchtsame und Schutzgewährende, Vater und Mutter, Tochter und Sohn, la puella gentile und der arme Bub.[10]

Alle Kraft der Mütterlichkeit, die Ninon einem Kind entgegengebracht hätte, richtete sie auf Hesse. »Ich sehne mich schrecklich, ein Kind von Dir zu haben«, hatte sie ihm schon am 2. Mai 1927 geschrieben. Sie grübelte seitdem oft über die »verhinderte biologische Zeugung« und tröstete sich nach und nach mit der Vorstellung einer »geistigen Zeugung«, die eine dauernde gegenseitige Erneuerung in den Liebenden selbst bewirkte: »Ich bin ganz von Dir durchdrungen, aber ich schleppe nichts mit mir herum, es ist lebendig in mir und wächst darin weiter. Du befruchtest mich, Du lebst in mir – und ich möchte Dir danken.«[11]

Zu diesem gegenseitigen Entsprechungs- und Verfremdungsspiel gehörte auch, daß beide häufig in eine Art Kindersprache verfielen. In Hausbriefchen, die sie, um den anderen nicht zu stören, an vereinbarte Plätze der Wohnung legten, redeten sie sich gern in der dritten Person an, wenn Zeitpunkt oder Thema heikel erschienen. Ninon, im Hinblick auf Hesses empfindliche Morgennerven: »Guten Morgen, Vogel, Ninon war zweimal in der Nähe Deiner Tür, getraute sich aber nicht näher!« Nach einer Verstimmung beschwichtigend: »Vogel bekommt ein neues Spazierstöckchen, das hoffentlich kurz genug ist!« Bei Geldthemen: »Ninons Notgeld. Ninon verpflichtet sich, in Montagnola den Gegenwert von 35 RM zu bezahlen, welche sie bereits erhalten hat.« Oder: »Ninon

> Geschäftliche Anfrage
>
> Wieviel Blätter aus deinem grauen
> Briefblock gibst du mir für ein be-
> maltes?
> Aufträge nimmt entgegen

Hausbrief Hermann Hesses vom 2. Dezember 1932

beteiligt sich mit 30 Frs. vom Haushalt an der Versicherungsprämie. Sie bittet also nur um 38 Frs.« Um nicht lästig oder zudringlich zu erscheinen: »Kleine höfliche Anfrage: Darf Ninon Hermanns Geburtstagsbrief an Adele lesen? Keine Antwort bedeutet: nein. H. darf (muß aber nicht) Ninons und Lillys Brief an Adele lesen.«

Oft vermied Hesse auch die direkte Anrede, als entschärfe er dadurch Vorwurf oder Forderung: »Keuper muß besser auf Vogels Diät achten.« Oder: »Diplomatische Note. Das gestrige allzu üppige Abendessen hat mich die Nacht gekostet. Ich melde es und würde ein etwaiges weiteres Attentat dadurch beantworten, daß ich wöchentlich zwei Obsttage halte. Avis m.« Oder: »Mutmaßliches über den blauen Anzug! Man betrachte das Futter des Rokkes. Durch zwei, drei Flicken innen, namentlich in der Taschengegend, könnte manches gerettet werden, dächte ich. Das kleine, aber unheilschwangere Loch in der rechten Hosentasche habe ich durch Papier kenntlich gemacht.« Oder:

> Wenn doch nur ein Gott beföhle,
> Daß mein Weib mich bürste, oele!
> Ach sie ahnt nicht, wie ich dürste,
> Nach dem Oele, nach der Bürste!

Wortfinderisch bereicherte Hesse ihre Geheimsprache: »Name ist Schall und Rauch. Colam, penolam, spanilje, Colampe sowie bastrangone / Alle bedeuten, oh Freund, dasselbe und alle gleich Keuper.« Hesse liebte solche Wortspiele: »Wie knapp und doch präzis ist unsere ›Nebensprache‹; Postranghe palunque pomanta bastrangone und alles ist gesagt, wozu Du deutsch vier Zeilen brauchst.«

In diesem nur Ninon verständlichen Privat-Code zeigte sich Hesses ungetrübte Freude am Verschlüsseln und Verstecken. Aber ebenso gefiel ihm auch jede andere Clownerie. Er gab seinem Hang zum Grotesken ungehemmt nach, war stets aufnahmebereit für das Drollige und Absonderliche in seiner Umgebung, um es später pantomimisch vollendet wiederzugeben. Als Schauspieler beherrschte er alle Chargen. Er besaß einen untrüglichen Sinn für Komik und liebte vor allem die Heiterkeitsausbrüche, die er selbst hervorrief.[12] Er war ein Freund des Weinumtrunks, des sprunghaften Witzes und der fröhlichen Geselligkeit in kleinem Kreis, weit weg von tragikumwitterter Innerlichkeit, von Marmorkühle und Dichterpodest. Ninon wußte, daß Hesse fern vom Produktionsdruck stets bereit war zu Merkwürdigkeiten und spannendem Spiel, ob zu einfachem Wettwürfeln, zu Halma- und Mühleziehen oder zum Boccia-Turnier, wofür er mit Vergnügen eigene Einladungen[13] verfaßte.

In Hesses Namensspielen, Hausbriefen und Scherzgedichten lag eine verkappte Zärtlichkeit, die er, der Scheue, nur selten direkt oder vor Dritten zeigte. Dennoch gibt es manchen Zeugen für die Bewunderung, die der eines jeden verliebten Mannes für seine jugendliche Gefährtin glich. Er war vor allem entzückt, wenn Ninon das Wienerische herauskehrte und einen Charme entwickelte, der sie weich und hingebend erscheinen ließ. Ihre zeitweilige, von ihm gefürchtete Verhärtung beruhte auf ihrem fast fanatischen Pflichtgefühl, für ihn vorbildlich zu sorgen. Er respektierte darum ihre Anweisungen und umging sie nur heimlich. Freunde erzählen, daß er die von Ninon streng verordnete Mittagsruhe manchmal unterbrach, herausschlich und unbemerkt durch ein vor Sicht schützendes Gebüsch wieder ins Haus zurückhuschte, um zur Aufweckzeit brav dazuliegen und in seinem Ungehorsam nicht aufzufallen. Ihren Hang zum Perfekten und Genauen fürchtete er, etwa ihr bitteres Schweigen, wenn er unbedacht einen Flecken auf das Tischtuch machte und sie zu dem immer bereitstehenden Talkumpuder eilte,

Heute 1. August 1935

Grosses Montagsdorfer Boccia-
Wettspiel für Gäste

Es nehmen teil:
Vogel von Montagsdorf hors concours
Lili als Gast
Martin als Gast
Keuper als Ehrenmitglied des Preis-
gerichts

Es sind drei Preise ausgesetzt,
der grosse Ehrenpreis von Montagsdorf
der Ehrenpreis vom Vogelhaus
der Kreuk-Preis

    Die Verteilung der Preise findet
statt nach den bewährten Grundsätzen,
die wir dem Magister Jos. Knecht verdanken, also ohne jede Rücksicht auf
die sportliche Leistung, so da" Strebe-
rei und Ehrgeiz ausgeschlossen sind.
Andrerseits entstehen keinem Mitspieler
Hemmungen im Zeigen seiner Talente,
denn er mag glänzen wieer will: er bekommt den im voraus für ihn bestimmten
Preis und keinen andern.

Typoskript Hermann Hesses

um den Makel sofort unsichtbar zu machen. Noch mehr aber war ihm ihr Trotzen zuwider, ihr vorwurfsvolles Schweigen, ihr Abblocken. Dann lenkte er ein: »Keuperchen. Mir scheint, ich habe irgend etwas falsch gemacht. Ich wollte darum bloß sagen: als ich heut morgen um 7 aufstand und mich in Dein Gärtchen droben schlich, um Dich mit der Zinnienpflanzung zu überraschen, geschah das nicht um Dich zu ärgern, sondern um Dir eine Freude

Widmung Hermann Hesses für Ninon vom 1. Juli 1933

zu machen.«[14] Auch mit Tauschangeboten wollte er ihr, die seine Aquarelle sammelte, eine Freude machen.

Ninon, die stets ihren »Halbjahresgeburtstag« feierte, wies Hesse am Vorabend auf dieses »wichtige Ereignis« hin. Hesse verstand den Fingerzeig und schenkte ihr die mit einer Zeichnung geschmückte Gedichthandschrift »Zu einem Vor- oder Halbgeburtstag«; er vermerkte auf dem Typoskript: »Geschrieben für Ninon an ihrem Halbjahrestag (neue Sitte) 1933.«

Kein Zweifel, Hesse versuchte trotz seiner durch nervöse Reizbarkeit oder Produktionsstau verursachten Stimmungstiefs hin und wieder Ninon eine Freude zu machen. Im Juli 1933 widmete er ihr nach ihrer keineswegs begeisterten Mitarbeit im Garten ein Gedicht[15], in dem er die Mühsal seiner rustikalen Liebhaberei spöttisch zugab:

Gärtners Traum

Was hast du, Traumfee, in der Wunderbüchse?
Vor allem ein Gebirg von bestem Mist!
Dann einen Weg, auf dem kein Unkraut wüchse,
Ein Katzenpaar, das keinen Vogel frißt.

Ein Pulver auch, mit dem bestäubt alsbald
Blattläuse sich in Rosenflor verwandeln,
Robinien jedoch zum Palmenwald,
Mit dessen Ernte wir gewinnreich handeln.

O Fee, und mache, daß uns Wasser flösse,
An jedem Ort, den wir bepflanzt, besät;
Spinat, der niemals frech in Blüten schösse!
Und einen Schubkarrn, der von selber geht.

Und Eines noch: ein sicheres Mäusegift,
Den Wetterzauber gegen Hageltücken,
Vom Stall zum Hause einen kleinen Lift,
Und jeden Abend einen neuen Rücken.

Aber es gab innerhalb des breitgefächerten Rollenspiels *eine* Aufgabe, gegen die sich Ninon innerlich sträubte, und darum hat sie sie mit geradezu verbissener Gewissenhaftigkeit übernommen: die der Hausfrau. »Jetzt habe ich eine Herrenschneiderei als ›Köchin‹, sie kann wirklich sehr wenig, und ich lese und lese in Kochbüchern, um dies und jenes Neue mit ihr auszuprobieren und bin traurig, daß ich immer ›Martha‹ sein muß, während ich doch viel lieber ›Maria‹ wäre, die nach Christi Ausspruch ›den besseren Teil‹ gewählt hat! Das hat mich immer schrecklich geärgert – Maria setzte sich einfach zu den Füßen des Herrn hin und lauschte – die arme Martha kochte und buk und rannte und besorgte – und als sie sich beklagte, hieß es noch, die andre, die, welche ihr *nicht half,* habe ›das bessere Teil‹ gewählt! Ich möchte auch das bessere Teil wählen und Euripides lesen und interpretieren.«[16]

Ninon war bei der Größe des Hauses abhängig von fremder Hilfe, grundsätzlich aber haßte sie Abhängigkeit, und sie übertrug diesen Unwillen – ebenso wie ihre Abneigung gegen die Zwänge des Haushaltens – auf das Personal. Die Klage über eine »wahre Dienstbotenhölle« durchzieht all ihre Briefe. Ständig fehlten Hausmädchen und Köchinnen, und daran war nicht nur die Einsamkeit von Montagnola schuld, sondern auch ihr eigener Perfektionismus, mit dem sie stets das Tadellose verlangte. In ihrer Angst, das Pensum unangenehmer Aufgaben auch tatsächlich zu meistern, verlief ihr Leben eingepreßt in eine pedantische Tageseinteilung. Sie, die viel lieber las und schrieb, brauchte dieses Geländer einer fast fanatischen Pünktlichkeit. Im äußeren Ablauf erschien Hesses Leben kleinbürgerlich geordnet, der Lebensstil hingegen war durch Ninons Erfahrungen im Czernowitzer Elternhaus mit seinen zahlreichen Hilfskräften geprägt. Was jedoch im Großbürgertum des Ostens um die Jahrhundertwende üblich und in sozial weniger empfindlichen Zeiten durchführbar war, ließ sich nicht auf das Schweizer Hauspersonal der dreißiger Jahre übertragen. Es gibt viele Beispiele für eine erziehungsmäßig verankerte Barriere, von der Ninon sich lange nicht befreien konnte. Sie wies Arbeitserleichterungen moderner Art weit von sich. Als Elsy Bodmer einmal anregte, Ninon möge doch einen Staubsauger kaufen und nicht mehr auf die althergebrachte Weise putzen lassen, lehnte sie ab. Die Besen hatten kurze Stiele, damit man sich bücken mußte und kein Stäubchen übersah. Die Arbeit müsse hart sein, um ernst genommen zu werden, behauptete Ninon, und sie kontrollierte die Reinlichkeit streng und unnachgiebig.

Hesse hat das Geordnete seiner Existenz zweifellos als Wohltat empfunden. Dennoch äußerte er gegenüber Heinrich Wiegand im

Ninon Ausländer als Schülerin des humanistischen Staatsgymnasiums in Czernowitz. Mit vierzehn Jahren schrieb sie nach der Lektüre des »Peter Camenzind« ihren ersten Brief an Hermann Hesse.

Ninons Mutter, Gisela Anna Ausländer geb. Israeli (1874-1925).

Ninons Vater, Dr. jur. Jakob Ausländer (1860-1919).

Die vierjährige Ninon.

Ninons Freundin, Johanna Gold (S. 45 ff.).

Die drei Schwestern Toka, Ninon und Lilly Ausländer (von links nach rechts).

Der Ringplatz in Czernowitz mit dem Rathaus, dessen Turm die Bürger an den von Michelangelo entworfenen Turm des Senatorenpalastes in Rom erinnerte. Rechts das Sparkassengebäude im Jugendstil und im Hintergrund das Staatsgymnasium.

Ninon (erstes Mädchen von rechts) mit ihrer Schulklasse im Gymnasium von Czernowitz (S. 34).

Ninon als Medizinstudentin in Wien.

Benedikt Fred Dolbin. Ninon lernte ihn am 3. März 1918 in Wien kennen und heiratete ihn am 11. Nov. des gleichen Jahres (S. 111 ff.).

Jakob Ausländer, im November 1919 – einen Monat vor seinem Tod – von B. F. Dolbin gezeichnet (S. 143).

Ninon, von ihrem Mann B. F. Dolbin im ersten Ehejahr gezeichnet.

Ninon Dolbin während ihres Studiums im Winter 1924/25 in Paris.

B. F. Dolbin beim Porträtieren.

Das Ehepaar Dolbin an der italienischen Riviera.

B. F. Dolbin 1917 im Frankfurter Rundfunk beim Zeichnen eines Sängers.

Hermann Hesse zur Zeit der Niederschrift seines Romans »Der Steppenwolf«, kurz vor seinem fünfzigsten Geburtstag.

Die Collina d'Oro von Montagnola, rechts oben die Casa Camuzzi.

Die Casa Camuzzi von der Gartenseite, von »Klingsors Zaubergarten« her gesehen. Im rechten oberen Stockwerk hatte Hesse vom Mai 1919 bis zum August 1931 eine kleine Wohnung gemietet; hier entstanden seine Werke von den Erzählungen »Klingsors letzter Sommer« bis zum Roman »Narziß und Goldmund«.

Hermann Hesse und Ninon Dolbin im Januar 1928 in Arosa (S. 247).

Skiurlaub im Februar 1929 in Maran bei Arosa.

Ninon Dolbin und Hermann Hesse in St. Moritz 1931.

Ninon Dolbin mit Katia Mann auf der Chantarella bei St. Moritz (S. 264).

Hermann Hesse und Ninon 1929.

Hermann Hesse und Ninon Dolbin im Februar 1929 in Maran beim Skiurlaub (S. 247).

Ninon und Hermann Hesse nach dem Umzug in das neue Haus.

Die »Casa rossa« in Montagnola, 1931 von Hans C. Bodmer für Hermann Hesse erbaut und ihm auf Lebenszeit zur Verfügung gestellt.

Ninon Hesse in ihrem Studio. Selbstporträt Ninons (S. 282f.).

Ausschnitt aus dem Liebespaar-Teppich von Maria Geroe-Tobler, der Ninon und Hermann Hesse im Freundeskreis von Montagnola in einer paradiesischen Landschaft darstellt und mit dem Hermann Hesse Ninon beim Einzug in das neue Haus überraschte (S. 275).

Etwa 1932 auf der Terrasse der »Casa rossa«.

Siesta 1928 bei Amden.

Hermann und Ninon Hesse, ca. 1937, mit den Freunden Alice und Fritz Leuthold in Locarno.

Ninon Hesse im August 1935.

Ninon und Hermann Hesse, von Martin Hesse bei der Gartenarbeit fotografiert.

Ninon und Hermann Hesse bei der Traubenernte im Oktober 1944.

Ninon und ihre Schwester Lilly Kehlmann im Juli 1935 auf der Terrasse.

Kaffeestunde in der Bibliothek des Hesse-Hauses mit Lilly Kehlmann.

Der Schriftsteller Joachim Maas (S. 349 ff.).

Hans Carossa in einem römischen Garten (S. 344 ff.).

Hermann Hesse, aufgenommen von seinem Sohn Martin im September 1952.

Ninon und Hermann Hesse während der fünfziger Jahre.

Hermann und Ninon Hesse beim Schachspiel in der Bibliothek ihres Hauses in Montagnola, 1955.

Ninon Hesse mit dem deutschen Bundespräsidenten Theodor Heuss und Richard Benz (ganz rechts) bei der Feier anläßlich der Verleihung des Friedenspreises des deutschen Buchhandels an Hermann Hesse in der Paulskirche zu Frankfurt am 9. Oktober 1955 (S. 400).

»Schlafende Ariadne« (röm. Kopie einer Statue aus dem 3. Jahrh. v. Chr., Vatikan), die Ninon zu ihrem »Ariadne-Leben« inspirierte (S. 419ff.).

»Apoll vom Belvedere« (röm. Kopie einer attischen Statue um 330 v. Chr.), dessen »geschmäcklerisch flache Wohlgestalt« Ninon in einer Apollo-Studie als dem Gott nicht wesensgleich ablehnte (S. 449).

Apoll von Veji (Terrakotta-Statue vom Tempel von Portonaccio, 510-490 v. Chr., Museo Nazionale di Villa Giulia, Rom), für Ninon der »wahre Apoll, der mit dem Wolfslächeln« (S. 437).

Ninon Hesse 1955 auf einer Wanderung in Griechenland.

Hera, Innenbild einer attischen Schale (um 460 v. Chr., staatliche Antikensammlung München), von dem Ninon sagte, es treffe das Wesen dieser Göttin (S. 455 f.).

Hera und Zeus auf dem Ida, Metope vom Hera-Tempel in Selinunt (470-450 v. Chr., Palermo), die Ninon zur Ilias-Übersetzung und zur Suche nach Heras vorolympischer Gestalt veranlaßte (S. 452f. u. 455ff.).

Gorgo Medusa (Terrakotta-Relief um 560 v. Chr., Syrakus), die Ninon zur Gorgo- und Gorgoneien-Forschung anregte (S. 460f.).

Ninon und Hermann Hesse auf dem Vorplatz der »Casa rossa«.

Ninon Hesse vor ihrem 65. Geburtstag mit Hermann Hesse.

Hermann und Ninon Hesse mit Elsy Bodmer am 1. Juli 1962
(Text S. 480f.).

Hermann Hesse mit seinen Eltern und Geschwistern 1899 in Calw.

Kindheit und Jugend vor Neunzehnhundert

Hermann Hesse in Briefen
und Lebenszeugnissen 1877-1895
Suhrkamp Verlag

In der Edition von Hesses Jugenddokumenten (1966) verdeutlicht Ninon die biographischen Voraussetzungen von Hesses schriftstellerischem Werk (S. 508 f.).

Bronzemaske Kurt Wolffs, nach seiner Totenmaske gestaltet (S. 494).

Hermann Hesse 1957, Bronzebüste von Otto Bänninger (S. 494).

Das am 23. Februar 1965 eröffnete Hermann Hesse-Archiv im Deutschen Literaturarchiv des Schiller-Nationalmuseums in Marbach am Neckar (S. 500).

Ninon Hesse, um 1960.

Januar 1933: »Seit zwölf Jahren hatte ich zum erstenmal wieder eine Weihnacht bei mir daheim. Ich bekam viel geschenkt und Ninon auch, aber es war mir zuviel, und das etwas allzu bürgerliche Milieu war mir ein wenig lästig. Ich habe dieses Milieu angenommen, mit freiem Entschluß, indem ich nochmals heiratete, und indem ich das Haus von Bodmers annahm, und ich stehe auch dazu und gönne es Ninon sehr, daß sie wieder ein so ziemlich gesichertes Leben und ihren ›anständigen‹ Haushalt hat – das hindert nicht, daß ich selber darin nur ein Gast bin und mich fremd fühle.« Er, der seinen Wein in der bizarren Casa Camuzzi aus dem Zahnputzglas trank, bekam nun mit dem Stundenschlag das ihm Zugedachte auf einem silbernen Tablett serviert. An die Annehmlichkeiten des gehobenen Lebensstils gewöhnte er sich trotz seiner oft bis zum Knausrigen gesteigerten Sparsamkeit, nicht aber an Ninons Zwang zur Korrektheit. »Das Haus ordentlich zu führen, kostet ziemlich viel, und Ninon ist darin eifrig und ehrgeizig, für Zigeunerwirtschaft hat sie gar keinen Sinn«, schrieb er am 15. August 1932 an Fritz Leuthold. Am meisten störten ihn ihre Querelen mit dem Personal, und er versuchte oftmals zu vermitteln. Auch der gemeinsame Ausflug nach Lugano zum Karnevalszug mit der tüchtigen Köchin Kató[17], dargestellt in der Erzählung »Kaminfegerchen«, war eine solche versöhnliche Geste, die eine drohende Kündigung abwandte.

Während Ninon sich einer harten Eigenerziehung zu Verläßlichkeit und Pflichttreue hingab, unterwarf sich Hesse ihren Ritualen mit Uhr und Kalender, protestierte jedoch hin und wieder gegen ihre Verbitterung: »Deine Zustände von Traurigkeit und Unlust, Deine oft fanatische Hingabe an die Sorge um die Stubenböden und ums Essen sind mir oft ein Rätsel gewesen.« Sie antwortete ihm: »Ich möchte mich wegen der Parkettböden und des Essens entschuldigen. Mir liegt nichts an beidem – ich habe ja lange genug in schlechten, schmutzigen Zimmern gehaust, und ich habe ja auch keinen feinen, verwöhnten Gaumen. Aber ich glaube, daß es zu meinen Pflichten gehört, die Hausfrau zu sein, und ich will meine Pflichten gut erfüllen. Deshalb müssen die Parketten gepflegt und das Essen sorgfältig erwogen und bereitet werden. Gerade von Dir kann man die Treue im Kleinen und im Kleinsten lernen«.[18]

Das Zuverlässige ihres Charakters steigerte sich im Haushaltsbereich zu unnachgiebiger Härte, die zum Beispiel auch jener Metzger zu spüren bekam, der jeden Morgen vom Nachbardorf das Fleisch brachte. Ninon achtete streng darauf, daß er pro Kopf eine Portion von 150 Gramm lieferte, weil dieses Gewicht auf eine Diätkost abgestimmt war. Eines Tages entdeckte sie beim Nachwiegen, daß er 160 Gramm zuviel geliefert hatte, und sie verlangte, daß er diese geringfügige Menge sofort wieder abhole. Sie hatte zwar erreicht, daß in Zukunft genau gewogen wurde – aber sie machte sich gleichzeitig unbeliebt.[19]

Ninon verachtete Nachlässigkeit. Peinlich genau kontrollierte sie auch die eigenen Haushaltsausgaben bis auf den letzten Centime und vermerkte dann befriedigt im Notizbuch: »Ordnung im Budget.« Diese selbstquälerische Pedanterie entwickelte sie jedoch erst in Montagnola – in Czernowitz und Wien war sie sorglos und großzügig gewesen. Auch Unpünktlichkeit verärgerte sie, und sie machte der Briefträgerin ernste Vorhaltungen, wenn die Post einmal verspätet kam; wie weit sie dabei Hesses Unmut fürchtete, der die Briefe zu bestimmter Stunde von ihr gebracht haben wollte, ist ungewiß. Jedenfalls galt Ninon im Dorf als abweisend und hochmütig. »Sempre con distanza« sei sie gewesen, erklären noch heute die Dorfbewohner, und sehr, sehr streng. Hesse hingegen hielt man für leutselig, weil er stets freundlich zurückgrüßte.

Ninon hatte mit Hesses Einverständnis den Tagesablauf fest geregelt. Da er in den frühen Morgenstunden nach eigenen Worten »noch kein Mensch« war und weder bemerkt noch gegrüßt oder angesprochen werden wollte, frühstückte er gegen 9 Uhr allein. Das Mädchen hatte auf ein Klingelzeichen hin sein Frühstück, das aus einer Diät von ungesalzenem Haferschleim oder Grießsuppe bestand, innerhalb von zehn Minuten in der Bibliothek zu servieren und unsichtbar zu bleiben. Gleichzeitig stellte es der Katze einen Napf mit warmer Milch dorthin. Im Sicherheitsabstand von einigen Minuten betrat Hesse dann die Bibliothek und beobachtete vom Eßtisch aus die Katze, die ihre Milch schleckte. Dann verschwand er in sein Atelier, aus dem er sich in gräßlicher Laune nur alle sechs Wochen einen Morgen lang zum Putzen vertreiben ließ.

Nach ihrem Frühstück im eigenen Zimmer besprach Ninon mit der Köchin das Tagesprogramm. Es gab einen Eßplan für die ganze Woche, weil das mühselige Einkaufen per Postbus in Lugano vereinfacht werden mußte.

Wenn gegen 10 Uhr die Post eintraf, wurde Ninon vom Zimmermädchen verständigt. Sie brachte Hesse die Briefe sofort ins Atelier und sprach sie mit ihm durch. Danach arbeitete wieder jeder für sich. Manchmal beschäftigte sich Hesse im Garten. Erst zum Mittagessen traf man sich wieder. Wichtig war, daß die Köchin vorher kontrollierte, ob vorschriftsmäßig gedeckt und kein Fleck auf der weißen Tischdecke sei. Das Stubenmädchen mußte formgerecht servieren und vorlegen. Man sprach bei Tisch wenig. Dann folgte die Mittagsruhe, der sich die gemeinsame Teestunde in der Bibliothek anschloß. Nach dem Abendessen um 19 Uhr las Ninon zu Hesses Augenschonung ungefähr zwei Stunden vor. Der Tagesplan veränderte sich je nach der Jahreszeit, grundsätzlich aber war alles in eingefahrenen Gleisen.[20]

Es war nie »gemütlich« bei Hesses. Die funktionale Ausstattung des Hauses vermittelte eine Atmosphäre von nüchterner, fast schmuckloser Sachlichkeit. Die Räume forderten eher zum Aufbruch als zum freundlichen Verweilen auf. Ninon haßte »tödliche Behaglichkeit«.

In ihrem Taschenkalender hat Ninon über Jahrzehnte hinweg ihren Alltag getreu aufgezeichnet. Es blieb kaum eine freie Linie, wenn sie in einer seltsamen Mischung von Bedeutungsvollem und Banalem ihr Tagesprogramm festhielt, vom Kauf eines Hutes bis zur kranken Pfote des Katers: »Gelbling hinkt«, vom Kratzer am Spiegel bis zum Ärger mit der Hausangestellten: »Ida benimmt sich frech«, von einem Wutausbruch Hesses, den sie »mit Recht« kommentierte, bis zu Katzenstreichen: »Zürcher bringt tote Maus ins Studio«, von ihren Medikamenteinnahmen: »15 Tropfen Miroton« bis zu Hämoglobingehalt und Körpergewicht »51,1 kg«. Von jedem geschriebenen Brief bis zur abendlichen Buchlektüre ist alles in die dafür viel zu kleinen Wochen-Rubriken eingetragen: »Telefoniert mit Emmy«, »Kommissionen in Lugano«, »schwarzer Tag, H. H. ›Vorwärts –!‹«, »H. Unausstehlich«, »H. übelgelaunt – tiefe Depression«, »Tobsuchtsanfall v. H. wegen Essen. Am Nachmittag an ihn geschrieben, Antwortbrief, Bereinigung der Atmosphäre«. Dann wieder »Jubel über freien Tag« oder »von H. plötzlich freigegeben«. Die Freizeit, die Hesse ihr hin und wieder gewährte, wertete sie wie ein Geschenk: »Zum ersten Mal wieder gearbeitet, nicht ohne Unterbrechungen, aber immerhin.« Gearbeitet, das steht immer für ihre »Studioarbeit« an griechischen Texten. Ihre Ehe, das beweisen diese Notizen, bestand in einer ständigen Vermittlung zwischen der Realität, die *sie* zu meistern hatte, und dem »Zaubergarten«, in den *Hesse* sich als Glasperlenspieler zurückzog. Sie mußte sich auf beiden Ebenen bewähren.

Schon im Jahre 1932 erhielt Ninon besorgniserregende Briefe von jüdischen Freunden über die politische Entwicklung in Deutschland. Auch Hesse, der sich in seine Arbeit am »Glasperlenspiel« verschanzen wollte, fühlte sich dadurch unliebsam abgelenkt. Er klagte, daß die Wirklichkeit wieder einmal fordernd einbreche und ihn »aufs neue Politik und brutale Nötigung zum Blick nach Außen« zwängen. Er entschloß sich jedoch, zum politischen Tagesgeschehen zu schweigen, dafür aber »der grinsenden Gegenwart zum Trotz das Reich des Geistes und der Seele als existent und unüberwindlich sichtbar [zu] machen«.[21] Darum veränderte er seinen ursprünglichen Plan zum »Glasperlenspiel«. Er rückte die Lebensläufe Josef Knechts, der in mehreren Wiedergeburten die Beständigkeit seines Wesens gegenüber den veränderten Zeitbedingungen erweisen sollte, aus dem Mittelpunkt der bereits konzipierten Erzählung und gestaltete in der Ordensprovinz Kastalien die Utopie einer geistbestimmten Lebensordnung. Er entwarf somit ein Gegenmodell zum eigenen Zeitalter, das in Gewalttätigkeit und Wertblindheit, in ideologischer Verzerrung und nationalistischem Fanatismus die Vernunft verrate und darum politisch verrohe. Hesse verbannte im »Glasperlenspiel« die üble Gegenwart ins Bild einer überstandenen Vergangenheit; denn er verlegte die Roman-Handlung ins Jahr 2400. Ein unbeteiligter und leidenschaftsloser Chronist berichtet im Rückblick über das »feuilletonistische Zeitalter«, das sich selbst zugrunde gerichtet habe, indem es in einer allgemeinen Vermarktung auch den Geist zur Konsumware verkommen ließ. Hesses Zeitkritik klingt aus dieser fiktiven Rückwärtsschau versachtlicht und kühl. Er hatte sich in die Esoterik eines zeitenthobenen, als Orden deklarierten Männerbundes begeben und lebte von nun an fest eingeschlossen im Gedankenkreis des gläsernen Spiels. So gelang es ihm, sich allen äußeren Einwirkungen zum Trotz eine Zuflucht zu schaffen, einen von der Gegenwart abgekehrten meditativen Raum, in den er sich mit Ninons Hilfe zurückziehen konnte.

Unvermeidbar freilich blieben die Störungen durch zahlreiche Emigranten, die nach der Machtübernahme durch die Nationalsozialisten bei Hesses eintrafen. Sie sahen in Montagnola die erste Ausweich-Station auf ihrem noch unsicheren Fluchtweg und erhofften oft nicht nur Trost und Beratung, sondern auch materielle Hilfe und Förderung. Wenn Hesses Beistand für Emigranten gewürdigt wurde, so war bisher meist nur von einigen bekannten Schriftstellern oder Publizisten die Rede, etwa von Heinrich Wiegand[22], dem »ersten aus Deutschland entkommenen Gast«, der am 20. März 1933 bei Hesses eintraf, oder von Thomas Mann, der von der ersten Station seiner Emigration, Lugano, am 24. März zu einem Gespräch herüberkam, oder von Bertolt Brecht, der am 30. März mit Bernard von Brentano[23] und einigen anderen emigrierten Deutschen für einen Nachmittag bei Hesse zu Besuch war und den er erst bei dieser Gelegenheit persönlich kennenlernte, von Kurt Kläber und Lisa Tetzner, zwei sozialistischen Autoren[24], oder von dem Lyriker David Luschnat, dessen Ausweisung aus der Schweiz durch Hesses Fürsprache verschoben wurde.[25] Selten erfuhr man von den vielen Unbekannten, für die Hesse, wie er es nannte, mitzusorgen hatte.

Nie wurde bisher erwähnt, in welchem Umfang Ninon gemeinsam mit Hesse für Emigranten eintrat, die Empfehlungsschreiben oder Visavermittlung benötigten, um Aufenthalt oder Einbürgerung in der Schweiz zu beantragen, und die bei ihren Gesuchen an die eidgenössische Fremdenpolizei unterstützt werden mußten.[26] Da Ninon das entbehrungsreiche Flüchtlingslos ihrer Familie im Ersten Weltkrieg geteilt hatte, riet sie niemandem leichtfertig zur Flucht. Ende Mai 1933 empfahl sie sogar den inzwischen in Italien wohnhaften Wiegands, wieder nach Leipzig zurückzukehren und sich in die dortigen Verhältnisse zu fügen. Der Vorschlag mutete angesichts der politischen Verfolgungen der Sozialisten in Deutschland weltfremd an; Ninon war jedoch über die aussichtslose materielle Lage Wiegands entsetzt, der weder eine Möglichkeit zur Auswanderung in ein fremdsprachiges Land, noch bei den überwiegend emigrantenfeindlichen Schweizer Redaktionen eine Verdienstchance als Redakteur hatte. Tief bestürzt reagierte sie daher 1934 auf die Nachricht vom Tod des Neununddreißigjährigen; ihre Befürchtung, daß sich hinter seinem tödlichen Sturz vom Felsen ein Freitod verbarg, konnte weder bewiesen noch entkräftet werden.[27]

Als das Unglück geschah, befand sie sich mit Hesse gerade in Deutschland, der sich bei seinem Augenarzt, dem Grafen Wiser am Tegernsee, eine schmerzlindernde Spezialbrille anfertigen ließ. Sie kehrten sofort zurück, und Ninon holte Lore Wiegand nach

Montagnola, um ihr beizustehen. Sicher hat dieses Schicksal seelischer und physischer Entwurzelung Ninons Einstellung zur Emigration bestimmt; sie hat Auswanderungswilligen auf jeden Fall zu helfen versucht, so vergeblich es sich oft auch anließ.

Hesse wurde inzwischen von reichs- und auslandsdeutschen Literaten und Emigranten umworben, die jeweils bemüht waren, ihn auf ihre Seite zu ziehen. Da es Ninon bei allem, was sie tat und dachte, in erster Linie um sein *Werk* ging, vertrat sie unnachgiebig den Standpunkt, sein Wirkungsfeld sei Deutschland, und darum müßten seine Bücher weiterhin dort erscheinen und den Lesern Ermutigung und Zuspruch bringen. Sie war davon überzeugt, daß Hesse von den nicht politisierten und fanatisierten Deutschen mehr denn je als Ratgeber und Stütze gebraucht würde. Sie hat niemals die nationalsozialistische Diktatur mit dem deutschen Volk gleichgesetzt.

Es war ganz in ihrem Sinne, daß Hesse sich weiterhin als ein »überparteilicher« Autor verstand, der Zugeständnisse an die faschistischen Machthaber vermied und sich dennoch nicht von seinem deutschen Lesepublikum trennen ließ. Er wollte – wie er sagte – dazu beitragen, die kleinen Inseln der Humanität zu erhalten, auf denen die demokratisch gesinnten und nun zum Schweigen verurteilten Deutschen die Hitlerdiktatur vielleicht überleben könnten. Daß er das »Glasperlenspiel« für seine deutschen Leser schrieb, beweist die Entstehungsgeschichte der Einleitung besonders deutlich. Er hatte die erste Spielbeschreibung[28] vor der Hitlerzeit – bis zum Frühsommer 1932 – geschrieben. Als Ninon sie ihm im Sommer 1933 wieder vorlas, erschien sie ihnen von der Zeitgeschichte überholt und wie eine soeben verfaßte Parodie auf die politische Gegenwart. Hesse fürchtete, daß sein Buch in dieser Aktualität »vielleicht für sehr lange Zeit nicht gedruckt und in Deutschland nicht gelesen werden kann. [...] Es muß neu gemacht werden«.[29] Daß Hesse dieses letzte große Werk immer mehr dem aktuellen Zeitbezug enthob, damit es in Deutschland erscheinen könne, beweist auch eine frühe Skizze des Schlußkapitels[30] im Vergleich mit der endgültigen Fassung, in der er nicht die zuerst geplante Antwort auf die faschistische Diktatur gibt, sondern einen zeitunabhängigen Protest gegen *alle,* die Macht verabsolutieren wollen, gegen *alle* autoritären Praktiken, gegen *alle* Manipulateure, die den Menschen für unbegrenzt kollektivierbar und politisierbar halten.

»Ich empfinde eine Art von Verpflichtung zur Opposition, kann diese aber nicht anders realisieren, als indem ich mich und meine Arbeit noch intensiver neutralisiere«[31], notierte Hesse in sein Tagebuch vom Juli 1933. Bis zur Jahreswende 1935/36 blieb er offiziell unbelästigt.[32] Dann aber wurde er von allen Fronten, in die er sich einzureihen weigerte, angegriffen. Die Zeitschrift der deutschen Emigranten in Paris »Das neue Tage-Buch« leitete durch den Sprecher der jüdischen Emigranten, Leopold Schwarzschild, eine Kampagne gegen den Fischer-Verlag ein, dabei geriet auch Hesse als Autor dieses Verlages in die Schußlinie und wurde zusammen mit anderen Fischer-Autoren beschuldigt, sich als Aushängeschild des Dritten Reiches mißbrauchen zu lassen.[33]

Aber Hesse wurde nicht nur im publizistischen Feldzug der Emigranten angegriffen, gleichzeitig beschimpfte ihn die Tagespresse des Dritten Reiches als Verräter und Emigranten. Eingeleitet wurden diese Schmähungen durch Will Vesper, der Hesse in der von ihm geleiteten nationalsozialistischen Kultur-Zeitschrift »Die Neue Literatur« vorwarf, »in jüdischem Sold« Rezensionen zu schreiben:[34] Er übernehme die »volksverräterische Rolle der jüdischen Kritik von gestern«, in Hitler-Deutschland verpönte Autoren anzupreisen, während er sich über die neue deutsche Literatur der nationalsozialistischen Bewegung überhaupt nicht oder nur negativ äußerte. »Er verrät die deutsche Dichtung der Gegenwart an die Feinde Deutschlands und das Judentum. Hier sieht man, wohin einer sinkt, wenn er sich daran gewöhnt hat, an den Tischen der Juden zu sitzen und ihr Brot zu essen.«[35]

Hesse wurde somit von zwei Seiten als Verräter gebrandmarkt. Den einen war er der judenhörige Deutsche und nazifeindliche Volksverräter, den anderen der nazihörige Auswanderer, der sich aus Geschäftsrücksichten von den übrigen Emigranten abtrennte. Jedenfalls: ein Abtrünniger! Während Hesse sich gegen die Angreifer beider Seiten mit dem Hinweis wehrte, er lebe seit 1912 ununterbrochen in der Schweiz und sei Schweizer Bürger, er diene der deutschsprachigen Literatur und verrate sie nicht,[36] zeigte sich Ninon tiefer gekränkt als er selbst. Als er sich nach seiner knappen Verteidigung, weder ein Volksverräter noch ein Emigrantenverräter[37] zu sein, wieder in die feste Burg seiner Arbeit am Glasperlenspiel zurückzog, beschloß sie, ihn, den Sprecher der Eigensinnigen und Parteilosen, noch sorgfältiger als bisher vor den Beleidigungen der Presse abzuschirmen.

Obwohl sie seinen Rückzug in den Bilderkreis des Glasperlenspiels nicht stören wollte, ging von ihr ein ständiger Sog zur Außenwelt aus, nicht nur durch ihre dialogische Natur und ihre Weltneugier, sondern auch, weil sie als Jüdin von den politischen Ereignissen besonders betroffen war. Ihre Freunde und Verwandten trugen ihre Not an sie und damit indirekt auch an Hesse heran, und er, der sich zeitlebens auf die Seite der Bedrängten und Gefährdeten stellte, fühlte sich herausgefordert. Es sei eine gute Schule gewesen, bekannte er am 25. Oktober 1940 rückblickend Ernst Morgenthaler, »eine Verbindung mit den Verfolgten und Notleidenden zu haben, etwa in Form einer jüdischen Frau, da erlebe man die ganze Schweinerei nicht mehr blind, sondern sehend mit«.

Über die Belastungen seines damaligen Lebens und seine rettende Fluchtwelt bemerkte er in einem Brief vom 3. Dezember 1943 an seinen Sohn Martin: »Wenn ich mir das Leben in diesen Jahren bis zur Unerträglichkeit erschwert habe, erstens durch die Bindung meiner ganzen Existenz und Lebensarbeit an den Berliner Verlag, zweitens durch die Heirat mit einer österreichischen Jüdin, fand ich dafür in all den vielen hundert Stunden, in denen ich am Glasperlenspiel saß, eine vollkommene saubere, von allem Augenblicklichen und Aufregenden völlig freie Welt, in der ich leben konnte.«

Es gelang Hesse durch Ninons Weltabwehr, weiterzuarbeiten und – wenn auch mit großen Unterbrechungen – die Gegenwelt des »Glasperlenspiels« zu entwickeln. In ihr vermochte er sich ungestört der »kastalischen Heiterkeit« hinzugeben, die ihm auch seine Stunden im Garten gewährten. Meditierend und zeitbefreit kauerte er vor seinem Feuer, warf Gras und Zweige hinein, siebte die Asche, verteilte sie an die Pflanzen und war »dabei nicht hier und nicht Hesse«[38], sondern Josef Knecht.

Indessen verspürte Ninon einen unbändigen Welthunger. Ihre Briefe der dreißiger Jahre enthalten eine Absage an Egozentrik, Skepsis und Pessimismus, an das durch die Belletristik hochstilisierte »schöne Leid« und den schwärmerischen Selbstgenuß von Stimmungen. Ihre bewußte Auseinandersetzung mit der Introversion setzte mit einem Essay über Hesses 1935 erschienenes »Fabulierbuch« ein, das die seit seinem 27. Lebensjahr entstandenen und im Hitler-Deutschland politisch unbedenklichen Legenden und Erzählungen erstmals zusammenfaßte. Hesse hatte sich seit dem Erscheinen des »Demian« von deren schöngeistig-beschaulichem Inhalt ebenso wie von der epigonalen – teils an Gottfried Keller erinnernden – realistischen Darstellungsweise distanziert. Ninon hingegen rechtfertigte in einer Rezension die Veröffentlichung dieser Arbeiten, weil sie die »festen Spielregeln der Dichtung« – jene fruchtbare Spannung zwischen Schilderung und Erfindung – veranschaulichten und ein gelungenes Gleichgewicht zwischen Welt und Einbildungskraft bezeugten.[39]

Um diese Ausgewogenheit zwischen Innen und Außen ging es ihr auch in der Besprechung von R. J. Humms Roman »Die Inseln«. Hesse sandte sie dem Autor und bemerkte, Ninon schreibe hin und wieder Gedanken zu einem Buch auf, das ihr besonderen Eindruck gemacht habe, seine eigene Beurteilung der »Inseln« habe sie dabei nicht gekannt.[40]

An beiden Würdigungen läßt sich auf reizvolle Weise vergleichen, wie unterschiedlich Ninon und Hermann Hesse das Anliegen Humms bewerteten. Hesse lobte die gelungene Darstellung einer Introversion; der Autor schildere in einer Selbst- und Rückschau den Weg nach innen, »von dem nur die Gezeichneten und Auserwählten wissen«.

Ninon hingegen zeigte sich in ihrer Rezension davon beeindruckt, mit welcher Kraft der Protagonist des Romans sich immer wieder unerbittlich aus seiner Introversion befreie, wie er Dichtung und Leben verbinde und zwischen beiden Bereichen hinüber- und herüberwechsele. Er komme aus dem tätigen Leben und verlange nach der Heimkehr zum Traum. »Aber er glaubt kein Recht zu ihr zu haben. Und dies – die Spannung zwischen dem träumenden Erinnern und dem Sich-dagegen-Wehren ist das eigentliche Thema des Buches.« Es war zu jener Zeit auch Ninons Thema. Sie würdigte darum, daß Humm sich von der rückwärtsgewandten Sehnsucht mit aller Kraft befreie. Obwohl Erinnerungsfetzen aus der Kindheit und verlockende Traumgespinste ihn bedrängten, taste er sich stets pflichtbewußt zurück in die Welt der Tat. Aus der Gefahr, im Meer der Innerlichkeit zu ertrinken, strebe er immer wieder auf rettende Inseln und gewinne festen Boden. So entscheide er sich täglich neu zwischen der fordernden Realität und seinem Hang zur Weltflucht. Ninon erkannte in seinem Roman die »Dialektik des Lebens«, das Bodenhaftung und Schweben bedeute, Entweichen und Ankommen, Träumen und Handeln. Sie nannte Humm einen begnadeten Menschen, »der sein Gleichgewicht aus der steten Heimkehr aus der Unwirklichkeit in die Wirklichkeit und umgekehrt bezieht«. Ihm war es gelungen, den Abgrund zwischen Welt und Zaubergarten zu überbrücken.

Ninons Rezension geriet ihr zum Bekenntnis: Humms Buch ging sie selbst an; stammte sie doch aus einer sentimentalen Generation und hatte lange nicht aus der Wienerischen Kunstwelt der Décadence und des Traumes herausgefunden. Sie hatte das virtuose Spiel mit den eigenen Empfindungen an der Dichtung Jung Wiens geübt, hatte die Süße des irrationalen Rausches in der Musik Wagners gekostet, das Unbewußte war ihr als höchste Lust gepriesen worden, und in der Schwebe altösterreichischer Endzeitstimmung hatte sie Standfestigkeit im Alltag nicht gelernt. Wie gern war sie immer wieder in die »gläserne Kugel« geflohen! Die Zauberpforte für jeden Rückzug aber bildete die Dichtung. Nun erst setzte bei ihr die volle Kehrtwendung ein: sie wollte Klarheit, Nüchternheit, Erkenntnis und damit zugleich »Welt«. Illusionsdichtung war unzulässiger Trost. Sie wehrte sich gegen Utopien, gegen den schönen Schein, gegen Phantasmagorien. Als Emmy Ball-Hennings »Traumphantasien« veröffentlichte, schrieb Ninon ihr am 25. Juni 1944: »Ich liebe den Traum als dichterische Form nicht sehr, mir ist dies zu verantwortungslos, und im Grunde denk ich, hat ein Dichter es nicht nötig zu träumen. Der Traum ist die Produktivität der Unproduktiven, oder ›träumen kann a jeder‹!« Dichtung bedeutete für sie die geistige Durchdringung der Außenwelt, nicht ihre Außerachtlassung, nicht ihre Entwirklichung, sondern die *Verdichtung* ihres Wirklichkeitsgehalts. »Es kommt an auf die Treue und Opferfähigkeit, auf ein Leben durch die Wirklichkeit hindurch, nicht indem man ihm ausweicht in die Introversion, nicht indem man in Träume flüchtet – die Wirklichkeit muß durchlebt und durchlitten werden.«[41]

In ihrer Goethe-Ausgabe ist eine Stelle im »Westöstlichen Diwan« angestrichen: »Schwerer Dienste tägliche Bewahrung / Sonst bedarf es keiner Offenbarung.« Im April 1936 verfaßte Ninon das Konzept zu einer Geschichte. »Sie könnte heißen: *Eine Friederike Brion*, um anzudeuten, daß es sich um keine Biographie handelt.« Sie entwarf für die Jugendgeliebte Goethes aus Sesenheim, deren Gestalt er in »Dichtung und Wahrheit« nachgezeichnet hat, »eine Art Gegenschicksal«. Friederike erscheint darin als eine Frau, die den Abschied vom Geliebten annahm und durchstand, die »nichts verfälscht, verträumt, verspielt! Sich um nichts drückt – sondern aus dem Auferlegten ihr Schicksal entstehen läßt«. Das »eigene Schicksal«, darunter verstand Ninon ein aus den realen Bedingungen *gestaltetes,* nicht ein *erlittenes* Schicksal. Kein anderer durfte den Horizont ihres Glücks begrenzen, sie mußte ihn selbst ausmessen!

Gerade zu dieser Zeit lebte Ninon bis auf wenige Stunden des gemeinsamen Leseglücks und flüchtige Gesten der Vertrautheit wie durch einen gläsernen Schleier von Hesse getrennt, der sich im Jahre 1936 »an den Wurzeln angesägt« fühlte. In einem Brief an R. J. Humm klagte er über die Zudringlichkeit der Welt. In seinem »Verhältnis zu den Weltumständen« sei er ebenso wie in seinem privaten Leben allmählich in eine Krise geraten, die sich gefährlich zuspitze. »Inzwischen habe ich in diesen Jahren, obwohl meines privaten Lebens und Standes immer ungewisser, mir eine Haut wachsen lassen, die mich wie Glas umgibt.«

Für Ninon wurde als Ausgleich das Briefgespräch mit Freunden wichtig; denn es vermittelte ihr einen Zugang zur Zeitgeschichte. Sie sehnte sich oft nach Dolbins munterer Diesseitigkeit, und Fred, der ihr noch immer uneingeschränkte Zuneigung entgegenbrachte, schrieb regelmäßig. »Hase, willst Du wirklich glücklich sein?« fragte ihn Ninon zu Weihnachten 1932. »Ich schon lange nicht mehr. [...] Weil Du modern sein willst, fragst Du Dich ängstlich: bin ich (korrekterweise) denn auch glücklich? Ach, die Pflicht, glücklich zu sein, diesen Amerikanismus mache ich nicht mit.« Dolbin stand solchen Gedanken völlig fern, er fand es zwar löblich, stark in Freude und Schmerz zu sein, betonte aber, daß er persönlich die Freude vorziehe. Dabei hatte die Weltwirtschaftskrise ihn in einen gnadenlosen Lebenskampf gestoßen, oft sorgte er sich buchstäblich um das tägliche Brot. Auftragsmangel und Honorareinbußen hatten aus dem berühmten Kopfjäger von einst einen Auftragsjäger gemacht. Neben der wirtschaftlichen Not erwuchsen ihm durch den Hitlerstaat auch »rassistische Gefahren«, die er in seinem unsentimentalen Lebensmut zunächst unterschätzte. Er fühlte sich als Österreicher jüdischer Herkunft. Für ihn bedeutete die Zugehörigkeit zur deutschen Kultur – ob in Wien oder Berlin – eine solche Selbstverständlichkeit, daß in seinen Briefen an Ninon die Frage durchklingt, woran er sich denn eigentlich noch »assimilieren« könne.

Als Hitler am 30. Januar 1933 durch Hindenburg zum Reichskanzler ernannt worden war und die NSDAP zusammen mit den Deutschnationalen in den Reichstagswahlen am 5. März 1933 die absolute Mehrheit erzielt hatte, tauchten in seinen ausführlichen

Briefen die ersten Überlegungen auf, ob es vielleicht falsch sei, in Berlin zu bleiben und nicht nach Wien zurückzugehen. Aber auch nach den ersten beruflichen Behinderungen, die sich durch das »Ermächtigungsgesetz« vom 24. März 1933 ergaben, das Hitler unumschränkte Gesetzesvollmacht einräumte, verrieten seine Briefe noch Zuversicht. Als guter Steuermann würde er die weltanschaulichen Klippen umsegeln und den wirtschaftlichen Aufwind nützen. Er hoffte, sich aus dem Tief seiner finanziellen Misere wieder in die Höhe neuer Erfolge heraufzuschaukeln. Aber bald schon berichtete er Ninon, alle ihm wohlgesonnenen Redakteure seien entlassen, und das geliebte »Spazierenzeichnen« sei wohl für immer dahin. All seine Versuche, sich lebensklug den Verhältnissen anzupassen und eine Legitimation als Zeichner und Reporter durch den Reichsverband Deutscher Schriftsteller zu erhalten, mißlangen.[42]

Als Hitler nach dem Tod Hindenburgs im August 1934 »Führer und Reichskanzler« und zugleich Oberhaupt des Deutschen Reiches und Oberbefehlshaber der Reichswehr wurde und bei einer Volksabstimmung am 19. August desselben Jahres dazu 90% der Ja-Stimmen erhielt, machte Ninon Fred schonungslos klar, daß sich die Prominenz des Dritten Reiches auf die Dauer wohl kaum von ihm, dem »Nichtarier« zeichnen lassen werde. Seine Aufnahme in die Berufsliste der Pressezeichner wurde denn auch vom zuständigen Fachausschuß im Reichsverband der Deutschen Presse abgelehnt. Er erreichte schließlich, daß er monatlich vier Zeichnungen veröffentlichen durfte. Im Februar 1935 lehnte auch der Fachverband Bund Deutscher Gebrauchsgraphiker sein Aufnahmegesuch ab, da er »die für die Schaffung von Kulturgut erforderliche Zuverlässigkeit und Eignung nicht besitze«.[43] Einen Monat später wurde ihm von der Reichsschrifttumskammer auch die Veröffentlichung schriftstellerischer Arbeiten untersagt, denn »nach dem Willen des Führers und Reichskanzlers soll die Verwaltung des Deutschen Kulturgutes nur geeigneten und zuverlässigen Volksgenossen« vorbehalten bleiben, jenen nämlich, »die dem Deutschen Volke nicht nur als Staatsbürger, sondern auch durch die tiefe Verbundenheit der Art und des Blutes angehören. Nur wer sich aus der rassischen Gemeinschaft heraus seinem Volk verbunden und verpflichtet fühlt, darf es unternehmen, mit einer so tiefgreifenden und folgenschweren Arbeit, wie sie das geistige und kulturelle Schaffen darstellt, einen Einfluß auf das innere Leben der Nation auszuüben«.⁴⁴ Nach diesem Arbeitsverbot, das sich auf jede Art publizistischer Tätigkeit erstreckte, gehörte Dolbin zu den Arbeitslosen und mußte von dem wenigen Ersparten leben, das ihm geblieben war.

Im Frühjahr 1935 schrieb er an Ninon: »New York, der Traum des einstigen Ingenieurs, verwandelt sich in die Hoffnung des Zeichners! Allmählich gewinnt der Gedanke ›Von-etwas-Scheiden‹ das Gesicht ›Eine-Zukunft-Haben‹.«⁴⁵ Seine Begeisterung über den großen Atem und den heißen Pulsschlag der Weltstadt, die alles führe, was das gute alte Europa nur in kleinen Portionen zu bieten habe, verwandelte sich jedoch in herbe Enttäuschung, als er dort seine ersten beruflichen Entdeckungsreisen unternahm.

Ninon sprach ihm Trost zu, als er den dortigen Verlegern zu europäisch war und alles Gezeichnete auch. Sie hatten sich schon zu sehr an photographische Genauigkeit gewöhnt, und die Frage »Sehr hübsch, aber wie sehen die Zeichnungen aus, wenn sie fertig sind?« wurde ihm bis zum Überdruß gestellt. Dolbin zeichnete wie besessen, aber alles wanderte in sein eigenes Archiv, seine Mappen schwollen mit Zehntausenden von Zeichnungen an. »Ich scheine im ganzen ein Cunctator geworden zu sein, packe alles mit viel Wenn und Aber an.« Er war unsicher, nicht nur im sprachlichen Ausdruck, er konnte auch nicht bieten, was gefragt war, jene »zwei Sorten von Stil: sogenannte Comic-strips im Schuljungenstil oder recht naturalistische Zeichnungen, dem Wunschtraum des Verlegers entgegenkommend, einen schlechten Ersatz für gute Fotografien zu finden«. Wenn er seine Zeichnungen brachte, hieß es immer wieder: »Leider zu künstlerisch, too scetchy.«⁴⁶

Der Einstieg in die Werbung erschien Dolbin verdienstträchtiger. Während seine Frau die Familie durch Hilfsarbeiten in Kaufhäusern und Hotels ernährte, bemühte er sich, die Grundregeln der Gebrauchsgraphik kennenzulernen; er entwarf Reklameplakate für Kosmetikläden, zeichnete Salbentiegel und Parfümflaschen. »Ist das Prostitution?«, fragte er bange sein alter ego, und Ninon antwortete beschwichtigend: Nein, solange er diese Schaufenster- und Plakatmalerei nur als Gelderwerb betreibe, berühre sie seine Künstlerschaft nicht. Sie ermutigte ihn, wurde ihm zur Gewissensinstanz in Fragen der Kunst und der Charakterstrenge. Was sie früher an seinem recht aufgeblähten Selbstbewußtsein gestört hatte, war nun zu einer realistischen Einschätzung seiner selbst gemildert.

Im Frühjahr 1937 erfuhr Ninon gerührt, daß Dolbin nun in eine öffentliche Schule gehe, um sich im Modezeichnen zu üben. Diese Kurse seien vom Staat zur Unterstützung arbeitsloser Künstler eingerichtet worden. Mit etwa 20 jungen Mädchen sitze er im kostenlosen Unterricht zusammen und versuche, »so exakt als es mir Schlampsack möglich ist, Kleider und Hüte an guten oder schlechten Modellen in allen möglichen Techniken zu zeichnen. [...] Ich habe mir ausgerechnet in einem Anfall von Nüchternheit, daß ich bis jetzt im Durchschnitt im Monat 30 Dollar, noch krasser: per Tag einen Dollar verdient habe.« Er besuchte einen Reklameleiter nach dem anderen. Bei der Modezeitschrift Vogue, wohin er empfohlen wurde, lehnte man ihn ab: »Zu ungenau im schneiderischen Detail.« Er fing an, Stromlinienlokomotiven zu zeichnen, Autos und Konsumartikel. Ninon litt mit ihm, bestärkte ihn.

Seine ungeschminkten Berichte wirkten auf sie wie eine Zufuhr von Frischluft, und sie fühlte sich beschwingt durch seine Wirklichkeitsnähe und seinen unmittelbaren Zeitbezug: »Du schreibst immer so gegenwärtig, so ›mittendrin‹ – als wenn man sich gestern gesehn und heute schon miteinander telephoniert hätte, und dann wäre einem noch etwas dazu eingefallen, was man hier schnell schreibe! Es gibt ja viele Arten, sich zur Zeit zu stellen – viele Autoren, bei denen man viele Seiten lesen muß, ohne zu wissen, in welcher Zeit man steckt – ob er von Längstvergangenem berichtet oder von Gegenwärtigem. [...] Du aber berichtest aus Deinem Alltag, wie es sich gerade trifft, ›eben läutet das Telephon‹, ›in zwei Stunden kommt Ellen aus New City zurück‹ – hier ›Carl Pickhardt‹, dort ›Samson Schames‹ – und so läuft die Maschine, das Blatt wird emsig beschrieben, und irgendwie ›dazwischen‹ bist natürlich auch Du vorhanden. Das ist es, worüber ich lache.«[47] Am 3. Oktober 1936 bedankte sie sich mit leiser Wehmut für seine Geburtstagswünsche: »O ja – es war immer schön, mit Dir Geburtstag zu feiern! Nicht, als ob es mir jetzt an etwas fehlte! H. ist außerordentlich lieb, aufmerksam etc. – aber es fehlt an mir! *Ich habe nicht mehr die tolle Freude, die ich früher hatte* – es ist alles ›con sordino‹, und mir liegt mehr daran: Gute Haltung zu zeigen allen gegenüber, die mich beschenken, damit sie auch zufrieden sind, als etwa mich selbst zu freuen. Was könnte einen denn in diesen Zeiten freuen? Ja, ich wüßte schon was: Ausbruch der Demokratie in Deutschland, Rückkehr aller Emigranten, ›Prosperity‹ in Europa, Frieden und Goldwährung. [...] Niemandem, dem ich gut

Ninon Hesse 1937, Lithographie von Gunter Böhmer

bin, geht es gut. Oder sagen wir: fast niemandem.«

Dolbin hatte ein feines Gehör für die Untertöne in Ninons Briefen. »Aus der kleinen, fast zaghaften Schrift Deines Geburtstagsbriefes hatte ich bereits entnommen, daß Du Dich nicht ganz wohlfühltest.«[48] Auch durch Freunde, die ihm von ihr erzählten, habe er »ein ernstes Bild mit zu wenig Sonne« erhalten. Besorgt und verwirrt habe er die Lithographie betrachtet, die Gunter Böhmer von ihr angefertigt und die sie ihm zugeschickt hatte: »Vielleicht war ich zu sehr gespannt darauf, vielleicht hat mir meine Phantasie einen Streich gespielt – ich war auf den ersten Blick enttäuscht.« Allmählich habe er aus der Erinnerung den matten Ausdruck ihrer Silhouette mit seinem Stift ergänzt: »Nun sehe ich Dich, aber ohne Leben, ohne Zeichen der Begeisterungsfähigkeit, des Trotzes, der Mitteilungslust, der Empfangsfreudigkeit, der Gabe zu leiden, der Sucht zu gestalten.«[49] Er verglich Böhmers zartlinige Zeichnung, die Ninons Profil als archaisch strenge Kontur vermittelt, mit einem farbigen Aquarell, das die Wiener Malerin Helene Funke im Jahre 1926 von Ninon gemalt und das er in seiner New Yorker Wohnung hängen hatte. Vermochte Böhmer ihre Persönlichkeit nicht voll zu erfassen oder hatte sie sich so gewandelt ins Starre, Unzugängliche, Kalte? Dolbin hatte stets ihre Lust an Witz und Komik geliebt, ihr – trotz manchmal schwerblütigen Beharrens – vorwärtstreibendes Wesen, ihre Freude an Abwechslung und Geselligkeit. *So* sah er sie vor sich, wenn er ihr schrieb und sie noch 1966 als über Achtzigjähriger im letzten Brief anredete: »Liebe, liebe Ninon.«[50]

Während das Leben in Montagnola »con sordino«[51] verlief, erhielt Ninon neue Anregungen und Impulse durch die Freundschaft mit Hans Carossa.[52] Sie war ihm zum ersten Mal anläßlich einer Lesung Hesses im April 1929 in München begegnet. Carossa hatte seiner damaligen Freundin und späteren Frau Hedwig Kerber darüber berichtet: »Du kannst Dir nicht vorstellen, wie leidend und vergrämt dieser Mann aussah. [...] Er hatte eine sehr schöne Freundin mitgebracht, und diese konnte ganze Stellen aus dem ›Tagebuch‹ auswendig. Sie stammt aus Czernowitz und war sehr erstaunt, daß ich diese Stadt und ihre Umgebung aus dem Krieg so gut kannte.«[53]

Ninon hatte damals in ihrem langen und lebhaften Gespräch mit Carossa erfahren, daß er aus einer oberitalienischen Familie stammte und von der antiken Welt ebenso angezogen wurde wie sie. Als bayerischer Landarzt war er zudem fest in der heimatlichen Landschaft und in deren christlich-katholischer Tradition verwurzelt. Auf diesem Boden wuchs sein Urvertrauen in die Schöpfung, das er am Anfang seines Kindheitsromans als seine früheste Erinnerung beschrieben hatte: Ein Komet zog als langer Bogen weißen Lichts am nachtschwarzen Himmel vorüber. Der Dreijährige, unberührt von Furcht und Entzücken um sich herum, »saß am Arm der Mutter und spürte durch sie hindurch den sicheren Gang der Welt«.[54]

Ninon und Carossa empfanden sofort Sympathie füreinander. Neben Künstlern waren es meist Ärzte gewesen, die auf sie eine starke Anziehungskraft ausgeübt hatten. Hans Carossa war Dichter und Arzt zugleich. Es ging eine starke persönliche Ausstrahlung von ihm aus, er war von weltoffener Geistigkeit.

Mit Staunen erkannte Ninon an Carossa die gemeinsame Wurzel von Heilkunst und Dichtung. Beides bedeutete für ihn Lebenshilfe und Betreuung, beides war sein Versuch, das Leid in der Welt zu bekämpfen. Er erklärte Ninon, die Dichtung sei darum nicht das einzige Ziel seines Lebens, sondern eines von dessen beglückenden Ergebnissen.

Carossa verurteilte die Welt, wie sie nun einmal war, nicht als Hölle und Entartung, sondern er bewertete sie als schöpferische Möglichkeit. Er fürchtete die Wirklichkeit auch nicht als Störung oder Ablenkung, sondern fühlte sich im Reiche des Geistes ebenso zuhause wie in der Realität. Ninon erkannte jedoch, daß seine Weltliebe keineswegs naiv und ungebrochen war, sondern einem tapferen Trotzdem entstammte, denn auch er litt an der Unvereinbarkeit von Anspruch und Wirklichkeit.

Aus dieser fruchtbaren Wechselbeziehung von Kunst und Leben entstanden seine autobiographischen Romane, in denen er seine Erfahrungen als Arzt literarisch verarbeitete. Ninon, die von Carossas bildkräftiger Poesie ebenso beeindruckt war wie von seiner tätigen Nächstenliebe, erfuhr zu ihrer großen Überraschung, daß Hesse ihn stets wie einen Gegenklang zu seinem eigenen Wesen wahrgenommen hatte. Wohl durch das erste Zusammentreffen 1929 in München angeregt[55], hatte er Carossas Kindheitsbuch wieder gelesen und ihm danach spontan, »beinah wie ein begeisterter Student einem verehrten Dichter schreibt«, einen Gruß geschickt.[56] Daß er darauf keine Antwort erhielt, irritierte, ja kränkte ihn, er verspürte »etwas von Beschämung über meine Liebeserklärung und auch von Enttäuschung und Verschmähtsein«. Dabei fürchtete er sogar hinter der Schweigsamkeit Carossas ein leises, spöttisches Lächeln der Überlegenheit. In einem späteren Schreiben vom November 1930 äußerte er ihm gegenüber darum die Hoffnung, daß jener unbeantwortete Brief verloren gegangen sei; die um ihn gesponnenen Phantasien wären dadurch jedoch nicht entwertet: »[...] ich mußte mein Wesen und meine Arbeit mit der Ihren vergleichen, mußte in Ihnen irgend etwas mir Unerreichbares anerkennen, das ich aber ganz und gar zu verstehen und mitzufühlen glaubte, und mußte dann doch mein eigenes Wesen, meine eigene heftigere Problematik und Fragwürdigkeit *auch* als etwas Notwendiges gelten lassen [...].«[57] Als Hesse dies Carossa als dem ihm »unter den Lebenden wohl liebsten deutschen Dichter«[58] bekannte, gestaltete er gerade die gegensätzlichen Welten von Narziß und Goldmund. Dabei erschien ihm Hans Carossa, der sich nicht wie sein Protagonist Narziß hinter den Klostermauern einer Vita contemplativa abschirmte, sondern in lebendigem Austausch mit der Wirklichkeit stand, »als eine Art Gegenpol«.

Das Ergebnis seiner »Selbstprüfung am Maßstab Carossa« lautete darum: »Es war so wie zwischen Narziß und Goldmund.«[59]

Als Ninon wahrnahm, daß Hesse Hans Carossa als einen Ebenbürtigen, einen »Bruder Goldmund« hochschätzte, vermerkt sie betroffen: »Am Abend, nachdem ich Hermanns Brief an Carossa gelesen hatte: Meine Fröhlichkeit ist Dummheit; wenn ich anfange nachzudenken, habe ich sofort Depressionen. Meine Geduld ist Feigheit; ich fürchte mich vor Auseinandersetzungen.«[60] Sie lebte neben Narziß und sehnte sich nach Goldmunds Weltfülle.

Ninons spätere Begegnungen mit Carossa[61] verliefen unter dem Zeichen ihrer gemeinsamen Vorliebe für die Antike. Er kannte die Ziele ihres Fernwehs, und Ninon verband das Erlebnis von Landschaft und Kunst in Italien mit seiner geistigen Gegenwart. Er wurde für einige Jahre zu der »Gestalt«, die sie auf ihren Reisen begleitete und mit der sie innere Zwiesprache hielt. Einmal zitierte sie auf ihren Streifzügen in Rom 1934 die »Gestalt« herbei und fragte, ob es wohl *Weltflucht* sei, was sie zu »diesem Leben in Statuen, dem Sich-Erleben in Kunstwerken, dem Umherirren und Sehen« treibe, und sie hörte deutlich die Stimme Carossas: »Aber es ist nicht vielmehr das Trinken eines kühlen, klaren Quellwassers, ein Erstarken? Es ist Kraft- und Lebensquelle, die aus diesem Irren, Wandeln, Suchen, Sehnen, Finden strömt.« Eine neue Weltlust berauschte sie. »Welcher Unterschied zum Herbst 1930, als ich wünschte: Ewige Wiederkehr *eines* und desselben Tages, Stillstand, Ruhe. Gott sei Dank, ich *will* keine Ruhe mehr! Ewige Unruhe. Das Leben erleiden, erfreuden, die Dynamik spüren, sie lieben. *Aus einer Statue ist ein Mensch geworden*«, notiert sie im Oktober 1934 in ihr römisches Tagebuch. In einem gebetsähnlichen Anruf an den Vater gab sie auf der Rückreise von Sizilien nach Rom ihrer beschwingenden und zugleich angststeigernden Lebensfreude Ausdruck: »Lieber, lieber Puni – Papú und wie wir Dich nannten – ich habe heute noch wenig Deiner gedacht! Aber plötzlich ist es mir so unsagbar bange, weil Du so früh fortgegangen bist. Nun leb' ich schon 15 Jahre ohne Dich. Heute ist Dein Geburtstag. Beschütze mich – mir ist so bange wie neulich vor einer jeden Reise. Ist es, weil meine Lebenslust immer mehr zunimmt – bange ich *deshalb* immer mehr ums Leben?« Am selben Tag schrieb sie in ihre Reisenotizen: »Wenn ich nur auf die geheimnisvolle Verbindung mit Hans Carossa verzichten wollte! Ist das nichts weiter als eine schlechte Gewohnheit aus Backfischtagen, immer mit dem zusammenzusein, der nicht da ist? Zu rufen und Rufe zu vernehmen?«[62]

In Agrigent hatte sie Carossas Gegenwart so stark empfunden, daß sie sich unwillkürlich nach ihm umschaute, als sie auf den Stufen des Concordia-Tempels saß, vor dem er häufig verweilte. Sie nahm ihr Notizbuch, in das sie sein Gedicht »Selige Gewißheit«[63] geschrieben hatte, um es immer bei sich zu haben: »Ja, du bist Welle vom frühesten Licht, / Hast ein Erdenkleid angenommen, / Bist in eine Welt gekommen. / Glaub an die Heimat! Betrübe dich nicht.« Langsam sprach sie die Verse in die Weite der Landschaft, blickte übers Meer und über die Ruinen der griechischen Hügelstadt, und schlagartig erfaßte sie neu und vertieft den Sinn des Gedichtes als einen Aufruf zum Vertrauen in die feste Fügung dieser Welt und zum mutigen Lebenswagnis: »Stürze hinab! Geheiligt dein Fall – Heimat umleuchtet dich bald überall.«

Es war ihr, als erfahre sie durch Carossas Worte etwas Neues: daß diese Welt eine umbergende Heimat war und daß die »Heimat des Geistes«, die sie seit ihrer Jugend *jenseits* der Welt gesucht hatte, *in* dieser irdischen Heimat beschlossen lag. Carossas Verse erzeugten in ihr eine so blitzartige Erleuchtung, »als ob ein Flügelaltar, dessen Außenflügel ich kannte, und vor dem ich lange geharrt hatte, sich mir nun gnadenweise erschließt«.[64]

Abends blätterte sie im Gästebuch des Hotels und stieß zufällig auf Carossas Handschrift, auch er hatte hier gewohnt und ein Gedicht als Dankesgruß hinterlassen. »Ich las es. Es bewegte mich sehr. Ich schrieb es mir ab. Und so stand dieser Tag zwischen zwei Gedichten H. Carossas, eingerahmt von ihnen, und das gab ihm einen befreienden Abschluß.« Das Gedicht trug den Titel »Vision«[65] und umriß das Erlebnis der Antike als Anschauung von Tod und Wiedergeburt und damit als Erfahrung einer Lebenskraft, die über alle Vergänglichkeit triumphiert:

> Reich verstreute Tempeltrümmer
> Glühen gelb im Sonnenbrand.
> Ginsterbüsche zwischen Säulen
> Ziehen Gold aus heißem Sand.

Noch am gleichen Abend sandte Ninon einen Gruß an Carossa. Sie erhielt seinen Antwortbrief auf der Rückreise in Rom: »Ich habe einen Brief von H. Ca. bekommen. Ich wußte es plötzlich, als ich mich dem Hause näherte, daß der Brief daliegen würde. Er lag da. Die Schriftzüge – Züge, ja! Kein Schriftgestammel, Schriftstaccato, ein schöner, kühner, ruhiger Fluß – erfüllten mich mit Entzücken. Lange zauderte ich, den Brief zu öffnen«, notierte sie am 5 November 1934. Carossa schrieb ihr in der üblichen verehrenden Distanz: »Liebe, verehrte Frau Ninon Hesse, eine herzliche Freude an diesem trübseligen Allerheiligentag bereitete mir Ihr unverhoffter Brief; ja, was Sie in Agrigent erlebten, wird nachträglich mir zu einem allerschönsten Erlebnis. [...] Daß Sie in Rom sind, würde mich noch mehr freuen, wenn statt November 1934 Januar 1935 wäre; denn da muß ich dort sein.«[66] Ninon las diesen Brief immer wieder. »Was ist das mit mir? Wahnsinn? Hybris? Meine Träume seit mehr als einem Jahr? Mein Ahnen um seine Nähe im vorigen? Am 14. Oktober 1933 reiste ich ab – vom 16. bis 26. Oktober war er in Rom. Ich ahnte es, spürte es fast körperlich – erfuhr es einige Wochen später.« Ninon war damals recht traurig gewesen, daß sie sich in Rom verpaßt hatten, ihr fehlte in der Vielfalt von Eindrücken und Erlebnissen ein Widerhall. Sie schrieb Hesse zwar häufig – dabei bedrückte sie jedoch, daß sie ihn mit langen Reiseschilderungen in seiner Ruhe aufstörte: »Wenn es dann zum Erzählen kommt, bin ich immer ganz schnell fertig. Immer fürchte ich, Dich zu langweilen oder zu ermüden.«[67] Carossa aber teilte ihre Liebe zur Antike.

Nach einem Besuch des Thermenmuseums in Rom vertraute sie ihrem Rom-Tagebuch an: »Es war mir sonderbar und schön zu wissen, daß C. das alles nach mir sehen würde. Es war mir, als ließe ich es ihm zurück wie ein Vermächtnis. Ich versenkte mich tief in das, was ich liebte, und hoffte, *ich* würde aus den Dingen strahlen. Törichter Gedanke! [...] Von fernher kam ich – meine Augen haben das Bild getroffen, es geliebt – von fernher kommt er – seine Augen treffen das Bild, lieben es: Sollten seine Augen da den meinen nicht begegnen? Ich möchte ihm immer Briefe schreiben. Ich spreche mit ihm, ich denke an ihn. Ich begegne ihm.« Als Carossa im Januar 1935 im Thermenmuseum die »geliebten Statuen« wiedersah, dachte auch er an Ninon und beschrieb auf zwei Ansichtskarten den Museumsgarten im Schneegestöber.[68] Er unterbrach seine Rückreise in Montagnola, und man plante ein baldiges Wiedersehen, das jedoch erst im Sommer 1937 – wieder auf einer Heimreise Carossas aus Italien – zustande kam. Ninon berichtete darüber freudig an Dolbin: »Am 7. Juni war Hans Carossa da (zum dritten Mal seit neun Jahren, die wir ihn kennen) – das waren herrliche Tage mit ihm.« Carossa hingegen bemerkte über diesen Besuch: »Hesses Ehe hat mir diesmal einen eigenen, fast beklemmenden Eindruck gemacht; Ninon hat da ein schweres Amt auf sich genommen.«[69]

Wann immer sich Ninon und Carossa wieder begegneten, die Freude war gegenseitig und blieb lebenslang bestehen.[70]

Im Spätherbst 1935 lernte Ninon den vierunddreißigjährigen Schriftsteller Joachim Maass[71] kennen, als er Hermann Hesse in Montagnola besuchte. Die Anziehung war spontan und gegenseitig. Ende November schrieb Ninon beglückt an Dolbin: »Er war zwei Monate in Lugano – unseretwegen, kam oft zu uns. Seine Bücher sind herrlich – kennst Du sie? ›Bohème ohne Mimi‹, ›Der Widersacher‹, ›Die unwiederbringliche Zeit‹. ›Auf den Vogelstraßen Europas‹ ist ein Fliegertagebuch, das gefällt mir weniger.«

Maass, durch seine norddeutsche Herkunft geprägt, war ein für Ninon fremdartiger Typ, mittelblond, großgewachsen, kräftig, mit der zerdehnten, gleittönigen Sprechweise eines Hamburgers. Er wirkte ironisch und kühl, fast abweisend, und trat mit einer bewußt weltmännischen Sicherheit auf, geschliffen höflich, schlagfertig. Für Ninon stellte er eine anregende Mischung aus solide wirkender, fast bürgerlicher Zuverlässigkeit und künstlerisch-salopper Stilisierung dar. Nichts erschien ihr naiv an diesem jungen Schriftsteller, der auf sie zugleich vergrübelt und elegant wirkte, beherrscht und manchmal undurchschaubar maskiert. »Patrizier-Bohèmien« nannten ihn seine Freunde, und »Noblesse und Welt als Stil« bescheinigten sie ihm für Dichtung und Leben.[72] Genau so muß er auf Ninon gewirkt haben.

Voraussetzung für die menschliche Sympathie war bei Ninon wie immer die Anerkennung für den Künstler. In ihren Briefen an Freunde empfahl sie voller Begeisterung seine Bücher, lobte die Prägnanz und Leuchtkraft seiner Sprache, sein psychologisches Einfühlungsvermögen, durch das er überzeugende Charaktere gestaltete. Vor allem aber war Ninon bei ihrem hohen Anspruch an die Sprachkraft eines Autors vom zuchtvollen Bau seiner Sätze begeistert, in denen sich die sinnliche Färbung von Klang und Bild mit einem konstruktiven und intellektuellen Element verband. Maass »leistete« Sprache. Daß sie oft norddeutsch steif daherschritt und manchmal fast gedrechselt wirkte, übte auf Ninon einen herben Reiz aus: Dieser Schriftsteller nutzte die Sprache ebenso gekonnt zur klaren begrifflichen Vermittlung wie zur Erzeugung von Stimmungen. Diese Spannung zwischen scharfem Verstand und blühender Sinnlichkeit zog Ninon auch an dem Menschen Maass an.

Für Ninon wies Maass jenen hohen Grad von Weltläufigkeit und Blickschärfe für die Realität auf, der sie an Menschen fesselte. Schon Hesse hatte in einer Buchbesprechung bekräftigt, Maass' Romane seien »von erlebtem Leben, von genau und gewissenhaft gesehener Wirklichkeit ganz gesättigt«.[73] Da Ninon zu dieser Zeit an einer als gläsern empfundenen Schicksalsferne litt, erfaßte sie eine leidenschaftliche Anteilnahme an Menschen, die sich der Wirklichkeit auslieferten und dadurch Schicksal auf sich zogen. Daß Maass aus Freiheitsliebe und ohne äußeren Zwang ein Emigrantenlos auf sich nehmen wollte, leitete eines jener lebenslangen Briefgespräche ein, die Ninon bereicherten und die sie sich bewahrte wie kostbare Geschenke.

»Wie kommt das Böse in die Welt?« Diese bohrende Frage in all seinen Werken traf zudem mitten in Ninons Schauder über die Schrecken, die der nationalsozialistische Staat bei den ihr liebsten Menschen verbreitete. Maass kreiste stets um das Thema von Schuld und Gerechtigkeit. Er deckte unter der glatten Oberfläche gängiger Konventionen die zersetzende Dämonie auf. Er stellte dar, daß hinter den adretten Bürger-Fassaden das Chaos nistete, jene destruktiven Triebe, die darauf lauerten, unter irgendeinem Vorwand loszupeitschen. Er wollte nachweisen, daß das Abgründige in *jedem* Menschen angelegt sei und mit zerstörerischer Gewalt von ihm Besitz ergreifen könne. Die Ordnung der Welt umschließe jedoch auch noch das Teuflische, und es gehöre in den Rahmen der menschlichen Natur mit hinein. Die Verdrängung, die Unehrlichkeit gegen sich selbst, sei verhängnisvoller als die Anerkennung des Bösen, aus der heraus stets eine Umkehr möglich sei. Maass' Bekenntnis und Aufruhr zur inneren Wahrhaftigkeit entsprachen Ninons Abscheu vor allem Unechten und Unklaren. Er forderte seine Leser schonungslos auf, sich durch die eigenen Abgründe hindurch einen Weg zur sittlichen Entscheidung zu bahnen. Hier Dämonie, dort Disziplin, hier das stets lauernde Böse, dort der bewußte Entschluß zum Guten, das sind die Gegensatzpaare, zwischen denen sich für Maass jeder Mensch bewegte und woraus auch die moralische Leistung der Kunst erwuchs.[74]

Ninon spürte, daß bei Maass die tiefe Weltbeunruhigung der

dreißiger Jahre überzeugender sichtbar wurde als bei anderen Autoren. Die kreatürliche Angst, die in seinen Buchgestalten aufbrach, und ihr Schwindelgefühl vor dem Abgründigen übertrugen sich zwingend auf den Leser. Dieser Autor zeigte ein Abbild der Welt, in der das Grauen in jeder Ecke hockte, und so wurden aus seinen psychologischen Romanen unversehens politische: persönliche Verfehlungen und Roheitsakte wuchsen ins Ausmaß zeitgeschichtlicher Niedertracht.

Als Joachim Maass am 5. und 24. Februar 1936 noch einmal nach Montagnola kam, erschien ihm das Leben in Deutschland durch die Nachstellungen der Nationalsozialisten bereits unerträglich.[75] Er prüfte die Lebens- und Arbeitschancen in der Schweiz, fuhr dann exilsuchend in andere europäische Länder und im Spätherbst 1936 in die USA. Ninon, die aus Dolbins Briefen wußte, wie schwierig ein Fußfassen in Amerika war, warnte den jungen Autor davor, seinen gerade begründeten literarischen Ruhm zu gefährden. Er aber wollte jeder absehbaren Einschränkung seiner schriftstellerischen Freiheit entgehen und nahm die Herausforderung der Zeit an. »Ich habe für die Verzweifelten nichts übrig! Der Teufel hole sie! Ich halte mich an die Devise der alten Rauhbeine: Wer nicht das Leben setzet ein, dem wird das Leben nicht gewonnen sein.«[76] Über sein erstes in der Emigration entstandenes Buch setzte er als Motto: »Vitam, Non Mortem Cogita!«[77]

Maass, der sich dem Chaos der menschlichen Seele nie verschloß, kannte auch den magischen Reiz des Erotischen. Er hat oft die Dämonie der Frau dargestellt und zugleich die Macht, die sie auf den seiner Leidenschaft ausgelieferten Mann ausübt. »Ich gestehe, daß meine metaphysische Erschütterung zugleich die allerphysischste war, nämlich die durch die Liebeslust des Leibes, die mir mehr als irgendetwas sonst über das Leibliche unsäglich hinauszugreifen schien.«[78] Weil alles, was die Sinne anging, für ihn zugleich über sie hinausreichte, waren Frauen in seinem Leben wichtig. In seinen Romanen zeigte er, daß die Liebe voll irdischer Verstrickungen war, ja tödlich dort, wo sie sich mit dem Bösen verband; aber sie vermochte auch die von ihr Ergriffenen über sich hinauszuführen in Vertrauen und Zuversicht.

Ende März 1936 verbrachte Ninon einige Tage in Zürich, Joachim Maass besuchte sie dort, sie teilte es Hesse kurz mit. In ihrer Sorge um Maass bat sie Dolbin, er möge sich in New York um ihn

Joachim Maass, gezeichnet von B. F. Dolbin

kümmern, »Ich ›empfehle‹ ihn Dir sehr! Du mußt entzückend zu ihm sein! Wenn Du ihn aber je zeichnen solltest, dann schenke mir das Blatt, ja?«[79] Es kam auf Dolbins Veranlassung zu einem kurzen Zusammentreffen, dabei zeichnete er Maass für Ninon, aber wie immer »kämpfte der Hamster Dolbin gegen die guten Vorsätze des Spenders Fred!« Da Ninon ihm nicht verschwieg, was die Freundschaft mit Maass für sie bedeutete, schickte er ihr im September 1937 das Porträt zum Geburtstag. Aber er, der sonst genießerisch Psychogramme lieferte, schien mit Maass' Ausdrucksstudie nicht zurechtgekommen zu sein: »Das Porträt ist ›ein Stück von ihm‹, aber nicht das eigentliche«, kritisierte Ninon. »Im ersten Moment erkannte ich ihn nicht (obwohl ich wußte, daß es sein Porträt war). Dann sah ich mich ein, und jetzt finde ich es ähnlich – aber nicht *ihm* ähnlich, sondern seiner *Maske*. Hinter *diesem* Gesicht *verbirgt* er sich: ›Bonvivant‹, ›Hamburger Kaufmannssohn‹, ›netter Junge‹, dahinter erst liegt sein wahres Gesicht. Aber wie konntest Du es kennen, Du sahst ihn dieses eine Mal, und seine Bücher hast Du nicht gelesen.«[80]

Dolbin zeigte sich gekränkt. In seiner Antwort vom 29. September erklärte er, ihm sei Maass von Anfang an als zu angepaßt, zu glatt erschienen; sein Gesicht sei keine Landschaft, in der er eingekerbte Erlebnisspuren oder Schicksalslinien erkennen könne. »Als er damals im halbdunklen Winterlicht – das Fenster im Hintergrund – brillenlos vor mir saß, genießerisch an seiner Zigarette sog und mit Ellen plauderte, suchte ich vergeblich den Dichter, als den Du ihn mir empfohlen hattest. Da ist eben das Porträt auf der Suche nach dem Inneren schon im Äußeren steckengeblieben.«

Nachdem Joachim Maass aus den USA zurückgekehrt war, schenkte er Ninon im Januar 1937 das handgeschriebene Manuskript seiner auf der Reise entstandenen Novelle »Der Schnee von Nebraska«.[81] Es trägt die Widmung: »Dieses Manuskript, geschrieben an Bord des Dampfers ›Gerolstein‹ auf der Sturmreise New York/Rotterdam, fortgetragen aus einem abbrennenden Hotel in Amsterdam und beendet, ergänzt und korrigiert im Zug nach Hamburg, sendet der Verfasser J. M. als Gruß und Dank an Ninon Hesse.« Ninon wurde durch diese Erzählung, in der es um das Unheimliche, um Mordlust und menschliche Verworfenheit geht, um das Dunkel, das alles verschluckt wie der Schnee von Nebraska, an die Welt Julien Greens erinnert,[82] dessen Buch »Le Voyageur sur la Terre« sie kurz zuvor ausführlich interpretiert und dabei gerühmt hatte, daß dieser Autor die dunkle Seite des Menschen nicht schönfärberisch verschweige, sondern mutig aufdecke, indem er seine inneren Kämpfe zwischen Lebens- und Todestrieb, zwischen Daseinsfreude und Mordlust, zwischen Liebe und Haß, zwischen Unbewußtsein und Hellsichtigkeit beschreibe. Das Wagnis der Selbsterprobung zeichne Greens Vollblutmenschen aus, die sich mutig dem eigenen Unbewußten stellten und das Grauen der Welt an sich selbst kennenlernten: »Auch das Schlimmste, was man erlebt, ist nichts anderes, als was man sich selbst zugefügt hat.« Es war die Dimension der Selbstverantwortung, die Ninon gleichermaßen bei Green wie bei Maass anzog. »*Gelebtwerden:* das heißt, das leben müssen, was durch Vererbung und Umgebung in den Menschen gelegt wird. *Leben:* das ist der Versuch, einen eigenen Weg zu gehen. […] Zwischen dem Gelebtwerden und dem Leben steht der eigene *Entschluß.*«[83]

Als Ninon erfuhr, daß Maass, um die Emigration für seine jüdischen Freunde und sich zu finanzieren, den Stoff seines nächsten Romans »Ein Testament« in verharmloster Form für einen Vorabdruck in der »Berliner Illustrirten« zurechtgemacht hatte und unter dem Titel »An Doddi kommst du nicht vorbei« um die Jahreswende 1938/39 erscheinen ließ,[84] war sie von der konsequenten Haltung des Freundes tief berührt. Durch ihre Bindung an ihn, den kühl Besonnenen und doch mit Leidenschaft Handelnden, nahm sie teil an seinem Lebenswagnis.

Zehn Jahre später fand Hesse während eines Sanatoriumsaufenthaltes in Préfargier bei der ihm nachgesandten Post einen Brief von Joachim Maass an Ninon, der versehentlich dort hineingeraten war. Er fragte bei ihr an, welche Bewandtnis es mit diesem vertrauten Ton habe, und sie antwortete ihm am 24. Januar 1947: »Lieber Hermann, es tut mir leid, daß Du ganz unversehens erfuhrst (anstatt, daß ich es Dir erzählte!), daß J. M. und ich eine schöne und herzliche Freundschaft geschlossen haben, die sich in einem (übrigens ziemlich spärlichen) Briefwechsel äußerte und äußert. Sie hat Deine Sphäre nicht berührt und hat mir oft wohlgetan, wenn ich mich sehr einsam fühlte. Wie hätte ich mich mit ihm befreunden können, wenn ich nicht die warme und echte Verehrung gefühlt hätte, die er Dir entgegenbringt – das war die Voraussetzung dafür, daß er auch an *meinen* Leiden und Freuden, an Lektüre oder Gedanken über Gelesenes teilnahm. Wenn es Dir möglich ist, schicke ihm seinen Brief nicht zurück und glaube weiter an ihn, der Dir aufs herzlichste ergeben ist! Ich habe mich der Freundschaft mit ihm nicht zu schämen, und ich bitte Dich, wenn es Dir möglich ist, unseren Briefwechsel zu dulden. Deine Ninon.«

Da Maass' Briefe nicht erhalten blieben, ist nur aus Ninons Bemerkungen gegenüber Dritten und aus ihren Notizbüchern zu entnehmen, was seine Freundschaft weiterhin für sie bedeutete.[85] Sie klagte im Jahre 1949 besonders häufig über Hesses schlechtes Befinden: »Hesse in elender Laune, ißt fast nichts, schneidet furchtbare Gesichter, stumm spazierengegangen. ›Idiot‹ vorgelesen, dann entlassen. Zum Nachtessen H. freundlicher, dann mit Krach um 8 Uhr auseinander. In Selbstmörderstimmung zu Bett.«

7. Oktober 1949: »Zu H. frisch und erfüllt. Zurückgeprallt vor seinem Gebaren. Der Selbstmord erscheint täglich mehr die einzige Lösung.«
8. Oktober 1949: »Toben. Keine Worte mehr mit mir gesprochen. Um 8 Uhr vor dem Vorlesen frage ich nach meinem ›Verbrechen‹. Aussprache. H. ›entschuldigt‹ sich. Trennung oder Selbstmord?«
9. Oktober 1949: »Ob H. traurig oder mißmutig ist, ist selten zu

unterscheiden. [...] Ich möchte unter die Räder. Wie kann man so leben?«
10. Oktober 1949: J. M. schönster Brief, den er mir je schrieb. Ich bin nicht mehr allein.«
15. Oktober 1949: »Eine glückliche Woche!«

Joachim Maass hat in seinem Roman »Ein Testament«,[86] den er als letzten vor seiner Emigration (1939) in Deutschland veröffentlichte, Ninons Charakterzüge in der weiblichen Hauptperson verdichtet. Dies ist zwar nirgendwo ausdrücklich belegt, aber nicht nur der Name »Xenia«, eine griechische Entsprechung für Ninons Mädchennamen »Ausländer«, deutet darauf hin, sondern auch die gesamte Problematik des Geschehens.

Im Roman erfüllt Xenia als Tochter den Bereitschaftsdienst für einen Dichter: Ihr Vater wartet weltabgewandt und in die eigenen Visionen versunken auf die Stunde, da ihm die Gnade der Produktion zufällt. Da Xenia selbst nicht »berufen und auserwählt« ist, erscheint ihr die Mithilfe am fremden Werk als schicksalsmäßiger Auftrag. Sie nimmt neben dem Dichter Einsamkeit und Armut, auch die Abtrennung von der Umwelt auf sich und teilt seinen unerschütterlichen Glauben an den »Ruf«. Sie vermittelt ihm durch ihr Warten und Zuhören, durch ihren Opferwillen Kraft und Selbstvertrauen. In ihrem hochgestimmten Wesen ist sie bereit, das Leid als Quelle der Kunst mitzutragen: »Aber es ist schwer, einsam zu sein, das Nichtdazugehören – wie lange erträgt man es und wird nicht böse davon?«[87]

Xenia lebt als Gast in der Wirklichkeit, in die sie sich nach ihrer übermächtigen Anbindung an den Vater lange nicht einzugliedern vermochte. »Mir aber ist nur noch dieser Zustand des Weggeträumtseins erinnerlich, der so gut einen Tag wie ein Jahrzehnt gedauert haben könnte. [...] Mir kam alles beinah gespenstisch vor, und sobald ich allein war, sank ich in den Zustand dieser eigenmächtigen Traurigkeit zurück, und ich fragte mich, ob dies wirklich mein Leben sei.«[88] Der geniale Maler, der sie einst zur Liebe verführt hatte, beantwortet ihre Frage, ob sie für ihre Ehe alle Träume opfern müßte: »Ja! Wofür sonst? Sterne pflücken in die kleine Mädchenschürze?«

Wie alle Menschen in Maass' Roman muß sich Xenia zum Inferno der widersprüchlichen und unheimlichen Kräfte im eigenen Innern bekennen und sie dadurch überwinden.[89] In dem Augenblick, in dem sie durch eine Verzweiflungstat ihr eigenes Leben verändern will, findet sie den Weg zur Liebe und damit zum Dienst. »Ist denn ein gewagter Entschluß nicht besser als blind im knisternden Nebel umzutreiben?«[90] Sie wird das Notwendige mit Entschiedenheit tun. Nur so kann sie das Testament ihres Vaters erfüllen, die Forderung nach Treue und Leidenschaft, den Kampf gegen alles Flaue, Flache und Dumpfige, gegen Mittelmaß und Kompromiß. Sie steht vermittelnd zwischen zwei Generationen und erkennt ihre Aufgabe darin, das Vermächtnis des Vaters an einen jungen Schriftsteller zu übermitteln – im Roman einem ihrer drei Söhne, Ernst August, der die autobiographischen Züge von Joachim Maass trägt und ihr erklärt: »Ich muß mich *entscheiden,* sonst wird der Abgrund mich verschlingen mit Haut und Haar, und jetzt begreife ich auch, wozu ich mich entscheiden muß und schon entschieden habe, und bekenne, ich will ein guter Mensch werden.«

Ninon hat den Roman in der Züricher »Weltwoche«[91] besprochen und dabei den Gedanken der Wirklichkeitsbewältigung in den Mittelpunkt gestellt: »Es ist das Nichts, das das Dasein verschlingen will, der Tod, der nach dem Leben trachtet. Der Mensch steht inmitten: Sehnsucht nach Beharren – Sehnsucht nach dem Nicht-Sein zerren ihn hin und her, ihn, der dazu bestimmt ist, *in der Zeit* zu leben. Wie retten sich die Menschen aus dem Kampf dieser Kräfte? Indem sie sich, wie der Dichter es nennt: entscheiden.« Maass zeige, daß man sich, um nicht innerlich schuldig zu werden, aus der Hypertrophie des Ich befreien müsse, in der die Welt lediglich als Material der Selbstfindung betrachtet und ihres eigenen Wertes beraubt werde. Selbstverwirklichung sei nur im Zusammenspiel mit der Welt möglich.

In ihrer Rezension rechtfertigte Ninon auch den Vater Xenias, der sich als Dichter fühlte, aber kein Werk zustande brachte, und es klingt bei ihr, die immer klagte, daß sie die Erlebnisfähigkeit eines Künstlers in sich spüre, aber nicht mit dessen Gestaltungskraft begabt sei, wie eine Selbstberuhigung: »Es kommt nur auf das ›Dem-Geiste-Dienen‹ an und nicht auf die Rechtfertigung dieses Dienstes durch ein Werk – auf die Treue und Opferfähigkeit.«

Ninon identifizierte sich in ihrer Rezension weitgehend mit Maass' Hauptfiguren und damit auch mit ihm selbst.[92]

Fast zur gleichen Zeit wie Maass hatte Hesse in seiner besinnlichen Idylle in Hexametern »Stunden im Garten«[93] ein Bild von Ninon gezeichnet, mit dem sie jedoch ganz und gar nicht einverstanden war. Sie tritt dort neben dem Gärtner Hesse als bäuerliche Hausfrau im bukolischen Frieden seiner Gemüse- und Blumenbeete auf: »Hier verbringen wir, Mann wie Weib, einen Teil unserer Tage, / Weit vom Hause, verborgen im Grün, und wir lieben dies Pflanzland [...]«. Der Leser erfährt noch:

Zwar sind von diesen Gemüsen
Nahezu alle gesät und betreut von der Frau, doch zuweilen
Seh ich auch hier ein wenig zum Rechten. Denn groß ist die Arbeit,
Und es hat eine Hausfrau auch außer dem Garten viel Pflichten,
Küche nimmt sie und Wäsche in Anspruch, es kommen Besuche,
Kommen geladene Gäste, oft ist's ein ermüdendes Tagwerk.
Forschend durchwandert mein Blick die stattliche Reihe der Beete;
Wahrlich, sie stehen nicht schlecht; auch eine geborene Bäurin
oder Gärtnersfrau hielte sie besser kaum [...]

Für den üppigen Wuchs des Gemüses belohne er Ninon, indem er »ihr für ihre bevorzugten Blumen, / Für ihren Mohn und Zwergrittersporn, eine reichliche Gabe / Dunkelster Aschenerde als Dung zu versprechen« pflege. Während Hesse im Gedicht dann beim Sieben von Erde und Asche den rauchenden Meiler bedient und meditiert, ruft ihn Ninon in die banale Wirklichkeit zurück: »Horch, da weckt mich, nachdem eine Stunde, nachdem eine kleine / Ewigkeit sanft mich gewiegt, eine frische Stimme. Vom Hause / Ruft mir, von Stadt und Einkauf zurückgekommen, die Gattin.« Ihre Stimme bedeutet ihm Hinweis auf Uhrzeit und Alltag.

Ninon übereignete Fred das Buch über Hesses Gartenfreuden, und sie berichtete ihm schaudernd von ihrer Mitarbeit und von der Fron der »Vendemmia«, der jährlichen Weinernte: »Heuer ist das Putzen: das ›Lesen‹ sehr mühsam und unappetitlich. Es sind unendlich viele verfaulte Beeren zwischen den guten, verdorrte, geöffnete, nicht reifgewordene – die Finger werden elend verklebt von all dem Zeug, es riecht nach Schimmel und Moder – und ich sagte heute höhnisch zu H.: Jetzt wünschte ich, daß ein Städter käme – so einer, der mal ›Segen der Erde‹ von Hamsun gelesen hat und für das Landleben schwärmt – der sollte mal eine halbe Stunde bei der Lese helfen – wie gern kehrte der wieder auf den heimischen Asphalt zurück – wie erlabte er sich an Kohlenstaub und Benzingeruch!«[94]

Im Grunde war Ninon jedesmal froh, wenn es Herbst wurde und von ihrer Mithilfe im Garten nicht mehr die Rede war. Im Frühjahr aber ging sie Hesse draußen zur Hand. »Ich habe wieder angefangen, im Garten zu arbeiten, aber ich kann nicht behaupten, daß ich es gern tue. [...] Ich werde mich immer wieder loszureißen versuchen, denn auf *meine* Arbeit will ich nicht verzichten. Sie ist meine Heimat.«[95] Auf die Vermutung eines Briefpartners, sie sei wohl eine Gärtnerin, erwiderte sie entschieden: »Oh nein, ich bin ein Büchermensch!«[96] Mit dem Bild, das Hesse von ihr 1935 als Landfrau entworfen hatte, war sie ebensowenig einverstanden wie mit dem der »Vogelzähmerin« im Jahre 1933.

Seit dem Frühjahr 1936 litt Ninon unter einer körperlichen und seelischen Erschöpfung. Zur ungeliebten Arbeit in Haus und Garten fehlten die Hilfskräfte, hinzu kam eine verzehrende innere Unrast. In allen Briefen und Notizen jener Zeit spürt man ihre Erregung. Ständig tauchen selbstquälerische Zweifel über ihre Verantwortlichkeit auf: auf der einen Seite stand die Pflicht gegenüber Hesse, auf der anderen Seite stand die Pflicht gegenüber sich selbst – »die Notwendigkeit, sich selbst nicht zu verfehlen«. Sie vertraute ihrem Tagebuch an: »Inneres Leben: keine Leistung. Schreibe nicht mehr. 1931 in Rom die Antike entdeckt. Rezeptive Beschäftigung mit griechischer Kunst, Literatur, Philosophie, Pindar, Aischylos, Hesiod und archäologischen Werken. Ausgeschlossen, zu schreiben ohne Apparat. Wie töricht; die Hoffnung nicht aufzugeben, es könne etwas daraus werden.« Seit ihrer Sizilienreise bemühte sie sich auch darum, »die Passivität des Erlebens dieser (jeder) Reise in Aktivität zu verwandeln. Das ist so schwer!«[97] Mutlos vertraute sie sich Dolbin an: »Schade, daß ich solch ein Torso geblieben bin. Immer wieder versuche ich etwas, aber es reicht eben doch zu nichts, weder zum Kritisch-Essayistischen, noch zu braver Kunstgeschichtsschreibung, noch zur Literatur. Es reicht nur immer so weit, daß ich mich unglücklich im Wirtschaftsführen fühle.«[98]

Ninon wußte seit längerer Zeit, daß sie sich einer gynäkologischen Operation unterziehen mußte. Der medizinisch recht harmlose Eingriff verursachte bei ihr panische Angstzustände, als fände alle aufgestaute Bangnis darin ein zulässiges Ventil. Es verlangte sie danach, beschützt zu werden. So fuhr sie Anfang Mai 1936 nach Wien, wo altvertraute Freunde sie erwarteten, die Ärzte Dr. Lisl Löbl, die Freundin der Wiener Jahre, und Dr. Rosenberg, der

Jugendfreund aus Czernowitz. Hesse erschien ihr seltsam fern, auch in seinen Briefen: »Als Du fort warst, war mir sehr elend zumute, ich nahm mich aber dann zusammen, und als Du gar telephoniert hattest, sah ich die Sache von der anderen Seite und beschloß, mein Alleinsein als Freiheit und Geschenk zu nehmen.« Er widmete sich seiner Arbeit und fühlte sich ungestört. »Der Mond schien ins Atelier, und es war so still, und ich brauchte an nichts zu denken, und es gab keine Sorgen als die, meine Arbeit gut zu tun. Nachher kamen die Sorgen ja schon wieder, namentlich die Sorge um Dich. Ich bin nun äußerst gespannt auf Deine nächsten Nachrichten. Gott sei mit Dir, kleiner Keuper!«

Zwei Stunden vor der Operation erhielt sie ein Telegramm von ihm: »Ich denke an Dich, alle Engel stehen Dir bei. Vogel«, und nach dem Eingriff bekräftigte er seine Anteilnahme in Briefen, die ihr, auf eine Kurzformel gebracht, versicherten: »Ich denke treulich an Dich und murmele Zauberformeln.«[99] Darüber hinaus aber klagte er, wie überaus schlecht es ihm gehe, und Ninon, noch »wacklig und schwindlig«, versicherte ihn ihres Mitgefühls: »Vor allem bin ich traurig, daß Ihr so viel Regenwetter hattet und daß Dein Zustand so schlecht ist und Du lauter Schleimsuppe essen mußtest.« Dann aber berichtete sie freudig über ihre Erlebnisse in Wien, denn drei Wochen konnte sie zur Nacherholung dort bleiben. Beflügelt vom reichen Angebot der Wiener Theaterprogramme und aus Angst, das Geschenk dieses Aufenthaltes nicht voll auszukosten, ließ sie sich von Dolbins Schwester, dem Wiener Opernstar Bella Paalen, kurz nach der Operation heimlich in die Oper fahren. »Während ich dasaß, dachte ich auch an die Mama, die so leidenschaftlich gern in die Oper ging und die ich damals deswegen belächelte. [...] Und nun saß ich da nach so vielen Jahren an derselben Stelle, und dieselbe Magie umfang mich, die meine Mutter umfangen hatte – die Sinngebung, die ich für mich selbst nicht fand, hier war sie! [...] Ist es nicht *doch* wunderbar zu leben?« Weil Ninon stürmisch bat und drängte, erlaubte ihr der Arzt, am nächsten Morgen zum ersten Mal allein auszugehen, und zwar ins Museum: »Eine Viertel- bis eine Halbestunde sind bewilligt, und ich muß dort sitzen, darf nicht herumgehen. Ich zittere vor Freude.« Dolbin schmunzelte in New York darüber, mit welchem Eifer Ninon sich als Rekonvaleszentin in den echt Wiener Strudel des Vergnügens gestürzt« habe. Und auch Hesse riet ihr: »Liebes Herz, laß Dich nur verwöhnen in Wien [...]; hierher ins

Exil zurückzukehren, ist noch immer Zeit.« Ja, Wien, das alte haßgeliebte Wien, wurde ihr wieder zum Ort der Selbstbegegnung, aber sie bemerkte überall ihre innere Veränderung zu Klarheit und Nüchternheit. Als Bruno Walter Mahlers »Lied von der Erde« dirigierte, durch das sie vor zehn Jahren stark ergriffen worden war, erklärte sie Hesse: »Ich war *entsetzt* – – – so etwas von Sentimentalität, so etwas von Melken an Tränendrüsen, Appellieren an ›Gefühle‹ – ich wurde eiskalt, ich war abgestoßen und bemühte mich nur noch, die einzelnen Instrumente analytisch zu hören, um irgend etwas davon zu haben.«[100] Auf den Wegspuren ihrer Wiener Jahre löste sich die innere Verkrampfung, in die sie in Montagnola geraten war. Sie verschob mehrmals die Heimkehr. In Hesses übermächtige Gegenwart kehrte sie erst zurück, als sie sich widerstandsfähig – das hieß: im Einklang mit sich selbst – fühlte.

Im Frühjahr 1937 reiste Ninon zum ersten Mal nach Griechenland, und damit öffnete sich ihr Leben in eine bis dahin unerfahrene Weite – sie selbst hat diese Begegnung ein Erweckungserlebnis genannt. Wie ein Blitzschlag traf sie die Einsicht, daß die griechische Landschaft einer noch verborgenen Seite ihres eigenen Wesens entsprach, die sie zu entdecken hatte. Karl Kerényi, der ungarische Mythen-Forscher, bezeugte es aus der Nähe: »Frau Ninons Leben wurde in der Zeit unserer Bekanntschaft, soweit ihre achtsame und in diesem Sinne religiöse Sorge um Hesses Leben sie nicht in Anspruch nahm, immer mehr zu einer einzigen Vorbereitung auf griechische Reisen, die sie wiederholt unternahm. Sie dienten einer religiösen und wissensmäßigen Besitzergreifung von Griechenland mit einem Eifer und einer Ausschließlichkeit, die auch ihre Schwierigkeiten in menschlicher Beziehung haben sollten.«[101]

Je tiefer Ninon in den folgenden Jahren in den Geist des antiken Griechentums eindrang, desto sicherer wurde sie, hier ihre geistige Wahlheimat gefunden zu haben. Von nun an verlief ihr Leben zweigleisig. Sie teilte es ein in die Sorge für Hesse und in ihre eigene Arbeit: die Aneignung des Griechischen in Kunst, Religion und Sprache.

Neuntes Kapitel

Doppelklang

Hilfe für Verfolgte und Bedrängte

> Die Verwandlung des Auferlegten in ein Selbstgewolltes ist die höchste Stufe der Willensfreiheit.
>
> Daß ich für meinen Mann da bin, rechne ich mit zum Egoismus.
>
> Nur wer gefordert wird, kann leisten.

Als im März 1938 deutsche Truppen in Österreich einmarschierten, kamen mit einem neuen Flüchtlingsstrom viele alte Freunde Ninons in die Schweiz und wandten sich hilfesuchend an Hesses, denn sie brauchten Aufenthaltsgenehmigungen oder Visa. Ninon übernahm die Korrespondenz der Emigranten mit den Behörden, veranstaltete Sammlungen und vermittelte Geldspenden. Sie führte Adressenlisten über Ortswechsel und Verbleib der Asylsuchenden, besorgte Liebesgaben, verschickte Geschenkpakete und stand mit dem Schweizer Roten Kreuz in ständiger Verbindung, um Ratlose weiterzuleiten. Hermann und Ninon Hesse haben sich den Anforderungen auf private Hilfeleistung nie entzogen, obwohl diese oft einen so belastenden Umfang annahm, daß sie von zwei Personen nur schwer zu bewältigen war. Hesse mußte dabei notgedrungen auf die anhaltende Konzentration für seine schriftstellerische Arbeit verzichten, was dazu beitrug, daß er das »Glasperlenspiel« erst nach elf Jahren abschließen konnte. Im Juli teilte er Peter Weiss mit, er habe jeden Tag soviel mit den Nöten der Flüchtlinge zu tun, daß er seinen Einsatz mit der Fürsorgearbeit vergleichen könne, die er während des Ersten Weltkrieges in Bern für die Kriegsgefangenen geleistet habe, und im Dezember schrieb er an Max Herrmann-Neiße: »Es war ein schweres Jahr, schwer an Leiden und Sorgen und an Arbeit, denn all das Flüchtlingselend wächst uns über den Kopf, und es stehen zu lassen, um zu meiner eigenen Arbeit zu gehen, ist mir im Lauf des Jahres nur sehr wenigemale geglückt. Vielleicht ist das wirkliche Erleiden (und Bewußtmachen des Grauens) unserer Zeit heute notwendiger als alles produktive Tun.«

Wie enttäuscht waren Hesses darüber, daß dieser Hilfsdienst meist schwierig und erfolglos verlief! Die Schweiz zeigte sich aus Überfremdungsangst und aus Rücksicht auf ihre außen- und handelspolitischen Verbindungen mit Deutschland äußerst zurückhaltend bei der Aufnahme von Verfolgten.[1] So ging es häufig darum, Emigranten, die auf Auswanderung in andere Länder warteten, zu unterstützen oder ihnen zu neuen Fluchtzielen zu verhelfen. »Ich habe seit 1938 sehr viel Post vermittelt. [...] Ich versuchte viele Rettungsaktionen. [...] Die Vergeblichkeit fast alles dessen, was man unternahm, war ungeheuer deprimierend«, erinnerte sich Ninon im September 1945 in einem Brief an Margrit Wassmer.

Wie solch ein erfolgloser Versuch ablief, zeigt das Beispiel von Ninons Czernowitzer Jugendfreund Dr. Rosenberg, der Wien verlassen mußte und sogar schon ein Affidavit für Amerika in Händen hatte, aber dort aufgrund der Einwanderer-Quoten erst zwei Jahre später einreisen durfte. Hesse erklärte sich sofort bereit, die finanzielle Bürgschaft für einen zweijährigen Aufenthalt in der Schweiz zu leisten, da verboten neue Schweizer Verordnungen diese Lösung. Das in Wien vorbereitete Schweizer Visum wurde zurückgezogen. Um den jüdischen Arzt vor dem Abtransport in ein Konzentrationslager zu retten, schaltete Ninon zwei Anwälte und zwei Emigrationsbüros ein, bis sie schließlich nach mehrmaliger Vorsprache bei der diplomatischen Vertretung in Uruguay in Bern die Zusage erhielt, er bekäme ein Visum für dieses Land. Da meldete ein Brieftelegramm Rosenbergs, er selbst habe unverhofft ein Visum für Shanghai erhalten und müsse sofort abreisen. »Solche Fälle haben wir, und namentlich meine Frau, in letzter Zeit wohl ein Dutzendmal in den Fingern gehabt«, schrieb Hermann Hesse im September 1938 an Gunter Böhmer.

Da Hesses Einschaltung in der Öffentlichkeit von stärkerem Gewicht war, unterstützte er Ninon bei ihren Rettungsaktionen für jüdische Freunde. Für Elisabeth Löbl, der Ninon seit den Wiener Studienjahren verbunden war, bemühte er Stefan Zweig in London: »Verzeihen Sie die Belästigung, ich bin seit langem, und sehr verstärkt seit dem 11. März, sehr viel mit Fürsorge für Emigranten etc. beschäftigt, und möchte für einen mir besonders naheliegenden Fall mich an Sie wenden. [...] Nach unseren Erkundigungen wäre ein Nachsuchen darum von hier aus wahrscheinlich erfolglos, während der Antrag durch jemand dort Lebenden gestellt, viel mehr Aussicht auf Erfolg hat. Ich bitte Sie um eine Antwort und, wenn irgend möglich, um Ihre Beihilfe.«[2] Dr. Löbl konnte nach London emigrieren und wurde dort eine erfolgreiche Psychiaterin.

»Was in den letzten Monaten wieder an Menschenleid und -elend an mich anprallte, ist unvorstellbar – ich meine damit nicht Zeitungsnachrichten, nicht anonymes Leid, sondern die Leiden mir naher und geliebter Menschen. Für manche, gar nicht immer die nächsten, konnte ich etwas tun, u. a. für einen Jugendfreund, der mit Frau und zwei Kindern geflüchtet ist«, bemerkte Ninon, und sie fügte hinzu: »Ach – wie glücklich ist man, irgendwo ein bißchen helfen zu können.«[3]

Dankbarkeit – eine aristokratische Tugend, diesen Stoßseufzer vertraute sie ihrem Notizbuch von 1939 an. Oft erhielt sie später nicht einmal einen Hinweis, wie es einem Flüchtling weiterhin ergangen war. »Noch heute trauert mein Mann einer Nachricht nach, die er nie bekommen hat. Er hat einem Flüchtling, der 24 Stunden da war, geholfen, mit Geld, Lebensmitteln usw., der fragte überrascht und beglückt, ›wie kann ich Ihnen danken?‹ ›Es braucht keinen anderen Dank‹, sagte H., ›aber schreiben Sie mir, wie es Ihnen ergangen ist – eine Postkarte genügt, aber lassen Sie es uns wissen.‹ Es kam nichts – niemals – ausgelöscht. Das war bitter für uns!«[4]

Als am 1. September 1939 der Zweite Weltkrieg ausbrach, scheute Hesse sich nicht vor zusätzlichen Aufgaben: Da waren über die neutrale Schweiz Nachrichten an Familien und Freunde zu vermitteln, Vermißte zu suchen und Verbindungen zwischen den Menschen aufrechtzuerhalten, die hinter den feindlichen Fronten voneinander getrennt worden waren. Hesse beschrieb Ninons innere Beteiligung und ihren Nachrichtenhunger mit leichter Ironie: »Der Krieg findet in unserm Haus, das ja in zwei Appartements geteilt ist, geteilte Aufnahme. Meine Frau interessiert sich glühend für ihn, hat eine Luganeser und jetzt auch noch die Zürcher Zeitung abonniert, ich erlaube es sehr ungern, liest alles und fragt mich viele Male am Tag, ob Rußland übermorgen schon Bessarabien werde besetzt haben, und ob das, was der Referent des Manchester Guardian vorgestern über Stalin gesagt habe, nicht doch zu optimistisch sei. Soweit Ninon. Ich dagegen interessiere mich für die Weltgeschichte ganz und gar nicht, es ist mir alles einzelne vollkommen wurst, und ich gebe mir große Mühe, das alles so weit weg zu drängen, daß ich je und je eine Viertelstunde mit intakten Gedanken beim Josef Knecht sein kann. Es wird sich nun zeigen, wer gewinnt, Ninon oder ich.«[5]

Es war eine Wette, bei der Ninon recht behielt: die weltpolitischen Ereignisse ließen sich nicht aus dem privaten Raum heraushalten! Überall dort, wo der Krieg im Osten aufflammte, wohnten ihre Freunde und Verwandten, in Warschau, Lemberg, Krakau und in Czernowitz; dort lebte auch Lilly, die inzwischen mit dem Rechtsanwalt Dr. Heinz Kehlmann in zweiter Ehe verheiratet war. Als die Russen die Stadt am 28. Juni 1940 besetzten, war jede Verbindung zwischen den Schwestern abgeschnitten. Erst ein Jahr später, Mitte Juni 1941, fand Ninon bei ihrer regelmäßigen und gewissenhaften Zeitungslektüre in der Neuen Zürcher Zeitung eine Nachricht über Czernowitz: Die Bevölkerung sei in die Wälder geflohen, und als die Rumänen und Deutschen vereint nach Abzug der Russen in die Stadt einzogen, seien kaum noch 100 Menschen dort gewesen – von einer Bevölkerung, die immerhin 130000 Einwohner gezählt hatte. Ein Drittel aller Häuser sei zerstört. Atemlos vor Spannung rief Ninon die Nachrichtenbüros der Schweiz an – aber mehr war nicht zu erfahren. Und wieder spürte sie fast körperlich die bleierne Stille der Ungewißheit, die über dem Schicksal der Schwester lastete.

Es sei der glücklichste Schrecken ihres Lebens gewesen, berichtete Ninon später ihren Freunden, als die Briefträgerin ihr am 5. August 1941 eine Postkarte mit Lillys Handschrift und dem breiten Stempel »Censurat« ins Haus brachte: »Liebste Ninon«, las sie gespannt, »trotz aller Deportationen, trotz aller Bombardements und dem feurigen, zerstörenden Abzug der Russen und trotz allem anderen sind wir am Leben geblieben und Gott sei Dank wieder auf europäischem Boden. [...] ich denke und dachte in allen Gefahren an Euch, das half«.[6] Hin und wieder erhielt Ninon weitere Kartengrüße von Lilly, es waren verschlüsselte Botschaften über Not und Hoffnung auf Fluchthilfe. Es gelang den Schwestern, ein Zwischenreich von Ausdrücken aufzubauen, das nur ihnen verständlich war; nicht der strengste Briefzensor konnte Verdacht schöpfen. Sofort begriff Ninon Lillys Hinweis, der Gedanke an Fred erfülle sie mit Hoffnung – es ging um die lebensrettende Auswanderung. Ninon wurde ingsgeheim davon unterrichtet, daß die Deutschen, die mit den Rumänen gemeinsam die

Macht ausübten, von den Rumänen den Abtransport der Juden forderten, und daß auch Heinz und Lilly Kehlmanns Namen auf der Deportationsliste standen. Es gelang ihr, über Freunde in Bukarest, wo die Judenverfolgung weniger kraß war, Hilfsmittel und Nachrichten durchzuschmuggeln.

Im Januar 1942 hatte Ninon erreicht, daß für ihre Schwester cubanische Ausreisevisa in Genf bereitlagen. Aber alles Bemühen war wieder einmal umsonst: Kehlmanns bekamen zwar einen rumänischen Ausreisepaß, jedoch keine Durchreisevisa für Deutschland und Italien. Ninon wußte, daß sie nun endgültig in einer Falle saßen, die jeden Augenblick zuschnappen konnte.

Erst als im November 1943 die Russen zur Rückeroberung nahten, hörten die Deportationen jüdischer Bürger auf. Ninon erfuhr erleichtert, daß Kehlmanns vor der letzten Vernichtungswelle nach Bukarest fliehen konnten, dort hielten sie sich illegal bei Freunden auf. Sie hatten darum keine Möglichkeit, Reisepässe zu beantragen, so nutzten auch die neuen Visa nichts, die Ninon beschaffte. Die Lage schien aussichtslos.

Ninons ganzes Wesen war zu jener Zeit angespannt nach außen gerichtet, darum ging von ihr ein ständiger Zwang zur Wirklichkeit auf Hermann Hesse aus. Sie war für ihn als Jüdin beladen mit politischer Signifikanz, er hatte die Not um ihre verfolgten Angehörigen ständig vor Augen. Obwohl er im »Glasperlenspiel« immer wieder die »Flucht aus der Zeitknechtschaft ins Wesentliche und Wandellose« antrat, bewies er einen geschärften Sinn für soziale Verantwortung. In den Briefen jener Jahre beschäftigte er sich auffallend oft mit seinem Künstlertum und dessen Rechtfertigung gegenüber der Gemeinschaft.[7] Das Heraustreten aus Isolation und Esoterik, aus der Ich-Befangenheit einer unverbindlich-ästhetischen und damit geschichtsfernen Existenz in tätige Verantwortung wurde im »Glasperlenspiel« zum handlungsbestimmenden Thema: es geht bei Josef Knecht, dessen Namen schon auf Demut, Hingabe und Gehorsam hindeutet, um die Rücknahme der hochindividualisierten Persönlichkeit in den gemeinschaftsfördernden Dienst. Während Hesse im Tagebuch vom Juli 1933 noch bekannte, daß er sich seiner Natur nach nicht dem Einzelnen, sondern nur den überpersönlichen Ideen wie der Menschheit, der Tugend, dem Geist verpflichten könne, mahnte er im Dezember 1956: »Fühle mit allem Leid der Welt, aber richte deine Kräfte nicht dorthin, wo du machtlos bist, sondern zum Nächsten, den du lieben und erfreuen kannst.«[8] Zwischen beiden Äußerungen liegt die Spannweite seines gelebten Dialogs mit Ninon.

Hesses Entwicklung, gespiegelt in seinem Werk, kreiste stets um das eigene Wesen, und doch fand er, von Stufe zu Stufe wie auf einer Spirale hochsteigend, eine immer umfassendere Lösung seiner Lebensfragen: vom Selbstgenuß des Ästheten Lauscher, über den Aussteiger Camenzind, den in die Innenschau vertieften Demian und den steppenwölfischen Outsider Harry Haller, dem Ninon sich helfend zugesellte, führte sein Weg über die erlösende Freundschaft Narziß' und Goldmunds zum Bund der Gleichgesinnten in der »Morgenlandfahrt« und danach zum Orden der kastalischen Bruderschaft. Der Weg des »Magister Ludi« aus der weltabgekehrten Geistesprovinz Kastalien in die pädagogische Verantwortung, in den Dienst an der nächsten Generation, kennzeichnet Hesses Alterswunsch nach einer Mitgestaltung der Wirklichkeit. Die sich von der bewußten Abseitsstellung zur Gemeinschaft hin ausweitende Spirale seiner Lebensthematik gipfelt im »Opfertod« Josef Knechts.

Der Gedanke des Opfers durchzieht Hesses späte Schriften. Die Wurzel seiner fast trotzigen Opferhaltung lag von jeher in seiner Verweigerung, seinem Nicht-Dazugehören-Wollen. Seit 1936 fühlte er sich zudem als Opfer der streitenden politischen Parteien: »Es müssen doch auch Leute da sein, die unbewaffnet sind und die man totschlagen kann. Diesem Bestandteil der Menschheit gehöre ich an«, schrieb er am 13. Februar an Thomas Mann. Er wußte, daß seine unerschütterliche Ohne-Mich-Haltung gegenüber allen politischen Gruppen einen gewissen Opfermut voraussetzte. Das Geopfert-Werden bedeutete für ihn eine Auszeichnung, denn es rechtfertigte den Verweigerer und Außenseiter. Jedweder Eigensinn erfährt in Verfolgung und Opferwillen eine fast sakrale Steigerung und zugleich eine Umbiegung ins Soziale.

In diesem Sinne geht es in allen Lebensläufen Knechts, die Hesse als dessen »Schülerarbeiten« der Darstellung seines Glasperlenspieler-Lebens anfügte, um den Opfertod eines Auserwählten für das Wohl der Gemeinschaft.[9] Auch der »Magister Ludi«, Hesses letzte »Inkarnation«, findet in der höchstmöglichen Steigerung einer eigensinnigen Bekennerhaltung den Tod: er legt Zeugnis ab. An ihm machte Hesse sichtbar, daß jedes konsequente Bekenntnis eine Märtyrerbereitschaft verlangt. Das Selbstopfer bezweckt aber gleichzeitig die Versöhnung mit der bisher gemiedenen Gemeinschaft, es zielt auf Wiedergutmachung. Im Opfer werden die Welt und die Mitmenschen ernst genommen, denn ihnen gelten Bewährung und der »Erlösertod« des Sich-Opfernden.

Ninon hatte Hesse in dieser Auslegung seines Eigensinns seit jeher bestärkt. Schon in ihren ersten Briefen hatte sie ihn in seiner steppenwölfischen Weltabsage mit Märtyrern und Heiligen, ja sogar mit dem Gekreuzigten verglichen. Zeitweise verstand sie sich als sein »Johannisjünger«, der das Kreuz der Einsamkeit mittrage. Wenn Hesse in seinen späten Briefen häufig die Frage aufwarf, ob er der Gemeinschaft an tätiger Nächstenliebe etwas schuldig geblieben sei, so antwortete Ninon, daß sie seinen vermeintlichen Egoismus, aus dem allein ein Werk entstehen könne, in höherem Sinne als einen strengen und aufopfernden Dienst an eben dieser Gemeinschaft bewerte.

Hesses Verhältnis zum »Dienen« war in den erzieherischen Einflüssen seines missionarischen Elternhauses verankert, in dem das Leben nicht als Eigentum des Einzelnen, sondern als Gotteslehen angesehen wurde, für das einst Rechenschaft abzulegen sei. Was seine geistlichen Vorfahren jedoch aus religiösen Erlösungsversprechen erhofften, ersetzte er durch Heilserwartungen, die er an das Kunstwerk knüpfte. Von der aus dem kirchlichen Bereich übernommenen Pathosformel von Opfer und Selbstpreisgabe leitete er den säkularisierten Erlösungsauftrag des modernen Künstler-Messias ab, dessen Reich ebenfalls nicht von dieser Welt war und der den geist- und formzerstörerischen Angriffen seiner Umwelt standzuhalten hatte. Ninon erkannte, wie ernst Hesse gerade in der Idee des Opfers das Verkünderamt des Künstlers nahm: hier litt, hier bezeugte einer für alle.

Die Gestalt Josef Knechts im »Glasperlenspiel« beweist, daß Opferbereitschaft für Hesse ein Zeichen der Auserwähltheit bedeutete, sie ging mit dem priesterlichen Amt eines zelebrierten und ritualisierten Lebens zusammen, mit der Idee von Sendung, Verantwortung und Dienst. Ninon beobachtete, wie Hesse nach und nach die Bezeichnung »Künstler« zu eng für sein Wirken wurde. Die Opferthematik seines Spätwerkes sprengte den konventionellen Begriff des Dichters auf und erweiterte ihn ins Seelsorgerische. Bedrängt durch die zahllosen Leserbriefe, die seine Bücher auslösten, übernahm er eine über den Bereich des Ästhetischen hinausreichende Rolle, die sich nicht mehr allein von seinem literarischen Rang ableitet: das Amt eines Fährmanns, eines Lotsen durch die

Lebensklippen. Damit wurde er zur geistlichen Instanz, und er opferte nach dem Krieg für diese Wegweisung ratsuchender Menschen täglich viele Stunden, indem er die Leserpost gewissenhaft beantwortete und dabei jeder ernsthaften Anfrage aufs persönlichste entsprach. Bei dieser Art von höherer Lebenshilfe bewegte er sich im Grenzbereich zwischen Dichtung, Religion und Philosophie und entwickelte dabei eine gemeindebildende Anziehungskraft, die ihn in ihren Auswirkungen stark belastete: aber auch das gehörte zum Opferdienst, den er annahm wie seine pietistischen Vorfahren ihre konfessionell gebundene »Mission«.

Ninon achtete den Ernst, mit dem Hesse das moralische Amt eines Lebenshelfers verwaltete, und wußte, daß er es als *seinen* Dienst an der Gemeinschaft verstand, zu dem er sich aus Anlage und Erfahrung berufen fühlte. Er übertrug somit die ihn bedrängende Opferthematik des Glasperlenspiels ins eigene Leben und handelte danach. Während der vierziger Jahre verwandelte er sich immer deutlicher in einen Beichtvater, Prediger und Erzieher. Ninon aber hätte gern weiterhin in ihm den »*Dichter*« gesehen, denn sie liebte das Schöpferische in ihm und weniger das Missionarische, das jedoch nach dem Krieg immer mehr Leser anzog.

Sie respektierte auch Hesses bewußt asketische Lebensführung, die ihm das Aussehen eines entmaterialisierten, zerbrechlich-zarten Menschen gab. Die Tessiner nannten ihn – treffender als es die deutsche Sprache wiederzugeben vermag – einen »scarnato«, einen »entfleischten« (und damit vergeistigten) Menschen. Er vermochte in einem geradezu mönchischen Radikalismus Weltverzicht und sinnliche Entsagung zu üben, obwohl er von seiner Natur her leiblichen Genüssen alles andere als abhold war. Er liebte den Wein ebenso wie wohlzubereitete Speisen und gute Zigarren, mit denen er dann freilich ein »Rauch*opfer*« feierte. In seiner streng geübten Enthaltsamkeit aber verbarg sich – wie in jeder Askese – ein kleiner Opfertod.

Durch ihren Wirklichkeitssinn, ihre geistige Kraft und Vitalität bot Ninon für Hesse den notwendigen Gegenpart. Sein in mancher Hinsicht eintöniger Lebenszuschnitt erhielt durch sie eine kräftige Kontrastfarbe. Ihrer beider Leben steigerte sich zum Doppelklang.

»Schülerin des Aristoteles« nannte Hesse Ninon, und das nicht nur, weil sie dessen Werk »De Anima« aus dem Griechischen ins Deutsche übersetzt hatte, sondern weil sie im Sinne dieses Philosophen ihr Verhältnis zur Wirklichkeit gestaltet hatte. Die Gesetze des Geistes konnten für sie nur *in* dieser Welt erkannt werden. Während Hesse fernöstlichen Lehren zuneigte, sah Ninon die Welt nicht als »Schleier der Maya«, hinter dem sich die Wahrheit einer davon abgetrennten Ideenwelt verbarg. Sie hatte durch ihre Mittelmeerreisen nicht nur ein enges Verhältnis zur Vergangenheit gewonnen, sondern ebenso zur Gegenwart als dem geschichtlich Gewordenen. Die Welt, wie sie sich darbot, war für sie ein greifbares Ergebnis der Gestaltungskräfte früherer Generationen, war Menschenwerk, war Geschaffenes, war *wirklich,* denn es *wirkte* in die Zukunft hinein. Ninon sah überall die geschichtliche Kontinuität, und dadurch erhielt das Vorhandene für sie seine Legitimation und seinen Wert.

In dieser geistigen und erlebnishaften Abgrenzung gegenüber Hesse wurde sie in noch umfassenderem Sinne »mein Lebenskamerad Ninon«. Von ihr ging ein Ruf aus, auf den der Autor des »Glasperlenspiels« antwortete. Als Josef Knecht den Orden des reinen Geistesspiels und der steril-formelhaften Traditionspflege verließ, weil ihm die aktive Mitgestaltung der Welt notwendig erschien, strebte er in einen Wirklichkeitsbereich, in dem Ninon bei aller Treue zu einem »geistigen Leben« schon lange zu Hause war. Man könnte glauben, Hesse habe sie vor Augen gehabt, als er sagte: »Ich habe nichts gegen den rastlosen Arbeiter und Schaffer, und habe auch nichts gegen den nabelbeschauenden Einsiedler, aber interessant oder gar vorbildlich kann ich beide nicht finden. Der Mensch, den ich suche und erwünsche, ist der, der sowohl der Gemeinschaft wie des Alleinseins, sowohl der Tat wie der Versenkung fähig ist.«[10]

Nachdem Hesse Ende April 1942 das Manuskript zum »Glasperlenspiel« abgeschlossen hatte, begann für Ninon eine schwere Zeit. Ihm fehlte nun die Geborgenheit in der schriftstellerischen Arbeit. Außerdem mußte er sieben Monate lang die Ungewißheit ertragen, ob das Buch überhaupt in Deutschland erscheinen konnte. Ninon bekämpfte seine Reizbarkeit durch stundenlanges Vorlesen. Sie half ihm auch bei der Auswahl einer umfassenden Edition seiner Gedichte, die noch im selben Jahr in Zürich erschien.[11] Als es Hesses Verleger und Freund Peter Suhrkamp am 10. Oktober 1942 endlich gelang, von Berlin in die Schweiz zu kommen, brachte er das Manuskript des »Glasperlenspiels« wieder mit, es konnte – von der Reichsschrifttumskammer abgelehnt – nicht gedruckt werden.[12] Ninons Versuche, Hesses Niedergeschlagenheit auszugleichen, glückten nur selten. Im November 1942 schrieb sie entmutigt in ihr Notizbuch: »Meine Weisheit am Ende eines langen Lebens: Nichts hoffen und alles bereuen (Georg Kaiser)«.

Ninons Zeiteinteilung zwischen der Pflicht für Hesse und dem Freisein für eigene Studien hing völlig von dessen Befinden und dessen jeweiliger Beschäftigung ab. Nach Kriegsende, als die anschwellende Postflut den bald Siebzigjährigen zu überfordern begann, steigerte sie ihre Hilfe zur ständigen Bereitschaft. Sie sortierte allmorgendlich die Post, dabei unterschied sie zwei Gruppen: die Anbiederer oder Schmeichler, darunter viele Literaten und Kritiker, die Hesse während der Hitler-Zeit des Defaitismus beschuldigt und ihn geschnitten hatten und nun zur eigenen Rehabilitation den Kontakt mit ihm suchten, und daneben die Hilfsbedürftigen, die durch den Krieg in Not geraten waren und nun in ihrer Lebenskrise bei Hesse Trost zu finden hofften. Viele deutsche Briefschreiber schnitten auch die Schuldfrage an. Sie alle erwarteten von einem »Unbeteiligten«, von einem, der jenseits der politischen und nationalen Fronten stand, ein Wort zu ihrer Entlastung oder eine Orientierung für die Zukunft.

Auf Unschuldsgesten und larmoyante Selbstgerechtigkeit reagierte Hesse unerbittlich: »Sie klagen über lauter Dinge, von denen sie vorher das Hundertfache andern angetan haben, und sie singen Loblieder auf den deutschen Charakter und den herrlichen deutschen Soldaten im Haus eines Mannes, dessen Werk und Leben Deutschland zerstört, dessen Frau ihre Liebsten in deutschen Gaslagern verloren hat. Das hören wir nicht gern, wir haben jahrelang diesen herrlichen deutschen Soldaten die Niederlage gewünscht. Und wir halten es für unrichtig und für einen deutschen Fehler, im Haus des Gehängten so laut vom Strick zu reden und im Ertragen von Leiden, die andre von Euch viele Jahre lang vervielfacht ertragen mußten, so ungeduldig zu sein«, schrieb Hesse an einen Kriegsgefangenen und veröffentlichte diesen Brief in der ersten von ihm und Ninon ausgewählten Briefsammlung.[13]

Die Ahnungslosigkeit der Briefschreiber über die Brutalität der nationalsozialistischen Judenausrottung erschien ihm dabei unfaßbar. »Die Mehrzahl meiner Freunde in Deutschland wußte Bescheid, und manche sind gleich 1933 emigriert, andre in den Folterkammern der Gestapo verschwunden, so wie die Angehörigen und Freunde meiner Frau fast ohne Ausnahme in Himmlers

Gasöfen in Auschwitz etc. verschwanden. Und Ihr habt von alledem nichts gewußt!« schrieb er verbittert.[14]

Als der Postverkehr mit Deutschland allmählich wieder anlief, beantwortete Hesse in wenigen Monaten über tausend Zuschriften. Er vermied sowohl öffentliche Bußpredigten als auch allgemeine Anschuldigungen und wandte sich gegen jede Legendenbildung, wie sie z. B. durch C. G. Jungs Essay »Über Deutschlands Kollektivschuld« erfolgte. Hingegen sagte er jedem Einzelnen sehr deutlich, daß er seine eigene Mitschuld und Mitverantwortung erkennen müsse. Hesses Aufrufe zur Selbstkritik zeigen seine erzieherische Absicht, sie klingen manchmal unfreundlich zurechtweisend, belehrend, manchmal mild tröstend – je nach der Tonart dessen, der sich an ihn wandte.

Seine Mahnungen zu Einsicht und Umkehr führten jedoch zu neuen Zerwürfnissen mit den Deutschen. Am 23. August 1946 veröffentlichte die »Neue Zürcher Zeitung« Hesses notwendig gewordene pauschale »Antwort auf Schmähbriefe aus Deutschland«.[15] Ninon litt unter dem Zerrbild, das seine Angreifer nun wieder von ihm aufbauten: der deutschstämmige Dichter verschließe sich der Not Nachkriegsdeutschlands und erteile mit erhobenem Zeigefinger überflüssige und unverdauliche Belehrungen, eine Überheblichkeit, die ihm ganz und gar nicht zukomme, denn er habe schließlich unbehelligt und in idyllischer Abgeschiedenheit den Krieg überdauert. Man müsse ihn als Verräter und Fahnenflüchtigen einstufen, wenn er sich nun nach dem Zusammenbruch des Hitler-Staates nicht wieder öffentlich zu seinem Deutschtum bekenne und für das deutsche Volk spreche und es rehabilitiere, denn auf ihn würde man hören, *sein* Wort habe auch gegenüber den Besatzungsmächten internationales Gewicht.

Hesse war tief verbittert. Wieder einmal fühlte er sich als »Opfer des Nervenkriegs, den die Welt gegen alles Menschliche führt«. Vorausgegangen war den Feindseligkeiten in Deutschland eine Beleidigung Hesses durch einen Repräsentanten der amerikanischen Besatzungsmacht im Sommer 1945. Der für die Wiedereinrichtung der deutschen Presse in der amerikanischen Besatzungszone verantwortliche US-Hauptmann Hans Habe, ein deutsch-jüdischer Emigrant und namhafter Schriftsteller, antwortete in einem aggressiven Brief auf Hesses Beschwerde über einen nicht autorisierten Gedichtabdruck in der US-Lizenzpresse. Hesse hatte außer dem Verstoß gegen das Urheberrecht beanstandet, daß eine »bar-

barische« Entstellung seines Gedichts durch ein falsch plaziertes Komma und eine inhaltliche Verstümmelung durch den Wegfall der zwei letzten Verszeilen erfolgt sei. Habe erwiderte sarkastisch, der urheberrechtliche Schutz eines Autors erscheine ihm nicht so wichtig wie die Aufgaben der amerikanischen Besatzungsarmee. Am Wort »Barbarei« entzündete sich sein eigentlicher, maßloser Angriff: wer nicht aus der »sonnigen Perspektive des Tessin« das Weltgeschehen beobachtet habe, sei wohl mit ihm der Meinung, »daß die Barbarei in unserem Jahrhundert nicht die Vergewaltigung eines Kommas bedeutet«. Er verwies nach der Aufzählung barbarischer Kriegsgreuel auf die Verdienste anderer deutscher Schriftsteller im Exil und in der inneren Emigration und klagte Hesse an, daß man inner- und außerhalb Deutschlands auf seine Stimme gewartet habe, vergeblich, »denn diese Stimme war beschäftigt, die Barbarei der Interpunktion zu bekämpfen«.[16] Habe bezichtigte Hesse auf diskriminierende Weise der Toleranz gegenüber dem nationalsozialistischen Regime und nannte als Motiv dafür seinen ausgeprägten Geschäftssinn. Dieser unheilvolle Zwist, der Hesses Ächtung in der lizenzierten Presse der US-Zone auslöste und in ihm tiefsten Widerwillen erzeugte, zog sich bis Januar 1946 hin.

Obwohl Hesse aus seinen Erfahrungen im Fall Will Vesper vom Jahre 1935/36 wußte, daß solche Anwürfe rasch veralteten, kränkten ihn Argwohn und enttäuschte Hoffnungen. Von allen Seiten fühlte er sich ins Zwielicht gerückt und in seinen Bemühungen um eine tiefgreifende Humanisierung der Nachkriegswelt verkannt.

Um seine eigene Haltung gegenüber dem Zeitgeschehen zu dokumentieren, veröffentlichte Hesse 1946 seine seit dem Ersten Weltkrieg entstandenen politischen Essays unter dem Sammeltitel »Krieg und Frieden«.[17] Er verstand diese Edition als sein politisches Bekenntnis, durch das er einerseits zum moralischen Neubeginn Deutschlands beitragen, andererseits aber auch den Verdacht seines mangelnden zeitgeschichtlichen Engagements ausräumen wollte. Er trat damit den Verleumdungen und Mißverständnissen entgegen, denen er sich in zweifacher Hinsicht immer wieder ausgesetzt sah: daß er in der Tessiner Zurückgezogenheit den Ausgang des Krieges als unbeteiligter Zuschauer abgewartet und durch sein Stillschweigen das nationalsozialistische Deutschland toleriert habe. Hesse bewies durch diese an seiner eigenen Biographie erhärteten Betrachtungen, daß seine Abneigung, sich in politische Aktionen einzumischen, keine unpolitische Haltung bedeute, sondern vielmehr eine pazifistische, individualistische und antinationalistische Überzeugung ausdrückte.

Im Sommer 1946 geriet Hesse grollend und verletzt in ein Stimmungstief, das auch Ninon nicht mehr aufzuhellen vermochte. Er fühlte sich durch den Bankrott des deutschen Volkes zu Unrecht mitbetroffen. Seit 1938 waren die Zahlungen seines Berliner Verlags aufgrund der deutschen Devisenbestimmungen immer stokkender eingetroffen und nach 1940 völlig ausgeblieben. Seine – wenn auch geringfügigen – auf deutschen Sperrkonten angesammelten Honorare wurden in der Währungsreform 1948 zudem wie alle deutschen Spareguthaben auf ein Zehntel abgewertet. Vor allem aber hielt er es für zweifelhaft, ob sich sein Lebenswerk, das ja in den Restbeständen seiner Bücher durch Bombenangriffe und Brände zum großen Teil vernichtet worden war, jemals wieder aufbauen lasse. Er verübelte es den Deutschen, daß bis zum Juli 1946 keine Neudrucke seiner Bücher erschienen, zu einem Zeitpunkt, da sie – das bewiesen ihm die täglichen Nachfragen und Briefe – gesuchter waren als je. Die verlegerischen und produktionstechnischen Gründe, die Ninon ihm beruhigend vor Augen führte, überzeugten ihn nicht.

Sein zwiespältiges Verhältnis zu Nachkriegsdeutschland wurde auch nicht bereinigt, als ihm die Stadt Frankfurt im August 1946 den Goethepreis verlieh. Ninon deutete ihm gegenüber diese Ehrung als eine versöhnende Geste des offiziellen Deutschlands, er aber wehrte ab und blieb mißtrauisch. Was nutzte es, daß ihm treue Leser voller Ehrerbietung schrieben, ihn als Patriarchen des deutschen Geisteslebens feierten, daneben aber Zeitungen und Briefschreiber ihm vorwarfen, daß er sich dem deutschen Volk wieder einmal in einer Stunde der Not verweigere und darum ein Vaterlandsloser sei und bleibe? Trotz seiner Skepsis gegenüber den Deutschen nahm er den Preis aber schließlich doch, weil er »ja nicht von jenem ›Deutschland‹ angeboten, das es nicht mehr gab, sondern von der lieben alten, gut demokratischen und jüdisch kultivierten Stadt Frankfurt, die seit den Tagungen in der Paulskirche den Hohenzollern so verhaßt war«.[18]

In dieser Zeit nahm Ninon eine beschwichtigende Haltung ein, eine Art Mittlerstellung zwischen dem verbitterten Hesse und seinem deutschen Lesepublikum. In ihren Briefen und Tagebüchern

> Für die sechzig-
> jährige Ninon, zur
> Stütze des Alters.
> Ausserdem be-
> kommt sie den
> Frankfurter Preis.

findet sich kein Hinweis auf Haß und Unversöhnlichkeit. Es lag in ihrem Wesen, alles Dumpfe, Irrationale abzulehnen. In »lateinischer Klarheit« unterschied sie sehr genau zwischen Hitlerhörigen und Hitleropfern, zwischen den Fanatikern des Rassenwahns und des Nationalismus und den Angehörigen jener geistigen Schicht, die niemals anfällig für den Faschismus war und sich während des Dritten Reiches gefährdet und schutzlos zurückzog. Sie bewertete den Mut und die Tapferkeit derjenigen hoch, die sich zum aktiven Widerstand entschlossen, aber sie entschuldigte auch die Mutlosigkeit und die tiefe Angst derer, die sich und ihre Angehörigen nicht in solch tödliche Gefahr bringen wollten. Nach dem Krieg bat sie häufig Freunde in Deutschland, sich durch kollektive Schuldanprangerungen nicht gekränkt zu fühlen, denn das bedeute einen Rest von noch zu überwindendem Nationalismus. Sie war mit der Nachkriegsnot der Deutschen wohlvertraut. »Wenn ich als Vorleserin auch nur Medium bin, nur ein Ersatz für H.'s schmerzende Augen, denn er selbst beantwortete ja alles (außer gewissen Gruppen der Geschäftspost, die ich erledige) – so geht doch das alles auch durch mich hindurch – so viele fremde Leben, fremde Schicksale! – das braucht einen Menschen mit der starken Neigung zur Innenkehr (der völlig nachzugeben, ich für unrichtig halte) sehr stark auf«, schrieb sie im Juli 1951 an Gerhard Kirchhoff.

Im Herbst 1946 reichte Ninons Unheilsabwehr nicht mehr aus. Hesse suchte Zuflucht im Entlegenen. Sie bewahrte Stillschweigen über seinen Aufenthaltsort.[19] In strengster Zurückgezogenheit sollte seine angegriffene Gesundheit im Sanatorium des befreundeten Arztes Dr. Otto Riggenbach in Préfargier bei Marin am Neuenburger See in der französischen Schweiz wiederhergestellt werden. Ninon siedelte für unbestimmte Zeit nach Zürich über. Das Rote Haus wurde von Ende Oktober 1946 bis Anfang März 1947 geschlossen.

Auch Ninon war erholungsbedürftig. Hesse nannte sie »abgemüdet«. Das Haus »zu halten war in den letzten Jahren für die Hausfrau so schwer und lästig geworden, daß diese Last eigentlich alles andere auffraß oder doch sehr beschattete. Hier der wichtigste von den äußeren Anlässen für meinen schlechten Zustand«. Hinzu komme eine physische Schwäche und natürlich die noch wichtigere »innere Indisposition«, schrieb er Thomas Mann am 25. Oktober 1946.

Zwei Wochen nachdem Hesse ins Unauffindbare entwichen war, wurde ihm der Nobelpreis zugesprochen. Ninon schrieb ihm von Zürich einen glücklichen und liebevollen Gratulationsbrief. Sie hoffte, daß die hohe Auszeichnung, durch die er als erster deutschsprachiger Dichter nach Thomas Mann (1929) geehrt wurde,²⁰ seine Depression lindern würde. Für sie bewies der Preis der Schwedischen Akademie die internationale Anerkennung seiner oft angefochtenen unkämpferischen Haltung im Krieg. Sie hoffte, daß zwischen ihm und seinen deutschen Lesern aufgrund dieser weltweiten Rehabilitierung endlich eine Versöhnung stattfinde, die seine Verärgerung und seine Niedergeschlagenheit beende. Hesse dämpfte ihren Jubel: »Du siehst mein Verhältnis zu dem dummen Preis und dem ganzen Theater drumherum nicht richtig. Es ist mir vollkommen einerlei, was wegen der Steuer geschieht. Es ist mir ebenso einerlei, wer mich, falls das nötig ist, in Stockholm vertritt. [...] Deine Briefe kommen aus einer Welt, zu der ich die Beziehung verloren habe. In dieser Welt mußt Du tun, was Dir richtig erscheint, auch ohne mich zu fragen.« Da ihm vor der zu erwartenden Korrespondenz im Zusammenhang mit dem Nobelpreis graute, plante er eine gedruckte Danksagung und schrieb Ninon Anfang November 1946: »Sollte es wahr werden, so würde ich bitten, daß Du gleich Fretz anrufst, ob er mir zur Antwort auf die neue Brief-Sintflut etwas drucken würde, vielleicht postkartenähnlich, auf der einen Seite ein Bild von mir, auf der anderen ein paar Dankworte. [...] Der Teufel hole den ganzen Kram.«

Ninon aber ließ sich durch Hesses Verdrießlichkeit ihre eigene Freude über die Preisverleihung nicht trüben, denn mancher Unmut beim Mittragen seiner Lebensqual, manche verzweifelte Selbstrücknahme in Schweigen und Einsamkeit, manch unliebsamer Dienst als weltabschreckende Türhüterin erschienen ihr nun nachträglich gerechtfertigt und belohnt. »Ich habe mich ›kindlich gefreut‹, wie H. sagt, und wäre so gern, so gern nach Stockholm geflogen! Mein Mann wollte, daß ich es statt seiner täte (einige Zeitungen meldeten es sogar), aber das liegt mir nun gar nicht, mich photographieren und interviewen zu lassen! Aber ›als Maus‹ in einer Ecke des Saales wäre ich gern bei der Verleihung des Preises dabei gewesen«, gestand sie am 7. Dezember 1946 Lavinia Mazzucchetti. Das Tarnkappendasein war ihr zur Gewohnheit geworden. Ihr Leben neben Hesse hatte ihr auferlegt, stets da zu sein, als wäre sie nicht da. Unsichtbar und anonym wie ihr Dienst an seinem Werk, so hätte sie gern der Nobelpreis-Feier beigewohnt.

Ninon entnahm Hesses Briefen, daß die große Erschöpfung und Unlust, die in der Nachkriegszeit unaufhaltsam in ihm aufgestiegen war, auch im Frieden seines See-Verstecks nicht verebbte. Da für ihn der Weg in die Produktion stets rettend gewesen war, bat sie ihn, wieder einmal etwas zu schreiben. »Ich verstehe, daß Du jetzt am liebsten ›in Watte gepackt‹ bleiben solltest, um den Stimmen in Dir lauschen zu können. Wenn man Dir dabei nur helfen könnte.«[21] Hesse begann tatsächlich in der Stille und Leere seines Sanatoriumzimmers ein »Geduldspiel von Aufzeichnungen zur Übung von Herz und Hand«. Er wandte den Blick von sich und seinem Weltüberdruß weg in die Natur, und so entstand in meisterhafter und subtiler Wortkunst die »Beschreibung einer Landschaft«.[22] Mit dem Auge des Malers gab er sich dem Eindruck von Lichtspiel und Farben hin; sein ganzes Wesen schien sich nach außen zu wenden, zu den Bäumen in vorwinterlicher Starre, den See-Ufern im schwebenden Herbstdunst. Ninon erkannte beglückt, wie stark er auf die veränderten Außenreize antwortete, daß er die feucht-kühle Seelandschaft förmlich einatmete, sich mit ihrer Weite füllte, daß er auflebte. In seiner Prosastudie verknüpfte er das, was ihm vor Augen lag, mit Bildern der Vergangenheit, mit dem unbestimmten Sehnen seiner Lauscher- und Camenzind-Jahre am Vierwaldstätter See, dessen weichlinige Uferschwünge mit der gegenwärtigen Seelandschaft zu geheimnisvollem Einklang verschmolzen. Diese Schilderung von Marin enthielt etwas Neues, dessen Reiz Ninon gefangennahm, sie glich einer zur Sprache gebrachten Meditation und zeigte ihr, daß bei weltgeöffnetem Blick zugleich längst versunkene Eindrücke in Hesse emporstiegen: Einst und Jetzt wurden zu einer lebensbejahenden Gesamtschau versöhnt.

In seinen Briefen aus Marin stellte Hesse jedoch, wie immer, wenn er der Mitwelt grollte, die altgewohnten Betrachtungen über sein gebrochenes Verhältnis zur Wirklichkeit an. Nachdem er auch noch »unversehens« durch einen fehlgeleiteten Brief erfahren hatte, welche Bewandtnis es mit dem vertrauten Ton zwischen Ninon und Joachim Maass hatte, beklagte er gegenüber Eugen Zeller aufs neue seine mangelnde Begabung zur Ehe und Bürgerlichkeit: »Daß Sie mir damals zum Heiraten rieten, war nicht recht von Ihnen, alter lieber Freund, meine Heiraten sind nicht das in meinem Leben, woran ich mit Freude, gutem Gewissen oder gar Stolz denken könnte. Geboren und bestimmt zum Cölibatär, hätte ich dabei bleiben sollen, die Heiraten waren, wie alle Anpassungsversuche ans Bürgerliche, gut gemeint, aber auch ohne sie hätte ich reichlich genug aufgepackt bekommen, um die von der Welt über die Introvertierten verhängte Strafe zu haben.«²³

Ninon versprach Hesse, um Kränkung und Verdrossenheit abzuschwächen, ihm den Rückzug in die behütende Bilderwelt seiner Dichtung zu decken. Er hingegen, der bis dahin seinen Schriftverkehr allein erledigt hatte, vertraute Ninon seit dem 10. Januar 1947 die gesamte Verlagskorrespondenz an, vor allem die zeitraubenden Auseinandersetzungen mit ausländischen Verlegern: »Kolporan. Nun die Geschäfte. Du bist über alles, was gerade ›schwebt‹ so gut informiert (deutsch: im Bilde), daß ich Dir eigentlich ruhig in allem Vollmacht geben kann.«

Joachim Maass bemühte sich zu jener Zeit gerade um eine Ausgabe von Hesses Werken in Amerika, aber ihn, der vom durchschnittlichen Amerikaner behauptete, er sei ein genügsamer Halbmensch, kümmerte das Schicksal seiner Bücher in den USA überhaupt nicht. Er dankte Maass recht knapp für seinen Vorschlag: »Ich gebe ihn an Ninon weiter, die seit drei Monaten diesen Kram übernommen hat. Ich selbst habe nicht das mindeste Interesse dafür und bin vollkommen zufrieden, wenn Ausgaben meiner Bücher dort drüben überhaupt unterbleiben. Aber wie gesagt, es ist Ninons Ressort.«²⁴ Und an Peter Suhrkamp schrieb er abwehrend: »Was die Frage von Übersetzungsrechten betrifft, so können Sie da nur gemeinsam mit meiner Frau, der ich diese Korrespondenz überlassen habe, etwas tun. Wir haben seit dem Nobelpreis hunderte von Briefen zu beantworten, mehrere Optionen zu vergeben und einige Verträge zu schließen gehabt.«²⁵ Der Weltruhm wurde für sie beide zur Last.

Da die Stille wohltätig auf Hesse gewirkt hatte, fürchtete Ninon, sein physisches Mißbefinden könne sich durch Ehrungen und Feiern zu seinem bevorstehenden 70 Geburtstag wiederholen. Er selbst verbat sich jeden weiteren Jubiläumstrubel, jeden »neuen Überfall der Welt auf mein Privatleben«.²⁶ Doch kaum war er im Februar 1947 soweit gekräftigt, daß er von Marin aus zur Rheuma-Kur nach Baden reisen konnte, da kündigte Max Wassmer Ninon in einem Brief an, die Universität Bern wolle dem Dichter die Ehrendoktor-Würde verleihen. Ninon antwortete besorgt: »Ihn damit überraschen ist unsinnig. Es könnte eine böse Geschichte geben. Mein Mann sagte mir wiederholt, er würde den ›Ehrendoktor‹ jetzt nicht mehr annehmen. Vorher, am 60. Geburtstag oder überhaupt früher, wäre es etwas anderes gewesen. [...] Er muß selbst entscheiden, ob er bei seiner Weigerung beharrt, ob er sich

> 21.2.49
>
> Tue wie du magst, o Peuper
>
> Um die Sache noch kostbarer aufzuziehen
> und mehr von Chiru und Zen her genährten
> Hang zur Einfachheit noch stärker zu korri-
> gieren, könnte man den Brief auch noch ein-
> schreiben oder mit tausend Franken Wert
> bezeichnen.
>
> Wie falsch das kleine e in der Maschine
> sitzt, siehst du hier auch gleich. Ich habe
> es eben erst bemerkt.

überreden läßt, ob er formulieren will, *warum* er sich weigert. Ich jedenfalls wünsche nicht irgendwie hineingezogen zu werden, weder vermittelnd noch sonstwie dabei helfend.«[27]

Hesse machte seinem langjährigen Freund und Mäzen jedoch die

Freude, nach der deutschen und der internationalen Ehrung nun auch diese Schweizer Auszeichnung entgegenzunehmen, und zwar anläßlich seiner Geburtstagsfeier in Schloß Bremgarten. Dabei wurde allen Beteiligten zum ersten Male sichtbar, daß der leicht ermüdbare Jubilar an Ninon eine starke Stütze hatte und sie brauchte.

Noch unerbittlicher hielt sie die lästigen Tagesfragen von ihm fern. Sie las Korrekturen für die Neuauflagen seiner Werke und legte eine Sammlung der Briefe an, die ihr für das Werkverständnis aufschlußreich erschienen oder die wichtige biographische Hinweise enthielten. Sie sicherte dadurch die Überlieferung seiner Korrespondenz, von der sonst das meiste verloren gegangen wäre, da Hesse im Unterschied zu vielen anderen Schriftstellern keine Briefkopien anfertigte. Daß Ninon die zeitgeschichtliche Relevanz und den kompensatorischen Charakter des umfangreichen Briefwerks zu den Zeiten seines schriftstellerischen Produktionsstaus erkannte, rechnet ihr die heutige Hesse-Forschung als eines ihrer großen Verdienste an. Seit ihrem Zusammenleben mit Hesse hatte sie immer häufiger seine Briefe abgeschrieben, ehe er sie absandte; oft mußte sie dabei heimlich zu Werk gehen. Tagtäglich waren Hesse und – wie er humorvoll mitteilte – sein »Mitarbeiterstab, der hauptsächlich aus meiner Frau besteht«, damit beschäftigt, Post zu lesen, zu beantworten und versandfertig zu machen, doch der Neuzugang überstieg meist das, was am Tage erledigt werden konnte.

Es war für Ninon schwierig, sich auf Hesses eigenwillige Arbeitsweise einzustellen, die ihm seine plötzliche Ermattung aufzwang: »H. kann nicht lange hintereinander mit jemandem arbeiten – daran scheiterte immer alles so schnell. Er läßt sich drei, vier, höchstens fünf Briefe vorlesen, dann muß er allein sein, zum Antworten. Daß er mich dann aber riefe – das ist ausgeschlossen – hier fängt die Neurasthenie an! Er ›verlangt‹ nichts. Also muß ich probieren, ob er ›jetzt‹ vielleicht bereit wäre zu einer Fortsetzung. Nun sind wir ziemlich weit voneinander entfernt, und man verliert viel Zeit mit dem Hinundherlaufen, besonders wenn es zweimal ›zu früh‹ und beim drittenmal etwas ›zu spät‹ ist. Jetzt aber habe ich mich am Vormittag in der Bibliothek einquartiert, lese dort Korrektur eines neu erscheinenden Buches und H. steckt hie und da stumm sein Köpfchen herein: Dann stehe ich auf, lese ihm ein paar Briefe vor, gehe wieder zurück in die Bibliothek, und so geht es ein paar Mal. *Er* hat nicht das Gefühl, mich zu ›stören‹, denn die Korrektur kann man leicht immer unterbrechen, und ich ›bin da‹ und verliere trotzdem keine Zeit.«[28]

Seit die Briefflut ausuferte, war Hesse in einigen Fällen dazu übergegangen, gedruckte Rundbriefe zu verschicken. Dadurch wollte er auch Ninon entlasten, denn die Beantwortung der Post zu bestimmten Festtagen nahm sie beide wochenlang in Anspruch. Seine Abneigung, einem Schreiber nicht individuell zu antworten, zeigte sich jedoch in der sarkastischen Selbstcharakterisierung als »Herdenbriefschreiber«. Ninon, die er um ihre Meinung zur Textgestaltung eines solchen Rundbriefs gebeten hatte, bemerkte dazu in einem Hausbrief: »Er gefällt mir sehr gut – aber nur auf der zweiten Seite ziemlich unten – ist das nicht zu hart: ›Herdenbriefschreiber‹? Könnte nicht der oder jener, dem Du den gedruckten Brief zukommen läßt, sich getroffen fühlen, *ohne* daß Du's beabsichtigt hast?« Hesse antwortete ihr: »Recht hast Du, Schülerin des Stagiriten, ich danke Dir.«[29]

Aber nicht nur die postalische Sintflut, die alles Private hinwegzuschwemmen drohte, auch der Besucherandrang wurde unerträglich. Seit der Nobelpreis-Verleihung bewegte sich ein wahrer Pilgerstrom zum Hesse-Haus. Noch nervenbelastender aber war der Kampf gegen Touristen und Neugierige, die Hesse überall nachstellten. Ninon fühlte sich machtlos und elend vor Überdruß gegenüber den aufdringlichen Gaffern, die das Haus umlagerten und dabei auf keine Bitte um Schonung reagierten, die durch Hekken und Zäune in Garten und Weinberg eindrangen und ihm in den verborgensten Winkeln auflauerten. Die allsommerliche Invasion der Ferienreisenden aus Deutschland machte ihrer beider Leben zu einem Alptraum, seit findige Agenturen in die Urlaubsausflüge zum Tessin auch einen Abstecher nach Montagnola eingebaut hatten.

»Mein Mann kann kaum mehr draußen sein – sie schleichen sich hintenherum in den Garten und starren ihn an, er ist ganz verzweifelt. Ich bin wütend über die Phantasielosigkeit der Leute, H. solle sich ihretwegen in einen Käfig setzen und ausstellen lassen.«[30] Aber auch das daraufhin angebrachte Schild »Bitte keine Besuche« am Torpfeiler des Hauses wurde nicht ernst genommen. Schließlich wurde es von Gunter Böhmer auf den Verputz des Gartentors gemalt, damit Andenkenjäger, es nicht mehr mitnehmen konnten. »Ist es nicht scheußlich, wie man sein Leben verbringt?«

klagte Ninon. »Irgend jemand muß schließlich das Tägliche tun, das Unsichtbare, muß das Haus pflegen und die unnützen Briefe schreiben, Telefongespräche führen und Leute, die sich langweilen, unterhalten.«[31]

Der Tag zerbröckelte für sie in Handgriffe. Die atemlose Hast des bloßen Reagierens auf das, was von außen auf sie einstürmte, der aufgezwungene Besucherstrom, die erschwerte Bewacher-Rolle, die Erwartungen der unzähligen Briefschreiber, die durch Personalmangel erschwerte Haushaltsführung ließen sie nicht mehr zu sich selbst kommen: »Ich bin so zersplittert und sehne mich so inständig nach Ruhe und geistiger Arbeit und Konzentration. Eine begonnene Arbeit liegt unvollendet, nicht daß es so furchtbar schade um sie ist, aber ich hätte sie gern zu Ende geschrieben.«[32] Selbst die Gastfreundschaft, einst eine selbstverständliche Freude, wurde ihr nun zur Last; sie haßte den Zwang, zum Geschwätz gleichgültiger Besucher verbindlich zu lächeln: »Ich habe große Freude an Gästen oder Besuchen, aber an solchen, die ich eingeladen habe, die mich etwas angehen. Wenn aber irgend jemand hereinschneit, weil er gerade in Europa ist oder weil er H. ›schon so lange verehrt‹ oder weil er etwas auf dem Herzen hat und es mit H. besprechen will usw. usw., dann fällt es mir schwer, die heiligen Gebote der Gastfreundschaft zu erfüllen.«[33]

Ninon, die das Zusammentreffen mit Menschen bisher geschätzt hatte, wurde nun geradezu menschenscheu: »Begegnungen gehören doch zum Schönsten, was Menschen erleben können. Selbst wenn eine solche später gar nicht weiterführt, man einander nie mehr sieht. Es war dann eine Möglichkeit – und daß es in unserer Welt Möglichkeiten außer Wirklichkeiten gibt, ist tröstend.

Für H. und mich gilt das mit den Begegnungen viel weniger. Zu einseitig sind die Verhältnisse da: Ein Leser, eine Leserin wünscht H. kennenzulernen und erfüllt sich diesen Wunsch – das ist aber keine echte Begegnung, wie ich sie meine, keine, die im Zeichen des Gottes Hermes stünde!«[34]

Ein Heer fremder Gesichter zog an ihr vorbei, und sie konnte sich keine größere Strafe vorstellen, als ihnen ständig ausgeliefert zu sein. Als einmal das Gespräch auf Tod, Himmel und Hölle kam, sagte sie: »Meine *Hölle* kenne ich ganz genau: Sie ist mit Gesichtern austapeziert – ich bin ja ein Augenmensch, es war mir auf Erden eine der größten Qualen, gewisse Gesichter ansehen zu müssen.«[35]

Natürlich gab es auch »gfreute Besuche«, dazu rechnete Ninon die Freunde Hesses, Peter Suhrkamp, Martin Buber, Theodor Heuss, Hans Carossa, André Gide, R. J. Humm, Karl Kerényi und die Mäzene Bodmer, Leuthold und Wassmer. Dazu gehörten auch Hesses Schwester Adele, seine Söhne mit ihren Frauen, die Enkelkinder, denn Hesse war ein zärtlicher Großvater, und auch Ninon genoß es, die »nonna« zu sein. Ihre Freundinnen blieben als sehnlichst erwartete Hausgäste oft mehrere Wochen, die Psychoanalytikerin Lisl Löbl, die Altphilologin Paula Philippson und andere Geladene, mit denen Ninon gemeinsam griechische Studien trieb. Auch mit dem kleinen Freundeskreis aus Montagnola kam sie gern zusammen, mit Gunter Böhmer und seiner Frau Ursula, mit Hans Purrmann und Maria Geroe. Die allergrößte Vorfreude aber herrschte, wenn Elsy Bodmer sich anmeldete: »Morgen kommt – ich strahle vor Freude – *wenn* sie nur kommt!! – Elsy Bodmer zu uns. [...] Nichts ist mir schön genug für meinen Paradiesvogel.«[36] Dann wurden die Katzen mit Schleifchen beflaggt und das Gästezimmer besonders liebevoll hergerichtet. Niemandem sonst gegenüber empfand Ninon eine solch vorbehaltlose Zuneigung. Ein Anruf von Elsy klärte bei ihr die schwerste Betrübnis, ihr Zuspruch bereinigte jede unheilschwangere Atmosphäre, verwandelte Kummer in Mut und Heiterkeit. Nach dem Tode Dr. Bodmers im Juni 1956 vertiefte sich die Freundschaft zwischen Ninon und der »Herrin des Hügels«, im Mai 1959 entschlossen sie sich zum »Du« – für beide eine seltene Vertrautheit. Sie telephonierten fast täglich miteinander,[37] um am Leben des anderen teilzunehmen. Elsy Bodmer war Ninons wichtigste Stütze. Sie bezauberte auch Hesse und hatte Einfluß auf seine Stimmungen.

Es war Ninon, als ob sich die Türe des Käfigs, in den sie sich mit Hesse vor Zudringlichen verschanzt hatte, ein wenig öffne, als sie nach der Verleihung des Nobelpreises mit seinem Einverständnis Fahrstunden nahm. Wie alles, was sie tat, war auch ihr Autofahren vom Verstand beherrscht, nichts überließ sie dem Instinkt, sondern machte jedes Lenken und Schalten zum wohlerwogenen Entschluß. Ihr Fahrstil war weder geschmeidig noch kühn, blieb vielmehr holprig und ruckartig, weil sie nach leise vor sich hingesprochener Fahranleitung hantierte und mutig beschleunigte, dann aber ängstlich den eigenen Schwung wieder abbremste. Hesse belächelte vielsagend ihre Verzweiflung über die Tücken der Technik und gab ihr Anfang November 1947 eine Anleitung für die gefürchtete Fahrprüfung: »Solltest Du merken, daß X. unzufrieden ist, so gib Gas und fahre wie drei Teufel los, scharf an die Ecken und an Bäume streifend. Sag ihm, Du werdest Dein Tempo erst mäßigen, wenn er Deine Meisterschaft anerkenne. Es grüßt Dich... Dein Vogel«

Als Ninon jubelnd ins Zimmer trat und Pindars Siegesgesänge für Wagenlenker – Olympia II, 2 und 5 – zitierte, erriet Hesse, daß sie »gesiegt« hatte und nun ein Wagen angeschafft werden müsse, und er ergab sich mit gespieltem Stöhnen und Händeringen in dieses Schicksal, nicht ohne Ninon feierlich anzukündigen, daß er eingedenk seiner steppenwölfischen Abneigung gegen Blechlawinen und Maschinenschlachten wohl kaum je mitfahren werde. Ninon lächelte: abwarten! Hatte er nicht schließlich auch seinen Widerwillen gegen Radio, Grammophon und anderes technisches Gerät überwunden?

»Am 7. April habe ich ihn bekommen, einen Standard Fourteen, hellgrau, Limousine mit Schiebedach [...]«, schrieb sie an Margrit Wassmer. »Ich habe ihn schon zerkratzt und zerbeult – leider, da ich doch keine Garage habe und es mit elenden gemieteten versuchte.« Aber bald »erfuhr« sie neue Freiheiten – und schrieb gleich ihre Gedanken darüber nieder, ob es in der griechischen Sprache wohl auch diesen Wort- und Sinnzusammenhang zwischen Fahren und Erfahren gebe. »Das Leben ist um so vieles reicher und weiter geworden – wenn auch mehr theoretisch, denn in Wirklichkeit reisen wir nie. Nur im Hochsommer ins Engadin, und im Spätherbst macht mein Mann seine Kur in Baden – ich komme nirgends hin. [...] Es wäre schön gewesen, das Auto zu haben, als mein Mann noch jünger war und noch reiselustig. Aber besser spät als nie, tröste ich mich und habe es gern, es ist sehr bergfreudig – wie seine Herrin.«[38]

Über das größte Geschenk, das das Schicksal ihr nach Ausgang des Kriegs gewährte, schrieb Ninon am 10. Februar 1948 an Margrit und Max Wassmer: »Ich bin *glücklich* – das ist so etwas Seltenes und Herrliches, das *muß* man seinen Freunden berichten! Meine Schwester und mein Schwager sind gestern in Zürich angekommen! Können Sie sich das vorstellen, was das für mich bedeutet? Der Tag, auf den ich seit 1940 gewartet habe – der glücklichste Tag – gestern war er, gestern früh kam das Telegramm von unterwegs.«

Endlich hatten Ninons Bemühungen zum Erfolg geführt: durch ein von ihr besorgtes Endvisum nach Uruguay und eine Einladung nach Montagnola, verbunden mit einem für drei Monate gültigen Schweizer Aufenthaltsvisum, hatten Kehlmanns den Antrag auf Reisepässe einreichen können. Nur wenige Ausreisen wurden jeweils bewilligt – diesmal aber gewannen sie das Glücksspiel. Ninon erfuhr es nach drei Monaten Wartezeit. »Es ist geradezu unverständlich, daß es den beiden gelang! Und ich glaube, ein wenig sei auch schuld, daß ich sie so innig mit Sehnsucht und Wünschen herauszog! Wenn drei Menschen so intensiv dasselbe wollen, *muß* es glücken!«[39] Anfang Februar 1948 konnte Ninon ihre Schwester nach fast zehn Jahren wieder in die Arme schließen. »Ich habe bisher immer die Bindung der Freundschaft höher gestellt als verwandtschaftliche Bindungen. Ich habe schon als junges Mädchen meinem Vater versichert, ich liebe ihn nicht, weil er mein Vater sei und also aus einem gewissen Pflichtgefühl, sondern einzig und allein, weil er mir gefalle. Er war mein Ideal – ich war eben eine ›Vatertochter‹ – und ich war mit ihm befreundet. Und nun erlebe ich in reifen Jahren, daß es auch das andere gibt, die Verbundenheit aus dem Blut heraus, die Verbundenheit ohne Deutung oder Erklärung, die Stammeszusammengehörigkeit, das Erlebnis der Kontinuität. [...] Mein Mann hat meine Schwester besonders gerne – ein wahres Glück – und versteht sich auch mit Heinz, dem Schwager, gut. Im übrigen habe ich von Anfang an dafür gesorgt, daß H. in seinem gewohnten Leben kein bißchen behindert wird.«[40]

Kehlmanns verbrachten notgedrungen ein ganzes Jahr bei Hesses. Ihre Pässen liefen ab, sie galten als Staatenlose. Ninon bemühte sich, ihnen in der Schweiz Arbeit und Daueraufenthalt zu verschaffen – vergeblich! Eine gedrückte Stimmung breitete sich aus. Kehlmanns mochten die Gastfreundschaft Hesses nicht unbegrenzt in Anspruch nehmen, Ninon hingegen wollte die Schwester nicht aus ihrer Nähe lassen. Hesse sah keinen Ausweg: »Während ich Jahr um Jahr nach diesem Lande [Deutschland], das mich um mein ganzes Lebenswerk gebracht hat, Subsidien leisten muß, habe ich seit einem halben Jahr die heimatlos und brotlos gewordenen Geschwister meiner Frau im Hause, ohne daß sich bis jetzt die geringste Aussicht auf eine neue Existenz für sie zeigt. Die Fremdenpolizei behandelt sie freundlich, solang sie von mir erhalten werden, das ist alles.«[41]

Ninon berichtete aus der gleichen Zeit: »Kehlmanns sind unendlich taktvoll, leben sehr für sich, ich kann mit gutem Gewissen sagen, daß mein Mann gar nicht durch sie belastet wird; er ist nur bei den Mahlzeiten mit ihnen zusammen oder wenn er sie persönlich zu einem Spaziergang, einem Konzert im Radio auffordert oder zum Domino- oder Halmaspiel, wobei wir immer sehr viel Spaß haben.«[42]

Allmählich breitete sich jedoch eine unheilvolle Spannung aus. Sie alle wußten, daß dies nur noch ein kurzer Übergang sein konnte, denn die Toleranzbewilligung für die Schweiz lief ab. Heinz Kehlmann, der an der Sorbonne studiert und promoviert hatte, besann sich auf alte Verbindungen, und so gelang es ihm schließlich, im Februar 1949 als »Landarbeiter nebst Ehefrau« mit beschränkter Arbeits- und Aufenthaltsberechtigung in Frankreich einzureisen. »Ein schwerer Tag, trotzdem alles schon wochenlang vorweggenommen«, schrieb Ninon nach dem Abschied am 23. Februar 1949 in ihren Taschenkalender.

Sie hoffte, Frankreich möge Lilly, die im Studium die Lehrerlaubnis für Französisch erlangt hatte, zur zweiten Heimat werden und ihr Schwager könne wieder als Rechtsanwalt tätig sein, sobald er die französische Staatsangehörigkeit erworben hatte. Vorerst freilich meldete sich der »landwirtschaftliche Arbeiter Dr. Kehlmann« bei einem Traber-Gestüt in Chennevières bei Paris, wo man jedoch – entgegen Ninons Schreckensvision von Stalldunst und Pferdepflege – seine juristische Qualifikation bald schätzenlernte. Da die ausgebildeten Pferde zu internationalen Trabrennen und in der Saison zweimal wöchentlich zu Wettkämpfen nach Vincennes geschickt wurden, gab es viele Verträge über Renn- und Startvorschriften auszuarbeiten. Ninon las mit Vergnügen Lillys regelmäßige Schilderungen, aus denen immer mehr »Pferdeverstand« hervorging, und auch, wie gut sich beide in Frankreich einlebten. Aber trotz aller Bemühungen erreichten sie die Einbürgerung dort nicht. Als Staatenlose und ohne international gültige Papiere erschien ihnen darum die 1953 erteilte Einreisebewilligung in die USA wie eine Befreiung, dort würden sie schon als Emigranten Arbeitsbewilligungen und nach fünf Jahren die Staatsbürgerschaft erhalten. Ninon warnte. Sie sträubte sich gegen voreilige Erwartungen; denn sie wollte die Schwester nicht wieder in unerreichbare Ferne verlieren. Lilly schrieb hoffnungsvoll und bang zugleich an Hesse, wie alle Bewohner der Ostprovinzen habe

auch sie immer den unabweisbaren Drang zum Westen verspürt
– *so weit* nach Westen aber habe sie nie gewollt!

Ninon, die der jüngeren Schwester gegenüber eine mütterliche
Besorgnis und Verantwortung beibehielt, erteilte ihr in dicht aufeinander folgenden Briefen liebevoll und oft recht umständlich Belehrung, Lob und Tadel; vor allem aber unterstützte sie Lilly durch
wohlüberlegte Geschenke für den harten Lebenskampf in New
York.[43] Noch wertvoller wurde ihr nun das kleine Vermögen, das
sie seit dem Verkauf ihres Czernowitzer Elternhauses als Rücklage
besaß und das ihr neben Hesse immer die finanzielle Selbständigkeit gesichert hatte. Nun konnte sie damit außer Lilly auch manch
anderem Notleidenden helfen. So teilte sie Hesse am 14. Juli 1947
in einem Hausbrief mit: »Ich habe 315 Franken in die Liebesgabenkasse beigesteuert, die ich *nicht* für meine persönlichen
Freunde verwende, sondern eben für die Allgemeinheit«, und er
schrieb ein anerkennendes »Bravo Keuper« darunter.

In den fünfziger Jahren leisteten Hesses den Freunden und Verwandten diesseits und jenseits des eisernen Vorhangs immer häufiger die erbetene Hilfe. Sie besorgten Bescheinigungen, die die
Kommunisten-Angst der Amerikaner beschwichtigte, denn jeder
Einwanderungswillige mußte seine politische Unbedenklichkeit
nachweisen, oder sie verfaßten Eingaben an die östlichen Machthaber, die Ausreisebestimmungen großzügiger zu handhaben. Dabei übernahmen sie auch Bürgschaften. Ninon räumte die Hemmungen der Beschenkten recht energisch aus: »Versuchen Sie
weniger geldstolz zu sein und sagen Sie sich, daß wir alle in die
Lage kommen, zu *geben* und zu *nehmen*. [...] Auch mein Mann
hat von seinem Mäzen Dr. Hans C. Bodmer unendlich viel erhalten, er hat es ›genommen‹, ohne jede Ziererei.«[44] In ihrem hochentwickelten Verantwortungsgefühl griff sie überall dort ein, wo
sie Notzustände beheben konnte. »*Wen* werden wir noch alles
›retten‹ müssen? *Wenn es wenigstens gelänge!*«[45] Mit Entsetzen
nahm sie wahr, wie viele Anstrengungen unnütz versickerten.

Vom Winter 1949 an begleitete Ninon in jedem Jahr Hesse zur
Kur nach Baden, er wünschte, daß sie ihn auch dort vor zudringlichen Verehrern schütze.[46] Er argwöhnte verschmitzt, daß für Ninon die Attraktion Badens weniger in den Thermalquellen als in
der Nähe Zürichs bestand, und sie gab ihm recht: »Ich bade nicht
täglich, weil das entsetzlich müde macht, und weil ich so glücklich
bin, einmal vier Wochen im Jahr eine wissenschaftliche Bibliothek

> Beschluß der Akademie
> LAUS STULTITIAE
> 7. Nov. 1940
>
> Unser Mitglied Domina Kauper wird in Anerkennung mancher sowohl philologischer wie andrer Torheiten mit dem diesjährigen Torheitspreise ausgezeichnet, bestehend in einem Taschengelde für deren Zürcher Aufenthalt.

benützen zu können, die Zentralbibliothek in Zürich. Das ist eine herrliche Zeit für mich, – kein Haushalt und diese Morgenstunden, die ganz mir gehören.«[47] Schon auf der Bahnfahrt habe sie »manches Kapitel durchgepflügt, man wird ja auch intensiver, wenn man älter wird; man weiß, man hat nicht mehr soviel Zeit.«[48]

Meist wartete sie als erste Benutzerin ungeduldig vor der noch verschlossenen Bibliothek, und wenn sich deren gewichtige Pforten endlich öffneten und sie die Treppen zum Lesesaal hinaufeilte, spürte sie jedesmal ein herzklopfendes Hochgefühl. Dabei verwandelte sich die Dichtergefährtin in eine Forscherin, die *ihren* Zaubergarten betrat, die Welt der Archäologie und der Mythen. Hesse, von Ninons altertumswissenschaftlichen Studien nicht sonderlich begeistert, bemerkt lakonisch: »Meine Frau, beherrscht vom furor philologicus, stürzt jeden Morgen etwa um 8 Uhr zum Bahnhof, fährt mit einem Abonnement nach Zürich hinüber, sitzt dort in der Bibliothek und kehrt gegen ein Uhr zurück.«[49] Ninon schilderte ihren Badener »Kurablauf« so: »Ich bekam die Vormittage frei und versprach dafür, auf alles andere zu verzichten.« Um Hesse nicht durch Unpünktlichkeit zu verärgern, verlasse sie die Bibliothek schon vor 12 Uhr, »um wie ein Pfeil über das geliebte schöne alte Brüggli auf die Bahn zu schießen, auf den Zug um 12 Uhr 10. Um dreiviertel Eins holte H. mich in Baden ab, und von da an leistete ich ihm eigentlich ununterbrochen Gesellschaft; hie und da entließ er mich für eine oder zwei Stunden«.[50] Er selbst rühmte die Großzügigkeit, in der er nicht nur morgens auf sie verzichtete, sondern ihr während des vierwöchigen Aufenthaltes auch noch zwei »Ausgehnachmittage« zusätzlich gewährte.

In den fünfziger Jahren stand jede ungenutzte Stunde wie eine Anklage vor ihr. Wenn sie morgens ein Kalenderblatt abriß, fragte sie sich angstvoll, ob ihr auch dieser Tag wieder unter den Händen zerrinnen würde und wie oft sie wohl noch aufschieben müsse, dem Sprache und Gestalt zu geben, was lange in ihren Gedanken fertig lag und sie zur Niederschrift drängte: ihre Darstellung über Herkunft und Wesen der griechischen Götter.

Schon den Übergang in die zweite Jahrhunderthälfte hatte sie als unheilvollen Auftakt empfunden. Stets aufgeschlossen für die Magie von Zahl und Stunde, sah sie im Jahreswechsel ein Fest, dessen Sinn – wie der jedes Feiertags für sie – Andenken war, ein dankbares Innewerden der über Zeit- und Raumgrenzen hinausreichenden Nähe zu den Lebenden und den Toten.

Hesse entzog sich jedoch dem Zauber, den die Nächte um die Jahreswende auf sie ausübten, und er lehnte es ab, Silvester zu feiern. Selbst in der Neujahrsnacht 1945/46, als im Radio seine »Ansprache in der ersten Stunde des Jahres«[51] gesendet worden war und viele Tausende seinen Worten – einer ersten Friedensbotschaft nach sechs Kriegsjahren – gelauscht hatten, war er um 10 Uhr zu Bett gegangen, und Ninon hatte seine Rede allein angehört. Sie bedrängte ihn nicht: »Seine Lebensgesetze dürfen wir nicht angreifen, wir müssen uns fügen. (Für *uns* kritisieren, das dürfen wir schon!!) Und im Grunde gefällt mir ja gerade das Unbegreifliche!«[52]

Als sie in der Nacht zum 1. Januar 1951 wieder allein in ihrem Studio auf den ersten Glockenschlag des neuen Jahres wartete, schellte das Telephon, und mit hell-fröhlicher Stimme fragte Margrit Wassmer, ob Hesse und sie es schön miteinander hätten. Ninon brach in fassungsloses Weinen aus. »Diese Frage überwältigte mich – die Vorstellung, man könne es auch ›schön haben‹ miteinander, an solch einem Abend.«

Später versuchte sie, die immer Beherrschte, der Freundin ihr ungewöhnliches Verhalten zu erklären: »Die Sylvesternacht war traurig, H. kann den Sylvester nicht leiden, konnte ihn nie leiden, machte aber früher oft gute Miene dazu. Aber jetzt wird das Leben langsam immer ärmer, das muß wohl so sein. Er war so mit sich beschäftigt, hatte vielleicht an dem Tage stärkere Beschwerden als sonst – es existierte *nichts* andres für ihn. Ich denke oft an die Nächsten eines Missionars, die dieser gar nicht sieht – seine Aufgabe ist, auf die Fernsten zu wirken. Und mein Mann wird ja mehr und mehr ›Missionar‹. Es ist mir so klar, wie wichtig es ist, *die Einsamkeit des nächsten Menschen nicht zu stören*! Jedes egoistische Verlangen muß daneben verstummen. Selber muß man zwar dasein – aber gleichzeitig muß der andere die Illusion haben, allein zu sein.

Aber es ist für einen selber nicht immer ganz einfach«.[53]

Die Krisenstimmung, die sich im Jahre 1951 verstärkte, hatte jedoch eine tiefere Ursache: zu lange war ihr die Zufuhr von unmittelbaren Eindrücken abgeschnitten worden. »Ich empfand sehr stark, wie sehr ich am Rande des Lebens lebe, ich habe keinen ›natürlichen‹ Kontakt mehr mit Menschen. Durch meine besondere Stellung als H.s Frau und gleichzeitig ›in deserto‹ lebend, komme ich ja eigentlich nie mit Unbekannten zusammen, es ist immer schon eine Auswahl vollzogen, bevor sie an mich kommen«, schrieb sie am 23. September 1951 an Margrit Wassmer. Vierzehn Jahre waren vergangen, seit sie nach Rom, zwölf, seit sie nach Griechenland gereist war. Sie empfand ihr Dasein als »Frau

Hesse« von Woche zu Woche quälender. Es war ihr unheimlich, daß ihr Leben neben dem wohlabgeschirmten Dichter nach und nach etwas Unwirkliches und Gläsernes annahm, – gläsern, das hieß für sie »ganz, ganz gefühllos«.[54] Sie vertraute sich Hesses Verleger-Freund Peter Suhrkamp an, und er bestärkte sie in ihrem Wunsch, wieder einmal zu verreisen, um sich mit eigenen Erlebnissen anzufüllen und danach gekräftigt in Hesses Nähe zurückzukehren: »Liebe Frau Ninon, Ihr kleiner Aufschrei aus einer momentanen Bedrängnis heraus ist von mir richtig aufgenommen worden. Haben Sie ja keine Hemmungen, sich mir gegenüber, wenn es sein muß, Luft zu machen. Das braucht jeder von Zeit zu Zeit einmal ganz nötig. Es wird Ihnen ja leider niemals gelingen, sich einmal für kurze Zeit ganz frei zu machen und zu tun, was Sie möchten. Setzen Sie nicht zuviel Hoffnungen auf das Ergebnis. Es ist auch gar nicht wichtig. Die Möglichkeit bedeutet schon alles. Im übrigen ist das Klima dieses Frühjahrs wohl dazu angetan, die Menschen mit Spannungen zu laden und zu zerreißen [...]. Hermanns Reizbarkeit und ihre Empfindlichkeit ist also nicht ungewöhnlich«.[55]

Peter Suhrkamp war denn auch der erste, dem Ninon im Juni 1951 »halb betäubt vor Glück« aus Rom mitteilte, daß es ihr gelungen sei, für eine gute Woche aus ihrem Pflichtenkreis auszubrechen. »Nachträglich sehe ich erst, daß diese Reise eine Art Lebensrettung war [...], ich war wie ein Taucher, dem der Sauerstoff ausgegangen ist und der mit dem Ersticken kämpfte«.[56]

Trotz der Juli-Hitze und der heißen und lärmigen Großstadtnächte, trotz Schlaflosigkeit und Magenverstimmung war sie in Rom täglich mindestens zehn Stunden unterwegs, – »ein Glück ohnegleichen, von dem ich ganz und ständig überflutet war. [...] Was es heißt, über seinen Tag verfügen dürfen, mußte ich erst wieder neu erfahren. Tun dürfen, was man wollte!« schrieb sie an Peter Suhrkamp. »Es tat mir so unendlich wohl, mich wiedergefunden zu haben, zu fühlen, daß ich dort, wo es mir wichtig ist, nicht gealtert bin«.[57]

Nach ihrer Rückkehr aber fühlte sie sich wieder eng gebunden: »Ich bin fast jeden Abend das, was man in der Chemie eine ›gesättigte Lösung‹ nennt, eine, in die man absolut nichts mehr hereinstecken darf – dabei vergehe ich vor Sehnsucht, das lesen zu dürfen, was mir lebenswichtig ist, und eine kleine (gewiß äußerst unwichtige, mir aber liebe) Arbeit zu Ende schreiben zu dürfen und mich mit meinen römischen Eindrücken und Erlebnissen auseinanderzusetzen«.⁵⁸

Da sich die kurze Reise als Kraftquell und Jungbrunnen erwiesen hatte und im entspannteren Zusammenleben mit Hesse günstig auswirkte, entschloß sie sich, im nächsten Jahr ihre Wahlheimat Griechenland zu besuchen. »Ein wenig beängstigend ist, daß es bis dahin noch so lange ist! Andererseits bin ich so froh, daß ich mich noch im Geist und in der Seele darauf vorbereiten kann – vorbereiten wie ein gläubiger Christ aufs Jenseits – es mir vorstellen, an alles denken, was mir bevorsteht: bereit zu sein!«⁵⁹

Vorher aber drohte noch durch Hesses 75. Geburtstag eine neue Postlawine. Am Morgen des 2. Juli schleppte die stöhnende Briefbotin mehrmals pralle Postbeutel mit Gratulationen aus aller Welt ins Rote Haus. Ninon traf schnell eine Vorauswahl, packte die freudebringenden Glückwünsche ein und floh mit Hesse aus dem Chaos der überbordenden Tische und Schränke in einen Landgasthof nach San Giacomo im Misox, wo sie ihm aus dem Mitgebrachten vorlas. Als sie spät abends nach Hause zurückkehrten, waren neben unzähligen Blumengebinden neue Brief- und Paketberge aufgetürmt: Anhängliche Leser sandten Geschenke, junge Autoren widmeten Hesse ihre unveröffentlichten Manuskripte, und Verehrer schickten langatmige Abhandlungen über ihr Verhältnis zu seinen Büchern. Ninon bewahrte mühsam die Fassung, weil Hesse von der Achtung und Ehrerbietung, die er in so reichem Maße erfuhr, nicht ungerührt schien.

»Wie lang liest man 1200 Briefe? Wir lasen sie von Mitte Juni bis Anfang August. Das ›Lesen‹ war deshalb kompliziert, weil wir ja nebenbei auch ›leben‹ mußten, also nicht neun bis zehn Stunden am Tag lesen konnten. Und dann ist ›lesen‹ natürlich der Sammelbegriff: lesen, beantworten, eintragen. Eintragen macht H. H., da er hunderte von Sonderdrucken versendet – er hat Listen dazu und notiert, wer was bekommen hat. [...] Ich hatte mich im Eßzimmer etabliert und las allein ›vor‹, d. h. nur flüchtig natürlich, um die Briefe und Zuschriften zu kategorisieren. Es war eine furchtbare Arbeit – aber viel Schönes und Erfreuliches war dabei, und wir haben sie ohne Murren gemacht und täglich bestimmt sieben bis acht Stunden daran gewendet«.⁶⁰

Anläßlich dieses Geburtstages aber sträubte sich Ninon zum ersten Male gegen das falsche Bild vom Dichter, das in Gedenkartikeln und Festtagsgrüßen wieder einmal mit pathetischer Feierlichkeit gezeichnet worden war: das Bild vom Einspänner Hesse, vom großen Einsamen, der, von allen menschlichen Bindungen frei und unabhängig, sich selbst genügte. Durch ständige Wiederholung hatte es sich seit dem »Steppenwolf« nicht nur in den Köpfen der Leser festgesetzt, sondern auch als unkorrigierbares Stereotyp in der Sekundärliteratur eingenistet. Ninon wehrte sich gegen dieses wirklichkeitsfremde Klischee, das Hesses Weg in Gemeinschaft und mitmenschliche Teilnahme nicht gerecht wurde und außerdem ihrer beider fünfundzwanzigjährige Verbundenheit auf eine sie schmerzende Weise entwertete: »Anläßlich des Geburtstages ist so viel über den ›einsamen‹ Hesse geschrieben worden, über sein ›Einsiedler-‹, sein ›Eremitenleben‹ – eine neu erschienene ›Biographie‹ hat es fertiggebracht, zwar die Namen der 1. und 2. Frau von H. H. (wenn auch falsch!) anzugeben, die 3. Frau aber überhaupt nicht zu erwähnen – daß ich manchmal versucht war, an meiner Existenz zu zweifeln«.[61]

Wieder war es Peter Suhrkamp, der das rechte Wort im rechten Augenblick fand. Einfühlsam erkannte er, daß Ninon nicht aus Ehrgeiz oder Eitelkeit an diesem publikumswirksamen Hesse-Porträt litt, sondern an der Verkennung ihrer Lebensaufgabe, die es einschloß. Es mußte sie verbittern, daß diese Legende vom einsiedlerischen Dichter den Dialog ihrer Ehe vielleicht für immer verdeckte. »Liebe Frau Ninon«, begann er seinen Brief vom 28. Juli 1952 behutsam, »mir scheint, ich muß Sie einmal ›unter vier Augen bitten‹ […]. Wenn Hermann ›Das Glasperlenspiel‹ schreiben konnte und ›Narziß‹ – und wenn er noch so beieinander ist, wie er es ist, sind Sie, Ninon, dabei gegenwärtig. Wie es war, davon wollen wir schweigen: aber es ist da, und es gehört ihm und ist vielen zur Freude gewesen. Und da es dauern wird, ist auch Ihre Dauer gesichert.«

Das Verständnis und das Zartgefühl Peter Suhrkamps haben Ninon in mancher Krisenstimmung gestützt. Er kannte Hesses Eigenarten und Verhärtungen, seit er im Jahre 1932 als Herausgeber der »Neuen Rundschau« des S. Fischer Verlages in Berlin die ersten Briefe mit ihm gewechselt hatte. Nachdem die Nationalsozialisten das Ausscheiden der Familie Fischer aus dem Besitz und der Leitung des Verlags gefordert hatten, wurde Suhrkamp Hesses Verleger[62] und hatte sehr schnell gemerkt, daß Ninon alles andere als eine entbehrliche Randfigur für Hesses Leben und Werk darstellte. Das hatte sich aufs neue bestätigt, als er ihr am 1. November 1949 telephonisch mitteilte, er werde voraussichtlich aus dem Verlag ausscheiden, weil die aus der Emigration zurückkehrte Familie Fischer dessen Leitung wieder übernehmen wolle und ihm unzumutbare Bedingungen gestellt habe. Ninon, die Suhrkamp für einen ihrer redlichsten und treuesten Freunde hielt, vermerkte am 13. Dezember 1949 nach einem Zusammentreffen Hesses mit Dr. Bermann Fischer und Suhrkamp im Badener »Ochsen« in ihrem Notizbuch, sie habe, »wieder mit Suhrkamp allein, ihn ›gestärkt‹«. Am 6. Februar 1950 hatte sie ihn dann spontan in einem Telegramm gebeten: »Denken Sie an H. Hesse, der sich schwere Sorgen macht. Geben Sie den Verlag nicht zurück!« Als sich die Lösung anbahnte, jeder Fischer-Autor möge selbst entscheiden, von wem er in Zukunft verlegerisch betreut werden wolle, hatte Ninon am Abend des 7. Mai 1950 Peter Suhrkamp telephonisch bestätigt, daß Hesse bei ihm bleibe. Erleichtert schickte sie Lilly eine Kopie des Absagebriefes an Dr. Bermann Fischer[63], in dem Hesse sich nach mehrstündigen Gesprächen mit beiden Kontrahenten offiziell entschieden hatte, »Suhrkamp die Treue zu halten. [...] Er ist, nachdem er Unsägliches im Widerstand gegen die Nazi und im Dienst an Eurer Sache geleistet und erduldet hat, nun durch Eure ›freundschaftliche‹ Vereinbarung in eine für einen Mann seines Alters und von seiner Gesundheit grausame oder mindestens heikle Lage gekommen, und ihn darin im Stich zu lassen, ist mir nicht möglich.«

Suhrkamp hatte Ninon daraufhin geschrieben: »Liebe verehrte Frau Hesse, nach Ihrem Telephonanruf am Sonntag war ich vor freudiger Aufregung nahe am Weinen. Nicht, als wäre ich dieser Entscheidung bei H. H. nicht sicher gewesen! Aber daß Sie auf den Gedanken kamen, mich gleich telefonisch zu verständigen! Die Art, wie H. H. und Sie diese Angelegenheit erledigt haben, Ihre Freundschaft, löst in mir alle Bitterkeit und Enttäuschung, die gelegentlich über das Verhalten anderer in mir waren. Ich kann Ihnen mit Worten nicht genug dafür danken«.[64]

Aber auch wenn es zwischen dem Autor und seinem Verleger einmal zu Meinungsverschiedenheiten kam, griff Ninon begütigend ein: »Ich fürchte, Hermann habe Ihnen recht mißmutig geschrieben – da möchte ich Ihnen nur dazu sagen, daß *ich* mich auf die Lektüre des Buches freue. [...] Sie kennen ja Hermann – er ist einfach jähzornig, – wenn er getobt hat, ist er wieder freundlich wie ein Sommerhimmel, ganz wolkenlos. Ich weiß nicht, was er Ihnen geschrieben hat, aber aus der Art, wie er es mir erzählte, merkte ich, daß er getobt haben müsse: Also lassen Sie es sich ja nicht nahegehn!«[65]

Peter Suhrkamp zeigte Verständnis für Ninons Weltverlangen. Er rühmte zwar häufig die »Offenheit des Hesse-Hauses«, das ständig die Fülle der Welt in Büchern in sich aufnehme, aber er wußte wohl, daß diese Welt der literarischen Spiegelungen, diese filtrierte Wirklichkeit Ninons Hunger auf unmittelbares Erleben nicht stillte. Er machte ihr Mut, die unsichtbare Trennwand zur Außenwelt, hinter der sie mit Hesse vereint war, hin und wieder zu durchstoßen, und alle Zwänge, die sie als Dichtergefährtin einengten, zeitweise abzustreifen.

Hesse befand sich im Jahre 1952 so wohl, daß Ninon ihre griechische Reise unbesorgt planen und sich der Vorfreude hingeben konnte. Zwar sage er seit seinem 70. Lebensjahr immer wieder, daß er nun sterben werde, aber »er läßt sich nun einmal lieber wegen seines Übelbefindens bedauern, als wegen seiner Frische bewundern«.[66] So klingt denn auch sein Brief an Peter Suhrkamp recht traurig: »Wir haben eine schlechte Zeit gehabt, Ninon krank, und ich fürchte, das sei der Beginn von Störungen und Schwächen, die nicht mehr ganz weichen werden, und da sie in dieser Zeit überdies stimmlos war und gar nicht vorlesen, kaum ein bißchen sprechen konnte und durfte, hat das auch in mein etwas gebessertes Befinden wieder ein großes Loch gerissen: ich mußte Tag um Tag die Augen so überanstrengen, daß ich aus den Krämpfen nicht mehr herauskomme, manchmal saß oder lag ich ganze Stunden mit tränenden Augen und wünschte nichts, als daß die mir noch bestimmte Zeit schon abgelaufen wäre. [...] Gegen Ninon darfst Du ihr Kranksein nicht erwähnen. Außerdem will sie dieses Jahr nach Griechenland«.[67]

Als sich Ninons sechswöchige Reise von Ithaka nach Epiros und in die thessalische Ebene, nach Delphi, Athen, Kreta und Samos dem Ende zuneigte, mehrten sich bei ihr die Anzeichen einer quälenden Hauterkrankung. Nach ihrer Rückkehr Mitte Oktober mußte sie sich sofort im Hospital von Bellinzona einer schmerzhaften Behandlung unterziehen. Hesse riet ihr, von nun an alle Reisepläne endgültig zu begraben. »Mein Mann sieht ›Griechenland‹ als eine Art ›letzten Streich‹ im Sinne von Max und Moritz an, und ich muckse nicht – wenigstens vorläufig, denn *wer* ist mit einem Ekzem heimgekommen??? Sonst ist H. durchaus positiv für all mein Griechisches eingestellt, schenkt mir Geld für die herrlichsten Bücher. Aber ich muß ›da sein‹ – das war ja schon immer so und ist mit dem Alter nicht leichter geworden«.[68]

Ninon hatte oft geäußert, eigentlich verdiene sie es gar nicht, im Tessin zu leben, weil sie sich ständig nach Schnee und Frische sehne. »Die Sonne blendet mich, ich bin ein Schattengewächs«.[69] Nun habe sie sich im Mittelmeerklima einen Hitze-Ausschlag eingehandelt. Die Ärzte schüttelten bei dieser Krankheitsdeutung mißtrauisch den Kopf, und als alle Salben und Mixturen nicht anschlugen, »versuchten sie es mit ›Psychologie‹. Aber da wurde ich scharf und verbat mir das. Ich kann mir denken, was Patienten leiden müssen, wenn sie mit einer verborgenen Krankheit zu solch einem ›Psychologen‹ kommen!«[70] Sie kehrte ungeheilt nach Hause zurück, doch dort verschlimmerte sich ihr Zustand zusehends. Die Haut fiel in Schuppen ab, ungeschützte rot-wunde Flächen überzogen den ganzen Körper, und der leichteste Stoffdruck verursachte ihr schreckliche Pein. Kleinlaut gestand sie in Freundesbriefen, ihr fehle wohl doch die seelische Schutzhaut, und sie erinnerte sich an Berührungsängste und an ihren ständigen Wunsch nach Abstand und Kühle. Sie fürchte die Ausstrahlung gewisser Menschen, gestand sie Peter Suhrkamp am 7. Juli 1952. »Ich bekomme eine Art seelisches Nesselfieber durch Menschen. Nun, genug davon, H. weiß jetzt immerhin ein wenig Bescheid darüber und wird mich wahrscheinlich so sehr wie möglich schonen.«

Zum Jahreswechsel 1952/53 hatte sich ihr Zustand so verschlimmert, daß sie am 20. Januar in die Dermatologische Klinik des Kantonsspitals Genf eingeliefert wurde. Juckreiz, Schlaflosigkeit und unerträgliches Brennen an den entzündeten Hautstellen lösten eine tiefe Hoffnungslosigkeit in ihr aus. Hesse schrieb ihr ermunternd: »Wenn Du für die Kur und Heilung halb so viel Energie und Hingabe aufbringst wie für die Erwerbung Deiner Krankheit unter Griechenlands allzu blauem Himmel, wirst Du es schaffen, liebes Herz. Weder die Zeit noch die Kosten darfst Du scheuen, so viel ist eine Keuper-Haut schon wert«.[71]

Nicht Heilung, aber Linderung versprach sich Ninon von der kühlen Bergluft des Engadin, wohin sie mit Hesse alljährlich aus der Tessiner Juli-Hitze floh. Gerade in diesem Jahr aber zeigte er, durch die »Krankenatmosphäre des gestörten Haushaltes« beeinträchtigt, seine Reiseunlust deutlich: »Mir verdirbt der Gedanke an das scheußliche Hotel-Milieu schon die Nächte. Und hier, ›daheim‹, ist seit Ninons immer zunehmender Schwäche und Anfälligkeit auch keine rechte Atemluft mehr. Der alte Tolstoi wußte, was er tat, als er zum Sterben in die Wälder lief«.[72]

Wieder einmal bewährte sich Ninons glückliche Begabung, das wirkliche Geschehen mit Sinn zu füllen und dadurch zu verwandeln. Die auferlegte Qual in ein gewolltes Schicksal umzugestalten, war das nicht die Erlösung? Es gab ein mythisches Beispiel für diese Kraft, das Unvermeidliche anzuerkennen und dadurch zu verwandeln: Hiob. In ihm, dem urbildhaft ausgelieferten Menschen, erkannte Ninon ihren Bruder im Leiden und in der *Leidensfähigkeit*. Sie war ja »Ninon, aus Hiobs Geschlecht stammend, dem Jeremias und anderen Klagenden und Weinenden verwandt«, – so hatte sie sich einmal halb scherzend, halb warnend Hesse zu Beginn ihrer Ehe vorgestellt.[73] Nun besann sie sich auf die dunkle Seite ihres Wesens und bekannte sich zur schwermütigen Bereitschaft ihrer Vorfahren, das Verhängte demütig zu ertragen: »Die Kraft der Notwendigkeit ist unbezwingbar.«

Sie versenkte sich in die Finsternis des Hiob-Buches. Zeile für Zeile deutete sie die 42 Kapitel des alten Testamentes über den Schwergeprüften, der in allen bitteren Versuchungen, im Verlust der Freunde, in der Abwendung seiner Familie, in Spott, Verlassenheit und körperlicher Qual, mit Schrunden und Schwären bedeckt in der Asche saß und dennoch gottesfürchtig ausharrte, – das elende Opfer eines grausamen Gottes. »Hiobs Verfehlung bestand einzig und allein darin, daß er, solange es ihm gutging, erwartete, daß Gott gerecht sei, – das verband ihn mit dem Glauben seiner christlichen Nachfahren, die sich das hoffnungsvolle Bild eines moralischen Gottes aufbauten«.[74] Der jüdische Gott aber war unberechenbar, von dämonischer Zwienatur, unerbittlich und gewährend, von zweckloser Zerstörungssucht und dennoch barmherzig. »Jahwe verkündet rund 70 Verse lang in einer einzigen Machtdemonstration dem hilflosen Opfer Hiob das Wesen des Übermenschlichen, bis dieser alle Rechtsansprüche, alle Klagen und Vorwürfe widerruft: ›Ich lege die Hand auf meinen Mund‹.« Ninon stellte dar, welchen Erkenntnisweg Hiob vom wilden Hadern und Zürnen bis zum klaglosen Erdulden des von Gott zugewiesenen Verhängnisses in Ausschlag und Verfemung durchschritten hatte. »Einsicht und Reflexion waren die Gegengabe des Gottes für Hiobs Krankheit, sobald er sich ohne weiteres Rechten und Wehren in sie hineinfallen ließ. Er sah ein: ›Gott will mächtig, nicht gerecht sein‹.«

Hiobs Opfergaben erschienen Ninon als Zeichen menschlicher Überheblichkeit, als Bestechungsversuch und fehlgeleitete Hoffnung, daß Niedertracht bestraft, Wohlverhalten hingegen belohnt werde, doch »mit Gott lassen sich keine Verträge schließen!« Sie zitierte Hiobs Worte, mit denen er seinem früheren Glauben an die Gerechtigkeit abschwor: »Ja, ich weiß gar wohl, daß ein Mensch nicht Recht behalten mag gegen Gott.«

Ninon bekannte sich in ihrer Niederschrift zur doppelgesichtigen Macht des alttestamentarischen Gottes. Der Mensch konnte alles Erlittene – wie Hiob – nur ummünzen in die Einsicht, einer uneinschätzbaren Dämonie ausgeliefert zu sein: Nicht Ausweichen, sondern sich der Gewalt hingeben, das ist Gottesfurcht! In der Qual ihres Hautleidens nahm sie das archaische Erbe an sich wahr, das auch sie so herb, so zäh, so beharrlich machte, daß sie all diese Jahre neben Hesses werkbezogenem Egoismus standhalten konnte. »Hinnehmen-können ist das Erlösungsgeheimnis.« Gott ließ nicht mit sich handeln! Die Christen hofften optimistisch, daß ihr Gott ansprechbar sei, zuverlässig, vertragstreu, edler und besser als der Mensch, und daß er in verbindlicher Ethik, »sittlich« zwischen Verdienst und Vergehen abwägen würde. Jahwe hingegen war voll innerer Gegensätze, von göttlicher Schrankenlosigkeit, jenseits aller moralischen Kategorien und von machtvoller Inkonsequenz. Er entsprach, dessen wurde sich Ninon nun bewußt, *ihrem* Weltbild, *ihren* Erfahrungen, einem Geschick, das sie schon früher häufig mit Ironie »*hart aber ungerecht*« genannt hatte.

Noch während Ninon ihre »Versuche zu Hiob« niederschrieb, flaute die Hauterkrankung allmählich ab, und im April 1954 konnte sie sich einen lang gehegten Wunsch erfüllen: sie reiste nach Kleinasien, um das Troja des Homer kennenzulernen. Hesse bemerkte dazu unwillig: »Mir ist natürlich bei Ninons neuer Reise nicht wohl, doch muß man die Leute machen lassen. Natürlich genügt ihr auch die Gesellschaftsreise mit dem Archäologenschiff nicht ganz, sie schließt dann bei der Rückkehr noch eine Alleinreise von etwa zehn Tagen in Süditalien an«.[75] Peter Suhrkamp aber freut sich mit ihr: »Nun ist Ninon unterwegs – ich hoffe, sie hat es gut und stößt sich nicht an der Reisegesellschaft. Das scheint mir wichtig, damit ihre Allergien nicht wieder auftreten«.[76]

Als Hesse der Friedenspreis des Deutschen Buchhandels für das Jahr 1955 zugesprochen wurde, schlug Peter Suhrkamp ihm spontan vor, Ninon möge die Ehrung stellvertretend für ihn in Frankfurt entgegennehmen. Es stand von Anfang an fest, daß Hesse selbst der Feier – wie bisher allen öffentlichen Ehrungen[77] – fernbleiben würde, da, wie er betonte, Dichterpreis und -ruhm ihm mehr Last als Freude bedeuteten und er den Wirbel der Popularität verachte. »In Eure Pläne mit der Feier rede ich euch nicht hinein, kann Dir aber melden, daß Ninon sich entschlossen hat, zur Feier statt meiner zu kommen, und daß es mir gelungen ist (da ich sie höchst ungern allein hätte dort dabei gewußt), – daß es mir also gelang, Freund Bodmer zu bewegen, mit ihr im Oktober hinzukommen«.[78]

Ninons freudige Erregung, zum ersten Mal als Hesses Gefährtin in die Öffentlichkeit zu treten, spricht deutlich aus allen Briefen der Vorbereitungszeit. An den befreundeten Martin Buber, mit dem sie viel gemeinsam hatte – die Herkunft aus dem östlichen Kronland, das Studium in Wien, die Heirat mit einem christlichen Partner trotz Beibehaltung der jüdischen Religion, die Sinnfindung im Mythos und die Auffassung des Lebens als eines nicht abreißenden Dialogs – schrieb sie: »In der Frankfurter Paulskirche, wo Sie vor zwei Jahren den Friedenspreis empfingen, werde heuer ich als Stellvertretung meines Mannes stehen und seine Dankesworte vorlesen! Ein kühner Entschluß – den ich nicht gefaßt hätte ohne das Wissen, daß auch *Sie* dort gestanden haben. Mein Mann hofft, die Feier im Radio mitanhören zu können, am 9. Oktober findet sie statt«.[79] Ihrer vertrauten Briefpartnerin Margrit Wassmer hingegen beschrieb sie die Lese-Übungen für die Dankadresse Hesses und die Proben bei der Schneiderin: »Jetzt rüste ich mich zur Frankfurter Reise – mit Frau Bodmer, die acht Tage hier war, übte ich ›Preis-in-Empfang-nehmen‹, – und wenn ich ihr im Korridor begegnete, verneigte ich mich und sagte: ›Herr Bundespräsident! Verehrte Anwesende!‹ [...] Eben habe ich Generalprobe vorgeführt, Kleid, Jacke, Hütchen, er [Hesse] war entzückt, ich strahlte. [...] Ich brauche doch etwas Ermutigung. Aber freuen tue ich mich sehr!«[80]

Daß Ninon die Feier genoß, in deren Mittelpunkt sie für den abwesenden Dichter stand, liest man zwischen den Zeilen ihres Berichtes: »Ich reiste am 7. Oktober nach Frankfurt, hatte am 8. eine ›Regieprobe‹ in der Paulskathedrale, so daß ich genau wußte, wann ich mich – auf welches Stichwort hin zu erheben und dem Vorsitzenden des Börsenvereins des deutschen Buchhandels entgegenzuwanken hatte!! – Wir probierten die Höhe des Pultes aus, überlegten, wohin ich die Urkunde, die mir überreicht worden war, ablegte, wenn ich das Podium betrat – usw. usw. Ich wurde ganz ruhig, nachdem das alles so genau festgelegt war und probte nur noch abends meine Ansprache im Hotelzimmer mit Bodmers, die mit mir nach Frankfurt gekommen waren, dann schlief ich vorzüglich und war am Morgen gar nicht aufgeregt, nur in fröhlichster Spannung und Bereitschaft.«

Am nächsten Tag wurde Ninon vom Deutschen Bundespräsidenten Theodor Heuss und anderen Würdenträgern aus Bund und Ländern in der Halle des »Frankfurter Hofs« erwartet. »Dann kamen die Photographen und dann fuhren wir im offenen Wagen zur Paulskirche, überall standen die Leute Spalier und riefen auch ›Hoch‹ – und ich fand das ganz natürlich und sah ganz freundlich drein. An einem Seiteneingang der Paulskirche stiegen wir aus. [...] und dann formte sich unser kleiner Zug, Heuss und ich voran, wir kamen in den großen Kirchenraum, der 1100 Leute faßt und ganz voll war. Das Publikum erhob sich von den Plätzen, während wir die unsern einnahmen, in der ersten Reihe. [...] Erst Musik, dann die Reden, dann zwei Schauspieler, die aus den Werken H.s vorlasen – und dann die kurze Ansprache an mich in Stellvertretung – die Überreichung der Urkunde – und dann ›schritt‹ ich aufs Podium und las – ohne eine Spur von Aufregung, sondern mit wirklicher Freude die Dankadresse vor. Ich habe eine Menge begeisterter Hörerbriefe bekommen, es war sehr gut hörbar und sehr deutlich – anscheinend ist meine Stimme ›radiogénique‹. Viele hätten ›geweint‹ – was sie als Lob meinten, was ich aber nicht als solches empfinde!! [...] Auch in der Television soll ich ganz gut gewesen sein, besonders rühmten alle meine Ruhe und meine ›Routine‹! [...] Beim Mittagessen war Heuss mein Tischherr, und ich habe mich herrlich mit ihm unterhalten – über Griechenland und Schiller und Humboldt und vieles andre noch, wir hatten sogleich Kontakt miteinander. An meiner anderen Seite saß der sehr sympathische Oberbürgermeister von Frankfurt. Am Nachmittag besuchte ich mit Präsident Heuss zusammen die Buchmesse – vor dem ›Ehrentisch des Preisträgers‹ wurden wir ausgiebig photographiert, und um halb sechs wurde ich abgeholt zu einem Empfang beim Verleger Peter Suhrkamp.«

Ninon empfand als besonders beglückend, daß ihr Vater während der Preisverleihung in einem wohlverwahrten Erinnerungsstück für sie gegenwärtig war: »Der Hermelin, der Jackenkragen und Revers bildete, war der, den mein Vater mir, als ich 17 Jahre alt war – also vor 43 Jahren – geschenkt hatte. [...] Vorher war er beim Kürschner gewesen, denn er war natürlich vergilbt mit den Jahren. Wie ich mich freute, daß dieser Hermelin dabei sein durfte!«[81]

Die Welle von Achtung und Sympathie, die sie nach ihrem unbemerkten Hüter-Dienst nun plötzlich hochgehoben hatte, trug sie hinüber in ihr siebtes Lebensjahrzehnt.

Als kostbarstes Geschenk zu ihrem 60. Geburtstag wertete sie Hesses Zueignung seiner späten Prosa »Beschwörung«.[82] Der Band enthält einige der »Rundbriefe«, die in den letzten Jahrzehnten als Privatdrucke oder in Zeitungen erschienen waren, und die seit dem Kriegsende entstandenen essayistischen Betrachtungen, in denen er das Vergangene und Gegenwärtige seines Lebens ähnlich wie in der 1946 am Neuenburger See entstandenen »Beschreibung einer Landschaft« ineinander verwoben hatte. Durch die Widmung »Ninon zu ihrem 60. Geburtstag« glich Hesse eine Enttäuschung aus, die er ihr 1945 bereitet hatte, als er den Sammelband »Traumfährte«[83] seinem Freund, dem Maler Ernst Morgenthaler, »als Dank für schöne Stunden im Sommer 1945« widmete und nicht ihr, der diese Zueignung – wie sie meinte – eher zugestanden hätte, denn das Buch enthielt unter den zwölf autobiographischen Prosastücken, die zwischen 1910 und 1932 entstanden waren, auch das Märchen ihrer Ehe, »Vogel«.

Hesse hat Ninon in jedem Jahrzehnt ein Buch gewidmet, 1934 den Gedichtband »Vom Baum des Lebens« (»Für Ninon«), 1942 eine Neuauflage des »Siddhartha« (»Meiner Frau Ninon gewidmet«) und 1955 die späte Prosa »Beschwörungen« (»Für Ninon zum 60. Geburtstag«).[84] Daneben stehen die ihr als Autograph, Typoskript oder im Druck gewidmeten Gedichte; vor der Ehe galten ihr »Ninon«, »Fest am Samstagabend«, »Der Kranke«, »Für Ninon«, während der Ehe »Erster Tag im neuen Haus«, »Zum ersten Geburtstag im neuen Haus«, »Nach einem Traum Ninons«, »Bildnis Ninon«, »Vor- oder Halbgeborene sind wir nur«, »Was hat die Traumfee in der Wunderbüchse?«, »Nachtgedanken«, »Herr Korbes«, »Man warnt vor dem Beruf des Dichters« sowie zahlreiche Scherzgedichte.[85]

Zu den »Beschwörungen« hatte Ninon ein besonders inniges Verhältnis. Manche dieser Rückblenden in die Jugend seines Lebens hatte Hesse ihr schon als Manuskript ins Nachtkästchen geschmuggelt, um sie noch mit einem Gute-Nacht-Gruß zu überraschen, so auch die Erzählung »Der Bettler«, in der er liebevoll und verehrend ein Porträt seines Vaters zeichnete, mit dem ihn jene aufreibende Beziehung verband, die ihm als Elfjährigem beim »Feigendiebstahl« – geschildert in »Kinderseele«[86] – bewußt wurde und die verdeckt und nie gelöst anhielt, bis er nach dem Tode des Vaters 1917 in eine schwere seelische Krise geriet. Gerade an dieser Erzählung erkannte Ninon das Befreiende und Versöhnende seiner Altersdichtung. In einer rückwärtsgerichteten Schau wurde er dem schwierigen Vater-Sohn-Verhältnis nachträglich gerecht, indem er das »Edle«, das »Vogelleichte« und das ihm Verwandte im Wesen seines Vaters hervorhob. In der gleichen fast zärtlichen Erzählweise wurden aber auch in anderen Prosa-Stücken Ausschnitte seiner Vergangenheit glücksbestrahlt dargestellt.
Es erschien Ninon wie eine Begnadung, daß Hesse sein leidbezogenes Leben noch einmal an sich vorüberziehen ließ, um Unerledigtes oder ungerecht Bewertetes aufzugreifen und neu zu verarbeiten. Dabei gewann vieles von der einstigen Lebensnot ein anderes Gesicht und löste sich in der ausglättenden Zusammenschau seiner Altersschriften auf harmonische Weise. Da nun die Spannungen in seinem eigenen Wesen ausgeglichen, die Dissonanzen aufgehoben waren, bedeutete ihm Schreiben nicht mehr wie einst therapeutische Befreiung, sondern »Spiel und Zeitvertreib«. Er strebte eine abwägende Wortkunst an, die sich weit von der expressiven Bekenntnisdichtung entfernt hatte und ihn wieder an überkommene Erzähltraditionen heranführte. Seine Sprache, seit je schlicht und frei von Originalitätssucht, wirkte nun noch leichter, noch durchlässiger. »Hermann hat wieder etwas Wunderschönes geschrieben«, teilte Ninon ihrer Schwester häufig mit, »wie immer, sehr dicht und reich, man glaubt im nachhinein viel mehr Seiten gelesen zu haben, als tatsächlich da sind«.[87] In ihrem Hang zum Archaisch-Strengen liebte sie die Einfachheit in Bild und Wort, diese äußerste Klarheit und Läuterung. Sie bemerkte gegenüber Lilly, die Literaturgeschichte sei reich an Stürmern und Drängern, selten aber habe ein alter Dichter dargestellt, wie er die Welt sehe! Hesse versuche zum Glück nicht, die Sprache seiner jüngeren Jahre beizubehalten oder sich der Sichtweise der näch-

sten Generation anzupassen. Sie sei bewegt von der festlichen Abschiedsstimmung seiner späten Prosa.

»Ich höre dich so gern erzählen«, bat sie häufig, und Hesse lächelte verschmitzt. Bald darauf überraschte er sie wieder mit einer seiner Schilderungen, die sie »Huldigungen an das Leben und die Welt« nannte. Sie erkannte, daß Hesse im Bewußtsein des abgeschlossenen Lebenswerkes und ohne die ehemalige Qual des Produktionszwangs aus Freude kleine Geschichten erzählte. Daß seine literarische Existenz hinter ihm liege, bemerkte er in vielen Briefen an seine Freunde wie eine Erleichterung; das entband ihn auch vom Aufsuchen des Leids. Die liebevolle Gemächlichkeit, mit der er nun bei den Dingen verweilte, entzückte Ninon ebenso wie die Lebensstimmung, die diese späte Prosa ausstrahlte: die Annahme des Alters als eines Geschenks.

Oft galten Hesses Rundbriefe, Gedenkblätter und Betrachtungen den Toten, den Geschwistern, den Eltern, den Schulfreunden. Nach dem endgültigen Abschied von vielen Vertrauten, den »Morgenlandfahrern« Fritz Leuthold, Georg Reinhart, Josef Englert, Hans C. Bodmer, von Thomas Mann und Hans Carossa, fühlte er sich vom Todeshauch gestreift – und angstvoll auch Ninon!

Aber Hesse spürte in den fünfziger Jahren durch den Verlust der Freunde seiner Generation nicht nur die zunehmende Leere um sich, sondern auch eine wachsende Stille um sein Werk. Der achtzigste Geburtstag brachte ihm zwar noch einmal einen Höhepunkt von Achtung und Ehrerbietung, aber dennoch ließ sich nicht übersehen, daß die Aufnahmebereitschaft der nachfolgenden Leser für sein Werk abflaute. »Nichts hat Hesse mehr geschadet, als die Idealisierung durch eine gefühlsselige Generation und seine Stilisierung zur nationalen Vaterfigur der Deutschen«, äußerte Ninon in einem Gespräch, das die Verfasserin mit ihr am 25. August 1954 über die Rezeption seines Werkes bei der damaligen studentischen Jugend führte. Auf die Frage, was sie sich zur Zeit am meisten wünsche, antwortete Ninon ohne Zögern: »Gute Leser für Hermann Hesse« und erläuterte: »Leser hat mein Mann genug. Ich wünsche ihm die *guten*! Einige lesen Hesse und mit gleicher Begeisterung alles andere. Einige lesen nur Hesse: das sind die schlimmsten! Einige aber wählen aus, sie bevorzugen und lehnen ab, sie wissen, warum sie ein Werk schätzen, sie können es begründen. Das sind die guten Leser, die ich meinem Mann wünsche.« Nach einer kleinen Pause des Nachdenkes ergänzte sie: »Bei blinder Verehrung oder einer gefühlsmäßigen Hinneigung bleibt der Geist meist unverstanden.« Zum Hinweis auf Hesses treu ergebene ältere Lesergemeinde bemerkt sie: »Liebhaber und Verehrer hat mein Mann viele, aber wieviel besser und fruchtbarer ist die kritische Stellungnahme der Jugend!« Der gute Leser war für sie nicht der gläubige Leser, der im Dichter die kultische Würde eines Heilspenders oder Verkünders suchte und damit zugleich dem eigenen Bedürfnis nach Verehrung und Gefolgschaft, ja wohl auch der Sehnsucht nach Autorität nachgab, sondern der distanzierte Leser, der die Begegnung mit dem Werk suchte.

So sehr sie sich zunächst darüber gefreut habe, daß Hesse den Nobelpreis erhalten habe, so sehr habe sie bedauert, daß die bald danach einsetzende Hesse-Euphorie nicht vorrangig seiner schriftstellerischen Leistung gegolten habe. Hesse sei von der Vorkriegsgeneration der Deutschen, die nach dem Hitler-Staat ein neues Selbstverständnis gesucht habe und dabei an die Vor-Hitlerzeit anknüpfen mußte, zum Zeugen für ein unverdorbenes und vom Faschismus unbelastetes Deutschtum ernannt worden, dessen sie angesichts der massiven Kollektivschuldanklagen und der offen gezeigten Verachtung der Welt bedurft hätte.

Eine weitere Ursache für die Faszination, die Hesse nach dem Krieg auf die an nationalen Minderwertigkeitsgefühlen leidenden Deutschen ausübte, sah Ninon in seiner ablehnenden Stellungnahme zu den damals üblichen, allgemein gehaltenen Aufklärungsschriften und Strafpredigten. Er habe jedem Einzelnen geraten, vor einem politischen Neubeginn zunächst mit sich selbst abzurechnen. Damit habe Hesse dieser in ihrem Selbstvertrauen tief beschädigten Generation die notwendige Mischung aus Trost und Tadel geboten. Er sei zur moralischen Autorität stilisiert worden, der sie sich in ihren unklaren Schuldgefühlen anvertraut habe.[88]

In dieser außerliterarischen Verehrung Hesses als einer entsühnenden und legitimierenden Zeitgestalt war nach und nach das Bild des Dichters verstellt worden: man suchte in Hesse in erster Linie die entlastende deutsche Vergangenheit. Diese Popularität, die ihm und ihr – von Adorantenbriefen bis zu touristischen Pilgerfahrten – zur Plage geworden war, und diese übertriebene Identifikationswelle mußten eine Gegenbewegung herausfordern. Ein Dichter, der als »öffentliche Person« für die nationale Identität von einer durch den Faschismus kompromittierten Generation auf den Sockel gehoben worden war, mußte provozierend auf die nachfolgende wirken. Es war das Vorrecht jeder – so auch der nach 1930 geborenen – Jugend, sich eigene Leitbilder zu suchen und sich von dem Autor abzusetzen, den die Väter beschlagnahmt hatten und der für diese seit 1947 so etwas wie »die offizielle Kultur« verkörpert hatte.

Ninon verstand, daß die Nachkriegsjugend, die vor den Trümmern des Hitlerreiches die Ärmel aufkrempelte und von der Mission des Neubeginns durchdrungen war, sich Vorbilder nach den Anforderungen ihres Alltags suchte und sie vielfach bei Schriftstellern fand, die zur Veränderung der Welt durch gemeinsames Handeln aufriefen und ihr für den politischen Aufbau praktische Ratschläge anboten. Die Mehrzahl der Jugend der fünfziger Jahre verwarf subjektive Deutungen als »Mutmaßungen« und mißtraute »erfundenen« Geschichten; sie vertraute nur dem authentischen Material, Interviews, Berichten und Beobachtungen, was in der Literatur zum Vorherrschen der recherchierten Reportage, des Sachbuchs und des dokumentarischen Theaters führte. Ninon, deren Weltneugier unstillbar war, verschmähte es nicht, die neuen Wege erprobend mitzugehen: »Brecht liebe ich über alles, lese nach und nach sein ganzes Werk«.[89]

Aus vielen Zuschriften wußte Ninon, daß Hesse in den germanistischen Seminaren jener Zeit oft nur unwillige Leser fand. Man zögerte nicht nur gegenüber seinem Werk, sondern lehnte auch seinen Lebensstil ab. Die studentische Jugend, die Kriegsschutt räumen mußte, ehe sie in die Hörsäle einrückte, war davon überzeugt, daß nur der Gemeinsinn den Wiederaufbau garantiere; Hesse aber galt als Außenseiter, als Unangepaßter, der die Verweigerung aller gesellschaftlichen Rollen vorgelebt und sich gegenüber den Ansprüchen der Welt in ein elitäres Abseits zurückgezogen hatte. Dieser Autor sei gefährlich, stand in den Briefen der Studenten, ein Verführer zu Traumreichen und zur Lebensuntüchtigkeit. Hesse sah in Kritik und Ablehnung »natürliche Reaktionen der Jugend auf die Alten, der Streber auf die allzu Erfolgreichen. Es bedarf keines Kampfes, nur des Beharrens«.[90] Als eine Studentin ihm die Schwierigkeiten einer Seminargruppe schilderte, sein Verhältnis zur Wirklichkeit zu deuten, die ihn – wie es in seinem Gedicht »Verlorenheit« so treffend heißt – so oft »geschreckt« und aus der er sich immer wieder »fortgestohlen« habe, antwortete Hesse: »Liebes Fräulein! Wir würden einander nicht verstehen, da Sie zum Ästhetischen, also zur Kunst überhaupt kein positives und lebendiges Verhältnis, nur ein moralisierendes Verhältnis haben. Es tut mir leid um meine Bücher«.[91] Ninon hingegen stand der zeitgeschichtlich bedingten Zurückhaltung der Jugend verständnisvoll gegenüber. In ihrem immer wachen Sinn für die Forderungen des Tages versuchte sie, zwischen Hesse und seinen jungen Fragestellern zu vermitteln.

Viel schlimmer als eine offene Ablehnung oder der Wille zur Konfrontation erschien Ninon die wachsende Gleichgültigkeit gegenüber Hesses Werk. Mit dem Achselzucken der Verlegenheit quittierte man nach und nach seine individualistische Gesinnung und Lebensführung und seine Ratschläge zum Eigensinn. Man stieß sich an seinem Hang zur künstlerischen Verspieltheit, am häufigen Gebrauch der Worte hübsch, hold, sanft, innig, heiter oder am pietistisch-sakralen Vokabular, das einer vergangenen Zeit angehörte. Kopfschüttelnd bezichtigte man Hesse der permanenten Wirklichkeitsflucht, weil die aktuelle Gegenwart für ihn nie eine Alternative bedeutete, er hatte ihr stets gern entsagt, um sich »jenseits von Zahl und Zeit« im Zaubergarten einzurichten. So wurde Hesse nach dem ersten Nachkriegsansturm auf seine Bücher allmählich ins Abseits gedrängt, bis Anfang der sechziger Jahre der Tiefstand in der Auflagenziffer seiner Bücher erreicht wurde.

Ninon wußte, daß mit solch einem zeitbezogenen Urteil über einen Autor nichts Endgültiges gesagt sei. Außerdem kenne die Jugend das Briefwerk Hesses noch nicht, durch das Leben und Werk verzahnt und seine Reaktion auf das Zeitgeschehen erkennbar würden. Sie habe sich ihm gegenüber darum stets für das Sammeln und Veröffentlichen seiner Briefe eingesetzt.

Vor allem aber sei das »Glasperlenspiel« von der jungen Lesergeneration als ein Manifest der Lebensferne mißverstanden und Knechts Tod bei seiner ersten erzieherischen Aufgabe als Lebensuntauglichkeit verurteilt worden. Für das Anliegen des Buches aber sei allein die *Entscheidung* Knechts gegen eine Weiterführung seines Glasperlenspielerlebens und für die soziale Einordnung und den Dienst an der Gemeinschaft wichtig. Daß Knecht die Ordensprovinz Kastalien verlasse, in dem der Geist im formelhaften, weltabgekehrten Spiel sich selbst genügte, und aus der sterilen Geschichtsferne ins tätige Leben strebe, beweise, wie ernst Hesse die

Wirklichkeit nehme. Es sei ein Irrtum, daß er bei der Darstellung Kastaliens die Utopie für wahrer gehalten habe als die Realität. Er habe vielmehr eine Antithese zur Kriegswirklichkeit geboten, an der er dann beweise, daß der Geist nicht abgelöst von dieser Welt bestehen könne, sondern sich nur *in* ihr und durch verantwortungsbewußt handelnde Menschen verwirklichen lasse.

Im übrigen wies Ninon darauf hin, daß Hesses Dichtung als Dienst am Bleibenden und Überzeitlichen ebenfalls eine Form der Wirklichkeitsbewältigung darstelle. Seine Dichtung sei von Jugend an Widerstands*handlung* gewesen, natürlich mit Mitteln, die an seinem eigenen – einem auf die erlösende und verwandelnde Kraft der Kunst vertrauenden – Zeitalter zu messen seien.

Ninon glaubte fest an Hesses literarische Weiterwirkung. Jede Epoche, in der das Persönliche durch die Überbetonung des Sozialen bedroht sei, werde ihn als einen Wegbereiter für die Rettung des Privaten erkennen. Er habe stets vor der Überschätzung des Gesellschaftlichen gewarnt und die Vernichtung des Einzelnen durch das Kollektiv als unabwendbare Gefahr vorausgesehen. Darum werde er überall dort gehört werden, wo der Einzelne der Ermutigung gegenüber den nivellierenden Ansprüchen der Gesellschaft bedürfe.[92] Hierin liege für sie Hesses zukünftige Wirkung. So maß Ninon dem zeitbedingten Rückgang in der Nachfrage nach seinen Büchern keine allzu große Bedeutung zu.

Im neunten Jahrzehnt floß Hesses Leben gemessen und harmonisch dahin. Seit er sein Lebenswerk als abgeschlossen betrachtete und darum die Schädlichkeit des Glücks für den dichterischen Impuls nicht länger zu befürchten brauchte, hatte sich auch sein Verhältnis zu Ninon verändert. »Hermann, der so wahnsinnig Eigensinnige (mit Recht!) und den Eigensinn Preisende, ist so rührend, wenn er gelegentlich sich mir ›anpaßt‹, mir ›entgegenkommt‹.«[93]

Er selbst hat von sich und Ninon ein Bild überliefert, das dieses Einverständnis der späten Ehejahre wiedergibt. Im Rigi-Tagebuch von 1945[94] beschreibt er, wie sie beide auf einer Sommerwiese in Kaltbad saßen, jeder von ihnen in seine Erinnerungen versunken und doch über die magische Brücke der Dichtung bis in ferne Vergangenheit vereint. Sie blickten auf Vitznau herab, das sich tief unter ihnen in eine Bucht des Vierwaldstätter Sees schmiegte, an dessen Ufern Hesse die ersten Versuche zum Roman »Peter Camenzind« schrieb, der für Ninon zur lebensentscheidenden Begegnung mit »ihrem Dichter« führte. Einst und jetzt verschmolzen noch enger, als Ninon ihm hier aus Jean Pauls »Hesperus« vorlas, war doch für sie seit ihrer Jugend die Gestalt Jean Pauls in einer rätselhaften Zusammenschau mit Hermann Hesse vereint.

Im Rigi-Tagebuch erzählt Hesse auch, daß er Ninon für eine neue Auswahl seiner Gedichte um ihr Urteil bat. Nach einer getrennten Prüfung äußerten sie sich völlig unterschiedlich darüber, was sie für aufnahmewürdig oder entbehrlich hielten. Von ein paar Gedichten abgesehen, hatte jeder von ihnen einen eigenen Gedichtband zusammengestellt, der mit dem des anderen kaum etwas gemeinsam hatte. Das irritierte Hesse, zugleich aber beglückte ihn die Zweistimmigkeit ihrer Ehe, die sich zum harmonischen Doppelklang gesteigert hatte.

> *Liebesbriefchen*
> *eines*
> *alternden Gatten*

Späte Photos zeigen das Lächeln einer fraglosen Verbundenheit, die gegenseitige Achtung und Duldsamkeit, das Gespräch, das sich in Blick und Geste fortsetzt. Auch die späte Prosa zeugt davon. Hesse spricht darin so selbstverständlich von Ninon wie vom Rhythmus der Jahreszeiten.[95] Hans Carossa war bei einem Besuch nach dem Kriege betroffen von diesem neuen Ton des milden Gelten- und Gewährenlassens. »Ein festliches Gefühl von Freiheit war um die zwei Menschen.« Er hatte bei seinen Besuchen in den dreißiger Jahren die knisternde Spannung zwischen ihnen wahrgenommen, nun aber fand er ihr Zusammenleben »frei von Schatten und Schwere; man konnte vergessen, daß es wie jede der Kunst gewidmete Existenz seine Form von seltenen Erhebungen und vielen Überwindungen empfing«.[96]

Ninon und Hermann Hesse erlebten das fortschreitende Alter als ein immer bewußteres Aufeinanderzuleben, bei Vorlieben und Neigungen, bei den kleinen Gängen in den Garten, beim Musikhören, vor allem aber beim Lesen: »H. ist ja so herrlich beim Lesen«, schrieb Ninon Anfang März 1952 an Margrit Wassmer. »Er liest wie ein Sechzehnjähriger und zugleich wie ein Weiser – ach, alle Schichten seines Lebens sind da, wenn er liest! Und wir sind so sehr beieinander, wenn wir lesen – hie und da grunzt er zustimmend oder so wie die Franzosen ›tiens!‹ sagen würden – oder er sagt trocken: ›eben!‹ oder er lacht – oder er ist so still vor Aufpassen oder Entzücken, daß es aus ihm herausstrahlt – ich habe dafür Organe – ich fühle es und lebe es mit, und manchmal schauen wir uns an, dazwischen, in stummem Einverständnis, ablehnend oder zustimmend.«

Die heitere und verständnisvolle Zuwendung Hesses zu Ninon zeigt sich auch in den Scherzgedichten, die er ihr bis ins hohe Alter zusteckte:

> Sonne scheint durch grüne Lärchen,
> Mittagsglut lähmt den Verkehr,
> Zeichnerisch bemüht sich Herrchen,
> Und die Frau liest im Homer.
>
> *
>
> Das Leben schenkt in kleinen Döschen
> Uns was erheitert und gefällt.
> Wer hat zum Beispiel mir die Röschen
> Auf meinen Arbeitstisch gestellt?
>
> *
>
> Ein frecher Vogel fand seine Freude am Disputieren,
> Er pflegte gegen alles und jedes zu protestieren,
> Nachher in der Stille seines behaglichen Nests
> Erwog er betrübt die Folgen seines Protests.
>
> *
>
> Auf des Lebens späten Stufen
> Steht der Mensch ja doch allein.
> Darum will ich dich nicht rufen,
> Und die Post ist heut nur klein.

Wenn durch das Zimmer eine Mücke fliegt,
Sich, wenn bedroht, in jede Lücke schmiegt,
Dann sieht, wer sich zu sehr im Glücke wiegt,
Daß letzten Endes doch die Tücke siegt.

*

Dieser Wind, er sei verflucht, verpönt,
Weil er uns zwar den Tag verschönt,
Mir aber meine Frau verföhnt.

*

Sich der Lektüre weihend,
Ist Keuper kaum noch seiend,
Weilt anderswo als hier;
Denn siehe, das Gewesene,
Beziehungsweis Gelesene,
Erfüllt die Sinne ihr.

Ninon war stolz auf Kater Porphy und rühmte ihn:

Unser Porphy ist sehr nett –
In der Nähe etwas fett,
Doch in einiger Entfernig
Findet man ihn nur noch kernig.

*

Selten sind in Christen- wie in Mohrenländern
Kater mit so weißen Ohrenrändern!

Hesse fragte auf einem Zettel:

Ob es wirklich Zwerg, der Kater ist,
der so unbeherrscht am Fenster schrie?

Und Ninon antwortete im Reim:

Was Charakter noch beim Vater ist,
Ist beim Sohne Hysterie.

Als Ninon für ein paar Tage in Zürich blieb, schrieb er ihr:
»Colam Penolam Bastrangone,
So hast du denn ein paar Tage gewonnen, mögen sie dir zum Nutzen sowohl wie auch zur Freude gereichen. Denn dieser beiden Güter, so hörte ich die Weisen sagen, bedarf der Mensch, und bedarf er ihrer nicht, so steht einem Jeden das volle Recht zu, ihn unbedarft zu nennen. [...]

> Womit ich verbleibe
> Auf höherer Ebene
> Der seinem Weibe
> Gehorsamst ergebene
>   Avis Mont.«

Auch Ninon schrieb Hesse Hausbriefchen in Versform, die seinen ausgeprägten Sinn für Spott und Mutwillen ansprachen:

> Er wünscht einen Weg sich, und er hat ihn.
> Und wem verdankt er's, wenn nicht seiner Gattin?
>   *
> Am Abend wenn es acht geschlagen,
> Wird Bach und Mozart übertragen.
> Zuweilen hört man Meister Archen
> bei der Musik zufrieden schnarchen.
>   *
> Es tönen seine Lieder prächtig,
> Und dennoch ist er niederträchtig.

Im Verlauf der fünfziger Jahre gewann Ninon nach und nach mehr Zeit für sich. Hesses Zurückgezogenheit war endgültig. Er versank oft in eine schweigsame Unerreichbarkeit, hatte keine Lust mehr, das Dorf zu verlassen, und Ninon brauchte ihn nur noch selten zu begleiten. Seit 1952 entfiel die alljährliche Badener Herbstkur wegen seiner anhaltenden Herzschwäche. Hin und wieder gelang es Ninon, ein paar Tage nach Zürich zu entweichen: »Ich war sehr fleißig [...], lief früh in gestrecktem Galopp in die Zentralbibliothek, nach fünf Minuten waren drei Stunden um...«. Aber jede Abwesenheit von zu Hause erzeugte in ihr ein schlechtes Gewissen: »Ich glaube, ich kann das nicht wiederholen. Und doch sollte ich hie und da für einige Tage in die Bibliothek, um alles nachzuschlagen, was sich inzwischen ansammelt, denn ich mache eine Arbeit, und ich will und muß sie fertigmachen«.[97]

Ninon hielt sich viel in ihrem Studio auf – Hauptsache, sie war erreichbar! Hesse war gesundheitlich zäh und blieb auch als über Siebzigjähriger ein beharrlicher Gartenarbeiter, der sich nicht schonte, der ohne Zimperlichkeit Holz und Wasser schleppte, rodete und pflanzte und wie ein schwäbischer Bauer rüstig daherschritt. Wich aber die ihr so geläufige Betonung seiner zahllosen kleinen Leiden einmal müder Schweigsamkeit, zeigte er Blässe oder nur die Anzeichen einer Erkältung, so geriet Ninon in quälende Unruhe: »In gewisser Weise sind wir siamesische Zwillinge, d. h. ich bin der von ihm abhängige Zwilling, er nicht von mir: aber wenn's ihm nicht gut geht, lasse ich sofort den Kopf hängen, ganz unbewußt und von selber«, schrieb sie am 8. März 1957 ihrer Schwester.

Die gemeinsamen Spaziergänge endeten an der Dorfgrenze und später schon an der Einfriedung des eigenen Gartens. Während Ninon sich sehnsüchtig in die Ferne ausweitete, versenkte Hesse sich ins Nahe und Überschaubare, und dabei bedauerte er manchmal Ninon, »der es bei meinem allmählichen Verstummen etwas bang und einsam zumut ist«.[98] Ninon reiste fast jährlich »in mittelmeerische Gewässer«, wie Hesse es ausdrückte; dann vertraten sie nach weitgreifenden Vorbereitungen seine Söhne.

Hesse hingegen bangte jedesmal voll Unmut, Ninon werde sich auf ihrer Reise »wieder tüchtig kaputt machen. Ich sehe es ungern, aber da ich ihr nichts mehr zu bieten habe und sie ohnehin stets nur widerwillig hier gelebt hat, muß ich sie fliegen lassen, solang sie kann«, schrieb er im Februar 1955 an Peter Suhrkamp.

Ninon bemerkte dazu später: »Ich kann nur dort in Ferien sein, wo ich arbeiten kann; d. h. in Museen und Bibliotheken gehen. [...] Das ist *mein* ›Erholungsstil‹ immer gewesen; mein Mann kannte das, lächelte, drohte ein bißchen: ›Mach dich nicht kaputt! Sei nicht töricht!‹, – aber ich war töricht, und eigentlich gefiel es ihm dann doch – und ich schrieb ihm ganz lange Briefe und sah alles wie ›für ihn‹ an – um es *ihm* zu erzählen, zu beschreiben. Das liebte er sehr«.[99] Das bezeugt auch Hans Carossa, der Hesse einmal besuchte und dabei Ninon im Augenblick der Rückkehr von einem Studienaufenthalt erlebte: »Einer Biene gleich trug die Unermüdliche den Honigseim neuer Erkenntnis aus wenig erforschten Gebieten der antiken Welt dem Dichter zu«.[100]

Ninon hat in ihren Reisebriefen all ihre Erlebnisse wie in einem Strahlenbündel auf Hesse gerichtet. So trug sie den Atem der Weite und das Glück ihrer Freiheit in seine eingefriedete Alterswelt.

Hesses Antworten waren behutsame Huldigungen an Ninon. Ein mildes Gelten- und Gewährenlassen bestimmte den Grundton seiner Briefe. »Alle lassen grüßen, auch Porphy, dem ich von Dir erzählte. [...] Ich wünsche Dir erfüllte und gute Tage. Herzlich küßt

Dich...«,[101] und er zeichnete einen kleinen Vogel unter seinen Brief. Er schilderte, was für ihn voller Bedeutung war: den Föhn und die Wolkenzüge, das Treiben des Katers Porphy, den Laubfall in der herbstlichen Landschaft oder eine riesige Rauchwolke am gegenüberliegenden Berg, dem San Salvatore, und die züngelnden Flammen am nachtdunklen Grat. Er erzählte ihr vom Köhlern und von seiner geliebten Gartenarbeit: »Die Amaryllis ist jetzt fort. Die hellrosa Hyazinthe wird wohl morgen abgeschnitten werden müssen, aber die zweite kleinere Blüte wirst Du wohl noch vorfinden. [...] Ich hoffe, du habest es schön gehabt und habest überhaupt dies und jenes, was Dir hier fehlt. Addio, ich denke an Dich, Vogel«.[102]

Wenn Ninon müde und glücklich in ihr Hotel zurückkehrte und dort Hesses Briefe vorfand, durchzog sie ein zwiespältiges Sehnen, das Heimweh nach seiner Bücher- und Gartenwelt und zugleich die Überzeugung, daß sie hier in Griechenland ihre geistige Heimat gefunden hatte, in die sie immer wieder zurückkehren würde und der sie es verdankte, gegenüber Hesses machtvoller Persönlichkeit von eigenem Gewicht zu sein. Diese Landschaft bestätigte sie in ihren innersten Kräften und verschaffte ihr jene Sicherheit und Beharrung, ohne die sie Hesse keine Stütze gewesen wäre, sondern allenfalls sein Trabant – ein Anhängsel, das allein aus seiner Zuwendung gelebt und ihn dadurch belastet hätte. Sie empfand beim Lesen seiner Grüße die gleiche erregte Erschöpfung wie zu Hause, ständig zwischen zwei Lebenshälften hin und her zu gleiten, noch eingefangen in den Vorstellungskreis Griechenland und schon wieder hineingerufen in die Pflichten der Dichtergefährtin.

Hesse hingegen entnahm ihren Briefen, wie weltgeöffnet sie war. In ihren Schilderungen wehte die Frische der gischtschäumenden Küsten der Ägäis, leuchteten die blendenden Lichtstürze der Kykladen, lockte das feuchtdunkle Geheimnis der orakelspendenden Erdhöhlen Thessaliens. Er begleitete sie in Gedanken auf dem Seeweg der Argonauten, hörte mit ihr die schwingende Stille der Hochebene Kretas und atmete wie sie den kräuter- und blütengesättigten Duft der Bergeinsamkeit Arkadiens. Er freute sich dabei über ihre »Beschäftigung mit Griechischem«, deren Ernst und Zielstrebigkeit er ebenso bewunderte wie den Fleiß, mit dem sie – fast sechzigjährig – erfolgreich Neugriechisch lernte, um mit ihrem Sehnsuchtsland noch vertrauter zu werden. Obwohl ihm ihre

Abwesenheit höchst unbequem war, ermöglichte er, daß ihr altgriechisches Quellenstudium in das Landschaftserlebnis einmündete. Er fühlte sich zeitlebens dem ostasiatischen Geist verwandt; für Ninon war das Archaisch-Griechische ein Tor zur Freiheit geworden.

Die einzige Bedrohung ihres von gegenseitiger Anteilnahme und zärtlichem Respekt getragenen Miteinanders wurde Hesses Alter. Als sein achtzigster Geburtstag bevorstand, geriet Ninon in panische Angst. Sie dachte mit Scheu und Widerwillen an einen neuen Besucherstrom, den keine Bitte um Schonung fernhielt, und schrieb am 25. März 1957 an ihre Schwester: »Ich graule mich fürchterlich. Man stiehlt und stiehlt uns die Zeit, tagaus, tagein, es hört nicht auf: Und wieviel Zeit haben wir denn noch? Kriege vor der Tür – und Hermann 80 Jahre alt – und 61 ist ja auch ein hübsches Alter – warum kann man seine letzten paar Jahre nicht in Frieden und Einsamkeit verbringen und sich mit dem beschäftigen, was einem teuer und wichtig ist?« Unter dem Alpdruck des Jubiläums entwarf sie Fluchtpläne. Wie wäre es, wenn sie beide für sechs Wochen einfach verschwänden? Etwa »auf einem Frachtdampfer nach Brasilien oder sonstwo hin und zurück – ohne auszusteigen! Einfach sechs Wochen unterwegs und unerreichbar.« Doch der Plan wurde nur einen Tag alt, »dann sagte Hesse, er käme niemals auch nur bis zum Hafen, und ein Bett in einer Kajüte sei so schmal –– und in Buenos Aires möchte er nicht begraben werden, das würde nicht zu ihm passen – kurz, wir bleiben in Montagnola«.[103] Hesse schrieb seinen Freunden, er veranstalte nichts, »ich muß Ninon vor jeder Mehrbelastung sorgfältig bewahren«.[104]

Aber die neue Flut von Ehrungen und Glückwünschen wälzte sich schon auf sie zu. Angeregt durch die allerorts angekündigten Gedenk-Veranstaltungen, deren Höhepunkte in der Rede Martin Bubers in der Stuttgarter Liederhalle und in einer ersten Hesse-Ausstellung des Schiller-Nationalmuseums in Marbach zu erwarten waren, würden sich auch die privaten Gratulationen ins Unabsehbare vermehren. Ninon stellte für sechs Wochen eine Hilfskraft ein, da sie und Hesse allein die vielen Besucher nicht empfangen oder abweisen konnten: »Ich habe es satt, mich und ihn tausendmal zu entschuldigen, ich mag einfach nicht mehr! *Wir* haben die vielen Leute ja nicht gerufen – und dann stehn sie da und ich muß mich entschuldigen dafür, daß ›nur ich‹ sie empfange – während ich tausendmal lieber etwas Vernünftiges täte«.[105]

Ninon mietete ein Taxi und entwich mit Hesse aus der Unruhe und dem Durcheinander der mit Post- und Blumensendungen verstopften Flure und Zimmer nach Ambri-Piotta am Gotthard, wo sie den Festtag mit Hesses Söhnen, Schwiegertöchtern und Enkeln geruhsam in einem gediegenen alten Tessiner Landgasthaus verbrachten.

Zehn Tage nach dem Geburtstag brach Ninon vor Überanstrengung in der Sommerhitze zusammen. Die Sekretärin, mit deren Hilfe sie sich zu dritt mühsam durch die Unmenge von Gratulationen hindurchgekämpft hatten, mußte plötzlich abreisen, und noch immer waren mehr als 1000 Briefe ungeöffnet und ungelesen. Auch die Zudringlichkeit der Besucher wuchs mit dem Sommer wieder an. Ninons Widerwillen gegen die Überfälle von Neugierigen, die keine Bitte um Schonung fernhielt, wuchs bis zu körperlicher Pein. Gehetzt und überlastet bat sie Hesse, die von ihr betreuten Auslandsrechte zum Ende des Jahres 1957 dem Suhrkamp-Verlag zu übertragen, und, besorgt um ihre Gesundheit, stimmte er zu. Hin und wieder fühlte sie bedrohlich ihr Alter, aber weniger als physische Schwäche, eher als innere Mahnung an das, was sie von ihren begonnenen Arbeiten noch nicht fertiggestellt hatte und was ihr ein inneres Bedürfnis war, eine Studie über Hera, die schwesterliche Gemahlin des Zeus. Breit gestreut war auch ihre eigene Korrespondenz. Daneben las sie unentwegt und notierte jedes gelesene Buch – oft fügte sie eine knappe Inhaltsangabe und Beurteilung an; seit 1927 hatte sie auf diese Weise 4863 Buchtitel erfaßt. Niemals hat Ninon über ein Zuviel an Arbeit geklagt, nur darüber, daß ihr zu wenig störungsfreie Zeit für die Niederschrift ihrer eigenen archäologischen Forschungsergebnisse blieb.

Das Ende des Lebens wurde absehbar, der Abschied trat in den Bereich des täglich Möglichen. In einer Stimmung von Entkräftung und Resignation schickte sie Lilly am 5. Mai 1958 ihr Testament. »Damit Du nicht unvorbereitet bist: Ich habe seit vielen Monaten oft sehr deutlich das Gefühl, meine Zeit ist abgelaufen. Wenn sich das auf irgendein Organ beziehen würde, wäre ich glücklich, es anpacken zu können. Aber es ist kein einzelnes Organ – es sind, so kommt es mir vor, alle Organe. Weißt Du, genau wie ein altes Haus: Die Schlösser sind rostig, die Tapeten fallen ab, die

Mauern sind bröcklig, die Fenster und Türen schließen schlecht, die Leitungen sind kaputt. Es ist alles alt und verbraucht. Und die Medizin kann ja nur helfen, wenn sie ein Indiz hat. Gegen ›Altern‹ kann sie nicht helfen.

Aber noch mehr als den körperlichen Kräfteschwund befürchtete sie eine altersmäßige Einschränkung ihrer Lern- und Merkfähigkeit. Aus Entsetzen, mit der begonnenen Hera-Arbeit vielleicht nie mehr fertig zu werden, begann sie, eine mögliche Vergeßlichkeit mit Denkübungen zu bekämpfen. »Ich habe mir das Altern so naiv vorgestellt, nun ja, man bekommt graue Haare, viele Runzeln im Gesicht und am Hals – warum nicht? – die Zeit von ›Jung-und-schön-sein‹ muß einmal vorüber sein usw. Aber ›nicht jung‹ und ›nicht schön‹-sein, das ist das wenigste! Das Schreckliche ist, daß man auch geistig nachläßt – das Gehör läßt nach, das Gesicht läßt nach, das Fingerspitzengefühl läßt nach und vor allem – das ist mir das Entsetzlichste – das Gedächtnis! Das ›Griechische‹ (um den ganzen Komplex mit *einem* Namen zu benennen) funktioniert bei mir noch einigermaßen, jedenfalls etwas besser als das andre. [...] Es kommt natürlich auch zum Teil davon, daß ich ja selten Gelegenheit habe, zu sprechen. H. ist nicht ›unterhaltend‹, ich spreche mit den Mädchen das Notwendigste und im Grunde immer das Gleiche – Porphy ist auch kein Gesprächspartner – kein Wunder, wenn man das Sprechen nach und nach verlernt. Ach, und Vokabeln vergesse ich, die ich *eben gelernt* habe – das ärgert mich maßlos! Aber ich gebe nicht nach. Ich versuche, das Gedächtnis zu trainieren.«

Weihnachten 1961, 66 Jahre alt, fühlte sie sich wieder einmal durch Hesses Verehrerpost tief erschöpft und abgekämpft: »Die ›schönen‹ Papiere und bunten Bändchen machen mich krank – und all das unnütze Zeug auswickeln – um es dann wieder einzuwickeln und weiterzugeben – nicht ohne sich zuvor bedankt zu haben – ich habe keine Geduld mehr dafür. Das Leben geht zu Ende, und *damit* hat man es verbracht«.[106]

Das Unerledigte verfolgte sie, stieg nachts in ihren Träumen auf. Sie sehnte sich oft nach Griechenland. Aber auch überall dort fühlte sie sich von der »Heimat des Geistes« umfangen, wo sie bei der Aneignung ihres Wissens über die griechische Götter- und Gedankenwelt schon das Vorausglück ihrer späteren Reisen zu den Stätten des mythischen Geschehens empfand. Die Züricher Zentralbibliothek war solch ein Ort, wo ihr beim angespannten Lesen und Nachschlagen die Stunden wie Minuten verflogen: »Wenn ich morgens hinkomme und meinen Schlüssel ins Schloß stecke und eintrete und alle Bücher sehe und meinen Arbeitsplatz, der auf mich wartet – dann halte ich einen Moment inne und fühle es ganz genau: Ich bin glücklich. Dieser Augenblick dauert manchmal sehr lange.«

Zehntes Kapitel

Spiegelungen

Dionysos – Apollon – Hera

> Wenn ich nicht »Jüdin aus der Bukowina«
> wäre, – in abgelebten Zeiten war ich in
> Griechenland zu Hause!
>
> Wie geht uns doch am meisten die Erde an!

»Ich wurde geboren, als ich einundvierzig Jahre alt war«, so umriß Ninon ihr »Erweckungserlebnis Griechenland«. Es veränderte ihr Leben von Grund auf und machte alte Wertungen und Gewohnheiten vergessen. Auf ihrer ersten Griechenlandreise im Jahre 1937 hatte sie eine Landschaft kennengelernt, die ihrem innersten Verlangen entsprach.

Von da an verlief ihr Leben doppelspurig. Die von ihrem Ehe-Alltag abgelöste »griechische Sphäre« wurde zu einer Lebenshälfte, die ihr allein gehörte und aus der sie die Kraft bezog, die sie für das Zusammenleben mit Hermann Hesse brauchte.

Wenn sie ihre Pflichten als Dichtergefährtin erfüllt hatte, widmete sie sich der Neigung: den Geist des Griechentums zu erfassen, mehr noch – sich ihm nach-denkend anzuverwandeln. Dadurch erhielt ihr Leben einen zweiten Schwerpunkt, der auch die Gewichtungen im Dialog mit Hermann Hesse verschob. Sie trug ihm zu, was sie durch Reisen und Studium erfahren hatte, und so mündete der Weg, der sie scheinbar von ihm fortführte, wieder mitten hinein in seine Welt.

Was immer Ninon zum Thema wählte, sie beschäftigte sich mit dem, was sie selbst anging. »Doch wir bespiegeln ja uns immer selbst in allem, was wir hervorbrachten«, dieses Goethe-Wort aus »Wilhelm Meisters Wanderjahren«[1] stellte sie ihrem Rom-Tagebuch als Motto voran. Indem sie das »Griechische« zu erfassen suchte, entdeckte sie einen bisher verborgenen Teil ihres eigenen Wesens. Auch in diesem Sinne erwies sich ihr Weg in die antike Mythologie, der durch umfangreiche Aufzeichnungen in Briefen, Reisetagebüchern und wissenschaftlichen Arbeiten belegt ist, zugleich als ein Weg zu Hermann Hesse, denn sie sah sich stets eingebunden in die Gemeinschaft mit ihm.

Wenn sie drei griechischen Göttern, Dionysos, Apollon und Hera, wie Leitsternen vertraute und jedem von ihnen länger als ein Jahrzehnt suchend und fragend zugewandt blieb, dann erhoffte sie Antworten, die für ihr Leben an der Seite Hermann Hesses wegweisend waren. Dionysos, Apoll und Hera bedeuteten für Ninon drei Teilaspekte der Welt, drei Arten, sich zu Menschen zu verhalten, drei Wege, das Leben zu bestehen. Ninons Hang zu den leitbildhaften Gestalten der Literatur wurde seit ihren Reisen in den Süden von dem Versuch abgelöst, sich und ihre Ehe unter dem Zeichen der antiken Götter zu deuten. Die dionysische Gefühlsseligkeit ihrer Ariadne-Zeit mündete ein in die maßvolle und beherrschte Haltung einer Freund-Gattin im Geiste des Apoll. Als Hera, die eigenwillige Gefährtin des höchsten griechischen Gottes, Zeus' Schwester-Gemahlin, Ninons richtungsweisende Göttin wurde, verwandelte sie sich in Hesses Beschützerin und Platzhalterin – auch über seinen Tod hinaus.

Während ihrer einsamen Hochzeitsreise 1931 streifte Ninon trübsinnig durch das novemberliche Rom. Im Vatikanischen Museum aber blühte sie auf: im steinernen Bildnis der Ariadne erkannte sie sich wie in einem Spiegelbild. Weltabgekehrt lag sie da, von der Liebe besiegt, vertrauend und wehrlos im Schlaf.[2] »Ariadne – Andeutung der Ähnlichkeit des Schicksals: Von Theseus verlassen (Reinhold). Sie ist für Dionysos bereit«.[3] Und an anderer Stelle: »Ich kann nicht sagen, was mir diese Ariadne bedeutet. Sie ist in mich, ich bin in sie geflossen, ihr Leben ist meins. Keineswegs ist es die Sage von Ariadne, die mich gefesselt hat – ich bin nicht auf rationalem Weg zu ihr gekommen. Eines Tages habe ich sie gesehen: Da strömte Leben in den Stein, und mir schien, als atmete er: da strömte ihr Sein in mich, und mir war, als würde ich Stein«.[4]

Immer wenn sie in Rom war, verweilte sie lange vor diesem Bildnis, als könne sie das angstfreie, schlafwandlerische Vertrauen, in dem die göttliche Geliebte sich preisgab, durch intensives Anschauen auf sich übertragen. Was sie bezauberte, war das Gelöste und Entkrampfte einer Frau, die, hingegeben an das eigene Gefühl, niemandes mehr bedurfte: »Ihre Hand ist das Kissen, auf dem sie ruht, ihr Arm das Dach, das sie schützt. Die Augen sind geschlossen, die Lippen halb geöffnet: sich selbst genug, in sich selbst versunken«.[5]

Im Mythos der Ariadne wurde ihr das Dionysische vertraut, wie

Nietzsche es im Anschluß an Schopenhauer deutete, als er die dunkle, orgiastische Seite des Griechentums hervorkehrte und in den Gegensatz zum Apollinisch-Maßvollen, Lichten der olympischen Götterwelt stellte: als entgrenzend, lustvoll, formauflösend, enthusiastisch.[6] Ninon empfand Dionysos in den Jahren ihrer Doppelbindung an Dolbin und Hesse als einen ihr gemäßen Gott, weil bei ihm Instinkt, Intuition und Gefühl über das Trennende und Moralisch-Wertende des Verstandes triumphierten. Sie ersehnte den Lebensrausch. Als sie 1927 in Hesses Nähe zog, wollte sie jedes kleinliche Streben nach Sicherheit und Durchschnittsbehagen aufgeben, das – wie sie es mit Nietzsches Worten nannte – »grüne Weideglück der Menge«, um dadurch die Daseinsfülle zu erfahren, die das Leben nur dem in seiner Unmittelbarkeit schenkt, der sich nicht ängstlich bewahrt und abschirmt. Es entsprach Ninons hochgestimmtem Wesen, sich vor einer Erstarrung in Fühllosigkeit mehr zu fürchten als vor Unglück und Verzweiflung.

In der idyllischen Begrenzung von Montagnola und neben Hesses ichgenügsamer Askese fürchtete sie jedoch in ihrer Bereitschaft zu großen Gefühlen, von der »Urfülle der Welt« abgeschnitten zu werden. Im Zeichen der Ariadne reiste sie, und Ariadne nannte sie sich in ihren autobiographischen Reisetagebüchern. Diese Ariadne-Ninon war reine Hingabe, nichts als empfangende Passivität, eine gefühlsselige Jasagerin zu Schmerz und Lust. »Ich kam ganz dionysisch nach Hause – nicht berauscht heißt das –, aber für alle Tiefen und Höhen, Freuden und Schmerzen geöffnet.« Das gleiche Verströmen schenkte ihr die Musik. »Oh, keine Lieder, laß mich im Unnennbaren ganz versinken«, lautet die Zeile eines Gedichtes aus ihrer Ariadne-Zeit. Nach einem Konzert schrieb sie: »Ich dachte, als ich schmerzlich-selig hingegeben lauschte (besonders im Finale ist eine Stelle, die mich fast zerriß!), wie ich immer dort Heimat fühle, wo Fremde ist, und dort, wo ich ›zu Hause‹ bin, bin ich fremd und allein. Ah – untertauchen in den Strom, unbekannt seine Straße ziehen. O Einsamkeit!«[7]

Das Ariadne-Dasein bedeutete für sie mehr als ein tatsächliches Unterwegssein, es war zugleich ein Loslösen vom überfremdenden Einfluß Hesses, ein beruhigendes Bei-sich-selbst-Sein. Seit Dolbin sie verließ, hatte sie ein stets auf Abschied und Abstand drängendes Reiseleben als Möglichkeit erkannt, im eigenen Innern Geborgenheit zu finden.

Das Reisen schenkte Ninon auch ein ständiges Fortbewegen in

geistigem Sinne, ein immerwährendes Sich-Ausweiten und Lernen, ein freies Schweifen in Künsten und Wissenschaften. Dabei fiel ihr auf, *wie* gefühlsbetont sie wertete. Sie untersuchte ihre »Fähigkeit zur Beobachtung, beziehungsweise meinen Mangel daran; ich möchte ergriffen werden!« Zu Kunst-Besichtigungen sonderte sie sich ab. Schon die Saalhüter in den Museen störten sie, und ein geräuschvolles Hantieren mit dem Schlüsselbund hat bei ihr mehr als einen Zornesausbruch hervorgerufen. Vor allem aber haßte sie, wenn ihr jemand indiskret ins Gesicht starrte, während sie sich einem Bild, einer Statue »hingab«. Sie notierte im Februar 1935: »Ich hasse es, in Augenblicken gesehen zu werden, in denen ich sehe. [...] Sehen ist ein geistiges Geschehen und zugleich ein erotischer Zustand, und jeder Dritte dabei wird zum Voyeur«.[8]

Sich selbst erfahrend, wollte sie auf Reisen dahinschweben zwischen Städten, Kirchen, Museen, zwischen überall und nirgends. Sie scheute klar umrissene Reiseziele, sie ließ sich treiben. Der Reiseweg wurde zum Selbstzweck, zur Schein-Heimat im Genuß der Ferne. Sie haßte Flugreisen, die nicht zuließen, daß man das Unterwegssein auskostete. Hingegen lockten sie lange Eisenbahnfahrten oder das Dahingleiten auf dem Meer, wenn das Schiff so gemächlich die Wellen durchpflügte, als habe es keine Eile, irgendwo anzukommen. Das Ariadne-Leben war für sie ein »gehobenes Nomadenleben«; es verlief in der ständigen Bereitschaft, sich Neuem aufzuschließen. »Es strengt mich an, meine Gefühle zu bewahren, wenn ich reise. Ich fühle, wie ich mich entferne (vom Geliebten), mit jeder Minute mehr. Zugleich bin ich ganz im Neuen, bereit, den neuen Eindrücken mich hinzugeben, und beschäftigt, an dem Faden zu spinnen, der zu A.[riadne] führt. Ich brauche unterwegs Kraft, um nicht mehr zu lieben als sonst, sondern nur gleich viel«.[9]

Man muß Ninons dionysische Reiselust der dreißiger Jahre als einen emphatischen Erlebnisdrang vor dem Hintergrund ihres festgefügten Tagesablaufs in Montagnola sehen. Dem Ausatmen mußte das Einatmen folgen, dem Hunger die Sättigung. Auf Reisen lebte sie ihren Wunsch nach grenzensprengender Hingabe aus, in Montagnola übte sie strenge Selbstbewahrung in der Distanz zu Hesses Leid- und Arbeitssphäre. Hier möchte sie eintauchen in die Fülle der Begegnungen, dort ertrug sie die Einsamkeit im ungeliebten Dorf und neben dem in sein Alterswerk versunkenen Dichter. Hier vergewisserte sie sich ihrer ungebrochenen Empfindsamkeit, dort zog sie sich zurück hinter gläserne Trennwände. Hier ersehnte sie das erotische Ineinanderfließen mit den Kunstwerken, dort übte sie die ständige Selbstrücknahme im Gefühl. Hier das Entzücken der Selbstausweitung, dort die Disziplin der geduldigen Zuarbeit. Hier Überschwang und Freiheit, dort starre Regelhaftigkeit eines pedantisch eingeteilten Alltags. Hier die Lust der Selbstsuche, dort die schweigende Anpassung an die Bedürfnisse des gegen Außenstörungen empfindlichen Dichters.

Auf diesen Reisen im Geiste des Dionysos suchte Ninon in erster Linie das Kunst*erlebnis*. Es gewährte ihr Andacht und Selbstbegegnung zugleich: »Mir stockt manchmal der Herzschlag, wenn ich auf etwas Herrliches zugehe und weiß, daß ich nicht wert bin, es zu betreten.« Sie fragte furchtsam: »Werde ich mich bewähren?« und vermerkte manchmal nach solcher Selbstprüfung mit Verdrossenheit: »Heute war ich noch unwürdig.« Angesichts der Erechtheion-Kore im Britischen Museum sann sie: »Gedacht, so müßte man sein, wie sie: so sein Leiden, sein Schicksal tragen – aufrecht ungebeugt, schwellend, kraftvoll«.[10] Überall brachte sie sich selbst ein. So bemerkte sie in ihren Rom-Notizen 1934, eine Porträtstatue »gleicht der Matidia, der Gattin Hadrians, die mich sehr interessiert. Sie sieht schön, zart, leidend und gänzlich unerotisch aus. Ihre Mutter, Marciana, die Schwester Trajans, sieht viel frischer aus; die konnte zupacken, wenn es nötig war, denkt man. Ach, arme Matidia!« Angesichts des Bassai-Frieses im Britischen Museum, der Amazonenkämpfe und den Streit zwischen Lapithen und Kentauren darstellt, schrieb sie: »Die Frauen jammern und streben zu enteilen – aber ob sie nicht im Grunde auch befriedigt wären, von diesen wilden, inbrünstig sie begehrenden Männer-Tieren geraubt zu werden?«[11]

Ninon saß stundenlang in den Museen und fertigte wie in ihrer Studienzeit schulgerechte Bildbeschreibungen an. Dabei ging sie liebevoll den einzelnen Zügen eines Bildnisses nach, einem Augenschlitz, einer aufgestülpten Nase, einer Gewanddrapierung, einem Schlagschatten oder stimmungsgetragenen Gesten. Sie bezog den Bildinhalt stets auf sich. »Kraft macht gütig, darum liebe ich Herkules«, sann sie vor den Metopen des Zeustempels in Olympia.[12] An der Wirkung, die ein Kunstwerk auf sie ausübte, prüfte sie die Aussagekraft des Künstlers. »Was ging in jenen Illuminatoren vor, die das B von Beatus in blau-grünen, rot-weiß-gefärbten konzentrischen Bandverschlingungen aufzeichneten? Ging überhaupt etwas in ihnen vor? Kopierten sie nicht nur fromm und leidenschaftslos irgendein Vorbild? Man möchte es es sich so gern denken als einen Überschwang, als ein Berauschtsein von Gottes Wort, vom Wort, vom Logos. [...] Ich habe keinen Zugang zu ihnen, ich grüße sie aus der Ferne.« Für handwerkliche Biederkeit hatte sie überhaupt kein Verständnis, sie verlangte vom Künstler Erhebung und Entzücken. Diese Ergriffenheit fand sie bei den Venezianern, »eine heitere und weltabgelöste Insichversunkenheit des Ausdrucks [...] die zaubrische Farbe umhüllt die Figuren, schützt sie vor der Welt. So sind sie sich selbst genug, schauen in sich oder in die Ferne«.[13]

Aber das »Ariadne-Leben« verrann mit dem Augenblick. Es bedeutete ein unaufhaltsames Vorübergehen, Loslassen, Entgleiten. Ninon erschrak, wenn ihr das rückstandlose Wegfließen eines eben noch gegenwärtigen Erlebnisses bewußt wurde. »Während ich noch die schlafende Erinye ansehe, sehne ich mich schon nach ihr, als wäre dieser Augenblick schon vorbei«, klagte sie. Nichts *Empfundenes* war wiederholbar! Das Malerisch-Verschwommene ihres Ariadne-Treibens, sein geschmäckerlisches Überall und Nirgends wurde ihr zum ersten Male angesichts der antiken Steinplastik im Thermenmuseum von Rom verdächtig.

Im steinernen Bildnis offenbarte sich ihr das Geheimnis der Dauer – kühle, feste Standhaftigkeit. »Vielleicht sehnte ich mich deshalb plötzlich danach, Stein geworden zu sein, auf meinem eigenen Grabmal liegend, den Griffel in der Hand, sinnend, schreibend. [...] Fange das Fließen! Die Bildhauer haben das getan, was wir uns wünschen, die Zeit festgehalten«, sie fanden im Stein den beständigsten Zeugen.[14]

Daß sie sich bisher in das Farbig-Flächige der Malerei hineingeträumt hatte, lag nun wie ein Unterdessen hinter ihr. Angesichts der antiken Skulpturen wollte sie *begreifen*. Im Britischen Museum notierte sie 1935: »Der Weg vom Fühlen zum Erkennen – hier finde ich ihn.« Daß der Weg zum Geist über das Sichtbare, Tastbare – über die Körperwelt führt, zog sie zu den Statuen. Das Auge war das Tor zum Übersinnlichen, das in der griechischen Plastik Gestalt gewonnen hatte.

Sie wurde gefaßt und ruhig vor der mediterranen Klarheit steinerner Linien. Es verlangte sie nach festen Konturen – das galt für Kunst und Leben gleichermaßen. »Skulptur ist in feste Form gebanntes Leben«, schrieb sie 1936 in ihr Tagebuch, »man kann das Leben nur durch die gegebene Form erkennen. Das gilt überhaupt.« Sie versicherte Hesse, daß sie das Geistige nur in einer *Gestalt* erfassen könne: »Das Intellektuelle spielt sich vorher ab – ich sehe das geistig Erarbeitete ganz sinnlich – es ist wie ein Funken, der zündet«.[15] *Erkennen* hieß für sie *Erschauen*.

Ariadne, die mit geschlossenen Augen in der gefälligen Draperie eines sie zärtlich umhüllenden und abwehrenden Mantels dalag, nach innen gekehrt und sich selbst genug – dieser Leitstern Ninons versank, und Apollon stieg auf, der die klassische griechische Götterwelt am reinsten verkörpert. Er war der nach außen gewandte, gebieterisch ausschreitende Gott, der Ninon zuerst in dem Typ des »Kasseler Apoll« begegnete, einer Kopie der 450 vor Chr. vielleicht von Pheidias, dem größten griechischen Bildhauer, geschaffenen Statue. Seine marmorkühle, ehrfurchtgebietende Gestalt ließ Ninons Jugendtraum von weißen Göttern und Tempeln wieder aufsteigen und nährte zunächst wieder ihren alten Hang zur Feierlichkeit, wenn vom »edlen Griechentum« die Rede war. Sie hatte das klassizistische Bildungsideal der spätbürgerlichen Gesellschaft fest in sich verankert, die sich an der klassischen Antike erbauen wollte, um sich selbst zu veredeln. Da das Schöne für diese Generation zugleich das Gute bedeutet hatte, wurde die Kunstbetrachtung für sie zu einem weihevollen Dienst: »Ich will auf dem Boden knien und demütig sein – ich will mich strebend bemühen«, schrieb Ninon in diesem Sinn noch im Oktober 1933 an Hesse. »Im übrigen bin ich der Ansicht, daß schwere Strafen auf den Besuch von Museen und Galerien ausgesetzt werden sollten, [...] Prüfungen und Vorbereitungszeiten (wieder meine ich nicht intellektuelle) – nun, ich meine mit einem Wort, nur Morgenlandfahrer dürften hinein.« Das Museum als säkularisierter Tempel sollte ihrer Meinung nach nur denen zugänglich sein, die mit Ehrfurcht einträten, nicht aber der »Meute« von Touristen, die ihre Herzen nicht erheben könnten.

Diese ästhetische Religion kostete sie große körperliche Anstrengungen: ihre Briefe an Hesse glichen Rechenschaftsberichten über das erreichte Bildungspensum. »Man muß doch auch Pflichten erfüllen, wenn man reist, sagte ich mir, und kann nicht nur dem Vergnügen leben!«[16] Für sie hatte die Kunst der Klassik noch den Modellcharakter, den ihr Winckelmanns Definition von der »edlen Einfalt, stillen Größe« für ein ganzes Jahrhundert verliehen hatte und der Ninon im Elternhaus ebenso wie im Wiener Kunststudium vermittelt worden war. Ihr Lehrer, Professor Emanuel

Loewy,[17] ließ im Sinne des weithin verehrten Wilamowitz-Moellendorff[18] die heilige Flamme des Griechentums leuchten und rühmte das Einmalige, Vollendete in der gelassenen Hoheit der griechischen Statuen. Ganz Europa lebte damals in der geistigen Ausstrahlung der griechischen Klassik; Dichter, Baumeister, Fürsten und Bürger ließen sich vom Vorbild des wiederauferstandenen Formenschatzes leiten. Die Städte waren antikisch, Wien und auch Czernowitz. Es war Ninon so eindringlich gelehrt worden, daß im Klassizismus die Werte einer höheren Welt zurückgewonnen worden seien, daß sie sich in geradezu sakralem Ernst den Originalen zuwandte, was – wie Hesse hervorhob – den Entdeckern der Antike, Winckelmann, Goethe, Burckhardt, selbst nie zuteil geworden war.

Aber dieses idealistische Bildungsstreben ihrer frühen Reisen mündete nun ein in unfeierliches Erkunden und in wissenschaftlichen Ernst. Ihr Weg von Dionysos zu Apoll war zugleich ein Weg von schöngeistigem Kunstgenuß zu selbstenthaltsamer philologischer Forschung, vom hemmungslosen Kult des Erlebens zu nüchternem Erkennen. Ihr verändertes Verhältnis zur Kunst spiegelt sich ebenso in ihrer persönlichen Entwicklung wie in ihrer Einstellung zu Hermann Hesse und seiner Dichtung. Sie teilte Hesse beziehungsreich mit, daß sie das »Un-holde« suche, das Unverschönte, wovon kein Anruf an die Empfindungen des Beschauers ausgehe. Weit sei sie abgerückt von klassizistischem Feierklang, von den eleusinischen Visionen, wie Schiller sie in seinem Gedicht »Die Götter Griechenlands« beschworen hatte: »Ärgerte mich über Schiller, als ich eine Vase ›Hektors Abschied von Andromache‹ sah – wie hat sich Schiller mit seinem schrecklichen Pathos für Jahre und Jahre zwischen einen und all dies Herrliche gestellt! Er kann nichts dafür, nein. Aber ich kann ihn nicht ausstehen!«[19] Die hellenistische Kunst sei ihr zuwider, das Übersteigerte des Ausdrucks, die aufdringliche Verwirrung im Emphatischen. Aber auch die Wohlgestalt der klassischen Denkmäler sei ihr verdächtig, sie mache es dem Betrachter zu leicht, weil sie ins Gefällige abgleite. Der »Gott aus dem Meer« vom Kap Artemision sei eine Angelegenheit für Schullehrer, der »Apoll von Belvedere« sei ihr zu geleckt. Auch der Kopf der »Juno Ludovisi« sage ihr wenig, und Goethe sei so begeistert davon gewesen! »Trauernde Athene« als Name für das frühklassische Relief im Akropolismuseum sei eine »romantisch-törichte Bezeichnung«.

Ninons Briefe an Hesse spiegeln sehr genau den Übergang ihres dionysisch-planlosen Schweifens und Schwelgens zur apollinischen Augenklarheit und forschenden Genauigkeit. »Wieder gesehen, wie sinnlos das bloß ästhetische oder sentimentale Schauen ist. Ich habe es mir bisweilen, wenn ich sonst schon ermüdet war, gestattet, wie ich mich ja überhaupt zu nichts zwang. Aber die kleinste Konstatierung eines Details – Fugen für eine Tür – abgeschrägte Kanten von Steinen, Säulen oder Altar – oder Standbilderfundamente – macht alles so ungleich lebendiger und wirklicher – wie jedes Erkennen an sich beglückend ist.«

Jeder Rückfall in das verschwärmte Genießen von einst war ihr nun verhaßt. Das brachte sie in Schwierigkeiten bei der Abfassung ihrer Reisetagebücher, die ja zunächst als Spiegelungen ihrer stimmungsbezogenen Eindrücke geplant waren. Wieviel Subjektivität durfte sie einbringen, wenn sie die neugewonnenen Erkenntnisse ordnen und das Tagebuch dennoch nicht so langweilig wie einen Polizeibericht abfassen wollte? »Ich muß meinen Stil erst finden – keinesfalls will ich nur Tatsachen berichten. Dazu habe ich mein Ausgabenbuch, das zugleich Tagebuch ist und wo es genau steht: ›Autobus Vatikan 0,70 l[ire] oder Tram nach Monreale am soundsovielten. [...] Am liebsten schriebe ich nur, wie alles sich in mir spiegelte, wie ich es erlebte, fühlte, sah, was ich dachte, wonach ich strebte, mich sehnte, was mich erfüllte«.[20] Ninons Reisetagebücher verraten ihren Zwiespalt, sie wirken oft, wie sie selbst beklagte, »lehrhaft und langweilig«. Was als Erlebnisschilderung beginnt, gleicht zum Schluß einem Museumskatalog oder einem ausgekippten Zettelkasten. In der Kleinteiligkeit ihrer Aufzählungen zeigt sich ihre Furcht vor Versäumnissen, es sind Fleißarbeiten, Rechtfertigungsberichte, und sie offenbaren einen pedantischen Drang zur Lückenlosigkeit. Ein lebensgefährdender Herzanfall erscheint gleichgewichtig neben einem verlorenen Hundert-Lire-Schein oder neben dem Besuch eines Marlene-Dietrich-Films in Palermo. Die leicht verwechselbare blaubeschilderte Straßenbahnlinie, der vergessene Regenschirm, die ungenießbare Tasse Kaffee, ein aufdringlicher Museumsdiener oder ein nachts lärmend heimkommender Zimmernachbar, das verbilligte Sonntagsbillet und ein trinkgeldabweisender Taxifahrer – dies alles wird zwischen kunstgeschichtlichen Fakten haarklein abgehandelt. Sie vermerkte Fahrzeiten, Käse-Frühstück, Buchzitate, Tempelmaße; ihre Wegbeschreibungen wechseln ab mit Mythen-Nacherzählungen, wobei sie seitenlange Exzerpte einbaute, ebenso Fragenkataloge zum Gesehenen oder eine Liste dessen, was sie noch gründlich überprüfen wollte. Da sie Selbsterfahrung und Sachtreue nicht miteinander verknoten konnte, brach sie jedes Reisetagebuch ab[21] – sie war mit sich unzufrieden. Irgendwann begann sie wieder ein neues, denn nichts durfte verloren gehen; Vergessen aber hieß: Verlieren. Die dünnen Schulhefte, die sie stets auf Reisen mit sich führte und die dem Festhalten dienten, waren für sie wie ein Lebensfaden, den sie nicht aus der Hand ließ. Sie brauchte das unaufhörliche Selbstgespräch im Reisetagebuch aber auch, um sich nach der Heimkehr der Kontinuität ihres Ichs bewußt zu bleiben.

Sizilien bildete für Ninon – wie für viele Italienreisende – den Auftakt für Griechenland. Sie reiste im Oktober 1934 zunächst an den Golf von Neapel. Bezaubert von der süditalienischen Landschaft, die für sie vielerorts noch als lebendiges Zeugnis großgriechischer Kultur fortwirkte, fuhr sie nach Pozzuoli – eine Gründung griechischer Siedler aus Samos vom 6. Jahrhundert vor Chr. – und war hingerissen von der vulkanischen Landschaft der phlegräischen Felder. In der Solfatara, einem weiten Kraterrund, zischte und kochte der Pozzo, die Erde brodelte wie flüssiger Brei, Schwefeldämpfe entwichen den Erdspalten, der Boden klang hohl, und ihre Fußsohlen brannten vom unterirdischen Lavafluß. An diesem Tag wurde ihr zum ersten Male bewußt, daß der antike Geist nicht nur in den Schätzen der Museen zu finden war, sondern ebenso stark in der Landschaft, deren Urgewalt an Orten wie diesem noch ungemindert fortbestand. Sie versetzte sich in die gestalthafte Natursicht der archaischen Völker und *sah*, warum diese im unheimlichen Averner See den Eingang zum Hades vermuteten. Ihr schauderte vor dem düsteren Kreisrund des Sees, der wie ein blindes Auge zum Himmel starrte, sie roch die giftigen Dämpfe, die einst aus dem schlammigen Kratersee aus unterirdischen Feuerschlünden aufgestiegen waren und die Vögel tot niederstürzen ließen, wenn sie ihn überflogen. Sie beschrieb Hesse, wie sie in den Kuppel-Bädern und Liegehallen der Ruinen von Baiae das luxuriöse Badeleben der römischen Kaiserzeit *sehe,* in dessen Genußsucht und Sittenverfall sie sich am Vorabend durch Properz'[22] Lieder der Warnung und Eifersucht an seine Geliebte Cynthia versetzt hatte. Schwer nur riß sie sich los. Ihr Blick schweifte über das Kap Miseno. Sie malte sich aus, wie der Tod des Tiberius, der Muttermord Neros sich hier abgespielt haben mochten, und sie ärgerte sich über ihre lückenhafte Kenntnis der antiken Welt, die noch aus der Czernowitzer Gymnasialzeit stammte. Jetzt trug sie immer Bücher bei sich, um das Gesehene an Ort und Stelle zu vertiefen. In der Dämmerung gelangte sie zur Ruinenstadt Cumae – im 8. Jahrhundert v. Chr. eine der ältesten und mächtigsten Griechen-Kolonien – und war von der Abgeschiedenheit des Ortes so gebannt, daß sie in ehrfürchtiger Scheu nicht in die Grotte der Sybille einzudringen wagte. So las sie erst im 6. Gesang der Aeneis[23], wie Vergil seinen Helden mit Hilfe dieser wahrsagenden Priesterin ins Totenreich gelangen ließ. Dann durchmaß sie beklommen nur mit Blikken den langen trapezförmigen Tunnel, in dem die Schritte hohl nachhallten und die Lichtschächte unheimliche Schattenformen erzeugten. Schnell stieg sie über das antike Straßenpflaster hinauf zur Akropolis und stand zum ersten Mal in ihrem Leben vor den Resten eines griechischen Tempels, sah, wie er sich in die Landschaft einschmiegte, dem Apollon geweiht, und darum »hoch, doch nicht oben«. Der Wärter drängte zum Aufbruch. Sie aber lief noch auf den höchsten Punkt des Hügels, zum Zeus-Tempel. »Ich stürmte dahin – und die Sonne sank, ein großer glühender Ball, bei Ischia langsam ins Meer; die Wolken waren gelb und rosablau, das Meer wie blaue Seide. Im Norden dunkelten die Pinienwälder, und ich sprang über Steinmauern und Moos, Gras, Blumen und jauchzte vor Glück, hier zu sein, wenn es auch nur ein paar Augenblicke sein durfte«[24].

Am nächsten Tag wurde sie von der Schmalspurbahn der Circumvesuviana durch die üppige Campanische Landschaft von Neapel nach Pompeji gerüttelt, »wovon ich nicht die geringste Vorstellung hatte«. Aber alles, was sie von der römischen Stadt pflichtgemäß besichtigte, Atrium-Häuser, Peristyl-Gärten, das Forum, die Tempel, die Gräberstraße und die Landvillen – alles dies wog nichts gegenüber dem Gesamteindruck, den die im Jahre 79 nach Chr. vom Aschenregen des Vesuvausbruchs verschüttete Stadt bei ihr hinterließ. Die Ruinen von Pompeji wirkten auf sie wie eine Spiegel- und Orakelstätte: »Wir alle sind zukünftige Vergangene und Verschüttete.«

In Pompeji fand Ninon, die sich überall selbst suchte, eine Antwort auf die seit dem Tode des Vaters bohrende Frage nach Dauer und Vergänglichkeit. Sie schrieb an Hesse, hier werde die Archäologie zur Schwester der Psychoanalyse,[25] sie habe ihr nicht nur den Zugang zu einer verschütteten Welt, sondern auch einen Abstieg in die eigenen Ängste und Hoffnungen vermittelt. Das Gesetz des Lebens, die Unausweichlichkeit von Untergang und Verfall, hier liege es offen zutage. Die zurückblickende Altertumswissenschaft erwies sich für Ninon als vorausschauende Prophetie von der Wiederkehr des Gleichen.

»Wie ein Gast hatte ich all das bisher Geschilderte gesehen, als wäre ich in einer anderen Welt beheimatet.« In Pompeji fühlte sie sich einbezogen. Hier war sie an einem Wendepunkt angelangt, der sie von der Kunstgeschichte weg zur Archäologie hinleitete, der »Wissenschaft vom zeitlos Gültigen. Es geht um die Ergründung des Gesetzes – was für mich Archäologie bedeutet«.

Sie reiste mit dem Schiff von Neapel weiter nach Sizilien. Aber die goldglänzenden Mosaikwände der Dome von Monreale und Cefalú, die Paläste und Klöster Palermos im normannisch-sarazenischen Mischstil berührten sie wenig. Auch die prunkvollen Bauten, in denen die sizilianischen Normannen das byzantinische Gottkönigtum übernahmen, ließen sie merkwürdig kühl. Vor den frühklassischen Tempelmetopen im Nationalmuseum von Palermo aber erglühte sie: Hera entschleierte sich anmutig-würdig vor Zeus; Aktaion verwandelte sich in einen Hirsch, bevor ihn die eigenen Hunde zerfleischten – eine Strafe der jungfräulichen Göttin Artemis, die er im Bade überraschte; Athene kämpfte mit dem Giganten. Das Schönste aber waren für Ninon die hocharchaischen Metopen aus der zweiten Hälfte des sechsten Jahrhunderts v. Chr., die ältesten erhaltenen Bildwerke Siziliens, sie zeigten das Viergespann des Sonnengottes und Herakles mit den an einer Stange baumelnden, diebischen Kerkopen; Perseus, der im Begriff war, der Gorgo-Medusa den Kopf abzuschlagen, während das geflügelte Pferdchen Pegasos ihrem Leib entsprang. Für Ninon stand sofort fest: Sie mußte die Kultstätten sehen, die diese Reliefs einst schmückten. So fuhr sie weiter nach Selinunt, ausgestattet mit einer Sondererlaubnis, im Ausgrabungshaus des archäologischen Geländes übernachten zu dürfen. »Eine große Stille umgab mich. Kein Mensch war mehr zu sehen, nichts zu hören. Sassa loquntur, dachte ich [...] und nahm mir vor – aber ich nehme mir so etwas nie vor, *es* nimmt *mich* vor – es durchzuckt, durchglüht, erfüllt mich: daß ich griechische Dramen lesen würde und Homer und Hesiod und die Philosophie und diese Kunst besser kennenlernen würde – erkennen – erkennen, nicht wissen!«[26] Ohne Müdigkeit wanderte sie im Abendlicht, vor sich die ruhige Fläche des Meeres, hörte sein zeitloses Rauschen. »Das Bild aber, das ich sah, Meer und ferne Lichter, Bäume an der Landstraße, Eppich (Selinon, wonach der Ort heißt), der alles bedeckt, silbergrau-grün, hoch und üppig – verwandelte sich mir im Anschauen noch in eine Reihe von Bildern: Zeiten wechselten, Menschen traten auf und verschwanden, Schicksale rollten ab. [...] Es war ein Verbundensein mit etwas Unwirklichem – aber dennoch hatte jedes Licht in dieser Traumlandschaft seinen Schatten, und sie erhielt dadurch eine Tiefe und Exaktheit, blieb nicht verschwommenes Phantasiegebilde. Mir war, als ginge ich *in ihren Räumen und Zeiten* und sähe Mond, Meer, Insellichter, Landstraße von dort aus wie eine Erinnerung«.[27] Sie war für einen Tag im antiken Griechenland zu Hause.

Auch auf der Fahrt nach Agrigent erlebte sie eine griechische, keine italienische Landschaft: »Weiträumiges Hügelland, herb, braungepflügt, dazwischen silbergraue Disteln, milde, weitgespannte Umrisse, darin Ölbäume, silbrig-grau schimmernd mit großen Kronen, und auf braunrosiger Erde bläuliche Agaven.« Sie war angespannt nach außen gewendet: »Früher sah ich verantwortungslos, rein malerisch: ich *sah* aber gar nicht, ich erlebte nur.« In Agrigent, der üppigsten aller versunkenen sizilianischen Griechenstädte, stand sie wortlos vor dem ersten unzerstörten griechischen Tempel und überließ sich seiner sonnenüberstrahlten Schwermut im Gedenken an Hans Carossa, dem diese Welt gleichfalls eine Heimat war.[28]

Auf der Rückreise von Messina nach Rom, als die Fähre sich der im Mondlicht matt aufschimmernden Küste Kalabriens zuwandte, blätterte sie hastig in der Gedichtmappe, die sie immer bei sich trug, und las »Verse von Andreas Gryphius mit einem Hunger und einer Besessenheit, als wären sie das, was einzig mir in diesen Minuten taugte, als wären sie Speise, Trank, Medizin, Glück für die hungrige, durstige, müde, abschiedstraurige Seele.

> Welt, rühme was du willst!
> Ich muß die Trübsal preisen...

Das, ja das war es, was ich gesucht hatte! Das war es, was *mich* ansprach. *Ich* hatte das gedichtet, erlebt, *ich* sang es. Und dieses:

Am Ende

Ich habe meine Zeit
in heißer Angst verbracht;
Dies lebenlose Leben
Fällt als ein Traum, entweicht,
Wenn sich die Nacht begeben.«

Der Schrecken der Vergänglichkeit, der beim Tod des Vaters in ihr eine Erstarrung erzeugt hatte, war auf dieser Reise wieder aufgebrochen. Sie gab sich ihrem Weh über die Vergeblichkeit alles menschlichen Strebens hin: »Was sag ich? Wir vergeh'n wie Rauch vor starken Winden. So lautet die Schlußzeile des Gedichtes ›Menschliches Elend‹. *Die Vanitas!* Vanitatum Vanitas! Die Herrlichkeit der Erden, Muß Rauch und Aschen werden«.[29] Die Vanitas-Landschaften ließen sie von nun an nicht mehr los.

Aber dies alles war nur Umweg und Vorbereitung. Erst auf ihrer Griechenlandreise im Frühjahr 1937 fand Ninon die Landschaft, die ihr vollkommen entsprach. Während sie in Italien immer von der Sehnsucht nach einem unbestimmten Ziel weitergetrieben worden war, erfuhr sie in Griechenland das Gegenwärtige als ein Geschenk. Überall wollte sie verweilen, wollte Besitz ergreifen. Phantasie und Realität stimmten überein, und darum war ihr, als sei sie zu Hause angekommen. Die Heimat des Geistes, die sie seit ihrer Kindheit gesucht hatte, nahm eine fest umrissene Gestalt an. Hierin bestand das unausschöpfbare Glück ihrer Griechenlandfahrt: sie hatte ihren eigenen Zaubergarten gefunden, und er lag *auf Erden*.

»Das große Erlebnis dieser Reise ist nicht so sehr die Kunst wie die Landschaft«, schrieb sie am 9. Mai 1937 an Hermann Hesse. »Wenn das Lebendige daran abfiele, bliebe ein Kristall zurück – unvergänglich diese Schönheit!« In seitenlangen Briefen beschrieb sie ihm die herbe Milde Arkadiens, die Ölbaum- und Eukalyptushaine, die ausgetrockneten Flußbetten, die plastischen Formen der Hänge, Wolken, Berge, Pflanzen, die Feigen- und Weingärten, die Herden und Hirten. Für all das reiche ihre Sprachkraft nicht aus: »O wärst Du hier, wie würdest Du es *sagen*!«

Trotzdem versuchte sie, Hesse den Aufstieg zum Aphaia-Tempel auf der Insel Aigina zu beschreiben: »Es gab ein zartes, fast durchsichtiges Grau von Schatten in den Zweigen, ein strahlendes junges Goldgelb zwischen dem Grün. Und dies alles – die Windungen des Wegs, die Düfte, die weiten Blicke, das Wissen um das Meer, auch wenn es zeitweise verschwand, das Zuschreiten auf den Tempel – das gab ein Glück, eine Lust, ein Erfülltsein – es sprengte einen fast. *Es war Griechenland.* Der Fuß erfühlte es und alle Sinne. Ich war da – welches Glück! Und wie unvorstellbar war es gewesen. Und hatte ich nicht gedacht, die Meerfahrt sei nicht zu übertreffen!? Aber wie geht uns doch am meisten die Erde an!«[30]

Wie sehr wünschte sie, daß Hesse diese kraftvolle Landschaft mit ihr erleben könnte! Während er dem utopischen Formelschatz des Geistes nachsann, durch den er Kunst, Wissenschaft und Religion versöhnen und über die Krisenzeit tradieren wollte, suchte sie für ihn nach annehmbaren Unterkünften, nach Wegen, die er ohne Mühsal mit ihr gehen könnte. Weltabgewandt sah sie ihn in seiner Werkstatt vor sich. Wie weit war ihr der »Eichmeister der geistigen Maße und Gewichte« entrückt, der die Resultate der Naturwissenschaften mit den Harmoniegesetzen der Musik oder die Planetenbahnen mit den Vokalfolgen eines Barockgedichtes zueinander in regelhafte Beziehung setzen wollte! Während er in der hierarchischen Struktur eines asketischen Männerordens »den Weltgeist konservierte«, beschrieb sie ihm das Nahe und Lebendige, das ihr ins Auge sprang. Während er sich in die Abstraktion einer kulturellen Bestandspflege vertiefte, erörterte sie in ihren Briefen, warum Wissen ohne Anschauung für sie leer, Anschauung ohne Wissen für sie blind bleibe. Während er sich in das der Wirklichkeit abgetrotzte Ritual eines gläsernen Spieles verschanzte, atmete sie die durchsichtige Weite der archaischen Landschaft und empfand deren scharflinige Begrenzungen wie Geschenk und Offenbarung. Es drängte sie, Hesse diese unfeierliche Klarheit zu vermitteln: »Es ist nicht süß und lieblich, es ist ganz anders als Italien – es ist hart und karg und bietet sich nicht an! Es ist so sehr wie mein Traum, wie meine Ahnung, nein, es übertrifft ihn und erfüllt ihn zugleich, so daß ich immer gläubig und ungläubig zugleich schaue und denke: Kann es denn so sein?«[31]

Da ihre Reisetage randvoll gefüllt waren, schrieb sie ihre Briefe häufig nachts: »Vogel, über das Museum kann ich jetzt nicht schreiben. Es ist zum Wahnsinnigwerden! Sechs Säle attischer Grabreliefs. Ein *Saal* weißgrundiger Lekythen! Und erst der archaische Saal!! Genug, es ist 1/2 2 Uhr. Ich kann vor Glück nicht schlafen. Einen Kuß von Deiner Ninon«.[32]

Aus Sparta schrieb sie Hesse am 18. April 1939: »Wie sich das alles überschneidet und überlagert – vordorische Kälte und Homerisches, Apollo-Kult und die uralte Artemis Orthia. Wenn man Pausanias dazu liest, der natürlich noch eine Unmenge Heiligtümer beschreibt, die er unterwegs gesehen hat, zwischen Artemis-Heiligtum und Menelaion vielleicht 10 (!), die ich alle ungefähr zu lokalisieren suchte – und Lykurg und die Kriege und die Hegemonie Spartas – so stürzt das alles über einen, und dabei ist die Gegenwart so schön, so blühend, so nah: Aber weil *im Gegenwärtigen Vergangenes* ist, berührt es einen so stark! Es ist, als ob all das Geschehene im Gegenwärtigen sichtbar, spürbar würde.« Bilder aus Mythen, die tief in ihr ruhten, stiegen auf und klangen mit der griechischen Landschaft zusammen. »Mittags in einem Olivenhain, unter mir die Pleistosschlucht mit Ölbäumen, im Osten die kastalische Quelle und im Norden das Apollonheiligtum! An Apollon gedacht, Dreifußritt und wie er von Itea und Krisa hinaufschwebte nach ›Pytho‹. Stille, Summen, Herdengeläute, Tierbrüllen von ferne. Am Abhang gelbe Getreidefelder, teils abgemäht, blutrote Mohnblumen«.[33] Ninon *sah* Apollon auf dem geflügelten Dreifuß über dem Meer, umspielt von Delphinen, so wie er auf einer frühklassischen Hydria des sogenannten Berliner Malers um 480 v. Chr. dargestellt wurde, die sie in den Vatikanischen Sammlungen lange angeschaut hatte.

Das Erlebnis der griechischen Landschaft veränderte auch ihr Verhältnis zur Kunst. »Und wieder schien mir, daß ich die Statuen besser begriffe. Wie weit weg von edler Einfalt, stiller Größe sind sie! Sie sind das Resultat gewaltiger Spannungen, gebändigter Kräfte, Wünsche, Sehnsüchte. Ich will nicht in Abstraktion verfallen (o teuflisches Klavier! Wenn Apollo das hörte!) und ich sehe jede Statue, jedes Relief ›klein und groß‹, damit meine ich ›genau‹ und ›detailmäßig‹ – aber auch distanziert. Und manchmal gönne ich mir, ›nur‹ hingerissen zu sein und nichts als Brunnen, in dem sich etwas spiegelt.«

Die Kunstdenkmäler wurden für sie zu Wegweisern in die griechische Geistesgeschichte. »Ich bin froh, daß mir jetzt die Ausgrabungen so etwas Lebendiges sind. Früher interessierte mich nur die Statue ›an sich‹, das heißt das Künstlerische, das Formale und Geistige – jetzt aber ist mir die Herkunft fast ebenso lebendig, seit ich an so vielen Orten war, und ich grüße leise die Heimat der Statue mit, wenn ich sie ansehe. Das Aufregendste bei meiner diesmaligen

Reise war das: Ich begriff, daß alles Sichtbare, auch Tempel, auch Weihgeschenke, auch Statuen nur irgendeine Schicht sind, unterhalb derer sich noch unendlich viel Geheimnisvolles birgt. Ein Kult ist nur *eine* zeitliche Ausstrahlung, ist etwas durch vorangegangene Zeiten Geformtes, ein Teil einer unendlichen Verwandlung«.[34]

Als Ninon im April 1939 zum zweitenmal nach Griechenland reiste, war ihr Hauptziel Delphi. Sie wollte zur Quelle Kastalia, mit deren Wasser sich einst jeder Fremdling benetzen mußte, bevor er den sakralen Bezirk des Gottes betrat. Dieser heilige Brauch hatte Hesse zur Namensgebung für seine Ordensprovinz inspiriert, in dem Adepten und Magister des Glasperlenspiels »rein von Welt« als »Kastalier« dem Geiste dienten. Apollon, der Herr des delphischen Tempels, verkörperte das Prinzip der Klarheit, des Maßes und der Beherrschung. Man verehrte ihn in seiner Treffsicherheit als Bogenschütze, in der sicheren Schau als Gott der Weissagekunst und in der auf klare Maße abgestellten Musik seines Saitenspiels, das nicht nur Ausdruck des Wohlklangs, sondern auch der Taktfestigkeit war, wenn er zum Gesang der Musen das Plektron schlug.

Voller Spannung betrat Ninon den Ort, in dessen geistiger Ausstrahlung Hesse seit mehr als acht Jahren lebte. Würde ihr hier, an der Kultstätte seines Gottes, der »Durchblick« gelingen? Am 26. April 1939 schrieb sie ihm: »Hinter jeder Stätte, die man sieht, steht eine andere, ältere, die ich mir zu rekonstruieren versuche, hinter jedem Kult steht ein älterer und hinter ihm ein noch älterer.« Sie übte sich darin, die einzelnen Schichten des gewachsenen Kults zu erkennen – das Geschichtete –, um, wie sie es nannte, »polyphon zu sehen«. Durch diese »geschichtliche« Zusammenschau gewann sie eine neue, aufregende Sicht des Apollon: er hatte einen Kultgefährten. Er teilte sich mit Dionysos seit altersher diese Landschaft. Um die Verbindung des lichten Gottes – als Phoibos Apollon – mit dem Dunkel des ekstatischen Rauschgottes zu ergründen, wanderte sie, wieder beraten durch Pausanias,[35] zur Korykeischen Grotte auf dem Vorberg des Parnaß in das »geheimnisvolle Reich der Nymphen und Pans. [...] Und nun *weiß* ich, wie es da zuging. Hier feierten sie ihre Feste, hier spielten sie oder sangen, vermählten sich oder blieben einfach still da, bevor sie wieder ausschwärmten, auf die Berge, in die Täler. Aber auch der dionysische Schwarm kannte die Höhlen sicherlich. Und ich stellte mir vor, wie die Mänaden, Fackeln und Thyrsosstab schwingend über den Parnaß stürmten. [...] Ich hatte mir bisher nie bewußt klargemacht, daß der Parnaß ebenso dionysisches Reich sei wie apollinisches«. Dionysos, der wollüstige, entfesselnde Gott, wurde in Delphi immer dann kultisch gefeiert, wenn man Apollon fern bei dem Nordvolk der Hyperboreer vermutete; dann sang man dem »Löser« im stampfenden Rhythmus der Chöre Dithyramben und schmückte ekstatisch sein Grab, das im Allerheiligsten des Apollon-Tempels lag; »ich wußte es, aber ich ließ es sozusagen nicht an mich heran, es ›paßte‹ mir nicht.« Nun aber sah Ninon Apollons Gestalt plötzlich in seiner Kultgemeinschaft mit dem alten Rauschgott. Schlagartig erkannte sie mit der Doppelnatur Delphis auch die Zwielichtigkeit des olympischen Gottes. Tief erregt schrieb sie am 6. Mai 1939 an Hesse, der die apollinische Geisteswelt Kastaliens gestalten wollte, ohne dieses dionysische Element einzubeziehen: »Ich begriff, daß das Apollon-Reich nicht vollständig sein könne ohne diesen Aspekt – es wäre leblos, gläsern und abstrakt, wenn es nicht das Dunkel der Höhlen gäbe, die wollüstige Feuchtigkeit, die Leidenschaften, die Verzückungen, die Klagegesänge, die ekstatischen Tänze – und ich dachte, nur wer aus diesem Reich kommt, es durchkostet oder durchlitten hat, kann die wahre Sehnsucht nach der Klarheit, Reinheit, Durchsichtigkeit, nach Maß und Gesetz, nach reiner Geistigkeit in sich tragen, wie sie in Apollon verkörpert ist.«

Über zehn Jahre lang stand Ninons Leben von nun an im Zeichen Apollons, dessen breitgespanntes Wesen sie in einer Arbeit erfassen wollte, für die sie seit 1939 eine umfangreiche Materialsammlung anlegte. Auch diesmal, wie für jedes ihrer Themen, kam der Anstoß aus dem eigenen Leben. Sie wollte die Wahrheit über Kastalien herausfinden.

Hinzu kam, daß Hesse für sie als Dichter zur Sphäre Apollons gehörte, des Gottes der Kunst und des Gesanges, des Anführers der Musen, des »Musagetes«. Ninon nannte Hesse häufig den »Ferntreffenden« – eine Bezeichnung, mit der bei Homer Apoll als göttlicher Bogenschütze auftritt – weil ein Dichter seine Worte von weither wie Pfeile in die Herzen der Menschen sende. Viele Züge von der überlieferten Gestalt des Gottes waren ihr an Hesse vertraut: Apollon ist der Sich-Entziehende, der Unvertraute, der Wegstrebende, der schweifende Gott, der jedoch auch ratsuchenden Menschen orakelspendend Wegweisung gibt. Er ist der Gott, der von Norden, jenseits der Berge, zugewandert ist. Er schützt seinen geheiligten Bezirk streng gegen weltliche Störer. Seine Wohnstätten liegen nicht an leicht zugänglichen Wegen, sondern einsam und eingebettet in unberührter Natur. Apollon lehnt das allzu Nahe und Befangene ab, er ist nicht ein Gott des seligen Ineinanderfließens, er liebt die Freiheit, die Ungebundenheit; in der Kunst wird er stets in Bewegung dargestellt, ein Abschiednehmender. Er ist nicht Gefühl, sondern Geist, ein Gott der Vereinzelung und der Freiheit, des Für-Sich-Seins.

Aber außer dieser Wesensverwandtschaft, die Ninon zwischen Apoll und Hesse wahrnahm, führte sie zu jener Zeit auch der eigene Lebensweg zum Gott der Ordnung und der Beherrschung. Sie wandte sich in den Jahren der Freundschaft mit Joachim Maass offenen Blicks der Wirklichkeit zu. Im Einsatz für die gefährdeten Freunde wandte sie sich ab vom Vieldeutigen, Schwebenden. Sie hatte der eigenen Phantasie Grenzen gesetzt, weil sie ihr mißtraute, weil sie sich nicht mehr suchend in sich selbst verirren wollte. Sie liebte, seit sie in Griechenland war, die klaren Konturen und wollte auch im Leben nichts mehr in Spiel und Gefühl auflösen. In der Apollon-Phase ihres Lebens wollte sie *erkennen,* suchte sie das Gewordene, das Belegte, das dem Schweifen der Gedanken Einhalt gebot. Sie wollte nicht mehr leiden am Unerreichbaren, sondern sich beschränken, sich einfügen in den gewachsenen Pflichtenkreis.

Während Hesse im Kastalien seines »Glasperlenspiels« weilte, begab sich auch Ninon in den Strahlungsbereich Apollons. Dabei gelangte sie zu einer anderen Deutung des Gottes als Hesse. Sein Kastalien wurde vom *Phoibos* Apollon beherrscht. Er verkörperte das olympische Lichtreich des Zeus am reinsten und ist wie dieses eine Schöpfung des Homer. Daß dieses Bild des Apollinischen jedoch nur eine, die lichte Hälfte des Griechentums offenbare, hatte schon Nietzsche – darin Jacob Burckhardt verbunden – nachgewiesen und ihr die dunkle, dionysische Seite gegenübergestellt, aus der die griechische Tragödie stamme.[36] Beide Bereiche aber blieben für Nietzsche – wie für Hesse – streng voneinander getrennt. Ihnen ging es nicht um die Wiederbelebung des Mythos und das Erfassen der antiken Göttergestalten, sondern um die bewußte Wahl einer Symbolik, an der sie ihre eigene Gedankenwelt verdeutlichen wollten. Das Kastalische war für Hesse ein *Prinzip*.

Ninon hingegen ging es um die griechische Glaubenswelt, um die

Sicht der göttlichen *Gestalt*. Ihre Suche nach Apollons Gestalt entsprang ihrem Streben nach Vereinigung der (gedachten) Gegensätze.[37] Auch Apollon war für sie nicht »einfältig«, sondern von vielfältigem Charakter.

Hesse vermittelte die kastalisch-apollinische Welt als einen Raum mönchischer Askese, ein hochgesteigertes Reich des Narziß fernab von der Welt der Mütter, in der sich Zeugung, Geburt und Tod abspielen und aus der die Kunst aufsteigt. In diesem von allem »Unreinen« geläuterten Raum fand nur Platz, was überindividuell, was Vernunft, was Person war, das Allgemeine. Es war eine kristalline Welt der Stille und Besonnenheit, der gedämpften Lebenskraft. Das apollinische Ideal kennt die Frau nicht; auch Hesses Kastalien war eine Welt ohne Frauen, aber auch ohne die kraftspendenden Impulse des Geschlechts.

Das Leiden an der Spaltung der Welt in zwei feindliche Grundmächte zieht sich durch Hesses Werk, mögen sie als Geist und Leben, als Vater- und Mutterwelt, als Mozart und Steppenwolf, als kontemplativer Klosterbruder oder vom Sinnenrausch ergriffener Künstler figuriert sein. Hesse, in vieler Hinsicht mit Nietzsches dualistischer Gedankenwelt verbunden, war ihm auch nahe in der Auffassung vom Apollinischen, das er stets als Gegensatz und Abwehr des Dionysischen betrachtete. Beide blieben in der unaufgelösten begrifflichen Dialektik stehen.

Ninon hingegen *schaute*. Als sie sich auf dem Parnaß im Nymphenreigen das Dionysische vergegenwärtigte, sah sie zugleich, wie sehr es sich mit der Welt des Apollon überschnitt. Aber beide Wesensbereiche durchdrangen sich nicht nur in der Landschaft, im Kult, sondern sogar in den olympischen Göttergestalten selbst.

»Die Götter waren eben nicht eindeutig«, so begann Ninon ihre Untersuchung über Apollon. Das Bild des olympischen Phoibos erschien ihr zu flach, um den Gott in seiner ganzen delphischen Fülle zu erfassen. Ihre Apollon-Studien führten zu einer Auseinandersetzung mit Hesses Gedankenwelt und bewirkten ihre eigenwillige Abkehr. Bestimmt hatte Ninon sich gewünscht, in ihrer Beschäftigung mit Apollon Hesse auf eine ersehnte Weise nahe zu sein, gleichzeitig aber entfernte sie sich immer mehr vom »Kastalier« des »Glasperlenspiels«.

»Ich hasse Apollon, so wie er im Belvedere steht, glatt und geleckt! Aber ich habe gelernt, durch ihn hindurchzusehen, auf seine wahre Gestalt«.[38] Ninon stellte beim Textstudium fest, daß selbst

Homer und Hesiod, die allen Griechen einen gemeinsamen Götterstammbaum geschaffen hatten, trotz der gewinnenden Schönheit und jugendlichen Geschmeidigkeit Apollons an ihm gewisse Züge von Düsternis und Schrecken nicht aussondern konnten. Achilleus nannte ihn »den Verderblichsten«. Aus Beinamen und Attributen wurde das Finstere und Grausame dieses Gottes sichtbar. Der strahlende Kithara-Spieler war zugleich als »Bogenberühmter« ein eiskalter Todesbringer. »An keinem anderen griechischen Gott ist das Abgründige der olympischen Welt so sichtbar geworden wie an Apollon«,[39] mit dem die Handlung der Ilias beginnt: zürnend stieg er vom Olymp nieder, um »düster wie Nachtgrauen« die Pest ins Lager der mykenischen Griechen zu senden und sie neun Tage dort wüten zu lassen. »Und er kniete fern von den Schiffen, sandte den Pfeil aus, furchtbar dröhnte dabei der Klang des silbernen Bogens«.[40] An dieses Bild knüpfte Ninon an, denn hier sah sie eine ältere Schicht durchschimmern, in der Apollon der todeskühle und grausame Rächer war, den sogar noch die olympischen Götter fürchteten, denn sie sprangen von den Sitzen auf, wenn er pfeilbewaffnet unter ihnen erschien. Mißbrauchte er die göttliche Macht nicht gegenüber seinem sterblichen Feind, dem Achilleus? War er voll Harmonie, als er die zweimal sieben Kinder der Niobe hinmordete?

Das war nicht der sonnenhaft strahlende Gott aus dem Lichtreich des olympischen Götterkreises. Auch angesichts des gebietenden und vollstreckenden Apollon vom Giebel des Zeustempels in Olympia überlegte Ninon: »Ist er denn milde und voll Verstehens? Nicht gegenüber den Zentauren, die doch im wahrsten Sinne ›Auch-Menschen‹ sind. [...] er ist der furchtbare, der empörte Gott, sein Gesicht ist erhaben-zornig, nicht, als griffe ihn das Geschehen um sich herum an.« Sie kam zu dem Ergebnis: »Das Kastalische ist nur eine Seite dieses Gottes. Wer aber war er wirklich?«[41]

Als Erbin eines archaischen Volkes stellte sie sich das Wesen eines Gottes weitgespannt vor, herb und voller Widersprüche, etwa wie den unbequemen Gott des Alten Testaments, wie Hiobs Gott, aufrichtend und zerstörend: »Hart aber ungerecht«. Auch Jahwe war zweideutig und von moralischer Paradoxie, bis er zum gütigen Gott der Christen reformiert wurde. Ähnlich hatte Homer, als er das Helle vom Dunklen schied, im Bild des »Kastaliers« etwas Wichtiges unterschlagen. Sie wollte es wiederfinden und dazu auf den Ursprung des Gottes – weit vor der Einsetzung der Zeus-Familie – zurückgreifen.

Seit dem Sommer 1939 erforschte Ninon systematisch Apolls Orakelstätten und Kultorte, seine Statuen, Münz- und Vasenbilder, sie sammelte Literaturquellen und Sekundärliteratur; denn sie war entschlossen, seine »mythische Biographie« zu schreiben. In einer Darstellung über das »Leben des Gottes Apoll« wollte sie seinen Ursprung vor Homers Einsetzung der Zeus-Familie nachweisen, wollte zeigen, welche Tiergötter und wieviele Lokalgötter in seine Gestalt eingeflossen waren. »Es gibt nicht *einen* Apollon, sondern sehr viele, er ist der am reichsten ausgestattete Gott des Olymps.« Da Ninon keine Vermutungen äußern, sondern nur das Belegbare bezeugen wollte, umfaßte ihre nachgelassene Materialsammlung rund 2000 Seiten handschriftlicher Auszüge – zum Teil in englischer, französischer und italienischer Sprache. Beigefügt waren Abbildungen des Gottes aus der Archaik bis zum Hellenismus. Ihr weitverzweigtes Einzelwissen drohte bald ihre ursprüngliche Vision zu sprengen. Würde es ihr je gelingen, diese riesige Fülle zusammengetragener Fakten zu beseelen? Sie müsse zwar alles *sehr genau* wissen, aber wichtiger sei es doch, »in sich eine Idee oder die Idee des Gottes zu bewahren – wozu schreibt man sonst? (Und auch an ihr messen, was man hereinnimmt und was nicht)«.[42]

Während ihrer Apollon-Studien wurde Ninon von dem ungarischen Religionsforscher Karl Kerényi im März 1942 zu einem Züricher Seminar eingeladen, das er über den Gott Dionysos abhielt. Ninon erschienen diese Tage, fern von ihren einsamen Schreibtischforschungen, wie eine »Morgenlandfahrt«, sie habe endlich einen Bund, eine gleichgestimmte Gemeinschaft der Freunde gefunden. »Daß solche Verzauberung durch Vorträge bewirkt werden könne, nicht durch Bücher, war mir neu«, schrieb sie am 27. Mai 1942 an Karl Kerényi.

Angeregt durch Aussprache und Echo nahm Ninon im gleichen Sommer an einer »Eranos«-Tagung[43] in Ascona-Moscia teil, wo Karl Kerényi über »Hermes, den Seelenführer« referierte. Über diesen religionswissenschaftlichen Gesprächen schwebte der Geist Carl Gustav Jungs und seiner Lehre von den Archetypen als den allgemeinen Formprinzipien seelischen Erlebens, die alle Menschen zu allen Zeiten verbänden und in den Mythen aller Völker nachzuweisen seien. Die Vorträge bewegten sich alle an der Nahtstelle zwischen Psychologie und Mythologie. Obwohl Ninon einer psychologischen Götterlehre ablehnend gegenüberstand, nahm sie oft an diesen Vorträgen und Diskussionen teil.

»Das Ethnologische und Psychologische ist mir gleichgültig, vom Griechischen gehe ich aus, dies ist es, das ich erkennen und schauen möchte«, erklärte sie Karl Kerényi am 29. September 1943. Für ihre Apollon-Studien erhielt sie durch den Eranos-Kreis entscheidende Anregungen, vor allem für eine vertiefte Symbol- und Motivforschung. Sie könne nur mitschwingen, wo es um Griechisches gehe, versicherte sie Kerényi, aber sie beteilige sich gern, weil der Eranos-Kreis den Mythos aus dem bloß archivarischen Raum retten wolle und weil er in ihm eine lebendige und zeitüberhobene Wahrheit sehe. Überzeugend an der durch Jung angeregten Mythenpsychologie erschien ihr der Gedanke, daß der Mensch sich durch die verschütteten Schichten seiner Seele hindurch wieder des lebendigen Sinnes der antiken Religion bemächtigen könne – was tat sie schließlich anderes auf ihren Wanderungen in Griechenland? So begrüßte sie trotz vieler Einwände, daß Jung die aktuelle Bedeutung der Antike bezeuge, daß er erkläre, alles, was den Griechen einst mit Schauer ergriffen habe, sei noch immer wahr, der moderne Mensch müsse nur die eitle Illusion aufgeben, er sei im wissenschaftlichen Zeitalter sittlicher oder vernünftiger als die Alten: »Es ist uns bloß gelungen, zu vergessen, daß uns eine unlösbare Gemeinschaft mit den Menschen der Antike verbindet. Damit eröffnet sich ein Weg zum Verständnis des antiken Geistes, wie er zuvor nicht existiert hat, der Weg eines innerlichen Mitfühlens einerseits und eines intellektuellen Verstehens andererseits«.[44] Ninon schreckte zwar vor Jungs kühnen Kombinationen zurück, wenn er die Glaubensinhalte aller Religionen, des Okkultismus, der Kabbala, des Aberglaubens, der Märchen, der Alchemie, der Zeremonien und Tabus ohne Rücksicht auf die zeitlichen Bedingungen ihres Entstehens verknüpfte; es erinnerte sie ein wenig an das »Glasperlenspiel«, in dem Hesse die Versatzstücke vergangener Kulturen zu einer Lingua Sancta kombinierte. Jung wollte jedoch bei dieser vergleichenden Aneinanderreihung zeitlos gültige Urbilder auffinden und in religionsgeschichtliche Beziehung setzen. Während der Eranos-Kreis manche Mystifikation guthieß, bewahrte Ninon ihre philologische Nüchternheit. Wenn die Jung-Anhänger ihr Wissen als Typologie vortrugen, betonte sie, daß es ihr nicht um Typen oder Archetypen gehe, sondern daß ihre wahre

Leidenschaft den einzelnen Göttern gelte. Und doch war sie gefesselt, wenn Jung seinen unübersehbaren Wissensschatz an Motiven und Symbolen ausbreitete, die er in den Seelen der Menschen und in allen Religionen und Märchen nachwies.

Auch Karl Kerényi war solch ein einfangender Geist. Er setzte auf der Jagd nach den Motiven der Mythen in gewaltigen Sprüngen durch die Jahrhunderte und überbrückte dabei alle Erdteile. »K. ist wirklich ein außerordentlicher Mensch – wie er das Griechentum erfaßt, das ist hölderlinisch, er erfaßt alles erfurchtsvoll und wie ein schöpferischer Mensch. Was mich dabei so hinreißt, ist das lebendige Einbeziehen des Antiken in unser Leben – es ist ja genau das, was ich mit schwachen Gaben, geringem Wissen aber ebenso großer Leidenschaft und Selbstverständlichkeit immer tue: für mich sind das alles Wirklichkeiten, ist das alles Gegenwärtiges, es ist Erde, Wurzel und Aufgabe. K. hat eine solche Komplexität der Anschauung, so vielfach *sieht* er eine göttliche Gestalt und dabei läßt er immer wieder erkennen, wie sehr *Eins* sie ist«,[45] schrieb Ninon an Hesse. Kerényi erfaßte die Götter wie sie, gestalthaft, er baute sie vor seinen Zuhörern aus vielen Einzelzügen auf und erklärte sie morphologisch; er zeigte, wie sich ihre Gestalt im Laufe der Jahrhunderte verändert hatte. Auch er schaute somit durch die homerische Götterfamilie hindurch auf ältere Schichten, plante Göttermonographien. Ninon war gefesselt vom Essayistischen seiner Vorträge. Ihr, die sich gründlich und gewissenhaft in altphilologischer Kleinarbeit vortastete, imponierte sein Mut zum Fragmentarischen, Anreißenden, Umkreisenden: »Sie sind so unakademisch, wie man nur sein kann, aber um so aufregender sind Ihre Aufstellungen.«

Kerényi zwang seine Hörer zum Mitfolgen, beteiligte sie am Erkenntnisvorgang und lieferte ihnen nicht nur längst zu Ende gedachte Forschungsresultate. Ninon nannte ihn Hesse gegenüber einen wahren Feuergeist und seine Improvisationen ein herrliches Geknatter von Raketen. Ein wenig störte sie freilich der hohe Ton, den er mit anderen Wissenschaftlern und Dichtern jener Zeit teilte, das Emphatische des Anspruchs, das ihr fremd geworden war. »Er gleicht ein wenig dem Rufer in der Wüste, wenn er so dasteht und in eine imaginäre Weite ruft«.[46] Am 14. August 1942 gestand sie Kerényi: »Nun ist ja meine elektrische Spannung, sagen wir: in der Voltzahl der Ihren gleich, darum reagiere ich besonders gut.« Daß der existentielle Aspekt betont und die Altertumswissenschaft zum persönlichen Anliegen wurde, machte sie zu Geistesverwandten.[47]

Aber schon von Anfang an blitzte in der Diskussion zwischen Ninon und Kerényi Zündstoff auf. Mythologisch verständen sie sich vorzüglich, philologisch und archäologisch weniger, berichtete sie Hesse. »Trotzdem wir, Frau Dr. Philippson und ich, dagegen sind, daß K. sich von den Psychologen einfangen ließ und ihm unermüdlich sagen, er möge sich befreien, kann ich verstehen, daß es ihn lockt, in diesem Kreis zu sprechen. Er ist eben ein Barde, ein Rhapsode, ein Sänger – ein Ergriffener und eben darum ein Ergreifender. Mit Philologie hat das alles eigentlich nichts mehr zu tun. Gestern sagte ich ihm, er sei mir wie Gösta Berling vorgekommen, der ›entlaufene Pfarrer‹ – und ich beschwor ihn, nicht zu ›entlaufen‹, der Wissenschaft treu zu bleiben«.[48]

Ninons Briefwechsel mit Karl Kerényi spiegelt dessen genialisch kühnes Zusammenbiegen und Überfliegen und ihre philologisch getreue, geduldige Nachprüfung der Quellen.[49] Im Jahre 1956 allerdings zerbrach während einer Studienreise nach Kleinasien ihre Freundschaft an der ständigen Auseinandersetzung über das Verhältnis von Fakten-Erforschung und Interpretation. Ninons Genauigkeit im nachmeßbaren Detail muß den in weiträumigen religionswissenschaftlichen Verbindungen denkenden Kerényi geradezu entnervt haben, er fand, Ninon verzettele sich in völlig belanglosen Einzelheiten. Sie konnte sich über die Abweichung eines Tempels von der Ost-West-Achse um nur wenige Grade erregen, wollte den Gründen für eine derartige Verschiebung am liebsten sofort in historischen Quellen nachspüren. Es war die andersartige Auffassung von Wissenschaftlichkeit, um die ein heftiger Meinungsstreit entbrannte, so daß die Reisenden getrennt weiterfuhren. Hesse hat sich mit Ninon solidarisch verhalten, sein Briefwechsel mit Karl Kerényi endet gleichfalls im Jahre 1956.

Dennoch blieb Ninon sich stets bewußt, daß die Freundschaft mit Kerényi ihre Apollon-Arbeit gefördert hatte. »Er konnte manchen Knoten zerhauen, löste überhaupt vieles, durch *ein* Wort manchmal«, hatte sie Hesse am 14. März 1942 geschrieben. Vor allem aber bestätigte er ihr durch seine Art, daß es auch in der Gegenwart noch »Mythenbegabung«, noch bildnerisches Sehen gab. Am 6. Dezember 1945 erklärte sie ihm, daß seine Vorträge auf sie wie erzählte Mythen wirkten. »Sie haben die wunderbare Gabe, und darin gleichen Sie J. C. Powys, Urbezüge aufzudecken. Bei ihm ist diese Gabe ins Dichterische gewendet.«

Powys' Roman »Wolf Solent« wurde für Ninon im gleichen Jahr zum »Beweis für ein Stück Mythologie mitten in unserer Zeit«. Sie veröffentlichte 1946 eine 23 Seiten lange Interpretation des 1929 in London erschienenen Romanes,[50] in der sie das Verhältnis zwischen Mythologie und Dichtung einerseits und damit auch zwischen Mythenforscher und Dichter – also zwischen sich und Hesse – zu klären versuchte. Wenn sie Wolfs »mythische Weltsicht« schilderte, sprach sie von sich selbst; sie erschien ihr »so gültig, wie es in einem andern Zeitalter das versteinernde Gorgonen-Haupt war. Dem mythischen Menschen ist Mythos nicht Erzählung (Dichtung, Märchen), sondern *Lebensform*.« Diese Verbindlichkeit unterscheide ihn vom Dichter, der die Welt als Gleichnis und Zeichen auffasse und spielerisch neu gestalte. Der mythische Mensch hingegen dränge nicht zum Entwurf einer Gegenwelt, er sei *kreativ in der Rezeption*. Die mythische Schau, für die er begabt sei, ersetze ihm das gestaltende Handeln, und das bringe ihn in einen gewissen Konflikt mit der modernen Welt, die als eine Tatwelt das *Werk* fordere. Der mythische Mensch enthalte sich der Utopien, er *lebe*, und er nehme die Welt dabei ernst. Er erfahre alles »auf eine zwar individuelle, gleichzeitig aber gültige Art, wie nur der es kann, welcher in dieser unserer Welt nicht ›Gast‹ ist, sondern ein zu Hause hat.« Er habe die Gabe, alles Geschehen in einem Licht angeordnet zu sehen, das ihm seine Tage in flutender Kontinuität verbinde, und darum gelinge es ihm, das Heute anzunehmen und sich in der Geschichte geborgen zu fühlen.

Auf dem Weg zu Apoll war Ninon den Mythen auf der Spur und fand in Volksmärchen deren oft bis zur Unkenntlichkeit entstellten Reste. Um dieses uralte Mythengut herauszuschälen, sammelte sie Märchen verschiedener Völker und Zeiten, die alle die gleichen Grundmuster menschlichen Verhaltens überlieferten. Es beruhigte und erheiterte Ninon, sich und Hesse im zeitlos-gültigen Erfahrungsschatz der Märchen wiederzufinden: Sie nannte sich angesichts des Pilgerstroms zum Nobelpreisträger Hesse »Korbes«,[51] weil sie sich in jenem »Herrn Korbes« des Grimmschen Märchens wiedererkannte, der wehrlos im eigenen Haus durch zudringliche Besucher getötet wurde. Sie verglich sich mit der »Bratwurst« im Märchen »Von dem Mäuschen, Vögelchen und der Bratwurst«, das schildert, wie unabwendbar alles ins Unglück gerät, wenn einer aus Unlust am Ewig-Gleichen aus der bewährten Arbeitsteilung einer Gemeinschaft ausschert. Anläßlich der drohenden Osterinvasion seufzte sie in einem Brief vom 13. März 1950 an Gerhard Kirchhoff: »Ach könnte man sich doch irgendwo verkriechen, wo man wirklich allein und für sich sein dürfte! In einem Turm, wie Rapunzel – ›Rapunzel laß mir dein Haar herunter!‹ Nur wenn sie es tat, konnte ein Besuch ›zwanzig Ellen‹ hoch daran hinaufsteigen! Und da mein Mann keinen Bart hat – und ich keine langen Haare habe, könnte eben niemand hinaufsteigen!« Ein andermal zog sie das Märchenbeispiel heran, daß niemand ununterbrochen Glück habe, es sei denn, er verkenne seine Lage: »Man hat nur in Glücksfällen Glück; Glück ist kein Dauerzustand, es ist auch keine Lebensform: Nur ›Hans im Glück‹ hatte es ständig – er hätte auch einen Überfall im Centralpark als solches angesehen und danach gehandelt – wenn wir auch alle auf diese Art Glück gern verzichten!«[52]

Ninons Märchenforschung und die Herausgabe zweier Märchenbücher in den Jahren 1953 und 1956 waren ein Nebenergebnis ihrer Apollon-Arbeit. Sie ging einzelnen Motiven nach, die durch Räume und Zeiten gewandert, dabei oft entstellt, aber in ihrem Sinn erkennbar geblieben waren.[53] So hatten Sonne und Löwe einen gemeinsamen Bedeutungskern; Wolf, Dämmerung und Tod einen anderen. Beim Studium der griechischen Quellen war Ninon zudem auf eine uralte Ausprägung Apollons als Wolfsgott gestoßen, als »Apollon Lykeios«, und nun suchte sie in alten Volksmärchen Rückstände von Wolfsgottheiten und Wolfsverehrung. Während sie in ihrer ersten Märchenauswahl für Kinder noch die mit der *klarsten Motivüberlieferung*[54] aufnahm, bevorzugte sie in der zweiten Märchensammlung »Deutsche Märchen vor und nach Grimm«[55] die *Tiermärchen* und unter ihnen besonders »die Geschichten vom Wolf und Fuchs, den alten Gegenspielern des Tierepos. Aus dem ehrwürdigen *Wolfsgott der Vorzeit* ist der ›lupus in fabula‹ geworden, der ewig Hungrige, Gefräßige, Plumpe, Starke, Unbesonnene, der durch die List des Kleineren, Schwächeren aber Schlauen immer unterliegt. Er ist der Passive, der Geschundene, Leidende; der triumphierende Fuchs ist stets der Aktive«.[56]

Ninons breitangelegte Motivforschung gipfelt in einem Artikel, der in der »Neuen Zürcher Zeitung« vom 3. April 1960 eine ganze Druckseite füllte: »Das Erdkühlein«. Da namhafte Gelehrte festgestellt hatten, diese Bezeichnung, unter der das erste Aschenbrödelmärchen überliefert wurde, sei bis heute ungeklärt geblieben, äußerte sich Ninon zum Motiv des am Grabe wachsenden Wunderbaumes, der im Mittelpunkt des Geschehens steht. Er sei mit dem »Erdkühlein« mythologisch verknüpft, denn beide seien dem Totenreich zugeordnet. Der Zweig eines solchen Wunderbaumes habe Aeneas das Tor zur Unterwelt geöffnet, der Unterweltsgöttin aber habe man Kuhopfer gebracht. Die Bedeutung von Erdkuh und Wunderbaum sei nach und nach nicht mehr verstanden worden, auch wenn die Volksmärchen sie als Motive noch weiter verwendet hätten. Ninon wies nun die Zwischenglieder von der Überlieferung des Vergil im V. Gesang der Aeneis bis zu Martin Montanus nach, der 1560 das erste Aschenbrödelmärchen niedergeschrieben hatte. Nachdem sie Hesse am Tag der Veröffentlichung diese – wie er lobte – »wahre Gelehrtenarbeit« vorgelesen hatte, vermerkte sie in ihrem Notizbuch: »Hesse sagte heute früh, der Aufsatz ›Erdkühlein‹ sei ausgezeichnet.« Hesses Achtung vor ihr als einer zu wissenschaftlicher Arbeit befähigten Frau galt ihr weitaus mehr als der publizistische Erfolg.[57]

Manchmal erzählte Ninon abends nach dem Vorlesen Hesse etwas über ihre Textstudien zu Apollon. »Er hört so schön zu, so anspornend, so schöpferisch«.[58] Er lächelte still, weil sie den Bogen so weit geschlagen habe, um einen Gott einzufangen, und er warnte sie davor, ihre Arbeit allzu gut zu düngen. Ninon spürte selbst die Gefahr, daß ihr der angesammelte Wissensstoff über den Kopf wuchs. Als sie Paula Philippson[59] klagte, ihre Arbeit »sei in den Vorarbeiten ertrunken«, ermunterte, ja bedrängte sie die Freundin, nicht aufzugeben, sondern das Thema sinnvoll zu beschränken und nur die bisher unbeachtete dunkle Seite des Gottes, den »Wölfischen Apoll«, darzustellen, auf den all ihr Suchen und Einkreisen ja gerichtet war, seit sie Hesse aus Delphi geschrieben hatte, das Bild des Kastaliers erscheine ihr zu einseitig, zu flach, zu harmlos.

Paula Philippson war seit 1943 mehrfach für Wochen Gast in Montagnola und las mit Ninon griechische Dramen im Urtext, Aischylos, Euripides, Sophokles, auch Pindars Preisgesänge, die Lyriker, Kallimachos. Ihre Freundschaft förderte und bestätigte Ninon, aber auch Hermann Hesse schloß sich nie bei den abendlichen Gesprächen aus. Er bewunderte die Energie dieser hochbegabten Autorin, die nach fünfundzwanzigjähriger Tätigkeit als Kinderärztin in Frankfurt a. M. unter der nationalsozialistischen

Herrschaft ihren Beruf aufgeben mußte, mit 50 Jahren Griechisch gelernt und sich dann ganz den bis dahin nur in ihrer Freizeit betriebenen altphilologischen und religionswissenschaftlichen Studien gewidmet hatte. Sie wurde Schülerin des auch von Hesse geschätzten Religionswissenschaftlers Walter F. Otto, der das Bleibende und Gültige im Wesen der griechischen Götter betonte und sie – im Sinne Hölderlins – als geistige Realität sah: »Die Götter sind«.[60] Paula Philippson behielt in ihren Werken diesen Grundgedanken von der zeitlosen Verbindlichkeit der griechischen Götterlehre bei, mit der sich Otto gegen den Historismus abgegrenzt hatte, ergänzte ihn jedoch durch eine entwicklungsgeschichtliche Sichtweise, was sie mit Ninons Apollon-Konzeption verband. Sie stellte die geschichtlichen Bedingungen beim Entstehen der griechischen Götterwelt dar und zeichnete in eigenwilliger Auslegung der Hesiodschen Theogonie einen Götterstammbaum auf, der bis in den Ursprung der vorhomerischen Götterwelt hinabreichte und die olympische Zeus-Familie von »Chaos« und der »breitbrüstigen Mutter Erde« herleitete. Sie wies aber nicht nur die Herkunft und den Gestaltwandel der griechischen Götter nach, sondern verankerte sie auch fest auf der Erde: in Thessalien habe sich die Entstehung des Zeuskosmos als historischer Vorgang ereignet – nämlich als Vordringen der Zeusreligion durch die Einwanderung von Nordvölkern in dieses Gebiet. Das Geschichtliche sei später in ein religiöses Geschehen überhöht worden. Für Paula Philippson war der Olympos »nicht ein idealer Götterberg, sondern der makedonisch-thessalische Olymp«.[61]

In dieser religionsgeschichtlichen und topographischen Sicht lag auch der methodische Ansatz für Ninons Apollon-Arbeit. Die Zeus-Religion, die bis spätestens 1580 v. Chr. ausgebildet und um 750 v. Chr. von Homer niedergeschrieben worden war, hatte eine ältere Glaubensschicht überlagert, »denn die Götter waren nicht erfunden oder erdacht, sondern *geworden,* und die Spannung des entwicklungsgeschichtlichen Prozesses blieb in ihren Gestalten lebendig«.

Ninon erkannte in allen scheinbar so eindeutigen, hellen Göttergestalten der Ilias eine verborgene Doppelnatur, die nur aus ihrer Herkunft zu erklären war. Paula Philippson hatte die vorhomerische mit der homerischen Gestalt des Odysseus[62] verglichen und dabei an Einzelzügen herausgestellt, wie frei Homer mit dem alten Mythengut umgegangen war, als er den levantinischen Helden in das olympische Weltbild einfügte. Auch Karl Kerényi war in einer Arbeit über Hermes, den Götterboten, in diese vorhomerische Glaubenswelt[63] vorgestoßen, als Hermes noch nicht die dienende Stellung eines olympischen Gesandten hatte, sondern noch der machtvolle Gefährte einer großen Erdgöttin war. Bei Odysseus, einem Sterblichen, und bei Hermes, dem schlauen, verschlagenen, irrlichternden Gott, der den Heimlichkeiten und den Dieben hold war und dem als Seelengeleiter die chthonisch-düstere Sphäre noch anhaftete, schien ein Rückgriff auf die vorolympische Gestalt leichter und weniger gewagt als bei dem Maß und Gesetz gebenden Kastalier, der die Lichtwelt des Zeus am reinsten verkörperte. Warum aber wurde er auch »Apollon Lykeios« genannt?

»Die Epiklesis, der Beiname eines griechischen Gottes, bezeichnet immer ein Stück seines Wesens. [...] Der Gott offenbart sich dem Menschen, dieser erkennt und benennt ihn nach der Gestalt, in welcher der Gott ihm erscheint. Die Epiklesis ist eine wortgewordene Erkenntnis des Gottes durch den Menschen, und zwar des Gottes in einer bestimmten Gestalt, an einem bestimmten Ort, mit bestimmten Attributen.« Mit diesen Sätzen leitete Ninon ihre Arbeit über »Apollon Lykeios« ein. Der Beiname »Wolf« deute Apolls Eigenart, »nicht jede Gestalt ist jedem Gott annehmbar. Es muß daher auch in einer begrenzten Sicht etwas vom ganzen Wesen des Gottes durchschimmern«. Ninon ging den Spuren eines vorhellenischen Wolfsgottes und allen Verbindungen nach, die sie zwischen Apollon und Wölfen in Texten und Bilddenkmälern nachweisen konnte. In Etrurien fand sie viele Zeugnisse für den Wolfsgott in seinem tödlichen Aspekt; sie widmete dem »italienischen Apoll«, dessen Priester Wölfe waren, ein eigenes Kapitel. Sie erforschte die römischen Rechtsaltertümer, die Ikonographie der Romulus-Bilder und ihren Sagen-Hintergrund, die Gebräuche der Luperkalien, den etruskischen Totenkult, bei dem Wolfsmasken getragen wurden, römische Maskenbräuche, die noch die alte tiergestaltige Gottheit spiegelten, deren Züge im Apollon Homers verdeckt und überlagert worden waren.

Auch im Mythos von Apolls Geburt beschwor Ninon die alten Wolfszüge. Leto hatte ihn, in eine Wölfin verwandelt, nach zwölf Nächten des Herumstreifens auf Delos zur Welt gebracht. »Tiere, die bestimmten Göttern heilig sind, bedeuten das Wesen dieser Götter selbst.« Dem Apollon waren seit altersher die Wölfe heilig, ihm wurden zudem Wolfsopfer gebracht. »Zugleich war er jedoch ein Feind der Wölfe, ein Wolfstöter – Lykoktonos. Weil er ohne Auftrag des Zeus getötet hatte (die Python-Drachin und die Kyklopen), wurde über ihn eine Buße verhängt, die ihm Herumirren und ständige Flucht auferlegte, eine Buße, die in einem Hirtendienst bei den Unterweltsgottheiten endete.« So zeigt ihn Ninon als »Apollon Nomios« (Hirten-Gott), der als Herdenwächter die angreifenden Wölfe tötet. Seine Verbindung mit den über Tod und Leben waltenden Mächten machte ihn zum »Apollon Moiragetes«[64], zum Zuteiler von Los und Fügung. »Dem sich auflehnenden und dafür als Nomios büßenden Apollon steht der von Zeus beauftragte Moiragetes gegenüber, der schicksalswaltende, Gedeihen und Tod sendende Gott«, schrieb Ninon. Nur wer sühne, könne entsühnen, nur wer selbst einmal auf der Flucht gewesen sei, könne ein Schutzgott der Fliehenden sein, nur wer selbst eine Strafe erlitten habe, die dem Sterben gleichgekommen sei – wie Apolls Dienst und Verbannung in die Unterwelt –, könne strafen und töten. Nur wer selbst Schicksal erfahren habe, könne Schicksal verhängen. In Apollon überschnitten sich die Gegensatzpaare zur Einheit einer mächtigen Göttergestalt: »Dem tödlichen Aspekt des Dienstes bei den unterirdischen Göttern entspricht die Fruchtbarkeit, das Gedeihen der Herden, die Apollon unterstehen. Der Wolfsgott tötet Menschen und er tötet Wölfe, weil er überhaupt ein Töter ist, aber gleichzeitig ist der Mörder unter seinem Schutz, und der Wolf ist *sein* Tier und ist ihm heilig.« Apollon war ein Strafgott, der Tod und Segen brachte. »Das Tödlich-Chthonische ist zugleich das Fruchtbare (si le grain ne meurt!), das Unheilbringende ist zugleich das Prophetische, das Verderbliche ist zugleich das Segen-Spendende. Der sühnende und ausrottende Gott ist gleichzeitig der heilende. Der Heilbringende ist der Todbringende.«

Damit war das Rätsel Apolls für Ninon gelöst: Phoibos, der Reine und Klare, hatte das Unheimlich-Dunkle einer dämonischen Schuld selbst einmal durchlitten. Das Überwundene war in sein Wesen eingegangen. Der »Reine« war ein »Gereinigter«. Die ganze Wucht dieses früheren Geschehens lebte in der Spannungsbreite seines Wesens zwischen dem Phoibos und dem Lykeios fort. »Apollons Reich ist eben nicht leblos, gläsern und abstrakt« – Ninon hatte es 1939 in Delphi *erkannt*, als Hesse fest eingeschlossen im Vorstellungskreis des »Glasperlenspiels« lebte, und sie setzte zehn Jahre lang jede freie Minute daran, es zu *beweisen*. Rief sie, wenn sie im Phoibos Apollon nach dem älteren Wolfsgott suchte, vielleicht auch im »Kastalier« Hesse den einstigen »Steppenwolf« zurück, dem sie sich 1926 zugesellt hatte?

Als Ninon nach 15 Jahren wieder vor dem »Apoll von Veji«[65], einer etruskischen Terrakotta-Statue vom Ende des 6. Jahrhunderts v. Chr., stand, schrieb sie Hesse am 13. Juni 1951: »Er lächelt, wie ein Wolf lächeln würde – nicht der törichte lupus in fabula, sondern der große Wolfsgott. Seine Locken, seine Augen, sein Schreiten, seine Haltung – der rächende Ordner, der auch im Strafen Strahlende.« Viermal in den neun Tagen ihres Romaufenthaltes kehrte sie in die Villa Giulia zurück und schaute ihn lange an, den Apoll mit dem Wolfslächeln, »den mir liebsten Apoll«.[66]

Aber Ninon entdeckte das Geheimnis des tiefgründigen Gottes auch in den ihm geweihten Landschaften. Ihre Freundin Paula Philippson hatte in einem vielbeachteten Buch über »Griechische Gottheiten in ihren Landschaften«[67] überzeugend nachgewiesen, daß die frühen Griechen jede Landschaft als Erscheinungsform eines bestimmten Gottes wahrgenommen hatten, lange bevor dieser durch Mythos und bildende Kunst eine Tier- oder Menschengestalt erhielt. Auch Ninon erfaßte den Gott in seiner Kultlandschaft am unmittelbarsten. Als sie von Theben aus zum Heiligtum des Apoll im einsamen Hochtal des Ptoion wanderte, kündete ihr schon die eigenwillige Hanglage des Kultplatzes vom Wesen des Gottes: »Geschützt und doch oben sah ich ihn vor mir, an einem überhängenden Felsen, lichteinfangend und -ausstrahlend, *strahlend und böse zugleich*, denn es liegt etwas Drohendes in der Art seines Hängens. So erkannte ich in ihm das Bild Apollons, eins seiner Bilder, schön, strahlend – böse, ernst«.[68]

Ninons Reisen nach Griechenland blieben Reisen zu den Göttern. Sie gab sich der Inspiration der mythischen Orte hin und erkannte in ihnen bleibende Zeugen einer götterbehüteten Vergangenheit. Wie zu Apoll, dem Schweifenden, die Heiligtümer an wichtigen Wegkreuzungen und die überraschend auftauchenden, auf schroffen Felsvorsprüngen waldig eingebetteten Tempel gehörten, so wurde auf Bergspitzen im schattenlos gleißenden Licht Zeus verehrt. Zu Poseidon gehörten die fluß- und meernahen Felsklippen, zu Hera die saftigen Weidegründe, das Schwemmland breiter Strommündungen. Jeder Kultbezirk verriet ihr in Schönheit und Gefahr, daß Homers lichte Götterfamilie aus dem Dunkel stammte, das jeder olympischen Gottheit als ein grausam-harter

Zug beigemischt blieb. Daß die Götter nicht selig seien, sondern ein Schicksal hatten, brachte sie Ninon überhaupt erst nahe, denn – so fragte sie Hesse – was könnten sie sonst den Menschen bedeuten, von denen jeder ein »Wolf Solent« sei und das Finster-Wölfische mit dem Sonnenhaften in sich vereinige? Wer »hindurchzuschauen« vermöge, erkenne die Rückstände des spannungsreichen Geschehens in Göttern und Menschen.

Als Ninon 1952 – zum ersten Mal nach zwölf Jahren – wieder durch Griechenland reiste, vermerkte sie in ihrem Tagebuch: »Wie weit habe ich mich von Apollon in den letzten Jahren entfernt. Er ist mir entschwunden, andere Götter sind an seine Stelle getreten, eine besonders: Hera.« Sie wanderte durch Korfu, Thessalien und Böotien, scheidend von Apoll, dem Geheimnis der Frau auf der Spur.

Zuerst hatte sie sich vor dem Wiedersehen mit Griechenland gefürchtet: Wie würde sie sich bewähren vor all den Herrlichkeiten? Sie hatte Angst, als sollte sie eine Prüfung ablegen. Hesse hatte ihr beim Abschied eine Reise ohne Enttäuschung gewünscht. »In Griechenland kann es für mich keine Enttäuschung geben!« vertraute sie ihrem Tagebuch an. Sie reise »in der Bereitschaft, die zarten Linien des Vorgestellten von der *Wirklichkeit* erfüllt, ja überflutet zu sehen und diese Wirklichkeit anzunehmen, wie immer sie sein mag. Nicht um recht zu behalten mit *meinen* Vorstellungen bin ich hergekommen, sondern um der Wirklichkeit willen, der ich begegne. Sie ganz erfassen, sie erkennen, das ist meine Aufgabe. [...] Enttäuscht kann ich nur von mir selber sein«.[69] Auf der Überfahrt von Piräus nach Ithaka las sie in andächtiger Vorbereitung im 13. Gesang der Odyssee: »Ankunft in Ithaka«. In Vathy schrieb sie bei 40° Hitze: »Ich gehe wie auf Flügeln: hier ist Odysseus hinaufgestiegen auf Athenes Rat, um seine Dreifüße, sein Gold und seine gewirkten Gewänder zu verbergen (Odyssee V 217 f. und 363).«[70] Sie kam nach einer Stunde mühsamen Aufstiegs in eine gewölbte Felsenhöhle und wußte, daß es aufgrund mangelnder Ausgrabungsfunde keineswegs gewiß war, ob dies die von Homer beschriebene Grotte war, doch für sie ist Odysseus da, »ist Athene, Phorkys – der Alte – ganz nah und wirklich. Hier ist Odysseus' geliebtes Land, das Land, nach dem er sich immer gesehnt hat und das er *nicht erkennt*, als er von den Phaeaken ans Ufer gebracht, aus seinem tiefen Schlaf erwacht. Zwar heißt es, die Göttin habe einen Nebel über ihn gegossen, und später teilte sie den Nebel und er ›sah die Landschaft‹. Aber mir scheint doch gerade das sehr bewegend, daß man etwas so lang Ersehntes im Augenblick der Erfüllung ›nicht erkennt‹. Auch uns legen die Götter dann einen Nebel auf die Augen oder auf das Ersehnte; auch wir bedürfen dabei der göttlichen Hilfe, die uns ›den Nebel teilt‹, so daß wir *sehen*«.[71] Die Wirklichkeit als ein Geschenk zu empfangen, weil sie sich mit dem Vorgestellten und Ersehnten deckt, das bedeutete für Ninon das Erlebnis Griechenlands. Hierin bestand die unausschöpfbare Freude dieser Reise: Ein Jahrzehnt des Wartens und Vorbereitens mündete ein in die Gewißheit, *auf Erden eine Heimat* gefunden zu haben.

Als Ninon durch Thessalien wanderte, gedachte sie der mythenkundigen und wortmächtigen Freundin Paula Philippson, deren Tod ihr im Juli 1949 einen unersetzlichen Verlust zugefügt hatte. In *ihrem* Geist sah sie die weite Ebene als Kampfstätte, auf der sich die Entstehung der Zeusreligion als geschichtlicher und zugleich als mythischer Vorgang ereignet hatte. Sie beschrieb Hesse in langen Briefen, wie sich vor ihrem inneren Auge der Streit der Gewalten vollzog: vom Olymp aus zuckten Zeus' Blitze über das Land, um die alteingesessenen Titanen zu vernichten, die gegenüber im Süden auf der Othrys drohten. Hundertarmige Urwesen schleuderten Felsbrocken über die Ebene, denn Zeus hatte sie mit den Kyklopen zu seiner Hilfe aus dem Tartaros erlöst und ihr Ungestüm bändigend in seinen Dienst gestellt. Ninon las nach bei Aischylos[72], in dessen Tragödien die beiden Götterreiche zusammenprallten, und begriff in der Anschauung dieser thessalischen Weiträumigkeit und Herbheit, warum Prometheus im gleichnamigen Stück dem Titan über die Vergewaltigung klagte, das Neue verhöhnte und die Elemente als Zeugen für das an den alten Göttern begangene Unrecht anrief. Sie befragte den Dichter der »Eumeniden«, wie die Erdreligion als uralter Weiblichkeitskult durch die neue vaterrechtliche Ordnung ersetzt, die Mordsühne verbannt, das attische Staatsrecht eingeführt worden war. Sie war wieder an jenem Schnittpunkt zweier Welten angelangt, den sie schon im Gestaltwandel des Apollo gesucht hatte, und sie wollte weiterhin ergründen, wie sich der Wechsel von den dunklen zu den lichten Göttern vollzogen hatte und wo sich unter der glatten Fassade klassischer Wohlgestalt noch die machtvolle Dämonie der Frühzeit verborgen hielt.

Vom Pelion schrieb sie Hesse, sie nehme gerade teil an der Götterhochzeit des Peleus – des Berges und »Lehm-Mannes« – und der Thetis, des Meeres, die der ältesten mythischen Schicht angehörten. Aber sie gedachte auch Chirons, des weisen und gütigen Kentauren, der dieses Gebiet später beherrschte und als Natur- und Heilkundiger Götter- und Heldensöhne erzog: Achilleus und Jason, Herakles und Asklepios. Hier sah Ninon auch die Jagd- und Liebesabenteuer von Aktaion und Kyrene. Sie *sah* aus dem Pagasäischen Golf die Argonauten zur Gewinnung des Goldenen Vlieses aussegeln. Alles, alles *sah* sie und war überglücklich, allein zu reisen, bereit zur Götterbegegnung!

Sie wanderte durch das einsame Tempetal: »Es ist Apollons Weg nach der Tötung der Pythonschlange.« Feierlich schritt sie den Weg entlang, auf dem sich einst die delphische Prozession voranbewegt hatte. »Der Knabe, der sie anführte, holte von hier einen Lorbeerzweig.« Sie sah alte Lorbeersträucher am Weg: »Ich bin erfüllt und beglückt bei jedem Schritt, den ich tue.« Sie erreichte zu Fuß den thermaischen Golf. Später verweilte sie in Pherai, wo Apollo als Sühne für die Tötung Pythons ein Jahr lang als Hirte den Göttern diente. In Dodona schrieb sie: »Hier offenbarte sich Zeus. Hier übernahm er das Amt der Weissagung. Hier wurde Dione seine Gattin. [...] Ich stehe an der Stätte einer Offenbarung.« Die Quelle und die Orakelstätte waren ebensowenig zu finden wie der Eichenhain, Ninon aber *sah alles.* »Ich sitze still im Schatten eines kleinen Feigenbaumes und versuche zu erfassen, worin das Glück dieser Stunde liegt. Dodona, von Odysseus gekannt, von Homer genannt, der Zeus von Dodona, von Euripides evoziert, Dione, – *hier sind sie gewesen, hier sind sie noch.* Unvergänglich ist Zeus, ist die Erde. [...] Alles ist da und ist wirklich«.[73]

Selten gedachte sie noch Apollons, des Gottes der *Vereinzelung*. Sie fühlte sich jetzt ganz umgeben von einer Göttin, deren Natur auf die *Gemeinschaft* mit einem Gefährten hinwies: Hera. Wieder widmete sie sich einem Thema, das in der eigenen Biographie verankert war. »Hera ist die große Göttin, der ich zugewandt bin, ich suche sie, ich gehe ihr nach«.[74] Die erste Begegnung mit Hera lag lange zurück: In Palermo sah Ninon 1934 die Metope aus Selinunt, auf der sich Hera vor Zeus entschleiert. »Sie steht zaghafttrotzig da, schamvoll, ungewiß – aber rührend entschlossen, als sagte sie – hier bin ich – nimm mich hin! Zeus aber ist wie vor Entzücken leicht zurückgesunken, seine rechte Hand umfaßt Heras Hand, die den Schleier zurückgeschlagen hat. Er sieht sie an, als wäre er trunken vor Glück, vor Überraschung. Ich dachte daran, wie übel sie miteinander lebten – später –, und ob sie je wieder daran gedacht hätten, wie schön es gewesen war, damals, als sie sich fanden. Und ich war so froh – für Hera –, daß sie es einmal auch so schön gehabt hatte wie alle Zeus-Geliebten und daß er einmal auch von *ihrem* Anblick trunken gewesen war«.[75] 1955 erfaßte sie Hera als Göttin der Ehe: »Es ist nicht Liebe und nicht die Freundschaft zwischen zwei Menschen, sondern ihr Verbundensein im Guten wie im Bösen, eine Einheit aus Zweien, jeder wird eine Hälfte in bezug auf etwas Ideelles und jeder hat seine Funktion als Hälfte, wie das Paar Zeus-Hera. [...] Es ist nicht Liebe – sondern mehr als Liebe –, es ist Dauer, und es ist Gleichheit (nicht Ähnlichkeit), die diese Verbindung schafft«.[76]

Auf dieser Reise 1955 durchstreifte Ninon Heras Kultland, die Argolis. Sie wanderte nach Mykene, »Danaos' gedenkend und des Stier-Wolf-Kampfes, Perseus', des Gorgo-Töters und des Gründers von Mykene – aber alles in mir ist doch Hera zugewendet. Ihr Heiligtum ist Argos gegenüber, wo Zeus thront, und es blühen wieder Mohn, Kamille, Lungenkraut.« Sie stieg durch Ölwälder und Brachland auf gewundenen Wegen höher, ein Streifen der Meeresbucht von Argos tauchte auf – Lerna und gegenüber Nauplia – und sie erreichte auf einer Anhöhe das Terrassenheiligtum. Wie ein Naturaltar lag das alt-ehrwürdige Heraion vor ihr – sakraler Mittelpunkt der argivischen Ebene. Später besuchte sie die Quelle Kanathos, in der Hera jährlich durch ein Bad ihre Jungfräulichkeit wiedergewann, um Zeus aufs neue zu begegnen – eine sich entziehende und sich wiederschenkende Gattin. Für Ninon war in diesem Bild das tiefste Geheimnis der Ehe ausgesprochen: Die Entfernung und das Wiedervereinen, das Für-Sich-Sein und die unzerstörbare Gemeinschaft.

Hera war zugleich Schwester und Gattin des Zeus. »Geschwisterlich bedeutet hier ebenbürtig; sie sind für einander geschaffen, wie sonst nur Menschen gleichen Erbes und Geistes«.[77] Ninon sah in ihnen das vollkommene Paar, in dem jeder von gleichem Gewicht und jeder der Gebende und der Nehmende war. Trotz ihrer Götterehe besaßen Zeus und Hera keine gemeinsamen Tempel, ihre Kulte blieben getrennt. Stark aber waren sie beide! So bedurfte Hera nicht des Brudergatten, um fruchtbar zu sein, und auch Zeus' Vaterschaft war nicht mit dieser Ehe verknüpft. Die gegenseitige Zugehörigkeit fand ihren Sinn in sich selbst. Es entzückte Ninon, daß diese alte Auffassung von der Ehe als einer zweigeschlechtlichen Einheit sich bis in die neugriechische Sprache hinein erhalten hat: »Androgynos« bedeutet »Ehepaar«.

Unter dem Zeichen der Hera bekannte Ninon sich zur androgynischen Ganzheit des Paares: die Zeit Ariadnes, der bindungslos Schweifenden, lag lange hinter ihr. Sie sehnte sich auch nicht mehr in die männliche Freund-Welt des Apollon. Ihre Hera-Deutung zeugt von ihrer veränderten Beziehung zu Hesse.

Für Ninon stellte jedoch das Bild, das Homer von Hera als der Gattin des Zeus entworfen hatte, wie das des Kastaliers Apollon nur den Endpunkt einer Jahrtausende alten Entwicklung dar. Sie aber möchte hindurchschauen durch dieses in einer patriarchalischen Zeit entworfene dichterische Bild auf frühere Gestalten der Hera, sie möchte die »Jahresringe des gewachsenen Mythos« erkennen, möchte »polyphon« sehen.[78] Wer war Hera, ehe sie aus ihrem Herrschaftsbereich, den fruchtbar-feuchten Ebenen zu Zeus hinaufgesellt wurde auf die schattenlose Bergspitze des Olymp und sich ihm in der Heiligen Hochzeit entschleierte und verband? Ninon wollte den Kämpfen nachspüren, die hinter der in der Ilias dargestellten, immer noch spannungsgeladenen Zeus-Ehe fortlebten. »Denn ist es nicht merkwürdig, daß es so viel ›Streit‹ und ›Geplänkel‹ zwischen dem obersten Götterpaar gibt? Es sind die Nachklänge einer großen Auseinandersetzung, die lange zuvor stattgefunden hat – über die nicht mehr gesprochen wird –, sie sind erledigt, aber sie sind nicht aus der Welt, Anspielungen erinnern daran.«

Auf der Spur nach Heras vorhomerischer Wesensart und Erscheinung boten Ninon die religionsgeschichtlichen Standardwerke wenig Hilfe: »Man könnte mythologische Arbeiten zwischen 1800 und heute nach ihrem Verhältnis zu Hera datieren. [...] Die Streitigkeiten Heras mit Zeus in der Ilias paßten vorzüglich zu dem Bild der bürgerlichen Ehe, das Zeus und Hera zu bieten schienen.« Geradezu hilflos hatten sich die Religionsforscher des 19. Jahrhunderts gegenüber der freien olympischen Herrin verhalten, sie wußten mit ihr nichts Rechtes anzufangen. Hatte Ninon nicht selbst 1932 im Thermen-Museum in Rom ratlos vor dem riesigen Haupt der Hera (Juno) Ludovisi gestanden, das seit der deutschen Klassik als Bild der erhabenen Frau schlechthin gegolten hatte und von dem sich Goethe eine Kopie verschaffte, um diesen Ausdruck edelster Menschlichkeit stets vor Augen zu haben?[79] Ninon schrieb damals unwillig an Hesse, daß sie keinen Zugang zu diesem in seinen Ausmaßen so ungriechischen Bildnis fände, und er antwortete, daß er ihre Meinung über diesen »Dickkopf« völlig teile, »vor dessen Gipsabguß man in Weimar, in Goethes Treppenhaus erschrickt«.[80] Auch was Schiller, zu dem Ninon seit eh und je wenig hinzog, in diesem Kolossalkopf als »vollkommene Menschlichkeit« erkannte, weil sich, wie er in seinen »Ästhetischen Briefen« erläuterte, in ihm Anmut und Würde aufs Edelste durchdrängen, erschien Ninon flach und als schöntümelnder Abglanz einer einstmals mächtigen Göttin.[81] Wer wie die deutsche Klassik und ihre klassizistischen Nachfahren das Griechische im Spiegel des Römischen suchte, dem mußte Hera verlorengehen, galt sie damals doch nur noch als Gattin des höchsten Gottes und war somit ohne eigenen Macht- und Wirkungsbereich. Ninon, die Heras Größe an ihrem ursprünglichen Herrschaftsgebiet, der argivischen Landschaft, und an den gewaltigen Ausmaßen der ihr allein geweihten Kultstätten maß, konnte sich mit ihrem Bedeutungsverlust zur Nur-Ehefrau nicht abfinden. Mochten die zeitgenössischen Mythenforscher Hera auch nur noch als Hüterin der monogamen Ehe schätzen, die jede Verweigerung, jeden Verstoß strafte, mochte sie nur noch durch ihre Verbindung mit Zeus Ehre und Ansehen erhalten – Ninon wollte sich mit dieser eingeschränkten Geltung nicht begnügen! Sie begann, das klassizistische Bild von Hera als einer profillosen Matrone in Frage zu stellen. Sie deutete Heras Eifersucht auf die Gespielinnen ihres Göttergatten als eine historische Rückspiegelung der spätbürgerlichen Ehe mit ihrem Treuegebot und den augenblinzelnd geduldeten geheimen Übertretungen. Kein Wunder, daß Walter F. Otto 1934 diese heruntergekommene Göttin in seiner Götterlehre überhaupt nicht mehr behandelt hatte, weil sie bei Homer nicht geachtet sei.[82]

Ninon hatte Heras Bild so in sich bewahrt, wie es sich ihr beim Betrachten der Tempelmetope von Selinunt aus der Mitte des 5. Jahrhunderts v. Chr. im Archäologischen Museum von Palermo einprägte: hoheitsvoll und gewährend entschleiert sich die Göttin vor Zeus. Ninon suchte weitere Abbildungen der Hera und stellte fest, wie wenige von ihr erhalten waren. Die berühmte Goldelfenbeinstatue der thronenden Hera von Polykleitos aus dem Heraion in Argos war verloren. Schriftliche Quellen überliefern, daß sie dem Bildnis des Zeus in Olympia oder dem der Athene im Parthenon der Akropolis vergleichbar gewesen sei und somit den hohen Rang, die Würde und Kraft dieser alteingesessenen Göttin angemessen verkörpert habe. Ein Bild der Hera, das ihrer eigenen Vorstellung entsprach, fand Ninon auf einer attischen Schale von 460 v. Chr. in der Antikensammlung in München. *Das* war *ihre* Hera! Lieblich und würdig zugleich steht sie da, *sich selbst genügend,* zart und doch herb in den schützenden Mantel gehüllt. Ein schilfblattgeschmückter Kronreif und eine schlanke Weidengerte zeugen von ihrer Machtsphäre, unvereinbar mit der biedermeierlichen Burleske einer Ehefrau, deren Hauptbeschäftigung darin bestand, dem Gatten nachzuspionieren. »Ganz zart möchte ich auf die Plattheit hinweisen, daß man die Zeus-Hera-Auseinandersetzungen für eheliche Streitigkeiten ansah und Hera als ›eifersüchtig‹. Wenn jemand von beiden eifersüchtig war, dann *er,* Zeus, auf die Macht der alten Göttin, die er zuwenig ›verschluckt‹ und verarbeitet hatte. [...] Das Paar Zeus-Hera veranschaulicht die Verbindung zweier Götterkulte im Bild der vaterrechtlichen Ehe. Außer mit Hera mußte Zeus, der mit dem Einwandererstrom von Norden neu hinzugekommene Gott, sich mit vielen landschaftsgebundenen Göttinnen verbinden, um sich gegen alteingeübte mutterrechtliche Lokalkulte durchzusetzen und sie in seine pan-hellenische Götterfamilie einzuschmelzen. Das war der geschichtliche Hintergrund seiner angeblichen Liebschaften.« Hera aber, so wollte es Ninon nach alten Quellen darstellen, mußte von ihm als mächtigste Gegnerin mit ranggleichen Ehren ausgestattet werden, damit sie ihn, den erobernden Gott, als Bruder oder Gatten annahm und ihre Herrschaft mit ihm teilte. Nur durch List – so erzählen die Quellen – habe er sich *in Gestalt eines Vogels,* des frühlingshaften Kuckucks, der alteingesessenen Herrin genähert, was Ninon entzückte. Sie stellte mit Genugtuung fest, daß Zeus in die Ilias als »Posis Heras«, als »Gatte der Hera« einging (7,411), eine Benennung, in der die ehemalige Vorherrschaft Heras noch fortwirkte, lange nachdem sie eine untergeordnete Stellung in Homers olympischem Göttersystem erhalten hatte.[83]

»Mir kam zu Bewußtsein, wie *schwer* und *düster* Hera in der Ilias lebt. Aber hier und da erkenne ich die Wende, die sie zur Olympierin macht.« Ninon stellte fest, daß Hera für eine Himmelsgöttin erstaunliche Züge urtümlicher Wildheit trage. Zeus fürchtete Heras ungebärdiges Wesen auch noch in den homerischen Gesängen – er war voller Argwohn. »Befremdend ist auch der Haß, den Zeus gegen sie hegt. Er spricht ihn oft aus. Sie hingegen haßt ihn nicht; sie nennt ihn mit seinen geläufigen Beinamen (vor allem ›Aigiochos‹, es klingt mir immer ironisch). Sie durchkreuzt und zerknickt, was er beschlossen. Sie ist und bleibt seine Widersacherin, und als solche anerkennt er sie auch. [...] Die Auseinandersetzungen zwischen Zeus und Hera wären unverständlich, wenn sie nicht auf einen ursprünglichen Machtkampf zurückgingen«.[84]

Wieder waren es, wie ehemals bei ihren Apollon-Studien, die Forschungsarbeiten von Paula Philippson und Karl Kerényi, die Ninon darin bestärkten, die vorhomerische Gestalt der Göttin zu entwerfen.[85] Gleichzeitig begann sie ein gründliches Studium von Bachofens Werken, um in die Frühzeit vorzudringen, in der die höchsten Götter Frauen waren und das Mutterrecht herrschte.[86] Dann aber suchte sie die Göttin in den ihr geweihten Kult-Landschaften auf, denn dort ließ sie sich am unmittelbarsten erfassen. Hera war eins mit der »rossenährenden Argolis«, einer flußdurchströmten, hügelumsäumten, feucht-nahrhaften Weideebene, nahe der Mündung am Meer. Auch unheimliche, schilfreiche Sümpfe gehörten zu ihrem Herrschaftsgebiet; in Lerna gähnte urweltlicher Schlamm, den der Mythos mit chthonischen Mischwesen bevölkerte und in dem Herakles – »der durch Hera Berühmte« – die neunköpfige Hydra tötete.

Ninon starrte in den geheimnisvollen Schlund dieses Sumpfes, in den einst – Hera zum Opfer – lebende Lämmer versenkt wurden, und sie streifte durch das üppige Gras der Ebene von Argos, das der Göttin mit der Schilfkrone ebenso heilig war wie der samenreiche Granatapfel, der den Griechen als Unterweltsfrucht üppiges Keimen und Vermehren verhieß. Während der folgenden Jahre suchte Ninon Hera in allen Landschaften auf, die ihr seit altersher geweiht waren: Samos, Olympia, Korinth-Perachora, Euboia, Foce del Sele wurden für sie Erscheinungsformen der Göttin. Hier gewann sie ihre eigene »mythische Vision« von ihr, die sich nicht mit dem Bild der Olympierin deckte. Gleichzeitig war sie auf der Spur einer großen mittelmeerischen Göttin, die vielleicht ebenso wie Hera beim Übergang zum Patriarchat einem Gestaltwandel unterlegen war, in Thessalien und Böotien, auf Delos, in Kreta und Kleinasien. In Ephesos glaubte sie eines Abends im Artemision, gegen die Berge von Sardes gewendet, im Sonnenuntergang eine Epiphanie dieser Göttin wahrzunehmen. »Um die Fundamente des Tempels war es still und wild, sumpfig, dornig, blütenreich. Ich versuchte ihn abzuschreiten, ein zu majestätisches Wort, man konnte hüpfen, klettern, springen, die Dornen umschlangen einen wie lebendige Wesen, eifersüchtig auf den Fuß, der das Heiligtum betrat. [...] Ich konnte, wie es immer geht, nicht an ›alles‹ denken, an Gyges und die Freistatt der Sklaven – ich dachte an alles, was ich *sah,* und zugleich strömte die Empfindung des Lebendig-Seins der Göttin durch mich«.[87]

Während eines breit angelegten Quellenstudiums zwischen ihren einzelnen Mittelmeerreisen übersetzte Ninon die Ilias. Dann interpretierte sie in einer starken Identifikation mit der archaischen Hera all jene Textstellen, in denen von der Zeus-Gattin die Rede war. Zeus nenne Hera mehrfach ein Unglückswesen; »sie ist ein Unglück für Zeus, weil sie ihm zur Seite gesetzt wurde, ihre alte Kraft aber noch nicht gebändigt ist (und er sich vor ihr immer wieder fürchtet. Was natürlich noch zu beweisen wäre!)«. An Stellen, in denen Zeus zu Hera spreche, lobe er sich wie ein Schwacher: »Morgen wirst Du schaun, so Du willst, Du hoheitsblickende Hera, den überstarken Kronion.« Er nenne sie arglistig und tückisch und bedrohe sie, die »Truginnende«, mit Züchtigung »wie einst«. In Heras Herzen hingegen steige Haß auf, wenn sie den Gatten, ihren Besieger, auf der höchsten Spitze des Ida sitzen sehe, während sie sich gleichzeitig heftig freue über das kraftvolle Gebrüll und »Schalten« des sich emsig tummelnden Poseidon (15,5-15,50), wohl weil er ihr – der Potnia, der großen Erdgöttin – als Gatte, als »Posidan«, als Erderschütterer in früherer Zeit zugesellt gewesen sei. Als besonders wichtig für Rückschlüsse auf Heras ursprünglich wilden Charakter deutete Ninon den Vorwurf des Zeus: »Roh würdest Du verschlingen den Priamos und seine Kinder und die andern Troer, erst dann würde Dein Zorn beschwichtigt werden« (4,35). Ninon fragte: »Eine olympische Göttin als Menschenfresserin?« Hier offenbarten sich ihr die urwelthaften Züge einer alles verschlingenden Erdgöttin. Zeus sei stets klug darauf bedacht, daß der Streit zwischen ihnen nicht größer werde: »Handle wie Du willst (4,37). (Er will soviel wie möglich aus dem Wege räumen – genug Abgründe schon zwischen ihnen.) Er verlangt von Hera ›nicht zu hindern meinen Zorn, sondern mich gewähren zu lassen‹. (Das bedeutet also, daß sie ihn hindern könnte.) Darum schließt er eine Art Vertrag mit ihr: Ich gab dir – gib du mir. Wobei er hinzufügt: Freiwillig – unwilligen Herzens« (4,42 ff.). Hera geht auf Zeus' Anregung des wechselseitigen Gebens ein (4,62-67). »Sie wollen sich einander Achtung und Nachgeben zugestehen und zugleich einander Raum lassen, so spricht nicht eine ›Schwächere‹ oder Unterworfene! Das ist von gleich zu gleich gesprochen. Und Hera befiehlt dem Zeus, der Athene etwas zu befehlen, ›und nicht ungehorsam war der Vater der Menschen und Götter‹ (4,68)«[88].

Ninon machte deutlich, daß Zeus trotz seines gewissen Machtneides Heras Ebenbürtigkeit und Mitspracherecht anerkennt: »›Hera aber verüble ich es nicht so sehr und zürne ihr nicht; denn immer war sie es gewöhnt zu durchkreuzen, was ich auch sage.‹ Das ist eine Anerkennung des geradezu funktionellen Widerstandes, den Hera ihm leistet: Sie ist sein Widerpart, die Nein-Sagerin, wenn er Ja sagt, und an dieser Stelle des Epos anerkennt er die Notwendigkeit, daß es so ist.«

Ninons Ilias-Interpretation sollte beweisen, daß der äußere Gestaltwandel einer frühgriechischen großen Vorgänger-Gottheit zur Zeus-Gattin das innerste Wesen der Göttin nicht berührt hatte. Sprach es nicht auch für Heras verbliebene Macht, daß in der Ilias nichts anderes geschah, als das, was sie – im Bunde mit Athene – forderte, den Sieg der mykenischen Griechen und den Untergang der vom Zeus-Sohn Apollon geschützten Troianer?

Über ein Jahrzehnt widmete sich Ninon der Suche nach Heras ursprünglicher Gestalt mit einer Besessenheit, die Hesse unverständlich blieb. Er sah zwar ein, daß ihrem Frauenbild die inferiore Zeus-Gattin nicht genügte, die allein durch ihren Gefährten Rang und Aufgabe erhielt. Aber er bezweifelte, ob gerade Hera für den Selbstwert und die Eigenständigkeit einer verheirateten Frau des 20. Jahrhunderts exemplarisch sein müsse. Für Ninon bedeuteten die griechischen Götter jedoch zeitlos gültige Beispiele menschlicher Existenz, Urbilder. Die olympische Hera aber konnte für sie »kein Urbild abgeben, allenfalls ein Zerrbild des Weiblichen«.[89]

Als Zeus-Gattin litt Hera nicht nur an einer auffallenden Geringwertigkeit gegenüber allen anderen olympischen Göttern, sondern sie machte auch eine mann-weibliche Rangabstufung sichtbar, die in der griechischen Götterwelt sonst nicht zu finden war. Das gerade überzeugte Ninon ja an den griechischen Gottheiten, daß jede von ihnen eine Einheit aus sogenannten »männlichen« und »weiblichen« Eigenschaften darstellte. »Ich kann es nicht leiden, wenn man die Dinge mann-weiblich ansieht! *Menschlich* muß man sie sehen! [...] Wie sind doch alle göttlich-menschlichen Möglichkeiten in diesen Göttern verkörpert! *Alle* Möglichkeiten – nicht etwa weibliche oder männliche. Nicht weibliche ›Urbilder‹ allein sind diese Göttinnen, so wenig wie Zeus, Apollon, Hermes, Poseidon nur männliche ›Urbilder‹ sind. Niemals gelten die Göttinnen weniger als die männlichen Götter. Und Zeus und Hera? Er ist Herr über alle olympischen Götter; *und dennoch hat Hera ihre eigenen Bereiche, in die er ihr nicht dreinredet.* Lesen Sie es nach im vierten Gesang der Ilias 37-64, es ist ganz herrlich gesagt.

Noch mächtiger aber als Zeus sind die Moiren, nicht ›weil‹ sie weiblichen Geschlechtes sind, und auch nicht ›trotzdem‹: Ihnen ist dieser Machtbereich zugefallen, dem sich alle Götter beugen müssen. Dies schrieb ich, um Ihnen eine Idee von ›meiner‹ Mythologie zu geben, von der Welt, in der ich lebe«.[90]

Der Weg, auf dem Ninon die Wahrheit über Hera herausfinden wollte, führte sie immer weiter fort von klassischer Bändigung und Wohlgestalt. Hesse bescheinigte ihr kopfschüttelnd einen Hang zur Desillusionierung und Formzertrümmerung. Sie entgegnete ihm, die Wahrheit sei eben immer »Ent-Täuschung«.

Hera, zur Gattin gezähmt, versittlicht und verharmlost, trug für Ninon ebenso wie Apollon ein Doppelgesicht. Ihr unübersehbar wildes Erbe wies sie als Nachfolgerin einer großen mutterrechtlichen Göttin aus. Hesse wandte ein, der Sieg des Patriarchats durch den Sturz oder den Gestaltwandel einer so mächtigen Göttin müsse im Mythos bewahrt worden sein, in dem ja alle Glaubenskämpfe ihre Spuren hinterlassen haben. Gab es dort eine entmachtete, unterworfene Göttin, die von der neuen siegreichen Religion mit dem Makel des Urbösen einer überwundenen Vergangenheit beladen worden war?

Nach ausgedehnten Textstudien stellte Ninon eine kühne Hypothese auf: die geheimnisumwitterte Gorgo-Medusa sei die gesuchte vorhellenische große Göttin und Hera-Vorgängerin; denn ihr Name bedeute nicht nur die »Herrschende, Waltende«, sie sei auch von Perseus, dem Zeus-Sohn, enthauptet worden.[91] Als Siegestrophäe und Warnzeichen sei ihr abgeschnittener Kopf in den olympischen Götterhimmel eingebracht worden, und Athene, die dem Haupt des Zeus entsprungene Vater-Tochter, habe ihn sich zur Kraftübertragung in die Mitte der »männermordenden Aegis« geheftet. Das abgeschlagene Medusen-Haupt, das »Gorgoneion«, wirkte weiterhin als dämonischer Machtquell; es blieb für alle Zeiten Ausdruck des Götterschreckens und der Unheilsabwehr: »Wer

Gorgo oder Medusa sagt, meint meist das Abbild ihres abgeschlagenen Kopfes, die Schreckmaske, die den versteinert, der sie anblickt. Die mythische Einkleidung der Gorgo-Medusa seit Hesiod deutet jedoch darauf hin, daß sie eine mächtige Göttin war. Dann aber müßte sie Kultstätten gehabt haben. Es sind noch keine gefunden worden. Nur wenn die Gorgo-Medusa in eine andere Göttin eingegangen wäre, ist dies verständlich; denn dann hätte ihre Nachfolgerin auch ihre Kultstätten übernommen.« Gab es archäologische Funde in Hera-Tempeln, die auf die Verehrung einer Vorgänger-Göttin hinwiesen?

Ehe Ninon solchen Belegstücken nachspüren konnte, gelang ihr anhand literarischer Quellen manche beziehungsreiche Verweisung von Hera auf Gorgo-Medusa.[92] »Vielleicht wird die Beziehung zwischen Gorgo-Medusa und der olympischen Hera ein Licht auf sie beide werfen: die Göttlichkeit der Gorgo-Medusa durch die olympische Göttin erschlossen werden und sich gewisse Züge der letzteren aus ihrer Herkunft erklären.« Ninon untersuchte wie bei Apollon die Beinamen, die Hera in der Ilias trug, denn »Namen sind auf kürzeste Formeln gebrachte Geschichten«. Hera war »Boopis«, die Kuhäugige, »Hippia« – die Pferdegöttin, oder »Hermioche«, die Zügelhalterin, und erwies sich als geschickt im Umgang mit Pferden. Zeigte sich in diesen Beinamen Heras eine Verbindung zur Medusa, die sich dem Poseidon in Roßgestalt hingab und ein Roßkind, den Pegasos, gebar?

Dann versuchte Ninon, die gorgonischen Nachtseiten[93] in der olympischen Hera aufzudecken, sie verwies auf deren Haß und unversöhnliche Rachsucht, die sich vor allem gegen Herakles richtete, den dorischen Helden und Liebling der olympischen Götter. Auch spräche für ihre Verwandtschaft mit Gorgo-Medusa, daß Homer so betont auf ihren ambrosianischen Wohlgeruch und ihre schimmernde Lockenpracht hinweise, als wolle er den giftigen Hauch der Erinyen – der einer früheren Erdgöttin zugesellten mutterrechtlichen Rachegeister – ebenso vergessen machen wie das Schlangenhaar der Medusa. Dadurch, daß Hera sich den Gürtel Aphrodites ausleihe, um sich Zeus zu vermählen, werde der gräßliche Schlangengürtel der Gorgo-Medusa mythologisch ausgewechselt. Ninon hielt es ebenfalls für aufschlußreich, daß die Hera der Ilias sich ins Erdhaft-Dunkle und Verborgene zurückzieht, sich dort wäscht, kämmt, salbt, »vom Schmutze reinigt«, – sich verwandelt für Zeus (14,163-177). »Die Umwandlung ist längst vollzogen. Es erinnert nur manche Szene Homers den Wissenden oder Ahnenden – oder Argwöhnenden – an ›frühere Zeiten‹.«

Wann immer Ninon mit Fachgelehrten über ihre Hypothese sprach, erregte sie Erstaunen. Die meisten sahen im Sinne der griechischen Klassik die Gorgo als Inbegriff des Gräßlichen und Gefährlichen. Sie dachten schon bei der Namensnennung sofort an die Schreckensmaske, die aus den Gorgoneien der Archaik und der Frühklassik entgegengrinst. Wie könne sie dieses Kopfgespenst, aus männlichen und weiblichen, aus menschlichen und tierischen Zügen zusammengesetzt, verunstaltet durch ein Scherengebiß, das man oft als Kastrationssymbol gedeutet hatte, mit Hera in Verbindung bringen? Ninon ließ sich jedoch nicht beirren. Sie verschaffte sich Grabungsberichte über Hera-Tempel, Abhandlungen über archaische Kultgeräte und über Apotropaien wie Göttermasken, Schildzeichen und Figuren aus Tempelgiebeln. Dabei entwickelte sie eine eigentümliche Freude beim Sammeln von handschriftlichen Auszügen aus der Sekundärliteratur, die ihre ohnehin schon umfangreiche Bibliothek so bereicherten, daß sie den Forschungsstand bis in die sechziger Jahre hinein erfaßte. Ihre Apollon-Arbeit wäre beinahe in den Vorarbeiten ertrunken – ein Wunder, daß diese immense Stoffsammlung nicht das Hera-Gorgo-Konzept sprengte. »Ich will alles unterbauen und vor allem mich hüten, bei meiner Arbeit zu ›spekulieren‹. Die Archäologie ist inzwischen stolz darauf, eine Art Naturgeschichte, Morphologie, exakte Wissenschaft geworden zu sein. O schöne Zeiten, als alle Großen noch ›spekulierten‹, Furtwängler, Helbig, K. O. Müller, Roscher, Walter F. Otto und viele andere mehr«.[94]

Gewohnt, daß man ihre Hypothese von der Herkunft Heras belächelte, fand sie durch Emil Kunze[95], den Leiter der Olympia-Ausgrabung, unerwartet Ansporn und Bestätigung. Während sie in den Museumsmagazinen von Olympia die Weihgaben aus dem Bezirk des Hera-Tempels prüfte, sprach sie mit ihm über ihr Konzept. »Heute bin ich so glücklich«, berichtete sie danach am 2. Mai 1956 Hermann Hesse. »Er sagte, es gefalle ihm sehr, wie ich das anpacke, nicht apodiktisch, sondern neue Möglichkeiten zeigend. Du kannst Dir denken, *wie* glücklich ich war. Drei Tage, ach nein, viel länger! hatte ich gedacht, Kunze wird sich vor Lachen biegen, wenn ich ihm das erzähle, es dilettantisch und unmöglich finden. [...] Ich hatte vorher noch gesagt, ich hätte die Ilias auf meine Arbeit hin gelesen, und zwar so, als ob es keine Homerkritik gäbe

– er lächelte und sagte: ›die einzig richtige Art sie zu lesen!‹ – und ich möchte dann aus den Quellen zeigen, was für die Herkunft Heras von der Gorgo spreche – auch aus Hesiod, Euripides, Pindar.« Ebenso froh klang Ninons Brief an den mit ihr befreundeten Althistoriker Siegfried Lauffer[96], dem sie ebenfalls ihr Gespräch mit Emil Kunze schilderte: »Er hatte sehr aufmerksam zugehört; [...] Er würde die Arbeit ›Gorgonen in Hera-Tempeln‹ nennen, und er ermutigte mich außerordentlich durch sein ruhiges, sachliches Darauf-Eingehen. Ich war ganz betäubt vor Glück – wenn man wie ich allein in Montagnola sitzt und so etwas mit niemand besprechen kann, weiß man doch nicht, ob es ungeheuer töricht oder naiv ist, oder ob es etwas Mögliches sein könnte«.[97]

Ermutigend fand Ninon auch bei dem griechischen Archäologen und Ausgräber von Santorin (Thera), Spyridon Marinatos, der selbst in einer Arbeit über Gorgonen und Gorgoneien die enge Verwandtschaft zwischen der Gorgo und einer ihrer Nachfolgegöttinnen, der Artemis von Thera, nachgewiesen hatte.[98] Während ihrer Bibliotheksarbeiten in Athen wurde sie noch einmal von einem Gelehrten in ihrer Absicht bestärkt: »Rhomaios, der über Achtzigjährige, hörte meinen Ausführungen zu und sagte: ›Sie sehen das Große und Sie gehen in die Tiefe, und weil Sie davon besessen sind, wird es Ihnen auch gelingen‹.«[99]

Sie scheute nicht die kleinteiligste Sucharbeit, doch oft war es schwierig, an die Sammlungen der Museen überhaupt heranzukommen. »Ach, es ist schlimm, wenn man nicht vom Bau ist, keine Legitimation in Händen hat! Ich habe mir seit 20 Jahren immer alles selbst erarbeiten müssen. [...] Und nichts hassen Wissenschaftler mehr als Dilettanten. Aber ich bin so erfüllt von meinem Thema, daß ich nicht auf die Arbeit verzichten kann«.[100] Unermüdlich beim Durchstöbern auch der unscheinbarsten Funde, berichtete sie Hesse am 25. September 1959 eilig auf einer Postkarte aus Nauplia: »Liebster Hermann, gestern habe ich 62 Schubladen mit Scherben durchgesehen, habe nicht entdeckt, was ich gesucht habe. Heute war ich den ganzen Tag in Argos, sehr glücklich, ist es doch das Gebiet der Hera. Endlich sah ich alle mythischen Stätten, mit denen ich mich beschäftige.« Tags darauf betrachtete sie in Tiryns tönerne Topfmasken, aus denen ihr die Häßlichkeit als ein ungebrochener Ausdruck des Dämonischen entgegengrinste: hervorquellende Augen, Eber-Raffzähne, die aus dem offenen Maul drohten, eine breite Tiernase. In Sparta vertiefte sie sich in

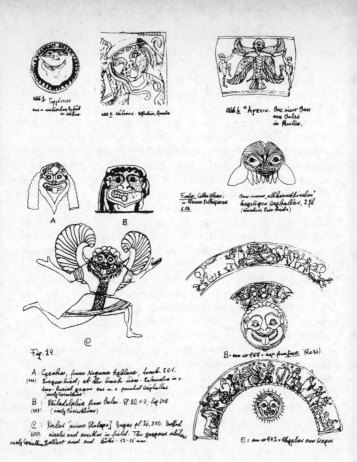

Aus der großen Sammlung
der von Ninon nachgezeichneten Gorgonen
und Gorgoneien einige Beispiele

den Anblick von Tonmasken aus dem Zeitalter des Homer, die im Heiligtum der alteingesessenen Göttin Artemis Orthia gefunden worden waren. Dieses archaische Kultgerät zeugte von der Macht der Göttin, deren furchterregende Kräfte die Gläubigen einst in Maskentänzen auf sich zu übertragen glaubten.

Der Weg, auf dem Ninon Heras archaische Herkunft wiedergewinnen wollte, führte sie bis zur Magie der Tanzriten für eine Erdgöttin in ferner Vorzeit. Ihr Maskenstudium verselbständigte sich und schien immer weiter von Hera wegzuführen, und doch blieb Ninon dem »Urbild des Weiblichen« auf der Spur, das, wie sie meinte, unter patriarchalischer Herrschaft verzerrt oder sogar vergessen worden war. Wo aber blieb die große Vorgänger-Göttin faßbar, der man durch Erdkulte und Fruchtbarkeitsriten gehuldigt hatte und die Ninon wie das Leben selbst erschien, wie ein gorgonischer Schlund – eine »Gurgel« –, der alle Gestaltungen dieser Welt ausspie und wieder verschluckte, als seien sie nie gewesen, Vanitas!

Ninons Aufzeichnungen verraten die starke Anziehungskraft, die alte Tanzmasken und Gorgoneien auf sie ausübten. In der Wahl dieses archäologischen Forschungsobjektes hat sie sich wohl einer geheimen Angst gestellt, die sie nur in einer solchen Vergegenständlichung und Versachlichung verarbeiten konnte. Masken sind erstarrte Körpergesten; in ihnen wird die lebendige Vielfalt auf *einen* Ausdruck reduziert: steinerne Ruhe. In der Maske war das Fließen gefangen. Diese letzte Verdichtung, diese Vereinfachung zur endgültigen Form aber war dem Totenreich zugehörig. Ninon las aus allen Masken die Hadesbotschaft.[101]

Wenn sie jahrelang den Masken nachforschte, so war sie bei dem Thema angelangt, das sie von Jugend auf beschäftigt hatte: dem Widerspruch zwischen Freiheit und Zwang, zwischen Verwandlung und Erstarrung. Daß das Leben eine Maskerade sei, hatte Ninon schon in ihrer Czernowitzer Schulzeit ihrem Briefpartner Dr. P. gegenüber behauptet und ihm dabei vorgeworfen, er verliere sich hinter seinen zahlreichen Larven. Ninon lenkte damals ihre Selbstkritik nach außen, denn auch sie spielte ja die Rolle, die man von ihr erwartete, die der wohlgelittenen, liebenswürdigen höheren Tochter, auch wenn sie viel lieber einmal in Camenzindsche Freiheit entlaufen wäre. Ihre ständige Angst, das eigene Ich gegenüber den Erwartungen der kleinstädtischen Umgebung zu verfehlen, war in ihrer konventionsgebundenen Erziehung verankert, ebenso ihr unbestechlicher Drang, im späteren Leben überall das »Echte« herauszufinden und im »Hindurchschauen« hinter den Fassaden die Wahrheit zu erspähen. Die Maske hatte Ninon die Anpassung an die Sittenstrenge der österreichischen Provinzhauptstadt ermöglicht und sie gleichzeitig zur Abbremsung aller Impulse verdammt, zu erstarrenden Körpergesten, zu Verkrampfung und Ängsten, zu eingeschränktem Bewegungsdrang. Ninon wußte, daß mancher an der Aufrichtigkeit ihres Wesens irre wurde, weil ihre spontane Herzlichkeit stets in einer fast gewaltsamen Selbstrücknahme endete, das gefühlsgetragene Verströmen in Haltung und Abstand. Nicht zufällig waren Fabius Cunctator und General Gamelin ihre Lieblingshelden.[102] Ein zauderndes Zurückweichen und Verzögern war ihr zur zweiten Natur geworden.

Wie oft hatte sie an dieser unwillkürlichen inneren Versteifung gelitten und daran, daß sie im rechten Moment nicht aus sich herausgehen konnte! Während Hesse auf Photos entspannt und natürlich wirkte und sich im Unterschied zu ihr auch gern photographieren ließ, *setzte* Ninon *ein Gesicht auf*. »Über meine Fotos war ich ziemlich entsetzt, aber so sehe ich immer aus, wenn man mich fotografiert, vergrämt und verkrampft«.[103] Die Maske verfinsterte und verfestigte sie. Der verschlossene Schutzschild ihres Gesichtes half ihr, als Türhüterin Hesses Arbeitsstille zu bewahren und den lästigen Besucherstrom abzuschrecken. Sie rettete sich aber auch häufig in die Schale der Unzugänglichkeit, um sich Hesses übermächtigem Willen zu entziehen. Ihre Sehnsucht nach der Ferne hatte im Maskenzwang ihres Lebens als Dichtergattin wohl die tiefste Wurzel.

In Griechenland fühlte sie sich gelöst, befreit, allein. Griechisches wurde ihr gleichbedeutend mit Lebendigkeit, Frische und naturhafter Selbstverständlichkeit. »Nachgedacht, warum ich die griechischen Menschen so liebe – so bezaubernd finde. Weil sie Gesichter haben, keine Masken. Alles ist offen, natürlich gewachsen, unbeherrscht von Gewolltem oder Bedachtem oder Vorzutäuschendem. Die Gesichter sind nackt, zutraulich (vielleicht auch mißtrauisch, aber ohne es zu verbergen), vergrämt oder heiter, aber ohne Maskierung«.[104] Weltgeöffnet – das bedeutete für Ninon den Gegenpol zur abwehrenden Larve. Und weltgeöffnet erschienen ihr die heutigen Menschen Griechenlands ebenso wie die archaischen Statuen, die straff, gesammelt und gespannt – und wie sie es nannte – weltatmend und großäugig nach außen gewandt waren.

Um mit diesen Menschen vertrauter zu werden, lernte Ninon noch mit 57 Jahren Neugriechisch. »Ich will eine eigene Reise machen, nicht mich durchschleifen lassen – das Übernachten bei Ziegenhirten ist dabei durchaus nicht obligatorisch, es kann aber mal vorkommen, wenn man irgendwo ist, wo es kein Hotel gibt. [...] Die Hauptsache ist, daß ich bis dahin möglichst fließend neugriechisch stottern kann. Zweitausend Wörter will ich können, das habe ich mir vorgenommen, und natürlich die Grammatik«.[105] Wenn sie durch einsame Gegenden wanderte, mußte sie Postboten, Hirten oder Landpolizisten nach dem Weg fragen.

Als sie einmal auf Pfaden, die von Landfremden nur selten betreten wurden, einen mythischen Schauplatz ansteuerte, wurde sie von einer Freundin, Lis Andreae begleitet, »20 Jahre jünger als ich, Griechenland-begeistert, man kann sagen -verrückt, und so paßten wir vorzüglich zusammen. [...] Sie ist sportlich, scheut keine Strapazen und grault sich nicht vor ›Schmutz‹ und ist, ich muß es sagen, so unermüdlich wie ich – ich habe nämlich bisher niemanden so Unermüdlichen wie mich gefunden.« Die beiden suchten zwei Tage lang die schon im Altertum verschollene Siedlung »Trachis«, denn Ninon hatte sich in den Kopf gesetzt, den Weg zu sehen, den Herakles von dort auf den Oeta ging, wie es Sophokles am Schluß der »Trachinierinnen« dargestellt hatte. Das Suchen wurde abenteuerlich und gefährlich, dauerte zwei Tage mit Taxenfahrten und Fußmärschen. Aber da beide nicht nachgaben, fanden sie den mythischen Aufstiegspfad zu der Stelle, wo Herakles sich auf dem Scheiterhaufen verbrannte und von wo aus er in den Olymp aufgenommen wurde. Ein anderes Mal wollten sie ein neu entdecktes mykenisches Grab besuchen, dazu mieteten sie eine Motorbarke und legten an einem steilen Felsvorsprung an, »und ich – ich glaube es selber kaum – sprang heraus und kletterte wie eine Ziege senkrecht hinauf; [...] *nie* hätte ich das in einem andern Land fertig gebracht.« In Arkadien bestand die inzwischen 66 Jahre alte Ninon darauf, mit ihrer gleichgesinnten Begleiterin in einem Wärterhäuschen des Bassai-Tempels in Schlafsäcken zu übernachten. »Es gab zwar kein Wasser – erst einen Kilometer weiter gab es untrinkbares, und wir hätten in einem kleinen kahlen Raum auf der Erde schlafen müssen, aber das hätten wir spielend geleistet und uns Essen und Zitronen mitgebracht«.[106] Sie war erbost, daß ihnen dieses Vorhaben untersagt wurde, und diesmal half auch nicht die Überredung in neugriechischem Wortfluß, der sonst alles erleichterte. Ihre Reiseberichte veranschaulichen, wie eigenwillig Ninon sich ihre Wahlheimat eroberte.

Ob sie in Montagnola nach ihren Reisen neu- oder altgriechische Texte las, sie fühlte sich gleichermaßen von ihrer geistigen Heimat umfangen. »Wenn ich einen besonders schönen Aorist oder ein gewagtes Conditional bilde, habe ich eine Freude, als wäre ich dadurch mit Pindar oder Sophokles enger verbunden«, schrieb sie 1959 in ihr Reisetagebuch. »Es ist herrlich, in Wörterbüchern zu lesen: ein Wort in eine andere Sprache zu übersetzen, heißt, sich der Wahrheit des Wortes zu nähern, sie einzukreisen. Ein Wort ganz verstehen, in seinen Möglichkeiten, seinem Zentrum, seiner Peripherie, seiner Wirklichkeit, seiner Geschichte, ist ein beglückendes Erlebnis. Die griechischen Wörter sind es, die ich meine, und die deutschen, weil Deutsch meine Sprache ist.«

Um die griechischen Worte voll ausschöpfen zu können, übte sie sich im »mikroskopischen Lesen« alter Texte und empfand dabei wohltuend den Gegensatz zur Flüchtigkeit des modernen, vorwiegend informativen Sprachgebrauchs. Gegenüber der verkümmerten Bildkraft und den abgestumpften Lauten der heutigen Sprachen fand sie im Griechischen eine bild- und klanggesättigte Fülle, die ihre Einbildungskraft beflügelte. Deshalb streute sie in ihre Texte griechische Wörter ein, wenn sie sich klar und unmißverständlich ausdrücken wollte. »Man soll sich zu nichts zwingen«, erklärte sie, »wenn man ruhig abwartet, kommt der günstige Augenblick, der ›Kairós‹, wie die Griechen ihn nennen. Diese Prägung Kairós ist etwas echt Griechisches, Herrliches!«[107] Das Griechische war für sie von ordnender Kraft: »Im Grunde strebte ich mein Leben lang nach Aussagen, die sich vollkommen mit den Dingen, über die ausgesagt wurde, deckten. Oder: nach vollkommenen Benennungen.« Sie fand diese »Kongruenz«[108] im Griechischen.

Die griechischen Worte waren für sie zugleich wirklichkeitsspendend, denn sie verwiesen auf die Anschauung der Welt. Sie vermittelten kein dürres Begriffssystem, sondern entstammten einer Zeit, da man noch in Bildern dachte und Erkenntnis sich in der Einheit von Benennung und Anschauung vollzog. »Zwei Dinge sind es, die den Griechen am schwersten fallen: nicht ansehen und nicht benennen«, vermerkte Ninon und fügte in Klammern: »Gorgo!« hinzu, um den Gegenpol zur griechischen Weltfülle zu kennzeich-

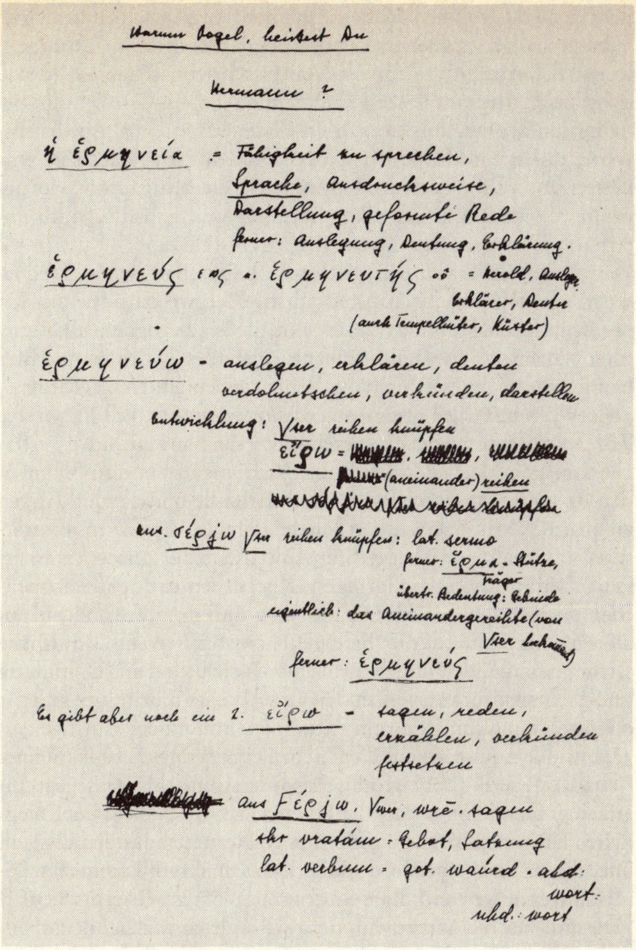

Anfang einer mehrseitigen Sprachspielerei Ninon Hesses

nen; denn das abgeschlagene Haupt der Gorgo erschien den Griechen deshalb so grauenerregend, weil man es nicht ungestraft betrachten durfte. »Was für ein Volk!« schrieb sie am 23. Januar 1957 an Hermann Hesse. »Nichts blieb für die Griechen un-benannt, un-beseelt, un-geformt, die Blitze waren Zeus' Ausdrucksweise, das Feuer Hephaistos', jeder Fluß ein Gott, das Meer eine Götterfamilie, die Luft, der Regenbogen, die Morgenröte – letzterer hier besonders zu gedenken, Eos, der Memnonsmutter, die ihren Sohn beweinte wie Thetis den ihren.«

Auch für Ninon war die griechische Landschaft belebt. Pfeilbewehrt sah sie Apoll durch die arkadische Bergwelt streifen, auf den blumenreichen Frühlingswiesen von Eleusis begegnete sie Persephone, die, aus dem Totenreich zurückgekehrt, Wachsen und Blühen bescherte und dadurch die Verstorbenen auf eine geheimnisvolle Weise mit den Lebenden verband. Sie grüßte die silberfüßige Thetis im Meerespalast des Nereus unter der klarblauen Wasserfläche der Ägäis, und sie erkannte die schnaubenden und aufbäumenden Rosse des Poseidon im Anprall der gischtspritzenden Wogen an Troizens Küste, wo sie den liebefeindlichen Hippolytos bestraften. Sie erspähte im Gefolge der Amphitrite die tanzenden Nereiden, die ihr aus der vielfarbigen Lichtbrechung des Wellenspiels freundlich zuwinkten. Sie traf die Gorgo-Medusa, die im Knielauf allgegenwärtig durch die flirrende Hitze der mykenischen Ebene wirbelte, und sie war immer wieder von Hera umgeben, die anmutig und gemessen zum verjüngenden Quellwasser schritt, um sich für die Begegnung mit Zeus aufs neue bereit zu machen.

Sie wanderte und schaute, und dabei ergriff sie Schritt für Schritt Besitz von dieser Erde, freudig gespannt auf mythische Begegnungen, die sich aber nur dann ereigneten, wenn sie allein unterwegs war. »Es ist mir nicht bestimmt, mich führen zu lassen, ich muß mir alles selbst erarbeiten«, vermerkte sie in ihrem Tagebuch während ihrer ersten Gruppen-Studienreise nach Kleinasien 1954. »Ich muß noch einmal dahin und will mir dabei Zeit lassen, will es *begehen, begreifen*, nicht nur schnell vorüberfahren. In Troja waren wir *drei* Stunden! Viele Teilnehmer fanden das zu lange«.[109] Sie wiederholte im April 1955 ihre Troja-Reise und blieb drei Tage in der Ausgrabung. [...] »Wozu war *ich* gekommen? Homer war es, und nur Homer, der in mir die Sehnsucht erweckt hatte, die Landschaft, die Burg zu sehen, die er beschrieb. [...] Die Wirklichkeit der Dichtung und die Wirklichkeit des Ortes durchdrangen einander. Es ist leicht, an das Imaginierte zu glauben. Es ist auch das Reale an sich glaubhaft – aber die Koinzidenz war das Überwältigende«.[110]

Weit ab vom langsam anwachsenden Touristenstrom war das Land noch götterbehütet und »unmaskiert« wie seine gastfreundlichen, zutraulichen Bewohner, und es vermittelte ihr noch die hautnahe Berührung mit den Elementen, mit Sonne, Wind und Meer. Auch die Stille gehörte zu diesen Urgewalten. »Warum ist die Stille so bezaubernd? Ich empfinde sie wie einen Gesang – ich will sagen, ich empfinde sie nicht wie ein Nicht-Seiendes, sondern als etwas, was da ist, wie die Luft, wie der Äther.« Auf Kreta schrieb sie: »Es war ein so himmlisches Schweigen in dieser Landschaft, eine solche Einsamkeit, eine solche Größe und Feierlichkeit, daß man es kaum ertragen konnte. So, wie es war, war es immer gewesen.«

Die Einsamkeit auf ihren Wegen und an den versunkenen Kultstätten zeugten für sie jedoch nicht von der Leere nach dem Untergang; die Stille hatte nichts Tödliches. Es war Ninon vielmehr, als umfinge sie die Einsamkeit der Frühe und die Stille des schöpferischen Ursprungs. Welcher Unterschied zu den Eindrücken ihrer Italienreise 1934, als nach dem ersten Vanitas-Schrecken in Pompeji die zerfallenen sizilianischen Städte in ihr die Verse von Andreas Gryphius über die Vergänglichkeit und Vergeblichkeit alles menschlichen Tuns wachgerufen hatten! Die Ruinen, die sie auf ihren griechischen Streifzügen erreichte, erschienen ihr nicht als dem Verfall preisgegebene Hüllen einer entschwundenen Glaubenswelt, nicht als Kulissen für einen barocken Totentanz; sie zeugten vielmehr vom Unvergänglichen, von den Hoffnungen und Gebeten der Menschen, die über Jahrhunderte hinweg die Generationen verbanden.

Wo Weite und Stille sich ausdehnten, blieb ihrer Imagination der notwendige Raum. In Griechenland fand Ninon den Trost des unaufhörlichen Neubeginns. Hier gewann sie das Vertrauen in die Unbesiegbarkeit des schöpferischen Impulses. Ein verlassener Kultplatz, eine Tempelruine, eine bis auf die Fundamente zerstörte antike Stadt standen in dieser Landschaft nicht wie blicklose Masken, hinter denen das Nichts sich ausbreitete. Vor diesen steinernen Denkmälern spürte sie vielmehr den Anreiz, in ihrer Phantasie den vollständigen Zustand zu entwerfen und sie mit mythischen Gestalten zu bevölkern.

In Griechenland kam Ninon dem Geheimnis des Schöpferischen nahe: der »horror vacui« müsse ein seliger Schrecken gewesen sein, denn er habe den frühen Völkern zu ungestümem Gestaltungsdrang verholfen. In der Ursprünglichkeit dieser Landschaft schauderte ihr vor der Lähmung, die den modernen Menschen angesichts seines überfüllten Zeitalters befiel. Ihm blieb kein Leerraum, in dem sich seine kreativen Kräfte entfalten könnten. Im Lärm verstummte er, in der verdorbenen Atemluft der Städte entstand kein Gesang. Für die Spätlinge einer Kultur war zudem alles vorempfunden, vorgedacht, vorgeformt. Die Kunst hatte ihre Frische und Originalität eingebüßt; sie verblaßte im unvermeidbaren Zitat. Die Dichtung entzündete sich nicht mehr am unmittelbaren Erlebnis, sondern knüpfte am überlieferten Bestand an, am geprägten Wort- und Bildvorrat; sie verwob eingeschliffene literarische Versatzstücke. Der Künstler war zum Glasperlenspieler geworden, »nicht anders mehr schöpferisch als im Reproduzieren«,[111] wie Hesse es ausdrückte. Ninon erfaßte beim Anblick der Akropolis, über die sie »Hunderttausende hinfluten sah, Touristengruppen, stolpernd, schreiend und photographierend«, wie treffend er im Symbol des Perlenspiels das Schicksal des spätgeborenen Dichters gestaltet hatte, dem angesichts der musealen Überstopfung seines Zeitalters nur das Ordnen, Sichten und Bewahren des Überlieferten blieb, die epigonale Kombination. »Ich dachte so intensiv und glücklich an H.'s Glasperlenspiel – als die einzige Möglichkeit, dem Leben, wie es geworden ist, Sinn zu geben, und war glücklich, daß dies einmal gedacht und ausgesprochen worden war und dadurch der Verwirklichung ›appropinquaverat‹. Was der Synkretismus um die ersten Jahrhunderte nach Christus war, ist für uns das Glasperlenspiel als *eine* Möglichkeit.«[112] So sah Ninon das Frühe und das Späte unter dem Aspekt des Schöpferischen versöhnt, das sich an den jeweils vorgefundenen Bedingungen bewähren mußte.

In ihr aber war der Hunger nach Frühe und Frische, nach Unmittelbarkeit so mächtig, daß sie immer wieder aus den Konventionen und Ritualen ihrer Umwelt herausdrängte. Um dem Vorgeprägten, dem Erstarrten, den gefürchteten zivilisatorischen Masken zu entgehen, diente ihr das formauflösende Sehen, das sie vom Endpunkt des Gewordenen zurückführte in die frühen Schichten und möglichst bis zu den Ursprüngen der abendländischen Entwicklung. Ihre Herbstreise 1960 nach Paris und ihre Londonreise 1961 galten den Sälen mit Masken, Medusen, Gorgoneien, Sphingen, und sie war so betroffen von den Vorstufen des griechischen Formenschatzes in der babylonischen und assyrischen Kunst, daß sie Hesse mitteilte, sie werde immer archaischer. Hesse warnte sie scherzhaft, sie lande gewiß noch in der Steinzeit, und damit traf er den Kern. Hätte er Ninon gefragt, wann sie am liebsten gelebt hätte, so hätte ihre Antwort nur lauten können: Am ersten Schöpfungstag!

Sie floh vor allem, was »leblos, gläsern und abstrakt« war. Schal und verbraucht erschien ihr auch das klassizistisch verfestigte Bild von den griechischen Göttern, nachdem sie diese in ihren Landschaften erlebt hatte. Sie versuchte, Apollons geschmäcklerisch flache Wohlgestalt als einen Irrtum später Deutung zu entlarven, ebenso verlangte es sie, die Konturen der klassischen Hera aufzusprengen, die ohne Aufgabe und Eigenwert dem Zeus beigesellt worden war. Ihr Frauenbild lag in der archaischen Hera beschlossen, die sie als eine herkunftsmächtige, eigensinnige und dem Zeus gleichrangige Göttin auswies.

Wenn Ninon in die schöpferische Frühe zurückstrebte, so suchte sie das Anarchische, aber ebenso verlangte es sie nach Maß, Ordnung und erkennender Klarheit. In den griechischen Göttern fand sie Fülle und Form – *gebändigte Anarchie*. Diese fruchtbare Spannung zwischen Dämonie und Mäßigung erfuhr sie zuerst an Apollons Gestalt. Die gleiche Dynamik aber entdeckte sie auch an Hera, in der die archaische Wildheit gebändigt fortlebte, als sie sich, beschenkt und verzichtend, mit Zeus zur Gemeinschaft des göttlichen Paares verband.

Elftes Kapitel

Abschied

Dienst an Hesses literarischem Vermächtnis

> Diese entsetzliche Angst, Hermann durch die Veröffentlichung der Jugenddokumente preiszugeben!

> Ich fürchte mich vor dem Sterben – aber ich sehne mich nach dem Tode. Es ist sinnvoll, sich im Alter nach dem Tode zu sehnen. So wird das Unausweichliche eine Wunscherfüllung.

Ninon erwarb nicht nur ein umfangreiches Wissen über den doppelgesichtigen Apoll und die hell-dunkle Hera, sondern sie war auch begabt, das Erkannte zu *leben*. »Es kann doch nicht auf die Summe des Gewußten ankommen, sondern auf die Kristallisation, die es im Menschen gebildet hat«.[1] Erkennen war für sie ein existentieller Vorgang.

In Hesses letztem Lebensjahrzehnt und über seinen Tod hinaus verwandelte sie sich selbst in Hera, der gewährenden und achtunggebietenden Schwester-Gemahlin des Zeus in einer freiwilligen Selbstbegrenzung verwandt. Je älter Hesse wurde, desto notwendiger erschien es ihr, alles ihm Unzuträgliche abzuwehren, und dazu gehörten nach wie vor anstrengende Besucher. Mancher, der nach geradezu rituellen Vorbereitungen bei ihm eingelassen wurde, fühlte sich eingeschüchtert, wenn Ninon – einer hoheitsvoll blickenden Hera ähnlich – mahnte, die vereinbarte Zeitspanne einzuhalten, und jede Überschreitung der von ihr genehmigten Frist als eine für den Dichter unzumutbare Belastung rügte. Sie setzte die Schranken der Annäherung und schuf die Distanz der Schonung.

»Es bedurfte jedes Mal einer Art Zeremonie, um die Hürde zu überwinden, die Ninon, seine Frau, errichtete«, entsann sich Hesses einstiger Verleger Gottfried Bermann Fischer, der Ninons Besucherabwehr selbst zu spüren bekam. Er revanchierte sich dafür in seinen Lebenserinnerungen, indem er sie in leicht verbittertem Spott mit einer grimmigen Löwin verglich, die sich vor Hesses Eingangspforte legte, »unerbittlich jeden davon jagend, der nicht ausdrücklich gemeldet und akzeptiert war. Aber selbst diese engeren Freunde mußten erst viele Ermahnungen anhören, den Meister nicht zu sehr in Anspruch zu nehmen. War man dann schließlich bei ihm, so fiel alles Zeremoniell hinweg«.² Sein Urteil ist typisch: Wie vielen anderen Besuchern erschien Hesse ihm als der mild gewährende Gastgeber, als der Liebenswürdigere von beiden; Ninon hingegen wurde zur unbeliebten Wächterin abgestempelt, deren unerbittlichem Veto man mit Argwohn begegnete.

Aber Ninon schützte Hesse nicht nur vor enthusiastischen Pilgern und anstrengenden Besuchern, sondern vor allem Widrigen, das ihn gefährden, schrecken oder auch nur schmerzen könnte. Als im Hamburger Wochenmagazin »Der Spiegel« vom 9. Juli 1958 ein bissiger Leitartikel erschien, der ihn als betulichen Kleingärtner abtat, sich über seine Weltabkehr als eine unglaubwürdige Pose mokierte und ihm vorwarf, in der monomanischen Thematik des Geist-Trieb-Dualismus vor seinen Lesern unentwegt das eigene unerledigte Pubertätsproblem zu repetieren, geriet Ninon in panische Angst. Der Suhrkamp-Verlag hatte *ihr* diese Spiegel-Ausgabe mit Hesses Titelphoto – Unterschrift: »In der Gartenlaube« – zugesandt, und sie hielt sie sorgsam vor ihm versteckt. In ihrer ersten Erregung über den »scheußlichen, diffamierenden Angriff« bat sie Hesses Sohn Heiner: »Ich fürchte, daß es den Vater *entsetzlich* aufregen und es ihm entsprechend schaden würde, wenn er diesen Artikel zu Gesicht bekommt. [...] Am meisten Angst dabei habe ich vor den vielen guten Freunden in Deutschland – wobei ich das ›Freunde‹ durchaus nicht ironisch meine: Aber sie realisieren nicht, was sie einem Einundachtzigjährigen damit antun, daß sie ihn ihre ›Empörung‹ wissen lassen, ihm die Durchschläge ihrer Antworten an den ›Spiegel‹ schicken, um zu zeigen, ›wie gut‹ sie ihn verteidigen, anstatt die ganze Sache auf sich beruhen zu lassen! Wäre der Vater 40 oder 50 oder 60 Jahre, *müßte* er selbstverständlich von einer solchen Anpöbelung Kenntnis nehmen: Wer publiziert, muß sich mit der Öffentlichkeit auseinandersetzen, von ihr wissen. Aber der Einundachtzigjährige ist dieser Anpöbelung nicht gewachsen, sie könnte ihn ganz grauenhaft treffen«.³

Hesse, dem der Spiegel-Artikel tatsächlich durch Leserzuschriften bekannt wurde, hielt ihn seinerseits vor Ninon geheim. Er wußte, daß jede gegen ihn gerichtete Schmähung auch sie verletzen würde. So versuchten sie, sich gegenseitig zu schonen.

Ninon schützte den hochbetagten Dichter aber nicht nur vor Anstrengung und Kränkung, sie betrachtete es darüber hinaus als ihre Aufgabe, ihn zu fördern und ins rechte Licht zu rücken: »Ich schweige oft mehr als mir lieb ist – aber ich finde es so wichtig, daß ein Gespräch zwischen H. und dem Besucher zustandekommt, und dazu kann ich viel beitragen, durch geschickte ›Introduktion‹ oder rechtzeitig eingestreute Bemerkungen und Zwischenfragen«,⁴ gestand sie Dolbin anläßlich eines Besuches von Peter Weiss im letzten Lebensjahr Hesses. Diese Regie, die den Unterhaltungen oft etwas Gezwungenes gab, hat mancher Gast ihr verübelt. Hesse hingegen wünschte ausdrücklich, daß Ninon, die sich oft weitaus lieber ihren archäologischen Arbeiten gewidmet hätte, bei seinen Gesprächen mit Besuchern anwesend war. Was Übelwollende als entmündigenden Übergriff auslegten, war in Wirklichkeit die von Hesse geforderte Bewacherrolle und ihre angstvolle Sorge um ihn. Dabei bemühte sie sich bewußt, jeden einengenden Beistand zu vermeiden. Die bewährten Lebensregeln eines fern-liebenden Paares verboten es, den gegenseitigen Freiraum zu beschneiden, auch wenn Hesse ihrer Hilfe mit zunehmendem Alter immer stärker bedurfte. Auf dem wohlabgewogenen Verhältnis von Beistand und Zurückhaltung beruhte die Harmonie der letzten Lebensjahre.

Wie sehr Ninon im inneren Einverständnis mit Hesse lebte, zeigt ihr Essay über das Schauspiel des Menandros »Dyskolos« (Der Schwierige), das von seinen Herausgebern und Übersetzern »Misanthropos« (Der Menschenfeind) betitelt wurde, was Ninons tiefen Unwillen erregte. Ihre Interpretation entstand 1961 unter dem Eindruck der ersten Begegnung mit dem literarischen Neufund:⁵ »Bilde ich es mir ein oder ist es so – ich finde in den Anmerkungen und Nachworten, auch in einer Abhandlung von Friedrich Zucker, ›Ein neugefundenes Drama‹ (Akademie-Verlag, Berlin 1960), die Figur des Dyskolos so mißverstanden, daß ich mich nicht genug darüber wundern kann. Und ganz für mich schreibe ich auf, Wort für Wort dem Text folgend, wie er mir wirklich zu sein scheint«.⁶ Schon die Titelüberschrift ihres Aufsatzes »*Dyskolos oder Menschenfeind?*« zeigt, worum es ihr ging: um die Rechtfertigung der Titelgestalt, des Knemon, des angeblichen Menschenfeindes, der in Wahrheit nur ein Schwieriger, ein »Introvertierter« sei. Sie erläuterte das griechische Schauspiel, als seien die handelnden Personen Zeitgenossen, Leute von nebenan, und sie trug darum auch ohne Vorbehalte moderne psychologische Begriffe an das Stück heran. Es gab für sie keinen historischen Abstand gegenüber dem Griechischen, und darum sah sie auch in Knemon die noch heute gültige Charakterdarstellung eines in sich abgekapselten, abwehrbereiten Menschen. Schon im Prolog des Stückes mochte sie in der Titelgestalt einen Geistesbruder Hesses erkannt haben, darum verteidigte sie den knurrigen Sonderling. Gott Pan schilt Knemon dort einen Unmenschen, weil er keine Freude am »Ochlos«, am Pöbel habe: »Knemon, ein maßlos menschenscheuer Mensch / unleidlich gegen alle. Und verhaßt ist ihm / die Menge – nicht die Menge bloß. Seit langer Zeit / hat er aus freien Stücken nie ein Wort gesagt / und keinen andern je zuerst gegrüßt als bloß, / weil ihn der Weg nun hier vorüberführt, unterm Zwang / der Nachbarschaft – mich, Pan. Doch dies allein schon reut ihn jedesmal.« Ninon rechtfertigt den alten attischen Bauern, der sich in seinem Garten damit abplagt, Krummholz aufzulesen, und einen Fremden, der ungebeten sein Grundstück betritt, mit Erdschollen und Steinen bewirft und mit Schimpfen und Schlägen vertreibt. Er sei wild und ungezähmt, heißt es bei Menandros, und jedermann fürchte seine Unfreundlichkeit. Ninon wertet den Aufschrei Knemons »Weh mir, wer steht schon wieder vor meiner Tür? Nirgends kann einer Einsamkeit finden« nicht als Menschenhaß und Aggression, sondern als Verteidigung. Er sei ein Gehetzter, dem es unmöglich gemacht werde, in Ruhe zu arbeiten. Ständig seien Schwätzer und Nichtstuer unterwegs zu ihm, »der die Einsamkeit und Stille, das Für-sich-sein liebt«. Auf ein ihm zugerufenes Lebewohl läßt Menandros Knemon antworten: »Ich will kein Wohl von euch« (512 ff.). In Randglossen zu ihrer Arbeit schrieb Ninon zu dieser Stelle: »Als ich 512 ff. las, schrie ich auf vor Freude, so sehr sprach Knemon aus, was ich empfand«, daß nämlich ein Gruß schon eine Aggression bedeuten könne.

Eines Tages fällt Knemon in einen Brunnen. Nach seiner Rettung erkennt er an, daß er nicht mehr allein leben kann, »ein ihn Behütender müsse nun bei ihm, dem Altgewordenen leben«. Er bereut sein abweisendes und schroffes Wesen. Aber ändert er sich? Dies schien für Ninon eine wichtige Frage zu sein, denn sie schrieb eigens dazu an den Gräzisten Hermann Gundert: »Es gibt eben im Grunde keine *Wandlung* eines Charakters. Es gibt nur Erkenntnisse – und diese können richtig *oder* falsch sein. Es kann einer erkennen, daß er unrecht hatte, daß er falsch sah, falsche Schlüsse zog, falsch handelte – er kann es bedauern, bereuen, zu einer Buße bereit sein – aber all das kann ihn, seine Natur, sein Wesen nicht ändern«.[7] So zieht Knemon sich wieder in sich selbst zurück, nicht als Menschenfeind, versicherte Ninon, »sondern weil er ein Ungeselliger ist, einer, dessen Lebenselement die Einsamkeit ist, ein Insich-Gekehrter, ein Nach-innen-Gewandter, empfindlich gegen Geräusche, gegen Geschwätz, gegen Gegrüßtwerden«.

Ein *Introvertierter müsse kein Misanthrop sein,* lautete das Ergebnis ihrer Untersuchung. Knemons angebliche Menschenfeindlichkeit bedeute nichts anderes als die notwendige Verteidigung des persönlichen Freiraumes gegen das Kollektiv.

Ninons Interpretation des Dyskolos enthält ein klares Bekenntnis zum »elitären Herdenverächter« Knemon, der einen ausgeprägten Individualismus verkörpert. Ihn quält die Nachbarschaft Pans, der den Tumult und den Pöbel liebt. In der Deutung Knemons als eines »Schwierigen« ergreift Ninon Partei für alle Einzelgänger, die allgemeine soziale Glücksprophetien verachten. »Nicht um Menschenhaß oder Menschenliebe ging es in diesem Stück, sondern um Individuum und Pöbel, um *die Leiden des Einzelnen durch die Aggression der Masse.* Und das Stück endet mit dem Sieg der Aggression über den, dessen Verbrechen einzig darin bestand, für sich allein bleiben zu wollen«.[8]

Ninon las Hesse die Dyskolos-Arbeit vor – dann legte sie sie beiseite. Der Aufsatz sei für eine Veröffentlichung ungeeignet, weil sie unangemessene, moderne Begriffe – wie Aggression, Introversion – zur Deutung des Textes herangezogen habe. Erst nach ihrem Tode wurde die Arbeit publiziert,[9] für eingeweihte Leser ein Denkmal liebender Hesse-Deutung.[10]

Seit Mitte Dezember 1961 stand es schlecht um Hesses Gesundheit. Er erkrankte an einer hartnäckigen Grippe und fühlte sich matt und pflegebedürftig. Kurz danach kam eine Furunkulose hinzu, er litt an Muskelkrämpfen und Vergiftungserscheinungen. Ninon sah angstvoll, wie oft er müde in sich zurücksank. Er schien lächelnd einverstanden zu sein mit diesem sanften Hinweggleiten in Stille und Verstummen. Ninon wehrte sich tapfer gegen düstere Vorahnungen; bei jeder leichten Besserung in Hesses wechselhaftem Befinden hoffte sie, diese alles umgreifende Müdigkeit sei altersbedingt, nicht aber das Anzeichen einer ernsten oder gar todbringenden Erkrankung. Die Ärzte ließen sie ohnehin darüber im Ungewissen, daß sie seine zerstörerische Blutkrankheit nur für eine kurze Frist eindämmen konnten.[11] Wenn Ninon den Gefährten in immer kürzeren Abständen zur Blutauffrischung ins Spital von Bellinzona fuhr und sah, wie er bleich und geduldig dalag, um das gesunde, fremde Blut in sich eintropfen zu lassen, hoffte sie mit aller Inbrunst, daß die neu geschenkte Lebenskraft nicht allzu schnell wieder verbraucht sein möge. Erst später erkannte sie, daß sie seit Monaten Hesses langsamem Sterben beigewohnt hatte, einem Sterben ohne Widerstand, einem Hinscheiden, wie es der Dichter, als hätte er sein eigenes Ende vorausgeschaut, für den Waldzeller Musikmeister im »Glasperlenspiel« dargestellt hatte: den Tod als »Verlöschen eines Abendglanzes«, als »mildes Ausleuchten«.

Zur Jahreswende 1961/62 überraschte Hesse Ninon mit einem Gedicht: »Einst vor tausend Jahren«.[12] Die ersten beiden Strophen lauten:

> Unruhvoll und reiselüstern
> Aus zerstücktem Traum erwacht
> Hör ich seine Weise flüstern
> Meinen Bambus in der Nacht.
>
> Statt zu ruhen, statt zu liegen
> Reißt michs aus den alten Gleisen,
> Weg zu stürzen, weg zu fliegen,
> Ins Unendliche zu reisen.

Ninon erschrak, Hesse kündigte ihr auf seine Weise an, daß er zum Aufbruch bereit war: »Vogelschwingen möcht ich breiten / aus dem Bann, der mich umgrenzt.« Mächtig drängte es ihn über die Grenzen der Lebenden hinaus in neue, noch unerfahrene Räume.

Gerade in dieser Zeit litt Ninon wieder heftig an ihrer eigenen Erkrankung. Herzbeschwerden, die sich zu Krampfanfällen steigerten, kannte sie seit 1955, als sie während einer Griechenlandreise in Mykene plötzlich in Todesnot geriet. Das Herz lag damals wie ein großer schwerer Block in ihr und beengte den Atem; die Füße, wie mit Blei behängt, ließen sich kaum vorwärtsbewegen. Mühsam schleppte sie sich ins Hotel. Erst sieben Jahre später stellten die Ärzte eine Aorta-Erweiterung und eine unheilbare Angina pectoris fest. Hesse war sehr erschrocken, als er die Diagnose hörte. Sie aber trug am 24. Mai 1962 in ihr Notizbuch ein: »Ich bin merkwürdig ruhig, obwohl mir klar ist, daß es eine schwere

Krankheit ist. Aber irgendwie bin ich erleichtert. So werde ich Hermann kaum überleben. Der Abschied vom Leben erscheint mir vorläufig nicht sehr schwer, auch von Griechenland nicht.«

In dieser eigenen Todesbereitschaft, die sie wellenweise während ihres ganzen Lebens überflutete, nahm Ninon mit Staunen und Furcht etwas seltsam Strahlendes, Lichtes an Hesses Wesen wahr. An seiner zarten und zerbrechlichen Gestalt wirkte der Tod als fortschreitende Entstofflichung und damit zugleich als verstärkte geistige Ausstrahlung. Aber nicht nur Ninon bemerkte diese Helle, diesen »Glanz des Entwerdens«, wie Hesse es im »Glasperlenspiel« genannt hatte, sondern alle, die in diesen letzten Wochen mit ihm zusammen waren, zeigten sich davon betroffen.

Die zunehmende Stille um ihn wurde durch eine Ehrung besonderer Art unterbrochen: er wurde zum Ehrenbürger von Montagnola ernannt. »Hermann ist jetzt Bürger des Tessin und bleibt dabei Bürger von Bern – so etwas wird hier sehr ernst genommen, und das gefällt mir. Für die Montagnolesen ist diese Ehrung ganz ähnlich dem Nobelpreis, nur ist sie ihnen viel verständlicher«, berichtete Ninon ihrer Schwester Lilly.[13] Hesse habe es als Auszeichnung gewürdigt, daß das Dorf ihn, den Zugewanderten, nun als Einheimischen anerkannte. Am Vorabend der festlichen Urkundenverleihung brachte ihm die örtliche Blaskapelle ein Ständchen. »Hermann hatte große Freude (dabei hatte er getobt, vorher, als ich ihn darum fragte), er saß wie ein Patriarch in der Haustür, und vor ihm (und uns, die wir standen, Elsy, Trudel, Stanna, Margrit und ich) waren im Halbkreis circa 20 Bläser, die sehr schön spielten und animiert waren durch unseren Beifall und die Bewirtung. In der Garage stand ein Tisch mit 25 Gläsern und sieben Literflaschen eines kleinen Weißweines – der aber trotzdem recht gut war – und dazu Bierstengeli, die ich selbst servierte. Hermann hielt eine hübsche kleine italienische Ansprache… kurz und gut – es war sehr gelungen, allgemeines Händedrücken zum Abschied, sie spielten noch und noch, weit über eine Stunde«.[14]

Am nächsten Vormittag, Sonntag, dem 1. Juli 1962, erschienen die Vertreter der Gemeinde festlich gekleidet zur Gratulation. »Wir hatten die Blumen in Bibliothek und Eßzimmer verteilt und dem runden Tischchen gegenüber Stühle aus dem Eßzimmer placiert – den Lehnstuhl, der immer aus den Gelenken fällt, wenn ihn ein Fremder anrührt, hatten wir versteckt. Hermann saß auf dem Sopha, ich im andern Eckchen, der Sindaco auf Hermanns Platz beim Kaffee und Tee, und die andern verteilt, inclusive Frau Bodmer und Trudel. [...] Es war wunderschön. Diese Männer sind alle so gar nicht gehemmt, nicht schüchtern oder beklommen, sondern wirklich ›mittelmeerisch‹, heiter, frei, schwungvoll.« Bei Waadtländer Weißwein, Schinkenkipfel und Bocconcini – kleine Bissen – habe sich eine so animierte Unterhaltung ergeben, daß auch Hesse zwanglos und heiter italienisch mit seinen Gästen sprach. »Sie wollten Hermann wirklich wohl, das merkte man, und H. erinnerte sich an manche Begegnungen mit Dorfbewohnern, hier kannte er die Schwester, dort die Mutter, einer war unser Kohlen- und Heizöl-Lieferant, und Herr Brocchi, der Sindaco, fragte, wo Hermann und ich getraut worden waren, ob in *dem* kleinen Zimmer noch... ja, sagte ich, genau in *dem*..., worauf er sich vor Lachen ausschüttete. Denn ›wir‹ sind ja inzwischen sehr großartig geworden...«. So wurde eine bisher unbeachtete und schon Jahrzehnte bestehende Zugehörigkeit plötzlich offenbar. Hesse rief Ninon zu einem Gruppenphoto, das den Moment festhielt, in dem ihm – 15 Jahre nach dem Weltruhm als Nobelpreisträger – die heimatliche Auszeichnung durch eine Dorfdelegation überreicht wurde, eine menschliche Ehrung, der er sich nicht wie den Literaturpreisen durch Abwesenheit entzog, sondern für die er herzlich in der Landessprache dankte.

Für den nächsten Tag, Hesses 85. Geburtstag, hatte Max Wassmer die engere Familie, Elsy Bodmer und Dr. Molo zu einem festlichen Beisammensein in Faido am Gotthard eingeladen. Nach einem erlesenen Menu öffnete sich die Tür, und statt einer Geburtstagsrede spielte das Berner Reist-Quartett Mozart für den Jubilar. »Hermann bebte vor Ergriffenheit, seine Schultern zuckten, aber dann faßte er sich, er ist ja ganz unsentimental, Gottlob!« schrieb Ninon an ihre Schwester. Fast andächtig wurden die Gäste gewahr, wie sich in Hesses Dank Daseinsfreude und Jenseitsnähe durchdrangen. Er genoß die Feier überlegen und in vollem Bewußtsein, daß dies sein letztes Fest sei.

Anfang August legte Hesse zur Überraschung ein Gedicht in Ninons Nachtkästchen, »Knarren eines geknickten Astes« hatte er es überschrieben. Es muß ihn tief beschäftigt haben, denn er fertigte drei verschiedene Fassungen davon an. Seit einem Jahr riß er an dem morschen Ast einer Robinie, wenn er bei seinen kurzen Spaziergängen im Garten daran vorbeikam. »Er hält noch«, sagte er jedesmal erfreut zu Ninon. »Ich sah ihn Jahr um Jahr so hängen«, schrieb er im Gedicht, in dem der geknickte Ast, »an Splitterstängen noch schaukelnd«, zum Sinnbild der Todesnähe und des eigenen Altersgefühls wird: »So knarrt und klagt es in den Knochen / Von Menschen, die zu lang gelebt, / Man ist geknickt, noch nicht gebrochen / Man knarrt, sobald ein Windhauch bebt«.[15] In dieser ersten Fassung des Gedichtes wird die Todesvision rhythmisch und formal gebändigt, da die kreuzweise Anordnung der Endreime und die Stropheneinteilung des Gedichtes mildernd wirken. In der zweiten Fassung, die am 2. August entstand und die ihre endgültige Form am 8. August, am Vorabend seines Todes fand, löste Hesse jedoch dieses Formenspiel auf, der Ton wird dringlicher, der Klang dunkel; das Ich besteht nicht länger als beobachtendes Gegenüber, es wird einbezogen in den Prozeß des Entwerdens, den der Dichter im Gleichnis des zähen, aber zum Niederfallen verurteilten Astes gestaltet hat:

Knarren eines geknickten Astes

Splittrig geknickter Ast,
Hangend schon Jahr um Jahr,
Trocken knarrt er im Wind sein Lied,
Ohne Laub, ohne Rinde,
Kahl, fahl, zu langen Lebens,
Zu langen Sterbens müd.
Hart klingt und zäh sein Gesang,
Klingt trotzig, klingt heimlich bang
Noch einen Sommer,
Noch einen Winter lang.

Ninon war »erschüttert und zugleich entzückt über die Schönheit des Gedichtes«.[16] Sie erkannte, daß Hesse – wie der gelöste, bald niederfallende Ast – »zu langen Lebens, zu langen Sterbens müde«, in jenem Zwischenreich angekommen war, das sich als schwebende Ungewißheit zwischen Tod und Leben ausbreitet.

»Der letzte Tag«, hat Ninon unter dem 8. August 1962 in ihrem Notizbuch nachträglich vermerkt. Am 9. August: »Der Tod erfolgte zwischen 7.00 und 9.00 Uhr früh. Nachtwache. Zum Teil mit Dr. Molo.«

Hesses letzter Tag war wie viele Tage dieses Sommers vergangen. »Er war heiter, gelassen und lebens-froh. Oder vielmehr lebensdankbar, wie eigentlich selten früher. Da hatte er viel mehr zu klagen. Jetzt nahm er wachen Herzens und mit offenen Sinnen alles Schöne auf – strahlte, weil der Oleander so schön blühte – sagte beglückt: ›Wie der Wind in den Birkenästen spielt‹, begrüßte den Mond, wenn er sich abends zeigte, bewunderte die geliebte Pappel (gleich links zu Beginn unserer Straße, nach dem Schild ›bitte keine Besuche‹). Er hatte sie, als er vor 31 Jahren das Unkraut auf der Straße rodete, in der Hand gehalten, 10, 12 cm hoch war sie, hatte gedacht: ›Reiße ich sie aus? Nein, ich lasse sie stehn!‹ und freute sich seit vielen Jahren immer wieder an ihr! Und so auch am 8. August, einem schönen, nicht heißen Sommertag. Wir machten früh einen kleinen Spaziergang, gingen beim Törchen unten an der Weißdornhecke hinaus in den Wald – einer unserer alten Spaziergänge von vor vielen Jahren. Er blieb stehen, suchte mit den Augen einen bestimmten Ast und riß so heftig er konnte an ihm. (Jedesmal, wenn wir dort vorbeikamen, riß er an diesem Ast, er war geborsten, wahrscheinlich vom Sturm geknickt, gewiß seit eineinhalb Jahren!) Der Ast gab nicht nach. Wir kehrten heim, der Tag verlief wie andere. [...] Nach dem Nachtessen ging ich für einen Augenblick in mein Zimmer – da lag in der Schublade meines Nachttisches ein Gedicht. Es erschütterte mich. Ich wußte ja, wie krank er war. Ich stürzte hinunter zu ihm, er lag auf dem Sopha in der Bibliothek, erwartete mich zum Vorlesen. Ich sagte: ›Das ist eins deiner schönsten Gedichte‹, ›dann ist's ja gut!‹ sagte er lächelnd. Und ich las vor wie jeden Abend. Später hörte er eine Mozart-Sonate (C-Dur, Nr. 7, KV 309) bis 10 Uhr abends. – Am nächsten Morgen wunderte ich mich, daß er noch nicht auf war. Ich setzte mich in den Verbindungsraum zwischen unseren Zimmern und las – horchte – las. Schlich zur Tür, öffnete, es blieb still. Ich mochte ihn nicht wecken. Erst um $^1/_4$ vor 10 Uhr ging ich nah zu ihm, er regte sich nicht. Der Arzt kam nach $^3/_4$ Stunden, sagte, er lebe nicht mehr. Ein Hirnschlag. Er sei kampflos entschlafen, wie er sich's immer gewünscht hatte. Er lag in seiner gewöhnlichen Schlafstellung, die Augen geschlossen, friedlich, entspannt«.[17]

In Ninons Notizbuch blieben nach dem 9. August viele Seiten leer. Schon vor Hesses Beerdigung auf dem Friedhof von San Abbondio am 11. August, so sagte sie später, habe sie jedes Zeitgefühl verlassen. Alles, was danach geschah, sei wie an einer Glashülle an ihr abgelaufen. Sie habe wie eine mechanisch aufgezogene Puppe mit Hilfe von Hesses Söhnen das Notwendige erledigt. In dieser maskenhaften Entrückung war ihr nur ein Gedanke gegenwärtig: Hesse hatte auch ihr Leben mit sich fortgenommen, denn er war dessen Zielpunkt und Gewicht. Viele ihrer Freunde haben dieses Übermaß an Trauer nicht verstanden: Hesses hohes Alter, seine Krankheit und Schwäche seien lange Vorboten gewesen, sein Tod habe sie nicht überraschen können. »Ich habe mir nicht vorgestellt, daß es *so* sein wird, Hermann zu verlieren. Wir haben ja immer angenommen, daß er vor mir sterben würde, 18 Jahre älter wie er war. Man hat Testamente gemacht, geändert – wir waren immer sehr vergnügt dabei, auch als wir das Grab kauften, vor etwa 15 Jahren. Es ist ja auch nicht unnatürlich, daß man mit 85 Jahren stirbt: Aber für mich ist es so, als wäre ich mitten entzwei gebrochen – ich kann es nicht anders sagen. 35 Jahre Miteinanderleben – ein solches Auseinanderreißen ist eben nicht nur geistig, nicht nur seelisch, sondern auch körperlich«.[18]

Auf Grüße des Beileids und des Mitempfindens antwortete sie ähnlich wie an Annette Kolb: »Ich sollte dankbar sein, daß wir 35 Jahre miteinander lebten, daß er ein hohes Alter erreichen durfte – aber ich bin nicht dankbar, sondern verzweifelt und entwurzelt.«

Weinen hätte sie erlöst, entspannt. Aber sie war lebenslang gewohnt, jede Gefühlsäußerung voreilig in sich zu ersticken, alle spontanen Gesten zwanghaft abzubrechen, weil sie sich kein Gehenlassen gestattete. Sie geriet in eine unlösbare Starre: »Vielleicht weil ich immer an Selbstbeherrschung gewohnt war, beherrsche ich mich unwillkürlich, auch wenn es nicht mehr notwendig ist. [...] Etwas in mir ist gebrochen, es wird das Herz sein, und das wäre ja eine Gnade«.[19] Anfang Oktober floh sie von Montagnola, wo alle Dinge von Hesse sprachen, nach London. Es war ein tapferer Versuch, sich im Britischen Museum wieder auf die für sie stets lebenssteigernde Kraft der Antike zurückzubesinnen. Aber Schwäche und Verzweiflung überkamen sie auch dort so stark, daß sie vorzeitig zurückkehrte. »Ich möchte nicht mehr leben. Ich sehne mich so nach Hermann, dagegen kommt nichts auf. Ich gebe mir Mühe, das Leben nicht zu sabotieren – darum habe ich die Reise unternommen«.[20] Ihrem Leben fehlte die Spannung, denn all ihr Tun war ehemals eingemündet in den gelebten Dialog mit ihm. Wie sollte sie weiterleben, sie, die doch auch er war?

Viele Stunden saß sie täglich am Schreibtisch, um Kondolenzbriefe zu beantworten. Ungefähr 500 handschriftliche Danksagungen hatte sie bis Ende September abgefaßt, aber noch blieben 320 Beileidstexte zu lesen und gedruckte Antwortbriefe zu verschicken. »Bei Hermann ist das eben anders als bei andern Kondolenzen. Die Menschen, die mir schreiben, sind alle selber in Bestürzung und Trauer; viele fragen, ob sie fortan *mir* schreiben dürfen, davor graut mir ja sehr – aber nein sagen darf ich ihnen jetzt nicht, ich kann nur hoffen, daß sie von selber aufhören werden«, schrieb sie am 17. September 1962 an Lilly Kehlmann.

Die Trauer setzte sich fest als ein körperliches Weh- und Elendsgefühl; *es* weine ständig in ihr, da helfe keine Disziplin. »Ich bemühe mich so sehr, vernünftig zu sein – aber ist es denn ›unvernünftig‹, wenn man sich nach dem Tode sehnt? Natürlich fürchte ich mich wie jeder Mensch vor einem qualvollen Sterben – aber ich sehne mich nach dem ›Nicht-mehr-sein‹. Es steht so schön im Hiob 17,3: ›Wenn ich gleich lange harre, so ist doch bei den Toten mein Haus, und in der Finsternis ist mein Bett gemacht‹«.[21]

Über Weihnachten 1962 reiste sie nach Rom, es wirkte wie eine kopflose Flucht. »Ich will nur etwas Griechisches mitnehmen und versuchen, an mein früheres Leben wieder anzuknüpfen«.[22] Aber der Ansatz mißlang. Bei allen Wiederbegegnungen mit Kunstwerken, Museen, antiken Bauten empfand sie schmerzhaft, daß sie Hesse das Erlebte nicht mehr mitteilen konnte. »Ich sah doch alles immer nur für H. H.«, schrieb sie Dolbin verstört aus Rom. »Für *Ihn* war ich – wie mir jetzt klar wurde – doch eigentlich immer gereist, um ihm alles zu bringen.« In drängendem Todesverlangen floh sie nach Hause. »Er ist gestorben (wenn auch nur körperlich), und ich muß ohne ihn weiterleben. Muß ich wirklich? Ich glaube nicht. Nur solange ich für ihn zu arbeiten habe. Das wird eines Tages aufhören, und dann werde ich frei sein, mich zu entscheiden.«[23]

Der Trost, in der Wahl zwischen Tod und Leben frei zu sein, sobald sie ihre Aufgabe für Hesse erledigt hatte, gab ihr neue Kraft. Ihre Verzweiflung mündete in Pflichtgefühl. Sie wollte sein Vertrauen in sie als Vollstreckerin seines literarischen Testaments nicht enttäuschen: »Ich will doch Hermann nicht im Stich lassen«.[24] So begann sie, Hesses umfangreichen Nachlaß zu ordnen und zu sichten.

Schon einige Wochen nach Hesses Beerdigung hatte Ninon im Beisein von Dr. Siegfried Unseld, der bei Hesse noch von Peter Suhrkamp als sein Nachfolger eingeführt worden war, einen bis dahin stets verschlossenen Wandschrank geöffnet. Sie fanden darin Stapel von verschnürten Briefbündeln, die sie gemeinsam aufknoteten. Und dann lasen sie atemlos vor Spannung in Hesses Jugendbriefen, die an seine Familie und an Freunde gerichtet waren. Aber Hesse hatte auch alle Antworten sorgfältig aufbewahrt. So bot sich in diesen Briefen, Handzetteln, Notizblättern, Tagebuchaufzeichnungen ein lückenloses Bild seiner Kindheit und Schulzeit. Hier wurde in allen Einzelheiten belegt, wie »unbotmäßig« sich der »störrische« Knabe verhalten und sich den Forderungen seiner Erzieher verweigert hatte. Da war in reichem Quellenmaterial festgehalten, was alles mit seinem Ausbruch aus dem Maulbronner Seminar zusammenhing. In diesen Zeugnissen wurde seine Jugendnot, die Hesse später in seinen Büchern – besonders in »Unterm Rad« – verarbeitet hatte, von vielen Seiten her beleuchtet. Aber es fanden sich auch Hinweise auf scheinbar Nebensächliches, zum Beispiel die Aufrechnung, in der ein Gendarm die Kosten festhielt, die durch das Einfangen des entlaufenen Schülers Hermann entstanden waren. Da gab es die Quittung über einen Pistolenkauf des Jungen und Hinweise auf seine Mord- und Selbstmordabsichten. Da lagen die vergilbten Anträge seiner Eltern für die Einweisung des Fünfzehnjährigen in eine Anstalt für Geisteskranke und Epileptiker und Briefe, welche die Verzweiflung des Knaben in dieser Umgebung vergegenwärtigten. Hier war auch bezeugt, wie Hesse später durch die Handwerkslehre versuchte, sich in seine Umwelt einzufügen, und trotzdem sein Ziel, entweder ein Dichter oder gar nichts zu werden, nicht aus den Augen verlor und als Zugang zur Literatur zunächst eine Buchhändlerlehre wählte. Daß all dies aufgezeichnet und wohl gehütet worden war, schien Ninon nur aus dem starken Familiensinn der weitverzweigten und schreibfreudigen Hesse-Gundertschen Verwandtschaft erklärbar, innerhalb deren man sich gegenseitig alles mitteilte, um sich zu rechtfertigen und zu beraten und danach alle persönlichen Schriftstücke als Dokumente der Familiengeschichte aufzubewahren. In diesem brieflichen Kreuz- und Quer-Gespräch der aufgeschreckten Erwachsenen wurde Hesses Schriftsteller-Beruf zum ersten Male als ein Versuch erkennbar, frühe Verletzungen und Einsamkeitsängste zu kompensieren.

Außer diesen Kindheitsdokumenten fand Ninon nachgelassene Manuskripte, Sonderdrucke und Rundbriefe, abgebrochene Aufzeichnungen und persönliche Notizen Hesses. Der Verleger bat sie, diesen Nachlaß zu ordnen, damit zuerst ein Band »Prosa aus dem Nachlaß« erscheinen könne. Dann aber möge sie sich jenen Jugendzeugnissen zuwenden, deren Fund einmalig sei, da er den biographischen Hintergrund für ein dichterisches Werk beispielhaft und lückenlos erhelle.

Ninons ehemalige Sorge um Hesse verwandelte sich nun in Sorgfalt für sein literarisches Erbe. Sie begann mit einer Neubearbeitung seines Briefbandes von 1959 und erweiterte ihn um 150 Briefe.[25] Gleichzeitig versuchte sie, die Fragen treuer Leser in Hesses Sinn zu beantworten. Sie verschickte angeforderte Sonderdrucke, kam Bitten um Bücherspenden nach und erledigte eine umfangreiche Geschäftskorrespondenz. Sie sichtete, ordnete, schrieb und schrieb ab. All diese Pflichten verhinderten jedoch ihre Wiederbegegnung mit seinen Büchern. Sie wollte viel lieber seinen Worten nachdenken und sich, wie sie es seit ihrer Kindheit gewohnt war, in die Geborgenheit der Lesenden flüchten. Doch der philologische, archivarische Aspekt gestattete ihr die gewünschte, neue Rezeption seines Werkes nicht, er verlangte vielmehr ein nüchternes Hantieren mit Manuskripten und Nachlaßpapieren und vergrößerte den kritischen Abstand.

»Dieses Gefangensein in Nachlaß-Arbeit! H. H. geht mir darüber verloren! Ich habe keine Zeit, ein Buch von ihm zu lesen – ich muß Separata einordnen, notieren, registrieren – Briefe beantworten von Leuten, die mich nichts angehen – ach, ich halte es nicht aus!«[26] Manchmal glaubte sie, nun habe sie endlich Hesses Tod akzeptiert. Dann aber durchzog sie wieder das Weh einer unheilbaren inneren Zertrennung. Ein anderes Mal wieder fühlte sie sich von ihm gehalten; wenn sie vom hochgelegenen Balkon weithin über seine Landschaft blickte, spürte sie ein stilles Einverständnis mit ihm, dem Fernen. Bald aber brach die Verzweiflung wieder auf: »Ich finde nichts richtiger als die Witwenverbrennung – es ist vollkommen sinnlos, allein weiterzuleben, wenn man 35 Jahre miteinander gelebt hat«, erklärte sie Lis Andreae Anfang Mai 1963. »Stelle Dir nicht vor, daß ich mich ›langweile‹ und deshalb auf törichte Gedanken komme – keineswegs; ich habe entsetzlich viel zu tun, aber nichts, was mich freut oder innerlich angeht. Denn auch die Beschäftigung mit dem Nachlaß ist ja keine mit H. H.s Werk, sondern es ist eine bürokratische registratorische Arbeit, und die Betreuung der treuen Leser ist gewiß notwendig, aber sie bedeutet mir nichts. Nichts schrecklicher, als Arbeit ohne Freude!«

An einigen Orten plante man Hesse-Gedenkstätten. Ninon wurde um Gebrauchsgegenstände des Dichters gebeten, um Brille, Tintenfaß oder Hut. Sie wehrt sich heftig gegen einen solchen Kult. Im Wort, allein in seinem Werk, solle Hesse fortleben, nicht materiell, nicht in fetischartigen Erinnerungsstücken. »Ein solches Zimmer erinnert sehr bald an ein Panoptikum.« Sie widersetzte sich ebenso heftig allen Bestrebungen, aus Hesses Wohnhaus eine Gedächtnisstätte zu machen. Dadurch geriet sie in Widerspruch zu Hesses langjährigem Mäzen Max Wassmer, der schon zwei Wochen nach Hesses Tod wohlmeinend vorgeschlagen hatte, daß durch eine Stiftung Studio und Bibliothek in Montagnola erhalten werden sollten. Dazu sei das Bodmer-Haus in eine »ewige Hesse-Stätte« umzugestalten: »Frau Ninon sollte ihren Teil der Wohnung behalten können und immer dort wohnen, wenn es ihr paßt. In Hesses Wohnung sollte ein Germanist oder ein anderer Wissenschaftler hausen, das Hesse-Archiv verwalten und Freunden und Besuchern zugänglich machen. Für alle Hesse-Freunde und -Verehrer ist Montagnola die innigste und wertvollste Verbindung zu Hesse«.[27] Ninon hatte Angst davor, lebend in einen Dichterschrein gesperrt zu werden, noch mehr aber fürchtete sie – mit den Gewohnheiten neugieriger Pilger ein Leben lang vertraut –, das Haus könne eine Wallfahrtsstätte werden, wo Hesses Gebrauchsgegenstände wie Reliquien präsentiert würden. Seine Manuskripte und nachgelassenen Schriften aber müßten im ehemaligen Arbeitszimmer wie in einem Safe lagern und museal verstauben. Ihr ging es nicht um die *sichere Konservierung* seines Nachlasses, sondern um dessen *lebendiges Fortwirken* an einer für die literaturwissenschaftliche Forschung leicht zugänglichen Stätte.

Unter diesem Gesichtspunkt wehrte sie sich strikt dagegen, eine Stiftung zu gründen, um das Haus in Montagnola zu »retten«. Das laufe auf eine Bettelei hinaus, an der sie sich nicht beteilige. Das Haus, in dem Hesse großzügig ein lebenslängliches Wohnrecht gewährt worden war, gehörte Bodmers, und sie selbst wollte der Familie ihr Eigentum bald zurückgeben. Derartige Ausstellungen unter dem Motto »alles wie es war« wirkten auf sie stets wie Totenkammern, »hier den zerbeulten Hut, dort die zerrissenen Handschuhe, das Messer – der Gerlo – aber *ist* denn das der Hermann? Das ist er auch, gewiß! Aber Hermann ist der Dichter, der große Mensch, der Maler, der Lusor (Spieler im Sinne des Glasperlenspiels) – man macht ihn lächerlich, wenn man die Gedächtnisstätte so naturalistisch einrichtet! Sein Geist muß sichtbar gemacht werden. [...] Die abscheulichen Möbel kämen fort, auch der Schreibmaschinentisch mit Maschine. Was ist denn daran zu sehen? Daß er Schreibmaschine geschrieben hat, ist ja nichts Außerordentliches! [...] Ich hatte eine schlaflose Nacht und bin völlig außer mir«.[28] Unnachgiebig verfocht sie die Ansicht, daß ein Dichter allen gehöre und daß man ihm darum eine Gedenkstätte schaffen müsse, die weltoffen und leicht zugänglich sei und von der aus sein Werk ausstrahlen könne, »statt daß man es in seinem Wohnhaus, in seinen Stuben horte«.

Ninon merkte sehr schnell, daß Hesse einen starken Anwalt auf Erden brauchte. Streng überwachte sie genehmigte Nachdrucke, mißbilligte Nachlässigkeiten, Druckfehler, ja sogar eine nach ihrem Empfinden unwürdige Aufmachung eines Bändchens. Wo seine Texte unerlaubt abgedruckt wurden, schritt sie unerbittlich ein. Sie wollte die Urheberrechte sorgfältig gewahrt wissen, um Fehler oder Entstellungen zu vermeiden. Sogar einem Freund Hesses untersagte sie einen unkontrollierten privaten Nachdruck: »Wenn ihm auch die Manuskripte gehören, das Urheberrecht gehört uns. Und da ich Verwalterin des literarischen Nachlasses bin, habe nur ich zu entscheiden, was veröffentlicht werden darf und was nicht«.[29]

Weil Ninon erkannte, wie wehrlos die Toten dem Urteil der Nachwelt ausgeliefert sind, wie schnell sie zu dem werden, was Deutende oder Verfügende aus ihnen machen, wie leicht sie etikettiert, mißbraucht, verfälscht oder mißverstanden werden, stellte sie sich schützend vor Hesses Werk. Unter diesem Gesichtspunkt entschloß sie sich, als Herausgeberin seiner nachgelassenen Schriften zwischen ihm und der richtenden und wertenden Öffentlichkeit zu vermitteln. Immer mehr sah sie in seinem literarischen Vermächtnis den Sinn ihres Weiterlebens. Für diesen Dienst stellte sie die eigene archäologische Forschung wieder zurück. »Ich darf jetzt noch nicht daran denken, mich davonzumachen – erst muß das Archiv in Ordnung übergeben werden, und dann möchte ich zwei Briefbände edieren – das kann *ich* wahrscheinlich besser als jemand andrer. Darüber werden eineinhalb Jahre vergehen – und dann habe ich noch immer Zeit – zu tun oder zu lassen, was ich doch so gerne möchte!«[30] Angesichts des schier unübersehbaren Nachlasses aber stöhnte sie auf: »Einmal an einem Bibliotheksort ein paar Monate arbeiten und etwas abschließen dürfen – mein tiefster, heißester Wunsch! Ich *habe* etwas zur Gorgo zu sagen – und wäre froh, wenn es ein nicht langer (aber gediegener) Aufsatz wäre – nur um es einmal zusammenfassend formuliert zu haben«.[31] In einer tiefen körperlichen Erschöpfung bezweifelte sie, daß es je dazu komme: »Ich bin so lebensmüde und möchte nicht mehr lange weitermachen. Aber das Archiv will ich unbedingt noch in Ordnung übergeben und beaufsichtigen, und wenn es zu einer Gedenkstätte kommt, auch diese«.[32]

Während dieser Zeit fühlte sie sich gehalten von treuen Freunden. Viele von ihnen waren schon mit Hesse verbunden gewesen und wandten sich nun ihr zu. »Es ist wundervoll, daß Hermann Hesse noch im Grabe für mich sorgt, denn er ist es ja, der Sie mir gesendet hat«, versicherte sie im Mai 1963 Günther Klinge, der ihr in den letzten Lebensjahren manche Freude bereitete. Als er ihr einmal ein wertvolles antikes Gefäß schenkte, dankte sie ihm mit den Worten: »Wie hätte Er sich gefreut, daß ich ein so schönes und kostbares Geschenk von Ihnen bekomme. Dann aber dachte ich, Er *ist* ja da, Er *ist* gegenwärtig, *Er* hat es ja bewirkt, daß Sie sich das für mich ausgedacht haben.« Noch im Jahre 1966 bekräftigte sie: »Mir tut es wohl, daß jemand um mich besorgt ist – jemand, dem mein Mann gut war und der mir gut ist! Wenn Sie mir einen Wunsch erfüllen oder einen Rat geben, fühle ich das so, als handelten Sie in einem überirdischen Auftrag – als wäre es H. H., der Sie darum bittet«.[33]

Die liebste im Freundeskreis aber war und blieb ihr Elsy Bodmer, die mit Hesse seit 1919, als sie eine Gedichthandschrift bei ihm bestellt hatte, in ungetrübter gegenseitiger Zuneigung verbunden war. Darum fühlte sich Ninon bei ihr, der »Herrin des Hügels«, am meisten geborgen.

Auch die Freunde der Wiener Zeit und ihre Griechenland-Gefährten besuchten Ninon im Tessin oder schrieben ihr regelmäßig. Gleichzeitig wurde die Verbindung mit ihrer Schwester immer enger; zweimal wöchentlich gingen zwischen New York und Montagnola die Briefe hin und her. Lilly und Heinz Kehlmann wurden zu Vertrauten, denen sie sich vorbehaltlos öffnete und die sie von nun an »meine Geschwister« nannte, »denn Heinz ist doch ein Bruder!« Nach ihrer zweiten gemeinsamen Bretagne-Reise schrieb sie ihnen Anfang September: »Es war sehr schön, mit Euch zu reisen, von Heinz behütet und verwöhnt zu werden – das hatte ich ja nie –, aber zum Glück bin ich auch nicht der Typ zum Verwöhntwerden, das fehlte mir nie, ich bin gern auf mich allein angewiesen. Aber schön war es, einmal auch das gehabt zu haben.«

Eine geradezu rettende Freundschaft entwickelte sich zwischen Ninon und Kurt und Helen Wolff, die seit 1953, nach ihrer endgültigen Rückkehr aus den USA, in Locarno lebten.[34] Es sei, als habe ihr Hesse aus dem Jenseits einen Sendboten und Helfer zugeleitet, und darum nehme sie dankbar den Rat Kurt Wolffs für die Unterbringung von Hesses literarischer Hinterlassenschaft an, teilte sie ihren Freunden erleichtert mit. Der Verleger, der sein Leben lang Dichtern ein verstehender Gefährte war und ihre Werke und Nachlässe sachkundig betreute, leitete nun die ersten Gespräche mit Archiven und Gedenkstätten ein.

Auch die Beziehung zu Kurt Wolff, die Ninons Trauer zeitweise aufzuhellen vermochte, war in Hesses Leben verankert. Er hatte Wolff als einen schöpferischen Verleger hochgeschätzt, der aus Überzeugung der expressionistischen Bewegung zum Durchbruch verholfen und sie getragen hatte. Ninon erinnerte sich, daß er Wolff wegen seines untrüglichen Gespürs für das Außerordentliche und Bedeutende gerühmt hatte und ebenso wegen seiner ausgeprägten Verantwortung als Verleger: Kurt Wolff hatte es sich in Europa und später in Amerika zur Aufgabe gemacht, Literatur nicht als gefragte Ware auf einen Verbrauchermarkt zu werfen, sondern einen Leserkreis für das dichterisch Wertvolle zu gewinnen. 1933 wollte er sich sogar einmal in Montagnola niederlassen. Er schrieb zuvor liebenswürdig an Hesse, schon bei der Absicht fühle er sich wie ein Wilddieb, der in fremden Gehegen jage, und darum frage er ihn, den Alteingesessenen, ob er ihm das Wohnen dort überhaupt erlauben würde; das zu wissen erschiene ihm wichtiger als die Genehmigung der Fremdenpolizei in Bern; denn »dies ist Ihr Dorf – Ihre Landschaft – Ihre Provinz«.[35] Kurt und Helen Wolff hatten sich dann jedoch 1935 in der Nähe von Florenz angesiedelt, bis sie durch das deutsch-italienische Bündnis von dort vertrieben wurden. Seit 1941 lebten sie in New York, und auch während dieser Zeit war die briefliche Verbindung zwischen ihnen und Hesses von Zeit zu Zeit durch persönliche Begegnungen vertieft worden.[36] In Hesses letzten Lebensjahren hatten sich die Ehepaare regelmäßig schriftliche Grüße über den Monte Ceneri hinüber- und herübergeschickt, denn obwohl es von Locarno bis Montagnola nicht weit war, trafen sie sich selten. Wolff versicherte: »Unsere Gedanken gehen sehr oft zu Ihnen beiden, unsere Füße nicht: aus Liebe und Respekt. Aber wir meinen, Frau Ninon sollte doch einmal telephonisch sagen, wenn und wann sie in Ascona oder Ronco oder Locarno ist und eine Stunde uns schenken – Bitte!«[37]

Kurt Wolff versuchte, Ninon aus der weltabgekehrten Starre ihrer Trauer zu lösen. Er war mit 75 Jahren noch voll geistiger Spannkraft und von mitreißender Lebhaftigkeit. Er ermutigte Ninon, sich auf ihre eigene Kraftquelle zu besinnen, die griechische Welt. Kein Zufall: Nachdem Ninon einen Tag lang bei Wolffs in Locarno zu Gast war, las sie – zum ersten Mal nach Hesses Tod – Homer-Texte und dazu ihre eigenen Reflexionen zur Odyssee; »zur Anknüpfung«, vermerkte sie in ihrem Notizbuch am 24. November 1962. Ihre Versuche, sich im vertrauten Forschungsgebiet wiederzufinden, wurden von Kurt Wolff durch Anregungen und Gespräche gefördert, zugleich machte er ihr Mut für die Aufgaben, die sie als Sachwalterin von Hesses literarischem Erbe zu erfüllen hatte. Durch das Kraftvolle und Zwingende seines Wesens, das mit Einfühlungsgabe und Behutsamkeit gepaart war, vermittelte er ihr Zuversicht und Selbstvertrauen. Hesses Tod hatte sie in düstere Verzweiflung und Todesverlangen getrieben, die Freundschaft mit Wolff wirkte nun auf sie wie ein lichter irdischer Ankerplatz. »Etwas hat sich schon geändert: ich habe die Selbstmordgedanken vollkommen aufgegeben, es erscheint mir plötzlich als unsäglich feige, so ›bequem‹ wie ich es vorhatte (mit Zyankali) aus dem Leben zu scheiden. Ich finde es anständig, abzuwarten, was mir beschieden ist«.[38] Im Sommer 1963 glaubte Ninon, sie habe nun die Kraft, »den Toten zu begraben – er wäre einverstanden damit!« Wenn Wolff so freimütig und lebensfroh mit ihr sprach, fiel das Maskenhafte von ihr ab, das sie als abwehrende und stets beherrschte Dichter-Ehefrau neben Hesse gebraucht, aber nie an sich gemocht hatte. Zugleich strömte ein lange verschüttetes, befreites Gefühl zu Wolff hin, eingebunden in Vertrauen und Dankbarkeit. Es bewirkte eine Entkrampfung, ein Ausbrechen aus der Jahrzehnte währenden Verschlossenheit. Sie konnte wieder weinen und lachen. Kurt Wolff hatte die Gabe, in Menschen seiner Umgebung die gestaltenden Kräfte zu wecken und zu stärken. Daß Ninon später so erfolgreich als Herausgeberin und damit zugleich als Interpretin von Hesses Werk arbeiten konnte, ist sicherlich zum großen Teil seinem fördernden Einfluß zuzuschreiben. Ninon muß auch von etwas »Wölfischem« im Charakter des Freundes angezogen worden sein; im Zeichen des Apollon Lykeios nahm sie das Spannungsfeld gegensätzlicher Eigenschaften an ihm wahr und auch ein gefährliches und zugleich anziehendes »Wolfsleuchten« in Blick und Ausstrahlung. Darin bestand zwischen ihm und ihr eine Übereinstimmung: Auch Wolff sah das Doppelgesicht aller Dinge, auch er liebte nicht das Glatte, Verschönte, das Gängige und Entschärfte, sondern die helldunklen Mächte.

Ninon, die stets streng gegen sich war, gestattete sich diese Freundschaft nur unter dem Zeichen Hermann Hesses. Niemals hätte sie sich Empfindungen zugestanden, die sie auch nur in Gedanken von ihm entfernt hätten, der ja als Toter wehrlos war. Wohlmeinende Nachlaßordner haben den Briefwechsel zwischen Kurt Wolff und Ninon Hesse vernichtet. Auch das Notizbuch von 1963, dem Jahr dieser Freundschaft, fehlt. Ein Reisetagebuch vom April 1963 aber zeigt, daß Kurt Wolff zum Partner in dem Wechselgespräch wurde, dessen Ninon immer bedurfte, um sich selbst wahrzunehmen. Sie schrieb ihm von Griechenland so regelmäßig wie einst Hesse.

Der Gedankenaustausch, kaum begonnen, endete, als Kurt Wolff am 21. Oktober 1963 an den Folgen eines Unfalls starb. Er wurde auf dem Weg zum Deutschen Literaturarchiv in Marbach von einem Auto erfaßt und erlitt tödliche Verletzungen. In der Schillerstadt fand er nach seinem räumlich so weitgespannten Leben seine letzte Ruhestätte. Auf Ninon, die stets Zeichen und Hinweisen vertraute, wirkte dies wie ein Fingerzeig für die Unterbringung von Hesses literarischem Nachlaß. Während der Beisetzung des Freundes unterdrückte sie gewaltsam einen Aufschrei, sie stand bleich und beherrscht da und spürte plötzlich einen so durchdringenden Schmerz, daß sie fürchtete, ohnmächtig zu werden. Als sie nach Montagnola zurückgekehrt war, litt sie weiterhin an starken Schluckbeschwerden, so daß sie nur zerkleinerte Nahrung zu sich nehmen konnte. Eine Röntgenuntersuchung ergab, daß ihr Zwerchfell gebrochen war. Erstickungsanfälle beim Essen führten zu Herzkrämpfen. Sie wurde am 13. Januar 1964 in die Clinica Moncucco von Lugano eingewiesen, dort notierte sie: »Plötzlich gewußt, wann mein Zwerchfell riß: bei Kurts Beerdigung.« Es war eine Verletzung durch einen mit aller Kraft nach innen gepreßten Angstschrei, mit der sie fortan leben mußte.

Sie widerstrebte nun nicht länger dem Sog des Abgrunds, an den Hesses Tod sie gestellt hatte, und vermerkte Anfang 1964 in ihrem Notizbuch: »Zum ersten Mal das Gefühl, das alles gehe mich nichts mehr an, auch Griechenland. Pindar, Pythie 8,95: Schattens Traum der Mensch.« Sie verzehrte sich in einer seltsam vermischten Trauer, die Hermann Hesse und zugleich Kurt Wolff galt. Vor einer Fahrt nach Italien schrieb sie Lilly: »Venedig liebte K. W. über alles. Wenn ich in Venedig war, war es immer auf der Rückreise von Griechenland, und ich freute mich wahnsinnig auf H. H. – es wird also viel zu überwinden sein! Aber wo in der Welt ist nicht viel zu überwinden für mich? Und ›einmal wird dies alles nicht mehr sein‹ – das ist ja ein großer Trost (Du kennst doch Hermanns Gedicht, das so anfängt)«.[39]

Als Ninon im Juni 1964 das Deutsche Literaturarchiv in Marbach besuchte, sah sie eine Bronzemaske Kurt Wolffs. »Die Totenmaske – herrlich! Ich bin tief erschüttert.« Von Helen Wolff, die ihr stets herzlich zugetan war, erbat sie die Zustimmung, auch für sich einen Bronzeabguß herstellen zu lassen, den sie dann in ihrem Studio aufstellen ließ, wo auch Hesses Büste von Otto Bänninger[40] ihren Platz gefunden hatte. Von nun an lebte und arbeitete sie dort in einer magischen Verbindung zur Totenwelt, denn Maske und Büste bedeuteten für sie keine gefühlsbeladenen Abbilder der Lebenden, durch die sie ihre Erinnerung auffrischen oder wachhalten wollte. Die bronzenen Gesichtsformen der Toten waren für sie, die von der Magie antiker Masken so lange beherrscht wurde, von überpersönlicher Bedeutung; von ihrer metallischen Kühle ging eine große Beruhigung auf sie aus. Hier war das Lebendige eingefroren, dafür aber etwas Gültiges gewonnen: die von allem Irrtum, von aller Willkür und Zufälligkeit befreite, von allem Irdischen abgelöste reine Gestalt. Die trostlose Leere der Maskenaugen erfüllte sie mit Zuversicht, denn sie schien ihr das Ende ihrer eigenen Erdgebundenheit anzukündigen. »Ich sehne mich so nach dem Tode – dagegen kommt nichts auf«, schrieb sie Lilly. Sie ersehnte die Auflösung von Trauer und Schmerz in Fühllosigkeit, in die große Ruhe jenseits der Welt, die sich hinter den leeren Gesichtshüllen ausbreitete.

Noch aber war die schwierigste Aufgabe unter dem Zeichen Heras, der Platzhalterin, ungelöst. Ninon wollte im Einverständnis mit Hesses drei Söhnen als seinen Erben darüber entscheiden, wo der dichterische Nachlaß am sinnvollsten untergebracht werde.

Sie war die Vorerbin, darüber hinaus aber hatte Hesse sie testamentarisch mit der Verantwortung für seine literarische Hinterlassenschaft betraut. Alle waren sich in einem Punkt schnell einig: Der Nachlaß sollte einem Archiv als *Schenkung* überlassen werden. »Wir müssen dienen – nichts als *dienen*! Es ist eine Entsagung für uns alle, das Werk, den Nachlaß zu verschenken – aber damit dienen wir ihm, dem Vater«, versicherte Ninon am 9. Dezember 1963 Bruno Hesse. Sie schlug ihm, dem ältesten Sohn, vor, den Nachlaß des Vaters ungeteilt *dem* Archiv zu übereignen, das sich bereit erkläre, Hesses wertvolle Bibliothek würdig aufzustellen und diese Gedenkstätte zugleich als eine Arbeitsstätte für Literaturwissenschaftler zu öffnen. Hesses Söhne, deren Mutter Schweizerin war und die in der Schweiz bewußt als Bürger der Eidgenossenschaft aufgewachsen waren, äußerten den verständlichen Wunsch, den Nachlaß in ihrem Land zu behalten; Ninon hingegen hatte sich sehr bald für eine Unterbringung im Schiller-Nationalmuseum in Marbach/Neckar entschieden, das sich unmittelbar nach Hesses Tod um den Nachlaß beworben und sich bereit erklärt hatte, eine solche Gedächtnis- und Studienstätte einzurichten.

Durch diese Meinungsverschiedenheit wurde das freundschaftliche Verhältnis, das zwischen Ninon und Hesses Söhnen bestand, zeitweilig getrübt. »Sie, die in allem, was Geld betrifft, sehr großzügig und uneigennützig sind, so daß es nie geringste Verstimmung gab, hatten einen eisernen Schädel, (*drei* eiserne Schädel) was den Verbleib des Nachlasses (des literarischen) betraf. Sie wollten ihn in der Schweiz haben, ich in Deutschland. Meine Gründe waren jenseits von nationalistischen«, berichtete Ninon Ende Februar 1964 Fred Dolbin. Trotz vermehrter Anfälle von Angina pectoris, nervöser Schluckbeschwerden durch den Zwerchfellriß, trotz eines schweren Wirbelbruchs, den sie sich zuzog, als sie während eines Herzkollapses niederstürzte, leistet sie Hesses Söhnen erbittert Widerstand. »Als der Vater mich zur literarischen Testamentsvollstreckerin einsetzte (Artikel 5 des Erbvertrages vom 7. Juni 1958), wußte er genau, was er tat. [...] Er verließ sich auf mich, und er übertrug *mir* die Entscheidung. Ich bin gewissenhaft genug, daß ich die Entscheidung nicht gefühlsmäßig treffe, sondern vernünftig, wohlüberlegt und nach Prüfung der gegebenen Möglichkeiten. [...] Obwohl ich betone, daß mir Euer Einverständnis wichtig ist, muß ich wahrheitsgemäß sagen, daß ich *den* Richtlinien folge, die mir wichtig erscheinen, um dem Werk des Vaters zu dienen – und daß ich nur *hoffen* kann, daß die Entscheidung auch Euch richtig erscheinen werde; daß ich mich aber nicht von Euch beeinflussen lassen möchte, einfach weil ich in diesen Dingen das größere Wissen, die größere Erfahrung und wahrscheinlich auch Voraussicht habe (die sich natürlich nicht auf einen neuen Krieg oder Atomkrieg bezieht, sondern auf das menschlich Voraussehbare), und schließlich – ich muß es einmal aussprechen: Weil ich das Recht dazu habe. Denn Ihr habt der Archivierung des Nachlasses zugestimmt. Da Ihr also grundsätzlich damit einverstanden seid, daß der Nachlaß an einer geeigneten Stätte archiviert wird, ist es *meine* Aufgabe, für die geeignete Stätte zu sorgen«.[41] Hesses Söhne erkannten, daß nicht Überheblichkeit, sondern Pflichtgefühl ihre unnachgiebige Haltung bestimmte.

Ninon hatte zuerst das Thomas-Mann-Archiv in Zürich besichtigt. Obwohl es die geistige Atmosphäre, in der Manns Bücher entstanden waren, vorzüglich vermittelte, erschien es ihr zu isoliert, zu weltabgesondert. Manns literarischem Erbe fehlte die räumliche Verbindung zu anderen Dichternachlässen, die sie für Hesses Schriften herzustellen wünschte. Am 4. Dezember 1962 vermerkte sie in ihrem Notizbuch: »Marbach-Tag«. Der Leiter des Deutschen Schiller-Museums, Dr. Bernhard Zeller,[42] zeigte ihr die dort bereits vorhandene große Hesse-Sammlung; »sehr bewegt«, notierte sie. Auf dem Rückweg besichtigte sie die Schweizerische Landesbibliothek in Bern, die Hesses Söhne für die geeignete Aufbewahrungsstätte hielten. Letzten Endes ging es innerhalb der Familie nur noch um die Frage, ob Hesses Nachlaß in das Land seiner Herkunft oder in das Land seiner Einbürgerung gehöre, in dem er seit 1912 lebte.[43] Ninon achtete die »gutschweizer Gesinnung« seiner Söhne, legte ihnen aber ihre eigene Ansicht von der Heimat des Vaters dar: »Er hatte den baltischen Vater und die Schweizer Großmutter – aber er stammte eben doch aus Schwaben – und er ist – das erscheint mir so wichtig – *im schwäbischen Geistesraum* beheimatet. In der Forschungsstätte des Schwäbischen Schiller-Museums wird der literarische Nachlaß am richtigen Platz sein. Das ist *nicht* nationalistisch gesehen, sondern rein geistig. Dort, wo Hölderlin, Novalis, Uhland, Mörike lebten und schrieben – dort ist die *geistige* Heimat des Vaters. Die *politische* Heimat ist die Schweiz«.[44]

Hesses Söhne, zusätzlich gedrängt von dem Freund und Gönner

ihres Vaters, Max Wassmer, fühlten jedoch eine unabweisbare Verpflichtung gegenüber der Eidgenossenschaft, in deren Schutz und Frieden der Vater gelebt und geschrieben hatte. Ninon wies diese Erörterung von Dank und Undank gegenüber der Schweiz als eine nachträgliche Bevormundung Hesses in ihrem Brief an Bruno Hesse vom 5. Oktober 1963 entschieden zurück: »Wenn der Vater der Eidgenossenschaft etwas hätte schenken wollen, hätte er das im Testament festgelegt; genau wie er die Gemeinde Montagnola, das Spital in Bellinzona bedachte (und Calw), hätte er niedergeschrieben, man möchte seinen literarischen Nachlaß der Eidgenossenschaft schenken, zum Dank dafür, daß – daß *was* –??? Daß er 1922 regulär Schweizer Bürger geworden war? Er hat die Eidgenossenschaft im Testament *nicht* bedacht. [...] *Ich liebe die Eidgenossenschaft bestimmt mehr oder ebenso wie der Vater.* Gerade weil ich eine Jüdin bin, um die Leiden der Juden in meinem früheren Vaterland gewußt habe, *wußte ich*, was eine Demokratie wie die Schweiz ist, und war immer glücklich, zu ihr zu gehören. Aber ich verstehe nicht, warum wir ihr den Nachlaß des Vaters schenken sollen, [...] *der Vater bedarf unser nicht, um seine ›Ehrenschulden‹ zu bezahlen.* Wenn er sich als Schuldner gefühlt hätte – und von der Hitlerzeit bis zu seinem Tod hätte er genug Zeit dazu gehabt! –, *hätte er seine Schulden bezahlt* (durch eine Notiz im Testament, durch mündlichen Auftrag an uns). *Der Vater hat keine Schulden hinterlassen.*«

Ninon war überzeugt, in Hesses Sinn zu handeln, wenn sie sich für Marbach entschied. Schon 1906, 1907 und 1909 hatte er Bücher, Manuskripte und Sekundärliteratur nach Marbach gestiftet und auch Freunden geraten, ihre Hesse-Sammlungen später dem dortigen Literaturarchiv zu übereignen. Von 1946 bis 1955 war Hesses Freund, der Stettiner Bibliothekar und Gottfried-Keller-Biograph Erwin Ackerknecht, Direktor des Schiller-Nationalmuseums gewesen. Auch zu seinem Nachfolger Bernhard Zeller, dem Hesse gleichfalls freundschaftlich zugetan war, hatte Ninon großes Vertrauen, seit er im Juli 1959 als Herausgeber der ersten, noch von Peter Suhrkamp geplanten Bildbiographie nach Montagnola gekommen war, um mit Hesse und ihr Familienphotos auszuwählen.[45] Ninon bewertete zudem die Vorleistung Dr. Zellers, der bei Auktionen regelmäßig den Hesse-Bestand vermehrt und 1957 eine Ausstellung zu Hesses achtzigstem Geburtstag veranstaltet hatte. In Marbach würde Hesses Werk als Teil eines Ganzen in eine Fülle von Literatur-Dokumenten geistesgeschichtlich eingeordnet werden, umgeben von der notwendigen Fachliteratur und benachbart einem Museum, dessen Ausstellungen jährlich dreißig- bis vierzigtausend Besucher anzögen. »Wenn Du bedenkst, wieviel Millionen deutscher Leser den etwa drei Millionen deutsch-schweizerischen gegenüberstehen, so ist auch das beachtlich« verdeutlichte Ninon im August 1963 Heiner Hesse. Der museale Aspekt der Sicherheit dürfe bei der Unterbringung des Nachlasses nicht ausschlaggebend sein, sondern allein die Gewähr seiner lebendigen Ausstrahlung. »Wenn es nur um die Erhaltung des Bestehenden ginge, könnten wir ja mehrere Safes mieten und alles hereinstecken, dort kann es dann ruhen und ist sicher, aber auch sicher vor jedem Weiterwirken.«

In einem Brief an den Schweizer Bundesrat Tschudi vom 9. November 1963 rechtfertigte sich Ninon für ihre Weigerung, den Nachlaß nach Bern zu geben. Die Schweizer Landesbibliothek als eine speziell helvetische Einrichtung wäre mit der internationalen germanistischen Forschungsstätte in Marbach nicht zu vergleichen. »Es handelt sich einzig und allein darum, *wo* die Möglichkeit besteht, das nachgelassene Werk Hermann Hesses möglichst vielen deutschsprachigen Forschern und Studierenden zugänglich zu machen. Dieser Ort ist Marbach am Neckar – nicht wegen seiner geographischen Lage oder seinen Bahnverbindungen, sondern weil in Marbach vor etwa acht Jahren eine Zentralstelle für Dichter-Nachlässe geschaffen wurde, deren Apparat, von Anfang an gut angelegt, ständig vergrößert und vervollkommnet wird. Mit ›Apparat‹ meine ich nicht nur den Stab von Bibliothekaren und Hilfskräften, sondern auch die große Handbibliothek, die Zeitschriften, die den Arbeitenden unmittelbar zur Verfügung stehen, sowie die Museumsräume, in denen Ausstellungen und Führungen stattfinden. Aber auch das ist es nicht allein, was Marbach auszeichnet. Das Wichtige an diesem Institut scheint mir zu sein, daß es *viele* Dichternachlässe beherbergt – daß also Arbeiten vergleichender Art hier leichter als woanders gemacht werden können, weil das Material hier konzentriert ist. [...] Wenn ich Ihnen, hochverehrter Herr Bundesrat, nun dafür danke, daß Sie die Geduld aufbrachten, bis hier zu lesen, zürnen Sie mir vielleicht nicht, wenn ich Sie nun auch bitte, meine Überlegungen *wohlwollend* nachzuprüfen. Es wäre für mich und für die Söhne meines Mannes überaus schmerzlich, Sie enttäuscht zu wissen. Wenn es mir aber gelungen wäre, Sie davon zu überzeugen, daß meine Gedankengänge ›richtig‹ sind, und Sie mir ein Wort darüber sagen wollten, würde ich mich glücklich schätzen!« Aber der Vorsteher des eidgenössischen Departements des Innern zeigte sich in seinem Antwortschreiben vom 28. Dezember 1963 verstimmt, weil die von Ninon vorgeschlagene Lösung »der schweizerischen Komponente im Schaffen des Dichters nicht genügend Rechnung trage«. Ninon erläuterte Tschudi am 27. Januar 1964 noch einmal ihre Motive: »Was hat die Deponierung des literarischen Nachlasses eines Dichters in einem Spezial-Institut, dem ›Archiv für Dichternachlässe‹ – das sich zufällig in Deutschland befindet – mit seinem Schweizertum zu tun? Daß dieser Dichter ein Schweizerischer Nobelpreisträger ist, kann dem großen Ansehen unseres Landes im Ausland doch nur nützlich sein.« Sie schloß ihren Brief: »Ich hoffe so sehr, verehrter Herr Bundesrat, Sie von meinen Ausführungen überzeugen zu können. Ich denke *nur* an die Sache und bemühe mich, alles Emotionelle, wozu auch ein falsch verstandener Patriotismus gehört, auszuschalten. Ich möchte *dem Werk von Hermann Hesse dienen und nur ihm* – das haben auch die Söhne von Hermann Hesse eingesehen und mir deshalb ihre Zustimmung zur Deponierung in Marbach gegeben. Ich bitte Sie, mir zu glauben, daß ich mich dem Land, in dem ich leben darf, genau so verpflichtet fühle, als ob ich darin geboren und aufgezogen worden wäre – aber, wie ich schon oben sagte, habe ich mich in meinem ganzen Leben immer bemüht, Gedankliches und Gefühlsmäßiges auseinanderzuhalten.«

Ninon war der Auseinandersetzung müde. Hesses Söhne lehnten eine *Übereignung* des Nachlasses an das Deutsche Literaturarchiv in Marbach weiterhin ab, hatten sich jedoch mit seiner dortigen *Unterbringung* einverstanden erklärt, soweit gewährleistet war, daß er in politischen Krisenzeiten zurückgerufen werden könne. Neue, langwierige Verhandlungen schienen sich anzubahnen. Ninon fühlte sich am Ende ihrer Kraft. »Ich kann nicht schlafen, ich kann nicht essen, weil mich Tag und Nacht die Sorge um den Nachlaß des Vaters quält. *Mir* hat er ihn anvertraut – *ich* habe ihn zu verwalten – ich habe die Entscheidung Marbach nicht leichtsinnig und gedankenlos getroffen«, schrieb sie an Bruno Hesse, dessen abgewogenem Urteil sie vertraute und mit dem sie sich am besten verstand. »Denke daran, daß der Vater 35 Jahre mit mir gelebt hat, daß er auf mich hörte, wie ich auf ihn, daß wir vieles miteinander besprachen – schiebe mich nicht einfach auf die Seite [...] es ist keine Schande, der Gattin von Hermann Hesse ein wenig Urteilskraft zuzutrauen.« Nach einem Herzanfall und Erstickungskrämpfen beim Essen hatte ihr der Arzt jede weitere Aufregung verboten: »Er hat gut reden. Jetzt ist es ein Jahr und sechs Monate, daß der Vater gestorben ist, und nichts ist unternommen, um den Nachlaß würdig zu verwalten. Das soll mich nicht aufregen? Ich habe es lange genug ertragen. [...] Ich bitte Dich, hilf mir. Hilf beschleunigen – nach achtzehn Monaten ist das nicht ›überstürzt‹ – und zu einem Ende kommen!«[46]

In dieser Zeit der größten Erschöpfung erfuhr Ninon völlig unerwartet, daß für Hesse die Unterbringung seines Nachlasses in Marbach so selbstverständlich gewesen war, daß es dazu keiner besonderen Anweisung mehr bedurft hätte. Der Hinweis kam von einer Nichte Hesses, die anläßlich seines 85. Geburtstages in Montagnola geholfen hatte und die Ninon nun Grüße zum Jahreswechsel 1963/64 schickte, wobei sie auch erwähnte, sie habe Hesse damals ein Manuskript zurückgebracht, das er irgendwann einmal seiner Schwester Marulla geschenkt hatte. »Dank Dir, daß Du es mir bringst«, habe er zu ihr gesagt, »weißt, das kommt später alles zusammen nach Marbach.« Sofort verständigte Ninon Hesses Söhne: »Wie sehr mich diese allzu späte Mitteilung erschüttert hat, könnt Ihr Euch vielleicht vorstellen. Was wäre mir alles erspart geblieben, wenn ich sie früher gehabt hätte!«[47] Erleichtert schlug sie vor, »nun alles unverzüglich nach Marbach zu schenken«. Hesses Söhne bestanden jedoch auf der Einrichtung einer Hermann-Hesse-Stiftung, in die der Nachlaß eingebracht werde und die das Verfügungsrecht über die Wahl eines geeigneten Aufbewahrungsortes und eine mögliche Rückforderung für immer behalte. Ninon einigte sich mit ihnen darüber, daß diese mit Sitz in Bern zu errichtende Stiftung einen aus fünf Mitgliedern bestehenden Stiftungsrat erhalten sollte, dessen Mehrheit Schweizer Bürger sein müßten. Ihr Zweck bestehe in der Errichtung eines Hermann-Hesse-Archivs als Gedenk- und Arbeitsstätte. Wenn das Deutsche Schiller-Museum in Marbach sich vertraglich verpflichte, dieses Archiv einzurichten, erhalte es den literarischen Nachlaß von Hermann Hesse als Depositum – weit über 15 000 Briefe und Manuskripte. Der dem Marbacher Hesse-Archiv zugedachte *Buchbestand* umfaßte mit 3500 Bänden nur einen Teil der Bibliothek Hesses,[48] ein wesentlich größerer Teil sollte der Schweizerischen

Landesbibliothek für ein ebenfalls neu einzurichtendes Hesse-Archiv übereignet werden.

In einem Brief an Bernhard Zeller als den Leiter des Deutschen Literaturarchivs in Marbach erläuterte Ninon am 23. Januar 1964 diesen Entschluß: »Der Sinn der Schenkung an den Stiftungsrat soll darin liegen, daß das Archiv in Marbach ungestört an der Katalogisierung, Ordnung, Erschließung, Vermehrung der Bestände etc. arbeiten kann, ohne einen willkürlichen Rückruf des Depositums von seiten der Erben oder ihrer Nachkommen befürchten zu müssen. Der Sinn der Schenkung an den Stiftungsrat soll gleichzeitig aber auch darin liegen, daß der Dichter Hermann Hesse einen Beschützer in diesem Stiftungsrat findet.« Für Ninon war der Schutz-Gedanke maßgeblich.

Es gelang Ninon, die Mitglieder für den Stiftungsrat zu gewinnen: Professor Dr. Adolf Portmann, Basel; Professor Dr. Beda Alemann, Erlangen; Professor Dr. Paul Böckmann, Köln; Hesses Verleger Dr. Siegfried Unseld, Frankfurt. Ein Mitglied der Familie Hesse mußte laut Satzung stets im Rat vertreten sein. Vorerst wurde Ninon zur Schriftführerin bestimmt.

Zwei Tage vor der Unterzeichnung des Stiftungsvertrages schrieb Ninon aus Spannung und Angst, es könnte noch ein Hindernis, eine neue Weigerung dazwischenkommen, an Bruno Hesse: »Ich lasse mich nicht verrückt machen! Meine nächste Antwort wird sein, daß ich mir etwas antue. Ich kann nicht mehr! Bitte, tue alles, daß es am 13. Mai zu einem Ende kommt.« Das klang wie Erpressung, aber es war ihr Ernst, man kann es allen Briefen jener Zeit entnehmen. Die Verantwortung für die Zukunft von Hesses Werk hatte zu schwer und zu lange auf ihr gelastet. Am 13. Mai 1964 notierte sie: »Der Stiftungsvertrag ist unterschrieben! Nachmittags im Wald Ion gelesen.« Am 14. Mai: »Noch halb betäubt, daß die Leidenszeit vorbei sein soll.«

Als am 23. Februar 1965 das Hermann-Hesse-Archiv mit einer Feier vor geladenen Gästen eröffnet wurde, blieb ihr Platz neben Hesses Söhnen leer. Sie fürchtete, »die Dankadresse an die Stifter nicht unbefangen durchzustehen«. Einen Monat später fuhr sie nach Marbach, wo der Stiftungsrat zu seiner ersten Sitzung zusammentrat. Dr. Zeller führte sie zur Hesse-Gedenkstätte, die in einem Raum neben dem Mörike-Zimmer untergebracht war. »Allein im Archiv. Furchtbar aufgeregt.« Ihr Herz schlug unruhig und laut. Die Brust wurde eng. Sie mußte sich setzen, befürchtete einen Anfall. Allmählich beruhigte sie sich. Die Angst wich nach und nach der Sicherheit, daß sie alles richtig geordnet hatte, richtig, das hieß für sie: in Hesses Sinn. Der Raum erschien ihr wie ein Reich der Stille und der geistigen Einkehr. Ihr, die nie weinen konnte, stiegen die Tränen hoch, Tränen der Befreiung: Hesses geistiges Fortleben schien ihr an diesem Ort gesichert, der zugleich Konzentration und Weltoffenheit ausstrahlte.

Nach ihrer Rückkehr gehörte jede Minute des Tages Hesses Manuskripten und Briefen, die sie zur Herausgabe zurückbehalten hatte. Sie wollte den Zeitplan einhalten, den sie im Februar 1964 mit dem Suhrkamp-Verlag in einem Vierjahresvertrag vereinbart hatte. Sie schrieb Lilly, endlich gebe es einmal gute Neuigkeiten, sie möge hören und staunen: Für die Auswahl, Bearbeitung und Kommentierung der Manuskripte bis zur Druckreife erhalte sie ein Honorar, das Hesses Söhne so großzügig bemessen hätten, daß sie sich dagegen wehre. Sie könne sogar eine Schreibhilfe beschäftigen und ihre Reisen für die Herausgeber-Arbeit selbst finanzieren: »Ach wie herrlich, dies unängstlich tun zu können – nicht jeden Rappen in der Hand umdrehen müssen, wie ich es auf Reisen in Griechenland, in Rom usw. immer tat! Taxi nehmen, so viel ich will, Zimmer mit Dusche, in guten Restaurants essen.« Sie schilderte humorvoll, was sie sich durch diesen ersten eigenen Gelderwerb alles leisten könne. »Daß ich einmal mit Geld um mich ›werfen‹ kann – mit selbstverdientem – mit wahrlich: ehrlich-verdientem! Denn ich arbeite seit Monaten acht bis neun Stunden täglich und dachte schon lange, eigentlich darf man seine Arbeit nicht verschleudern, sondern muß sie ihrem Wert nach bezahlen lassen (›gewußt wo –‹ erinnerst Du Dich an den Witz?). Ich bin für die Arbeit an Hermanns Büchern ein ›tesoro‹, auch das muß einkalkuliert werden. [...] Ich kenne niemand, der so viel arbeitet wie ich. Die Berufstätigen haben doch wenigstens den Samstagnachmittag und den Sonntag frei. Wie ist das: Freisein, tun können, was man möchte? Unvorstellbar«.[49]

Im September 1964 konnte Ninon das Manuskript zu einem fast 600 Seiten umfassenden Band »Prosa aus dem Nachlaß«[50] abschließen. Ihr seelisches Befinden hatte am Ende dieses harten Arbeitsjahres jedoch wieder einen Tiefstand erreicht. »Die Trauer um H. H. ist wieder neu ausgebrochen – ich kann kein anderes Wort dafür sagen – es ist wirklich mit Elementargewalt geschehen – und so, als wäre sie ganz neu! Die Tränen brechen ›grundlos‹ aus mir hervor, wenn ich nur die Ateliertür öffne, um auf die Uhr zu sehen, und wenn ich dann den Sessel sehe, in dem er am Schreibtisch saß [...] Heute erhielt ich das Voraus-Exemplar von ›Prosa aus dem Nachlaß‹ – auch das brachte mich zu Tränen: *Sein* Buch – ohne *ihn* –––«.⁵¹

Ninon hatte diese Auswahl unter werkgeschichtlichen Gesichtspunkten zusammengestellt. Sie wollte die Leser mit Prosastücken vertraut machen, die jeweils eine neue Entwicklungsstufe Hesses einleiteten. Zwischen dem Ästhetizismus der Lauscher-Zeit und der realistischen Erzählweise (1902/03) entstand »Julius Abdereggs erste und zweite Kindheit«, zwischen dem Abschied von der bürgerlichen Existenz und der Zuflucht im Tessin, also zwischen »Demian« (1916/17) und »Klingsors letzter Sommer« (1919), schrieb Hesse das Roman-Bruchstück »Einkehr«. Ninon zeigte dem Leser die Vorformen späterer Romanfiguren, so ist »Quorm« ein Vorgänger von »Knulp«. Anhand von Fragmenten veranschaulichte sie, wie Hesse einen Entwurf zur endgültigen Fassung abwandelte, dazu gab sie auch eine frühere Ausarbeitung von Hesses Roman »Gertrud« heraus, die er – im Unterschied zur Ich-Form des späteren Romans – in der dritten Person abgefaßt hatte und deren zwiespältige, unscharf gezeichnete Titelheldin – eine *Künstlerin* – von der späteren ausgeglichenen, heiteren, still-duldenden *Künstlergefährtin* sehr verschieden war. Dadurch verschaffte Ninon dem Leser Einblick in den Prozeß der literarischen Gestaltung. Es war ihr allerdings nicht wohl bei dem Gedanken, Texte zu veröffentlichen, die Hesse verworfen, die also seinem Anspruch nicht genügt hatten. Sie rechtfertigte sich mit dem Hinweis, daß der zeitliche Abstand einen entwicklungsgeschichtlichen Werk-Überblick gestatte. »Ich glaube, es ist etwas anderes, wie ein Autor selbst zu seinem Werk steht und wie es nachträglich besteht. Der Autor, der die ›Gertrud‹ noch einmal neu beginnt und neu schreibt, kann nicht gleichzeitig die erste gutheißen, die späteren können möglicherweise die fragmentarische erste Fassung besser finden als die endgültige. In der Beurteilung des Werkes ist bei der Nachwelt eine Dimension mehr – eben die historische. Man sieht das Werk *und* die Entwicklung des Dichters. Der lebende Dichter hat nicht seine ›Entwicklung‹ zu zeigen, sondern deren Resultate«.⁵²

Der bedeutendste Beitrag des Nachlaßbandes besteht in zwei unvollendeten Fassungen des »Vierten Lebenslaufes Josef Knechts«, der den drei übrigen imaginären Lebensläufen im »Glasperlenspiel« angegliedert werden sollte und der eine gewisse Korrektur des Hesse-Bildes einleitete. In ihrem ausgeprägten Sinn für alles Historische stellte Ninon den Dichter in ihrer ersten Edition in die Tradition der Erzähler, die sich mit Welt und Geschichte befaßten. Es war für seine Leser eine große Überraschung, daß er neben die drei in entlegene mythische Zeitläufte zurückreichenden Lebensschilderungen des Glasperlenspielmeisters – die eines Regenmachers aus vorgeschichtlicher Zeit, eines Beichtvaters aus der Frühzeit der christlichen Kirche und eines indischen Weisen aus der vorbuddhistischen Yogazeit des alten Indiens – einen vierten, historischen Lebenslauf in das »Glasperlenspiel« einbringen wollte. Josef Knecht wäre darin als schwäbischer Theologe aus dem 18. Jahrhundert aufgetreten. Der Ordenschronist der Kastalischen Provinz aus dem Jahre 2400 hatte Knecht nämlich aufgefordert, er möge seinen nächsten Lebenslauf in eine näherliegende und reicher dokumentierte Epoche legen und »sich mehr um das historische Detail« kümmern, ein Tadel, der zweifellos eine ironische Selbstkritik Hesses enthält und zugleich Ninons Sichtweise entsprach.

Daß die Bedeutung des geschichtlichen Aspektes im »Glasperlenspiel« vielfach verkannt worden war, weil die Beschreibung der zeitenthobenen utopischen Geistesprovinz Kastalien so breiten Raum einnahm, hatte Ninon oft bedauert. Durch die Veröffentlichung von Knechts viertem Lebenslauf wollte sie den Leser an die geschichtliche Dimension dieses Werkes erinnern. In den »Anmerkungen der Herausgeberin« wies sie auf Hesses *ursprüngliches Konzept* hin, einen Menschen darzustellen, der in mehreren Wiedergeburten die großen Menschheitsepochen miterlebt, der sich also unter verschiedenen historischen Bedingungen entwickelt. Wie sehr Zeit und Umwelt das Schicksal eines jeden formen, hatte Hesse denn auch sehr deutlich in der Einleitung zu dieser Kurzbiographie betont und vor der Illusion gewarnt, ein Starker vermöge sich gegen alle Umweltbedingungen durchzusetzen: »Diese allzu bürgerliche Annahme ist nichts als ein feiges Wegblicken von der Wirklichkeit, [...] es sind auch zu allen Zeiten unzählige der Höherbegabten einfach durch äußere Umstände nicht, oder zu spät auf den ihrer würdigen Weg gekommen.« Trotz des Bleibenden und Einmaligen im Kern einer Persönlichkeit, trotz der »stabilen Substanz eines Ich«, wollte er dessen Abhängigkeit von Zeit und Ort veranschaulichen: »Schließlich ist der einzelne ja kein Endzweck und wird durch seine Geburt nicht nur zwischen Eltern und Geschwister gestellt, sondern auch in ein Land, eine Zeit, eine Kultur, eine Epoche, und so war auch Knecht lange, ehe er davon wissen konnte, in Bewegung, Probleme, Sehnsüchte, Irrtümer und Denkformen, Vorstellungen und Träume hineingeboren, welche Ort und Epoche ihm zubrachten und von welchen manche ihm mit der Zeit so wichtig wurden, daß er sie durchaus als seine eigenen empfand«.[53]

Das Fragment liest sich wie der Anfang einer historischen Erzählung; Ort und Zeit der Geburt Knechts – Beutelsperg während des Friedens von Rijswik – werden vermerkt. Hier hatte Hesse keine zeitenthobene Gestalt wie Siddhartha oder Narziß vor einem typisierten Hintergrund entworfen; Knecht sollte sich auf einem authentischen Schauplatz inmitten historischer Gestalten bewegen, der Pietisten Bengel, Bilfinger und Oetinger.

Ninon vermerkte, Hesses Quellenstudium sei so umfangreich gewesen, daß ihn das Ausufern der geschichtlichen Details schreckte, die sich in dieser Fülle nur schwer in einen fiktiven Kurz-Lebenslauf einbringen ließen. Das war wohl der Hauptgrund, warum Hesse seinen Plan nach einem Jahr fallen ließ. Ninon zitiert in ihren editorischen Anmerkungen seinen Hinweis auf die Schwierigkeit, die allzu genau bekannte und reich dokumentierte Welt Schwabens um 1730 den legendären Räumen der übrigen Leben Knechts anzugleichen.[54] Der Stilunterschied gegenüber den drei ausgeführten Lebensläufen ist denn auch unübersehbar.

Mit der Herausgabe des vierten Lebenslaufs Josef Knechts unterstrich Ninon nicht nur Hesses Zuwendung zur Geschichte und eine bei ihm bis dahin ungewohnte Beachtung der Umwelt als eines wirklichkeitsgetreuen, nachprüfbaren Raumes, sie bewies darüber hinaus seine wissenschaftliche Gründlichkeit beim Studium geschichtlicher Quellen.[55] Bis in die Ausgestaltung einzelner Szenen hinein, in Motiven und Gesprächen bemühte sich Hesse um historische Treue, wenn er Knechts sonst mythisch überhöhte Gestalt diesmal mit den erforschten religionsgeschichtlichen Tatsachen zu einem Bild verschränkte, das der Wirklichkeit des beginnenden 18. Jahrhunderts entsprach.[56] Indem Ninon beide Versionen dieses gewichtigen Prosastücks im ersten Nachlaßband veröffentlichte, setzte sie gleich zu Beginn ihrer Herausgeber-Tätigkeit einen neuen Schwerpunkt für das Werkverständnis.

Während der Nachlaßarbeiten veränderte sich ihr Verhältnis zu Montagnola. Im Hochsommer war die Luft hier drückend und für Herzempfindliche schwer zu erdulden. »Ich vertrage das hiesige Klima nicht – das weiß ich so gut wie der Mann, der im falschen Zug saß. Ich kann aber nicht weg von Montagnola, weil Hermann noch ›hier‹ ist.« 1965 gab sie den Gedanken an eine Übersiedlung endgültig auf. »Ich hing nie an Montagnola – das Haus hatte ich immer gern, obwohl es mir auch manche Mühe und Plage bereitete – ich meine damit: Ich hätte mir nie freiwillig ein Dorf im Tessin als Aufenthaltsort fürs Leben ausgesucht. Ich hätte gern in Paris oder London gelebt – es hätte auch Zürich sein dürfen – in der Nähe einer guten wissenschaftlichen Bibliothek. [...] So merkwürdig es klingt, seit dem Tode von H. H. erst ist mir Montagnola eine Heimat geworden. Es ist eigentlich natürlich – früher war er die Heimat, jetzt ist es nur noch das Haus, Hieronymi Gehäuse! – ist es das Dorf, die Landschaft, in der er weiterlebt«.[57] Auf eine Anfrage ihrer Schwester Lilly, ob sie nicht doch nach Paris oder New York ziehen wolle, antwortete sie Mitte Oktober 1964, gerade von einer Griechenlandreise zurückgekehrt, sie sei überglücklich, wieder *zu Hause* zu sein. »Es tut mir so furchtbar leid, daß Hermann nicht mehr erlebt hat, wie sehr ich an Montagnola hänge, [...] er würde sich freuen, wenn er gesehen hätte, wie heftig ich zurückstrebte.«

Noch einmal fand Ninon in ihrer großen Begabung zur Freundschaft einen Gesprächspartner, dem sie sich uneingeschränkt öffnete: Irmgard Gundert, eine Großnichte Hesses und Enkelin seines so geschätzten »japanischen Vetters« Wilhelm Gundert.[58] Sie lernte die zweiundzwanzigjährige Studentin der Altphilologie 1963 in Athen kennen und lud sie zu einem Ausflug nach Korinth und Perachora ein. Die beiden verstanden sich sofort, ging es doch um Griechisches. Irmgard stammte aus der schwäbischen Geisteswelt und verband diese unverkennbare Prägung harmonisch mit einer intensiven Aneignung der Antike. Die Verknüpfung dieser beiden Bereiche in ihrer Person beglückte Ninon: »Unsere Gespräche fehlen mir sehr! Ich lebe in einer Umwelt, mit der ich nicht sprechen kann über das, was mir wirklich wichtig und teuer ist. Es sind ja zwei Dinge – wenn ich eines davon kurz ›Griechisches‹ nenne, ist das andere H. H. – über H. H. kann ich eher mit jemandem sprechen, aber so *wirklich* doch auch nur mit wenigen. Mit Dir war es so wunderschön, weil Du eben ganz in dieser meiner geliebten Welt lebst.« Das junge Mädchen fragte erstaunt und schüchtern, ob es denn dieser Zuneigung würdig sei. Ninon, der es für eine echte Freundschaft gleichgültig schien, ob sie mit Mann oder Frau, jung oder alt zustande kam, antwortete: »Freundschaft muß gegenseitig sein, auch wenn der eine Partner 70 ist – im September bin ich's gewesen – und der andere 23! Wenn Du mich gern wieder los sein möchtest, brauchst Du nur meine Zuschriften nicht zu beantworten – nach einiger Zeit würde ich's schon merken. Wenn es nicht so ist, was ich natürlich sehr hoffe, dann schreib mir gelegentlich, was Du jetzt arbeitest, liest, treibst. Aber natürlich darfst Du mir nicht allzuviel Deiner Zeit opfern! [...] Ich möchte Dir noch stundenlang erzählen und schreiben.«

Die Freundschaft förderte sie beide, sie nahmen gegenseitig an Lektüre, Einsichten, Arbeitsergebnissen teil. Ninon sprach mit Irmgard die Dyskolos-Arbeit durch; und Irmgard war es, die nach Ninons Tod die Textbetreuung zum Druck besorgte. Sie fuhren miteinander sechs Wochen lang kreuz und quer durch Griechenland, kein Schatten fiel auf dieses unbeschwerte Zusammensein. »Liebe Irmgard, ich wünschte, Du könntest ermessen, wie glücklich mich die Beziehung zu Dir macht. Ich war in allem Griechischen so allein – jetzt denke ich immer: das muß ich Irmgard sagen – das muß ich sie fragen – darüber würde ich gern Irmgards Meinung wissen – und was macht sie, was schreibt sie, was untersucht sie, in was vertieft sie sich – hundert Fragen, Berührungspunkte. Das ist wunderschön für mich«.[59]

Daß Irmgard aus Schwaben stammte – die leichte mundartliche Färbung verriet es schon –, hat Ninon auch den Zugang zu Hesses Familie erleichtert. Zur Zeit des Beginns dieser Freundschaft begann sie gerade, die Briefe aus Hesses Kindheit und Jugend zu ordnen und auszuwählen. Dabei entfernte sich Hesse, der Lebensgefährte, auf eine geheimnisvolle Weise von ihr. Er wich zurück in die Frühe seines Lebens und verwandelte sich in den Calwer Knaben, fest eingebunden in die Familie Hesse-Gundert-Isenberg, in der man die verwandtschaftlichen Bande pflegte wie eine gewachsene, überpersönliche Ordnung, die allen Mitgliedern Schutz gewährte, zugleich aber auch feste Schranken auferlegte. Die Familienbriefe verrieten ihr, wie sehr die weiträumige und weltoffene Missionstätigkeit der Familie in einem unausgewogenen Verhältnis zur Schmalspur ihrer pietistisch-protestantischen Frömmigkeit stand und ebenso zu ihrem Anspruch, des rechten Heilswegs gewiß zu sein. Sie verstand, daß Hesse aus dieser Umgebung ausbrechen mußte. An der Spannung zwischen Gehorsamspflicht und Eigensinn wäre er beinahe zerbrochen.

Ninon wurde erst bei der Durchsicht der Jugenddokumente bewußt, wie selten Hesse ihr gegenüber seine Vergangenheit erwähnt hatte. Ihre Ehe hatte sich stets im Gegenwärtigen abgespielt. Tief betroffen durchlitt sie nun Hesses Jugendleid, die Unduldsamkeit und Härte, denen er durch die Strenggläubigkeit seiner Erzieher ausgesetzt war. Die Familienchronik der Briefe ließ das Stimmengewirr der aufgeregten Verwandten widerhallen, die eine gnadenlose Zucht und eine gehörige Tracht Prügel als tauglichstes Mittel anrieten, um das ungeratene Sorgenkind zur Fügsamkeit zu zwingen. Selbst Unglück und Krankheit werteten sie als Hilfs- und Strafmittel der Erziehung, denn nur dem Demütigen und Gebrochenen erweise sich Gottes Gnade.

Ninon erfuhr, wie dem aufgeweckten Hermann, vom Vater für die Theologenlaufbahn bestimmt, im Elternhaus eingehämmert worden war, daß Selbstüberwindung, ja Selbstaufgabe der einzige Weg zum inneren Frieden bedeute und daß das Leben ausschließlich als Dienst und Opfer für Gott anzusehen sei; jedes gegenteilige Verlangen müsse als Trotz und Teufelstrieb ausgerottet werden. Voller Mit-Leiden erkannte sie, wie schwierig sich die Gewissensbildung bei dem phantasie- und sinnenstarken Knaben vollzogen hatte, dem es unmöglich erschienen war, seinen Körper nur als Tempel des Heiligen Geistes anzusehen und alle Welt- und Daseinslust in sich zu verleugnen oder abzutöten. Hesse hatte die Ursachen seiner neurotischen Störungen, die schon während der Schulzeit medizinisch nachweisbar und in körperlichen Symptomen sichtbar geworden waren, in »Unterm Rad« dargestellt: seinen Besuch der Lateinschule in Göppingen, das Württembergische Landexamen 1891 – Voraussetzung der staatlich gewährten Theologenausbildung – und seine ungeschickte Flucht aus dem Seminar in Maulbronn im März 1892. Wie gemäßigt erschien Ninon die romanhafte Verarbeitung seiner Konflikte gegenüber der schonungslosen Nüchternheit, mit der sie sich in den Familien-Dokumenten darboten! Am 27. Januar 1964 notierte sie: »Hesses Brief vom 11. September 1892 von Hand abgeschrieben. Aus Stetten. Sehr erschüttert.« Wort für Wort durchlitt sie die Verzweiflung des Jungen mit, der zweimal von seinen ratlosen Eltern in die dortige Heilanstalt für Irre und Epileptiker eingewiesen worden war.

Trotzend und flehend hatte er um seine Entlassung gekämpft, hilflos einer verständnislosen Erwachsenenwelt ausgeliefert, die ihm »den Willen brechen« oder ihn als Aufsässigen »dingfest« machen wollte. »Ihr sagt als ›Fromme‹: Die Sache ist ganz einfach, wir sind Eltern, du bist Kind, damit basta. [...] Ich aber sage von meinem Standpunkt aus: ich bin Mensch und erhebe vor der Natur ernst und heilig Anspruch auf das allgemeine Menschenrecht [...]«. Ein zweiter Trennungsbrief, den er drei Tage später an den verwirrten Vater geschrieben hatte, klang für Ninon ebenso ungeheuerlich: »Aber so kann und will ich nimmer leben, und wenn ich ein Verbrechen begehe, sind nächst mir Sie schuld, Herr Hesse, der Sie mir die Freude am Leben nahmen. Aus dem lieben Hermann ist ein anderer geworden, ein Welthasser, eine Waise, deren ›Eltern‹ leben. [...] Wären nur die Anarchisten da! H. Hesse, Gefangener im Zuchthaus zu Stetten, wo er ›nicht zur Strafe‹ ist. Ich beginne mir Gedanken zu machen, *wer* in dieser Affaire schwachsinnig ist«.

Bewegt schrieb Ninon Hermanns Klagen aus der Hölle von Stetten ab, deren lebenslange Nachwirkungen sie nun erst deuten konnte: »Wie elend steh' ich jetzt da.« Um das Entsetzen unter geistig Behinderten und seelisch Kranken zu ertragen, möchte er gefühllos sein, »eisig kalt gegen Alle, Alle!« Ab und zu streckte er die bittende Hand aus – vergeblich! »Laßt mich hier draufgehen, den tollen Hund, oder seid meine Eltern!«[60]

Während Ninon die in winzigen Sütterlinbuchstaben abgefaßten Briefe mühsam und geduldig entzifferte, wiederholten sich in ihrem Notizbuch Eintragungen wie »Schockiert! Entsetzen!« Einmal vermerkte sie: »Hesses ›Träume‹ teilweise gelesen. Schock.« Einige Schriftstücke versiegelte sie, so auch die Tagebücher des Jahres 1917/18, in dem sich Hesse nach dem Tode seines Vaters einer psychoanalytischen Behandlung unterzogen hatte. Beim Lesen der Dokumente aus Kindheit und Jugend aber durchströmte sie Liebe und Verzweiflung zugleich: sie war am Ausgangspunkt seiner Introversion angelangt. Sie erkannte nun den Ursprung seiner Verweigerungen, seiner mangelnden Liebesbereitschaft, seiner Angst, sich gefühlsmäßig jemandem auszuliefern, weil er einmal den »pädagogischen« Liebesentzug durch seine Eltern erlitten hatte.

Ninon erfuhr zum ersten Male, daß Hermann schon als Schulanfänger von sechseinhalb Jahren von seinen damals in Basel lebenden Eltern aus dem Hause gegeben worden war, weil er durch sein ungebärdiges Temperament den Vater zu sehr aufregte und ihn bei seinen Lehr- und Schreibpflichten für die Mission störte. Hermann muß seinen halbjährigen Aufenthalt im Knabenhaus der nur wenige Häuser entfernten Missionsschule als eine Verbannung angesehen haben, denn außer ihm waren dort nur die Kinder der im Ausland lebenden Missionare untergebracht. Dieser erste Versuch, den »störrischen Jungen« durch Entfernung zu bändigen, schien zunächst zu gelingen; denn wenn er sonntags stundenweise zu den Geschwistern nach Hause kommen durfte, soll er nach den Tagebucheintragungen seiner Mutter bleich, still und niedergedrückt gewesen sein. Ninon verfolgte in den Jugendbriefen, wie sich die Angst, bei Eigenwilligkeit beliebig abgeschoben zu werden, in Hermann festgesetzt hatte und wie er nach und nach das schmachvolle Ausgestoßensein umwertete in eine freiwillige und fast hochmütig verteidigte Einsamkeit. »Denn alle diese Träume, der Wunsch, geliebt zu sein, etc., waren ja unnötig und unsinnig«, las Ninon in einem Brief, den er am 20. Januar 1893 an seine Eltern geschrieben hatte. Das erinnerte sie an einen Verzweiflungsschrei des Fünfzehnjährigen, den er ein halbes Jahr früher an seine Mutter richtete: »Du allein weißt, daß ich auch lieben kann.« Ninon beobachtete, auf wieviel Arten Hermann im Laufe der Zeit versuchte, akzeptiert zu werden, und, wo er nicht Liebe erntete, wenigstens Mitleid und Besorgnis erzwang. Sobald er »bös war« und »schon wieder kränkelte«, kümmerte man sich – wenn auch kopfschüttelnd und in unwilliger Anteilnahme – um ihn. Als »moralisch schwach« blieb er im Mittelpunkt des familiären Rundgespräches. Durch Trotz und Eigensinn erzeugte er Gefühlsstürme – waren es auch Sorge, Tadel und Ratlosigkeit. Als ein zu hart Bestrafter vermochte er obendrein die Erwachsenen in Skrupel und Schuldgefühle zu verstricken. Er provozierte durch Ungefügigkeit und warb danach um Vergebung, weil er selbst durch ein empfindliches Gewissen belastet war. Ninon erkannte hinter seinen zornigen Briefen die tiefen Verletzungen, die nie mehr ausgeheilt werden konnten. Sie verstand nun, warum er in späteren Jahren versucht hatte, den Mangel an Liebe als Tugend auszulegen, und einsam und mißverstanden zu sein als Auszeichnung. Auch sein Bedürfnis, aus jeder normgebenden Gemeinschaft wieder auszubrechen, ein Thema, das in vielen Abwandlungen sein Werk bestimmte, war auf jene erpreßte Anpassung zurückzuführen, der er sich nur als »Unsozialer«, als Außenseiter und unverstandener

Neurotiker entziehen konnte.

Während Ninon im Leidenskreis des jugendlichen Hesse lebte, erhob sich die stiller gewordene Trauer wieder laut und quälend. Sie gewann aus diesen Dokumenten nicht nur eine neue vertiefte Einsicht in sein Werk und dessen biographische Verankerung, sondern litt unter deren persönlicher Tragweite: »Ich hatte am Samstag eine Herzkrise, lag im Bett und mußte mich auch gestern noch schonen. Der Arzt sagte, es käme von den Aufregungen – das ist auch mir klar. [...] Auch die Beschäftigung mit den Briefen des Vaters regt mich sehr auf«, schrieb sie am 14. Dezember 1964 an Hesses Sohn Heiner. Nachträglich habe sie unendlich viel über ihn und sein Verhältnis zu ihr erfahren, versicherte sie in ihren Aufzeichnungen, und in einer neu aufgebrochenen Liebe halte sie ihn, den Fernen, wieder fest umschlossen. Über ihren 70. Geburtstag, an dem sie nur Elsy Bodmer bei sich ertragen konnte, berichtete sie: »Wir haben den ganzen 18. September Korrektur gelesen – zwischen den handschriftlichen Briefen und meinem Maschinenmanuskript. [...] So nur war es mir möglich, den Tag zu überstehen. Meine Sehnsucht nach dem Tode ist wieder sehr groß«.[61] Alles in ihr drängte in unabweislichem Todesverlangen zu Hesse, der nun, da sie ihn bis in seine Ursprünge hinein erkannt und die Brüche und Schwierigkeiten seines Wesens als das eingeschliffene Erlebnismuster seiner Kindheit deuten gelernt hatte, unerreichbar war.

Hesses Jugendbriefe zeugten von einem qualvollen Zwiespalt zwischen Abhängigkeit und Widerspruch. Sie erkannte, daß *nicht der Eigensinn* und seine harte Bestrafung, nicht der jahrelange Kampf gegen Lehrer, Pfarrer, Ärzte und Dämonenaustreiber, Anstaltsleiter und gegen den Vater, der letztlich in all diesen Autoritätspersonen getroffen werden sollte, zur seelischen Erkrankung Hermanns geführt hatten, *sondern die schrittweise Rücknahme dieses Eigensinns*. Eine innere Zerrissenheit zwang den Ausbrechenden immer wieder nach Hause zurück, sei es, um die Eltern vor weiterem Leid zu schonen, sei es, daß der Sohn dem krassen und endgültigen Schnitt zwischen sich und der Familie innerlich nicht gewachsen war. Jedem Fluch folgte die Bitte um Verzeihung, jeder *Revolte* die *reuevolle Versöhnungsbereitschaft*.

Trotz der Schärfe seiner Proteste blieb Hesse dennoch der Welt der Väter treu, treu aber auch seinem Ziel, »entweder ein Dichter oder gar nichts zu werden«. Dem wesensnotwendigen Aufbruch folgte stets die Qual der ebenso wesensnotwendigen Rückkehr. Als der vierzehnjährige, aus dem Kloster Maulbronn entflohene Hermann vom Landjäger aufgegriffen wurde, verlangte er, eben dorthin zurückgebracht zu werden; sein planloses Herumirren hatte keine 24 Stunden gedauert! Das Muster wiederholte sich: Der Sohn, der 1892 versicherte, nie gehorchen zu wollen, beachtete 1895 streng die »Zehn Gebote des Vaters« für Tübingen, wo er eine Buchhändlerlehre antrat, und versicherte ihn von dort demütig seiner Folgsamkeit. Im Gesamtbild seiner Briefe von 1890 bis 1900 sah Ninon ihn aufgerieben von den beiden gleich starken Zwängen zum *Eigensinn* und zur *Nachgiebigkeit*.

Ninon erkannte, daß das jähe Auf und Ab in der Lebensstimmung des jungen Hermann auf der schrittweisen Anpassung beruhte, durch die er Eigenwillen und Gehorsam zum Ausgleich brachte. Sie verteidigte dies als seine Selbstrettung. Der Lektor, der ihr Buch betreute, Walter Boehlich, erinnert sich daran: »Frau Hesse wußte, daß ich Hesses Werk – von Ausnahmen abgesehen – sehr skeptisch gegenüberstand, und unsere Zusammenarbeit war nur deswegen so leicht, weil ich das Buch, das sie gemacht hatte, nicht bloß schätzte; es hat mir manches erklärt, vor allem hat es mir den Hesse gezeigt, der sich noch nicht unterworfen und angepaßt hatte, einen jungen Hesse, aus dem ein ganz anderer alter Hesse hätte werden können (einer, den ich unendlich vorgezogen hätte)«.[62]

Ninon bewertete hingegen Hesses instinktive Selbstbewahrung als ein Zeichen seines starken Lebenswillens. So habe er als Maulbronner Schüler gewußt, daß Hölderlin während seines Aufenthaltes im Seminar aus der Unfähigkeit, sich einzufügen, schwer erkrankte und der Selbstzerstörung preisgegeben war. Indem Hesse nach schweren Kämpfen den Eltern nachgab, habe er solch ein tragisches Scheitern vermieden. Anstelle der radikalen Grenzüberschreitung bewahrte und arrangierte er sich. Seine Hinwendung zu Goethe war dafür aufschlußreich: Der Neunzehnjährige, der in Tübingen die Lehrjahre für einen bürgerlichen Beruf ableistete, war tief vom »Weimarer Kompromiß« beeindruckt; er sann über »Doppelwahrheit und Doppelweg« Goethes nach und wollte in dessen Leben und Briefen erforschen, »inwieweit er selber zu den verschiedenen Zeiten [...] Tasso oder Antonio war«.[63] Hesse wollte zu jener Zeit den Schwebezustand des Kompromisses nicht gefährden. Er kam sogar den religiösen Gefühlen der Eltern entgegen, wenn er versicherte, sonntags einen Choral zu spielen oder ein Kapitel aus der Bibel zu lesen; hin und wieder zitierte er sogar zum Gefallen der Eltern Bibelsprüche.

Den Tübinger Briefen merkte Ninon Hermanns Erleichterung an, daß der Streit mit den Eltern ausgetragen war: »Ich wünsche Euch und am meisten dem lieben Vater von Herzen gute Tage! Es liebt und küßt Euch Euer dankbarer Hermann.« So und ähnlich schlossen 1897 seine Mitteilungen. »Nun habt mich lieb und seid nachsichtig mit mir! Ich bin viel bei Euch und küsse Euch alle herzlich! Euer dankbarer Hermann.«

Ninon entschloß sich, die reiche Materialfülle auf zwei Bände zu verteilen. Der erste Band sollte zeigen, wie der trotzig aufbegehrende Knabe gequält und fast gebrochen wurde. Der zweite Teil sollte darstellen, »wie H. H. den Versuch der Anpassung macht und wie dieser ihm teilweise glückt«. Während sie die Veröffentlichung der Jugenddokumente vorbereitete, informierte sie sich über Stil und Methoden von Biographien, Briefbänden und autobiographischen Aufzeichnungen zurück bis ins 18. Jahrhundert. Vorbildlich erschienen ihr die Memoiren von St. Simon[65] (1829) und ebenfalls die Briefe von Wilhelm von Humboldt und Ernst Moritz Arndt an Johanna Motherley (1809-1836).[66] An einem Band von Proust-Briefen gefiel ihr der knappe Anmerkungsteil. Was sie vermeiden wollte, wurde ihr bei der Lektüre von Simone de Beauvoirs »Mémoires d'une jeune fille rangée«[67] klar: »Sichtlich nach Tagebüchern oder Merkbüchern gearbeitet. Vielmehr nicht ›gearbeitet‹, sondern *alle* Notizen ins Buch aufgenommen, alle Zufälligkeiten, Wichtiges und Unwichtiges durcheinander, wie der Tag es bringt. Vollkommen unkünstlerisch, nichts Beschriebenes wird sichtbar, die Menschen unterscheiden sich nur durch ihre Namen – keiner hat ein Gesicht, eine Gestalt – sie sind vertauschbar. Und gewissenhaft wird immer vermerkt, was die Verfasserin gegessen und getrunken hat und wo. Ich habe ein so anspruchsvoll-langweiliges Buch noch nie gelesen. […] Als wäre jemand hinter ihr gestanden und hätte beschwörend gesagt: Nichts weglassen!«[68]

Ninon wollte das Jugendbild Hesses und die Atmosphäre seiner schwäbischen Umwelt nicht durch ihre Erzählung, sondern allein durch die Wiedergabe von Dokumenten vermitteln. Daß ein Autor oder Herausgeber dennoch die Legitimation für seine Darstellung allein aus der eigenen Vision beziehe, hatte sie schon in der Einleitung zu ihrer Apollon-Arbeit betont. Auch jetzt konnte sie sich nicht konzeptlos an der chronologischen Fährte des vorgefundenen Materials entlangtasten, sondern wollte im Weglassen und Hervorheben, im Kürzen und Anordnen der Quellen »unsichtbar Regie führen«, um Hesses Gestalt aus ihrer Sicht aufzubauen. Aus Tausenden von Briefen und Tagebuchnotizen, Rechnungen und Merkzetteln über Eltern, Großeltern, Onkel, Tanten, Erzieher, Ärzte, Freunde und Kostgeber stellte sie zunächst 500 geeignete Texte für den ersten Band zusammen. Am 30.Juli 1964 gestand sie Gerhard Kirchhoff: »Ich habe erkannt, was für eine schwere Verantwortung auf mir liegt – die Frage, soll ich dieses oder jenes Jugendmanuskript publizieren oder nicht, machte mir immer wieder zu schaffen.«

Ninon rechtfertigte ihre Darstellungsweise später in einem Brief an Hesses Sohn Heiner: »Was ich in dem Buch wollte, war, wie der Titel sagt, die ›Kindheit und Jugend‹ des Vaters darstellen – nur mit Hilfe der vorliegenden Lebenszeugnisse, ohne ein verbindendes Wort, ohne Reflexion, Erklärung, Interpretation. Das bedeutete, die Lebenszeugnisse so auszuwählen, daß sie selbst ein Bild ergaben. Ich hätte viel mehr – und auch viel weniger – bringen können. Fest stand für mich (und den Verlag) nur, daß die Briefe des Vaters vollzählig und ungekürzt in dem Buch stehen. Sie sind der Kern, das, um was es geht. Die andern Dokumente erzählen, ergänzen Geschehenes, beleuchten es (und dabei auch die Schreiber), malen es aus, kritisieren oder antworten auch ganz einfach auf die Briefe des Knaben und Jünglings. Zum Bild der Zeit und der damaligen Verhältnisse gehören auch die Abrechnungen, die Aufnahmebedingungen, an sich langweilig, aber im Ganzen wichtig. Und dieses Gesamtbild zu schaffen, *das* war meine große Arbeit«.[69]

In ihrem 50 Seiten umfassenden Nachwort vermittelte Ninon die geistesgeschichtlichen Grundzüge von Hesses Jugendwelt. Gewissenhaft war sie zu Hesses Verwandten nach Schwaben gereist, um sich mit der ihr so fremden pietistisch-protestantischen Sphäre vertraut zu machen. Sie war tief beeindruckt von der echten Frömmigkeit, die ihr sowohl von den Lebenden als auch aus der reichen Familienchronik entgegenströmte.[70] Sie fertigte kurze Lebensbilder der Eltern und Großeltern Hermann Hesses an, damit die für den zeitgenössischen Leser oft schwer verständlichen und religiös überfrachteten Brieftexte einen lebendigen Hintergrund erhielten und vor Fehlinterpretation geschützt wurden. Sie wußte, daß diese Erläuterungen unerläßlich waren, zögerte aber noch lange, sie abzufassen, denn »einerseits ist mir alles zu nahe – und andererseits (Pietismus, Mission) zu ferne. Ich will auf keinen Fall psychologisch werden und am liebsten sachlich und historisch bleiben – aber dann fehlt mir wieder der Blick aufs Ganze (das damalige Ganze). Ich werde die Geschichte des 19. Jahrhunderts von Golo Mann lesen, um ein wenig in die Atmosphäre hereinzukommen«.[71]

Es gelang Ninon, die apokalyptische Weltsicht der frommen Pietisten in väterlicher und mütterlicher Linie glaubhaft zu machen, ihre Hingabe an Gott und seine Fügungen, ihre Jenseitshoffnungen. Sie zeigte, wie viele Wesenszüge des Dichters in seinen Vorfahren vorgebildet waren[72] und wie sehr er trotz seines Kampfes gegen deren Heils- und Glaubensvorstellungen zeitlebens von der asketischen Weltentsagung, von der Dienst- und Opferthematik seiner Familie geprägt blieb. Auch bei den Lebensbeschreibungen der Ahnen vermied sie Wertungen und Vermutungen. Lediglich einmal spricht sie vom »Versagen« des Vaters. Beim Portrait der Mutter spürt man ihre Behutsamkeit, sie beschränkt sich auf einen sachlichen Bericht vom äußeren Lebensablauf. Vom Mutter-Sohn-Verhältnis sollte allein der Briefteil zeugen: »Ich schreibe eigentlich nur Dir, Mutter«, der Widerhall dieses Satzes tönt durch alle von Ninon edierten Briefe. »Aber an Deinem Herzen, beste Mutter, bleibt mir ein Halteplatz, ein Hafen, denn wenn jemand mich einigermaßen versteht, so bist Du es.« Ninons Briefauswahl zeigt Marie Hesse als eine großherzige und glaubensstarke Frau, die sich nach einer unglücklichen Liebe in Demut Gott zugewandt hatte und in deren Wertordnung fortan kein Platz für »Welt«, schon gar nicht für die Revolte des Sohnes war – sie hätte ihn lieber tot als in Schande gesehen: »Zuerst hatte mich die Angst, Hermann sei in besonderer Sünde und Schande gefallen, es sei dem Entweichen etwas besonders Böses vorausgegangen, ganz qualvoll gefoltert, so daß ich ganz dankbar wurde, als ich endlich das Gefühl bekam, er sei in Gottes barmherziger Hand, vielleicht schon ganz bei Ihm, erlöst, gestorben«.[73]

Diese Notiz der Mutter über die »Schmerzensnacht« nahm Ninon trotz aller Bedenken, sie könne in heutiger Zeit mißverstanden werden, in den Briefteil auf. Sie zeigte auch, wie der anfängliche Stolz der Mutter auf den zweijährigen Hartschädel – »sein Eigensinn und Trotz ist oft geradezu großartig« – bald in hilflose Sorge umschlug, »sein heftiges Temperament macht uns viel Not«. Der Dreizehnjährige wurde für sie zum »abnormen Buben«, der Fünfzehnjährige, der schon die Flucht aus dem Seminar, einen im Jähzorn angedrohten Totschlag, einen Selbstmordversuch, eine unglückliche Liebe und eine gescheiterte Lehre hinter sich hatte, zum »armen Memmerle«. So hatte sie Hermann in den Stürmen der Pubertät nicht nur allein gelassen, sondern zum kleinkindhaften Neutrum degradiert und seinen Protest gegen Selbstgerechtigkeit und Verständnismangel zu Unreife und Unmündigkeit verharmlost. Im Nachwort verdeutlichte Ninon, warum Marie Hesse in ihrer Glaubensenge die Jugendnot des Sohnes ebenso wenig verstehen konnte wie seine frühen dichterischen Versuche, die sie verurteilte, weil sie der »Fiebermuse«, der blasphemischen Schönheit und nicht dem Paradies der Gotteskinder galten. Geistliche Lobgesänge waren das »tägliche Manna« ihrer Seele, und sie betete zu Gott, daß auch die Verse des Sohnes ein dem Himmel geweihter Klang sein würden.

Das Bild, das Ninon anhand der bisher unbekannten Dokumente von Hesses Vater entwarf, erklärt den Widerstand des Sohnes gegen die Vaterwelt. Die Familie mußte stets auf »Johnnys Nerven« Rücksicht nehmen, denn er war belastet mit »Nervenstürmen und Weinkrämpfen«. Der Großvater, Hermann Gundert, vom Enkel zärtlich geliebt und verehrt, erklärte in einem von Ninon im Nachwort zitierten Brief: »Diese Balten haben fast alle einen Zug von Schwermut« und hielt auch Hermann »für nervös, was bei einem solchen Ebenbild seines Vaters nicht verwundern kann«.

Ninon verdeutlichte, daß Johannes Hesse als glaubhaftes Vorbild für den willensstarken Knaben ausfiel. Ein Vater, der sich »täglich im Gebet nach Gelassenheit und innerer Ruhe streckte« und dem eingesperrten Sohn in papieren wirkenden Ermahnungen riet, Gott für alles zu danken, was ihm beschert wurde, der auf die Not des Knaben mit Bibelzitaten antwortete, hatte Hermanns innere Not bis zu Todeswünschen gesteigert, bis zur Anrede des Vaters als »Kerkermeister«.[74]

Ninon erwog unter Zweifeln und Skrupeln, wie weit es überhaupt statthaft sei, diesen familiären Bereich aufzudecken. Hesse selbst hatte 1904 nach dem Erfolg des »Peter Camenzind« seinem Verleger Samuel Fischer strikt untersagt, Photos und persönliche Daten zu Werbezwecken einzusetzen. Er hatte sogar alles Private aus der zu seinen Lebzeiten erschienenen Briefsammlung verbannt; denn ein Werk müsse für sich sprechen und bedürfe nicht der Erläuterung durch die Lebensumstände seines Autors. Ninon hingegen vermochte kein Werk abgelöst von den Zeitbedingungen seiner Entstehung zu bewerten. Als »Schülerin des Stagiriten«[75] erkannte sie auch jetzt wieder im Besonderen das Allgemeine, in den dargestellten Menschen den Zeitgeist, im Einzelschicksal das Exemplarische. Für sie war in diesen Quellen nicht nur vom schwierigen Selbstfindungsprozeß eines Begabten die Rede, sondern hier wurde für jeden, der »hindurchzuschauen« verstand – das Erziehungsmuster und damit zugleich das Menschenbild der spätbürgerlichen Epoche sichtbar, in der die ersten Arbeiten Sigmund Freuds entstanden und man kaum etwas von der Entwicklung der kindlichen Seele wußte. Allein diese *überpersönliche Bedeutung* des Materials rechtfertigte für Ninon die Veröffentlichung der privaten Dokumente. Sie stellte den Gedanken der Repräsentanz darum schon im Buchtitel heraus. Er sollte unmißverständlich darauf hinweisen, daß sie diese Briefauswahl als einen Beitrag zur Geistesgeschichte des ausgehenden 19. Jahrhunderts betrachtete.[76]

Als Ninon im Jahre 1963 mit der Auswahl der Jugend-Dokumente begonnen hatte, zeigten die Verkaufsziffern für Hesses Bücher ihren absoluten Tiefststand. Sie litt unter der Abwertung und der Stille, die sich um sein Werk ausbreitete. Am 2. Juli 1966 – Hesse wäre an diesem Tag 89 Jahre alt geworden – schrieb sie: »Ich bekam wenig Post (ca. 24 Briefe), was mich sehr deprimierte: das Vergessen hat begonnen«, und einige Zeilen später: »Ich weiß, daß Hermann Hesse nicht vergessen ist und es nicht sein wird – im großen Zusammenhang gesehen. Aber das kleine Vergessen hat begonnen. Und es tut mir weh«.[77]

Beim Ordnen des Nachlasses hatte Ninon jedoch erkannt, daß weite Bereiche von Hesses Schaffen noch unentdeckt waren: sein umfangreiches Briefwerk, die Tagebücher in ihrem zeitkritischen Bezug, seine Rezensionen und Stellungnahmen zur Literatur. Sie entschloß sich, trotz ihres Wunsches, bald Zeit für die Abfassung der Gorgo-Hera-Arbeit zu finden, Hesses breit gestreute Briefwechsel mit Freunden und Verwandten zu sammeln. Sie erwog auch eine Fortsetzung der Brief-Biographie seiner Jugendjahre, es gab dafür genügend autobiographisches Material, »winzige Notizbücher über Italienreisen, die indische Reise, auch Reisen in der Schweiz – zum Teil mit Bleistift in sehr winzigen Buchstaben geschrieben – diese schreibe ich langsam nach und nach ab, das mache ich sehr gerne. Nichts ist so lebendig wie Buchstaben. Und ich habe noch viel mehr Pläne. Aber ich scheue mich, alles auszusprechen. – H. selbst sprach nie von künftigen Arbeiten, immer nur von getanen«.[78]

Mit der Freigabe des Biographischen kam sie den Lesern entgegen, die, wie sie feststellte, »einer anderen Generation angehörend, anderen Ursprüngen, anderen Zielen verpflichtet«, auch andere Anforderungen an die Literatur stellten.[79] Sie trugen vielfach außerliterarische Maßstäbe an ein Werk heran, hatten wenig Sinn für schöngeistiges Schrifttum oder formal-ästhetische Virtuosität. Sie wollten nicht Literatur genießen, sondern beurteilten einen Text nach seiner existenzgebundenen Glaubwürdigkeit. Ninon stand dem Wahrheitsbedürfnis dieser jungen Leserschaft aufgeschlossen gegenüber. Da Hesses Werk in Verbindung mit den werkbegleitenden Schriften ein glaubhaftes Zeugnis seiner Existenz darstellte, würde es auch bei einem von Generation zu Generation veränderten Blickwinkel Bestand haben.[80]

Wie stark die Impulse waren, die sie durch die Herausgabe der Briefe der damals recht flauen Hesse-Rezeption vermittelte, hat Ninon nicht mehr erlebt. Sie hörte auch nicht mehr das Echo der einhellig begeisterten Literaturkritik. »Ein neuer Weg zu Hesse« sei gebahnt, schrieb die »Neue Zürcher Zeitung« unmittelbar nach dem Erscheinen dieses Buches – eines »wahren Ereignisses« auf dem Büchermarkt – und sah darin das »Ergebnis einer hervorragenden Herausgeberarbeit«.[81] Selbst die Wochenschrift »Die Zeit«, die in ihrem Nachruf auf Hermann Hesse im August 1962 erklärt hatte, mit ihm »sei kein Blumentopf mehr zu gewinnen«, verkündete nun: »Die Biographie der frühen Jahre Hesses kann zum Ausgangspunkt eines ganz neuen Hesse-Bildes werden«,[82] zumal sie auch der stagnierenden Hesse-Forschung neue psychologische und literaturgeschichtliche Ansätze biete. Daß durch diese Publikation eine zeitgerechte, kritische Werkbewertung ermöglicht werde, begrüßte die »Frankfurter Allgemeine Zeitung«.[83] All diese Stimmen erreichten Ninon nicht mehr, die sich durch die Edition der Jugendbriefe zum letzten Mal vermittelnd zwischen Hermann Hesse und die Welt gestellt hatte.

Ende März 1966 hatte sie das Manuskript abgeliefert und war »glücklich und erleichtert«, vor allem über das Telegramm des Verlegers: »Manuskript bis Ende 1892 eingegangen. Die Form ist vorbildlich – ich bewundere Ihre Arbeit.« Doch wie alles ein doppeltes Gesicht für sie hatte, so war diese Befreiung zugleich auch der sie ängstigende Verlust der Geborgenheit in einer vertrauten Arbeit für Hesse.

Aber es war Frühling, und Griechenland lockte! Voller Ferndrang verständigte sie sich am 31. März 1966 mit ihrer jungen Freundin Irmgard über eine neue Reise: »Ich habe wieder erlebt, daß ich mich doch am allermeisten im Griechischen (womit ich nicht nur die Sprache, sondern ›alles‹ meine) zu Hause fühle. Ich sage es auch nicht laut – ich sage es *Dir*: Ich fühlte mich nach allem schwäbischen Pietismus, mit dem ich mich jetzt die letzten Wochen beschäftigt habe, wieder ›zu Hause‹.« Es wurde eine ihrer schönsten Reisen. Sie mutete sich viel zu, aber wie immer in der mittelmeerischen Welt war sie hellwach und voller Unternehmungsgeist.[84] Das Wiedersehen mit Thessalien schenkte ihr reiche Erinnerungen an die Freundin Paula Philippson, die hier den Ursprung der griechischen Götterwelt gesucht hatte. Böotien und die Argolis vermittelten ihr eine neue Begegnung mit Hera. Auf der Peloponnes, in Pylos, Sparta und Olympia war die archaische Götterwelt gegenwärtig, und am einsamen Bergtempel von Bassai grüßte Apoll aus jener erfüllten Vergangenheit herüber, in der sie neben Hesse im Zeichen dieses doppelgesichtigen Gottes gelebt hatte. Sie entspannte sich, atmete Weite und Frische nach all der einsamen Schreibtischarbeit. Sie plante mit Irmgard, der rücksichtsvollen und sachkundigen Begleiterin, schon die nächste Griechenlandreise. Vor der Herausgabe des bereits vorbereiteten zweiten Jugend-Briefbandes wollte sie endlich eine Pause für altphilologische Studien einlegen: »Ich habe Sehnsucht danach, zu repetieren.« Wenn Jungsein sich darin zeigt, daß nicht die Vergangenheit, sondern die Hoffnung auf Kommendes das ausschlaggebende Gewicht hat, so war sie jung! Sie entwarf eine Zukunft, in der das Griechische breiten Raum einnahm.

Bei der Rückkehr nach Montagnola Mitte Mai fand Ninon die Probeabzüge für den Briefband vor. Zwischen Korrekturlesen und Register-Arbeiten verfaßte sie voller Schwung eine Reinschrift ihres Reisetagebuches 1966 und ergänzte es durch Photographien. Mehr denn je war sie zum Leben entschlossen, dankbar für das, was ihr noch zugeteilt war. Sie buchte sogar für den 11. Oktober 1966 mit Elsy Bodmer eine Reise nach New York, um ihre Schwester zu besuchen. Danach wollte sie ein wenig ausruhen und an griechische Arbeiten gehen. Die Hera-Arbeit sollte endlich niedergeschrieben werden.

Aber plötzlich war sie wie verwandelt. Es begann an Hesses Geburtstag: »Die Jahrestage sind viel mehr als Gedenktage, es sind Wiederholungen. Alles Geschehene geschieht an ihnen noch einmal«.[85] Sie ging allein, schwer atmend, mit Herzdruck zur Grabstätte. »2. Juli 1966. Den Tag still verbracht, in lähmender Trauer.« Ein paar Seiten weiter steht im Notizbuch mit zittriger Hand niedergeschrieben: »Die Trauer um Hermann, besonders im Sommer, ist sehr intensiv.« Das Erscheinen des Briefbandes beschäftigte sie stark.[86] War die Freigabe des Privaten wirklich in Hesses Sinn?

Sie verbrachte den Sommer in verzweifelter Unrast: »H. H. war so sehr dem Sommer hingegeben – das Blühen, die Wärme, der Kuckuckruf – das alles war *sein* – die Leuchtkäfer, die Erdbeeren, die langen Tage. Ich kann das alles nicht ertragen ohne ihn. Es ist geradeso, als wäre er eben erst gestorben«.[87] Alles, was sie in diesen Wochen schrieb, klingt gequält. »Es fing mit echter Trauer an (Todestag von H. H.) und wurde eine schwere Depression, eine wirklich krankhafte Depression mit vollkommenem Lebensüberdruß, mit Apathie und Angst«.[88] Erst im Herbst besserte sich ihr Befinden. Seine ermattenden Farben, seine kühle Wärme bezauberten sie wie in jedem Jahr.

Am 18. September 1966 wurde Ninon 71 Jahre alt. Obwohl ihre Freunde wußten, daß sie keine Geburtstagswünsche entgegennahm, schrieb ihr mancher Fernstehende. »Das rührt mich doch, denn ich spüre, daß sie schreiben *wie an H. H.,* als wäre ich ein Stück von ihm«. Auf die Zusendung eines Gedichts erwiderte sie Volker Michels: »Ich danke Ihnen dafür, daß Sie es mir sandten, weil ich dahinter die Anhänglichkeit an Hermann Hesse spüre – im Grunde haben Sie es an *ihn* gesandt, und das tut mir wohl«.[89] Aus vielen Zuschriften anhänglicher Leser vermeinte sie Hesses Wunsch herauszuhören, sie möge als seine Platzhalterin für immer in Montagnola bleiben, denn *dort* suchte man ihn.

Seit Hesses Tod nahm Ninon ihre Geburtstage nicht mehr zur Kenntnis. Sie deutete den Tod wie die Bildhauer griechischer Grabmäler, auf denen der Tote sitzt, während der Lebende stehend – zum Aufbruch bereit – von ihm Abschied nimmt. Schon 1937 hatte sie bestürzt diese für sie ungewöhnliche Sicht des Todes in ihrem Reisetagebuch festgehalten: »Wer stirbt, ist der Verharrende, er *bleibt*; die Lebenden gehen vorüber. Nicht der Tote geht von uns, wir verlassen ihn.« Sie wünschte sich Stillstand, um unverändert bei Hesse zu bleiben, wollte sich nicht im Rhythmus der Jahre von ihm entfernen.

Am ersten Tag des Jahres 1966 hatte sie Hesses Gedichtüberschrift »Leb wohl, Frau Welt«[90] wie ein Motto den noch leeren Seiten ihres Notizbuchs vorangestellt und hinzugefügt: »Ich möchte keinesfalls verbrannt werden – wahrscheinlich weil ich eine zu lebendige Vorstellung vom Tode habe. Ich denke mir Totsein wie eine unendliche schlaflose Nacht, die man ohne Sehnsucht nach Schlaf verbringt.« Der Gedanke an den Tod war ihr vertraut, seit sie das langsame Sterben des Vaters und den Freitod der Schwester als unwiderruflichen Abschied durchlitten hatte. In ihrem Gedicht von der gläsernen Kugel hatte sie sich schon mit neunzehn Jahren in einen todesähnlichen Schlaf wie in eine wohligkühle Geborgenheit hineingesehnt. In ihrer unheimlichen Erzählung vom Sarg, der Wohnbett und Grab vereinte, hatte sie sich in die geliebten Verstorbenen hineinversetzt, den Vorgang der Auflösung in ihrer Einbildungskraft nachvollzogen und als willige Rückverwandlung in die Natur, als Aufhebung der qualvollen Vereinzelung bejaht. In jeder Stunde ihres Lebens war sie sich der Vergänglichkeit bewußt, die das Glück so kostbar machte und die Hoffnung auf das Zeitenthobene und Unvergängliche wachhielt. Der Tod hatte für sie ebenso wie das hell-dunkle Leben ein Doppelgesicht, war Erstarrung und Lösung, war schrecklich als Vernichter, ein Hohn auf die Vergeblichkeit alles Durchstandenen und zugleich Wohltat der Fühllosigkeit, Entbindung von Erdenschwere – die große Entspannung! Das Totenreich war für Ninon das Urbild jener archaischen Vanitas-Landschaften, von denen sie unwiderstehlich angezogen wurde. Gerade in diesem Jahre ahnte sie das Glück des Abgrunds voraus. Sie vernahm hinter den Masken, die als Todesboten immer um sie waren, verheißungsvoll die große Ruhe jenseits der Welt.

Sie verbrachte ihren Geburtstag allein, im Gedenken an Hesse. Erst am folgenden Tag kam Elsy Bodmer zu Besuch. So war sie anwesend, als am 21. September die Postbotin einen Expreßbrief vom Suhrkamp Verlag brachte, er enthielt den Umschlagentwurf für den Briefband, ein Faksimile der Handschrift des jungen Hermann. Es war die letzte Post, die Ninon in Empfang nahm.

Wegen einer schmerzhaften Beinschwellung hatte sie sich für den

22. September beim Arzt angemeldet. Die Elf war immer ihre Angstzahl gewesen, aber auch die Zweiundzwanzig hatte für sie in der magischen Beziehung zu ihrer Unglückszahl etwas Unheimliches, sie bedeutete ihr sogar Steigerung und Verdoppelung der Gefahr. Trotz ihrer rationalen Klarheit übte die Zahlenmystik lebenslang eine rätselhafte Macht auf sie aus. Am frühen Morgen des gefürchteten Tages wurde Ninon durch einen Herzanfall niedergeworfen. Frau Bodmer bemühte sich verzweifelt, den behandelnden Arzt zu erreichen, doch er war »unabkömmlich«. Sie versuchte, telephonisch andere Ärzte herbeizurufen – vergeblich.
Die Schmerzen seien unerträglich – Ninon sprach mühsam und abgerissen. Wie ein schwerer Stein liege ihr das Herz in der Brust, beklemmend, tödlich: Sie fürchtete zu ersticken, Nebel um sich, aus denen Bildfetzen auftauchten, auch das vertraute Gesicht der Freundin – es tröstete sie. Elsy Bodmer hielt Ninons Hand fest, als sei dies ein zuverlässiges Band zum Leben. Ninon sah sie dankbar an. Irgendwann ließen die stechenden Schmerzen nach, das Pressen in der Brust, das Bohren im Rücken. Sie wußte in einem Augenblick der Klarheit, wie nah sie dem Ende war, sie spürte, daß sie in Todesgefahr schwebte – es war ein wirkliches, ein erlebtes Schweben zwischen Tod und Leben, ein Verschwimmen der Linien, ein Auseinandergleiten der Dinge um sie herum, die Auflösung des Raumes ins Unbestimmte –, sie flüsterte es der Freundin zu, die an ihrem Lager saß und ihre Hand hielt, das einzige, was sie für die Sterbende tun konnte. Als gegen 10 Uhr eine Ärztin aus Lugano eintraf, blieb ihr nur festzustellen, daß der Tod vermutlich durch eine Embolie eingetreten sei.
Am 26. September 1966 wurde Ninon Hesse in der Gruft des Dichters in San Abbondio in Gentilino beerdigt. Eine kleine Gruppe von Freunden hatte sich vor dem offenen Grab nahe der Friedhofsmauer versammelt, über die der Campanile der alten Abtei und die Zypressen des Wallfahrtsweges herübergrüßten. Siegfried Unseld, der Freund und Verleger, sprach Worte der Trauer und des Dankes. »Es ist für einen eigenwilligen Menschen kein leichtes Los, mit einem ebenso eigenwilligen, aus seiner Sensibilität und Differenziertheit schöpferischen Menschen zusammenzuleben. Es ist ihre Lebensleistung, dies Miteinander bewirkt zu haben.« Unseld entwarf von Ninon das Bild einer Dichtergefährtin mit Eigen-Sinn: »Mitten im Reich Hermann Hesses schuf sie sich ihr eigenes«.[91]

Bernhard Zeller würdigte als Direktor des Schiller-Nationalmuseums und des Deutschen Literaturarchivs in Marbach Ninons aufopfernden Dienst am Werke Hermann Hesses. »An der ihr durch Vermächtnis und Erbe auferlegten Verantwortung trug sie schwer, und sie rang lange um die richtige Entscheidung; – denn nur in seinem Sinne, nur nach seinem Willen wollte sie handeln und das Rechte tun. [...] Als Frau des Dichters und Sachwalterin seines dichterischen Werkes ist uns Ninon Hesse ein Vorbild der Treue geworden. Wir danken ihr die Einrichtung des Hermann-Hesse-Archivs in Marbach und danken ihr für das große Werk über die Jugendjahre Hermann Hesses, dem sie in den letzten Jahren all ihre Kräfte gewidmet hat. Es wird nun in doppeltem Sinne eine Gedächtnisbuch sein – zu seinem und zu ihrem Gedenken.« Es war einer jener milden, leicht dunstigen Tessiner Herbstnachmittage, die Ninon wegen ihrer kühlen Wärme immer herbeigesehnt hatte. Ein flammend rotes Rosengebinde schmückte den Sarg und leuchtete in der späten September-Sonne auf wie ein Sinnbild der Freude. Ninons Wunsch, in Hesses Nähe zu ruhen, war erfüllt.

Der breit gelagerte Gedenkstein der Gruft, ein aus Granit geschlagenes offenes Buch, ist allein dem Dichternamen vorbehalten. Ein kleiner kissenartiger Stein, der im Laufe der Jahre flach in die Erde abgesunken ist, zeigt seitwärts davon Ninons Ruhestätte an; das Moos, das die Gruft bedeckt, überwächst ihn und macht ihn noch unscheinbarer. Der Namenszug zeigt Spuren der Verwitterung. Ninon lebt nicht fort in Grabmal und gemeißelter Inschrift, sie lebt ungenannt im Spätwerk Hermann Hesses, dem sie durch eine mehr als fünfunddreißig Jahre währende Gemeinschaft verbunden war. Sie wirkte im stillen für ihn, nie drängte sie sich vor. Sie ruht für sich, wie sie für sich lebte: ihm fern-nah zugeordnet. Sie wußte, daß es in der menschlichen Natur liegt, das Große ungeteilt zu verehren, der Ruhm strahlt heller, wenn ihn ein Schattenrahmen umgibt. Sie wußte aber auch, daß jede Finsternis für den aufleuchtet, der »hindurchzuschauen« versteht. Auf einen unscheinbaren Zettel schrieb sie einst mit flüchtiger Hand: »skótos emòn pháos – Dunkel, du mein Licht.«

Zeittafel

1877	am 2. Juli wird Hermann Hesse in Calw/Württemberg als Sohn des baltischen Missionars Johannes Hesse (1847-1916) und dessen Frau Marie verw. Isenberg, geb. Gundert (1842-1902) geboren.
1895	am 18. September wird Ninon Ausländer als älteste Tochter des Advokaten Dr. Jakob Ausländer (1860-1919) und seiner Frau Gisela Anna geb. Israeli (1874-1925) in Czernowitz geboren.
1899	am 18. Januar wird Ninons Schwester Toka geboren.
1903	am 25. Januar wird Ninons Schwester Lilly geboren.
1904	erscheint H. Hesses Erzählung *Peter Camenzind* bei S. Fischer, Berlin.
	heiratet Hesse Maria Bernoulli und zieht im Juli nach Gaienhofen am Bodensee.
1909	bekommt Ninon von ihrer Freundin Johanna Gold zum 14. Geburtstag Hesses *Peter Camenzind* geschenkt.
1910	im Februar schreibt Ninon ihren ersten Brief an Hermann Hesse über die Lektüre des *Peter Camenzind*.
1912	erscheint Hesses Erzählungsband *Umwege* bei S. Fischer, Berlin.
	verläßt Hesse Deutschland für immer und übersiedelt mit seiner Familie nach Bern.
1913	im März besteht Ninon die Matura am humanistischen Gymnasium von Czernowitz mit Auszeichnung.
	erscheinen Hesses Aufzeichnungen einer indischen Reise, *Aus Indien*, bei S. Fischer, Berlin.
1913-1917	studiert Ninon an der Wiener Universität Medizin.
1914	am 14. August wird Ninon mit ihrer Mutter in Deutschland vom Kriegsausbruch überrascht und kann nicht mehr nach Czernowitz zurückkehren. Das Flüchtlingsleben der Familie Ausländer beginnt.
1915	erscheint *Knulp* bei S. Fischer, Berlin.
1915-1919	arbeitet Hesse im Dienst der »Deutschen Kriegsgefangenenfürsorge«, Bern, durch den er Kriegsgefangene und Internierte mit Lektüre versorgt.
1916	übernimmt Ninon Krankenpflegedienste in Wiener Spitälern.
1917-1925	studiert Ninon Kunstgeschichte und Archäologie in Wien, Berlin und Paris (mit Unterbrechungen).
1918	im März lernt Ninon den am 1. August 1883 geborenen Wiener Ingenieur Benedikt Fred Dolbin kennen.

	am 7. November heiraten Ninon Ausländer und B. F. Dolbin.
1919	erscheint Hesses Roman *Demian* unter dem Pseudonym Emil Sinclair bei S. Fischer, Berlin. Die Sammlung *Märchen*, darin *Iris*, seiner Ehe mit Maria Bernoulli gewidmet, erscheint kurz danach.
	im April wird Hesses Berner Haushalt aufgelöst. Er trennt sich von seiner in einer Nervenklinik internierten Frau und bringt seine drei Söhne bei befreundeten Familien unter.
	im Mai übersiedelt Hesse nach Montagnola/Tessin in die Casa Camuzzi, die er bis zum Herbst 1931 bewohnt.
1920	erscheint Hesses Erzählungsband *Klingsors letzter Sommer* bei S. Fischer, Berlin.
	im Herbst trennt sich Ninon von Dolbin und geht nach Berlin.
1922	am 27. Februar geht Toka, die Schwester Ninons, freiwillig in den Tod.
1923-1925	verbringt Hesse die Wintermonate jeweils in Basel.
	im Sommer findet die erste persönliche Begegnung von Ninon Dolbin und Hermann Hesse in Montagnola statt.
1923	im Juni wird Hesses Ehe mit Maria Bernoulli geschieden.
	macht Hesse seine erste Kur in Baden bei Zürich, wohin er fortan alljährlich bis 1952 im Spätherbst zur Rheumakur fährt.
1924	wird Hesse Schweizer Staatsbürger.
	am 11. Januar heiratet Hesse die Sängerin Ruth Wenger in Basel.
	am 11. November trennt sich Ninon endgültig von Dolbin. Anfang Dezember geht Ninon nach Paris, um ihre Dissertation über die Goldschmiedearbeiten Delaunes fertigzustellen.
1925-1931	verbringt Hesse die Wintermonate jeweils in Zürich.
1925	im Oktober reist Ninon nach dem Tod der Mutter (11. September) nach Konstantinopel, dabei entstehen die *Ariadne-Tagebücher*.
	im Dezember übersiedelt Dolbin für immer nach Berlin.
1925-1926	arbeitet Hesse am *Steppenwolf* (Gedichte und Roman).
1926	im März versöhnt sich das Ehepaar Dolbin in Genf.
	am 21. März besucht Ninon auf der Rückreise von Genf nach Wien in Zürich Hermann Hesse.
1927	am 26. April wird die Ehe zwischen H. Hesse und Ruth Wenger auf deren Wunsch hin durch Urteil des Zivilgerichtes vom Kanton Basel geschieden.
	im April bezieht Ninon eine möblierte Wohnung in der Casa

Camuzzi bei Montagnola.

im Juni erscheinen *Die Nürnberger Reise* und *Der Steppenwolf* und – zum fünfzigsten Geburtstag Hesses – die erste Hesse-*Biographie,* die *Hugo Ball* verfaßte.

im Sommer bricht Ninon ihr Studium und die Doktor-Arbeit endgültig ab, verkauft ihr Elternhaus in Czernowitz und löst den Wiener Hausstand auf.

1928 am 4. Januar reisen H. Hesse und Ninon Dolbin für sechs Wochen nach Arosa.

im März fährt Ninon mit Hesse in seine schwäbische Heimat und wird seiner Familie als seine »Sekretärin« vorgestellt. Anschließend verbringt sie zwei Monate in Paris.

am 29. April erscheint im *Berliner Tageblatt* Hesses *Brief an die Freundin.*

erscheinen Hesses Tagebuch-Gedichte *Krisis* in einmaliger, limitierter Ausgabe.

vom 9. Oktober bis 12. Dezember reist Ninon nach Wien, Krakau, Czernowitz, Berlin; sie zeichnet dabei ihre *Kindheitserinnerungen* auf.

1929 lernt Ninon im April anläßlich einer Dichterlesung Hesses in München Hans Carossa kennen.

belebt Ninons Freundschaft mit Dolbin sich wieder, sie treffen sich am 23. 3. in Nizza, am 6. 4. in Lugano, am 20. 8. in Saas Fee. Sie sagt ihren Besuch am 19. 4. bis zum 18. 5. 1930 in Berlin zu und hält Wort.

1930 im Januar 1930 macht Hesse mit Ninon in der Chantarella bei St. Moritz Urlaub.

erscheint Hesses erstes im Zusammenleben mit Ninon entstandenes Werk, *Narziß und Goldmund,* bei S. Fischer, Berlin.

im Juni Wahl und Kauf eines 11 000 qm großen Grundstücks für ein Haus, das Dr. med. Hans C. Bodmer als Mäzen für Hesse in Montagnola bauen läßt und ihm auf Lebenszeit zur Verfügung stellt.

im Oktober ist die Grundsteinlegung für Hesses »Casa rossa«.

1931 im Januar zweiter Winterurlaub in der Chantarella, dort treffen Ninon Dolbin und H. Hesse die Familien Samuel Fischers, Jakob Wassermanns und Thomas Manns.

im Juli besorgen Ninon Dolbin und Martin Hesse den Umzug ins neue Haus.

am 10. September wird Ninon von Dolbin geschieden.

am 14. November findet die standesamtliche Trauung von Ninon und Hermann Hesse statt, danach Ninons »Hoch-

	zeitsreise« nach Rom und Hesses Rheumakur in Baden.
1932	am 10. März wird Ninon durch Erbvertrag zur Verwalterin von Hesses literarischem Nachlaß bestimmt.
	erscheint Hesses *Morgenlandfahrt* bei S. Fischer, Berlin.
1932-1943	entsteht Hesses *Glasperlenspiel*.
1933	vom 15. bis 30. Oktober besucht Ninon zu kunstgeschichtlichen Studien Florenz und Rom.
1934	im Oktober-November reist Ninon an den Golf von Neapel und nach Sizilien und bleibt anschließend in Rom.
1935	vom 7. bis 27. Oktober betreibt Ninon archäologische Studien im Britischen Museum London und im Louvre Paris.
	im Spätherbst trifft Joachim Maass zu Besuch in Montagnola ein.
	kommt es zur politisch bedingten Spaltung des S. Fischer Verlags in einen reichsdeutschen, von Peter Suhrkamp übernommenen Teilverlag und einen Wiener Exilverlag, den Gottfried Bermann Fischer leitet. Hesses Verlagsrechte müssen in Deutschland bleiben.
1936	erscheint Hesses Hexameter-Gedicht *Stunden im Garten* in Bermann Fischers Exilverlag, Wien.
	vom 5. Mai bis 12. Juni hält sich Ninon wegen einer gynäkologischen Operation in Wien auf.
	vom 22. Oktober bis 3. November wollen Ninon und H. Hesse nach Rom reisen, Hesse kehrt jedoch in Parma um, Ninon fährt allein weiter.
1937	»Erweckungserlebnis Griechenland«: Ninon reist für 14 Tage nach Athen, macht dann eine 14tägige Rundreise nach Delphi und auf die Peloponnes und eine Inselfahrt nach Delos, Mykonos, Tinos.
1939	vom 8. April bis 6. Mai reist Ninon zum zweiten Mal nach Griechenland: Athen, Attika und Argolis, Böotien (Orchomenos), nach Delphi *zur kastalischen Quelle*. Plan zur *Apollon-Arbeit*.
1939-1945	gelten Hesses Bücher in Deutschland als unerwünscht. Nur für wenige Titel wird die Nachdruckgenehmigung erteilt.
1942	am 9. März nimmt Ninon in Zürich an einem Seminar von Karl Kerényi teil, die fachbezogene Freundschaft beginnt.
	am 2. August nimmt Ninon zum ersten Mal an einer Eranos-Tagung teil; in den folgenden Jahren fährt sie mehrfach zu Seminaren in Ascona-Moscia.
	im September besucht Paula Philippson Ninon in Montagnola; sie kommt wieder im November 1942, im September 1944 und im September 1946.
	wird dem S. Fischer Verlag, Berlin, die Druckerlaubnis für

	Hesses *Glasperlenspiel* verweigert.
	im Dezember erscheinen *Die Gedichte* als erste Gesamtausgabe von Hesses Lyrik bei Fretz und Wasmuth, Zürich.
1943	im November erscheint *Das Glasperlenspiel* bei Fretz und Wasmuth, Zürich.
1945	im August bleibt Hesse mit Ninon in Rigi-Kaltbad, hier entsteht das *Rigi-Tagebuch*.
	erscheint Hesses Sammlung von Erzählungen und Märchen *Traumfährte,* – darin auch *Vogel,* das Märchen seiner Ehe mit Ninon – bei Fretz und Wasmuth, Zürich.
	am 18. September schenkt Hesse Ninon zum 50. Geburtstag sein Porträt, gemalt von Ernst Morgenthaler.
	am 11. November erhält Ninon ein erstes Lebenszeichen von ihrer Schwester aus Rumänien.
1946	erhält Hesse den Goethe-Preis der Stadt Frankfurt und den Nobel-Preis für Literatur.
	vom Oktober bis März 1947 wird das Haus in Montagnola geschlossen. Hesse hält sich im Sanatorium in Préfargier am Neuenburger See auf, Ninon in Zürich.
	erscheint Hesses *Krieg und Frieden,* Betrachtungen zu Krieg und Politik seit dem Jahre 1914, bei Fretz und Wasmuth, Zürich. Danach können seine Werke wieder in Deutschland erscheinen, zunächst im Suhrkamp Verlag vorm. S. Fischer, von 1951 an im Suhrkamp Verlag, Frankfurt am Main.
1947	am 2. Juli erhält Hesse zum 70. Geburtstag die Ehrendoktor-Würde der Universität Bern in einer von Max Wassmer ausgestalteten Feier in Schloß Bremgarten.
1948	vom 11. Februar 1948 bis 23. Februar 1949 leben Ninons Schwester Lilly und ihr Mann, Dr. Heinz Kehlmann, aus Bukarest geflohen, in Montagnola.
1948	am 7. April kauft Hesse, nachdem Ninon die Fahrprüfung bestanden hat, das erste Auto, einen Standard Fourteen – hellgraue Limousine mit Schiebedach.
1950	im Juli ermutigt Hesse Peter Suhrkamp zur Gründung eines eigenen Verlages.
1951	vom 12. bis 18. Juni verreist Ninon zum ersten Male nach 10 Jahren (nach Rom).
1952	am 2. Juli feiert Hesse seinen 75. Geburtstag in San Giacomo im Misox.
	vom 28. August bis 13. Oktober reist Ninon nach 12 Jahren wieder in ihre *Wahlheimat Griechenland*. Sie beginnt die *Hera-Studie*.
1954	erscheint *Piktors Verwandlungen,* ein Märchen, das Hesse im September 1922 für Ruth Wenger schrieb, bei Suhrkamp,

Frankfurt a. M.

vom 4. April bis Ende Mai bereist Ninon Kleinasien und anschließend Italien von Metapont über Paestum nach Florenz.

1955 widmet Hesse Ninon seine *Späte Prosa/Neue Folge, Beschwörungen,* zu ihrem 60. Geburtstag.

lernt Ninon Neugriechisch.

vom 2. April bis 20. Mai reist Ninon durch Griechenland und Kleinasien (Ephesos, Priene, Milet, Troja).

gibt Ninon eine *Auswahl für Kinder aus den Grimmschen Kinder- und Hausmärchen* mit ihren Erläuterungen bei der Büchergilde Gutenberg in Zürich heraus.

nimmt Ninon am 9. Oktober stellvertretend für Hesse den Friedenspreis des Börsenvereins des Deutschen Buchhandels in Frankfurt entgegen.

1956 reist Ninon vom 4. April bis 8. Mai nach Griechenland (Böotien und Peloponnes), Bruch der Freundschaft mit Karl Kerényi.

erscheint Ninons Auswahl der *Deutschen Märchen vor und nach Grimm* im Europa-Verlag, Zürich, Stuttgart, Wien.

1957 wird am 2. Juli Hesses 80. Geburtstag auf Einladung Max Wassmers im engsten Familienkreis in Ambri-Piotta gefeiert.

1959 im Juli stellt Dr. Bernhard Zeller, Direktor des Schiller-Nationalmuseums in Marbach, mit Hermann und Ninon Hesse in Montagnola die erste Bildbiographie über Hesse zusammen.

vom 23. September bis 7. November reist Ninon durch Griechenland (Euböa, Mykonos, Tinos, Kos; Attika und Argolis).

1960 am 3. April erscheint Ninons motivgeschichtliche Arbeit *Das Erdkühlein* in der *Neuen Zürcher Zeitung.*

vom 26. Oktober bis 8. November ist Ninon zu *Gorgo-Studien* in Paris.

1961 vom 12. bis 27. April ist Ninon für ihre *Hera-Medusa-Arbeit* in London.

vom 1. Oktober bis 1. November reist Ninon nach Olympia, Bassai, Pylos, dann 10 Tage nach Athen (dann Lamia, Laurion, Thermopylen).

1962 am 2. Juli wird Hesses 85. Geburtstag in Faido gefeiert.

am 9. August zwischen sieben und neun Uhr früh stirbt Hermann Hesse.

prüft Ninon nach dem Thomas-Mann-Archiv in Zürch am 4. Dezember im Deutschen Literaturarchiv des Schiller-Nationalmuseums in Marbach und am 8. Dezember in der Schweizer Landesbibliothek die Voraussetzungen für eine

	Unterbringung des Hesse-Nachlasses.
1963	im April reist Ninon durch Griechenland; danach zweiwöchiger Aufenthalt auf Kreta.
	gibt Ninon in der Insel-Bücherei Hesses *Späte Gedichte* heraus.
	am 21. Oktober stirbt Kurt Wolff in Ludwigsburg.
1964	am 13. Mai wird der Vertrag für eine *Hermann Hesse-Stiftung* unterzeichnet.
1965	Eröffnung des *Hermann Hesse-Archivs* im Deutschen Literaturarchiv des Schiller-Nationalmuseums in Marbach, wohin Hesses literarischer Nachlaß als Depositum der Hermann Hesse-Stiftung gegeben wird.
	ediert Ninon *Hesses Prosa aus dem Nachlaß* bei Suhrkamp, Frankfurt/M.
1966	am 22. März beendet Ninon das Manuskript *Kindheit und Jugend vor Neunzehnhundert, Hermann Hesse in Briefen und Lebenszeugnissen 1877-1895*.
	vom 4. April bis zum 9. Mai reist Ninon durch Thessalien, Böotien, die Argolis; dann Aufenthalt in Athen für ihr *Hera-Gorgo-Konzept*.
	am 12. September Abschluß der letzten Arbeiten (Umbruchkorrektur und Werkregister) für den ersten Band der Briefdokumentation *Kindheit und Jugend vor Neunzehnhundert*, der Ende September zur Frankfurter Buchmesse erscheinen soll.
	am 22. September stirbt Ninon Hesse in Montagnola.
	am 26. September wird Ninon Hesse auf dem Friedhof San Abbondio bei Montagnola beerdigt.

Anmerkungen

Erstes Kapitel, Zwänge und Freiheiten

1 Hermann Hesse, Peter Camenzind, Berlin 1904, Gesammelte Werke in zwölf Bänden, Werkausgabe (WA) edition suhrkamp, Frankfurt a. M. 1970, 1. Band, Seite 341-496. Die folgenden Zitate ebendort.
2 Brief Hermann Hesses an A. B. mit einer Mitteilung über Christoph Schrempf, etwa 1932, Ausgewählte Briefe, suhrkamp taschenbuch 211, Frankfurt a. M. 1981, S. 86; Die Nürnberger Reise (1927), WA 7, S. 145-179.
3 Wie alles bei Hesse, so ist auch der Schluß des Romans, den Ninon mißbilligte, autobiographisch zu deuten. Er zeigt das Verlangen des Dichters, aus der Schwermut und Einsamkeit der Lauscher- und Camenzind-Jahre herauszufinden. Schon die 1901 unter dem Pseudonym »Hermann Lauscher« veröffentlichten Selbstbekenntnisse stellten nach seinen eigenen Worten den Versuch dar, »ein Stück Welt und Wirklichkeit zu erobern und den Gefahren einer teils weltscheuen, teils hochmütigen Vereinsamung zu entkommen«.
Dazu: Gisela Kleine, Das literarische und das gelebte Ich Hermann Hesses in der Wirkungsgeschichte, in: Hermann Hesse, Politische und wirkungsgeschichtliche Aspekte (Vorträge des 14. Amherster Kolloquiums zur deutschen Literatur), Bern 1986.
4 Lose Tagebuchblätter aus dem Jahre 1934.
5 Brief Ninon Hesses an Margrit Wassmer vom 26. 9. 1955.
6 Brief Ninon Hesses an Hermann Hesse vom 30. 9. 1926.
7 Dr. Josef Bernhard Lang, Psychiater in Lugano, Schüler C. G. Jungs, hat als Hesses Arzt und Freund auf dessen Bitte Ninons Horoskop erstellt und gedeutet:
»Mme N. Dolbin
geb. in Czernowitz am 18. IX. 1895   10 p.m. M E 7
Zu dieser Zeit stieg im Osten der 7° des Tierkreiszeichens Krebs auf. Krebstypen sind sensitiv, ruhig, zurückhaltend, sehr empfänglich, reserviert und veränderlich, oft auch launenhaft und capriciös. Im Grunde aber sind sie zäh festhaltend. Dieses Zeichen verleiht gerne Einbildungskraft und Phantasie und oft mediale Veranlagung. Der Mond ist Herrscher dieses Zeichens und also Herrscher dieses Horoskops.
Zu diesem Horoskop haben wir eine Konstellation, die sich voll selten findet, und das ist die bis auf 2 Minuten genaue Konjunktion von Mond und Sonne und ein gleichzeitiges Parallel dieser Himmelskörper miteinander bis auf 65' lein. genau. Zur Zeit der Geburt war also eine

partielle Sonnenfinsternis, allerdings am Ort der Geburt nicht sichtbar. Aber auch Venus war in enger Konjunktion mit den beiden Lichtern, und zwar betrug der Akkord nur 35 resp. 37 Minuten, und etwa 7 Grad hievon entfernt stand Mars noch im Parallelstand. Diese seltene Akkumulation von Planeten und Lichtern fand im IV. Hause des Horoskops statt und Mond, Sonne und Venus standen im 26° der Jungfrau, Mars im 3° der Waage.
Es ist nicht leicht, die Verkettung dieser das Horoskop beherrschenden Konstellation zu schildern. Die Stellung dieser Himmelskörper im IV. Hause zeigt an, daß sich mit zunehmendem Alter das Leben immer intensiver gestalten wird und daß diese Konstellation immer deutlicher in Erscheinung tritt. Das IV. Haus ist ein sehr psychisches Haus und deshalb werden Sie wohl sich immer tiefer mit dieser Seite des Lebens auseinandersetzen müssen. Es wird Ihnen zuerst etwelche Mühe machen, eine Synthese zwischen Ihrer sehr ausgeprägten Gefühlsnatur und Ihrem ebenso starken Intellekt zu gestalten, die aber dennoch unerläßlich ist zu fruchtbarem Leben. Die große Konjunktion gibt nun in erster Linie künstlerische Begabung, zumal auch Mars und Merkur in der künstlerischen Waage stehen. Zudem gibt die Konstellation große Lebenskraft, die Conj. mit Mars aber Neigung zu Überregtheit und Vergeudung von Lebensenergien. Ihre erotische Seite muß eine ganz merkwürdige sein. Hier liegen wohl Ihre tiefsten Anlagen und Werte. Aber ich fürchte, Sie werden große Mühe haben, diesen Ihren sehr vielseitigen Reichtum zum Leben zu bringen, da Sie vorerst über diese Seite auch noch keine volle Übersicht haben. Ob es wohl ohne Hilfe möglich sein wird, den Ariadnefaden aus diesem Reichtum zu finden? Für mich steht das eine fest, daß Sie die biologische Seite der Erotik zum vorhinein ausschalten sollten, d. h. auf Kinder verzichten sollten. Nicht etwa deswegen, daß Sie keine Kinder haben könnten oder daß die Kinder Ihnen nicht Freude machen würden (immerhin dürften die Geburten für Sie nicht leicht, auch nicht ungefährlich sein) sondern aus kulturellen Gründen, daß Sie sich mit aller Ihrer Lebenskraft an die Lösung und Entwicklung Ihres Hauptproblems machen könnten. Denn hier liegen die Verhältnisse selten günstig, wenn Sie erst einige Differenzierung hineingebracht haben werden. Daß Sie diese Seite auch in dem beschränkten Rahmen einer monogamen Ehe nicht gestalten können, wissen Sie wohl selbst schon. Mit dieser so vielgestaltigen Erotik müssen Sie auch mit vielgestaltigen Objekten in Beziehung kommen. Allerdings werden dieselben meistens Künstler und Wissenschaftler sein. Sie dürfen vor dem Chaos Ihrer Empfindungen, Phantasien und Wünschen nicht erschrecken.
Sie haben eine große Anlage zur Sublimierung in Kunst, Wissenschaft und ins Psychische hinein, und Sie werden wohl viele ganz ungewöhnliche Erfahrungen auf allen diesen Gebieten machen, mit zunehmen-

dem Alter immer mehr. Eine frühe Heirat wird gut sein, damit zuerst die verschiedenen Kanäle Ihrer Erotik konvergierende Richtung bekommen, sonst läge die Gefahr einer zu frühen Diskrepanz vor, die Sie zerreißen würde und zum Tode des Ixion verurteilen würde. Aber die Ehe wird nicht Endzweck Ihres Lebens sein. Sie dürfen an der Ehe nicht verblühen. Ich glaube aber, Ihre Natur wird sich schon zu wehren wissen in dieser Beziehung. Die Ehe ist für Sie vorläufige Sammlung und Schaffung eines archimedischen Punktes, von dem aus Ihr Leben allein in fruchtbarer Weise erlebt werden kann, so daß Sie einmal zu einer umfassenden Synthese kommen werden. Aber lassen Sie ja für die Zukunft alle Wege offen, ziehen Sie nie Schlußstriche! Sie müssen genau darauf achten, was zu Ihrer persönlichen Seele (Faust I.) und was zu Ihrer unpersönlichen Seele (Faust II.) gehört. Hier genau zu unterscheiden, wird das Allerwichtigste für Sie sein.

Wenn ich Ihr Horoskop betrachte, so bin ich versucht, die Worte des Mephisto: »Möcht solch einen Menschen Herrn Makrokosmos nennen« zu variieren. Da liegt die Gefahr, wie ich schon gesagt habe, dem Lose des Ixion zu verfallen. Cave! monita. Auch die übrigen Verhältnisse in Ihrem Horoskope liegen meist günstig. Die Vermögensverhältnisse liegen so, daß viel Wechsel im Besitz eintritt, aber ganz böse kann es nie werden. Hier dürfen Sie sich jedenfalls keine Sorgen machen. Jupiter steht gut aspiziert im II. Hause, das nur von Saturn einen bösen Aspekt bekommt.

Viele Reisen sind angezeigt und viele Wechsel des Aufenthaltsortes. Dabei gewisse Schwierigkeiten. Krankheiten: Cave Sexualkrankheiten und arthritische Anlage. Cave Unfälle.

Daß Sie auf das Psychische neben dem Erotischen, Künstlerischen und Wissenschaftlichen einen Hauptakzent legen müssen, habe ich schon betont. Bei Ihrem Reichtum hier werden Sie sich auf Schwierigkeiten gefaßt machen müssen. Besonders Ihr exzentrisches Fühlen wird Ihnen viel Schwierigkeit machen. Aber nicht unüberwindliche, wenn Sie diese Seite von Ihrem Ich abtrennen und beurteilen.

In ihrer Erotik sind viele Hemmungen, aber Sie werden das Höchste zu erleben verstehen wie vielleicht nur wenige Sterbliche. Daraus haben Sie Ihre Religion zu machen, für die Sie keinem Menschen und keinem Gott verantwortlich sind. Aber vergessen Sie nie: Anlagen verpflichten! Für Sie gilt die Parabel vom Pfund, das man nicht vergraben darf. Denken Sie stets daran. Denn dahinter steht das Zähneklappern der eisigen Unendlichkeit. geschrieben in Zürich den 26. V. 1926«.

8 Ninon de Lenclos lebte von 1620 bis 1705 in Paris. Sie war als »galante Frau« mit Charme und Witz durch ihre zahlreichen Liebesbeziehungen mit berühmten Männern ihrer Zeit bekannt. Ihr Vater, der sie anspruchsvoll in epikuräischem und skeptischem Geist erzogen hatte, tötete einen anderen Adligen im Duell und mußte Frankreich verlas-

sen. Dadurch verlor Ninon jede Aussicht auf eine standesgemäße Heirat und entschloß sich, nachdem sie vergeblich versucht hatte, als Nonne auf das Weltliche zu verzichten, Ihren Lebensunterhalt selbst zu bestreiten. Ihr blieb nach den Möglichkeiten ihrer Zeit und gemessen an ihrer Bildung die freie Liebe als einzige Lebenschance. Bekannt ist, daß sie sich als Liebhaberin stets vorbehielt, eine Beziehung zu beenden, wenn ihre eigene Leidenschaft erloschen sei. Aber auch danach blieb ihr stets die Freundschaft ihrer Geliebten erhalten.

9 Nur ein Jahr vor ihrem Tode wurde Voltaire Ninon de Lenclos vorgestellt. Sie war 84 Jahre alt und verfügte, daß ihm 1000 ff für die Anschaffung von Büchern aus ihrem Erbe zukommen sollten.

10 Die Bukowina wurde von der Pforte (Türkei) aus Freundschaft und Dankbarkeit für diplomatische Unterstützung an Österreich abgetreten. Sie wurde mit Dekret vom 16. September 1786 »in politicis et cameralibus« mit Galizien vereinigt und als eigener Kreis dem galizischen Gubernium unterstellt, – so blieb es 63 Jahre. 1849 wurde die Bukowina von Galizien losgetrennt und zum eigenständigen Herzogtum. Dazu: Die österreichisch-ungarische Monarchie in Wort und Bild, Kronprinzenwerk, Band Bukowina, Wien 1899.

11 Joseph II. (1765-1790) war der älteste Sohn Maria Theresias, Vertreter eines aufgeklärten Absolutismus, und strebte ein zentralistisch verwaltetes Österreich mit deutscher Staatssprache an. Dazu stützte er sich auf ein von deutsch-österreichischer Leitung geprägtes Heer und eine entsprechend staatstreue Beamtenschaft, was sich besonders in den Randgebieten und deren Besiedlungsversuchen auswirkte. Er schaffte Zensur und Folter ab und gewährte freie Religionsausübung, um Siedler zu gewinnen. Dazu: Raimund Friedrich Kaindl, Das Ansiedlungswesen in der Bukowina seit der Besitzergreifung durch Österreich, Innsbruck 1902, Geschichte der Deutschen in den Karpathenländern, 3 Bände, Gotha 1907 und 1911.

12 Ernst Waldinger hat in einem Gedicht »Der Name Waldinger« eine solche Namensgebung beschrieben: [...]

> Im Kaftan trat mein Ahn', bedeckt vom Samte
> Der Zobelmütze, in das Zimmer ein;
> Sein harrte schon der mürrische Beamte,
> Um ihm den zweiten Namen zu verleihn,
> Wie's ein vernünftiges System befahl;
> Der erste reichte nicht mit einem Mal
> In einer Zeit, die ordentlicher, weiser,
> Ihr Recht erhielt vom aufgeklärten Kaiser.
> »Wo wohnst du, Jud?« so der Beamte kurz;
> Durchs Fenster wies mein Ahne hügelan
> Zum Waldrand, wo das Haus stand, und der Sturz
> Des Wiesenbaches sänftiglich begann.

>   Und der Beamte lächelte und spann
>   Gedanken heimathin, gab ihm den Namen,
>   Den Bauern dort im Alpental bekamen.

Aus: Harry Zohn, Wiener Juden in der deutschen Literatur, Tel Aviv 1964.

13 Dazu: Banzion C. Kaganoff, A Dictionary of Jewish Names and their History, Verlag Routledge & Kegan Paul, London 1978. Kaganoff widmet in seiner umfassenden jüdischen Onomastik einen ausführlichen Abschnitt Altösterreich, wo sich die Behörden oft einen Jux daraus machten, den Juden schimpfliche Namen anzuhängen, von denen sich die Unglücklichen nur durch hohe Geldsummen loskaufen konnten.

14 Raimund Friedrich Kaindl, Geschichte von Czernowitz, Czernowitz 1908.

15 Rudolf Wagner, Die Bukowina und ihre Deutschen, Wien 1979. Hier findet man umfassende Literaturangaben.

16 Als durch die Reichsverfassung vom 4. 3. 1849 die Bukowina gegenüber Galizien als »Herzogtum Buchenland« selbständiges Kronland wurde, nahm sie einen lebhaften Aufschwung. Durch den Aufbau einer selbständigen Landesverwaltung, die Errichtung eines österreichischen Schulwesens, der Gerichtsbarkeit und Finanzverwaltung, der Erhebung des Bistums zur Metropolie erfolgte eine systematische Förderung. Sie erreichte ihren Höhepunkt, als am 4. 10. 1875 die Czernowitzer Universität eröffnet wurde. Wie überschwenglich die Freude bei den Bürgern über diese Neugründung war, zeigt sich in einem von V. v. Scheffel verfaßten Ruhmeslied, dessen dritte Strophe hier zur Kennzeichnung des Lokalkolorits zitiert sei:

> »Heil Dir gewaltig Österreich,   Nun blühe, jüngster Musensitz,
> Heil Wissen Dir im Osten,   Francisco-Josephina!
> In Sprachen bunt, im Geiste gleich Frau Muse lehrt in Czernowitz
> Ziehn wir am Pruth auf Posten.   Und schirmt die Bukowina.«

17 Dazu Rudolf Wagner (Hg.), Alma Mater Francisco Josephina, Die deutschsprachige Nationalitäten-Universität in Czernowitz, Festschrift zum 100. Jahrestag ihrer Eröffnung 1875, München 1979.

18 Richard Wahle wurde bekannt durch sein Buch »Die Tragikomödie der Weisheit«.

19 Gregor von Rezzori hat in seinem Roman »Ein Hermelin in Tschernopol«, Hamburg 1958, eine ironische Beschreibung der Czernowitzer Bevölkerung gegeben, er nannte sie »polyglott, aus den verschiedenartigsten Rassen buntscheckig zusammengewürfelt und doch auf eine gewisse Weise einheitlich [...] zivilisatorisch eingemaischt und sozial vergoren« (S. 31).

20 1910 ergab eine Volkszählung in der Bukowina, unter rund 800 000 Einwohnern nach der Umgangssprache ermittelt: 305 000 Ruthenen

(Ukrainer), 273 200 Rumänen, 36 200 Polen, 10 400 Magyaren, 1000 Tschechen und Slowaken, 170 000 Deutsche, zu denen sich der jüdische Bevölkerungsanteil rechnete (10 000 sprachen jiddisch, 70 000 deutsch). Dazu kamen Großrussen und Armenier, Zigeuner und andere Volkssplitter.

21 Dazu: Franz Porubski, Heiteres und Ernstes aus der Bukowina, Skizzen, 1904; Rund um den Rathausturm, 1907; Czernowitzer Skizzen, 1910. Diese in Czernowitz erschienenen Bände schildern aus intimer Kenntnis das Provinzstadt-Leben vor dem Ersten Weltkrieg.

22 Manès Sperber. Die Wasserträger Gottes, Wien 1974, S. 58/59.

23 Elias Canetti, 1905 in Rustschuk, Bulgarien, geboren, hat dargestellt, daß mit der »geretteten Zunge« sein Identitätsbruch vermieden wurde, als er, ein gerade schulpflichtiges Kind, mit seinen Eltern auswanderte. Die gerettete Zunge, München 1977. – Joseph Roth (1894-1939), der aus Brody in Galizien stammte, hat in all seinen Werken thematisiert, wie sehr Weltverständnis und Möglichkeit der Selbstaussage von *der* Sprache abhängen, durch die uns zuerst die Welt vermittelt wurde. Der Verlust der Sprachgemeinschaft bedeutete für ihn nicht nur tragische Entwurzelung, sondern auch eine Entfremdung von sich selbst, der das Scheitern folgte. »Die Tat, die Handlung ist nur ein Phantom, verglichen mit der Wirklichkeit und gar mit der übersinnlichen Wirklichkeit des Wortes« (Joseph Roth, Werke in drei Bänden, herausgegeben von Hermann Kesten, Amsterdam, Köln, Berlin 1956, Band 2, S. 849 aus: Beichte eines Mörders). – Paul Celan (1920-1970), in Czernowitz geboren, war in der Pruth-Landschaft und in der deutschen Sprache so tief verwurzelt, daß er, am Ende 1947 Rumänien verließ und fortan in Paris lebte, an der Fremde unheilbar litt. Die ostjüdische Sensibilität für Worte steigerte sich in seiner Lyrik zum höchstmöglichen Grade. Bei der Entgegennahme des Bremer Literaturpreises sagte Paul Celan 1958, er stammte aus einer Gegend, »in der Menschen und Bücher lebten«. Dazu: Israel Chalfen, Paul Celan, Eine Biographie seiner Jugend, Frankfurt 1979. – Rose Ausländer, 1907 in Czernowitz geboren, heute in Düsseldorf, erinnert in ihrer Sprachkraft an die wirklichkeitsspendende Macht der Worte. Das Heimweh nach der Landschaft des Pruth zieht sich als schwermütiger Grundton durch ihre Verse: »Aus der Wiege fiel mein Augenaufschlag in den Pruth«, lautete eine Zeile ihres ersten Gedichtbandes: 36 Gerechte, 1976. Noch ist Raum, 1976; Es ist alles anders, 1977; Einverständnis, 1980; Im Atemhaus wohnen, 1980, spiegeln ihr Verhältnis zur deutschen Sprache als ihrer eigentlichen, geistigen Heimat.

24 Zur Zeit der Abtretungsverträge zwischen der Pforte und Joseph II. bestand Czernowitz nur als ein unbedeutender Marktflecken an einem alten Pruthübergang. Weil die alte Handelsstraße die Verbindung zwischen Ostgalizien und Siebenbürgen herstellte, wählte es der fort-

schrittliche Monarch aus strategischen Gründen zum Sitz der österreichischen Militärverwaltung. So entwickelte es sich aus einer alten Karawanenraststätte bis zur Volkszählung 1910 zu einer Stadt von 87 128 Einwohnern, darunter 12 364 Deutsche, zu denen die deutschsprachigen Juden rechneten. Die deutsche Minderheit machte knapp 9% der Bevölkerung aus, alle anderen ethnischen Gruppen kamen auf nicht mehr als 3%, die Juden auf 12%. Mit Hilfe der Juden erreichte die Monarchie, im Osten ein deutsches Bollwerk zu errichten. Dazu auch: Israel Chalfen, Paul Celan. Eine Biographie seiner Jugend, Frankfurt a. M. 1979. Im 1. Kapitel »Die unbekannte Landschaft« gibt Chalfen einen Überblick über Topographie und Geschichte der Bukowina und ihrer Hauptstadt.

25 Die Geschichte der Juden in der Bukowina, ein Sammelwerk von Hugo Gold, Tel Aviv 1968, widmet ihm ein ehrendes Gedenken: »Es waren leuchtende Namen, die im Gedächtnis der Mitwelt haften blieben [...] Dr. Jakob Ausländer [...]«.

26 Autobiographische Notizen, die von Ninon unzusammenhängend numeriert und teilweise in der dritten Person als Erzählung von »Martina«, »Ariadne« und »Gilbertha« – ihren Decknamen – abgefaßt worden sind, dann aber später mit Abänderungen und Streichungen in die Ich-Form übertragen wurden. Sie haben damit ihren zweifelsfrei autobiographischen Charakter auch formal wieder erlangt. Die Verf. hat die oft auf einer Seite wechselnde und nicht konsequent durchgeführte Umschreibung Ninons in die Ich-Form in den zitierten Texten vorgenommen. *Wo keine Fundstelle angegeben wird, stammt ein Zitat aus diesen autobiographischen Notizen.*

27 Der Versöhnungstag, Jom Kippur, auch »Langer Tag« genannt, wird mit Fasten, Sündenbekenntnis und ununterbrochenem Gebet begangen. Er ist der letzte der am Neujahrstag beginnenden zehn Bußtage und bringt den Höhepunkt der Andacht im ganzen jüdischen Gottesdienst. Dieser Entsühnungstag leitet sich aus biblischer Zeit her, als die Läuterung symbolhaft durch einen »Sündenbock« erfolgte, einen ausgelosten Bock, der dem Wüstendämon Asasel geschickt wurde, nachdem der Hohe Priester durch Handauflegen alle Schuld des Volkes auf ihn übertragen hatte (3. Moses 16).

28 Max Bruch (1838-1920), »Kol nidrei«, 1. Cellokonzert, 1808.

29 Manès Sperber schreibt in seinem Buch »Die Wasserträger Gottes« [Vgl. Anm. 22]: »Für uns waren die Chassidim ›wilde Beter‹. Unermüdlich fuchtelten sie mit den Armen, wiegten den Oberkörper und drehten den Kopf nach rechts und links. Sie sangen nicht, und psalmodierten kaum, sondern schrien ihre Gebete hinaus als ob sie [...] dem Schöpfer der Welt ins Gesicht schleuderten. Diese gewalttätigen Gottesdienste beeindruckten mich durch ihre maßlose Intensität, aber sie mißfielen mir [...] Damals hatte ich mich gefragt, ob Gott wirklich

so unersättlich gierig nach untertäniger Schmeichelei wäre [...] Nun wußte ich ganz gewiß: Gott ist nicht, ist nie gewesen, wird nie sein.«

30 Chassidim: Hebräisch fromm. Eine religiöse Erneuerungsbewegung, die in der Ukraine und Polen um 1750 entstand und in ihrer Verinnerlichung des Glaubensgehaltes dem Pietismus vergleichbar ist. Wichtig für die Wirkung dieser Erweckungsabsicht war, daß der Einzelne im Chassidismus ernst genommen wird. Er ist Mitschöpfer, unverzichtbar für den Bestand des Guten in der täglich neu herzustellenden Welt. Dazu: Simon Dubnow, Die Geschichte des Chassidismus, Berlin 1931, neu aufgelegt im Jüdischen Verlag, Königstein 1982; Tamar Somogyi, Die Schejnen und die Prosten, Berlin 1982.

In neuerer Zeit hat Martin Buber (1878-1965) den Chassidismus wiederbelebt. Dieser in Wien geborene Interpret des Judentums für die nichtjüdische Welt hatte die chassidische Überlieferung in seiner Kindheit in Lemberg kennengelernt. »Die chassidische Lebensanschauung entbehrt aller Sentimentalität; es ist eine ebenso kräftige wie gemütstiefe Mystik, die das Jenseits durchaus ins Diesseits herübernimmt und dieses von jenem gestaltet werden läßt wie den Körper von der Seele: eine durchaus ursprüngliche, volkstümliche und lebenswarme Erneuerung des Neoplatonismus, eine zugleich höchst gotterfüllte und höchst realistische Anleitung zur Ekstase.« Er erklärt: »Alles, was reinen Herzens geschieht, ist Gottesdienst.« (Mein Weg zum Chassidismus, Wien 1918, in: Der Jude und sein Judentum, Köln 1963, S. 273.) Er gehörte zu der von Nietzsche beeinflußten Generation, die um 1900 das Schöpferische gegenüber dem Beharrenden, das Lebendige gegenüber jedem erstarrten Ritual fördern wollte. Er möchte »den Schutt des Rabbinismus abräumen«, denn wichtig seien ihm »nicht die Formen, sondern die Kräfte!« (Der Jude und sein Judentum, S. 77).

Buber betont, daß drei typische, das jüdische Volk auszeichnende Grundkräfte durch Chassidim erneuert würden: 1. die mythenbildende Kraft, 2. die starke Innerlichkeit, 3. die dialogische Begabung; »Israel hat das Leben als ein Angesprochenwerden und Antworten, Ansprechen und Antwortempfangen verstanden«, Werke III, Schriften zum Chassidismus, München 1963, S. 742.

31 Den befreienden, ja erlösenden Weg des Chassidim aus den Nöten und Armseligkeiten dieser Welt hat Joseph Roth in seinem Roman »Hiob« (1930) und in seinem Essay »Juden auf Wanderschaft« (1926) geschildert. Er rühmt die Bescheidenheit und menschliche Würde der ostjüdischen »Stetl«-Bewohner, ihre Frömmigkeit und ihre Gemütswerte. Er sieht das Ostjudentum dem religiösen Ursprung nahe und stellt ihm den Traditionsverlust des Westjudentums gegenüber, das nach seiner Meinung durch Anpassung an den Ehrgeiz und den Geschäftssinn der westlichen Zivilisation in eine nicht wiedergutzumachende Verlustsituation geriet. Europäisierung bedeutete für ihn, der selbst den Weg

aus dem Chassidismus in die Assimilation, ja sogar Konversion ging, »Aufklärung«, und diese sei wirksam geworden als Verlust aller Gemütswerte und menschlicher Substanz, die mit dem lebenbeherrschenden ostjüdischen Glauben verbunden gewesen seien. Roth hat in seinen Werken für den Sturz aus der chassidistischen Glaubensseligkeit in religiöse Ortslosigkeit Zeugnis ablegen wollen.

32 Eine Jahreskette von »brennenden Lichtern« zeugte von den reich ausgestalteten jüdischen Feiertagen mit ihrer geheimnisträchtigen Stimmung. Bella Chagall hat sie geschildert und dadurch eine bildreiche Einführung in diese Glaubenswelt gegeben: Brennende Lichter, Hamburg 1974.
33 Ninon nannte in ihren Aufzeichnungen die Schwester Toka stets Helga.
34 Charlotte von Stein (1742-1827), Ehefrau des Josias Friedrich von Stein, wurde Goethe, als er 1775 nach Weimar kam, zur geliebten und bewunderten Freundin, deren bildendem Einfluß er als Heranreifender nach eigenen Worten viel verdankte.
35 Rom-Tagebuch 1934, S. 21.
36 Brief Ninon Hesses an Irmgard Yu-Gundert vom 7. 2. 1966.
37 Ninon beschreibt es: »Von irgendeinem nicht genau zu bestimmenden Tag an tauchte ›die Gestalt‹ auf. Da ich sie freudig willkommen hieß, blieb sie bei mir, verschwand nur zu Zeiten, tauchte anfangs für kürzere Zeit, später für immer längere auf: und so war ich nicht mehr allein.« Rom-Tagebuch 1934, S. 10.
38 Rom-Tagebuch, Mai 1935.
39 Tagebuchblätter 1934.
40 Brief Ninon Ausländers an Hermann Hesse vom 8. 8. 1913.
41 Brief Ninon Ausländers an unbekannt vom 11. 7. [1915].
42 Am 11. 12. 1913 schrieb Ninon darüber an Hermann Hesse: »›Hedda Gabler‹ in der Burg war für mich eine furchtbare Enttäuschung. Die Witt spielte sie schablonenmäßig dämonisch-hysterisch, und Hedda ist doch nicht das eine und nicht das andere! Ich liebe die ›Hedda‹ ganz besonders, ich sehe in ihrem Schicksal, in allem was sie spricht und tut nur die ohnmächtige Frau, die ›ein einziges Mal in ihrem Leben Macht haben will über ein Menschenschicksal‹ – und so dachte ich sie mir auch gespielt. – Aber durch die Auffassung der Witt war die ganze Gestalt verschoben, und was sie tat und sprach, schien unlogisch, verrückt, hysterisch.«
43 Elisabeth La Roche, (1876-1965). – Hesse kam nach vierjähriger Lehrzeit in Tübingen von 1899 bis 1903 nach Basel. Er schildert im »Hermann Lauscher« eine »Distanzliebe« zu Elisabeth und beklagt dabei Hemmung und erotische Kontaktarmut. Im Tagebuch 1900 (WA 1, S. 316) bleibt er der resignierende, zögernde Bewunderer des überhöht dargestellten, edlen aber etwas blutlosen »Fräuleins«, das Klavier

spielt und schöngeistig plaudert. Auch im »Peter Camenzind« ist die Verehrung für Elisabeth wegweisend für Hesses Beziehung zum anderen Geschlecht, »ein fremdes, schönes und rätselhaftes [...], das uns durch eine angeborene Schönheit und Einheitlichkeit des Wesens überlegen ist und das wir heilig halten müssen, weil es gleich Sternen und blauen Bergeshöhen uns ferne ist und Gott näher zu sein scheint«. WA 1, S. 366. Ein Porträt der Elisabeth La Roche zeichnet Hesse auch in dem Fragment aus der Jugendzeit (1907), Kunst des Müßiggangs, Kurze Prosa aus dem Nachlaß, Frankfurt a. M. 1973, S. 80.

44 Die beiden folgenden Strophen des Gedichtes aus »Peter Camenzind« (WA 1, S. 463):

Die Wolke geht und wandert, Geht und erglänzt so silbern,
Kaum hast du ihrer acht, Daß fortan ohne Rast
Und doch durch Deine Träume Du nach der weißen Wolke
Geht sie in dunkler Nacht. Ein süßes Heimweh hast.

Im handschriftlichen Manuskript lautet die erste Fassung der ersten Strophe: »Wie eine weiße Wolke / Am blauen Himmel steht / so still und schön und helle / Bist Du, Elisabeth«. Es gibt mehrere Versionen des Gedichtes.

45 Hermann Lauscher, WA 1, S. 323.

46 Am 15. 4. 1965 schrieb Ninon Hesse an Irmgard Gundert: »Eine Todesanzeige hat mich sehr bewegt: Elisabeth La Roche in Basel ist am 10. 4. gestorben, ›im 88. Jahr‹ – H. H.'s erste Liebe, die er immer wieder besungen hat in seinen frühen Jahren, auch im ›Camenzind‹ kommt sie vor. Ich lernte sie 1945 kennen, sie war damals noch wunderschön, 69 Jahre alt, ich bewunderte sie sehr [...]. Bis in die letzte Zeit hatte ich Verbindung mit ihr, sie telephonierte hie und da, und ich sandte ihr die »Ausgewählten Briefe«.

47 Hermann Hesse, Gertrud, Roman, München 1910, WA 3, S. 5-190.

48 Hermann Hesse, Umwege, Berlin 1912, enthält die Erzählungen: Ladidel, Die Heimkehr, Der Weltverbesserer, Emil Kolb, Pater Matthias.

49 Hermann Hesse, Nachbarn, Berlin 1908, enthält die Erzählungen: Die Verlobung, Karl Eugen Eiselein, Garibaldi, Walter Kömpf, In der alten Sonne.

50 Brief Ninon Ausländers an Hermann Hesse vom 1. 2. 1913.

51 Der *Stil dieser Jugendbriefe* charakterisiert Ninon und gestattet Zugang zu ihrer Denkweise. So liegt das Hauptgewicht ihrer Aussagen in den Zeitwörtern. Sie beschränkt sich auf übliche, in der täglichen Konversation gebräuchliche Worte und versucht sich nicht in ausdrucksstarken Neubildungen oder originell wirkenden Wortkombinationen. Durch ihren Briefstil wirkt sie bescheiden, sachbezogen, stets sicher in dem, was sie mitteilt, ohne Originalitätssucht. Der Atem ihrer Aussagen wird jedoch im Stakkato des Satzbaus spürbar. Sie untermalt durch Wortwiederholungen das Mitgeteilte, verstärkt es durch

sinnverdeutlichende Parallelismen. Sie unterbricht sich durch dialogisierende oder rhetorische Einschübe. Sie redet, indem sie niederschreibt. Auffallend ist der geringe Gebrauch von Nomen. Die benutzten Eigenschaftswörter typisieren. Sie umreißen meist Eigenschaften, die ohnehin im Hauptwort gegeben sind: »Stilles Nachdenken«. Die Adjektive haben ein weites assoziatives Umfeld, bleiben unscharf, ein Stilmittel, das in der Romantik bewußt gepflegt wurde, um lediglich einen Stimmungsraum zu erschließen, den der Leser selbst durch seine Phantasie mit Anschaulichem füllen soll. Ninon mag aber ebenso durch das Ungefähre in Hesses konturschwachen Eigenschaftsworten beeinflußt worden sein. Sie vermeidet individualisierende Ausdrücke, die klar nuancieren, hart verdeutlichen. Auch die Substantive bleiben blaß. Auf ihnen ruht selten das Gewicht ihrer Sätze, sie gehören auch kaum zu den Konkreta, sind aber, wo sie sinngemäß den Satz prägen, eindringlich für die Problemstellung: »Unverstandenheit, Kleinheit, Schönheitsparadies, Unerfüllbares« usw. – Zahlenmäßig herrschen die Zeitwörter vor, das kennzeichnet Ninons Stil als gemäßes Ausdrucksmittel von Geschehen, von Vorgängen, also vom Denk*prozeß*. Sie beschreibt keine Zustände, gibt nicht erworbene Erkenntnisse wieder, sondern ihre dringliche Erkenntnissuche.

52 Die Kritik war gleicher Ansicht. So schrieb Carl Busse: »Unwillkürlich zuckt man zusammen, wenn Peter Camenzind etwa in der Gastwirtschaft enden soll oder andere als Schneider, Tischler, Haarkünstler unterkriechen [...]. Nur mit gemischten Gefühlen wird man deshalb Hermann Hesses neues Erzählungsbuch »Umwege« genießen [...]. Warum mißbraucht ein Dichter seine guten Gaben dazu, in aller Ausführlichkeit einen Menschen zu entwickeln, dessen höchstes Ziel im Bartkratzen und Zöpfeflechten besteht...«. Busse fragt »händeringend, was der Erzähler eigentlich an den dürftigen Philistern findet, mit deren billigen Zielen er uns vertraut macht«. Verschwendung eines Talentes an Nichtigkeit, literarische Spielerei – das sind arge Vorwürfe, die die offizielle Literaturkritik gegen den Erzählungsband äußerte. Velhagen und Klasings Monatshefte, 1911/12. Wiedergegeb. in H. Hesse, Gesammelte Briefe, Frankfurt a. M. 1973, 1. Bd., S. 514.

53 Wir kennen Hesses Antwort auf Ninons Einwand nicht. Sie dürfte aber seiner Stellungnahme gegenüber Walter Schädelin vom 30. 5. 1912 ähnlich gewesen sein: »...Hier trifft Ihre Kritik mit aller Sicherheit das Rechte: doch handelt es sich da nicht um dichterische, sondern um persönlich-menschliche Insuffizienz. Ich bin bisher im Leben noch nicht weiter gekommen, als daß ich es in besseren Stunden mit ›Sehnsucht und Verzicht‹ ertrage, darum kann ich auch nichts Besseres darstellen und lehren. Aber ich habe zum Leben der Kleinen und Anspruchslosen, der Ladidel und Seldwyler, von Kind auf ein halb humoristisches, halb neidisches Verhältnis, das mich immer wieder locken wird. So-

wohl im ›Camenzind‹ wie in der ›Gertrud‹ habe ich das andere versucht, die Darstellung des innern Lebens in feineren Köpfen, und beidemal hört es eben, wie mein eigenes Leben, mit Verzicht und einem resignierten Humor auf [...]; so habe ich zu dem Kreis der Bescheidenen, Umfriedeten, in enge feste Verhältnisse Beschränkten immer eine sehnsüchtige Liebe behalten. Ja, ich liebe den Philister [...], weil ich ihn um das feste Fundament seines Lebens beneide«. H. Hesse, Gesammelte Briefe, 1. Bd., a.a.O., S. 206.
54 Hermann Lauscher, WA 1, S. 334.

Zweites Kapitel, Versuche mit der Wirklichkeit

1 Brief Ninon Ausländers an Hermann Hesse vom 8. 8. 1913.
2 Hesse lebte von 1912 bis 1919 mit seiner Frau Mia geb. Bernoulli und seinen drei Söhnen Bruno, Heiner und Martin in Ostermundigen bei Bern am Melchenbühlweg.
3 Brief Ninon Ausländers an Johanna Gold vom 26. 8. 1913.
4 Brief Ninon Ausländers an Hermann Hesse vom 8. 8. 1913.
5 Brief Ninon Ausländers an Hermann Hesse vom 11. 12. 1913.
6 Sigmund Freud (1856-1939), Nervenarzt in Wien, Begründer der Psychoanalyse, eine Methode zur Heilung psychisch bedingter Störungen und Erkankungen (Neurosen). Freud will beweisen, daß es neben dem bewußten ein eigenständiges unbewußtes Seelenleben gibt, in das unbewältigte Erlebnisse verdrängt werden, die von dort aus weiterwirken; greifbar werden sie in Träumen und Fehlleistungen oder Ersatzhandlungen und -befriedigungen, auch in psychosomatischen Störungen. Den Kern aller verdrängten Inhalte bilde das Sexualstreben, das schon die früheste Kindheit beherrsche und durch Gebote und Verbote fehlgeleitet werde, wodurch Konfliktsituationen entstünden, deren komplexe Nachwirkungen die Psychoanalyse ins Bewußtsein zu bringen versuche, um sie in das persönliche Leben sinnvoll einzugliedern und damit eine therapeutische Verarbeitung und Bewältigung zu erreichen.
7 In Traumniederschriften durchforschte Ninon streng nach Freuds Anleitung den Inhalt ihrer Träume auf ihnen zugrunde liegende Tageseindrücke, »Tagesreste«. Für Freud schiebt sich zwischen den manifesten Trauminhalt und die Deutung der »latente Trauminhalt«, auch »Traumgedanken« genannt, die verkürzt, zu Bildern verdichtet im Traume erscheinen. Der Träumende selbst leistet diese Verdichtungsarbeit, die in einer bildhaften Verknappung der Traumgedanken besteht. Darüber hinaus leistet er auch eine »Verschiebungsarbeit«, eine gefahrvermeidende Entstellung, durch die der manifeste Trauminhalt den eigentlichen Traumgedanken nicht mehr gleichsieht. Der Traum

gibt darum den ihm zugrunde liegenden unbewußten Wunsch nur entstellt wieder. Ninon bemühte sich, in Traumanalysen diese Verdichtung und Verschiebung von Traumgedanken aufzudecken.

8 Jes. 34,14. Verwiesen sei zu Lilith auch auf die Walpurgisnacht in Goethes »Faust«.

9 Brief Ninon Ausländers an Erich Singer vom 20. 7. 1914. »Eine Ahnung von der Vollkommenheit der Dichtkunst gab mir – so komisch das klingen mag – die Freundschaft mit E. S., der ein junger Dichter war, der mir zwar nie eine Zeile von sich zu lesen gab, an den ich aber glaubte – ratio gaudebat – siehe oben.« Notiz Ninons vom 5. 7. 1934. In der Deutsch-Österreichischen Literaturgeschichte, herausgegeben von Eduard Castle (4. Band 1890-1918) heißt es: »Um die Jahrhundertwende wuchs die Lust, literarische Erzeugnisse drucken zu lassen. 1913 erscheint ein Bukowinaer Musenalmanach, herausgegeben von Erich Singer.« In einer Anmerkung dazu wird vermerkt, daß auch Erwin Fein, Irma Klauber u. a. Gedichte beisteuerten. Erwin Fein war ebenfalls ein Freund Ninons. Er hat zur Zeit seiner Emigration mit seiner Frau Trude bei Hesses in Montagnola vor den Nationalsozialisten Zuflucht gesucht. Dazu: Trude Fein, Als Köchin bei Hermann Hesse, in: Über Hermann Hesse, 2. Bd. suhrkamp taschenbuch 332, S. 472 ff.

10 Hermann Broch (1856-1951) zeichnete in seiner Romantrilogie »Die Schlafwandler« die Entwicklung seit dem Ende des 19. Jhs. an drei Romanfiguren mit exemplarischem Charakter und Schicksal nach. »Pasenow oder die Romantik«, 1888 (Zürich 1931), »Esch oder die Anarchie«, 1903 (Zürich 1931), »Huguenau oder die Sachlichkeit«, 1918 (Zürich 1932). Von romantischer Selbstbespiegelung führt der Weg über eine Scheinsicherheit, hinter der sich eine selbstbetrügerische Anarchie breitmacht, zum völligen Wertzerfall.

11 Robert Musil (1880-1942) zeichnete in seinem Hauptwerk »Der Mann ohne Eigenschaften« den Zerfall Altösterreichs als geistig-seelischen Vorgang nach. 1. Reise an den Rand des Möglichen, 2. Ins Tausendjährige Reich (1933), 3. Fragment aus dem Nachlaß, 1943. Kakanien, die k. u. k. Monarchie, bildet den Schauplatz der Entwicklung von einer idealistischen Bildungswelt zum naturwissenschaftlich-technischen Zeitalter. Musil schildert die leere Betriebsamkeit der Kakanier vor dem Krieg, die »ohne innere Direktion« leben, keine Sicherheit und kein Vertrauen in die eigenen Verhältnisse kennen und denen die »Flucht aus dem Frieden« einen unabwendbaren Abschied bedeutet.

Der 1952 von Adolf Frisé edierte Band umfaßte ca. 2000 Seiten, davon nehmen 1044 Seiten die zu Lebzeiten Musils erschienenen Romanteile ein, 600 Seiten eine Auswahl aus dem Nachlaß. Die Neuausgabe von 1978 (Rowohlt) erweiterte das Nachlaß-Angebot und bietet insgesamt 2172 Seiten.

12 Theodor Herzl (1860-1904) studierte Rechtswissenschaft, war von 1891 bis 1895 Korrespondent der »Neuen Freien Presse« in Paris, wo er sich anläßlich seiner Erschütterung über den Dreyfuß-Prozeß seiner Verbundenheit mit dem jüdischen Volk bewußt wurde. In seinem Buch »Der Judenstaat« (1896) forderte er die Gründung eines eigenen jüdischen Staates und gab damit den Anstoß zum Zionismus. In »Altneuland« (1902) gab er ein Bild des jüdischen Zukunftsstaates in Palästina. Herzl war von 1895 bis 1904 Feuilletonredakteur der Wiener »Neuen Freien Presse«.

13 Der Name »Jugendstil« leitet sich von der Zeitschrift »Jugend« ab, die der Verleger Georg Hirth im Januar 1896 gründete. Diese »Münchner illustrierte Wochenschrift für Kunst und Leben« wollte im Protest gegen bürgerliche Enge und Heuchelei den Lebensstil erneuern, Herausforderung und Wegweiser sein zu einer neuen Verbindung von Gesellschaft und Kunst. Dazu: Facsimile-Querschnitt durch die Jugend, Scherz Verlag, München, Bern, Wien o. J., Dolf Sternberger, Über Jugendstil, insel taschenbuch 274, Frankfurt a. M. 1977.

14 Gustav Klimt (1867-1918) leitete die von ihm mitgegründete Wiener Secession bis 1905. Dazu Christian M. Nebehay, Gustav Klimt. Sein Leben nach zeitgenössischen Berichten und Quellen, dtv-Bd. 1146.

15 Am 25. Mai 1897 trat eine Gruppe von 19 Malern, Architekten und Bildhauern aus der Wiener Künstlergemeinschaft aus und gründete – ähnlich wie die Münchner modernen Künstler – eine »Secession«, die »Vereinigung bildender Künstler Österreichs«. Ihr Wortführer und erster Präsident war Gustav Klimt, zu den Gründern gehörten die Architekten Josef Hoffmann und Joseph Maria Olbrich, die Maler Carl Moll und Josef Engelhardt u. a. Die Gruppe war sich in der Ablehnung des Historismus einig, sonst aber verschiedensten Vorbildern verpflichtet, die eine Erneuerung der Kunst anstrebten. Die Secessionisten gründeten eine eigene Zeitschrift, in der sie ihr Kunstwollen formulierten, »Ver sacrum« (Heiliger Frühling), sie erschien vom Januar 1898 bis 1903. Dazu: Die Wiener Secession, Eine Dokumentation von Robert Waissenberger, Wien/München 1971.

16 Hermann Bahr (1863-1934), Regisseur, Dramaturg, Dramatiker, Erzähler, Essayist und Kritiker, ein Deuter seiner Zeit zwischen Naturalismus und Expressionismus. Bekannteste Werke: Das Konzert, Schauspiel (1909), Oh Mensch, Roman (1910), Zur Kritik der Moderne (1890) und Austriaca (1911), Tagebücher 1909, 1917-1926.

17 Brief Ninon Ausländers an Hermann Hesse vom 11. 12. 1913.

18 Dazu die Schilderung der Wiener Jüdischen Gesellschaft in Jakob Wassermanns Lebensbericht »Mein Weg als Deutscher und Jude«, Berlin 1921, S. 102 ff.

19 Hans Makart (1840-1884), Maler, der seiner Zeit ein Stilgepräge gab. Man spricht von dem Makart-Stil der 80er, der Gründerjahre, die der

Akademieprofessor, der seit 1879 in Wien lehrte, durch die üppige Farbenpracht seiner Bilder hinsichtlich Mode, Wohnungseinrichtungen und Kunsthandwerk im Zeitgeschmack bestimmte.

20 Brief Ninon Ausländers an Hermann Hesse vom 11. 12. 1913.

21 Peter Altenberg (1859-1919), eigentl. Richard Engländer, entwarf Photogramme aus Augenblickseindrücken. Er fühlte sich als Spiegel der Dinge: Wie ich es sehe, 1896; Was der Tag mir zuträgt, 1901; Märchen des Lebens, 1908.

22 Jugend in Wien, Literatur um 1900, Katalog zur Ausstellung des Schiller-Nationalmuseums Nr. 24, Stuttgart 1974. Das Kapitel: Café Griensteidl (S. 91) bringt Beiträge der zeitgenössischen Kaffeehaus-Anhänger und -Kritiker. Dazu auch: Das Wiener Kaffeehaus, mit einleitendem Essay von Hans Weigel, Wien 1978.

23 Einen kleinen Augenblick aus dem ästhetischen Gefängnis in die Gesellschaftskritik bot Ninon Schnitzlers Novelle »Lieutenant Gustl«, was sie ausdrücklich in ihrem Notizbuch vermerkte. Immerhin brachte diese psychologische Skizze eines auf seine Karriere erpichten Offiziers, dem die äußere Ehre alles bedeutete, ihren Autor vor ein Ehrengericht, das ihm den Offiziersrang absprach, weil er sich gegen den Geist der k. u. k.-Armee vergangen habe.

24 Joseph Roth, Die Kapuzinergruft (1938), Ausgewählte Werke, Köln/Berlin 1950, S. 17 ff.

25 Vgl. 2. Kap., Anm. 11, S. 460.

26 Brief Ninon Hesses an Fred Dolbin vom 30. 12. 1935. Dolbin konnte sich als Wiener wie sie mit Musils Gestalten identifizieren, während Hesse ungläubig lächelnd den Kopf geschüttelt hatte, als Ninon ihm 1932 jubelnd mitteilte, der zweite Band des Musil-Romans sei erschienen, aber es mache sie traurig, daß er leider nur 661 Seiten umfasse. Er erklärte: »Ich teile die Bewunderung, die Ninon für ihn [Musil] hat, aber bei mir ist sie nie zur Liebe geworden«. Brief an Jakob Humm vom 6. 5. 1939, Briefwechsel Hermann Hesse – R. J. Humm, Frankfurt a. M. 1977, S. 53. Dazu Hesses Rezensionen über »Der Mann ohne Eigenschaften« Werkausgabe Bd. 12, S. 470f.

27 Am 29. 7. 1914 erfolgte die russische Mobilmachung, Österreich antwortete mit der vollen Mobilmachung am 4. 8. Am 31. 7. erklärte Deutschland Rußland den Krieg, am 3. 8. Frankreich, am 4. 8. trat England gegen Deutschland in den Krieg ein, nachdem die deutschen Truppen in Belgien einmarschiert waren. Am 6. 8. folgte die Kriegserklärung Österreich-Ungarns an Rußland. Am 11. und 12. 8. erklärten dann noch Frankreich und England Österreich-Ungarn den Krieg, durch England wurde am 6. 4. 1917 auch noch Amerika in die Kriegshandlungen einbezogen.

28 Brief Lilly Kehlmanns an Gisela Kleine vom 8. 5. 1978.

29 Czernowitz wechselte mehrfach die Besatzung. Nach der ersten Ein-

nahme im September durch die Russen wurde die Stadt durch Freischärlertruppen der Südbukowina am 21. 10. 1914 zurückerobert, dadurch wurde die Flucht weiterer Einwohner ins Reichsinnere noch einmal kurz möglich; aber schon einen Monat später am 26. 11. 1914 wurde die Bukowina und damit auch Czernowitz wieder den russischen Truppen preisgegeben. Noch einmal eroberten die Österreicher die Stadt, deren strategische Lage für die Karpatenfront so wichtig war, sie hielten die Stellung vom 17. 2. 1915 bis zum 18. 6. 1916, dann erzwang die russische Offensive unter General Brussilow den Rückzug der Österreicher. Erst nach dem Sturz des Zaren 1917 fielen Czernowitz (am 3. 8. 1917) und der größere Teil der Bukowina zum 3. Male wieder an Österreich. Man kann sich vorstellen, wie stark die Stadt vom Krieg gezeichnet war, als die Russen am 15. 12. 1917 den Waffenstillstandsvertrag unterschrieben, wodurch die Kampfhandlungen im Osten beendet wurden.

30 Moritz Oppenheim, geb. 1. 1. 1876 in Wien, gest. 27. 12. 1949 in Chicago. Dazu: Österreichisches Biographisches Lexikon, herausgegeben von der Österreichischen Akademie der Wissenschaften 1815-1950, Wien 1975, S. 237.

31 Karl Kraus (1874-1936), bekämpfte Sprachverwahrlosung, literarisches Cliquentum und unseriösen Journalismus. Seit 1899 war er Herausgeber der satirischen Zeitschrift »Die Fackel«, in der er die Zeitverhältnisse anprangerte. Vor allem verteidigte er die Reinheit der Sprache, die er inbrünstig und zynisch gegen Verfälschung und Mißbrauch schützen wollte. Sprachverfall bedeutete ihm Kulturverfall; Sprachverwilderung Sittenverwilderung. Die Presse vergifte die Sprachquellen, sei sensationslüstern und kulturzerstörend. Er wollte »Wortbarrikaden gegen die Herrschaft der Banalität« schaffen. In »Heine und die Folgen« erklärte Kraus Heine zum Vater des Feuilletonismus. Seitdem werde jedes Kunstwerk merkantilen Gesetzen der Verwertbarkeit unterworfen und am Marktwert, nicht an geistigen Maßstäben gemessen. »Die Trockenlegung des weiten Phrasensumpfes« erfolgte in einer von Kraus wirkungsvoll angewandten Methode: Die Selbstentlarvung der Schuldigen im Zitat überbiete jede Satire. Die Fackel erschien von 1899 bis 1936 in insgesamt 922 Nummern. Von Nr. 326 an im Jahre 1911 verfaßte Kraus alle Beiträge allein.

32 Über die starke Beeinflussung durch Karl Kraus schrieb Ninon im Rückblick: »Der Tod von Karl Kraus ist mir nicht nahe gegangen, denke Dir! Ich war ihm in den letzten sechs oder sieben Jahren nicht mehr gut gesinnt. Er war schuld, daß ich an sehr vielem Wertvollen achtlos vorbeiging. Ich sollte zwar mir deswegen grollen, nicht ihm, aber ich grollte eben ihm [...] Findest Du nicht, daß es viel leichter ist, etwas in geistvoller Weise abzulehnen oder sich darüber lustig zu machen – als etwas in geistvoller Weise zu loben? Formulieren, weshalb

man ergriffen ist, *warum* – *was* einem gegeben wurde und *wie* – das ist viel schwieriger als etwas Schwaches amüsant bewitzeln.« Brief Ninon Hesses an B. F. Dolbin vom 3. 10. 1936.
33 Ninon wurde durch Thomas Manns »Tonio Kröger« besonders stark beeinflußt. In dieser 1903 entstandenen Erzählung hatte Mann die unüberbrückbare Kluft zwischen Bürger und Künstler thematisiert: »Sie [die Künstler] fangen an, sich gezeichnet zu fühlen, sich in einem rätselhaften Gegensatz zu den anderen, den Gewöhnlichen, Ordentlichen zu fühlen; der Abgrund von Ironie, Unglaube und Opposition, Erkenntnis und Gefühl, der sie von den Menschen trennt, klafft tiefer und tiefer, sie sind einsam, und fortan gibt es keine Verständigung mehr.« Ninon berichtete Hesse begeistert über eine Dichterlesung Manns in ihrem Brief vom 11. 12. 1913.
34 Egon Friedell (1878-1938) war Kabarettleiter, Schauspieler, Theaterkritiker, freier Schriftsteller. Kulturgeschichte der Neuzeit, 3 Bände, 1927-1932; Ecce Poeta, 1912.
35 Vgl. Anm. 21, S. 461.
36 Der Brief wurde am 11. 7. [1915] in Mönichkirchen geschrieben und war vermutlich an Johanna Gold gerichtet.
37 Hermann Hesse, Knulp, Berlin 1915. »Drei Geschichten aus dem Leben Knulps« entstammen zwar noch der Vorkriegszeit, sie erschienen aber erst 1915 in »Fischers Bibliothek zeitgenössischer Romane«. Die erste Geschichte, Vorfrühling, war schon 1908 in der »Neuen Rundschau« veröffentlicht worden. WA 4, S. 437-525.
38 Adler beschuldigte die Sozialdemokratie, ohne Widerspruch in den Krieg gefolgt zu sein, obwohl sie schon seit den letzten Reichstagswahlen 1911 in Wien mit mehr als der Hälfte aller Stimmen die stärkste Wählergruppe hinter sich hatte und ihren Einfluß hätte geltend machen können. Er demonstrierte durch diesen Gewaltakt nicht nur gegen den Krieg, sondern gleichzeitig gegen die »k. u. k. Sozialdemokraten«, die sich um Karl Renner scharten.
39 Brief Ninon Ausländers an Hermann Hesse vom 12. 3. 1918.
40 Tagebuchblatt vom 5. 5. 1924: »Als ich im Mai 1917 ein neues Leben begann, das Studium der Medizin aufgegeben und Kunstgeschichte zu studieren begonnen hatte, befand ich mich in einem glückseligen Zustand.«
41 Autobiographische Notizen aus dem Sommer 1932.
42 Beide Bilder kennzeichnen die in der für Ninon leitbildhaften Dichtung der Jahrhundertwende oft beschworene »ästhetische Existenz«, das In-der-Schwebe-Bleiben, das Freisein von den Zwängen der Welt, den Rückzug nach Innen, das autonome Walten der Phantasie – Unverbindlichkeit! Hugo von Hofmannsthal hat diese Lebensabwehr mit dem Begriff der Präexistenz umschrieben. Das Verweilen hinter einer »gläsernen Wand« schließt für ihn ein träumendes Wissen von der

Ganzheit des Lebens vor aller Erfahrung ein, darum zögere der junge Mensch, sich an eine einzige Aufgabe zu verschwenden und das Notwendige des Tages mit Entschiedenheit zu wollen. Das Zerschlagen der von der Lebenwirklichkeit abtrennenden »gläsernen Wand« bedeutet für ihn einen Schritt ins Soziale und ist nur durch den Entschluß zur Treue möglich, der Treue zu einer Aufgabe und damit auch der Treue zu sich selbst – ein Thema seiner späteren Werke, besonders der Komödien. Claudio in »Der Thor und der Tod«, erkennt erst angesichts des Todes die Verbindlichkeit als unabdingbaren Lebenswert: »Ich will die Treue lernen, die der Halt von allem Leben ist.« Ninons Glaskugel-Existenz muß in diesem Sinne als eine Rückkehr in die »Präexistenz«, auf eine Stufe vor dem Beginn des eigentlichen Lebens gedeutet werden.

Drittes Kapitel, Übergänge

1 Daß Kunstgeschichte im Rieglschen Sinne Universalgeschichte sei, erfuhr Ninon in den Seminaren von Karl Maria Swoboda, die ihr Stundenplan häufig nennt. Swoboda gab 1928 postum die »Gesammelten Aufsätze« Riegls heraus, die dessen Kunsttheorie erörtern. In seiner bahnbrechenden Schrift von 1897/98 »Historische Grammatik der bildenden Künste« hatte Riegl behauptet: »Jedes Kunstwerk redet seine eigene Kunstsprache. [...] gibt es aber eine Kunstsprache, so gibt es auch eine historische Grammatik derselben, des durchgängigen Prinzips für alle Stile und Epochen.«
2 Franz Wickhoff (1853-1909), Vertreter der historischen Richtung der Kunstgeschichte. Hauptwerke: Wiener Genesis 1884, Beilage zum Jahrbuch der Kunsthistorischen Sammlung des Allerhöchsten Kaiserhauses. Beschreibendes Verzeichnis der illuminierten Handschriften in Österreich, 1905-1917.
3 Josef Strzygowski (1862-1941) wurde gegen den Widerspruch einiger Fakultätsmitglieder zum Nachfolger des 1909 verstorbenen Franz Wickhoff gewählt und behielt den Wiener Lehrstuhl bis 1933. Am für ihn und von ihm neugegründeten »Ersten Kunsthistorischen Institut der Universität Wien« wurde eine universalistische und geographisch weitgespannte Kunstbetrachtung geübt, während das »Zweite« die Tradition der historischen »Wiener Schule« pflegen sollte. Fortan bestanden zwei kunstgeschichtliche Institute unabhängig voneinander, »eines die Negation des anderen, zwei Glaubensbekenntnisse gegenüber Philosophie und Geschichte«. Dazu: Julius von Schlosser, Die Wiener Schule der Kunstgeschichte, Mitteilungen des Österreichischen Instituts für Geschichtsforschung, Heft 2, Innsbruck 1934. Veröffentlichungen Strzygowskis: Orient und Rom, 1902; Byzantinische

Denkmäler, 1891-1903; Kleinasien, ein Neuland der Kunstgeschichte, 1903; Die Baukunst der Armenier und Europa, 1918; Der Norden in der bildenden Kunst Westeuropas, 1926.

4 Max Dvořák (1874-1921) war seit 1897 Assistent bei Wickhoff und seit 1910 sein Lehrstuhlnachfolger. Er stand Wilhelm Dilthey (1833-1911) nah, in dessen Sinn er die strenge Trennung von Geisteswissenschaften und Naturwissenschaften in methodischer und erkenntnistheoretischer Hinsicht forderte: Kunstgeschichte als Geistesgeschichte, 1924. Dvořáks Lehrmeinung war umstritten. Gegner warfen ihm vor, daß er Kunstwerke als Belegstücke für geisteswissenschaftliche Theorien benutze und ihren Eigenwert als Stildokumente, die man formal betrachten müsse, mißachte. Auf diese Weise werde die Kunst in den Dienst von Weltanschauungslehren genommen. Verhängnisvoll sei, daß dadurch gleichzeitig die Kunstwissenschaft als eigenständige Disziplin in Frage gestellt werde. Dazu: Dagobert Frey, Max Dvořáks Stellung in der Kunstgeschichte, Jahrbuch für Kunstgeschichte I (1921/22).

5 Hermeneutik – Kunst und Lehre der Auslegung (Interpretation – Exegese). Angewandt bei Schriften, Dokumenten, Kunstwerken. W. Dilthey war es, der die wissenschaftliche Deutung geistesgeschichtlicher Zusammenhänge im Anschluß an die klassische Sprachwissenschaft als »Hermeneutik« bezeichnete.

6 Julius R. v. Schlosser, Direktor des Historischen Museums und Lehrbeauftragter für historische Themen, wurde nach Dvořáks Tod (1921) dessen Nachfolger als Lehrstuhlinhaber und Institutsleiter. Hauptveröffentlichungen: Quellenkunde und Geschichte der Kunstliteratur; Materialien zur Quellenkunde der Kunstgeschichte, 10. Bd. 1914-1920; Die Kunst des Mittelalters, 1923; Künstler der Frührenaissance, 5. Bd. 1929-1934.

7 Emil Reisch hatte 1890 ein Buch über »Griechische Weihgeschenke« geschrieben. Zusammen mit dem Olympia-Ausgräber und Schliemann-Freund Wilhelm Dörpfeld, der von 1887 bis 1911 Direktor des Deutschen Archäologischen Instituts in Athen war, hat er dann 1896 neue Forschungsergebnisse über das »Griechische Theater« veröffentlicht. Später wurde er Mitverfasser von Wolfgang Helbigs heute noch maßgeblichem »Führer durch die öffentlichen Sammlungen Klassischer Altertümer in Rom«.

8 Emanuel Loewy (1857-1938), Hauptwerke: Untersuchungen zur griechischen Künstlergeschichte, 1883; Inschriften griech. Bildhauer, 1885; Die Griechische Plastik, 2 Bd., Turin 1911 und Leipzig 1914; Polygnot, ein Buch von griechischer Malerei, 2 Bd. 1929.

9 Dazu R. Bianchi-Bandinelli, Klassische Archäologie, Rom 1976, München 1978 (Beck'sche Schwarze Reihe, Band 169) S. 117 ff. Hier wird Loewys neue Konzeption gewürdigt.

10 Apotropaion: Abwehrmittel gegen schädigende Mächte, lat. amuletum – Amulett.
11 Veröffentlichungen zu diesen beiden Schwerpunktthemen: Die Naturwiedergabe in der älteren griechischen Kunst, Rom 1900, Typenwanderung, Jahreshefte des Österreichischen Archäologischen Instituts 12 (1909), S. 243 ff., und 14 (1911).
12 Ahasverus, Bild des ewig herumwandernden Menschen, des »Ewigen Juden«, einer sagenhaften Gestalt, die schon im 7. Jh. bezeugt ist. Da Ahasverus nach dem Volksglauben Christus auf dem Leidenswegs eine kurze Rast an seinem Hause versagt habe, wurde er zum unsteten Weiterleben bis zum Jüngsten Gericht verurteilt.
13 Eintragung vom 9. 11. 1933.
14 Großmanns waren gemeinsame Maler-Freunde von Ninon Ausländer und Benedikt Fred Dolbin.
15 Das Gedicht ist datiert: 1. 2. 1920. Das Original befindet sich im Dolbin-Archiv des Instituts für Zeitungsforschung der Stadt Dortmund (kurz Dolbin-Archiv Dortmund genannt).
16 Brief Ninon Ausländers an Hermann Hesse vom 12. 3. 1918.
17 Dazu: Will Schaber, B. F. Dolbin, Der Zeichner als Reporter, München, Verlag Dokumentation 1976, Dortmunder Bände zur Zeitungsforschung Bd. 23. Schabers Biographie stellt die künstlerische und berufliche Laufbahn Dolbins dar. Der Autor will Dolbin den ihm gebührenden Platz in der Pressegeschichte der 20er Jahre sichern.
18 Brief vom 1. 10. 1931, Original im Dolbin-Archiv Dortmund.
19 Oskar Maurus Fontana (1889-1968), österreichischer Erzähler, Dramatiker, Theaterkritiker. Nach neuromantischen Dramen (Das Märchen, Der Stille 1910) wurde er Wegbereiter des Expressionismus: Der Studentengeneral (Drama) 1916, Die Aussaat (Anthologie) 1916.
20 Würdigung zum 50. Geburtstag Dolbins am 1. 8. 1933.
21 Nach einer Episode als Trassierungsingenieur der Tauernbahn trat er als Eisenkonstrukteur ins Zentralbüro des bedeutendsten österreichischen Brückenbaukonzerns Waagner, Biro und Kurz in Wien ein. Seine Leistungen in Bauplanung und Bauleitung stellte er vielfach unter Beweis, wenn er Munitionsmagazine (auf dem Steinfeld), Bauten für die Pulverfabrik Blumau, Hallen für Zucker- und Zementfabriken errichtete und zwei Schiffsbauhallen in Pola entwarf und ausführte.
22 Rundfunkvortrag Dolbins über sein Leben, Sender Breslau 1928, Manuskript im Dolbin-Archiv Dortmund.
23 Buch im Alten Testament.
24 Dolbin über seinen Vater in autobiographischen Aufzeichnungen (Dolbin-Archiv Dortmund). E. Pollak hat als Einkäufer von Gerbstoffen Europa und Kleinasien bereist und kam auf den gewinnversprechenden Gedanken, eine Gerbstoff-Extrakt-Fabrik am Erzeugungsort aufzubauen, damit der kostspielige Holztransport entfiel. Das Unter-

nehmen florierte zunächst, ging aber dann durch Veruntreuungen anderer Beteiligter in Konkurs, und Pollak war beschäftigungslos. Er trieb darum seine Kinder zu realistischem Sinn an.
25 Brief Ernst Pollaks an B. F. Dolbin vom 20. 7. 1910, Dolbin-Archiv Dortmund.
26 Brief B. F. Dolbins vom 11. 5. 1923.
27 Carl Leopold Hollitzer (1874-1942) war Offizier, danach Maler und Karikaturist. Bekannt sind seine Porträts von Altenberg, Friedell, Kraus. Dolbin hat sich zeitweise seinem Zeichenstil angepaßt. Hollitzer hat Dolbin als Kabarettist (siehe S. 123) gezeichnet.
28 Alexander Roda Roda (1872-1945), Pseudonym für Friedrich Rosenfeld, war Mitarbeiter am Simplicissimus, schrieb satirische Romane, Anekdoten und Humoresken. In jenem Jahr entstand »Eines Esels Kinnbacken« (1906), dann »Der Feldherrenhügel« (1910). Er stilisierte sich durch Monokel und rote Weste.
29 Erich Mühsam (1878-1934) war politisch engagiert. Er war von Beruf Apotheker, aber sein sozialistisches Anliegen führte ihn zur revolutionären Lyrik und zum Gesinnungsjournalismus. 1919 war er Mitglied der Münchner Räteregierung. Seine Beiträge erschienen in: Jugend, Simplicissimus, Die Gesellschaft, später in: Die Aktion. In jenem Jahr entstand sein Drama »Der Hochstapler« (1906).
30 Felix Dörmann (1870-1928), mit bürgerlichem Namen Biedermann, als Epigone Baudelaires angesehen, wurde durch die Gedichtsammlung »Neurotica«, Dresden/Leipzig 1890 bekannt und ließ ihr 1892 die »Sensationen«, ein Buch der »Qualenseligkeiten« folgen. Er schrieb auch Lustspiele und Libretti (Walzertraum 1907).
31 Karl Kraus schmähte später das »Nachtlicht«, dessen Programm ihm zu betulich erschien, in seiner »Fackel« vom 12. 5. 1906.
32 1908 veranstaltet vom Akademischen Verband für Literatur und Musik.
33 Vgl. Anm. 22 dieses Kapitels.
34 Z. B. im Auftrag der Neuen Wiener Bühne die Musik zum Drama »Die Verführung« von Paul Kornfeld.
35 Typoskript im Dolbin-Archiv Dortmund.
36 Vgl. Anm. 22 dieses Kapitels.
37 So nannte Stephan Ehrenzweig Dolbin im »Aufbau« (New York) anläßlich einer Würdigung der Ausstellung »In memoriam Egon Schiele«, Rose Fried Gallery New York am 5. 4. 1948.
38 Dolbin über sich selbst (1935), zitiert bei Schaber, Der Kopfjäger und seine Opfer, Ausstellungskatalog des Instituts für Zeitungsforschung Dortmund, Januar 1975, S. 5 – Dazu vom selben Autor: Notizen über den großen Kopfjäger, In: Benedikt Fred Dolbin, Kopf-Stenogramme für die Berliner Presse 1926-1933, Heilbronner Museums-Katalog Nr. 8 zur Ausstellung von 1979; Jugendstil, ein Forschungsbericht von

Jost Hermand, Stuttgart 1965.
39 Dazu: Die Wiener Secession. Eine Dokumentation von Robert Waissenberger, Wien, München 1971, S. 25.
40 Im Juni 1903 wurde die »Wiener Werkstätte Produktionsgemeinschaft von Kunsthandwerkern zu Wien« gegründet, führend dabei waren Josef Hoffmann, Quadratl-Hoffmann genannt wegen seiner Abkehr von floraler Jugendstil-Ornamentik zum Abstrakt-Geometrischen, und Koloman Moser. Ein Beispiel der einheitlichen Hausausstattung nach den Grundsätzen der Wiener Werkstätte ist das heute noch vollständig erhaltene Palais Stoclet in Brüssel (1905-1911), in dem Hoffmann den Wiener geometrisierenden Jugendstil verwirklichte. Die Wiener Werkstätten wurden zum Zentrum der künstlerischen Bewegung, die Secession eine Art Kunstverein. Sie gerieten 1914 in eine Absatzkrise, bestanden aber bis 1939.
41 Dazu Hans Hellmut Hofstätter, Geschichte der europäischen Jugendstilmalerei, Köln 1963. Verwiesen sei auf die Kapitel »Erlebniseinheit« und »Gesamtkunstwerk«.
42 Adolf Loos (1870-1933) war Schüler von Prof. Otto Wagner, dessen Wirken ein Stück Architekturgeschichte vom historisierenden Eklektizismus über den Jugendstil bis zur neuen Sachlichkeit spiegelt. Bei seiner Wiener Antrittsvorlesung 1894 begründete er eine neue Kunst- und Architekturauffassung. Er forderte die Unabhängigkeit von Stilen der Vergangenheit und einen Rationalismus der Form: »Nichts, was nicht brauchbar ist, kann schön sein« (Moderne Architektur, Wien 1895). Loos verlangte im Sinne seines Lehrers einen funktionsbezogenen Stil und neue Konstruktionsformen. Er war kein erfolgreicher Architekt, aber durch seine theoretisch-publizistische Arbeit übte er auf die Avantgardisten in Europa Einfluß aus. Le Corbusier hat sich auf Loos berufen.
43 Dolbin blieb in der 1919 in Wien erschienenen und von Adolf Loos herausgegebenen Druckschrift »Richtlinien für ein Kulturamt« ungenannt. Seine Autorschaft geht aber eindeutig aus einem von Loos an den Freund gesandten Exemplar hervor, das handschriftlich vermerkt: »Unter Mitarbeit von B. F. Dolbin«. 200 Luxus-Exemplare, Nr. 17 – mit dieser Widmung – befindet sich im Dolbin-Archiv in Dortmund.
44 Kurz nach Kriegsende veranstaltete er gemeinsam mit Freunden die 1. Internationale Kunstausstellung der Stadt Wien. Er wurde in den Vorstand der »Gesellschaft zur Förderung moderner Kunst« berufen, ebenso in den Vorstand der »Wiener Sektion der Internationalen Gesellschaft für neue Musik«. Bald danach wählte man ihn als Mitglied in den Kunstrat der Stadt Wien.
45 Albert Paris Gütersloh (1887-1973), Wiener Maler und avantgardistischer Schriftsteller, (Der Lügner unter den Bürgern, 1922), Schüler Gustav Klimts, später Prof. an der Akademie der bildenden Künste,

Wien. Dazu Heimito von Doderer, Der Fall Gütersloh, 1930, Albert Paris Gütersloh, Autor und Werk, München 1962.
46 Egon Schiele (1890-1918). Dazu: Christian M. Nebehay: Egon Schiele. Leben, Briefe, Gedichte, Residenz Verlag, Salzburg 1979. Egon Mitsch, Egon Schiele 1890-1918, dtv Bd. 1060.
47 Vgl. Anm. 22 dieses Kapitels.
48 Das Kunstschaffen, in: Schriften des Vereins für Sozialpolitik, 169. Bd., München 1925, S. 410ff.
49 Der Karikaturist u. seine Art zu sehen, in: Der Kunstwanderer, Berlin 1927/28, S. 237ff.
50 Ausstellungskatalog zur Ausstellung »B. F. Dolbin 1883-1971« des Instituts für Zeitungsforschung Dortmund, Januar 1975, S. 10.
51 Der Karikaturist und seine Art zu sehen, in: Der Kunstwanderer (wie Anm. 49).
52 So beschreibt Willy Haas Dolbins Arbeitsweise in der Einleitung des von ihm herausgegebenen Buches, »Gesicht einer Epoche«, in dem er eine Sammlung von Dolbin-Zeichnungen veröffentlichte und den Titel von einer 1958 in Berlin gezeigten Ausstellung übernahm.
53 B. F. Dolbin, Hunde, Vorwort von Alfred Polgar, Berlin 1928, S. 22. Die Texte des Hundebuches hat Dolbin selbst verfaßt. Das Nachwort schrieb Ninon, weil Dolbin es gewünscht hatte. Dazu: Katzen, Zeichnungen von Dolbin, Text von Axel Eggebrecht, Berlin 1927, Stephan Ehrenzweig, Zoo, Berlin 1930.
54 Gründungsmitglieder und Aussteller der Künstlergruppe »Bewegung« wurden in Ninons Notizbuch nun häufig genannt: Janina Großmann, Friedrich Feigl, H. Funkc, F. Salvendy, Frank Skala, K. Zirner, Martha Hofrichter. Fred Dolbin stellte »Portrait-Satyren« aus. Auch Nicht-Mitglieder waren vertreten, so auch Alfred Kubin mit einigen Zeichnungen.
55 Wie sich das Problem zuspitzte, wurde sichtbar, als Staatsrat Dr. Ofner in der österreichischen Nationalversammlung den Antrag auf ein Gesetz einbrachte, das allen nach dem 1. 8. 1914 aus den Gebieten der ehemaligen Monarchie eingewanderten Juden, die ihren Wohnsitz im Gebiet des neuen Österreich hatten, das Recht auf Erwerbung der österreichischen Staatsbürgerschaft aberkennen sollte. Diese Maßnahme richtete sich gegen die gefürchtete Überrepräsentation von Juden – gemessen am Bevölkerungsanteil – im österreichischen Geistesleben. Die Verwestlichung oder »Europäisierung« der Ostjuden führte über die »Verdeutschung«, womit das Kaiserlich-Habsburgische Deutsch-Österreich gemeint war, das sich im Wiener Kulturleben repräsentierte. Schon die zweite Generation assimilierte sich weitgehend und entfaltete die nach jahrhundertelanger Stauung freiwerdende geistige Produktivität im Universitätsstudium und vorwiegend in freien Berufen, sie stellte den Hauptanteil an Ärzten, Anwälten und Publizi-

sten. Von 1918 an war darum nach der neuen Fluchtwelle der Ostjuden nach Wien das österreichische Geistesleben weitgehend von jüdischer Intelligenz geprägt.
56 Vgl. Anm. 22 dieses Kapitels.

Viertes Kapitel, Verlassenheit

1 Die völkerrechtliche Angliederung der Bukowina erfolgte auf Grund der Bestimmungen der Pariser Vorortverträge von 1920. Im Friedensvertrag von St. Germain verzichtete Österreich auf dieses Gebiet zugunsten Rumäniens. Polen erhielt vier Gemeinden der Bukowina. Die sowjetische Regierung, an dieser Regelung nicht beteiligt, protestierte schon im Februar 1919, als verhandelt wurde und das Schicksal der Bukowina noch nicht entschieden war. Sie hat ihren Anspruch während des deutsch-russischen Nichtangriffspaktes im 2. Weltkrieg bis 1940 aufrechterhalten, als sie die nördliche Bukowina und Bessarabien in die ukrainische SSR durch Einmarsch ihrer Truppen eingliederte. In den Moskauer Waffenstillstandsverhandlungen (12. 9. 1944), wurde dieser Zustand bestätigt, ebenso im Pariser Frieden von 1947.
2 Brief Ninon Dolbins an Hermann Hesse vom 23. 1. 1920.
3 Brief Ninon Dolbins an Frau Spiegler vom 27. 9. 1920.
4 Zettel, mit Bleistift bekritzelt, zwischen ungeordneten Aufzeichnungen.
5 Dieser Brief ist entweder nicht erhalten oder er befindet sich in einem versiegelten Briefpaket, das von Ninon Hesse bis zum Jahre 2008 gesperrt worden ist. Verwandte Ninons bezeugen jedoch seine Wirkung, so Frau Lilly Kehlmann, die Schwester Ninon Hesses, und Dr. Nellie Seidl, ihre Cousine und die Vertraute der Jahre von 1922 bis 1930.
6 Zu dieser Erzählung schrieb Vicki Baum als Redakteurin des Berliner Ullstein Verlags am 4. 7. 1928: »Die Erzählung ist eine außerordentlich starke Talentprobe, und wir können nur sehr bedauern, daß sie zum Teil zu lang, zum Teil zu skurril ist, um sich dem ›Uhu‹ einfügen zu lassen. Wir werden aber sehr gern andere Arbeiten von Ihnen kennenlernen.« – Die Redaktion der »Jugend«, München, bemerkte in einem Schreiben vom 7. 2. 1929 dazu: »Ihre merkwürdige Erzählung ›Der Sarg‹ hat uns ganz außerordentlich interessiert. Wir spüren hier eine höchst eigenartige Begabung und einen eigenen Ton, so daß uns dieses Manuskript auch ohne die Namensgleichheit mit unserem Mitarbeiter B. F. Dolbin sofort aufgefallen wäre.«
7 Lilly wurde in Ninons autobiographischen Aufzeichnungen nicht erwähnt. Aus vielen Einzelheiten kann man jedoch annehmen, daß unter dem Decknamen »Helga« beide Schwestern zu einer Romanfigur ver

einigt werden sollten. – Nachdem Lilly durch ihr Studium in Czernowitz die Lehrbefähigung für Französisch und Deutsch erlangt hatte, kam sie nach Wien, wo sich Ninon und Dolbin für die von ihr sehnlichst gewünschte Ausbildung als Graphikerin einsetzten. Ninon hat sich zeitlebens in fast mütterlicher Sorge für die acht Jahre jüngere Schwester verantwortlich gefühlt, die durch ihre Emigration ein leidvolles Schicksal zu bewältigen hatte.

8 Tagebuchnotizen, undatiert.
9 Notiz vom 14. 8. 1917, Dolbin-Archiv Dortmund.
10 Das Gedicht trägt das Datum: 1.-3. 6. 1917. Original im Dolbin-Archiv Dortmund.
11 »Golgatha Egon Schieles« ist abgedruckt in: Will Schaber, B. F. Dolbin, Der Zeichner als Reporter, a.a.O. S. 20. Das Original befindet sich im Dolbin-Archiv Dortmund.
12 Das Gedicht ist datiert: 18. 3. 1920. – Das Original befindet sich im Dolbin-Archiv Dortmund. Auf einem undatierten Zettel in gleicher Schrift notierte Dolbin: »In der Erotik heißt es: besser den Spatz auf dem Dach als die Taube in der Hand.«
13 Das Gedicht ist datiert: 13.-15. Januar 1922. Original im Dolbin-Archiv Dortmund.
14 Brief B. F. Dolbins an Ellen Herz, seine dritte Frau, vom 19. 9. 1929. Original im Dolbin-Archiv Dortmund.
15 Brief B. F. Dolbins an Ninon Dolbin vom 26. 8. 1922.
16 Brief Ninon Dolbins an B. F. Dolbin vom 1. 4. 1922, Fortsetzung am 3. 4. 1922.
17 Joachim Ringelnatz eig. Hans Bötticher (1883-1934), Schriftsteller und Verfasser von autobiographischen Essays und satirischen Gedichten. Turngedichte, 1920; Kuddel Daddeldu, 1923; Allerdings, 1928.
18 Bauhaus: es sollte nach dem Manifest von 1919 unter der Leitung von Walter Gropius (1883-1969) eine Handwerkerschule werden, in der alle Künstler, Architekten, Bildhauer, Maler u. a. auf das Ziel eines »neuen Baus der Zukunft« hinarbeiteten. Nach einer zunächst dem Expressionismus angenäherten Phase wurde eine funktionale Gestaltung angestrebt; ein Memorandum von Gropius im Jahre 1924 leitete diese Entwicklung ein: »Kunst und Technik, eine neue Einheit«. – Dolbin lernte Moholy-Nagy (seit 1923 als Lehrer am Bauhaus) kennen, auch Johannes Itten und van Doesburg, der kurze Zeit am Bauhaus Gastvorträge hielt. 1924 sollte das Bauhaus in Weimar aufgelöst werden, aber Dessau übernahm die einflußreiche Stilschule, wo sie bis 1933 bestand.
19 So auch der Wiener »Tag« vom 25. 9. 1924.
20 Notizen zum Romanentwurf: Freundschaft eines Lebens.
21 Paris-Tagebuch, Eintragung vom 24. 2. 1925.
22 Delaune (de Laune, de Laulne), Etienne (1518-1583?), Goldschmied

und Ziseleur, ging dann zum Kupferstich über. Als Münzenschneider und Graveur zeigte er technische Sorgfalt und präzise Stichelführung bei kleinen Formaten und hat als manieristischer Kleinmeister durch seine exakten Handzeichnungen über mythologische Themen, das Alte Testament, Allegorien über Wissenschaften und Künste, für die Goldschmiedekunst weitverbreitete Vorlagen geliefert.

23 Paris-Tagebuch, Eintragung vom 3. 1. 1925.
24 Brief Ninon Hesses an Hermann Hesse vom 13. 4. 1938.
25 Paris-Tagebuch, Eintragungen vom 8. und 18. 2. 1925.
26 Diskobol: Statue des Diskuswerfers vom attischen Meister der Frühklassik Myron. Kopie im Louvre.
27 Jean Paul, eig. Johann Paul Friedrich Richter (1763-1825). Hauptwerke: Leben des vergnügten Schulmeisterlein Maria Wuz; Hesperus; Leben des Quintus Fixlein; Titan; Flegeljahre.
28 Paris-Tagebuch, Eintragung vom 17. 1. 1925.
29 Nachwort zur Herausgabe des »Titan«, Leipzig 1913. Hesse hatte außerdem 1922 im Wiener Verlag E. P. Tal eine Jean Paul-Auswahl »Der Ewige Frühling« ediert und eingeleitet. 1925 erschien eine Ausgabe des »Siebenkäs« mit seiner Einführung in der Reihe »Edition Klassiker« der Deutschen Buchgemeinschaft Berlin.
30 Jean Paul hatte in seinem Tagebuch das reale Erlebnis der Ich-Spaltung beschrieben (»Ich drängte mich vor mein künftiges Sterbebett«) und seine Berufung als Dichter damit begründet, daß der Komet der »zweiten Welt« zu nahe an ihm vorübergezogen sei und ihn mit seinen Wurzeln aus der Erde gezogen habe. Durch diese Todeserfahrung und die Entwurzelung sei er seiner selbst zweifelhaft geworden. Dazu: Jean Pauls Persönlichkeit in Berichten der Zeitgenossen, herausgegeben von Eduard Berend, Berlin 1956, Nr. 12, Tagebucheintragung vom 15. 11. 1790.
31 Jean Paul, Werke, herausgegeben von Norbert Miller, München 1959-1963, V, S. 782.
32 Auch Hesse hatte den Versuch unternommen, sich in den Humor zu retten, was er in der »Psychologia Balnearia oder Glossen eines Badener Kurgastes« seinen Freunden in einem Privatdruck (1924) schilderte. 1925 erschien der »Kurgast« bei S. Fischer, Berlin, im Rahmen der »Gesammelten Werke in Einzelausgaben«. WA 7, S. 5-113.
33 Schoppe im Tollhaus, wo die Machinationen eines spanischen Bauchredners mit Wachsfiguren und Spiegeln in einer Häufung eingesetzt werden, gegen die Schoppe machtlos ist – das alles mutet an wie eine Vorwegnahme des »magischen Theaters« im »Steppenwolf«, den Hesse 1927 veröffentlichte. Wie Harry Haller bricht Schoppe vor den gespenstischen Abspaltungen seines Ich überwältigt zusammen. An das »magische Theater« erinnern auch gewisse Züge des Antikenkabinetts in Jean Pauls »Wunderbarer Gesellschaft in der Neujahrsnacht«

zum Abschluß des 18. Jahrhunderts, wo in einer Irrhölle von Träumen und Visionen eine Nachtgesellschaft beisammensitzt und der Dichter aufgefordert wird: »Tritt in das Reich des Unbekannten ein.« Ein ringendes Geisterchaos soll hier prophetisch das kommende Jahrhundert beschwören. Aber alles ist Projektion, ist Innen nach Außen gekehrt: »In dem von innen her erleuchteten Spiegel war nichts als mein sitzendes Bild.« Die Parallelen zwischen beiden Dichtern sind hinsichtlich der Aussagen und der Motive überaus zahlreich.

34 Demian. Die Geschichte einer Jugend von Emil Sinclair, Berlin 1919. Unter Hesses Namen erschien der Roman mit dem Titel: Demian, Die Geschichte von Emil Sinclairs Jugend, 1920, WA 5, S. 5-164.

35 »Nicht bloß Wahrheiten, auch Empfindungen antizipierte er, alle herrlichen Zustände der Menschheit, alle Bewegungen, in welche die Liebe und die Freundschaft und die Natur das Herz erheben, all diese durchging er früher in Gedichten als im Leben, früher als Schauspieler und Theaterdichter, dann als Mensch, früher in der Sonnenseite der Phantasie als in der Wetterseite der Wirklichkeit; daher, als sie endlich lebendig in seiner Brust erschienen, konnte er sie besonnen begreifen, ertöten und gut ausstopfen für die Eisgrube künftiger Erinnerung. [...] Arme Mädchen, sie lieben Euch nicht, aber sie glauben es, weil sie wie die Seligen in Mohameds Paradies statt der verlorenen Liebesarme nur Fittiche der Phantasie haben...« Jean Paul, Werke III, a.a.O., S. 262 ff.

36 H. Hesse, Narziß und Goldmund, Berlin 1930, WA 8, S. 5-320.

37 Dieser Gedichtzyklus wurde später mit einem zweiten, »Die sieben Nächte«, der kein Entstehungsdatum trägt, aber eindeutig auf Hesse bezogen ist, zu einem Manuskript zusammengefaßt. Da Ninon selbst handschriftlich diese Gedichte zusammenfügte, ist anzunehmen, daß beide Zyklen zusammengehören, d. h. demselben Partner gewidmet waren: Hermann Hesse.

38 Dr. med. Elisabeth Löbl wurde nach ihrer Emigration in London eine bekannte Nervenärztin und Psychoanalytikerin. Von der Freundschaft zwischen ihr und Ninon zeugt ein regelmäßiger Briefwechsel, der sich über 30 Jahre erstreckt. Zu dem Ausspruch »Kein Erlebnis ohne Rechenschaft« schrieb Frau Dr. Löbl: »Es ist richtig, daß ein Ausspruch oder eine Bemerkung auf Ninon wie ein Blitz einschlagen konnte und zu einer dynamischen Veränderung führte. Das geschah immer wieder im Laufe der Jahre. Sie war ja so ungemein rezeptiv. Aber man muß vorsichtig sein, wenn man über den Einfluß spricht, den ein Mensch auf den andern haben kann und der zu einem Persönlichkeitswandel führt. Wenn ich auch ›Clara‹ gewesen bin, so war auch Ninon in den frühen Jahren unserer Beziehung selber ›Clara‹, besser gesagt, daß der Wille zum Klärenden bereits in ihr gewesen ist, als wir uns kennenlernten. Die Objektwahl ist immer unbewußt determiniert,

wie auch immer rationalisiert [...] Es war ja höchst merkwürdig, wie wir zusammenfanden. Ein Freund nahm mich zu einer Versammlung über irgendeine Kunstangelegenheit mit und machte mich mit den Dolbins bekannt und wir wechselten ein paar Worte. Am nächsten Tag rief mich Ninon an, sie wolle mich wiedersehen, mit mir sprechen [...] ›Charlotte‹ und ich nahmen sehr verschiedene Departements ein, und ich würde schon glauben, daß die unseren in jenen Jahren mehr Wichtigkeit für Ninon hatten [...]« Brief von Elisabeth Löbl an Gisela Kleine vom 16. 7. 1978.

39 Der Roman von Annette Kolb, Das Exemplar, erschien schon 1907. Zitiert wird hier nach der Ausgabe des S. Fischer Verlages 1952. Daphne Herbst erschien 1928, Die Schaukel 1934. Annette Kolb schildert nach eigenem Erleben die untergehende Epoche, indem sie einen Dreiklang von Kunst, Adelswelt und Katholizismus aufklingen läßt, sowohl vor dem Hintergrund des bayerischen Royalismus in München als auch in Paris und in London. Es ist die Welt des 19. Jahrhunderts, die spätestens 1914 unterging.

40 Brief Ninon Ausländers an Hermann Hesse vom 8. 8. 1913: »In der ›Rundschau‹ war es nebst anderem besonders der Roman, der mich stark fesselte: ›Das Exemplar‹ von Annette Kolb. Ich möchte, ach so sehr wünsche ich mir das – Ihr Urteil, Ihre Meinung über Mariclée wissen!«

41 Annette Kolb, Das Exemplar, Berlin 1952, S. 7 ff.
42 Annette Kolb, Daphne Herbst, Berlin 1928, S. 132.
43 Annette Kolb, Daphne Herbst, Berlin 1928, S. 133.
44 Gabrielle-Sidonie Colette, La Vagabonde, 1910, erschien in Wien 1927 unter dem Titel: Renée Néré, Das Schicksal einer Frau.
45 Ariadne, Tochter des kretischen Königs Minos, schenkte Theseus, dem athenischen Nationalheros, als er nach Knossos kam, ein Wollknäuel, damit er wieder aus dem Gewirr von Gängen im Labyrinth – dem Palast von Knossos – herausfinden könne, wenn er den menschenfressenden Minotauros, halb Mensch, halb Tier, getötet hätte. Sie wird so zur Helferin des Mannes, der über das Grauen verbreitende Mischwesen siegt. Theseus entführt Ariadne, die ihn liebt, unterwegs läßt er sie jedoch, während sie schläft, auf der Insel Naxos einsam zurück. Dionysos findet die Verlassene und vermählt sich mit ihr. Die Verratene erfährt eine Erhöhung – das Schicksal der Vergöttlichung.
46 Hofmannsthal hat in einem Brief an Richard Strauss zu seiner eigenwilligen Umformung des Ariadne-Theseus-Mythos erklärt: »Ich bin hier überall so weit von aller Mythologie, daß der bloße mythisch-anekdotische Zusammenhang nicht mehr trägt. Ich habe die Balken dieses alten Floßes schon am Ufer gelöst und muß, will ich nicht sinken, auf der nackten Welle ans Ziel kommen.« Hugo von Hofmannsthal, Gesammelte Werke, Frankfurt 1952, Prosa III, S. 138.

47 Dazu eine Äußerung Hugo von Hofmannsthals über die Treue [an Richard Strauss:] »Und dennoch ist ans Beharren, ans Nichtvergessen, an die Treue alle menschliche Würde geknüpft. Dies ist einer von den abgrundtiefen Widersprüchen, über denen das Dasein aufgebaut ist, wie der delphische Tempel über seinem bodenlosen Erdspalt.« Hofmannsthal bemerkt zu seinem zentralen Anliegen, der Antithese von Verwandlung und Beständigkeit: »Man hat mir nachgewiesen, daß ich mein ganzes Leben lang über das ewige Geheimnis dieses Widerspruchs mich zu erstaunen nicht aufhöre. So steht hier aufs neue Ariadne gegen Zerbinetta, wie schon einmal Elektra gegen Chrysostemis stand. Chrysostemis wollte leben, weiter nichts; und sie wußte, daß, wer leben will, vergessen muß. Elektra vergißt nicht. Wie hätten sich die beiden Schwestern verstehen können? Zerbinetta ist in ihrem Element, wenn sie von einem Manne zum andern taumelt, Ariadne konnte nur *eines* Mannes Hinterbliebene sein. Sie rafft ihr Kleid: es ist die Gebärde derer, die fliehen wollen vor der Welt [...] Elektra blieb nichts als der Tod; hier aber ist das Thema weitergeführt. Auch Ariadne wähnt, sich an den Tod hinzugeben; ›da sinkt ihr Kahn und sinkt zu neuen Meeren‹. Dies ist Verwandlung, das Wunder aller Wunder, das eigentliche Geheimnis der Liebe.« Gesammelte Werke, a.a.O., S. 138/39.

Fünftes Kapitel, Doppelbindung

1 Brief Ninon Dolbins an B. F. Dolbin vom 10. 2. 1926.
2 Brief B. F. Dolbins an Ninon Dolbin vom 30. 6. 1926.
3 Peter de Mendelssohn, Zeitungsstadt Berlin: Menschen und Mächte in der Geschichte der deutschen Presse, Berlin 1959.
4 Gemeint ist vermutlich Oskar Maurus Fontana (vgl. 3. Kap., Anm. 19), der mit Ninon befreundet war. Brief Ninon Dolbins an B. F. Dolbin vom 15. 2. 1926.
5 Brief Ninon Dolbins an B. F. Dolbin vom 20. 2. 1926.
6 Briefe Ninon Dolbins an B. F. Dolbin vom 26. 2., 10. 2., 29. 2. und 26. 2. 1926.
7 Fritz Leuthold war Direktor und Mitglied des Verwaltungsrates der Grands Magasins Jelmoli F. A. in Zürich. Hesse hatte ihn bei seiner Indienreise 1911 kennengelernt und blieb während des ganzen Lebens mit ihm und seiner Frau Alice befreundet.
8 Der Steppenwolf, WA 7, S. 254.
9 Brief Ninon Dolbins an Hermann Hesse vom 28. 3. 1926.
10 Brief Ninon Dolbins an Hermann Hesse vom 2. 6. 1926.
11 Brief Ninon Dolbins an Hermann Hesse vom 20. 12. 1926.
12 Aus dem »Nachwort an meine Freunde« zu »Krisis, ein Stück Tage-

buch«, Berlin 1928, gedruckt bei Otto von Holten, in einer einmaligen Auflage von 1150 numerierten Exemplaren, wiedergegeben in: Materialien zu Hermann Hesses »Der Steppenwolf«, suhrkamp taschenbuch 53, S. 161.

13 Hermann Hesse, Die Gedichte (in zwei Bänden), suhrkamp taschenbuch 381, S. 548.

14 Hermann Hesse, März in der Stadt, in: Kleine Freuden, Kurze Prosa aus dem Nachlaß, suhrkamp taschenbuch 360, S. 215.

15 Handschrift Autographen-Katalog 639, J. A. Stargardt, Marburg. April 1987, S. 46, Nr. 136.

16 Das Gedicht – noch ohne Titel – trägt in der Bodmer-Hesse-Collection das Datum des 27. 3. 1926. Es wurde in »Krisis, ein Stück Tagebuch« aufgenommen (S. 23), dabei ersetzte Hesse »o Ninon« durch »Geliebte«. Ninon dankte Hesse dafür: »Lieber, in dem Gedicht ›Heut war die schöne Mailänderin dabei‹ steht jetzt nicht ›Ninon‹ und nicht ›Liebste‹, wie in den ersten Fassungen, sondern ›Geliebte‹ – ich danke Dir so – das ist so schön –«. Brief Ninon Dolbins aus Chartres vom 8. 5. 1928.

17 Die Novelle von der schönen Mailänderin behandelt die Verzichtliebe des damals achtunddreißigjährigen Goethe zu Maddalena, einem »offnen, nicht sowohl ansprechenden als gleichsam anfragenden Wesen«. Sie wurde mit anderen Betrachtungen und Erörterungen über den schmerzlichen Abschied von Rom in den dritten Teil von Goethes Italienischer Reise eingearbeitet, der dem zweiten römischen Aufenthalt vom Juni 1787 bis April 1788 gewidmet ist. Dieser Teil erschien erst Ende 1829. Dazu: Horst Rüdiger, »Zur Komposition von Goethes Zweitem römischen Aufenthalt«, in: »Aspekte der Goethezeit«, Göttingen 1977, S. 97-114.

18 Im motivverwandten Krisis-Gedicht »Paradies-Traum« schildert Hesse eine ähnliche Vision des Gartens Eden und die gleiche unerlöste Wollust. Die Gedichte, 2. Band, a. a. O., S. 551. Gerade zur Zeit der Krisis-Gedichte (1925/27) spielte für ihn das Paradies, das einst durch die Erzählungen seiner Mutter seine kindliche Phantasie heftig erregt hatte, als »Garten der Lüste« eine zentrale Rolle bei der steppenwölfischen Auseinandersetzung mit überkommenen bürgerlichen Wertbegriffen und im Freiwerden von der starken Mutterbindung, der Ehrfurcht vor der Frau als der Hüterin der Kindheit. Marie Hesse beschwor in Tagebüchern und Briefen stets das Paradies als Gegenpol zur unzulänglichen Welt und warnte vor der Schlange, die das Böse bringe und alles vergifte.

Mileck zitiert einen bis dahin unveröffentlichten Brief Marie Hesses vom 15. 6. 1899, in dem sie entsetzt über Hesses Schilderung »Die Fiebermuse« in »Eine Stunde hinter Mitternacht« moralisierte: »Die Fiebermuse meide als eine Schlange, sie ist dieselbe, die ins Paradies

schlich und heute noch jedes Liebes- und Poesie-Paradies gründlich vergiften möchte. Von ihr sprach Gott zu Kain: ›Laß du ihr nicht den Willen!‹ O mein Kind, fliehe sie, hasse sie, sie ist unrein und hat kein Anrecht an dich, denn du bist Gottes Eigentum.« Joseph Mileck, Hermann Hesse, Dichter – Sucher – Bekenner, München 1979, S. 359, und suhrkamp taschenbuch 1357, S. 405, Anmerkung 17.
19 Brief Ninon Dolbins vom 29. 3. 1926 an Hermann Hesse.
20 Undatierter Brief Ninon Hesses, ungefähr einzuordnen, da er einem späteren beigefügt wurde.
21 Hermann Hesse, Ein Stück Tagebuch in Versen, November 1926 in der »Neuen Rundschau«, Berlin. Da Samuel Fischer die von Hesse gewünschte Veröffentlichung dieser Verse in Verbindung mit dem Roman »Der Steppenwolf« ablehnte, erschienen sie 1928 in Buchform unter dem Titel »Krisis, Ein Stück Tagebuch in Versen«: dazu Anm. 12 dieses Kapitels.
22 Briefe Ninon Dolbins an Hermann Hesse vom 27. 7., 9. 5. und 26. 5. 1926.
23 Undatierter Brief Ninon Dolbins an Hermann Hesse »Freitag nacht«.
24 Brief Ninon Dolbins an Hermann Hesse vom 15. 12. 1926.
25 Briefe Ninon Dolbins an Hermann Hesse vom 3. 4. u. 15. 5. 1926.
26 Brief B. F. Dolbins an Ninon Dolbin vom 7. 9. 1929.
27 Über Ibsens Schauspiel »Die Frau am Meere« bemerkte Ninon 1950, es sei »ein Stück, das ich in meiner Jugend wahnsinnig liebte, es hat sich aber nicht bewährt, ich finde es jetzt gräßlich«. Aus einem Brief an Margrit Wassmer vom 8. 9. 1950.
28 Brief B. F. Dolbins an Ninon Dolbin vom 14. 7. 1926.
29 Briefe B. F. Dolbins an Ninon Dolbin vom 12. 7., 30. 6., 2. 7. 1926 und 28. 8. 1927.
30 Briefe B. F. Dolbins an Ninon Dolbin vom 3. 11., 12. 10., 21. 10. und 28. 10. 1927.
31 Hermann Hesse, Kurzgefaßter Lebenslauf, WA 6, S. 401.
32 Hermann Hesse, Der Steppenwolf, WA 7, S. 229.
33 Undatierte Tagebucheintragung, die aus dem Jahre 1920 stammt und deren Fortsetzung unter dem Titel »Tagebuch 1920/21 (Nach einer Krankheit)« veröffentlicht wurde in »Materialien zu Hermann Hesses Siddhartha«, 1. Band, suhrkamp taschenbuch 129, S. 9.
34 Hugo Ball, Hermann Hesse, Sein Leben und sein Werk, Neuauflage Frankfurt/Main 1977, S. 179.
35 Brief Ninon Dolbins an Hermann Hesse vom 17. 11. 1926 zu seiner Erzählung »Aus meiner Schülerzeit«. In: Kleine Freuden, Kurze Prosa aus dem Nachlaß, suhrkamp taschenbuch 360, S. 187. – In Friedrich von Schlegels »Loher und Maller« redete der Ritter im Morgenland aus Not und Einsamkeit sein schon zerfetztes Hemd an, das ihm noch als einziges Stück aus der Heimat geblieben ist. – Hesse erwähnt den

Roman auch 1928 in einer Würdigung Schlegels: WA 12, S. 223.
36 Dolbin hatte die Berliner Schauspielerin Ellen Herz kennengelernt, die seinem Idealbild von der »weiblichen Frau« voll entsprach. Seine Briefe an sie zeigen, wie seine erotisch außergewöhnlich erregbare Phantasie durch sie immer wieder aufs neue angereizt wurde. Er hatte die Begegnung mit dieser »kongenialen Geliebten« zunächst wohl selbst als eine kurzfristige sexuelle Partnerschaft gewertet, allmählich aber entwickelte sich seit 1928 das Gefühl einer tiefen menschlichen Verbundenheit, die weit über die anfängliche gegenseitige erotische Faszination hinausführte: »Ich möchte Dir noch etwas von den heißen Gefühlen vermitteln, die mich Welle nach Welle überfluten. Du bist – wie keine vor Dir – besonders empfänglich dafür und gibst mir die Möglichkeit, die geheimsten, lasterhaftesten Phantasien preiszugeben. [...] Nun spüre ich eine nie bisher wahrgenommene Treue. Es ist mir unvorstellbar, daß ein anderes Geschöpf ein besserer erotischer Widerpartner meiner eigenen erotischen Fähigkeiten sein könnte. [...] Die Unerschöpflichkeit Deiner Fähigkeit, den Schmerz als Lust zu fühlen, machen Dich zu dem Geschöpf meiner Lust. [...] Gib mir, gib mir noch die Sicherheit, daß nur ich Dich entzünden, aber auch *nur* ich Dich löschen kann, und unsere Bindung könnte vollkommen sein.« (Brief B. F. Dolbins an Ellen Herz vom 22. 2. 1928 aus Arosa.) Ninon hat Dolbins Gefühle für Ellen Herz geachtet, sich aber einem von Dolbin gewünschten Zusammentreffen mit ihr entzogen und ihr erklärt: »Hätte ich Sie irgendwo kennenlernen dürfen, in der Schweiz, in Wien, hätte irgendwo ich allein Sie allein kennengelernt – glauben Sie mir, daß mir das eine große Freude gewesen wäre! Aber daß F. D. gerade unsere Bekanntschaft vermitteln sollte und womöglich noch mit uns dasitzen – das widerstrebt mir und – glauben Sie mir bitte – auch Ihnen hätte es wehgetan und einen unangenehmen Nachgeschmack hinterlassen« (Brief aus Zürich vom 19. 12. 1928).
37 Dr. jur. Nellie Seidl-Kreis bemerkt dazu: »In unseren vielen nächtlichen Gesprächen kämpfte ich für Dolbin (nicht in Dolbins, sondern in Ninons Interesse), aber leider erfolglos. Ich sage auch heute noch ›leider‹, denn ihr Leben mit Hesse war nur Opfer.« Brief an Gisela Kleine vom 5. 8. 1978.
38 Dazu Nelly Seidl-Kreis: »Hesses Befremden, weil Ninon nach Montagnola zog, ist nicht ernstzunehmen. Er war ja schrecklich launenhaft und kränkte sie sehr oft. *Sie* haben ihn erst im Alter kennengelernt, da war er milde und weise, aber in den zwanziger Jahren (Steppenwolf-Periode) war er ein ›harter Brocken‹, wehleidig, ein ewig Verfolgter, ein Opfer der Technik usw. Wenn es z. B. mal in der Zentralheizung klopfte, war der ganze Tag für ihn verdorben.« Brief an Gisela Kleine vom 5. 10. 1978.
39 Wie gewissenhaft Ninon gerade die körperliche Fürsorge erledigte,

zeigt ein besorgter Brief an eine Gastgeberin Hesses während einer Dichterlesung, in dem Ninon Ratschläge für seine Ernährung erteilte: »Er ißt sehr gern Fische – am liebsten Forellen, aber ich glaube überhaupt jeden Fisch, Geflügel, besonders Poulet, Wild, Hirn, Bries (das ist ›Milken‹), Reis, Spinat, Spargel, mittags gern Suppe – alle, außer Gerstensuppe – Obst, Kompott und Schlagobers, überhaupt Dessert ißt er sehr gern, Baisers mit Schlagobers, Caramelpudding, alles, was leicht und zart ist, Biskuit, Schokoladencreme usw. Er ißt nicht oder nicht gern: Beafsteaks, Schweine- und Kalbsbraten, Koteletts, Teigwaren wie Nudeln, Gnocchi, Strudel, Hefenteig. Natürlich ist das auch Stimmung, und ich habe ihn schon mit Appetit ungarisches Gulyas essen sehen, und es hat ihm nicht geschadet – ich gebe diese ›Richtlinien‹ nur im allgemeinen. Vor einer Vorlesung ist er besonders empfindlich in allen Organen, und vor *zwei* Vorlesungen erst recht. Es tut ihm schon seit ein paar Tagen alles weh, die Augen mehr als sonst, die Zähne plötzlich wieder, und ich habe Angst wegen der Verdauung, bei ihm hängt alles so mit den Nerven zusammen. Früh trinkt er am liebsten Kaffee und ißt mürbe Weckli und Konfitür [...]« Brief Ninon Hesses an Margit Thomann vom 21. 3. 1930.

40 Dazu Fritz Böttger, Hermann Hesse, Leben, Werk, Zeit, Verlag der Nation, Berlin 1974: »Bei allen Vorbehalten war der unzufriedene Außenseiter Hesse doch ein versöhnter Schriftsteller.« Böttger versteht seine Hesse-Biographie als zeitgeschichtliches Dokument für die »spätkapitalistische Untergangszeit«. Hesse sei ein Autor individueller Trostlosigkeit, er sage zwar Nein zur alten Ordnung, flüchte sich dann aber in Psychopathie, Idyllik, in die introvertierte Selbstbehauptung des verzweifelten spätbürgerlichen Individuums und in ein rein psychologisches Zeitverständnis. Böttger nennt Hesse einen »Zwangshäftling des Bürgertums«, einen »Boten vor der Schwelle« eines gesellschaftsbezogenen »sozialistischen Humanismus«. In seinen Protesten, Krisen und Widersprüchen zeigten sich »Größe und Grenzen bürgerlich-humanistischer Gesinnung«.

41 Brief Hermann Hesses an Emmy Ball-Hennings vom 25. 1. 1925.

42 Hermann Hesse, Untersee, in: »Bodensee«, Betrachtungen, Erzählungen, Gedichte, Sigmaringen 1980, S. 252.

43 Rudolf Koester, Hermann Hesse, Sammlung Metzler, Bd. 136, Stuttgart 1975, S. 42.

44 Peter de Mendelssohn, Von deutscher Repräsentanz, München 1972, S. 319.

45 Dazu: Gisela Kleine, Rezension zu Joseph Milecks Hesse-Biographie, in: Zeitschrift für Deutsche Philologie, 99. Bd. 1980, 4. Heft, S. 623-630.

46 Brief Lise Isenbergs an Gisela Kleine vom 6. Januar 1978.

47 Der Vortrag Hesses am 16. 10. 1913 wurde vom Akademischen Ver-

band für Literatur und Musik, Wien, veranstaltet, der kurze Zeit darauf auch Dolbins erstes Kompositionskonzert durchführte.
48 Aus einem Brief von Nellie Seidl-Kreis an Gisela Kleine vom 5. 10. 1978.
49 Robert Musil, Tagebücher, Band 1, Hamburg 1976, S. 973.
50 Brief Ninon Dolbins an B. F. Dolbin vom 25. 8. 1927 und Karte vom Februar 1928.
51 Selene, die griechische Mondgöttin (griech. selas: Licht, Glanz), liebt Endymion, den sie nachts in seiner Höhle auf dem Berge Latmos in Karien besucht. Sie verläßt ihren Wagen, um ihn zu küssen, weil sie ihm seligen Schlaf und ewige Jugend bescheren möchte.

Sechstes Kapitel, Fern-Nähe

1 Die Camuzzi, Gilardi, Lucchini waren Künstler-Dynastien aus Montagnola, die besonders begabte Architekten hervorbrachten. Ein Gilardi war Baumeister am Hofe Katharinas II. und baute zusammen mit seinem Sohn, einem Ritter der Krone und Kaiserlichen Hofmeister, Moskau nach dem Brand wieder auf, der 1812 Napoleons Vormarsch ein Ende gesetzt hatte. Mancher begabte Künstler der Gegend wurde Architekt, Maler oder Ingenieur in den Kunststädten Italiens oder an den Höfen von Wien und Prag.
2 Karl Hofer (1878-1955), Maler, Prof. an der Berliner Kunstakademie von 1920 bis 1934, seit 1945 deren Direktor. Seine strenge Formgestaltung verband er mit hoher Ausdruckskraft der Farbe; ein gewisser Einfluß läßt sich in Hesses frühen Aquarellen feststellen.
3 Natalina Bazzari war von 1920 bis 1942 Haushälterin bei Hesse. »Nächst meiner Frau war sie mir der liebste Mensch in Montagnola«, schrieb Hesse nach ihrem Tod an R. J. Humm. Hermann Hesse–R. J. Humm, Briefwechsel, Frankfurt 1977, S. 188.
4 Brief Hermann Hesses an Helene Welti vom 25. 7. 1927. Daß eine Symbiose – was immer Hesse darunter verstand – nicht zustande kam, rechnete er sich selbst zu: »Meine Freundin, nach der Sie fragen, lebt seither dauernd in meiner Nähe. Zu einer Symbiose bin ich nicht mehr elastisch genug, aber auch so verdanke ich ihr sehr viel.« Brief Hermann Hesses an Anton Noder vom Sommer 1928.
5 Es gibt einen sarkastisch gefärbten Bericht Hesses über diese Geburtstagsfeier. Er schrieb am 25. Juli 1927 an Helene Welti: »Wir fraßen ein Huhn, eine gute Gemüsesuppe und einen Kuchen, tranken Fendant und Chianti und kamen im Lauf des Nachmittags wieder in meine Wohnung zurück. Dort hatten sich inzwischen viele Dutzend Telegramme und große Stöße von Briefen angehäuft, das dauerte noch

mehrere Tage, zum Lesen brauchte ich drei Wochen.« Der Brief erwähnt dann noch die Zeitungsreaktionen auf seinen 50. Geburtstag: »Dagegen machte die Presse das Maul weit auf. Wenn es auf die Quantität ankäme, wäre ich ein großer Mann, es wurden mir mehr als 80 Zeitungen zugeschickt, aber in den meisten stand dummes und verlogenes Zeug, die meisten wußten nur von ›Camenzind‹, höchstens von ›Roßhalde‹. Die nationalistischen Blätter schwiegen, die bürgerlichen logen sich so durch, höflich, aber seicht, und die sozialistischen ließen mich ziemlich einmütig merken, daß ich ein bürgerlicher Autor sei und von ihnen belächelt werde.« – Auch hier zeigt sich Hesse wieder einmal tief enttäuscht über die mangelnde Rezeption seiner nach dem Krieg geschriebenen Werke. Er fühlt sich zum bürgerlichen, belletristischen Romanschriftsteller abgewertet, verkannt und mißdeutet.

6 Hugo Ball, Hermann Hesse. Sein Leben und sein Werk, Berlin 1927. Man hat Ball vorgeworfen, er sage in seiner Hesse-Biographie mindestens ebensoviel über sich selbst aus wie über Hesse. Aber gerade weil er sich seines subjektiven Urteils nicht ängstlich enthielt, gelang es ihm, Hesse in seinen vielfältigen persönlichen und geistigen Bezügen darzustellen und ein unkonventionelles Bild vom Menschen und vom Schriftsteller zu entwerfen. Hesse hatte dem stets bescheidenen Freund für diese wertende Deutung aufrichtig gedankt und betont, daß sie sein Selbstverständnis auf verblüffende Weise bereichert habe. Hugo Ball, geb. 1886, starb am 14. 9. 1927. Außer der Hesse-Biographie bilden seine früher erschienenen Bücher »Zur Kritik der deutschen Intelligenz« (1919) und »Byzantinisches Christentum« (1923) sein Hauptwerk, das – lange Zeit vergriffen – wieder neu aufgelegt wurde (Frankfurt 1980 bzw. 1979). – Der Schriftstellerin Emmy Ball-Hennings blieben Ninon und Hermann Hesse bis zu ihrem Tod im Jahre 1942 freundschaftlich verbunden. Ihre Briefe an Hesse wurden von ihrer Tochter Annemarie Schütt-Hennings herausgegeben: Emmy Ball-Hennings, Briefe an Hermann Hesse, Frankfurt a. M. 1956.

7 Brief Ninon Dolbins an Hermann Hesse vom 27. 11. 1926. Gemeint ist Hesses Sohn Heiner, der damals 17 Jahre alt war.

8 Brief Ninon Dolbins an Hermann Hesse vom Ende Juli 1931.

9 Dazu: Bruno Hesse, Erinnerungen an meine Eltern, o. O. o. J., S. 24.

10 Brief Ninon Dolbins an Hermann Hesse vom 16. 5. 1927.

11 Brief Ninon Dolbins an Hermann Hesse vom 14. 10. 1927.

12 Brief Hermann Hesses an Ninon Dolbin vom 2. 11. 1927.

13 Brief von Franz Schall, einem Jugendfreund Hesses, der Philologe in Altenburg/Thüringen war und später das Motto zum »Glasperlenspiel« ins Lateinische übersetzte.

14 Brief Ninon Dolbins an Hermann Hesse vom 6. 11. 1927.

15 Das Gedicht »An Ninon« wurde von Hesses Freund Othmar Schoeck (1886-1957) vertont und am 25. 3. 1930 in St. Gallen bei einer Lesung

Hesses neben anderen neuen Liedern Schoecks aufgeführt. Schoeck hat insgesamt 23 Gedichte Hesses vertont.

16 »Trost der Nacht« war der Titel einer Gedichtsammlung, die Hesse innerhalb der blauen Reihe seiner Gesammelten Werke im Jahre 1929 herausgab. Darin hat er Ninon das Gedicht »Der Kranke« (S. 113) gewidmet; diese Zueignung entfiel in späteren Ausgaben.
17 »Verse in schlafloser Nacht« entstand mit anderen »Krisis«-Gedichten 1926 oder 1927 (das Typoskript ist undatiert). Enthalten in: H. Hesse, Die Gedichte, a.a.O., S. 546.
18 Hermann Hesse, Rotes Haus, in: Wanderung, Berlin 1920, S. 169f.
19 Brief Ninon Dolbins an Hermann Hesse vom 10. 9. 1928.
20 Brief Hermann Hesses an Ninon Dolbin vom 4. 2. 1928.
21 Hermann Hesse, Ausgewählte Briefe, zusammengestellt von Hermann Hesse und Ninon Hesse, Erstauflage 1951; suhrkamp taschenbuch 211, S. 18.
22 Brief Hermann Hesses an Heinrich Wiegand vom 4. 11. 1928.
23 Briefe Hermann Hesses an Emmy Ball-Hennings vom 8. und 23. 12. 1929.
24 Postkarte Hermann Hesses an Heinrich Wiegand vom 28. 4. 1903.
25 Briefe Hermann Hesses an Karl Reichenbach und Heinrich Wiegand vom 27. 1. 1928.
26 Hesse hat dieses Wiedersehen mit den Bergen geschildert: »Arosa als Erlebnis«, in: Kleine Freuden, a.a.O., S. 282.
27 Brief Hermann Hesses an Heinrich Wiegand vom 19. 4. 1928. Das Erlebnis dieses Fluges hat Hesse beschrieben in »Luftreise« (1928), in: H. Hesse, Die Kunst des Müßiggangs, Kurze Prosa aus dem Nachlaß, suhrkamp taschenbuch 100, S. 281. In Lankwitz wohnte Hesses Freund G. Reichenbach, dessen Gast er war.
28 Über seine Freude beim Fliegen berichtet Hesse in »Spazierfahrt in der Luft« (1911) und »Im Flugzeug« (1912). In: Hermann Hesse, Die Kunst des Müßiggangs, Kurze Prosa aus dem Nachlaß, suhrkamp taschenbuch 100, S. 128 und 132. Die Faszination des Fliegens gestaltete Hesse auch im Gedicht »Fahrt im Aeroplan«, in: Die Schweiz, 7. Band, Zürich 1913, S. 169. Die Gedichte, a.a.O., S. 760.
29 Lilly war zu jener Zeit verheiratet mit Lothar Radaceanu, ursprünglich Lothar Wurzer (1899-1955), der 1948 maßgeblich an der Gründung der rumänischen Arbeiterpartei beteiligt war und nach der Vereinigung der kommunistischen und sozialdemokratischen Partei sozialistischer Abgeordneter und Kabinettsmitglied wurde. Er schrieb unter dem Pseudonym Walter Rohuz als Schriftsteller und Literaturkritiker. Lilly heiratete nach der Scheidung im Jahre 1940 Rechtsanwalt Dr. Heinz Kehlmann aus Czernowitz. Mit ihm teilte sie ein schweres Emigrantenschicksal, das sie über die Schweiz und Frankreich in die USA führte. Frau Kehlmann starb am 14. Juli 1985 in Wien.

30 Brief Ninon Dolbins an Hermann Hesse vom 26. 10. 1928.
31 Brief Ninon Dolbins an Hermann Hesse vom 15. 11. 1928.
32 Brief Hermann Hesses an Ninon Dolbin vom 4. 12. 1928.
33 Brief Ninon Dolbins an Hermann Hesse vom 2. 4. 1928.
34 Hesse, Narziß und Goldmund, Berlin 1930, WA 8, S. 5-320.
35 Hausbriefe vom 28. 7. und 29. 9. 1928.
36 Brief Hermann Hesses an Anny Bodmer vom Ende September 1928.
37 Briefe Ninon Dolbins an B. F. Dolbin vom 11. 2. und 21. 2. 1929. Ninon schreibt darin weiter: »Vor einigen Tagen traf es mich besonders tief: ich gehe mit einer Erzählung herum, die ich schreiben will (eine vorhabende Erzählung würde Goethe sagen), in der ich die Wonnen der Taubheit beschreiben will... und finde plötzlich bei Proust einige Zeilen über die Wonnen der Taubheit – denke Dir! Zum Glück habe ich sie wieder vergessen, aber ist das sicher? Vielleicht stecken sie ganz tief in mir, und wenn ich dann etwas darüber schreibe, dann ist es Proust!« Marcel Proust (1871-1922), französischer Schriftsteller, stellte im Sinne einer »inneren Zeit« (durée réelle) Vorgänge aus der Erinnerung dar, nicht in sachlichem oder chronologischem Zusammenhang. À la Recherche du Temps perdu, ein autobiographischer Roman über die Gesellschaft der Jahrhundertwende, erschien als siebenteiliges Werk zwischen 1913 und 1927.
38 B. F. Dolbin, Hunde, Berlin 1928, Nachwort von Ninon.
39 B. F. Dolbin, Zoo, Berlin 1930 (zusammen mit Stephan Ehrenzweig).
40 Brief Ninon Dolbins an Hermann Hesse vom 19. 10. 1929.
41 Brief Ninon Dolbins an Hermann Hesse vom 29. 10. 1929.
42 Manuel Gasser, Großer Urlaub in Montagnola, in: Über Hermann Hesse, zwei Bände, hrsg. von Volker Michels, suhrkamp taschenbuch 331/332. Zitat im 2. Bd., S. 230.
43 Manuel Gasser, a.a.O., S. 232.
44 Undatiert, aber aus dem Jahr 1928 oder 1929.
45 Hermann Hesse, Klein und Wagner. Die Erzählung erschien zuerst in »Vivos voco« 1/1919/1920, S. 29-52 und 131-171. Der Bürger und Beamte Klein befreit sich in überstürzter Flucht aus seiner bisherigen Existenz und verläßt Frau und Kinder, denen gegenüber er immer wieder Mordgelüste unterdrückt hatte. Er wird sich darüber aber erst klar, als er unter dem Namen »Wagner« seine Doppelnatur erkennt. Er entlarvt nun die zweite Seite seines Wesens, die er bisher stets verdrängt hatte: »Wagner«, der Name bezeichnete für ihn das der bürgerlichen Mittelmäßigkeit entrückte Genie, das er in seiner Jugend immer so bewundert hatte, gleichzeitig aber auch einen ausgeflippten Schullehrer, dessen Wahnsinnstat ihn einmal tief betroffen hatte: Dieser Mann ermordete seine Frau. »Schon damals, als er noch meinte, seine Frau zu lieben und an ihre Liebe glaubte, hatte sein Innerstes den Schullehrer Wagner verstanden und seinem entsetzlichen Schlachtop-

fer heimlich zugestimmt.« Damals hatte er sich über Wagner laut empört, aus Angst und schlechtem Gewissen, denn unbewußt hatte er immer gefürchtet, daß die Möglichkeit einer solchen Ausschreitung gegenüber der Frau, der er sich verbunden hatte, ohne sie wirklich zu lieben, auch in ihm selbst liege. Er spürte, »daß er sich diese Urteile nur eingebildet und eingehämmert habe, aus Angst vor seiner wirklichen Natur, aus Angst vor Wagner, aus Angst vor dem Tier oder Teufel, den er in sich entdecken konnte, wenn er einmal die Fesseln und Verkleidungen seiner Sitte und Bürgerlichkeit abwürfe«. Er floh, um den Mordgelüsten zu entgehen und um sich gleichzeitig von der Gegenwart seiner Familie zu befreien.

46 Undatiert, nach Schrift und Papier 1929 einzuordnen.
47 Undatiert, nach Schrift und Papier aus 1929 oder 1930.
48 Undatiert, nach Schrift und Papier aus 1929.
49 Undatiert, aus 1929.
50 Ninon Dolbin, Pseudonym Anna Jakob, Die Liebende, unveröffentlichtes Typoskript von 1929.
51 Datiert: 25. 2. 1930.
52 Brief Ninon Dolbins an Hermann Hesse vom 30. 11. 1929.
53 Brief Ninon Dolbins an Hermann Hesse, undatiert, aus 1930.
54 Dr. med. Hans Conrad Bodmer (1891-1956) hat Hesse als Mäzen jederzeit großzügig gefördert. Er war mit Hesse freundschaftlich verbunden, seit seine Frau 1919 von diesem eine Gedichthandschrift erwerben wollte. Bodmers wohnten in einem historischen Haus in Zürich, »Zur Arch«, das in der »Morgenlandfahrt« genannt wird. H. C. Bodmer begann im Jahre 1927 – sechsunddreißigjährig – ein Medizinstudium. Er war Besitzer einer großen Beethovensammlung mit kostbaren Handschriften, die nach seinem Tod dem Bonner Beethovenhaus übereignet wurden, und Nachkomme von Johann Jakob Bodmer (1698-1783), dem Verfasser des Heldenepos »Die Noachide« (1750). Hesse hat H. C. Bodmer und seiner Frau Elsy »Die Morgenlandfahrt« gewidmet. Frau Bodmer vernichtete vor ihrem Tode diskret alle Briefe, die Zuwendungen oder Geldfragen behandelten. – Hesse sandte ihr zeitlebens wertvolle Gedichthandschriften, Zeichnungen und Briefe mit dem Hinweis, sie würden vielleicht einmal von Wert sein. Daß er damit recht hatte, zeigte sich bei der Versteigerung der Bodmer-Sammlung bei Venator in Köln am 2. 10. 1973, zu der sich die Erben entschlossen. Katalog: Venator Auktion 40.
55 Brief Hermann Hesses an Adele Hesse vom 19. 6. 1930.
56 Brief Ninon Dolbins an Emmy Ball-Hennings vom 3. 6. 1930.
57 Hermann Hesse, Eine Bibliothek der Weltliteratur, WA 11, S. 335-372.
58 Name des Bauunternehmers, der mit der Errichtung des Hauses beauftragt war. Briefe Hermann Hesses vom 12. 8. und 26. 10. 1930.

59 Briefe Hermann Hesses an Heinrich Wiegand und Hans Carossa vom 9. 12. 1930.
60 Katia Mann, Meine ungeschriebenen Memoiren, Frankfurt 1974, S. 162.
61 Friedrich Emil Welti (1857-1940) war Rechtshistoriker; seine Frau Helene Welti (1872-1942) stand seit 1908 mit Hesse in regelmäßigem Briefwechsel.
62 Endgültige, nochmals veränderte Fassung unter dem Titel »Beim Einzug in ein neues Haus« in: H. Hesse, Die Gedichte, 2. Band, a.a.O. S. 602.
63 Hesse schrieb dies rückblickend am 18. 1. 1955 an Rudolf Pannwitz über die Jahre der Konzeption des »Glasperlenspiels«.
64 Hermann Hesse, Tessiner Herbsttag, in: Gedenkblätter, WA 10, S. 156ff.

Siebtes Kapitel, Entsprechungen

1 Aus Briefen Hesses vom 2. 3. 1933 und 20. 2. 1940. Hermann Hesse, Briefe, Frankfurt a. M. 1964, S. 190f.; Ausgewählte Briefe, a.a.O., S. 191; Sinclairs Notizbuch, Die Zuflucht, Zürich 1923, S. 58; Die Nürnberger Reise, WA 7, S. 162.
2 Brief Ninon Hesses an Lis Andreae vom 5. 1. 1964.
3 Die Niederschrift dieses Buches beanspruchte Hesse von 1932 bis zum Erscheinungsjahr 1943. Dazu biographische Hinweise in: Briefwechsel Hermann Hesse – Thomas Mann, Frankfurt, 1968; Briefwechsel Hermann Hesse – R. J. Humm, Frankfurt 1977; Hermann Hesse, Briefwechsel mit Heinrich Wiegand 1924-1934, Berlin und Weimar 1978; Hermann Hesse, Gesammelte Briefe 1.-4. Band, Frankfurt 1973-1986; Materialien zu Hermann Hesses »Das Glasperlenspiel«, suhrkamp taschenbücher 80 u. 108, Frankfurt 1973 und 1974. Fritz Böttger bewertet das »Glasperlenspiel« aus der Sicht der sozialistischen Gesellschaftslehre als ein Produkt bürgerlich-spätkapitalistischer Ausweglosigkeit: »Zwischen Endzeitdichtung und Utopie«, a.a.O., S. 403. Ausführliche Hinweise zur Entstehung des »Glasperlenspiels« bringt auch Joseph Mileck, Hermann Hesse – Dichter, Sucher, Bekenner, München 1979 bzw. suhrkamp taschenbuch 1357.
4 Materialien Glasperlenspiel, a.a.O., 1. Bd., S. 55.
5 Brief Ninon Hesses an Emmy Ball-Hennings vom 27. 5. 1932.
6 Hermann Hesse, Über einen Teppich, geschrieben anläßlich einer Ausstellung 1945. Aufgenommen in: H. Hesse, Die Kunst des Müßiggangs, a.a.O., S. 340ff.
7 Eine Charakterisierung Emmy Ball-Hennings' gab Hesse in seinem

Brief an Max Thomann von 1930: Gesammelte Briefe, a. a. O., 2. Bd. S. 268.
8 Annemarie Hennings, geb. 1906 in Penzig, verh. Schütt, lebte in Rom und Deutschland und von 1948 bis zu ihrem Tod im Jahre 1987 in Agno/Tessin.
9 Hans Purrmann (1880-1965) kam aus der Schule Franz von Stucks, wandte sich aber von dessen dramatisierendem Jugendstil ab. Er gehörte von 1906 an zum Künstlerkreis des Café du Dome in Paris (mit Weißgerber, Grossmann, Bondy und Kubin), wesentlich aber wurde die Freundschaft mit Matisse, den er auf Reisen begleitete. 1935 leitete er die Stiftung der Villa Romana in Florenz, 1936 wurden seine Werke als entartete Kunst beschlagnahmt. 1943 verließ er nach der deutschen Besetzung Florenz und zog nach Castagnola, dann, 1944, nach Montagnola. Hesses Freundschaft mit Purrmann spiegelt sich in einem noch unveröffentlichten Briefwechsel. 1953 widmete er ihm ein Gedicht: »Alter Maler in der Werkstatt«. Die Gedichte, 2. Bd., a. a. O., S. 790.
10 Ursula Bächler, verh. Böhmer, geb. 1920 in St. Gallen, wohnt bis heute in der Casa Camuzzi in Montagnola.
11 Tagebucheintragung vom 18. 3. 1932.
12 Brief Hermann Hesses an Ninon Hesse vom 7. 4. 1932. Hesse beschäftigte sich damals mit der ersten allgemeinverständlichen Fassung der Einführung in das »Glasperlenspiel«. Siehe dazu: Von Wesen und Herkunft des Glasperlenspiels. Die vier Fassungen der Einleitung zum Glasperlenspiel, hrsg. mit einem Essay von Volker Michels, suhrkamp taschenbuch 382, Frankfurt a. M. 1977.
13 Erbvertrag vom 10. 3. 1932.
14 Rom-Tagebuch, undatierte Eintragung.
15 Am 2. 7. 1932 niedergeschriebene Gedanken zu einem Gedicht »Friedhof im Süden« von einem unbekannten Autor aus Czernowitz.
16 Brief Ninon Hesses an Els Bucherer-Feustel vom 29. 9. 1932.
17 Brief Hermann Hesses an Ninon Hesse vom 9. 10. 1932.
18 Die zehn Druckseiten umfassenden Tagebuchblätter vom Juli 1933 sind wiedergegeben in Materialien zu Hermann Hesses Glasperlenspiel, 1. Band, a. a. O., S. 64.
19 Gunter Böhmer, 1911 in Dresden geboren, studierte in Dresden und Berlin, wo er in den Atelierklassen von Prof. Emil Orlik und Prof. Hans Meid arbeitete. Von 1933 bis zu seinem Tod am 8. Januar 1986 lebte er in Montagnola. 1960 wurde er als Professor an die Staatliche Akademie der bildenden Künste in Stuttgart berufen und leitete bis 1976 die Abteilung für freie Graphik. Gunter Böhmer, Dialog ohne Worte, Suhrkamp Verlag 1986. In Veröffentlichungen der Städtischen Galerie Albstadt, 1980, auf S. 105 ein ausführliches Literaturverzeichnis.
20 Gunter Böhmer, Frühes und Spätes, in: Gunter Böhmer, Malerei/

Zeichnung, Schriftenreihe der Hans-Thoma-Gesellschaft, Reutlingen 1977, S. 26.
21 Über seine Nähe zu Hesse hat Böhmer in Bild und Wort erzählt: Gunter Böhmer, In Hesses Nähe, in: Über Hermann Hesse, a.a.O., 2. Band, S. 347. Nachwort zu »Stunden im Garten«, geschrieben 1975, Insel Verlag Frankfurt a. M. 1976, bzw. in: Hermann Lauscher, Neuauflage mit zusätzlichen Zeichnungen von Gunter Böhmer und seinem Nachwort, insel taschenbuch, Frankfurt 1976.
22 Emil Orlik (1870-1932), Maler und Graphiker, widmete sich vorwiegend der Radierung, der Lithographie und dem Farbholzschnitt. Von 1905 an war er Professor an der Kunstgewerbeschule in Berlin. Hans Meid (1883-1957), Maler und Radierer im impressionistischen Stil, Buchillustrator, war seit 1919 Professor an der Berliner Akademie und seit 1947 an der Stuttgarter Akademie. Max Slevogt (1868-1932), war Maler und Graphiker, dessen Werk durch seine sprühende Farbigkeit in die Nähe des französischen Impressionismus rückte. Max Picard (1888-1965) widmete sich nach ärztlicher Tätigkeit der Kunstbetrachtung und von dorther der Deutung des Menschenbildes, der Physiognomik und Kulturkritik. Werke: Das Ende des Expressionismus, 1918; Das Menschengesicht, 1930; Die Grenzen der Physiognomik, 1937; Hitler in uns selbst, 1945.
23 Mündliche Äußerung Gunter Böhmers am 20. 7. 1979 gegenüber Gisela Kleine.
24 R. J. Humm, Auf Besuch bei Hermann Hesse, Annabelle, Zürich, Nr. 70/1943, wiedergegeben in: Hermann Hesse – R. J. Humm, Briefwechsel, a.a.O., S. 315.
25 Gunter Böhmer, In Hesses Nähe, a.a.O., S. 347.
26 Joachim Maass, Hermann Hesse. Antlitz, Ruhm und Wesen, in: Über Hermann Hesse, a.a.O., 1. Bd., S. 128.
27 Peter Suhrkamp, Zum 70. Geburtstag Hermann Hesses, in: Über Hermann Hesse, a.a.O., 1. Bd. S. 158.
28 Brief Hermann Hesses an Ninon Hesse vom 3. 1. 1931.
29 Brief Ninon Hesses an Emmy Ball-Hennings vom 6. 2. 1930.
30 Hermann Hesse, Iris, WA 6, S. 110.
31 Hermann Hesse, Piktors Verwandlungen, insel taschenbuch 122, 1979.
32 Vgl. 6. Kap., S. 193 und Anm. 4.
33 Hermann Hesse, Vogel. Ein Märchen, WA 6, S. 460 ff.
34 Bäume waren, wenn sie einzeln standen, für Hesse »wie Einsame. Nicht wie Einsiedler, welche aus irgendeiner Schwäche sich davongestohlen haben, sondern wie große vereinsamte Menschen, wie Beethoven und Nietzsche. In ihren Wipfeln rauscht die Welt, ihre Wurzeln ruhen im Unendlichen: allein, sie verlieren sich nicht darin, sondern erstreben mit aller Kraft ihres Lebens nur das Eine: ihr eige-

nes, in ihnen wohnendes Gesetz zu erfüllen, ihre eigene Gestalt auszubauen, sich selbst dazustellen«. Wanderung, Berlin 1920, S. 6, bzw. WA 6, S. 151 ff.
35 Hermann Hesse, Die Morgenlandfahrt, WA 8, S. 231 ff.
36 Tagebucheintragung vom 8. 4. 1936.
37 So ist zum Beispiel Hesses Freund Josef Englert, der sich mit Astrologie beschäftigte, Jup der Magier; Josef Feinhals, der Zigarrenfabrikant aus Köln, ist der zauberische Collofino, der die Rauchopfer zelebriert. Louis Moilliet ist der Maler Louis der Grausame, Longus ist Hesses Freund und Psychiater Dr. Lang, und Othmar am Flügel ist der Komponist Othmar Schoeck. Die Häuser seiner Mäzene sind erkennbar, so die Arch in der Bärengasse in Zürich, von ihrem Steuermann H. C. Bodmer gelenkt, so das Haus des Königs von Siam, Fritz Leutholds Haus »Suon mali« am Sonnenberge Zürichs und Schloß Bremgarten mit seinem großzügigen Gastgeber Max Wassmer, bei dem Hesse mit Ninon oft als Gast weilte, u. v. m. Vgl. dazu: Joseph Mileck, Names and the Creative Process, A study of the names in Hermann Hesses Lauscher, Demian, Steppenwolf and Glasperlenspiel, in: Monatshefte für deutschen Unterricht, deutsche Sprache und Literatur, Jahrg. 53, Heft 4 1961, S. 167-180.
38 Hans Rudolf Schmid, Hermann Hesse, Dissertation, Leipzig 1928.
39 Brief an Ninon Hesse vom 16. 7. 1945. Gesammelte Briefe, 3. Bd., a. a. O., S. 276.
40 Dazu 6. Kapitel, Anm. 28. In »Luftreise« (1928) beendet Hesse folgendermaßen seine Flugschilderung: »Sobald es Flugzeuge mit langen Dauerflügen geben wird, auf denen man wie auf einem Segelschiff Wochen und Monate leben kann, werde ich mich bei der Lufthansa nach den Bedingungen erkundigen.« Die Kunst des Müßiggangs, a. a. O., S. 281 ff.
41 So sang »Gertrud« (1910) mit einer »vogelleichten, köstlich schwebenden Stimme«, WA 3, S. 5. Hesse umreißt mit diesem Wort auch das Wesen seines Vaters in »Der Bettler«, WA 8, S. 438.
42 Keine Rast, in: Die Gedichte, a. a. O., S. 386.
43 Heumond, WA 1, S. 307 ff.
44 Aus Kinderzeiten, WA 2, S. 214 ff.
45 Demian, WA 5, S. 5 ff.
46 Kurgast, WA 7, S. 5 ff.
47 Die Dohle, WA 8. S. 545 ff.
48 Unveröffentlichtes Manuskript im Hermann Hesse-Archiv Marbach. »Zwar macht die Sprache ihr Beschwerden« – gemeint ist wohl das im Tessin dialektgefärbte Italienisch. – Das am 3. 8. 1933 entstandene Gedicht stellt der politischen Wirklichkeit in Deutschland ein »Viertes Reich« des Friedens und der Freude gegenüber, das Schlange und Vogel verwirklichen möchten.

49 Hermann Hesse, Schmetterlinge, insel taschenbuch 385, Frankfurt a. M. 1979.
50 Die Stadt, WA 6, S. 412.
51 Merkwürdige Nachricht von einem anderen Stern, WA 6, S. 48.
52 Das Lied von Abels Tod, in: Die Gedichte, a.a.O., S. 585 f.
53 Hermann Hesse, Berthold, in: Die Erzählungen (2 Bände), Frankfurt a. M. 1973, 1. Bd. S. 276; ebenfalls in: Die Verlobung, Gesammelte Erzählungen, 2. Bd. 1906-1908, suhrkamp taschenbuch 368, S. 139, Zitat auf S. 154.
54 Hermann Hesse, Nach einer Krankheit, Materialien zu Hermann Hesses Siddhartha, 1. Bd., suhrkamp taschenbuch 129, S. 17.
55 H. Hesse, Hermann Lauscher, WA 1, S. 219. Erst nach Abschluß des Manuskriptes stellte ich fest, daß auch Ralph Freedman in seiner Biographie »Hermann Hesse, Autor der Krisis«, Frankfurt 1982, dieses Kindheitserlebnis Hesses als prägend hervorgehoben hat. Die Verfasserin.
56 Berthold, a.a.O., S. 296 bzw. 160.
57 Der schöne Traum, in: Der Europäer, Gesammelte Erzählungen, 3. Bd. suhrkamp taschenbuch 384, S. 155.
58 Der schwere Weg, WA 6, S. 67.
59 Keuper, Muschelkalk und Buntsandstein bildeten sich als Triasformation im frühen Erdmittelalter (Mesozoikum) vor ca. 200 Millionen Jahren. Keuper, die oberste Stufe der Triasformation, besteht in Mitteleuropa aus bunten Mergeln, Sandsteinen, Gips und Letten.
60 Es gibt eine Parallele zu diesem merkwürdigen Kosenamen: Joachim Ringelnatz nannte seine Frau »Muschelkalk«. Buntsandstein, Muschelkalk und Keuper sind drei Namen, die die Triasformation des mittleren Erdzeitalters bezeichnen.
61 Brief Ninon Hesses an Willy Haas vom 18. 12. 1963.
62 Zwischen Sommer und Herbst, in: H. Hesse, Kleine Freuden, a.a.O., S. 262. Diese Schilderung von 1930 gilt Ninon »auf der Höhe des Lebens und der Liebesfähigkeit, mit den gelassenen Zügen, den würdigen Bewegungen der Reife, des Wissens und der Machtfülle und mit dem rosenhaften Hauch von Schwermut, dem stillen Ergebensein in die Vergänglichkeit«.
63 Dazu das 9. Kapitel, in dem über die Freundschaft Ninons mit Karl Kerényi berichtet wird.
64 Brief Hermann Hesses an Ninon Dolbin vom April 1928.
65 Hermann Hesse, Der Zauberer, hrsg. von Bernhard Zeller, Marbacher Schriften 1977.
66 Es heißt dort unter anderem und gewinnt Bedeutung für Hesses Beziehung zu Ninon: »Er konnte ehrerbietig mit dem Monde reden, oder flehend, oder zärtlich, er wußte sich ihm verbunden in zarten geistigen Beziehungen, er kannte des Mondes Leben sehr genau und nahm

an dessen Vorgängen und Schicksal innigen Anteil, er lebte sein Hinschwinden und Neuwerden wie ein Mysterium in sich mit, und er litt mit ihm und erschrak, wenn das Ungeheure eintrat und der Mond Erkrankungen und Gefahren, Wandlungen und Schädigungen ausgesetzt schien, wenn er den Glanz verlor, die Farbe änderte, sich bis nahe ans Erlöschen verdunkelte.« Das Glasperlenspiel, WA 9, S. 504.

67 Vgl. Kapitel 5, S. 163.
68 Dazu C. G. Jung, in dessen Symbol- und Archetyposforschung die Schlange einen breiten Raum einnimmt: »Wohl die bedeutendste Ausgestaltung der Schlangensymbolik unter dem Aspekt der Persönlichkeitserneuerung findet sich im Kundalini-Yoga.« In: Traumsymbole, Eranos-Jahrbuch 1935 III, S. 77.
69 Reisetagebuch, Sizilien II, S. 47.
70 Das Gedicht, dessen Manuskript die Überschrift »Bildnis Ninon« und als Datum den 21. 1. 1933 trägt, wurde von Hesse unter dem Titel »Zu einem Bildnis« veröffentlicht. Dabei veränderte er die letzte Zeile: »Fürchtet und doch liebt und sucht.« Die Gedichte, a. a. O., 2. Band, S. 607.
71 Geschildert in: Klingsors letzter Sommer, WA 5, S. 293.
72 Hermann Hesse, Die Morgenlandfahrt, WA 8, S. 336 und S. 375.
73 Die Erzählungen aus den Tausendundein Nächten, Wiesbaden 1953, Bd. 6, S. 534 ff.
74 Die Morgenlandfahrt, a. a. O., S. 375. Siegfried Wrase bezieht die rätselvolle letzte Angabe auf den »Hortus deliciarum« der Äbtissin Herrad von Landsberg, ein mit Zeichnungen versehenes Belehrungs- und Erbauungsbuch für Nonnen aus dem 12. Jahrhundert, und demgemäß die angegebene 07 auf dessen siebte Zeichnung, eine Darstellung des Gartens Eden. Siegfried Wrase, Erläuterungen zu Hermann Hesses Morgenlandfahrt, Tübingen 1959, S. 17 ff.
75 Hermann Hesse, Hermann Lauscher, WA 1, S. 224 f.
76 Undatiert, vermutlich 1927/28.
77 Es ist dem Hesse-Biographen und -Bibliographen Joseph Mileck zuzustimmen, der feststellte: »Offensichtlich kreisten viele von Hesses Problemen um die Frau. Seiner sich radikal verändernden Einstellung zu ihr nachzuspüren heißt, den unberechenbaren Hauptstrom seines Lebens verfolgen.« A. a. O., S. 49.
78 Ein frühes unveröffentlichtes Gedicht veranschaulicht diese gegenseitige Erfülltheit und Geborgenheit in eindrucksvollen Bildern:

An meine Mutter
Wir saßen oft in Sommers Ruh,
Durch grüne Ranken Sonne floß,
Du und ich, ich und Du,
Und ich saß auf Deinem Schoß.

Ich schloß vor der Sonne die Augen zu,
Und träumte, ich wär' schon stark und groß,
Und schlummerte ein in guter Ruh,
Ich saß ja in Mutters Schoß.

Du träumtest mir wohl ein glückliches Los,
Und sorglos fielen die Augen Dir zu;
Wir schliefen ja beide in Gottes Schoß,
Du und ich, ich und Du.

18. Oktober 1896
Manuskript im Hermann Hesse-Archiv Marbach.

79 Verbummelter Tag in: Kleine Freuden, a.a.O., S. 171.
80 Notizen vom 5. 2. 1901, niedergeschrieben auf einem Blatt des Geschäftskalenders für das Gemeinjahr 1899 von Bagel, Düsseldorf, unveröffentlicht im Hermann Hesse-Archiv Marbach.
81 Kapitelüberschrift in Hesses erstem Prosabuch »Eine Stunde hinter Mitternacht«, WA 1, S. 179.
82 Dazu Briefe Marie Hesses vom 1. 12. 1898 und 15. 6. 1899 und Antworten Hermann Hesses vom 2. 12. 1898 und 16. 6. 1899, in: Kindheit und Jugend vor Neunzehnhundert, Hermann Hesse in Briefen und Lebenszeugnissen, 1. Bd., hrsg. von Ninon Hesse, Frankfurt 1973, 2. Bd., hrsg. von Gerhard Kirchhoff, 1978. Zitat: 2. Bd., S. 304 ff. und 358 ff. bzw. suhrkamp taschenbücher 1002 und 1150.
83 Brief Hermann Hesses an Adele Hesse vom Februar 1934; in: Kindheit und Jugend vor Neunzehnhundert, 2. Bd.
84 Brief Hermann Hesses an die Familie in Calw v. 11. 5. 1902, in: Gesammelte Briefe, 1. Bd., S. 90.
85 Hermann Hesse, Erinnerungen eines Neunzigjährigen, in: Innen und Außen, Gesammelte Erzählungen, Bd. 4, S. 350 und S. 368.
86 Notiz vom Juni 1903. Am 8. 7. 1902 hatte Hesse seiner Familie in Calw die ärztliche Diagnose mitgeteilt: »Beidseitig Bügel- und Muskelkrampf, linkes Auge geschwächt.«
87 Peter Camenzind, WA 1, S. 373.
88 Augustus, WA 6, S. 7.
89 Berthold, a.a.O., S. 156.
90 Peter Camenzind, WA 1, S. 366.
91 Der Zyklon, in: Die Erzählungen, a.a.O., 2. Bd., S. 128, ebenfalls in: Der Europäer, a.a.O., S. 192.
92 Dschelal ed-Din Rumi († 1273), Stifter des Ordens der tanzenden Derwische, Mewlewija.
93 Die Gedichte, a.a.O., 1. Bd., S. 118 und S. 428.
94 Faksimile des Typoskripts, in: Hermann Hesse, sein Leben in Bildern und Texten, hrsg. von Volker Michels, Frankfurt a. M. 1979.
95 Brief Hermann Hesses an Frau Mia Engel vom März 1931. Hesse

weist dabei auf das Beispiel Narziß und Goldmund hin: »Goldmund bedeutet für Narziß nicht nur den Freund und nicht nur die Kunst, er bedeutet für Narziß auch die Liebe, die Sinnenwärme, das Begehrte und Verbotene.«

96 Brief Hermann Hesses an Helene Welti vom 25. 9. 1926.
97 Brief Hermann Hesses an Mia Engel vom März 1931.
98 Brief Hermann Hesses an Christoph Schrempf vom April 1931, in: Gesammelte Briefe, 2. Bd., Frankfurt a. M. 1979, S. 277.
99 Zu »Gertrud« Brief Hermann Hesses an Conrad Haußmann, teilveröff. in: Siegfried Unseld, Hermann Hesse, Eine Werkgeschichte, Frankfurt/M. 1974, S. 32. Im Gedicht »Krankheit« spricht Hesse auf diese Weise den Tod als Mutter an. Die Gedichte, a.a.O., S. 493.
100 Josef Knecht sagt dies in einem nicht verwendeten Dialog-Entwurf. Materialien Glasperlenspiel, 1. Bd., a.a.O., S. 318.
101 Brief Marie Hesses vom 5. 11. 1883 an die Eltern, in: Marie Hesse. Ein Lebensbild in Briefen und Tagebüchern, insel taschenbuch 261, S. 191.
102 Dazu: Siegfried Greiner, Hermann Hesse. Jugend in Calw, Sigmaringen 1981, S. 8.
103 Im Philisterland, in: Bilderbuch, WA 6, S. 179.
104 Brief Hermann Hesses an Max Thomann, 1930, in: Gesammelte Briefe, 2. Bd., S. 268.
105 Schön ist die Jugend, WA 2, S. 351.
106 »An eine gelehrte Frau«, Juni 1950; und »An eine Leserin«, Februar 1945. Vgl. Materialien Glasperlenspiel, 1. Bd., a.a.O., S. 288 und 255.
107 Im Bezirk des Säkular-Klosters ist das Zölibat die undiskutierte Regel, aber ursprünglich sollte Knecht die Liebe weder als Beschädigung der Reinheit noch als Verrat am Geist erfahren, das zeigt ein Entwurf über Knecht und die »Verschleierten«, Frauen aller Stände, die durch ihre Verhüllung zeigen, daß sie zur Liebe bereit sind. Unter ihnen, die sich zeitweise »zum Chaos der Triebe« bekennen – emanzipiert zur erotischen Freizügigkeit –, sollte Knecht gleichgesinnte Gefährtinnen der Lust finden. Diese am 19. 11. 1932 im Konzept niedergeschriebene Szene entfiel, weil – wie Hesse Ende 1938 an seinen Neffen Carlo Isenberg schrieb – die kastalische Geschichts- und Lebensbeschreibung die Neugierde auf das Sexuelle nicht kenne und darüber schweige. Die Verschleierten, Entwurf in: Materialien Glasperlenspiel, 1. Bd., a.a.O., S. 319.
108 Hermann Hesse, Der vierte Lebenslauf Josef Knechts, hrsg. von Ninon Hesse, Frankfurt 1965. Vgl. dazu 11. Kapitel, Seite 425 ff.
109 Auch Theodore Ziolkowski verweist in seinem Essay »Der vierte Lebenslauf Josef Knechts« darauf, daß das archetypische Muster dieser Geschichte für Hesse ganz ungewöhnlich ist, »es wendet sich radikal

von dem üblichen Schema ab, bei dem der Vater immer den Geist und die Welt der Ordnung darstellt, während die Mutter Kunst, anima und Natur verkörpert« (167). Ziolkowski sieht jedoch diese Umwertung des Männlichen und Weiblichen nicht eingebunden in den biographischen Hintergrund, was bei der Betrachtung von Hesses autobiographisch veranlaßten Werken unabdingbar ist. In: Der Schriftsteller Hermann Hesse, Frankfurt 1979, S. 135.
110 Brief Hermann Hesses vom Februar 1934, in: Kindheit und Jugend vor Neunzehnhundert, 2. Bd., a.a.O., S. 612.
111 Brief Hermann Hesses an seine Schwester Adele vom 5. 5. 1936.

Achtes Kapitel, Welthunger

1 Brief Ninon Hesses an Margrit Wassmer vom 26. 3. 1948.
2 Im Anklang an den Roman des Welschschweizers Charles Ferdinand Ramuz (1878-1947) »Le garcon savoyard«, dt. »Der junge Savoyarde«, Bd. 7 der Bibliothek Suhrkamp.
3 Briefe Hermann Hesses an Helene Welti vom 17. 10. 1935 und an R. J. Humm vom 28. 9. 1939.
4 Eintragung im Notizbuch vom 7. 1. 1950.
5 Briefe Hermann Hesses an Ninon Hesse, undatiert (Mittwoch früh), von 1931 und vom 14. 10. 1933.
6 Brief Hermann Hesses an Ninon Hesse vom 29. 10. 1934.
7 Brief Hermann Hesses an Ninon Hesse vom 22. 10. 1934.
8 Brief Hermann Hesses an Ninon Hesse vom 23. 11. 1931.
9 Brief Ninon Hesses an Hermann Hesse vom 26. 11. 1931.
10 Ein von Ninon unter dem Titel »Kleine Reise« veröffentlichtes Feuilleton schildert ihr Verhältnis zu Hesse als das zwischen Mutter und Sohn. Beide waren einen Tag getrennt fort gewesen, und jeder hatte die Landschaft auf eigene Weise erlebt. Die Mutter hatte die Freiheit genossen, *gesehen* aber hatte sie wenig. Das wird ihr bewußt, als der Sohn sein Manuskript vorliest, das *seine* Reise spiegelt. »Sie ist fort gewesen und hat nichts gesehen, es ist alles in sie eingeströmt, um sie jung und froh zu machen; alles aber, was er gesehen hat, ist durch ihn hindurchgegangen, reiner leuchtet es nun in seinen Worten als in der Wirklichkeit. Aber wie alt und traurig ist er darüber geworden – hundert Jahre alt. ›Armer Bub‹, sagt sie, als er seine Vorlesung beendet hat. Da schüttelt der Dichter den Kopf, aber er mußte doch ein wenig lachen.«
11 Brief Ninon Dolbins an Hermann Hesse vom 28. 9. 1929.
12 Dazu Gunter Böhmer, In Hesses Nähe, in: Über Hermann Hesse, 2. Bd., a.a.O., S. 347 ff.
13 Unveröffentlichtes Typoskript.

14 Hausbrief vom 30. 5. 1934.
15 Das Autograph trägt die Widmung »Ninon 1. Juli 1933« und befindet sich im Hesse-Nachlaß im Deutschen Literaturarchiv Marbach.
16 Brief Ninon Hesses an Margrit Wassmer vom 30. 8. 1947.
17 Kató Stefanek war auf Empfehlung Kerényis von 1938 bis 1953 Köchin bei Hesses und erinnert sich an viele Einzelheiten. Aufgezeichnetes Gespräch mit Gisela Kleine vom 25. 7. 1979. Dazu auch: »Kaminfegerchen«, WA 8, S. 553.
18 Briefwechsel Ninon und Hermann Hesses vom 9. und 11. 10. 1932.
19 Ebenso pflichtbewußt wurden die Katzen versorgt. Als Annemarie Schütt-Hennings während einer Reise des Ehepaares Hesse einmal das Haus versorgen sollte, erhielt sie folgende Anweisung: »Jetzt zuerst das Wichtigste: PORPHY: Er bekommt wirklich und in der Tat vier Mahlzeiten, aber ich glaube, er frißt nur dreimal. Das Wichtigste und Pünktlichste ist das Mittagessen. Da bekommt er Suppe, das liebt er, und zwar unsere Suppe, wenn's nicht gerade Tomatensuppe ist, und dazu rohe Lunge, die man regelmäßig beim Metzger bestellt, wenn man das Fleisch für uns bestellt... Das Zweitwichtigste ist ihm die Merenda: Brotstückchen mit Cenovis bestrichen und dazu lauwarme Milch (separat). Abends: Brot und Käse und Milch, und früh, muß ich H. erst fragen – ob er die Milch wirklich trinkt und ob er Brot kriegt oder nicht.« Brief Ninon Hesses an Annemarie Schütt-Hennings vom 7. 6. 1957.
20 Von der Ninon »eigentümlichen, etwas starren Pünktlichkeit« berichtet auch Trude Fein, Als Köchin bei Hermann Hesse, in: Über Hermann Hesse, 2. Bd., a.a.O., S. 472 ff.
21 Aus einem Brief Hesses an Rudolf Pannwitz vom Januar 1955, in: Materialien Glasperlenspiel, 1. Bd., a.a.O., S. 293 ff.
22 Heinrich Wiegand (1895-1934), Publizist, Herausgeber der sozialistischen Arbeiterzeitschrift »Kulturwille«. Wiegand blieb mit seiner Frau vom 20. 3. bis zum 2. 4. 1933 bei Hesses, mit denen er seit 1924 im Briefwechsel stand und die er seit 1926 mehrfach besucht hatte. Näheres in: Hermann Hesse, Briefwechsel mit Heinrich Wiegand 1924-1934, Aufbau-Verlag Berlin und Weimar 1978.
23 Bernard von Brentano (1901-1964), Korrespondent der »Frankfurter Zeitung«, Romancier, Lyriker und Biograph. Sein Hauptwerk, der Roman »Theodor Chindler«, erschien 1936.
24 Dazu Hermann Hesse, Sein Leben in Bildern und Texten, hrsg. von Volker Michels, Frankfurt 1979, S. 257.
25 Hesse schilderte Luschnats Gefährdung und seine Bemühungen für ihn in einem Brief an seinen Sohn Heiner vom 19. 1. 1935, in: Hermann Hesse, Gesammelte Briefe, 2. Bd., a.a.O., S. 446.
26 Dazu Annemarie Schütt-Hennings, die 1966 den Briefnachlaß Ninon Hesses sichtete: »Ich habe mehrere Hunderte von Briefen geordnet,

Versuche zu helfen [...] Oft hieß es dann: ›Verschwunden oder umgekommen im KZ‹. [...] Das mußte Ninon alles so nebenbei erledigen.« Nach ihrer mündlichen Schilderung trug Ninon die organisatorische Hauptlast beim Einsatz für die Emigranten. Briefzitat aus einem Schreiben Frau Schütts vom 25. 6. 1979 an Gisela Kleine.

27 Obwohl die Wahrheit nicht aufzudecken war, wurde diese Version u. a. aufgenommen in: W. Sternfeld und E. Tiedemann, Deutsche Exilliteratur 1933-1945. Eine Bio-Bibliographie, Heidelberg 1970.

28 Hesse hat die Einleitung insgesamt viermal neu geschrieben, die letzte Fassung erschien in der »Neuen Rundschau« vom Dezember 1934 und wurde als Buchtext aufgenommen. Dazu Hermann Hesse, Von Wesen und Herkunft des Glasperlenspiels. Die vier Fassungen der Einleitung zum Glasperlenspiel, a. a. O.

29 Tagebuch vom Juli 1933, in: Materialien Glasperlenspiel, 1. Bd., a. a. O., S. 65.

30 Gegen Ende der Erzählung sollte der Führer der Diktatur mit Josef Knecht in einem Gespräch erörtern, ob der Geist sich in den Dienst der Politik stellen könne. Knechts Widerstand, das Glasperlenspiel »gleichzuschalten« und mit Aktion und Politik zu verbinden, sollte mit seinem freiwilligen Untergang enden: »Wer ein gewissenhafter Glasperlenspieler sei, bleibe für immer ungeeignet für das Ausüben von Macht.« Vgl. Materialien Glasperlenspiel, 1. Bd., a. a. O., S. 326.

31 Tagebuch vom Juli 1933, vgl. Anm. 29.

32 Zwischen 1933 und 1945 erschienen 20 Titel von Hesse in Deutschland, und zwar in einer Gesamtauflage von 481000 Exemplaren (nach Bernhard Zeller, in: »Die Zeit« vom 12. 9. 1969), davon jedoch 271000 Exemplare des Reclam-Bändchens »In der alten Sonne« und 70000 Exemplare des Insel-Bücherei-Gedichtbändchens »Vom Baum des Lebens«.

33 Diesen Vorwurf erhob Georg Bernhard im Leitartikel »Der Fall S. Fischer« im Pariser Tageblatt vom 19. 1. 1936. Hesse sei Mitarbeiter der »Frankfurter Zeitung«, des Feigenblatts des Dritten Reiches, und damit trenne er sich wie andere Autoren nicht strikt von der Propagandamaschinerie des Dr. Goebbels, sondern sei ihm zur »Auslandstäuschung« gefügig. Hesse gab eine Gegendarstellung in der Neuen Zürcher Zeitung vom 26. 1. 1936. Begonnen hatte die publizistische Auseinandersetzung damit, daß Gottfried Bermann Fischer die Emigration des Verlages nach Zürich oder Wien plante, und der im Text bereits erwähnte Artikel von Schwarzschild unterstellte, dies geschehe mit stiller Teilhaberschaft des Berliner Propagandaministeriums. Durch den Widerstand der Schweizer Verleger wurde Bermann Fischer bewogen, nach Wien zu emigrieren. Die Neugründung des S. Fischer Verlags erfolgte am 1. 5. 1936 in Wien für die im Dritten Reich verfemten Autoren, während in Berlin Peter Suhrkamp den

Teil des in Deutschland verbliebenen Verlags treuhänderisch verwaltete, darunter auch Hesses Verlagsrechte. Dazu: Peter Suhrkamp – Hermann Hesse, Briefwechsel, Frankfurt a. M. 1969; Gottfried Bermann Fischer, Bedroht – Bewahrt. Weg eines Verlegers, Frankfurt a. M. 1967; Politik des Gewissens, a.a.O., S. 588 u. 933 ff.

34 Hesse veröffentlichte Literaturhinweise in »Bonniers Litterära Magasin«, Stockholm, vom März 1935 bis September 1936 (in schwedischer Übersetzung).

35 Vespers Angriffe gegen Hesse in: Die neue Literatur, Jahrgang 1935, Heft 11, sind wiedergegeben in: Materialien Glasperlenspiel, 1. Bd., a.a.O., S. 131 ff.

36 Hesses Brief gegen Vespers Anschuldigungen wurde am 3. 12. 1935 geschrieben und von diesem im Januarheft 1936 der »Neuen Literatur« abgedruckt. Hesses Brief gegen Bernhards Anschuldigungen wurde am 24. 1. 1936 geschrieben; er ist als Briefbeilage zu einem Brief an Thomas Mann vom 24. 1. 1936 abgedruckt in: Hermann Hesse – Thomas Mann, Briefwechsel, Frankfurt a. M. 1975, S. 92. Außerdem dementierte Hesse Bernhards Behauptungen öffentlich in der Neuen Zürcher Zeitung vom 26. 1. 1936.

37 Im Unterschied zu Thomas Mann hat sich Hesse nicht öffentlich mit der deutschen Emigration solidarisiert. Als dieser sich in einem offenen Brief an E. Korrodi in der »Neuen Zürcher Zeitung« am 3. 2. 1936 auf die Seite der Emigranten gestellt hatte, bedauerte Hesse dies zutiefst; er schrieb an Mann, nun stehe er in Deutschland als Autor sehr allein da. Thomas Mann bat betroffen um Hesses »Nachsicht« gegenüber seiner »Gewissenseskapade«, aber seine Situation sei eben eine grundsätzlich verschiedene von der Hesses, der ein Schweizer Bürger sei. Thomas Mann, Briefe 1889-1936, Frankfurt 1961, S. 409. Hesse bestätigte Mann, daß er den Posten des »Einzelgängers und Parteilosen« halten wolle und sich bis zum Tod dagegen wehre, sich politisieren zu lassen. Hermann Hesse – Thomas Mann, Briefwechsel, a.a.O., Brief vom 13. 2. 1936, S. 101.

38 Brief Hermann Hesses an Ernst Morgenthaler vom Juli 1935.

39 Ninons Aufsatz »Hermann Hesses Fabulierbuch« erschien im Juli-Heft 1935 der »Neuen Rundschau« (auf Wunsch Hesses nur mit den Buchstaben N. H. gezeichnet) und unter dem Titel »Der Zauber des Erzählens« in der »S. Fischer-Korrespondenz« desselben Jahres.

40 Postkarte Hermann Hesses vom 14. 2. 1936 an Jakob Humm, wiedergegeben in: H. Hesse–R. J. Humm Briefwechsel, a.a.O., S. 26. R. J. Humm, Die Inseln, Zürich 1935, Neuauflage Frankfurt 1980. Hesses Besprechung erschien in der »Nationalzeitung« Basel vom 8. 12. 1935, abgedruckt im o. a. Briefwechsel, S. 273. Ninon Hesses Besprechung in: »Die Zeit«, 4. Jahrg. 1949, Heft 10, leicht verändert abgedruckt im o. a. Briefwechsel, S. 26.

41 Aus einer Buchbesprechung Ninon Hesses zu dem Roman von Joachim Maass »Das Testament«, Hamburg 1939, in: »Die Weltwoche«, Zürich, vom 8. 3. 1940, Nr. 330, S. 5.
42 Das Original des Antrags mit Fragebogen vom 12. 12. 1933 befindet sich im Dolbin-Archiv Dortmund. Zu weiteren Eingaben, die Dolbin für seine Berufsausübung machte, vgl. Will Schaber, B. F. Dolbin. Der Zeichner als Reporter, a. a. O., S. 97 ff.
43 Zu dieser Antwort vom 8. 2. 1935: Schaber, Der Zeichner als Reporter, a. a. O., S. 100.
44 Brief des Präsidenten der Reichsschrifttumskammer an Dolbin vom 16. 3. 1935, Original im Dolbin-Archiv Dortmund.
45 Brief Dolbins an Ninon Hesse vom 18. 4. 1935. Die Überfahrt dauerte vom 2. bis zum 11. 10. 1935.
46 Brief Dolbins an Ninon Hesse vom 17. 8. 1936.
47 Brief Ninon Hesses an Dolbin vom 23. 1. 1962.
48 Brief Dolbins an Ninon Hesse vom 17. 8. 1936.
49 Brief Dolbins an Ninon Hesse vom 29. 9. 1937.
50 Dolbin kam Ende September 1966 verstört in die Redaktion des »Aufbau« in New York, er hatte gerade die Nachricht von Ninons Tod erhalten. Will Schaber, sein Freund und Biograph – später auch sein Nachlaßverwalter –, wurde Zeuge seiner tiefen Erschütterung: »Mit dem Tode Ninons reduzierte sich seine Welt um den Gegenpol einer großen geistigen Partnerschaft.« Benedikt Fred Dolbin starb am 31. 3. 1971 im Alter von 88 Jahren. »Trotz der ungewöhnlichen Länge seines Lebens unterhielt Dolbin nur wenige Freundschaften. [...] Intensive Korrespondenz führte er nur mit den drei wichtigen Frauen seines Lebens, mit seiner Schwester und Ninon und Ellen.« Will Schaber, a. a. O., S. 147.
51 Ein frühes Gedicht Hermann Hesses trägt den Titel »Con Sordino«; es gehört zum Zyklus: Der Geiger, Die Gedichte, a. a. O., S. 74 f.
52 Hans Carossa (1878-1956) war Arzt in Passau und München. Hauptwerke: Eine Kindheit, 1922; Rumänisches Tagebuch, 1924, 1934 als »Tagebuch aus dem Krieg« veröffentlicht; Verwandlung einer Jugend, 1936; Das Jahr der schönen Täuschungen, 1941.
53 Brief vom 19. 4. 1929. Hans Carossa, Briefe II, 1919-1936, hrsg. von Eva Kampmann-Carossa, Insel-Verlag 1978, S. 170. Mit »Tagebuch« im Briefzitat ist gemeint: Rumänisches Tagebuch, Frankfurt a. M. 1924. In »Führung und Geleit« beschreibt Carossa, wie er im Krieg in der östlichen Bukowina die Übersetzung der Odyssee von Rudolf Alexander Schröder las und das Erlebnis der bukowinischen Landschaft sich seltsam mit dem der Lektüre des griechischen Mythos verband.
54 Hans Carossa, Eine Kindheit, Gesammelte Werke, 2. Bd., Wiesbaden 1949, S. 8.

55 Im April 1929 war Hesse zu einer Dichterlesung in München; er berichtet über das erste Zusammentreffen mit Hans Carossa bei dieser Gelegenheit in Briefen an Heinrich Wiegand vom Juli 1929, in: Gesammelte Briefe, 2. Bd., S. 219, und an Alfred Kubin vom Oktober 1930, in: Gesammelte Briefe, 2. Bd., S. 254.
56 Brief Hermann Hesses an Hans Carossa vom 21. 7. 1929, in: Gesammelte Briefe, 2. Bd., a. a. O., S. 220.
57 Hans Carossa antwortete auf diesen Brief am 28. 11. 1930, in: Hans Carossa, Briefe II, S. 215 ff. »Und gerade Sie, Verehrter, konnten nur einen Augenblick daran glauben, ich hätte Ihren Brief vom Sommer 1929 mit einem ›überlegenen Lächeln‹ eingesteckt! Wären Sie nur einmal drei Stunden lang mit mir allein beisammen, so müßten sie fühlen und für immer wissen, wie wenig das überlegene Lächeln zu meiner Art gehört und noch dazu einem Hermann Hesse gegenüber!«
58 Brief Hermann Hesses an Alfred Kubin vom Oktober 1930, in: Gesammelte Briefe, 2. Bd., S. 254. Hier heißt es: »Seit Jahren liebe ich alles, was Hans Carossa geschrieben hat, er ist mir unter den Lebenden wohl der liebste deutsche Dichter.«
59 Brief Hermann Hesses an Hans Carossa vom November 1930, in: Hans Carossa, Briefe II, a. a. O., zu Brief 192, S. 472.
60 Tagebuchblatt vom 24. 11. 1930.
61 Zu einer zweiten Begegnung kam es in Montagnola. Nach einem zweimonatigen Italienaufenthalt meldet sich Carossa am 18. 6. 1932 aus Portofino bei Hesse und kündigt einen mehrtägigen Besuch an. Ninon genoß das Gespräch über Museen und Landschaften in Italien, das ihr neue Reiseziele erschloß. Carossa berichtete davon seiner Frau Valerie: »Mit Hesse habe ich noch sehr schöne Tage verbracht... Seine Frau Ninon ist ein überaus lieber Mensch und sehr gastfreundlich.« Hans Carossa, Briefe II, a. a. O., S. 264.
62 Notizbuch 1934, Eintragung vom 26. 10. 1934.
63 Selige Gewißheit, in: Hans Carossa, Gesammelte Werke 1949, 1. Bd. S. 35.
64 Reisetagebuch Sizilien II, S. 41.
65 Hans Carossa, Gesammelte Werke 1949, 1. Bd., S. 56. Das Gedicht trägt den Titel »Heimliche Landschaft« und hat insgesamt vier Strophen.
66 Brief Hans Carossas an Ninon Hesse vom 1. 11. 1934.
67 Brief Ninon Hesses an Hermann Hesse vom 19. 11. 1934.
68 Zwei Postkarten Hans Carossas an Ninon Hesse vom 23. 1. 1935. Carossa besuchte Hesses am 16. 2. 1935.
69 Brief Hans Carossas an Hedwig Kerber vom 10. 6. 1937.
70 Das Verhältnis Hermann und Ninon Hesses zu Carossa schien während des Nationalsozialismus in Deutschland zunehmend abgekühlt, denn sie waren davon enttäuscht, daß Carossa den Werbungen der

neuen Machthaber keinen härteren Widerstand entgegensetzte und während des Krieges das Amt des Präsidenten der ad hoc gegründeten Europäischen Schriftstellervereinigung annahm. Hoch rechnete Ninon Carossa jedoch an, daß er bei der Vertreibung des greisen Alfred Mombert aus Heidelberg an das Propagandaministerium telegraphierte, ohne freilich etwas für ihn zu erreichen. Nach dem Zweiten Weltkrieg wurde die Verbindung zwischen Carossa und Hesses wieder gefestigt. Bei einem Besuch in Montagnola entsprach Hesse dem Wunsch Carossas, sich für Ernst Bertram einzusetzen, damit er wieder publizieren oder sein Lehramt ausüben dürfe. Auch Ninon korrespondierte wieder mit Carossa, so schickte sie ihm auf seine Bitte hin eine Ausarbeitung über den Wahnsinn bei den Griechen (Frühjahr 1948). Er dankte ihr am 7. 4. 1948: »Sie werden sich vielleicht nicht vorgestellt haben, wie verwundert, wie beglückt ich und fast beschämt ich war, als Ihr Brief vor mir lag, der mich mit einer solchen Fülle wunderbarer, mir zum Teil noch unbekannter Mitteilung beschenkte. [...] Ich habe alles wiederholt gelesen und mich schließlich gar nicht mehr gefragt, wieviel von diesen Mythen und andere Überlieferungen wohl für mein Wahnsinnskapitel verwendbar wäre, sondern mich einfach an der Schönheit und dem tiefen Sinn erbaut und erfreut. Die von den Göttern verhängte Moira, wie furchtbar herrlich konnte sie sein, wie schön zuweilen die Art ihrer Heilungen! ›Reinigung und Sühnung‹, das setzt doch den Begriff der Gnade voraus, und diese war in unseren Unheilsjahren geradezu verfemt...«. Im Nachlaß Ninon Hesses befand sich eine ihr von Carossa gewidmete Gedichthandschrift »Gestreift von Todeswind« (1943), deren Zueignung lautet: »Frau Ninon Hesse, der herzlich Verehrten, in dankbarer Erinnerung, mit vielen guten Wünschen von Hans Carossa.« Hans Carossa, Gesammelte Werke 1949, Bd. 1, S. 86. Weitere Gedichthandschriften von Carossa in Ninons Nachlaß: Erwachen aus einer Träumerei (S. 80), Entwicklung einer Zinnie, Lebenstag (S. 67), Im alten Haus am Bahndamm (S. 73).

71 Joachim Maass (1901-1972), drei Jahre kaufmännischer Volontär; vorübergehend Redakteur bei der »Vossischen Zeitung« in Berlin, dann freier Schriftsteller in Altona; mehrere Reisen ins Ausland; längere Zeit in Portugal; 1939 Emigration in die USA; seit 1939 Lektor, später Prof. für moderne deutsche Literatur am Mount Holyoke College in South Hadley. Mitherausgeber der »Neuen Rundschau« in Stockholm von 1945 bis 1950. Werke: Bohème ohne Mimi, Berlin 1930; Der Widersacher, Berlin 1932; Borbe, Berlin 1934; Die unwiederbringliche Zeit, Berlin 1935; Auf den Vogelstraßen Europas, Hamburg 1935; Ein Testament, Hamburg 1939; Das magische Jahr, Stockholm 1945; Schwierige Jugend, Frankfurt a. M. 1952; Der Fall Gouffé, Berlin 1951; Kleist, die Fackel Preußens, Wien, München,

Basel 1957. Vgl. dazu Hamburger Bibliographien, Bd. 13; Gitta Schaaf, Joachim Maass, Hamburg 1970.
72 Dazu W. E. Süskind, Joachim Maass zum Sechzigsten, in: Süddeutsche Zeitung vom 11. 9. 1961; Peter Härtling, Noblesse und Welt als Stil, in: Deutsche Zeitung vom 11. 9. 1961; Joachim Günther, Der Moralist und Erzähler Joachim Maass, in: Deutsche Rundschau, Jahrgang 78, 1952, S. 1142-1145.
73 Hesse hat Maass' »Die unwiederbringliche Zeit« in: Bonniers Litterära Magasin 5, 1935, S. 39, besprochen (WA 12, S. 561). »Auf den Vogelstraßen Europas« besprach er a. gl. O. Heft 5, 1936, S. 540.
74 Schon in seinem ersten Erfolgsbuch, Bohème ohne Mimi (1930), stellte Maass dar, wie er nach seinem Eintauchen in die dem Tagesgenuß hingegebene sorglose Literatenwelt der zwanziger Jahre in Berlin ernüchtert wurde und den Entschluß zu ernsthafter Arbeit faßte. In seinem Kindheitsbuch »Borbe« (1934) klingen schrille Mißtöne auf, die den feinen Gerechtigkeitssinn des Kindes verletzen, sie deuten schon auf zukünftige Leiden an Unrecht und Not. Diese frühen Schrecken der Kindheit beim Einbruch des Bösen in eine scheinbar sichere Welt leben in all seinen Büchern wieder auf.
75 Einen nächtlichen SA-Besuch bei ihm und seine Motive für die Emigration 1939 hat er im Vorbericht zu seinem Roman »Das magische Jahr« und in der Betrachtung »Als Greenhorn in Amerika« dargestellt. Dazu Anm. 71.
76 Maass steht hinter dem »Glaubensbekenntnis« seines Protagonisten: »Es gilt heutzutage als delikat, an die Verzweiflung zu glauben, viel mehr, es ist geradezu ordinär, und man kann nicht mitreden, wenn man nicht an die Verzweiflung glaubt. Die Verzweiflung ist das letzte Wort. Gott ist tot, heißt es, mit den Idealen kann man keinen Hund mehr hinterm Ofen hervorlocken, das Leben hat seinen Sinn verloren. [...] Warum muß es denn immer gleich so hoch hergehn? Haben die Alten etwa in einer anderen Welt gelebt, die doch auch ihre Köpfchen hatten und sich nichts vormachen ließen, Seneca und Marc Aurel, und wie sie alle heißen? War damals Gott nicht tot, hatte das Leben einen anderen Sinn als den, den sie ihm gaben? Und warum sollten wir knausriger sein? Auf welche Almosen vom Himmel warten wir, als wären wir darauf abonniert? Ist das Leben denn schlechter, weil es unausschöpflich ist?« In: Zwischen Tag und Traum. Ein Lesebuch, München/Wien/Basel 1961, S. 93.
77 Diese Grabinschrift Peter Vischers des Jüngeren von Nürnberg (1529) setzte er als Motto über sein Buch »Das magische Jahr«, Stockholm 1945.
78 Notizen zur Frage des Christentums, in: Zwischen Tag und Traum. a.a.O., S. 363.
79 Brief Ninon Hesses an B. F. Dolbin vom 18. 12. 1936.

80 Brief Ninon Hesses an B. F. Dolbin vom 19. 9. 1937.
81 Dieses in zwei dünnen schwarzen Schulheften niedergeschriebene Manuskript befindet sich jetzt im Deutschen Literaturarchiv in Marbach. »Der Schnee von Nebraska« wurde veröffentlicht in: Die Neue Rundschau, Jahrgang 49, Bd. 1, 1938, S. 35-181. Außerdem in: Zwischen Tag und Traum, a.a.O., S. 7 ff.
82 Ninon schrieb über diese Erzählung: »Herr Maass, der wieder aus Amerika zurück ist, hat mir ein wunderbares Manuskript geschickt, eine Geschichte, die er auf der Überfahrt geschrieben hat und die wie aus der Welt J. Greens ist – aber schöner! Es ist eine grausame Geschichte, sie erzählt von Unentrinnbarkeit und Hoffnungslosigkeit – und sie hat doch etwas Tröstendes; eine wunderbare Dichtung!« Brief vom 22. 2. 1937 an Emmy Ball-Hennings. Julien Green, französischer Schriftsteller angelsächsischer Herkunft, geb. 1900 in Paris, gestaltete die Daseins- und Schicksalsangst der Menschen, die ebenso den unheimlichen Kräften des eigenen Innern ausgesetzt sind wie den von außen drohenden Gefahren. Psychologisch ausgefeilte Romane sind Leviathan, 1929; L'autre sommeil, 1931, dt. Der andere Schlaf, 1958; Epave, 1932, dt. Treibgut, 1932.
83 Manuskript einer Interpretation von Julien Greens »Le Voyageur sur la Terre«, die Ninon Hesse 1936 schrieb. Greens Roman erschien 1927, deutsch unter dem Titel »Pilger auf der Erde« 1948.
84 Berliner Illustrirte Zeitung, Jahrgang 1938, Nr. 48, bis Jahrgang 1939, Nr. 8. Der Verleger Dr. Gottfried Bermann Fischer erwähnt diesen Zweck in seinen Memoiren: Bedroht – Bewahrt. Weg eines Verlegers, a.a.O., S. 62.
85 Auch Ninons Briefe an Maass sind uns nicht erhalten geblieben. Briefe von Frauen befanden sich nach Auskunft seines Nachlaßverwalters nicht im Nachlaß von Joachim Maass. Wahrscheinlich hat er sie selbst im Verlauf seiner schweren, langsam fortschreitenden Krankheit vernichtet. Einige seiner Briefe an Ninon sind ihm nach ihrem Tod im Auftrag ihrer Schwester zurückgeschickt worden; sie wurden auf Veranlassung seiner langjährigen Lebensgefährtin und Alleinerbin, Frau Maria Luft, ungelesen vernichtet.
86 Joachim Maass, Ein Testament, H. Goverts Verlag, Hamburg 1939. Ein Teil der Lebensgeschichte der Xenia, die am Anfang des Buches erzählt wird, ist als Jugendschilderung der Tänzerin Anjuta unter dem Titel »Anjuta oder die Schule der Armut« erschienen, I-III und Schluß in: Der Kreis, Jahrgang 9/1932, S. 89-99, 222-231, 300-306, 357-363. Diese Erzählung stammt aus der Zeit vor der Freundschaft zwischen Joachim Maass und Ninon Hesse. Aber in allen späteren Auftritten zeigt Xenia gewisse Züge Ninons.
87 Ein Testament, a.a.O., S. 107.
88 Ein Testament, a.a.O., S. 202.

89 Die Geschichte der Xenia wird von ihr selbst erzählt, dann aber auch von allen Hauptpersonen zusammengetragen durch Bekenntnisse und Beichten, die sich um eine Rahmengeschichte herumranken, in der es um die Aufklärung eines Mordes geht. In einer komplizierten Verflechtung der Erzählstränge wird der Mörder entlarvt, gleichzeitig schreitet der Prozeß der Selbsterkenntnis bei allen Beteiligten voran, die Begriffe von Schuld und Unschuld durchdringen einander, werden weich und verfließen: Mensch sein heißt, schuldig zu werden an anderen. An allen Personen wird die Grenzsituation gezeigt, aus der heraus sie eine Entscheidung fällen – für oder gegen das Gute. Die Xenia-Geschichte ist nur *eine* Komponente des viele Schicksale verknotenden Romangeschehens.
90 Ein Testament, a.a.O., S. 364.
91 Die Weltwoche, Zürich, vom 8. 3. 1940.
92 Brief Ninon Hesses vom 4. 1. 1940 an Helene Welti: »Der Roman von Maass ist nicht leicht verdaulich; er führt durch ein Dostojewskisches Inferno, aber er führt in echte Tiefen und auch zu echten Lösungen. Ich halte sehr viel von ihm.« Und am 15. 7. 1940 schrieb sie ebenfalls an Frau Welti: »Hier sende ich Ihnen meine Besprechung des ›Testaments‹, sie ist recht unzulänglich gegenüber diesem großartigen Werk, aber ich konnte es nicht besser ausdrücken, was ich zu sagen hatte.« Im Jahre 1952 zeigte sich Ninon von Maass' neuem Buch »Der Fall Gouffé« allerdings tief enttäuscht. Bei ihrer Freundin Margrit Wassmer entschuldigte sie sich, ihr den Roman geschenkt zu haben: »Ich hatte ihn noch nicht gelesen, als ich ihn für Sie bestellte. Nun müssen Sie wissen, daß der Autor erstens unser Freund war und ist – ganz besonders war er mit mir befreundet – und daß wir seine Bücher alle außerordentlich liebten und bewunderten. Es lag nahe zu denken, daß ›das neue‹ ebenso herrlich sein würde wie die früheren. Aber dies ist m. E. leider nicht der Fall. [...] Verzeihen Sie mir bitte! Ich glaubte Ihnen das Schönste zu schenken, was es in diesem Jahr gab! Sehr schwer wird es für mich sein, dem Dichter über sein Buch etwas zu schreiben – er erwartet es von mir. Und ich kann nicht lügen. Ich kann natürlich ein bißchen lügen, besonders im Konventionellen – aber, wenn es um ein Werk der Dichtung oder der Wissenschaft geht, kann ich es nicht. Und ihm wäre mit einer Lüge auch nicht gedient. Aber ob mit der Wahrheit...?« (Brief vom 2. 12. 1952). – An ihre Cousine Nelly Seidl-Kreis schrieb sie: »Das Buch von Maass, ›Der Fall Gouffé‹, fand ich *entsetzlich,* ich bin sehr traurig darüber«, aber es *ist* scheußlich. Dabei virtuos und herrlich geschrieben, mit vielen Schönheiten – aber das Ganze ist abstoßend. Sechshundert Seiten lang sich mit Verbrechern und Verbrechen beschäftigen und mit einer scheußlichen Frauensperson, die einen hinten und vorne nicht interessiert [...] Ich habe ihm nicht geschrieben, und das wird ihn sehr

kränken, ich weiß. Aber H. hat ihm so schön auseinandergesetzt, warum wir das Buch nicht akzeptieren können – ich könnte das alles nur *viel* schärfer und gröber sagen als H. – und ihn anlügen kann ich nicht. Also schweige ich. Wenn er aber insistiert, werde ich ihm schreiben, *wie* entsetzlich ich es gefunden habe« (Brief vom 31. 12. 1952). – Hermann Hesse, seinem Grundsatz treu, keine Bücher abwertend zu kritisieren, sondern nur zu empfehlen oder zu schweigen, hat seine Enttäuschung über diese »Abweichung« nur gegenüber dem Autor in einem Brief geäußert. »Die Literatur ist zur Zeit mit Kriminellem, bestialisch Erotischem und Perversem so überfüllt, daß ältere Leute viel dafür gäben, wenn ihnen in einem neuen Roman einmal wieder ein einigermaßen temperiertes und menschenwürdiges Milieu begegnen wollte.« Er sei enttäuscht über die amerikanisch gefärbte Mondänität des Buches: »Mir kommt es vor, als hätten Sie sich unnötigerweise auf einen Wettkampf mit den Tagesgrößen eingelassen, aber Sie werden den Cynismus von Hemingway und die grellen Knalleffekte von Graham Green nicht übertreffen – während Sie nach meinem Gefühl zu Dingen fähig wären, die Jenen völlig unerreichbar sind« (Brief vom 30. 11. 1952).

93 »Stunden im Garten« widmete Hermann Hesse seiner Schwester Adele zum sechzigsten Geburtstag als ein »trostbringendes Bild des Friedens in einer politisch gefährlichen Zeit«. Berlin 1935.

94 Brief Ninon Hesses an B. F. Dolbin vom 3./4. 10. 1936. Über das Ausmaß der Weinernte schrieb Ninon: »Voriges Jahre hatten wir 800 Kilo Trauben zu verkaufen, heuer werden es wohl kaum 500 sein, aber die Arbeit ist eher größer in einem schlechten Jahr als kleiner.«

95 Brief Ninon Hesses an Margrit Wassmer vom 29. 3. 1943.

96 Brief Ninon Hesses an Ludwig Renner vom 9. 2. 1951.

97 Notiz in Agrigent vom 26. 10. 1934.

98 Brief Ninon Hesses an B. F. Dolbin vom 3. 10. 1936.

99 Briefe Hermann Hesses an Ninon Hesse vom 6., 9. und 10. 5. 1936.

100 Brief Ninon Hesses an Hermann Hesse vom 26. 5. 1936.

101 Briefwechsel aus der Nähe: Hermann Hesse – Karl Kerényi, München/Wien 1972, S. 22. Karl Kerényi spielt mit dem letzten Satz auf den Bruch seiner seit 1942 bestehenden Freundschaft mit Ninon Hesse an, der sich im Verlaufe einer fachlichen Auseinandersetzung auf einer gemeinsamen archäologischen Besichtigungsreise im Jahre 1956 ergab und der die bis dahin herzliche Beziehung zwischen beiden Ehepaaren beendete.

Neuntes Kapitel, Doppelklang

1 Werner Röder, Deutscher Widerstand im Ausland. Zur Geschichte des politischen Exils 1933-1945, in: Aus Politik und Zeitgeschichte, Beilage zur Wochenzeitung »Das Parlament« vom 2. 8. 1980 B 31/80, S. 3-22. »Bis 1941 sind lediglich etwas über 1800 jüdische Emigranten aus dem Reich und knapp 3500 aus Österreich von der Reichsvertretung mit dem Auswanderungsziel Schweiz registriert worden. Die Zahl der Transitemigranten war freilich um vieles höher; 1938 zählte man bis zu 12000 und 1939 bis zu 8000 Emigranten, die auf Weiterwanderung warteten, darunter etwa 5000 jüdische Flüchtlinge. Insgesamt haben während der Kriegsjahre annähernd 10000 deutschsprachige Emigranten in der Schweiz gelebt; der Mehrzahl war nur aufgrund mangelnder Ausreisemöglichkeiten vorübergehend Asylrecht eingeräumt worden. Der Bundesrat hatte schon im April 1933 den Emigranten neben der Erwerbsarbeit auch jedwede politische Tätigkeit untersagt.« Röders Ausführungen über das Schicksal der Emigranten in den einzelnen Aufnahmeländern ist Teil der Einleitung zu Band I des vom Institut für Zeitgeschichte, München, und von der Research Foundation for Jewish Immigration, New York, herausgegebenen Biographischen Handbuchs der deutschsprachigen Emigration nach 1933, Verlag K. G. Saur, München, New York, London.
2 Brief Hermann Hesses an Stefan Zweig vom 7. 7. 1938.
3 Brief Ninon Hesses an Margrit Wassmer vom 22. 12. 1938. Gemeint ist Dr. Erwin Fein, ein Schulfreund Ninons aus Czernowitz; seine Frau, Trude Fein, kam im Oktober 1943 als Hausangestellte zu Hesses. Für die Internierten herrschte striktes Arbeitsverbot, da aber in der Schweiz Mangel an Hauspersonal bestand, wurde Frauen erlaubt, in Haushalten zu arbeiten. Wir verdanken Trude Fein eine Schilderung der Lebensgewohnheiten von Hermann und Ninon Hesse: »Als Köchin bei Hermann Hesse«, in: Über Hermann Hesse, 2. Bd., a. a. O., S. 472.
4 Brief Ninon Hesses an Erika Ausländer vom 17. 2. 1959.
5 Brief Hermann Hesses an R. J. Humm vom 28. 9. 1939, in: Hermann Hesse–R. J. Humm, Briefwechsel, a. a. O., S. 63.
6 Nach der russischen Besetzung von Czernowitz, Ende Juni 1940, forderte das stalinistische Rußland die Deportation für alle »unsicheren Elemente«, zu denen außer den Großgrundbesitzern und Großkapitalisten auch das weniger begüterte Bürgertum rechnete. Nach dem 1. 5. 1941 wurden Kaufleute, Geschäftsinhaber, Anwälte und andere Selbständige deportiert, meist nach Sibirien, auch Kehlmanns rechneten mit diesem Schicksal. – Nach dem Einzug der deutsch-rumänischen Truppen waren die russischen Deportationen beendet, bald

danach begann jedoch die Judenverfolgung.

7 Schon in »Knulp« ging es um die soziale Rechtfertigung des ästhetisch-verspielten Künstlerlebens gegenüber den Seßhaften, den Arbeitssamen und Bürgerlichen, und durch Gott selbst erfolgte in Knulps Todesstunden die »Freisprechung«, die nichts anders darstellt als seine soziale Rechtfertigung gegenüber der Gemeinschaft. Auch im Vorwort des Steppenwolfes wurde die Verankerung in der Gemeinschaft gesucht. H. H. sah sich als Stellvertreter der Vielen im Leiden an der Zeit, sein steppenwölfisches Ausscheren als eine symptomatische Erkrankung und Reaktion auf die entartete Epoche. Dadurch gewann sein Einzelgängertum nachträglich die Dimension einer gesellschaftlichen Repräsentanz.

8 Hermann Hesse, Lektüre für Minuten, Frankfurt a. M. 1979, S. 96, Nr. 327.

9 Im Lebenslauf des Regenmachers im »Glasperlenspiel« wird die Selbstopferung eines Auserwählten ebenso zum Thema wie im »Beichtvater«, wo diese Absicht als grauenerregend und verführerisch zugleich bezeichnet wird, als Hybris und Sünde, weil die Welt auch nach Christi Opfertod noch als erlösungsbedürftig angesehen wird. Auch der Tod Christi am Kreuz sei schließlich nichts anderes gewesen »als ein freiwillig vollzogenes Menschenopfer, und in der Tat, wenn er sich recht besann, so war eine Ahnung dieses Bewußtseins schon in jenen Regungen der Begierde nach Selbstmord vorhanden gewesen, ein trotzig-böser, wilder Drang, sich selbst zu opfern und damit eigentlich auf unerlaubte Weise den Erlöser nachzuahmen oder auf unerlaubte Weise anzudeuten, daß Jenem sein Erlösungswerk nicht so ganz gelungen sei.« Das Glasperlenspiel, WA 9, S. 543 ff.

10 Brief Hermann Hesses an Karl F. Borée vom Dezember 1954, Materialien zu Hermann Hesses Siddhartha, 1. Bd., a. a. O., S. 237.

11 Hermann Hesse, Die Gedichte, Zürich 1942.

12 »Das Glasperlenspiel. Versuch einer Lebensbeschreibung des Magisters Ludi Josef Knecht samt Knechts hinterlassenen Schriften« erschien 1943 bei Fretz & Wasmuth in Zürich. Suhrkamp erhielt auch keine Genehmigung zum Import der Schweizer Ausgaben. In Deutschland erschien das Werk 1946. Von 1939 bis 1945 galten Hesses Werke in Deutschland als »unerwünschte Literatur«. Da für sie kein Papier bewilligt wurde, konnten sie dort nicht mehr publiziert werden. In Vereinbarung mit dem Verleger Peter Suhrkamp erschien deshalb seit 1942 eine Fortsetzung der »Gesammelten Werke in Einzelausgaben« im Verlag Fretz & Wasmuth in Zürich. 1942 wurde in der Schweiz eine Gesamtausgabe seiner Lyrik, »Die Gedichte«, herausgebracht, 1945 Erzählungen und Märchen im Band »Traumfährte«. Seit 1946 erschienen die deutschen Ausgaben der Werke

Hesses im Suhrkamp Verlag vorm. S. Fischer in Berlin, seit 1951 im Suhrkamp Verlag in Berlin und Frankfurt a. M.

13 Hesse war fast 75 Jahre alt, als er nach langen Bedenken die erste Briefauswahl selbst herausgab. Sie sollte lediglich eine Ergänzung und Unterstreichung seines Werks und dessen Thematik darstellen, keine autobiographische Dokumentation; es war vielmehr sein Ziel, das Biographische möglichst auszuschalten. Die Erstausgabe dieser Edition erschien 1951 und wurde von Ninon in zwei weiteren Auflagen 1959 und 1964 um 137 Briefe erweitert. Diese Briefsammlung, u. d. T. »Ausgewählte Briefe« als suhrkamp taschenbuch 211 erschienen, erreichte bis 1982 eine Auflage von ca. 100000 Exemplaren. Vgl. 6. Kap., Anm. 21.

14 Brief Hermann Hesses an Wilhelm Schussen vom 1. 3. 1946, in: Ausgewählte Briefe, a. a. O., S. 223.

15 Vorausgegangen war ein »Brief nach Deutschland«, den Hesse, der vielen Einzelfragen und Bitten um Spenden überdrüssig, in der Basler »National Zeitung« vom 26. 4. 1946 veröffentlicht hatte. Er sprach darin offen über die Verfehlungen der Deutschen und kritisierte ihre uneinsichtige Haltung zum Zusammenbruch. Für das deutsche Lesepublikum übernahm die in München und Berlin erscheinende »Neue Zeitung« diesen Brief ohne Hesses Wissen (2. 8. 1946, Nr. 61), und damit geriet Hesse erneut unter Beschuß und erhielt zahlreiche Haßbriefe. Vgl. Hermann Hesse, Politik des Gewissens, hrsg. von Volker Michels, Frankfurt a. M. 1977, suhrkamp taschenbuch 656, 1981.

16 Brief Hans Habes vom 8. 10. 1945 aus Bad Nauheim, dem Standort der 12. US-Army Group. Dazu: Hermann Hesse, Politik des Gewissens, a. a. O., S. 722 ff. und Ralph Freedmann, a. a. O., S. 448.

17 Hermann Hesse, Krieg und Frieden: Betrachtungen zu Krieg und Politik seit dem Jahr 1914, Zürich 1946, erw. Neuauflage in Deutschland, Berlin 1949. Dazu: Politik des Gewissens, a. a. O., S. 256; suhrkamp taschenbuch 656, S. 271.

18 Hermann Hesse, Danksagung und moralisierende Betrachtung (1946), WA 10, S. 103.

19 Joseph Mileck vermutet in seiner Hesse-Monographie, »vorübergehende Schwierigkeiten in seiner Ehe« hätten Hesse neben anderer Unbill in sein Versteck getrieben (S. 346). Aus dem Briefwechsel zwischen Hermann und Ninon läßt sich jedoch keine Trübung des Verhältnisses erkennen, lediglich eine umgreifende beiderseitige Erschöpfung.

20 Hesse war Schweizer Staatsbürger seit 1923 und hatte seit 1912 ununterbrochen in der Schweiz gelebt, dennoch war er gebürtiger Deutscher und hatte seinen Leserkreis in Deutschland. (Dazu 11. Kap., Anm. 43). Er wurde als »deutscher Dichter« geehrt, der dennoch nicht mit dem Dritten Reich in Verbindung zu bringen war. Thomas

Mann hatte den Nobelpreis für Hesse seit mehr als einem Jahrzehnt beantragt. Als erster deutscher Staatsbürger erhielt Heinrich Böll im Jahre 1972 den Nobelpreis für Literatur. Hesse hatte am 2. 3. 1949 von seinem Vorschlagsrecht für den nächsten Nobelpreis Gebrauch gemacht und zwei deutschsprachige Autoren benannt, »bedeutende und höchst verdienstvolle Persönlichkeiten, Martin Buber, den Juden und großen Führer der geistigen Elite unter den Juden«, und Gertrud von Le Fort, »wohl die wertvollste, begabteste Vertreterin der intellektuellen und religiösen Widerstandsbewegung«. In: Briefe 1959, S. 276.
21 Brief Ninon Hesses an Hermann Hesse vom 10. 10. 1946.
22 Beschreibung einer Landschaft, WA 8, S. 425 ff.
23 Brief Hermann Hesses an Eugen Zeller vom 4. 1. 1947.
24 Brief Hermann Hesses an Joachim Maass vom 29. 1. 1947.
25 Brief Hermann Hesses an Peter Suhrkamp vom 17. 12. 1947. Hermann Hesse–Peter Suhrkamp, Briefwechsel 1945-1959, hrsg. von Siegfr. Unseld, Frankfurt a. M. 1969, S. 79.
26 So bezeichnete Hesse gegenüber Karl Kerényi in einem Brief vom 19. 7. 1947 die Ehrungen durch »Goethe- und Nobelpreis, 70. Geburtstag, Ehrenbürgerrecht, Ehrendoktor etc. etc.«
27 Brief Ninon Hesses an Max Wassmer vom 20. 2. 1947.
28 Brief Ninon Hesses an Margrit Wassmer vom 30. 8. 1947.
29 Hausbrief vom 28. 4. 1946. Stagirit wurde Aristoteles genannt, weil er in Stageira, einer Stadt an der Ostküste Chalkidikes, geboren war.
30 Brief Ninon Hesses an Margrit Wassmer vom 17. 10. 1949.
31 Brief Ninon Hesses an Margrit Wassmer vom 30. 8. 1949.
32 Brief Ninon Hesses an Margrit Wassmer vom 7. 6. 1948.
33 Brief Ninon Hesses an Margrit Wassmer vom 30. 8. 1947.
34 Brief Ninon Hesses an Margrit Wassmer vom 10. 12. 1951.
35 Brief Ninon Hesses an Margrit Wassmer vom 28. 6, 1952.
36 Brief Ninon Hesses an Margrit Wassmer vom 17. 10. 1949.
37 Ein Briefwechsel ist nicht erhalten. Dazu bemerkt Lilly Kehlmann: »Elsy schrieb nie, sie telephonierte, und das vermittelte ihre Gegenwart weit besser, als ein Brief es vermocht hätte, denn sie war keine Schreibnatur. Ich bin sicher, daß sie oft in Ninons trübsten Stunden die einzige Zuflucht war. Mein Paradiesvogel kommt, schrieb Ninon mir einmal strahlend vor Glück, daß Frau Bodmer einige Zeit bei Hesses verbringen konnte. Ich kann Ninon gut verstehen, Elsy war jemand, der Güte und Anmut, Verständnis für andere und tätige Hilfe in harmonischer Weise vereinigte. Die Ausstrahlung war trotz ihres bescheidenen und eher formellen Auftretens ungemein stark.« Brief an Gisela Kleine vom 15. 10. 1980.
38 Brief Ninon Hesses an Dr. Herlint von den Steinen vom 20. 2. 1952.
39 Brief Ninon Hesses an Margrit Wassmer vom 14. 7. 1948.

40 Brief Ninon Hesses an Margrit Wassmer vom 26. 3. 1948.
41 Brief Hermann Hesses an C. Clarus vom August 1948. Hesse unterstützte regelmäßig Angehörige und Freunde in Deutschland. Dazu benutzte er die Erträge, die ihm der Verkauf von Gedichthandschriften und Aquarellen einbrachte, »ich gebe die Erträge meiner Arbeit auch nicht einem Roten Kreuz oder dieser oder jener Organisation, ich bin mit den Jahren und Jahrzehnten immer mehr ein Liebhaber des Individuellen und Differenzierten geworden, entgegen allen Tendenzen unserer Zeit.« Hesse macht es Spaß, für diesen guten Zweck »eine Handvoll weißer Blätter in eine Bilderhandschrift zu verwandeln und zu wissen, daß die Handschrift sich weiter verwandeln wird, in Geld zunächst, dann aber in Pakete mit Kaffee, mit Reis, mit Zukker und Öl und Schokolade...«. Vgl. Hermann Hesse, Magie der Farben, Frankfurt a. M. 1980, insel taschenbuch 482, S. 67ff.
Hesse hatte nach eigenen Aussagen monatlich einen Betrag von 600 Schweizer Franken für Spenden aufgebracht, was ihm schwerfiel, denn er war durch die Abwertung bei der Währungsreform ebenso betroffen wie die Einwohner der Bundesrepublik. Er nahm darum gern Aufträge für Bildmanuskripte entgegen, warb sogar in Anzeigen für Bestellungen. In einer solchen Anzeige, die in Hermann und Adele Hesses Veröffentlichung »Zum Gedächtnis des Vaters« enthalten ist (Tübingen 1949), bot Hesse »Zwölf Gedichte« an: »Vom Dichter illustriert. Dreizehn Doppelblatt auf Bütten mit je einem farbigen Bild. Es handelt sich nicht um Reproduktionen, sondern jedes Exemplar ist ganz von der Hand des Dichters hergestellt. Jedes Exemplar ist von jedem andern sowohl in den Bildern wie im Text stark verschieden, existiert also nur einmal. Der Preis eines Exemplares (13 Blatt mit 13 Bildchen) mit handgeschriebenen Texten beträgt zweihundert Mark.« Als von Dezember 1949 an wieder regelmäßige Honorarüberweisungen aus Deutschland eintrafen, verwendete er den Erlös aus diesen Handschriften für bedürftige Freunde.
42 Brief Ninon Hesses an Margrit Wassmer vom 7. 6. 1948.
43 1953 in New York angekommen, konnte Dr. Kehlmann sofort in einer Spielzeugfabrik arbeiten und nach einem Jahr bei der Firma Vandenbrook als Privat-Beamter die Börsenwelt kennenlernen. Inzwischen studierte er und wurde 1962 Master of librarian science (Bibliothekar) und ein Jahr später Abteilungsleiter in der New Yorker Public Library Queens mit 32 ihm zugeteilten Mitarbeitern. Seine Pensionierung 1972 erfolgte mit zahlreichen Ehrungen. Lilly Kehlmann hat während all dieser Jahre nur »jobs« versehen, teils auf graphischem Gebiet, teils als Lehrerin für Deutsch und Französisch. Nach der Pensionierung übersiedelten Kehlmanns auf Lillys Wunsch nach Wien.
44 Brief Ninon Hesses vom 3. 5. 1958 an Erika Ausländer, deren Toch-

ter Kitty sie nach vielen Bemühungen bei den zuständigen Behörden zu einer langwierigen Spezial-Behandlung von Kinderlähmungsfolgen in Begleitung der Mutter aus Rumänien in die Schweiz kommen ließ.
45 Brief Ninon Hesses an Lilly Kehlmann vom 21. 12. 1961. Alexis Zaloziecki war Arzt und ein Jugendfreund aus Czernowitz.
46 Hesse verbrachte den jährlichen Kuraufenthalt im Verena-Hof in Baden an der Limmat, dessen Eigentümern, Franz Xaver und Josef Markwalder, er sein Buch »Der Kurgast. Aufzeichnungen einer Badener Kur« widmete, Berlin 1925.
47 Brief Ninon Hesses an Erika Meyer vom 16. 11. 1950.
48 Brief Ninon Hesses an Nelly Seidl vom 18. 12. 1949.
49 Brief Hermann Hesses an Edmund Natter vom 25. 11. 1949.
50 Brief Ninon Hesses an Nelly Seidl vom 18. 12. 1949.
51 Der Text war im November 1945 für Radio Basel aufgenommen worden. Erste Veröffentlichung in Hermann Hesse, Krieg und Frieden, Zürich 1946; WA 10, S. 435 ff.
52 Brief Ninon Hesses an Margrit Wassmer vom 9. 1. 1951.
53 Brief Ninon Hesses an Margrit Wassmer vom 9. 1. 1951.
54 Brief Ninon Hesses an Hermann Hesse vom 12. 1. 1947.
55 Brief Peter Suhrkamps an Ninon Hesse vom 24. 5. 1951.
56 Brief Ninon Hesses an Peter Suhrkamp vom 22. 6. 1951.
57 Brief Ninon Hesses an Nelly Seidl vom 16. 12. 1951.
58 Brief Ninon Hesses an Gerhard Kirchhoff vom 5. 7. 1951.
59 Brief Ninon Hesses an Margrit Wassmer vom 5. 3. 1952.
60 Brief Ninon Hesses an Nelly Seidl vom 31. 12. 1952.
61 Brief Ninon Hesses an Karl Kerényi vom 16. 7. 1952. Gemeint ist die Biographie von Edmund Gnefkow, Freiburg 1952.
62 Sein erstes Gespräch mit Hermann Hesse hat Peter Suhrkamp in seinem Beitrag »Zum 70. Geburtstag Hermann Hesses« geschildert. In: Über Hermann Hesse, 1. Band, a.a.O., S. 158.
63 Brief Hermann Hesses an Gottfried Bermann Fischer vom 8. 5. 1950.
64 Brief Peter Suhrkamps an Ninon Hesse vom 11. 5. 1950.
65 Brief Ninon Hesses an Peter Suhrkamp vom 20. 10. 1951.
66 Brief Ninon Hesses an Margrit Wassmer vom 5. 3. 1952.
67 Brief Hermann Hesses von Ende Juni 1952 an Peter Suhrkamp, wiedergegeben in: Briefwechsel Hesse–Suhrkamp, a.a.O., S. 218.
68 Brief Ninon Hesses an Nelly Seidl vom 31. 12. 1959.
69 Brief Ninon Hesses an Gerhard Kirchhoff vom 27. 11. 1963.
70 Brief Ninon Hesses an Nelly Seidl vom 24. 1. 1953.
71 Brief Hermann Hesses an Ninon Hesse vom 23. 1. 1953.
72 Brief Hermann Hesses an Peter Suhrkamp vom Juli 1953, Briefwechsel, a.a.O., S. 253.
73 Brief Ninon Hesses an Hermann Hesse vom 2. 7. 1934 zu seinem 57.

Geburtstag. Sie stellt darin fest, sie eigne sich darum »bekanntlich gar nicht dazu, Feste zu feiern«.
74 Die Zitate zu Hiob befinden sich auf losen Notizblättern, »Versuche zu Hiob«, und bestehen in unzusammenhängenden Gedanken, die während der Lektüre niedergeschrieben wurden.
75 Brief Hermann Hesses an Peter Suhrkamp vom Ende März 1954, Briefwechsel Hesse–Suhrkamp, a. a. O., S. 268.
76 Brief Peter Suhrkamps an Hermann Hesse vom 7. 4. 1954. Briefwechsel Hesse–Suhrkamp, a. a. O., S. 270 ff.
77 Auf die Nachkriegsehrungen (1946/47) – Nobelpreis, Goethepreis, Ehrendoktorwürde der Universität Bern – folgten noch andere Würdigungen, so die Ehrenbürgerschaft von Calw (1950), der Wilhelm-Raabe-Preis der Stadt Braunschweig, die Aufnahme in die Friedensklasse des Ordens Pour le Mérite.
78 Brief Hermann Hesses an Peter Suhrkamp vom 11. 6. 1955, Briefwechsel Hesse–Suhrkamp, a. a. O., S. 310.
79 Brief Ninon Hesses an Martin Buber vom 25. 4. 1955.
80 Brief Ninon Hesses an Margrit Wassmer vom 26. 9. und 6. 10. 1955.
81 Brief Ninon Hesses an Dr. Joseph Ausländer vom 6. 12. 1955.
82 Hermann Hesse, Beschwörungen. Späte Prosa, neue Folge, Erzählungen, Rundbriefe, Tagebuchblätter, mit der Widmung: »Für Ninon zum 60. Geburtstag«, Berlin 1955.
83 Hermann Hesse, Traumfährte. Neue Erzählungen und Märchen, Zürich 1945.
84 Hermann Hesse, Vom Baum des Lebens. Ausgewählte Gedichte, Inselbücherei Nr. 454, Leipzig 1934, Widmung »Für Ninon«. H. Hesse, Siddhartha, 37.-39. Auflage, Berlin 1942 »Meiner Frau Ninon gewidmet«.
85 Für die Gedichte wurden im jeweiligen Anmerkungstext Quellenhinweise gegeben.
86 Kinderseele, WA 5, S. 167 ff.
87 Brief an Lilly Kehlmann vom 5. 5. 1962.
88 Niederschrift über mein mehrstündiges Gespräch mit Hermann und Ninon Hesse am 25. 8. 1954 in Montagnola, in dessen Mittelpunkt die Rezeption von Hesses Werk bei der studentischen Jugend der fünfziger Jahre stand. Ninon Hesse setzte das Gespräch später in ihrem Studio mit mir fort. *Ihre* Gedanken zum veränderten Werkverständnis werden im Text wiedergegeben. Die Verfasserin.
89 Brief Ninon Hesses an Nelly Seidl vom 31. 12. 1961.
90 Brief Hermann Hesses an Dieter Hannemann vom August 1958.
91 Postkarte Hermann Hesses an Gisela Pohlmann, verh. Kleine, vom 19. 9. 1949. – Hermann Hesse, Verlorenheit. Die Gedichte, 1. Bd., a. a. O., S. 428.
92 Zur Wirkungsgeschichte: Egon Schwarz, Ein Fall globaler Rezeption,

in: Über Hermann Hesse, a. a. O., 2. Bd., S. 194; Hermann Hesse, Die amerikanische Jugendbewegung und Probleme der literarischen Wertung, a. gl. O., S. 79; Hermann Hesse, in: Literarische Profile, Königstein/Ts. 1982, S. 287.
93 Brief Ninon Hesses an Lilly Kehlmann vom 2. 3. 1962.
94 Rigi-Tagebuch, WA 8, S. 407.
95 Etwa in: Der gestohlene Koffer, Rigi-Tagebuch, Aufzeichnung bei einer Kur in Baden, Die Dohle, und in den Rundbriefen. WA 8, S. 393, 408, 508, 545 und WA 10, S. 263 bis 408.
96 H. Carossa, Besuch in Montagnola, in: Über Hermann Hesse, 1. Bd., a. a. O., S. 205.
97 Briefe Ninon Hesses an Nelly Seidl vom 4. 1. 1949 und vom 22. 9. 1956.
98 Brief Hermann Hesses an Peter Suhrkamp vom November 1958. Briefwechsel Hesse–Suhrkamp, a. a. O., S. 399.
99 Brief Ninon Hesses an Günther Klinge vom 22. 11. 1963.
100 H. Carossa, Besuch in Montagnola, in: Über Hermann Hesse, 1. Bd., a. a. O., S. 204.
101 Postkarte vom 27. 10. 1959.
102 Brief Hermann Hesses an Ninon Hesse vom 14. 4. 1956.
103 Brief Ninon Hesses an Margrit Wassmer vom 14. 3. 1957.
104 Brief Hermann Hesses an Peter Suhrkamp von Ostern 1957, Briefwechsel Hesse–Suhrkamp, a. a. O., S. 365.
105 Brief Ninon Hesses an Margrit Wassmer vom 14. 3. 1957.
106 Briefe Ninon Hesses an Nelly Seidl vom 18. 9. 1960 und 31. 12. 1961.

Zehntes Kapitel, Spiegelungen

1 Wilhelm Meisters Wanderjahre, 3. Buch, 4. Kapitel.
2 Römische Notizen 1931. – Sogen. »Schlafende Ariadne«, 3. Jh. vor Chr., Rom, Vatikan.
3 »Reinhold« nannte Ninon in ihren Aufzeichnungn B. F. Dolbin (vgl. 3. Kapitel).
4 Rom-Tagebuch 1935.
5 Rom-Tagebuch 1932.
6 Friedrich Nietzsche, Die Geburt der Tragödie aus dem Geiste der Musik, 1882.
7 Brief an Margrit Wassmer vom 15. Januar 1952 und Londoner Reisenotizen (7.-27. 10. 1935). Die Notiz wurde am 17. Oktober nach dem Besuch eines Mozart-Sinfoniekonzertes in der Queens Hall niedergeschrieben. (Mozart E flat K 543).
8 Rom-Tagebuch 1935, S. 5.
9 Notizen vom 14. 4. 1937 im Zug von Mailand nach Brindisi.

10 Londoner Reisenotizen von 1935.
11 Matidia war, entgegen Ninons Text, nicht die Gattin Hadrians, dies war Sabina. Die ältere Matidia war die Schwiegermutter des Trajan, die jüngere Matidia war die Schwester der Sabina und die Tochter von Trajans Schwester Marciana, wie Ninon zutreffend feststellte. – Der Bassai-Fries wurde 420 v. Christus dem Apollon Epikurios geweiht und stammt von dessen Tempel oberhalb von Phigaleia in Arkadien.
12 Reliefs von den 12 Taten des Herkules, vor der Mitte des 5. Jh. v. Chr., einige im Louvre, Paris. Notiz von 1935.
13 Londoner Notizen 1935.
14 Rom-Tagebuch, S. 3, S. 17.
15 Brief Ninon Hesses an Hermann Hesse vom 28. 10. 1933.
16 Reisetagebuch Sizilien 1934, I, S. 39.
17 Emanuel Loewy (1857-1938) lehrte seit 1918 in Wien, vgl. Kap. 3, Anm. 8.
18 Ulrich von Wilamowitz-Moellendorff (1848-1931) vertrat die textgeschichtliche und quellenkritische Betrachtungsweise der Antike.
19 London-Tagebuch 1935.
20 Reisetagebuch Sizilien I, S. 2 ff.
21 Griechisches Tagebuch 1959, Eintragung vom 8. 1. 1960. Hier liegt auch der Grund, warum Ninon die Aufforderung ihrer Freunde, die Reisetagebücher zu veröffentlichen, ablehnte. Sie wußte selbstkritisch, daß es ihr nie gelang, Erlebnisse und Faktenwissen zu einem harmonischen Gesamtbild zu verschmelzen. Der sachliche Wissensdrang brach immer wieder durch, auch ihre Ungeduld, Wichtiges und Unwichtiges nachträglich in ein angemessenes Gleichgewicht zu bringen. Alte Reisetagebücher waren für sie abgetan. Sie wandte sich suchend neuen Erkenntnissen zu.
22 Properz, ca. 50. v. Chr. in Assisi geboren, wurde neben Ovid und Tibull der bedeutendste Schöpfer von Elegien im Geist des Augustus und seiner Epoche.
23 Vergil – P. Vergilius Maro – wurde 70 v. Chr. bei Mantua geboren und schrieb etwa 29-19 v. Chr. dieses Helden-Epos von 12 Büchern (10000 Versen), in dem Aeneas im Auftrag der Götter eine Schar der beim Untergang seiner Vaterstadt Troja Geretteten an einem neuen Ort ansiedeln und alle Hindernisse beseitigen soll, die sich der befohlenen Neugründung der Stadt entgegenstellen. So gelangte er auch nach Cumae.
24 Reisetagebuch Sizilien I, S. 77.
25 Diesen Gedanken vermittelt Sigmund Freud in seinem 1906/07 entstandenen Aufsatz: »Der Wahn und die Träume in W. Jensens Gradiva«, seiner ersten Analyse anhand eines literarischen Stoffes, einer Novelle von W. Jensen, die an Pompeji und seine Verschüttung an-

knüpft. Ninon wird bei ihrer gründlichen Freud-Kenntnis diesen Essay gekannt haben. (Studienausgabe des S. Fischer Verlages Bd. X, Bildende Kunst und Literatur, S. 9).

26 Reisetagebuch Sizilien II, S. 9.
27 Reisetagebuch Sizilien II, S. 12ff.
28 Vgl. dazu Textstelle im 8. Kapitel, Seite 294ff.
29 Reisetagebuch Sizilien II, S. 63.
30 Brief Ninon Hesses an Hermann Hesse vom 20./21. 4. 1937.
31 Brief Ninon Hesses an Hermann Hesse vom 30. 4. 1937.
32 Brief Ninon Hesses an Hermann Hesse vom 20./21. 4. 1937.
33 Notizheft von Griechenlandreisen 1937 und 1939, Delphi am 12. 5. 1937.
34 Brief Ninon Hesses an Hermann Hesse vom 6. 5. 1939.
35 Pausanias verfaßte um 170/180 n. Chr. eine Reisebeschreibung, in der er die Sehenswürdigkeiten Griechenlands behandelte. – Wie sich Ninon auf ihre Reisen vorbereitete, ist in einem Brief an Ludwig Renner überliefert: »Griechische Reisebeschreibungen kann ich überhaupt nicht ausstehen, mit Ausnahme des Buches von Bachofen, das ganz herrlich ist, und einiger Aufsätze Hofmannsthals! Herodot, Pausanias, Strabo, Apollonios Rhodios – diese Reisebeschreibungen lese ich, Strabo allerdings kann man nur nachschlagen und nicht in einem Zug lesen« (30. 4. 1954).
36 Die Vermutung, daß Ninon am Entwurf »Kastaliens« beteiligt war, ist abzulehnen, ihre Auffassung vom Apollinischen erweist sich als zu abweichend von der Hesses. In seinem Leben gab es, obwohl er der fernöstlichen Weisheit bis ins hohe Alter zugewandt blieb, zahlreiche Berührungspunkte mit der Antike, die von Ninon unabhängig waren. Hesse geriet in den Einfluß von Jacob Burckhardt, wenn auch erst nach dessen Tod. Die Bedeutung des Pater Jakobus und dessen Einfluß auf Josef Knecht im »Glasperlenspiel« kennzeichnen die Bedeutung dieser Begegnung. Eine Einführung in das Griechentum und in die Deutung des Apollinischen erfolgte auch in Hesses Tübinger und Baseler Zeit durch die intensive Lektüre von Nietzsches Schriften. – Ninon Hesse berichtete in Briefen über Hesses Vorliebe für Thukydides, mit Paula Philippson habe er über dessen Geschichtsdarstellung lebhafte Gespräche geführt. Sie selbst hat keine Neigung für griechische Historiker geäußert, so wird auch eine gemeinsame Abendlektüre des »Peloponnesischen Krieges« nicht von ihr angeregt worden sein. – In Briefen von ihren Reisen streute Ninon gern und zu Hesses Freude griechische Worte ein, auch er schätzte »die Magie der griechischen Buchstaben«. Hesse hatte zwei Jahre lang vor und in seiner Maulbronner Schulzeit Griechisch gelernt und es als Auszeichnung empfunden, in der Stube »Hellas« zu wohnen. Dazu auch Brief Hermann Hesses vom 2. 5. 1896 an seine Eltern: »Von der griechischen

Mythologie glaube ich jetzt einen ordentlichen Begriff zu haben.«
Vgl. Hermann Hesse, Kindheit und Jugend vor Neunzehnhundert,
2. Bd., a. a. O., S. 102. – Später hat er durch seine immense Belesenheit sicherlich oft Gelegenheit gehabt, sich mit griechischem Bildungsgut gründlich bekannt zu machen. Ninons Berichte über ihre archäologischen Arbeiten und Reisen, ihre Kunst- und Philologiestudien haben erst später dazu beigetragen. Die Kastalia als Quelle Apollons und späterer (römischer) Dichterborn war Hesse seit seiner Jugend vertraut.

37 Martin Buber erklärte das Streben nach Einheit, welches ein Streben nach gestalthaftem Erfassen sei, als »dem Juden eingeboren. [...] Das Streben nach Einheit ist das, was den Juden schöpferisch gemacht hat.« Es mache die »Mythenbegabung« des jüdischen Volkes aus, denn mythisches Denken ist gestalthaftes Denken. In: M. Buber, Der Jude und sein Judentum, Köln 1963, S. 22 ff.

38 Vorbemerkung zur Apollon-Arbeit S. XIV. Der Apoll von Belvedere ist die römische Marmorkopie einer Bronzestatue des Leochares aus der Zeit Alexanders des Großen; sie befindet sich in den Vatikanischen Sammlungen. – Ninon hat den Vorgang ihres Hindurchsehens oder Schichtensehens einmal beschrieben: »Zunächst das Sehen dessen, was da ist, in seiner Umgebung. Dann: das Hinzugekommene, Spätere (Römisches, Mittelalterliches usw.) wegdenken. Dann: Das Fehlende hinzudenken (z. B. die Weihgeschenke auf der Akropolis, die Mauern, die Giebel, Metopen und Friese, das Standbild der Göttin sich in der Cella vorstellen...) Dann: das, was vorher da war, sich vorstellen, den Hekatompedos, das Grab des Erechtheus, das Heiligtum der Pandrosos, Poseidon, die Grotten am Nordabhang der Burg. [...] Aber was sich in Wirklichkeit vollzieht, ist ein gegenseitiges Sich-Durchdringen aller Schichten. Man sieht polyphon.« – Undatierte Notiz, geschrieben auf der Akropolis in Athen.

39 Apollon-Arbeit, alle im folgenden nicht näher bezeichneten Zitate entstammen den Aufzeichnungen für eine Apollon-Arbeit.

40 So übersetzte Johann Heinrich Voß: Ilias I, 47 und Ilias I, 48 ff.

41 Notiz vom 29. 4. 1939, geschrieben bei der Betrachtung des Westgiebels vom Zeustempel in Olympia.

42 Apollon-Arbeit, einleitende Notizen.

43 Bei den Eranos-Tagungen fand sich jährlich eine kleine Gruppe von »Gelehrten und gebildeten Laien« zu einer Vortragsreihe zusammen, »die in sich selber die fruchtbare Gegenüberstellung von Ost und West mit dem Schürfen nach der Tiefe unseres Geistes verbinden.« In freier Aussprache sollten religionswissenschaftliche Themen erörtert und östliche und westliche Erlösungslehren vergleichend gegenübergestellt werden. Diese Ziele betonte im Vorwort des ersten Eranos-Jahrbuchs (Band 1, 1933, erschienen im Rhein-Verlag Zü-

rich, 1934) die Initiatorin der Treffen, Olga Fröbe-Kapteyn, unter deren organisatorischer Leitung die Tagungen von 1933 bis 1962 – ihrem Todesjahr – standen. Später fanden die Symposien, deren Beiträge in den Eranos-Jahrbüchern gedruckt vorliegen, eine thematische Ausweitung, doch das Grundanliegen blieb gewahrt: die Erkenntniskräfte des Menschen auszuweiten von einer nur rationalen Welterfassung ins Mystisch-Irrationale, in die Welt der Seelenkräfte, des Glaubens, der Magie, um den Begriff einer nur verstandesmäßig definierten Wirklichkeit aufzusprengen. – Der ungarische Religionswissenschaftler Professor Karl Kerényi war seit 1941 mit C. G. Jungs Arbeiten eng verbunden, als er mit ihm zusammen eine »Einführung in das Wesen der Mythologie« veröffentlichte. Er sah im Eranos-Kreis einen wegbahnenden Einstieg und ein Forum für seine eigenen Religionsforschungen. Als 1944 Ungarn von den Deutschen besetzt wurde, blieb Kerényi in der Schweiz. 1951 brach er seine Teilnahme an den Eranos-Gesprächen ab. Mit Hermann Hesse stand Kerényi seit einem Besuch in Montagnola 1936 in loser Verbindung, die sich durch seine mit Ninon Hesse gemeinsamen Interessen an mythologischen Forschungen festigte. Dazu: Briefwechsel aus der Nähe, herausgegeben und kommentiert von Magda Kerényi, München 1972.

44 Carl Gustav Jung, Wandlungen und Symbole der Libido, 3. Auflage 1938, S. 5. Hier stellt Jung anhand reichen Quellenmaterials dar, daß Mythen als zeitlose, völkerpsychologische Bildschöpfungen zur Auslegung der Welt zu verstehen seien. Das Bild des Universums entsprach darum der subjektiven Erlebniswelt. »So ist der Mythos ein erhalten gebliebenes Stück aus dem infantilen Seelenleben des Volkes und der Traum der Mythos des Individuums. A. a. O., S. 26. Ninon rückte von dieser Sicht des Mythos ab, für sie war der Mythos die Offenbarung dessen gewesen, was in der Welt als Schöpfung angelegt und anwesend war und – unter den bestimmten Aspekten eines Gottes – dem dafür empfänglichen Betrachter erkennbar wurde.

45 Brief Ninon Hesses an Hermann Hesse vom 5. 8. 1942.

46 Brief Ninon Hesses an Hermann Hesse vom 11. 8. 1942.

47 »Humanistische Seelenforschung« nannte Kerényi sein Vorhaben, die klassische Philologie mit der modernen Existenz zu verbinden und den historischen Abstand der Altphilologen zu den antiken Texten abzubauen. Er wandte sich gegen die vorhergehende Forschergeneration und gegen Erwin Rohdes »Psyche – Seelenkult und Unsterblichkeitsglaube der Griechen«, 1893. Er kritisierte die »Verkümmerung« der altphilologischen Wissenschaft und ihre Beschränkung auf formalsprachliche Fakten, sah sie vielmehr als Quelle zeitloser Wahrheiten vom menschlichen Zusammenleben an. Dazu: Die orphische Seele, 1934; Was ist Mythologie? 1939.

48 Brief Ninon Hesses an Hermann Hesse vom 14. 3. 1942.

49 Diese Briefe sind zum Teil in den Anmerkungen zum Hesse-Kerényi-Briefwechsel enthalten. Ein Beispiel soll ausschnitthaft die Art dieser Korrespondenz verdeutlichen. Als Kerényi prüfte, ob der griechische Mythos in der Gestalt der Niobe »ein Bild der menschlichen Existenz« biete, bat er Ninon: »Das sind theoretische Fragen. Es gibt aber auch methodische und historisch-philologische. Ich wäre Ihnen sehr dankbar, wenn Sie mir eine solche stellen wollten.« – Ninon antwortete mit einem sechsseitigen Typoskript: »Ihre Interpretation: Nicht Strafe sondern Schicksal – die auf das Aischylos-Zitat zurückgeht, ist unendlich verlockend, ebenso die Gegenüberstellung des Prometheus als ›göttlicher Träger der menschlichen Art des Seins‹ und der Niobe: Somit wäre Niobe eine Göttin – und das stimmt zu Soph. El. 150 und Soph. Antig. 823 ff., zum Felsbild auf Sipylos u. zum Kult in Kilikien – aber nicht zum Aischylos-Zitat: ›Den Anlaß schafft der Gott der *Sterblichen* / Wenn er ein Haus zugrunderichten will‹. Und vor allem stimmt es nicht zur homrischen Überlieferung und zu Ovid – und *wir haben* die Überlieferung ihrer Bestrafung schließlich so gut, wie die andere. Wie anders aber wurden Götter bestaft – Hera, Apollon, Asklepios, Hephaistos, Leto! Niobe hat sich vor Leto gerühmt, sie hat ihre 12 bis 20 Kinder mit den Leto-Sprößlingen verglichen: Gibt es einen größeren Frevel als ἀσέβεια? Der Stolz auf ihre Kinder ist der Mutter eingeboren, immer wieder wird sie sich rühmen, immer wieder wird sie dafür bestraft werden, natürlich nur die sterbliche Mutter! Bei Prometheus war die Strafe dadurch verschärft, daß er unsterblich war – bei Niobe geht die göttliche Unersättlichkeit des Strafens so weit, daß sie als Felsbild unsterblich ›wird‹. Nicht daß ich solche Evolution annehmen will – aber wie soll man es erklären? Die Niobiden waren eben sterblich – und d. i. ein halber Beweis für die Sterblichkeit ihrer Mutter!... – Ob nun das Niobe-Schicksal »Strafe« oder »Leiden« ist (das wäre kein Widerspruch: »Ihr laßt den Armen schuldig werden, / dann überlaßt ihr ihn der Pein« *ist* die menschliche Grundsituation) – es ist auf jeden Fall das Leiden der Mutter, die in ihren Kindern getroffen wird, nicht der *Frau* oder Urfrau – und dann scheint mir die Parallele zu Prometheus als dem »Urbild des Mannes« nicht erschöpfend zu sein. – Sie sehen Atlas als Gegenstück zu Prometheus (am Zeusthron von Olympia) – aber ist das nicht eine romantische Vorstellung aus dem 18./19. Jahrhundert, »ich unglückseliger Atlas...« – *ist denn der griechische Atlas eine tragische Figur?* Warum? Warum nehmen Sie nicht als Parallelen zum prometheischen Schicksal Tantalus, die Danaiden, Sisyphus? *Das vergebliche Sich-Mühen ist die tragische Strafe*, das pausenlose Immer-Wieder-Erleiden. Was das Niobe-Schicksal unvergleichlich macht und zugleich so unverhältnismäßig im Ausmaß, scheint mir das zu sein, *daß andere*, Unschuldige, um ihres Frevels

willen bestraft werden. Eine Mutter kann ja nur im Leiden ihrer Kinder getroffen werden, als Mutter hat sie ἀσέβεια begangen – als Mutter wird sie gestraft...«. – Auch in diesem Brief widerstrebt Ninon die Gleichsetzung von »Frau« und »Mutter«. Brief Ninon Hesses an Karl Kerényi vom 10. 8. 1946.

50 John Cowper Powys, Wolf Solent. Die englische Originalausgabe erschien 1929 bei Jonathan Cape, London. Eine dreibändige Übersetzung von Richard Hoffmann erschien 1930 bei Zsolnay, Wien. Ninons Aufsatz erschien in der »Neuen Schweizer Rundschau« N.F. 14 (1946/47), S. 600-608; 654-667.

51 Daß Ninon ihr Mißgeschick immer wieder mit dem des Herrn Korbes verglich, hat Hermann Hesse zu einem Scherzgedicht über Korbes veranlaßt, »zu meiner Unterhaltung und zu Ninons Spaß«, wie er einer Ausfertigung, die er am 20. Februar 1947 seinem Jugendfreund Otto Hartmann schickte, hinzufügte. Hermann Hesse, Bericht aus Normalien, suhrkamp taschenbuch 1308, S. 140.

Gedanken über Korbes
Schon vor Jahren ist Herr Korbes
Auf so traurige Art gestorbes.
Sein Charakter wird verdächtigt,
Doch mir scheint es unberechtigt,
Denn von Lastern oder Sünden
Weiß die Quelle nichts zu künden,
Und er kann sich nicht mehr wehren.
Nein, wir halten ihn in Ehren,
Weil er alles das erduldet,
Was wir, wenn wir Korbes wären,
Zu erdulden nie begehren,
Und es traf ihn unverschuldet.
Manchmal kriegen wir's zu spüren,
Sehen hinter allen Türen,
Fenstern, Betten, Herden, Mauern
Unglück warten, Unheil lauern
Wie einst vor dem Tore draus
In Herrn Korbes seinem Haus.

52 Brief Ninon Hesses an Lilly Kehlmann vom 25. 3. 1957.

53 Wie sehr Ninon überall nach Symbolen und Motiven suchte, beweist ein Brief, in dem sie sich unter anderem über das 1948 erschienene Buch »Griechische Kunst und Olympia« von Emil Kunze äußerte und zur darin publizierten Gruppe Zeus und Ganymed feststellte: »Außerordentlich interessiert mich, daß Ganymedes in der Linken einen prächtigen Hahn hält – Kunze, dem dies weit weniger Sorgen macht als mir, sagt dazu: ›[...] das Liebesgeschenk des Gottes‹. Daß mir davon nichts bekannt war, will nichts besagen. Ich suchte bei Gruppe,

Mythologie – kein Hahn bei Ganymedes, bei Preller-Robert: nichts! Ich suchte im Farnell, Cults – nichts. In hom. H. V. (an Aphrodite) – nichts. In den Fragmenta historicorum Graec., die zitiert waren, – nichts. Da ich seit Monaten mit Hähnen und Hühnern beschäftigt bin – aber nicht als Bäuerin, sondern weil ich mich mit Märchen beschäftige –, ist mir jeder Hinweis auf Hähne teuer. Aber außer dem bildlichen Hinweis fand ich keine literarischen; in Zürich natürlich, wo ich im Pauly-Wissowa nachschlagen könnte, fände ich vielleicht einen Hinweis.« – Brief Ninon Hesses an Herlint von den Steinen, April 1955.

54 Kinder- und Hausmärchen, gesammelt durch die Brüder Grimm, Auswahl für Kinder, mit einem Nachwort und durch drei Märchen aus der ersten Auflage von 1812 ergänzt und herausgegeben von Ninon Hesse, Büchergilde Gutenberg, Zürich 1955. In der Auswahl für Kinder aus den von den Brüdern Grimm gesammelten Märchen bemühte sich Ninon neben der deutlichsten Motivüberlieferung auch, »allzu Erschreckendes, Grausiges, Befremdendes zu vermeiden. [...] Um einer Grausigkeit willen, gegen die wir – gerade wegen des Entsetzlichen und Unvergeßbaren, das in unserer Zeit geschehen ist – empfindlicher geworden sind [...], mußten einige Märchen in unserer Auswahl wegfallen, die zu den schönsten gehören, wie ›Von dem Machandelboom‹, ›Der Räuberbräutigam‹, ›Fitchers Vogel‹.«

55 In einem 20 Seiten umfassenden Nachwort zur Ausgabe der Deutschen Märchen vor und nach Grimm, die zum Teil noch aus dem 18. Jahrhundert stammen oder spätestens bis 1858 belegt sind, gibt Ninon für die einzelnen Märchen Quellen und Überlieferungen an und erläutert ihr Auswahlprinzip, die Motiv-Vielfalt: »Die Arbeit, die zu leisten war, bestand darin, möglichst viele Überlieferungen zu prüfen und zu versuchen, aus ihnen jedesmal diejenige zu wählen, welche ein bestimmtes Motiv am besten erzählt. Dabei sollten Märchen aus möglichst vielen deutschsprachigen Landschaften gebracht werden, also auch aus der Schweiz, aus Österreich, aus Siebenbürgen. Ich war bemüht, viele Märchenmotive heranzuholen, und habe doch ein und das andre Mal die gleichen Motive in verschiedenen Überlieferungen gezeigt« (S. 347). Deutsche Märchen vor und nach Grimm, Europa-Verlag Zürich, Stuttgart, Wien, 1956, Nachwort, S. 359. Neuausgabe als insel taschenbuch Nr. 427 unter dem Titel »Der Teufel ist tot«.

56 Zu dieser Motivforschung wurde Ninon weitgehend durch C. G. Jung angeregt. Ein grundsätzliches Beispiel für die bildhafte Verdeutlichung des Geistes im Märchen – z. B. als alter Mann, als kleines graues Männlein usw. – bringt Jung in: Zur Phänomenologie des Geistes im Märchen, Gesammelte Werke, 9. Bd., S. 224; oder: Eranos-Jahrbuch VIII 1945, Zürich 1946, wo diese Abhandlung unter dem

Titel »Zur Psychologie des Geistes« erschien.

57 Neue Zürcher Zeitung, Beilage: Literatur und Kunst, Sonntagsausgabe vom 3. 4. 1960. Der Aufsatz beginnt: »Kürzlich sprach Dr. Max Lüthi im Radio in der Sendereihe: ›Vom Wesen des Volksmärchens‹ über ›das Erdkühlein‹; dabei erwähnte er, daß der Name ›Erdkühlein‹ bis heute unerklärt geblieben sei. Dies schreibt auch Albert Wesselski in der ›Wissenschaftlichen Ergänzung der 1942 erfolgten Neuausgabe der Deutschen Märchen von Grimm‹ (R. M. Rohrer Verlag), in welcher ausführliche Anmerkungen zu diesem Märchen stehen. – ›Das Erdkühlein‹ ist zwischen 1559 und 1566 in Straßburg gedruckt worden, in dem ›Ander theyl der Gartengesellschaft‹ von Martin Montanus, und heißt dort: ›Ein schön History von einer Frawen mit zweyen Kindlin‹. Es ist das älteste Aschenbrödelmärchen. Die ›gatta cennerentola‹ des G. Basile (Pentamerone I, 6) ist 1634 erschienen, also mehr als 60 Jahre später, ›Cendrillon ou la petite Pantoufle de verre‹, No 6 in Charles Perraults Sammlung, 1697, ›Finette Cendron‹ der Mme d' Aulnoy etwas später als Perrault. – Über einige Motive im Märchen vom Erdkühlein und ihre Verbreitung berichtet Wesselski [...]. 1951 erschien in Lund eine Untersuchung über ›The Cindarella Cycle‹ von Anna Birgitta Rooth. – *Eine* Dichtung aber, in welcher das Motiv des Wunderbaumes – eigentlich Zweiges – schon sehr früh vorkommt, ist, soweit ich es übersehen konnte, bisher von keinem Märchenforscher erwähnt worden: Vergils Aeneis und die Episoden vom goldenen Zweig im VI. Gesang.« – Ninon wollte Namen und Begriff des »Erdkühleins« erhellen und auf die Überlieferung von Vergil zu Martin Montanus im 16. Jahrhundert verweisen.

58 Brief Ninon Hesses an Heiner Hesse vom 6. 3. 1965.

59 Paula Philippson (1874–1949), Mein Weg zum Griechentum. In Memoriam Paula Philippson, o. J. o. O., herausgegeben von Hans Bänziger. Veröffentlichungen: Genealogie als mythische Form. Beiheft VII der Symbolae Osloenses. Oslo 1936; Griechische Gottheiten in ihren Landschaften. Beiheft IX der Symbolae Osloenses. Oslo 1939; Der Kosmos des Okeanos. Privatdruck Basel 1940; Untersuchungen über den griechischen Mythos. Zürich, Rheinverlag 1944; Thessalische Mythologie. Zürich, Rheinverlag 1944; Die vorhomerische und homerische Gestalt des Odysseus. Museum Helveticum IV 1947. Paula Philippson war Schülerin von Walter F. Otto und Karl Reinhardt, in deren römisch-religionswissenschaftlichem Seminar die grundlegenden Arbeiten der »Frankfurter Schule« entstanden. Sie ist jedoch über Ottos Lehre von der zeitlosen Verbindlichkeit der olympischen Religion, mit der er sich gegen den Historismus abgrenzte, hinausgegangen und hat die geschichtlichen und räumlichen Bedingungen bei der Entstehung der griechischen Götterlehre nachgewiesen, ohne allerdings Ottos Grundgedanken aufzugeben,

daß die griechischen Götter überzeitlich gültige Teilaspekte der Welt darstellen.
60 Walter F. Otto, Die Götter Griechenlands. Das Bild des Göttlichen im Spiegel des griechischen Geistes, Frankfurt a. M. 1947, 3. Auflage, S. 164: »Für das Verständnis der Personen dieser neuen Götter ist es gleichgültig, welche Bedeutung ihr Kult in Urzeiten gehabt hat.« Otto »glaubte« an die griechischen Götter, betonte ihr unveränderliches Sein, ihre entwicklungsunabhängige Gestalt. Ganz konnte er freilich die geschichtlichen Veränderungen in Opferfesten und Kult nicht übergehen, aber er hielt sie für unerheblich: »Ob die Homerische Dichtung zuweilen noch eine leise Erinnerung an die alten Tierformen verrät, braucht uns hier nicht zu kümmern« (S. 165).
61 Paula Philippson, Genealogie als mythische Form, Beiheft VII der Symbolae Osloenses, Oslo 1936, S. 63.
62 Paula Philippson, Die vorhomerische und die homerische Gestalt des Odysseus, Museum Helveticum, Vol. 4, März 1947, S. 8.
63 Karl Kerényi, Hermes als Seelenführer, Eranos-Jahrbuch 1942, Bd. IX, Zürich 1943, S. 9-107; Alba Vigiliae N. F. I., Zürich 1944.
64 Moira: ursprünglich Anteil an Lebensschicksal, das dem Menschen zufällt.
65 Apollon-Statue einer Gruppe, die den Dachfirst des Tempels von Portonaccio (bei Veji) schmückte (510-490). Rom, Museo Nazionale Villa Giulia.
66 Brief Ninon Hesses an Ludwig Renner vom 30. 4. 1952.
67 Paula Philippson, Griechische Gottheiten in ihren Landschaften, Beiheft IX der Symbolae Osloenses, Oslo 1939. »In zwei Offenbarungsformen teilt sich die griechische Gottheit dem griechischen Menschen mit: in ihrer Landschaft und in ihrem Mythos. In der Landschaft offenbart sie ihr Wesen überzeitlich. Der Kult – und die zu ihm gehörende Epiklese – ist die Form, in der der Mensch, dem die Epiphanie in Landschaft und Mythos zuteil geworden ist, seine Ergriffenheit durch die Gottheit, darstellt« (S. 53).
68 Archaisches Apollon-Heiligtum in Ptoion, Böotien; Apollon löste hier als Kultnachfolger einen noch älteren Heros Ptoios ab. Fundbezirk von archaischen Kuroi und Dreifüßen. – Notiz Ninons im Reisetagebuch 1959.
69 Reisetagebuch Griechenland 1952, 1. Teil, S. 53.
70 Brief Ninon Hesses an Nelly Seidl vom 23. 11. 1951.
71 Reisetagebuch Griechenland 1952, I. S. 45 ff.
72 Aischylos 525-456 v. Chr., Athenischer Tragödiendichter.
73 Reisetagebuch 1952, I. S. 67 ff. – Wie Ninons Vorstellung von der realen Existenz der griechischen Götter auf Außenstehende gewirkt hat, beschreibt R. J. Humm in einem Beitrag der »Weltwoche« Zürich vom 8. 1. 1943: »Brief an Frau Ninon Hesse über das Komi-

sche«. Humm bespricht darin Marc Chapiros »L'illusion comique« und mißversteht Ninons »Götterglauben« als Sehnsucht nach deren »heiterer Fühllosigkeit«. Er begann: »Erinnern Sie sich, Frau Ninon, daß Sie mir vor zwei, drei Jahren sagten, es quäle Sie so sehr, nicht zu wissen, welches das Wesen der griechischen Götter sei, worin ihre Erlebnisse bestünden, und wie solch ein Gott sich fühle, vorkomme und auffasse? Ich hob die Hände und ließ sie wieder fallen, denn ich wußte es auch nicht; und wir schwiegen über diese tiefe Frage. Ich hatte den Eindruck, Sie hielten einen griechischen Gott für ein real existierendes Wesen. Und ich ging vorsichtig mit Ihnen um und sagte mir: es ist gut, daß ich nicht alles weiß. Nun sind Sie, gottlob, Sie haben es oft bewiesen, im Geiste ja gesund, und andere Sorgen außer der um die Wesenheit griechischer Götter haben Sie auch, mehr als genug. So versank denn in mir Ihre Vorstellung von der realen Existenz der Götter in ein Meer des wirklich menschlichen Bedauerns, und daraus tauchte sie manchmal empor als eine Aufgabe, die ich an Ihnen zu erfüllen, aber nicht gelöst hätte. Ich ahnte, dieser Wunsch, Zeus und Apollo und Aphrodite möchten wahr sein, verhülle die Sehnsucht, die Welt möchte es weniger sein; und durch die Angleichung mit den hehren Göttern möchten auch Sie die heitere Unempfindlichkeit erlangen, die Ataraxie, die uns diese Welt besser ertragen läßt.« – Ninon hat diese Auslegung nicht berichtigt.

74 Brief Ninon Hesses an Herlint von den Steinen vom 30. 12. 1951.
75 Reisetagebuch Sizilien I, 1934, S. 75.
76 Reisetagebuch Griechenland 1955, Eintragung vom 14. 4. 1955, S. 14ff.
77 Reisetagebuch Griechenland 1955, S. 15.
78 Ninon Hesse, Entwurf einer Hera-Arbeit, Reflexionen. – Alle im folgenden Text nicht näher hinsichtlich der Fundstellen gekennzeichneten Zitate entstammen den Fragmenten dieser Hera-Arbeit.
79 In Wahrheit war dieses Bildnis ein römisches Porträt der Kaiserzeit.
80 Brief Hermann Hesses an Ninon Hesse vom 23. 11. 1931.
81 Friedrich Schiller, Briefe über die ästhetische Erziehung des Menschen, 15. Brief, 1793/94. Schillers Sämtliche Werke, Cotta-Ausgabe 1904, Bd. 12, S. 60: »Es ist weder Anmut, noch ist es Würde, was aus dem herrlichen Antlitz einer Juno Ludovisi uns spricht; es ist keines von beiden, weil es beides zugleich ist. Indem der weibliche Gott unsre Anbetung heischt, entzündet das gottgleiche Weib unsere Liebe; aber indem wir uns der himmlischen Holdseligkeit aufgelöst hingeben, schreckt die himmlische Selbstgenügsamkeit uns zurück. In sich selbst ruhet und wohnt die ganze Gestalt, eine völlig geschlossene Schöpfung, und als wenn sie jenseits des Raumes wäre, ohne Nachgeben, ohne Widerstand; da ist keine Kraft, die mit Kräften kämpfte, keine Blöße, wo die Zeitlichkeit einbrechen könnte.«

82 Walter F. Otto, Die Götter Griechenlands, 3. Auflage, Frankfurt 1947 (geschrieben 1934). Otto behandelt Athena, Apollon und Artemis, Aphrodite und Hermes in eigenen Abschnitten. In der Vorbemerkung zum Götterkapitel erklärt er, daß »nur solche Göttergestalten eine besondere und ausführliche Darstellung finden, die für die Homerische Religion von Bedeutung sind«. Hera wird nicht behandelt. – In neuerer Zeit hat Erika Simon in ihrem grundlegenden Werk »Die Götter der Griechen«, München 1969, alle zwölf olympischen Götter in bildlichen Zeugnissen, d. h. in archäologischen Denkmälern und in Mythos- und Kultformen dargestellt. Sie hat die einzelnen Göttergestalten und somit auch Hera auf ihren Ursprung, der in der Vorgeschichte wurzelt, zurückgeführt. Sie greift auf Zeiten zurück, aus denen noch keine literarischen Zeugnisse erhalten sind. Darüber hinaus stellt Simon die Rezeptionsgeschichte seit der deutschen Klassik dar.

83 Agamemnon benutzt diesen Titel des Zeus bei seinem Treueschwur in der Ilias, 7, 411.

84 Aigiochos, d. i. Träger der Aigis, eines Ziegenfells, das oft als Überzug von Schilden verwendet wurde, auf denen zusätzlich das Gorgoneion, das Bild vom abgeschlagenen Haupt der Gorgo-Medusa, deren Blick versteinernde Wirkung hatte, unheilabwehrend angebracht wurde.

85 Beide Autoren waren in ihren religionsgeschichtl. Studien bis in die mutterrechtliche Schicht vorgestoßen. Paula Philippson, Thessalische Mythologie, a. a. O., S. 115: »Wenn Zeus sich aus der Urkonzeption des Zeus-Posidan zu dem Herrscher und Ordner der Welt entfaltet, so scheint Hera dagegen, wie im umgekehrten Verhältnis, innerhalb der Zeusreligion an Weite und Gewalt ihrer ursprünglichen Konzeption eingebüßt zu haben. Aber immer wieder leuchtet diese ursprüngliche Gestalt der freiwaltenden Herrin in ihrer Urgröße auch in der Zeusgattin auf. Nicht nur hier und da in der Ilias, sondern auch in manchen sonstigen merkwürdigen Heramythen.« – Karl Kerényi hat in seinem Buch »Zeus und Hera, Urbild des Vaters und Gatten und der Frau«, Leiden 1972, die Macht der Hera-Vorgängerin beschrieben, einer großen Erdgottheit; er sieht jedoch Hera selbst urbildhaft in ihrer »Frauennatur«, der die Ehe Ziel und Vervollkommnung bedeutet (Hera Teleia). In den geschichtlich bedingten Einschränkungen seiner Zeit betont Kerényi vorwiegend die physiologische Seite des Frauseins, die er zwar ins Kosmische überhöht, jedoch in einer körperhaften, biologischen Bedingtheit und in der alleinigen Hinordnung auf den Mann, den »Erfüller des Frauenschicksals«, deutet. Die Hochzeit wird zum Höhepunkt des Frauenlebens, das Gattinsein zum Lebenszweck. Auch für Kerényi ist Hera, obwohl er sie in alten Kulten als die große Muttergottheit erkennt, nichts weiter

als die auf den Gatten wartende Frau, die Gattin des Zeus. Dazu auch: W. Pötscher, Hera und Heros, in: Rheinisches Museum 104 (1961, S. 302-355). Pötscher postuliert ein Paar Heros und Hera im Sinne einer soziologisch bedingten Gottesvorstellung: Der zur Ehe und zum Kriegshandwerk reife Mann und die zur Ehe reife Frau in der mykenischen Aristokratie.

86 Johann Jakob Bachofen (1815-1887), Schweizer Professor des römischen Rechts, der sich der Deutung antiker Mythologie und Symbole zuwandte. Er wollte die prähistorischen Kulturschichten ergründen, wobei er sich gegen die kritisch-historische Schule (Mommsen) verteidigen mußte. Er gilt als Entdecker des Mutterrechts. Schriften: Versuch über die Gräbersymbolik der Alten, 1859; Das Mutterrecht, 1861; Der Mythos von Orient und Okzident, eine Auswahl aus seinen Werken, 1926. – Ninon wurde durch Kerényis Bachofen-Interpretation stark angezogen. Aus Anlaß der Gesamtausgabe von Bachofens Schriften 1943 (Gesammelte Werke, herausgegeben von Karl Meuli, Basel 1943) hatte Karl Kerényi, Bachofen und die Zukunft des Humanismus, Zürich 1945, darauf hingewiesen, daß dieser – entgegen weitverbreiteter Meinung – »kein geistgegnerischer Dunkelmann« sei. Er zitiert Bachofens Ausspruch über sein schicksalwendendes Griechenlanderlebnis: »Eine Reise in Griechenland greift so gründlich in alle Lebensverhältnisse ein, daß man, um mit seiner Vergangenheit zu brechen, gewiß kein besseres Mittel finden kann« (S. 11).

87 Reisetagebuch Griechenland 1955, Ergänzungen, S. 15.

88 Ninon übersetzte Heras Hinweis auf ihre ebenbürtige Herkunft und auf ihre Stellung als seine Mitherrscherin, also auf ihre doppelte Machtquelle (4, 37-61) folgendermaßen:
»Aber es ist notwendig, daß auch meine Arbeit nicht vergebens getan sei,
Denn auch ich bin ein Gott, stamme von dort, woher du stammst,
Und mich erzeugte als Geehrteste (Älteste) der krummsinnige Kronos zweifach, der Abstammung nach, und weil ich deine Gefährtin genannt werde, du aber alle Unsterblichen beherrschst...«.

89 Tagebuch-Eintragung vom 30. 10. 1961.

90 Brief Ninon Hesses an Gisela Kleine vom 8. 11. 1954.

91 Perseus, Sohn des Zeus und der Danae, Tochter des Königs von Argos und der mit der Vorstellung der Unterwelt verbundenen Eurydike, wurde, weil man ihn vernichten wollte, ausgeschickt zu der gefährlichen Aufgabe, Gorgo-Medusa zu enthaupten. Mit Hilfe des Hermes und der Athene verschaffte sich Perseus die dazu nötigen Zaubergeräte: Tarnkappe, Zaubertasche und Flügelschuhe. Durch diese Ausrüstung gelang ihm die Tat. Da der Anblick der Gorgo jedermann in Stein verwandelte, näherte er sich der Tödlichen, indem er ihr Spiegelbild in seinem ehernen Schild beobachtete.

92 Der griechische Religionsforscher Chr. Christou sieht in der Gorgo eine Ausdrucksform der alten »Potnia Theron«, der großen mittelmeerischen Muttergottheit, und Artemis als eine Fortsetzung ihrer Gestalt, ebenso aber müßten Hera und Aphrodite als lokale Nachfolgegöttinnen angesehen werden. Chr. Christou, Potnia Theron, Thessaloniki 1968.

93 Ninon geht ausführlich auf *alle* Beinamen der Hera ein, so auch auf Limenia – Hafengöttin, Akreia – Berggöttin – (nach einem Felshügel in der Argolis – dazu Pausanias 2, 17/1), Argeia – Göttin von Argolis. – Ninon stellte Hera danach in ihrem vernichtenden Haß dar, den sie vor allem gegen Herakles, den dorischen Helden und Liebling der olympischen Götter hegte, der die Erde von Mischwesen säuberte, die aus der Dunkelheit des Erdschoßes stammten. Schon in die Wiege sandte ihm Hera Schlangen. Später versuchte sie, sein Schiff in einem heimlich entfachten Sturm stranden zu lassen. Den gleichen unversöhnlichen Haß zeigte sie gegenüber dem Aeneas und ebenso bei der Bestrafung der Io, ihrer Priesterin, die von Zeus geliebt wurde. – In einer Übersetzung und Interpretation des Euripides-Dramas »Herakles« stellte Ninon dar, daß zu Hera auch die Sphäre von Wahnsinn und Zerstörung gehört. Lyssa war eine Mittlerfigur der olympischen Hera – besser: eine an ihre frühere Dämonie erinnernde Erscheinungsform –, die jenseit von Vernunft, Klarheit und Ethos marmorgesichtig und steinern blickend Wahnsinn verbreitete. Diese durch Lyssa, die »Tochter der Nacht«, verhängte »Hundswut« hat mit Gorgonischem viel gemeinsam, sie beginnt mit der Verwandlung der Augen in die gorgonische Blickstarre. – Ninon zeigte auch, daß die Jungfernkinder der Hera auf die gorgonische Sphäre verweisen: der elementare *Hephaistos* ist von titanischer Wildheit und arbeitet in der unterirdischen Schmiede gemeinsam mit den urwelthaften Kyklopen; der männermordende *Ares* ist ein streitsüchtiger Kriegsgott, von dem Zeus behauptet, er gleiche seiner Mutter und sei ihm verhaßt, weil er den gorgonischen Blick habe und wie *Typheus* mit seinen hundert Drachenköpfen und Schlangenfüßen ein Ungeheuer sei.

94 Griechisches Tagebuch, 1959.

95 Emil Kunze, Professor für Archäologie, Leiter der 2. Olympia-Ausgrabung 1938-1942. Direktor des Deutschen archäologischen Instituts in Athen 1951-1967.

96 Siegfried Lauffer (1911-1985), seit 1963 Ordinarius für Alte Geschichte an der Universität München. Veröffentlichungen: Die Bergwerkssklaven von Laureion, 2 Bde. (1956/57); Abriß der antiken Geschichte (2. Aufl. 1964); Kurze Geschichte der antiken Welt (1971); Diokletians Preisedikt (1970); Alexander der Große (1978).

97 Brief Ninon Hesses an Siegfried Lauffer vom 25. 5. 1956.

98 Spyridon Marinatos: Gorgones Kai Gorgonaia, Ephem. Archaiol.

1927/1928. Er schreibt: »Es ist übrigens sehr wahrscheinlich, daß die Potnia Theron und die Gorgo in früheren Zeiten zwei Hypostasen derselben Gottheit waren, Hypostasen, die genügend verwandt waren, daß die Kennzeichen der einen der anderen unterstellt werden konnten und umgekehrt. Nur langsam wurde die Potnia Theron der Artemis gleichgesetzt und die häßliche Maske ausschließlich der Medusa zugeteilt und allgemein den chthonischen Gorgonen, deren Mythos schon früher da war.« (S. 27)

99 Griechisches Tagebuch, 1959.
100 Brief Ninon Hesses an Siegfried Lauffer vom 24. 9. 1959.
101 Über den Zusammenhang von Hades-Maske und Gorgoneien: Josef Floren, Gorgo und Gorgoneien, Münster 1979. Ninon Hesse hat zu ihrem Masken- und Gorgoneien-Studium in erster Linie die Dissertation von H. Besig benutzt: Gorgo und Gorgoneion in der archaischen griechischen Kunst, Berlin 1937. – Bekannt waren ihr auch die Arbeiten von Karl Kerényi, Mensch und Maske, Eranos-Jahrbuch 1948, und Walter F. Otto, Dionysos, Mythos und Kult, Frankfurter Studien zur Religion und Kultur der Antike Band VI, Frankfurt 1933, im 6. Kapitel (S. 80) »Das Symbol der Maske«.
102 Brief Ninon Hesses an Herlint von den Steinen vom März 1952 (Datum unleserl.) Quintus Fabius Maximus (ca. 280-203 v. Chr.), römischer Feldherr, erhielt den Beinamen Cunctator, d. h. Zauderer, weil er sich als römischer Feldherr und Staatsmann nicht zur Schlacht gegen die im offenen Kampf überlegenen Karthager entschließen konnte. – Maurice-Gustave Gamelin, französischer General, wurde aufgrund des ihm vorgeworfenen Verzögerns und Zauderns als Oberbefehlshaber der alliierten Streitkräfte in Frankreich im Mai 1940 abgesetzt und in einem Prozeß für die Niederlage Frankreichs verantwortlich gemacht.
103 Brief Ninon Hesses an Irmgard Gundert vom 19. 10. 1964.
104 Eintragung ins Reisetagebuch vom 10. 4. 1963.
105 Brief Ninon Hesses an Annemarie Schütt-Hennings vom 30. 11. 1954.
106 Brief Ninon Hesses an Nelly Seidl vom 31. 12. 1961.
107 Brief Ninon Hesses an Günther Klinge vom 3. 11. 1965. Aorist – Name der griechischen Grammatik für ein Tempus unbestimmter Zeitform.
108 Undatierte Studie über Sprache: »Die Kongruenz«.
109 Brief Ninon Hesses an Ludwig Renner vom 30. 8. 1954. »Es waren 145 Teilnehmer – ich lernte aber *nur* eine Gruppe kennen, zu der ich gehörte, ca. 30 Leute – darunter war Prof. Pestalozzi, ein älterer Herr, der ein sehr interessantes Buch geschrieben hat ›Die Achilleis als Quelle der Ilias‹, 1945 erschienen. Aber er war leider ein wenig verrückt, und so hatte ich wenig Kontakt mit ihm, obwohl ich die Ver-

rückten liebe – aber die Art der Verrücktheit sagte mir nicht zu und mythologisch verstanden wir uns gar nicht. [...] Unser Führer war Prof. Arnold von Salis, ein sehr feiner Archäologe, die Führungen waren gut, aber doch eher summarisch und den Geführten sehr angepaßt, und ich fühlte mich schrecklich allein. *Nie* wieder würde ich so etwas unternehmen – ich hatte es nur getan, weil ich mich allein nicht nach Kleinasien traute; aber jetzt, wo ich die Nase hereingesteckt habe, traue ich mich – und im April 1955 will ich noch einmal hinfahren.«

110 Reisetagebuch April 1955, Troja-Bericht vom 13. bis 15. 5., S. 42-67.
111 Hermann Hesse, Das Glasperlenspiel, a.a.O., WA 9, S. 304.
112 Reisetagebuch Griechenland 1955, S. 18.

Elftes Kapitel, Abschied

1 Brief Ninon Hesses an Irmgard Gundert vom 4. 10. 1965.
2 Gottfried Bermann Fischer, Bedroht – Bewahrt. Weg eines Verlegers, Frankfurt a. M. 1967, S. 49.
3 Brief Ninon Hesses an Heiner Hesse vom 11. 7. 1958. Übrigens reagierte Hesse in seinen Briefen äußerst gelassen auf den Artikel. Dazu: Hermann Hesse, Sein Leben in Bildern und Texten, a.a.O., S. 338.
4 Brief Ninon Hesses an B. F. Dolbin vom 23. 1. 1962. Peter Weiss (1916-1982) war nach einem vorangegangenen Briefwechsel als junger Graphiker im Oktober 1938 nach Montagnola gekommen und hatte von Hesse Illustrationsaufträge erhalten. Ninon Hesse schildert das Wiedersehen: »Gestern besuchte uns ein Maler-Schriftsteller, Peter Weiss, der 1938 einen Sommer lang in Montagnola gehaust hatte und oft bei uns war, damals war er gerade von der Akademie gekommen und zeichnete und malte den ganzen Tag, ich wußte gar nicht, daß er auch schreibe. Später wurde das Schreiben ihm immer wichtiger, und er hat mehrere Bücher in Schweden (wo er lebt) veröffentlicht, aber jetzt auch deutsche, die H. und ich lasen und ganz ausgezeichnet fanden. H. hatte ihm geschrieben, er würde sich freuen, ihn wiederzusehen, wenn er mal ›in der Gegend sei‹ – und so kam er gestern. Ich dachte, wie merkwürdig es ist, wenn einem plötzlich so ›die Zeit‹ entgegentritt – 23 Jahre – (er war 38/39 noch einmal da gewesen) – wie wird er aussehen – und wie werden wir ihm vorkommen –? Es muß schrecklich sein, dachte ich – wenn man das Gesicht der Jugend des andern noch vor sich sieht, und dann kommt ein ganz andres und behauptet, ›es‹ zu sein! Ich war nicht sentimental, aber neugierig – und dann war es so nett. [...] H. hatte große Freude.«
5 Menandros (ca. 342-290 v. Chr.) war Athener und der berühmteste Dichter der neuen Komödie, von seinen 109 Stücken sind 96 Titel be-

kannt. Aber eine echte Kenntnis dieses Dichters gibt es erst wieder seit der Entdeckung der Papyrus-Funde, des Epitrepontes, publiziert 1907, und des Dyskolos, der als papyros Bodmer IV im Frühjahr 1959 ediert wurde.

6 Brief Ninon Hesses an Prof. Hermann Gundert vom 6. 1. 1961. Ninon lag die zweisprachige Heimeran-Ausgabe vor, deren Fassung von M. Treu stammte, München 1960. Daneben benutzte sie: Bernhard Wyss, Menanders Dyskolos, in: Die Neue Rundschau 1960, S. 39. Wyss sieht in Knemon eine Vorgängergestalt von Molières Misanthrope. Text hrsg. von Victor Martin und Peter von der Mühll, S. 46 der gleichen Ausgabe an.

7 Brief Ninon Hesses an Hermann Gundert vom 1. 12. 1961.

8 Zitiert nach: Antike und Abendland. Beiträge zum Verständnis der Griechen und Römer und ihres Nachlebens, Bd. 15, Heft 1, 1968, S. 81-87.

9 Die Publikation der Dyskolos-Arbeit wurde durch den mit Ninon Hesse lange befreundeten Ordinarius für Alte Geschichte in München, Dr. Siegfried Lauffer, veranlaßt. Irmgard Gundert übernahm die Textbetreuung. Ninon Hesse hatte zu Lebzeiten die Arbeit als zuwenig abgeschlossen betrachtet, um sie in einer Fachzeitschrift zu veröffentlichen, »zum Beispiel habe ich die ganze Riesenliteratur über den Dyskolos nicht gelesen und nicht zitiert – und als zu ›gelehrt‹, um in einer belletristischen Zeitschrift publiziert zu werden, auch dafür müßte ich sie umarbeiten. Und dazu habe ich gar keine Lust. Ich habe sie mit Freuden geschrieben, aber das Thema liegt nicht auf meinem Wege, ich kann mich nicht Monate und Monate damit beschäftigen. Und so bin ich zu ›meinem‹ Thema zurückgekehrt, es ist mythologisch und sollte archäologisch dargestellt werden. Aber das wird immer schwieriger, so fernab von allen Bibliotheken«. Brief Ninon Hesses an B. F. Dolbin vom 28. 1. 1962.

10 Irmgard Yu-Gundert, der Ninon die Dyskolos-Arbeit einige Jahre später vorlas, schreibt dazu: »Obwohl ich es durchaus einleuchtend finde, eine Verwandtschaft zwischen Knemon, gesehen von Ninon Hesse, und H. H. zu sehen, fast augenfällig, möchte ich doch noch einmal sagen, daß ich selbst immer nur die Verwandtschaft von Knemon zu Ninon Hesse selbst gesehen habe, solange ich sie kannte. Nach meinen nachdrücklichen Erfahrungen auf der Griechenlandreise war Ninon Hesse selbst empfindlich gegen Geräusche (Radios in griechischen Omnibussen, überhaupt in Bussen in Athen), gegen Geschwätz, gegen Gegrüßtwerden (sie wollte auf der Reise niemanden kennenlernen, und ich mußte sie abschirmen). In einem Brief an mich vom 10. August 1966 habe ich gerade noch einmal die Bemerkung gefunden: ›Es war schön, das Hotel angenehm, die Leute un-aggressiv‹ – ganz im Sinn der Dyskolos-Arbeit. – Dinge können ja das doppelte Gesicht tragen, und

vielleicht tut das Ninons Dyskolos-Arbeit; dazu könnte man auch in diesem Punkt nach der Beziehung zu Hermann Hesse fragen (ursprüngliche Ähnlichkeit und gegenseitige Beeinflussung).« Brief Irmgard Yu-Gunderts an Gisela Kleine vom 18. 2. 1980.

11 Dr. Molo, Hesses langjähriger Arzt, hatte Ninon am 1. 2. 1962 als Diagnose »Aplastische Anaemie« genannt, eine altersbedingte Anaemie, die mit Leukozytenarmut zusammengeht. Infolge der mangelnden Abwehrkräfte des Blutes kam es zur Furunkulose, Hesse litt auch an einer Phlegmone und seit April an schmerzhaften Muskelkrämpfen, die tagelang anhielten. – Am 21. 2. 1962 erhielt er die erste Bluttransfusion, nach der sich das Blutbild besserte; am 28. 5., nach der vierten Transfusion, stand fest, daß die Blutauffrischungen immer häufiger nötig wurden. – Hesse starb an Leukämie.

12 Hesse hat zwei Fassungen des Gedichtes »Einst vor Tausend Jahren« geschrieben. Die wiedergegebenen Strophen entstammen der zweiten Fassung, die insgesamt vier Strophen hat. Die Fortsetzung des Gedichtes lautet:

>   Einst vor tausend Jahren gab es
>   Eine Heimat, einen Garten,
>   Wo im Beet des Vogelgrabes
>   Aus dem Schnee die Krokus starrten.
>
>   Vogelschwingen möcht ich breiten
>   Aus dem Bann, der mich umgrenzt,
>   Dort hinüber, zu den Zeiten,
>   Deren Gold mir heut noch glänzt.

In der ersten Fassung – besonders in der zweiten Strophe – hatte der Dichter seine Aufbruchstimmung noch deutlicher ausgedrückt. WA 1, S. 152.

>   Dringlich zieht michs fort von allen
>   Den gewohnten Lebenskreisen,
>   Weg zu fliegen, weg zu fallen,
>   Ins Unendliche zu reisen.

13 Brief Ninon Hesses an Lilly Kehlmann vom 28. 4. 1962.

14 Brief Ninon Hesses an Lilly Kehlmann vom 2. 7. 1962. Stanna war eine Haushälterin, die mehr als zwölf Jahre im Hesse-Haus blieb, Margrit war das Stubenmädchen, Trudel war eine Nichte Hesses, die zur Hilfe am Geburtstag gekommen war.

15 Die erste Fassung des Gedichtes »Knarren eines geknickten Astes«:

>   Geknickter Ast, an Splittersträngen
>   Noch schaukelnd, ohne Laub noch Rinde,
>   Ich seh ihn Jahr um Jahr so hängen,
>   Sein Knarren klingt bei jedem Winde.

> So knarrt und klagt es in den Knochen
> Von Menschen, die zu lang gelebt,
> Man ist geknickt, noch nicht gebrochen,
> Man knarrt, sobald ein Windhauch bebt.
>
> Ich lausche deinem Liede lange,
> dem fasrig trocknen, alter Ast,
> Verdrossen klingts und etwas bange,
> Was du gleich mir zu knarren hast.

WA 1, S. 154f. Die zweite und die dritte Fassung des Gedichtes unterscheiden sich lediglich durch die Auswechslung des Adjektivs »rauh« in »zäh«, durch die Einfügung des Wortes »heimlich« und durch die Zweiteilung der Schlußzeile »Noch einen Sommer, noch einen Winter lang«. Diese scheinbar recht unwesentlichen Änderungen bringen jedoch Spannung in den Gedicht-Schluß, deuten Geheimnis und Ungewißheit an. Die stärkere Pause durch die geteilte Schlußzeile wird retardierend, die Schlußzeile folgt danach erlösend – wie nach fragend angehaltenem Atem.

16 Brief Ninon Hesses an Günther Klinge vom 16. 8. 1962.
17 Brief Ninon Hesses an Nino Erné vom 16. 8. 1962.
18 Brief Ninon Hesses an Lilly Kehlmann vom 18. 8. 1962.
19 Brief Ninon Hesses an Margrit Wassmer vom 16. 8. 1962.
20 Brief Ninon Hesses an Max Wassmer vom 8. 10. 1962.
21 Brief Ninon Hesses an Max Wassmer vom 22. 11. 1962.
22 Brief Ninon Hesses an Max Wassmer vom 18. 12. 1962.
23 Brief Ninon Hesses an Kurt Karl Rohbra vom 1. 2. 1963.
24 Brief Ninon Hesses an Margrit Wassmer vom 4. 2. 1963.
25 Dieser Briefband erschien in der Reihe »Bücher der Neunzehn«, Frankfurt a. M. 1964. Vgl. Kap. 9, Anm. 13.
26 Brief Ninon Hesses an Max Wassmer vom 4. 2. 1963.
27 Brief Max Wassmers an Ninon Hesse vom 16. 8. 1962.
28 Brief Ninon Hesses an Bruno Hesse vom 27. 6. 1963.
29 Brief Ninon Hesses an Margrit Wassmer vom 3. 1. 1964.
30 Brief Ninon Hesses an Siegfried Lauffer vom 9. 7. 1963.
31 Brief Ninon Hesses an Günther Klinge vom 12. 7. 1963.
32 Brief Ninon Hesses an Kurt Karl Rohbra vom 3. 3. 1963.
33 Briefe Ninon Hesses an Günther Klinge vom 27. 5. und 5. 12. 1963 und vom 10. 9. 1966.
34 Kurt Wolff (1887-1963) trat 1908 nach einem kurzen Germanistik-Studium in den von E. Rowohlt gegründeten Verlag Haus der Offizin Drugulin in Leipzig ein und übernahm ihn 1913 als »Kurt-Wolff-Verlag«, den er 1917 nach Darmstadt, 1919 nach München verlegte. Er erwarb dazu 1917 den Hyperion-Verlag (für bibliophile Ausgaben) sowie den Verlag der Weißen Bücher und gründete 1924 in Florenz

den Kunstverlag Pantheon Casa Editrice S. A. Er verlegte unter anderem Werke von Franz Kafka, F. Werfel, M. Brod, H. Mann, G. Meyrink, W. Hasenclever und R. Tagore. Nach seiner Emigration im Jahre 1933 gründete er 1942 in New York den Verlag Pantheon Books, Inc., in dem er u. a. Werke von H. Broch und R. Musil in deutscher Sprache herausbrachte. Er bemühte sich, europäische Buchkultur in Amerika bekanntzumachen, 1944 gab er Grimms Märchen heraus, 1946 Schwabs Sagen des klassischen Altertums und zweisprachige Ausgaben »Tausend Jahre deutscher Dichtung«, eine Auswahl vom Minnesang bis zu Trakls Lyrik. *Literatur:* Helen Wolff, Kurt Wolff, Autoren, Bücher, Abenteuer, Berlin 1965. Kurt Wolff, Briefwechsel eines Verlegers, 1911-1963, hrsg. von Bernhard Zeller, Frankfurt a. M. 1966. W. Göbel, Der Kurt Wolff-Verlag 1913 bis 1930. Expressionismus als verlegerische Aufgabe, Frankfurt a. M. 1977.

35 Brief Kurt Wolffs an Hermann Hesse vom 29. 3. 1933, wiedergegeben in: Zeller (Hg.), Briefwechsel eines Verlegers 1911-1963, a.a.O., S. 273. Die Verbindung Kurt Wolffs zu Montagnola ergab sich auch durch Kurt Mardersteig, der mit Wolff in Leipzig zusammengearbeitet und 1923 die »Officina Bodoni« in Montagnola gegründet hatte, um auf einer Handpresse Liebhaberdrucke herzustellen. Hesse hat seine Arbeit in einem Aufsatz gewürdigt: »Kleine Freuden, Kurze Prosa aus den Nachlaß«. A.a.O., S. 150ff.

36 Ein solches Zusammentreffen 1951 schildert Hermann Hesse kurz in einem Brief an Peter Suhrkamp. Briefwechsel Hesse-Suhrkamp, a.a.O., S. 180.

37 Brief Kurt Wolffs an Hermann und Ninon Hesse, wiedergegeben in: Zeller (Hg.), Briefwechsel eines Verlegers, a.a.O., S. 279.

38 Brief Ninon Hesses an Lis Andreae vom 22. 6. 1963.

39 Brief Ninon Hesses an Lilly Kehlmann vom 8. 5. 1964. Gemeint ist Hesses Gedicht »Müßige Gedanken«, in: Die Gedichte, a.a.O., S. 671f.

40 Der Züricher Bildhauer Otto Bänninger (1897-1973) schuf 1957 diese Hesse-Büste in Bronzeguß. Sie befindet sich im Deutschen Literatur-Archiv in Marbach/Neckar.

41 Brief Ninon Hesses an Martin Hesse vom 11. 2. 1963.

42 Bernhard Zeller, 1955-1986 Direktor des Schiller-Nationalmuseums, das er zum Deutschen Literaturarchiv ausbaute.

43 Als Kind war Hesse, am 2. Juli 1877 in Calw/Nagold geboren, von seinem vierten bis dreizehnten Lebensjahr Schweizer gewesen, er wurde dann 1890 in Württemberg eingebürgert, Voraussetzung für die kostenlose Ausbildung zum ev. Theologen im »Tübinger Stift«. 1912 war er nach Bern gezogen, hatte jedoch über den Ersten Weltkrieg hinaus die deutsche Staatsangehörigkeit beibehalten. Am 24. Januar 1924 stellte er den Antrag auf Rückeinbürgerung in die Schweiz.

44 Brief Ninon Hesses an Bruno Hesse vom 15. 7. 1963.
45 Hermann Hesse. Eine Chronik in Bildern, von Bernhard Zeller, Frankfurt a. M. 1960, erweiterte Auflage 1977. Bernhard Zeller veröffentlichte in der Reihe Rowohlts Monographien Nr. 85: Hermann Hesse in Selbstzeugnissen und Bilddokumenten, Hamburg 1963.
46 Briefe Ninon Hesses an Bruno Hesse vom 10. und 13. 1. 1964.
47 Brief Ninon Hesses an Bruno, Heiner und Martin Hesse vom 11. 12. 1963.
48 Der Marbacher Bestand enthält vor allem diejenigen Bücher, die in engem Zusammenhang mit Hesses eigenen Arbeiten stehen oder für die Erforschung seiner Bildungswelt und Biographie wichtig sind, so eine vollständige Sammlung seiner Werke, auch in Gelegenheitsdrucken und Übersetzungen, und die Handbibliothek des Dichters (Literatur des 19. und 20. Jahrhunderts), darunter viele Widmungsexemplare, Philosophie und Psychologie, Ostasiatica. Nach dem Tode Ninon Hesses (1966) erhielt das Marbacher Literaturarchiv eine größere Anzahl von Bänden, vorwiegend Widmungsexemplare, als testamentarische Stiftung. Schließlich konnte das Deutsche Literaturarchiv im Oktober 1973 bei der Versteigerung der ›Sammlung Bodmer‹ wichtige Materialien hinzuerwerben. Nach den Worten Professor Zellers ist »kein anderer Autor unseres Jahrhunderts heute mit einem so reichen Bestand an Manuskripten und Büchern, Korrespondenzen, Bildern und der vielfältigen Dokumentation seiner Wirkung im Marbacher Literaturarchiv vertreten«. Dazu: Hermann Hesse, 1877 bis 1977, Stationen seines Lebens, des Werkes und seiner Wirkung, Katalog zur Sonderausstellung des Schiller-Nationalmuseums 1977, Nr. 28.
49 Briefe Ninon Hesses an Lilly und Heinz Kehlmann vom 11. 2. 1964 und 5. 7. 1964.
50 Hermann Hesse, Prosa aus dem Nachlaß, hrsg. von Ninon Hesse, Frankfurt a. M. 1965. Die ausgewählten Prosastücke waren vorher noch nicht in Buchform erschienen, einige lediglich in Zeitschriften und bibliophilen Drucken.
51 Brief Ninon Hesses an Gerhard Kirchhoff vom 4. 6. 1965.
52 Brief Ninon Hesses an Rudolf Freese vom 17. 8. 1965.
53 Hermann Hesse, Der vierte Lebenslauf Josef Knechts. Zwei Fassungen, hrsg. von Ninon Hesse, Bibliothek Suhrkamp, Bd. 181, S. 30, 33 f.
54 Dazu Hesses Brief an Rudolf Pannwitz vom Januar 1955, Materialien zu Hermann Hesses Glasperlenspiel, 1. Bd., a.a.O., S. 293 f.
55 Briefe Hermann Hesses an Otto Hartmann, Fanny Schiler, Alfred Kubin, Thomas Mann, Carlo Isenberg, Adele Gundert u. a., in: Materialien zu Hermann Hesses Glasperlenspiel, 1. Bd., a.a.O., S. 76-98. Hesse teilte 1933/34 Freunden und Verwandten mit, daß er Bücher über die Schwabenväter, »die dickköpfigen Schwabenchristen«, wie Bengel, Blumhardt, Oetinger suche, »alte Calwer Schmöker«, seine

Schulbücher eingeschlossen, und daß er sich aus Bibliotheken Spezialliteratur zum Pietismus entleihe. Er habe ein Württembergisches Gesangbuch von 1700 gefunden und suche Material zur Kirchenmusik bei der Herrnhuter Brüdergemeine zur Zeit des Grafen Zinzendorf. Auch Hesses Buchbesprechungen aus den Jahren 1933/34 zeigen seine starke Beschäftigung mit religionsgeschichtlichen Werken.

56 Der amerikanische Literaturwissenschaftler Theodore Ziolkowski hat in seinem Werk »Der Schriftsteller Hermann Hesse«, Frankfurt a. M. 1979, anhand von Textvergleichen nachgewiesen, wie weit die geschichtlichen Quellen in die Erzählhandlung eingegangen sind und wie weit Hesse Aussprüche und Motive aus historischen Biographien in die einzelnen Szenen hineingenommen hat. Allgemein gehaltene Textstellen habe er z. B. unter Beibehaltung des Wortmaterials zu persönlichen Ansichten und Aussprüchen seiner Gestalten umformuliert. Ziolkowski erwägt, ob Oetinger das typologische Vorbild Josef Knechts darstelle. Der Beruf von Knechts Vater, der in Hesses Erzählung als Brunnenmacher auftrete, könne auf einen Ausspruch Bengels zurückgeführt werden, in dessen Biographie es heiße, man solle die Brunnenstube reinhalten, gemeint sei das Wort Gottes und die lutherische Lehre. – Nicht zuzustimmen ist Ziolkowski hinsichtlich seiner Vermutungen, warum »Der vierte Lebenslauf« ein Fragment blieb: Diese Erzählung gestatte nicht den Schritt aus dem Ästhetizismus eines Künstlerlebens heraus in soziale Verantwortung. Hesse habe bei der Fertigstellung dieses Lebenslaufes die selbstrettende Flucht eines zweiten Goldmund aus dem asketischen Klosterleben in die Kunst dargestellt, die Erzählung sei somit rückwärtsgewandt. Es ist dagegen anzunehmen, daß es Hesse auch hier wie in den anderen Lebensläufen Knechts um das mutige Niederlegen eines übernommenen Amtes ging, um den Schritt aus einer Glaubenswelt, die dem Einzelnen keine Entfaltung mehr gestattet, heraus in einen neuen »Dienst«; hier ist es Knechts Entwicklung vom Theologen zum Musiker. Das Leitmotiv des Transzendierens von einer Lebensstufe zur nächsten bestimmt also auch diesen schwäbischen Lebenslauf.

57 Brief Ninon Hesses an Gerhard Kamin aus dem Jahre 1965.

58 Professor Dr. phil. Wilhelm Gundert, Japanologe (1880-1971), lebte 1909 bis 1920 in Japan, promovierte 1925 in Hamburg in Japanologie zum Dr. phil. Von 1936 bis 1945 war er ordentlicher Professor für Sprache und Kultur Japans an der Universität Hamburg. Veröffentlichungen: Die japanische Literatur im Handbuch der Literaturwissenschaft 1930; Japanische Religionsgeschichte, Stuttgart 1935. Wilhelm Gundert war Übersetzer der »Bibel des Zen-Buddhismus« des Bi Yän Lu. Hermann Hesse hat über Wilhelm Gundert geschrieben im »Rundbrief aus Sils Maria« (1954), WA 10, S. 384 ff.; »Brief an Wilhelm Gundert«, in: Neue Zürcher Zeitung vom 3. 10. 1960.

59 Briefe Ninon Hesses an Irmgard Gundert vom 20. 4., 25. 11. 1965 und 16. 6. 1966.
60 Kindheit und Jugend, 1. Bd., a.a.O., S. 263, 268, 251.
61 Brief Ninon Hesses an Günther Klinge vom 20. 9. 1965.
62 Brief Walter Boehlichs an Gisela Kleine vom 16. 5. 1980.
63 Kindheit und Jugend, 2. Bd., a.a.O., S. 102 ff. – »Weimarer Kompromiß« nennt Hesse Goethes Versuch, zugleich Dichter und Staatsmann im Herzogtum Weimar zu sein.
64 Kindheit und Jugend, 1. Bd., a.a.O., Nachwort, S. 517. Der 2. Band mit Briefen von 1895 bis 1900 wurde nach dem Tode Ninon Hesses von Gerhard Kirchhoff herausgegeben, der ihr 1963 bei der Nachlaßordnung geholfen hatte.
65 Saint-Simon, Mémoires, Paris, A. Sautelet et Cie, Libraires Editeurs, 14 Volumes, 1829.
66 Briefe an Johanna Motherley, von Wilhelm von Humboldt und Ernst Moritz Arndt, hrsg. von Heinrich Meisner, F. A. Brockhaus, Leipzig 1893.
67 Simone de Beauvoir, Mémoires d'une jeune fille rangée, Gallimard 1960, La Force de l'age, 1960.
68 Ninon Hesses Niederschrift im Heft »Gelesene Bücher«, in dem kurze Inhaltsangaben und Bewertungen ihrer Lektüre enthalten sind.
69 Brief Ninon Hesses an Heiner Hesse vom 13. 9. 1966.
70 Ninon Hesse war im Oktober 1964 nach Schwaben gereist, um sich einen Einblick in die Atmosphäre der Hesse-Gundertschen Familie zu verschaffen. Sie besuchte den Japanologen Wilhelm Gundert, durch dessen umfangreiche Briefsammlung ihr vor allem die Gestalt des von Hermann Hesse so geliebten Großvaters Hermann Gundert nahegebracht wurde. Anschließend durchforstete Ninon Hesse den umfangreichen Gundert-Nachlaß im Archiv des Deutschen Schiller-Nationalmuseums in Marbach.
71 Brief Ninon Hesses an Irmgard Gundert vom 7. 2. 1966.
72 In einem »Spruch« Hermann Hesses, »Das Erbe«, heißt es:
> Jedem von uns ist ein Erbe mitgegeben,
> er hat von Vater- und Mutterseite,
> von vielen Ahnen her gewisse Eigenschaften,
> gute und böse,
> angenehme und schwierige geerbt,
> Talente und Mängel,
> und all dies zusammen ist Er,
> und dies Einmalige hat er zu verwalten
> und zu Ende zu leben,
> reif werden zu lassen
> und schließlich mehr oder weniger
> vollkommen zurückzugeben.

73 Kindheit und Jugend, 1. Bd., a. a. O., S. 182.
74 Ninon Hesse weist jedoch im Nachwort auf das späte Verstehen zwischen Vater und Sohn hin: Die Erzählung »Der Bettler« sei ein liebendes Gedenkblatt Hesses für den Vater. Auch in »Meine Kindheit«, WA 1, S. 218, und »Zum Gedächtnis«, WA 10, S. 121, hatte er (ohne dichterische Absicht) über seinen Vater berichtet.
75 Vgl. dazu Kap. 9, Anm. 29.
76 Ninon Hesse hatte für den Briefband erst andere Titel vorgesehen: Hermann Hesse, Dokumente und Lebenszeugnisse 1883-1900, oder: Briefe des jungen Hermann Hesse. Eine Kindheit und Jugend vor 1900. In Anlehnung an Walter Benjamins Buch »Berliner Kindheit um Neunzehnhundert«, Frankfurt a. M. 1950, entschied sie sich für den jetzigen Titel.
77 Brief Ninon Hesses an Günther Klinge vom 2. 7. 1966.
78 Brief Ninon Hesses an Rudolf Freese vom 11. 1. 1965. »Ich werde jetzt die großen Briefsammlungen lesen – die Briefe H. H.s an die Freunde Fritz und Alice Leuthold, von 1919 bis 1957; an die Schwester Adele von 1901 oder noch früher bis zu ihrem Tode 1948; an die Schwester Marulla, von ebenso früh an bis 1952. Alle diese Briefe zusammen sind wie eine Autobiographie. Leider kann man sie nicht so veröffentlichen wie sie da sind, man muß manche Briefe oder manche Stellen in manchen Briefen weglassen. Wenn wir je einen Band »autobiographische Schriften« machen würden, wäre genug Material da (auch ohne die erwähnten Briefe).«
79 Dazu die Grußworte Ninon Hesses an den Präsidenten der Förderungsgemeinschaft der deutschen Kunst zur Verleihung des Hermann Hesse-Preises 1965 am 2. 7. 1965 mit ihrem Brief vom 21. 6. 1965.
80 Die späteren Herausgeber sind den Weg, den Ninon Hesse mit der Freigabe des Biographischen eingeschlagen hatte, weitergegangen, so Ursula und Volker Michels, die in Zusammenarbeit mit Heiner Hesse in vier Bänden Hesses Gesammelte Briefe edieren. Gesonderte Briefbände enthalten die umfangreiche Korrespondenz Hesses mit Thomas Mann, Romain Rolland, Heinrich Wiegand, R. J. Humm und Karl Kerényi. Die Verflechtung von Leben und Werk wurde von Volker Michels im Bildband »Hermann Hesse – sein Leben in Bildern und Texten« in eindrucksvoller Weise vor Augen geführt, Frankfurt a. M. 1979.
81 Neue Zürcher Zeitung vom 12. 11. 1966.
82 Die Zeit vom 10. 3. 1967.
83 Frankfurter Allgemeine Zeitung vom 28. 2. 1967.
84 »Eine Erholung war die Reise natürlich nicht, ganz im Gegenteil, eine große Strapaze – aber die nehme ich gerne auf mich, um viel Entlegenes, nicht leicht Zugängliches zu sehen« (Brief Ninon Hesses an Ayao Ide, Tokio, vom 31. 8. 1966). Der genaue Reiseablauf dieser letzten

Griechenlandreise soll beispielhaft veranschaulichen, wie individuell Ninon ihre Reisen gestaltete und wie sie ohne Rücksicht auf Schonung und Ermüdung die meist durch ihre Hera-Forschung bestimmten Ziele ansteuerte. Mit 71 Jahren war sie fünf Wochen unterwegs:

Montag, 4. April, Abreise von Lugano.
Dienstag, 5. April, Ankunft Bari. Am Nm. Abreise Bari, Ankunft Brindisi. Fähre Appia.
Mittwoch, 6. April, früh Ankunft Korfu. Weiterfahrt mit einer andern Fähre nach Igoumenitsa, Joannina.
Donnerstag, 7. April, Dodona. Übernachtung in Joannina.
Freitag, 8. April, Fahrt über den Pindos, Übernachtung in Larissa.
Samstag, 9. April, von Larissa nach Volos.
Sonntag, 10. April, Volos.
Montag, 11. April, Fahrt nach Lebadeia. Trophonioshöhle. Die Quellen. Nacht in Lebadeia.
Dienstag, 12. April, Orchomenos. Nacht in Theben.
Mittwoch, 13. April, Theben. Übernachtung.
Donnerstag, 14. April, Aulis. Nacht in Theben.
Freitag, 15. April, nach Athen.
Samstag, 16. April, Athen.
Sonntag, 17. April, nach Nemea. Übernachten in Nauplion.
Montag, 18. April, nach Troezen (bei Damala und Galata). Nacht in Nauplion.
Dienstag, 19. April, nach Argos und zurück nach Nauplion.
Mittwoch, 20. April, Fahrt nach Sparta.
Donnerstag, 21. April, Sparta.
Freitag, 22. April, Fahrt über den Taygetos nach Kalamata.
Samstag, 23. April, Messene. Übernachten in Kalamata.
Sonntag, 24. April, Pylos.
Montag, 25. April, Pylos.
Dienstag, 26. April, Fahrt über Megalopolis nach Andritsaena.
Mittwoch, 27. April, Bassai. Übernachten in Andritsaena.
Donnerstag, 28. April, nach Athen, dort längerer Aufenthalt mit Ausflügen.

85 Brief Ninon Hesses an Margrit Wassmer vom 9. 8. 1966.
86 Annemarie Schütt-Hennings erklärte im Hinblick auf Ninons Unruhe vor dem Erscheinen des Briefbandes: »Ninon hatte mir schon gesagt, daß sie Skrupel hätte, besonders bei einem Besuch. Weil ich erzählte, daß ich als Kind vor 1916 in Flensburg die deutsche Schrift gelernt hatte, zeigte sie mir einige Stellen, die schwer zu lesen waren, einiges konnte ich ›entziffern‹, aber einiges gelang auch mir nicht. Es war bestimmt schwer für Ninon, da so viel preiszugeben, ich fand, da hätte ich es besser gehabt; in ›meinen‹ Briefen habe ich alles zu Private [...] gestrichen.« Brief vom 12. 3. 1980 an Gisela Kleine.

87 Brief Ninon Hesses an Gerhard Kirchhoff vom 25. 6. 1966.
88 Brief Ninon Hesses an Irmgard Gundert vom 25. 8. 1966.
89 Brief Ninon Hesses an Volker Michels vom 8. 11. 1965.
90 Hermann Hesse, Die Gedichte, 2. Bd., a.a.O., S. 687.
91 Nachruf in der »Neuen Zürcher Zeitung« vom 10. 10. 1966. Dazu: Siegfried Unseld, Begegnungen mit Hermann Hesse, suhrkamp taschenbuch 218, Frankfurt a. M. 1975, S. 166.

Verzeichnis der Personennamen
und Werktitel

Verzeichnis der Personennamen und Werktitel, letztere kursiv; ohne weitere Angaben: Werke von Hermann Hesse; N. H.: Kennzeichnung für Ninon Hesse, B. F. D.: für Benedikt Fred Dolbin; sonstige Werke sind unter den Namen der jeweiligen Autoren zu finden; ä = ae etc.; indirekte Erwähnungen in Klammern (...).

Achilleus 438, 452
Ackerknecht, Erwin 497
Adler, Friedrich 95, 547 Anm. 38
Ahasver(us) 108, 550 Anm. 12
Aischylos 51, 445, 451, 600
　Anm. 49, 604 Anm. 72
Aktaion 429, 452
Alemann, Beda 501
Alexander d. Gr. 598 Anm. 38
Altenberg, Peter (eigentl. Richard
　Engländer) 79, 92, 115, 116,
　545 Anm. 21, 551 Anm. 27
Alter Maler in der Werkstatt 570
　Anm. 9
Amiet, Cuno 230
Amphitrite 470
An den Künstler (N. H.) 128
Andreae, Lis 467, 487, 569 Anm.
　2, 614 Anm. 38
An eine gläserne Kugel (N. H.)
　97f., 111
An meine Mutter 574f. Anm. 78
An Ninon 235 ff., 565 f. Anm. 15
*Ansprache in der ersten Stunde
　des Jahres 1945/46* 389f., 593
　Anm. 51
Aphrodite 461, 602 Anm. 53,
　605 Anm. 73, 606 Anm. 82,
　608 Anm. 92
Apollon 419f., 424f., 433 ff.,
　454, 459, 460, 461, 462, 470,
　473, 474, 493, 514, 519, 527,
　596 Anm. 11, 597f. Anm. 36,
　598 Anm. 38, 39, 42, 600
　Anm. 49, 604 Anm. 65 u. 68,
　605 Anm. 73, 606 Anm. 82
Apollonios von Rhodos 597
　Anm. 35
Ares 608 Anm. 93
Ariadne (N. H.), Fragmente u.
　Notizen 90, 179f., 186, 187,
　419ff., 423f., 454, 525, 532
　Anm. 7, 537 Anm. 26, 558
　Anm. 45 u. 46, 559 Anm. 47,
　595 Anm. 2
Aristoteles 368, (381), 591
　Anm. 29
Arndt, Ernst Moritz 513, 617
　Anm. 66
Arnim, Bettina von (52) *Goethes
　Briefwechsel mit einem Kinde*
Arosa als Erlebnis 566 Anm. 26
Artemis 429, 433, 463, 465, 606
　Anm. 82, 608 Anm. 92, 609
　Anm. 98
Asklepios 452
Athene 425, 429, 450, 455,
　459, 460, 606 Anm. 82, 607
　Anm. 91
Atlas 600 Anm. 49
Aufforderung an die Geliebte
　(B. F. D.) 111 f.
Augustus 311, 575 Anm. 88
Augustus, Kaiser von Rom 596
　Anm. 22
Aulnoy, Mme d' 603 Anm. 57
Aus der Jugendzeit s. *Fragment
　aus der Jugendzeit*

Ausgewählte Briefe (370), (487),
531 Anm. 2, 540 Anm. 46, 566
Anm. 21, 569 Anm. 1, 590
Anm. 13 u. 14, (591 Anm. 20),
613 Anm. 25
Ausflug in die Stadt 15 f.
Aus Indien 64, 68, 524
Aus Kinderzeiten 293, 572
Anm. 44
Ausländer, Erika 588 Anm. 4,
592 f. Anm. 44
Ausländer, Gisela (Mutter von
Ninon Hesse) 24 f., 32 f., 34,
35, 39, 42 ff., 46, 53, 56, 63,
78, 84, 85, 86, 94, 100, 130,
137, 140, 143, (149), 153 f.,
172, 176, 359, 524, 525
Ausländer, Jakob (Vater von Ni-
non Hesse) 9, 29, 32, 33, 34,
35 f., 37 ff., 45, 65, 76, 83 f.,
85, 86, 88, 94 ff., 130, 131,
140 f., 142 ff., 148, 163, 166,
213, 280, 346, 385, 400 f.,
428, 431, 521, 524, 537
Anm. 25
Ausländer (Eltern, gemeinsam, u.
Elternhaus) 23, 26, 28 f., 40,
56, 76, 99, 129, 172 f., 259,
328, 387, 424
Ausländer, Joseph 594 Anm. 81
Ausländer, Kitty 593 Anm. 44
Ausländer, Lilly s. Kehlmann
Ausländer, Rose 536 Anm. 23
Ausländer, Toka (Schwester von
Ninon Hesse) (35), (39), (56),
73, 86, (94), (131), 141, (143),
148 ff., 172, 176, 521, 524,
525, 539 Anm. 33, 554 Anm. 7
Aus meiner Schülerzeit 209, 561
Anm. 35

Bach, Joh. Seb. (240), 410
Bachofen, Johann Jakob 457, 597
Anm. 35, 607 Anm. 86

Bächler, Ursula s. Böhmer, Ursula
Bänninger, Otto 494, 614
Anm. 40
Bänziger, Hans 603 Anm. 59
Bäume (aus: *Wanderung*) 571 f.
Anm. 34
Bahr, Hermann 77, 80, 544
Anm. 16
Baker, Josephine 243
Balfour, Arthur James (Deklara-
tion) 131
Ball, Hugo 13, 16, 206, 207, 208,
209, 229, 245, 291, 316, 526,
561 Anm. 34, 565 Anm. 6
Ball-Hennings, Emmy 11, 208,
229, 240, 247, 255, 261, 275,
283, 285, 316, *Traumphantasie*
338, 563 Anm. 41, 565 Anm. 6,
566 Anm. 23, 568 Anm. 56,
569 f. Anm. 5 u. 7, 571 Anm.
29, 585 Anm. 82
Barbusse, Henry 132
Basile, G. 603 Anm. 57
Baudelaire, Charles 551 Anm. 30
Baum, Vicki 554 Anm. 6
Bazzari, Natalina 227, 256, 564
Anm. 3
Beauvoir, Simone de 513, 617
Anm. 67
Beethoven, L. v. (-Sammlung) 568
Anm. 54
Die Begegnung (N. H.) 170, 557
Anm. 37
Beim Einzug in ein neues Haus
226, 569 Anm. 62
Bengel, Joh. Albrecht 505, 615
Anm. 55, 616 Anm. 56
Benjamin, Walter 618 Anm. 76
Berend, Eduard 556 Anm. 30
Berg, Alban 116
Bericht aus Normalien 601
Anm. 51
Berlioz, Hector 242
Bermann Fischer, Brigitte

(Tutti) 264, 394
Bermann Fischer, Gottfried 264,
  394, 474f., 527, 579f. Anm.
  33, 585 Anm. 84, 593 Anm.
  63, 610 Anm. 2
Bernhard, Georg 579 Anm. 33,
  580 Anm. 36
Berthelot, Marceline-Pierre 165 f.
Berthold (168), 298, 299, 311,
  312, 313, (315), 573 Anm. 53
  u. 56, 575 Anm. 89
Bertram, Ernst 583 Anm. 70
Beschreibung einer Landschaft
  377, 401, 591 Anm. 22
Beschwörungen 401 f., 594
  Anm. 82
Besig, H. 609 Anm. 101
Der Bettler 402, 572 Anm. 41,
  618 Anm. 74
Bianchi-Bandinelli, R. 549
  Anm. 9
Bilderbuch 576 Anm. 103
Bildnis Ninon 305, 401, 574
  Anm. 70
Bilfinger, Georg Bernhard 505
Bisweilen ist es mir (N. H.) 162
Blick ins Chaos 304
Blick nach dem fernen Osten 304
Blumhardt, Joh. Christoph 615
  Anm. 55
Bodensee (Untersee) (219), 563
  Anm. 42
Bodmer, Anny 567 Anm. 36
Bodmer, Elsy 261, 268, 328, 329,
  383, 399, (400), 480, 481, 488,
  490, 511, 519, 521, 522, 568
  Anm. 54, 591 Anm. 37
Bodmer, Hans Conrad 261, 268,
  329, 383, 387, 399, (400), 403,
  488, 526, 560 Anm. 16, 568
  Anm. 54, 572 Anm. 37, 615
  Anm. 48
Bodmer, Johann Jakob 568
  Anm. 54

Böcklin, Arnold 78, 276
Böckmann, Paul 501
Boehlich, Walter 512, 617
  Anm. 62
Böhmer, Gunter 276, 282, 284,
  288, Abb. 342, 343 f., 362,
  570 f. Anm. 19 u. 20, 571
  Anm. 21, 23, 25, 577 Anm. 12
Böhmer, Ursula geb. Bächler 276,
  383, 570 Anm. 10
Böll, Heinrich 591 Anm. 20
Böttger, Fritz 563 Anm. 40, 569
  Anm. 3
Bondy (Maler) 570 Anm. 9
Borée, Karl 589 Anm. 10
Braun, Felix 208
Brecht, Bertolt 333, 405
Brentano, Bernard von 333, 578
  Anm. 23
Briand, Aristide 185
Briefe an Freunde (Rundbriefe)
  401
Brief an die Freundin 239, 526
Brief an Wilhelm Gundert 616
  Anm. 58
Brief nach Deutschland 590
  Anm. 15
Briefschreiberin (N. H.) 105 f.
Briefwechsel aus der Nähe. Hermann Hesse – Karl Kerényi
  587 Anm. 101, 599 Anm. 43,
  600 Anm. 49, 618 Anm. 80
*Briefwechsel Hermann Hesse –
  Heinrich Wiegand* 569 Anm. 3,
  578 Anm. 22, 618 Anm. 80
*Briefwechsel Hermann Hesse –
  Peter Suhrkamp* 580 Anm. 33,
  591 Anm. 25, 593 Anm. 67 u.
  72, 594 Anm. 75, 76, 78, 595
  Anm. 98 u. 104, 614 Anm. 36
*Briefwechsel Hermann Hesse –
  Rudolf Jakob Humm* 545 Anm.
  26, 564 Anm. 3, 569 Anm. 3,
  571 Anm. 25, 580 Anm. 40,

588 Anm. 5, 618 Anm. 80
Briefwechsel Hermann Hesse – Thomas Mann 569 Anm. 3, 580 Anm. 36 u. 37, 618 Anm. 80
Brion, Friederike 338
Brocchi (Bauunternehmer) 264, 568 Anm. 58
Brocchi (Sindaco/Montagnola) 481
Broch, Hermann 543 Anm. 10, 614 Anm. 34
Brod, Max 614 Anm. 34
Bruch, Max 36, 537 Anm. 28
Bruch mit der Geliebten. Krisis (B. F. D.) Abb. 203
Der Bruder (N. H.) 72 ff.
Brussilow, Aleksey 141, 546 Anm. 29
Buber, Martin 383, 399, 413, 538 Anm. 30, 591 Anm. 20, 594 Anm. 79, 598 Anm. 37
Bucherer-Feustel, Els 570 Anm. 16
Burckhardt, Jacob 425, 436, 597 Anm. 36
Burg, Trude 171
Busse, Carl 541 Anm. 52

Camuzzi (Familie) 564 Anm. 1
Canetti, Elias 536 Anm. 23
Cape, Jonathan (Verlag) 601 Anm. 50
Caran d'Ache 122
Carossa, Hans 344 ff., 383, 403, 408, 430, 526, 569 Anm. 59, 581 Anm. 52, 53, 54, 582 f. Anm. 55, 56, 57, 58, 59, 61, 63, 64, 65, 66, 68, 69, 70, 595 Anm. 96 u. 100
Carossa, Hedwig geb. Kerber 344, 582 Anm. 69
Carossa, Valerie 582 Anm. 61
Castle, Eduard 543 Anm. 9

Celan, Paul 536 Anm. 23, 537 Anm. 24
Chagall, Bella 539 Anm. 32
Chalfen, Israel 536 Anm. 23, 537 Anm. 24
Chapiro, Marc 605 Anm. 73
Chiron 452
Christou, Chr. 608 Anm. 92
Cirul, Mila 171
Clarus, C. 592 Anm. 41
Colette, Gabrielle-Sidonie *(La Vagabonde)* 178, 558 Anm. 44
Con Sordino 581 Anm. 51
Cults 602 Anm. 53
Cynthia (Geliebte von Properz) 427

Danae 188, 607 Anm. 91
Danaos 453
Danksagung und moralisierende Betrachtung 590 Anm. 18
Daumier, Honoré 123
Dehmel, Richard 116
Delaune, Etienne 164, 198, 241, 525, 555 f. Anm. 22
Delvard, Marya 116
Demian 168, 169, 186, 294, 297, (306), 315, 336, 366, 503, 525, 557 Anm. 34, 572 Anm. 37 u. 45
Deutsche Märchen vor und nach Grimm (N. H.) *(Der Teufel ist tot)* 602 Anm. 55
Dickens, Charles 184, 244
Dietrich, Marlene 426
Diener, Olga 206
Diesseits 55
Dilthey, Wilhelm 549 Anm. 4 u. 5
Dione 452
Dionysos 180, 419 f., 422, 425, 434 f., 437, 439, 558 Anm. 45, 609 Anm. 101
Diskobol 167, 556 Anm. 26

Dix, Otto 121
Doderer, Heimito von 553
 Anm. 45
Dörmann (eigentl. Biedermann),
 Felix 116, 551 Anm. 30
Dörpfeld, Wilhelm 549 Anm. 7
Doesburg, van 555 Anm. 18
Die Dohle 216, 295, 572 Anm.
 47, 595 Anm. 95
Dolbin, Benedikt Fred 2, 11, 47,
 111 ff., 132 ff., 154 ff., 166,
 170 ff., 177, 182 ff., 195,
 198 ff., 209, 210 ff., 222, 226 f.,
 230, 231 ff., 238, 240, 242,
 243, 247, 248 ff., 261, 264,
 265, 302, 320, 339 ff., 348,
 349, 351 ff., 357, 358, 359,
 364, (419), 420, 476, 485, 495,
 524 f., 526, 545 Anm. 26, 547
 Anm. 32, 550 Anm. 14, 15, 17,
 20, 21, 22, 24 f., 551 Anm. 25,
 26, 27, (34), 35, 37, 38, 552
 Anm. 43, 553 Anm. (51), 52,
 53, 54, 554 Anm. 6, 555 Anm.
 7, 9, 10, 11, 12, 13, 14, 15, 16
 558 Anm. 38, 559 Anm. 1, 2,
 4, 5, 6, 561 Anm. 26, 28, 29,
 30, 562 Anm. 36 u. 37, 564
 Anm. 47 u. 50, 567 Anm. 37,
 38, 39, 581 Anm. 42, 43, 44,
 45, 46, 47, 48, 49, 50, 584
 Anm. 79 u. 80, 587 Anm. 94
 u. 98, 595 Anm. 3, 610 Anm.
 4, 611 Anm. 9
Dolbin, Ellen geb. Herz 214, 341,
 353, 555 Anm. 14, 562 Anm.
 36, 581 Anm. 50
Dostojewski, F. M. 184, 304,
 354, 586 Anm. 92
Drasić, Stana (auch Stanna) 480,
 612 Anm. 14
Dreyfuß (Prozeß) 544 Anm. 12
Dschelal ed-Din Rumi 312, 575
 Anm. 92

Dubnow, Simon 538 Anm. 30
Dürer, Albrecht 276
Dvořák, Max 102 f., 104, 189,
 549 Anm. 4 u. 6
Dyskolos (N. H.) 476 ff., 507,
 611 f. Anm. 5, 6, 9, 10

Eckener, Hugo 241
Eckermann, Johann Peter *Gesprä-
 che mit Goethe* 52
Eggebrecht, Axel 553 Anm. 53
Der Ehebrecher (B. F. D.) 157
Ehrenzweig, Stephan 551 Anm.
 37, 553 Anm. 53, 567 Anm. 39
Eichendorff, Jos. v. 226
Eine Bibliothek der Weltliteratur
 (262), 568 Anm. 57
Einer schönen Frau (N. H.) 46
*Eine Stunde hinter Mitternacht
 (Die Fiebermuse)* 560 f. Anm.
 18, 575 Anm. 81
Einkehr 503
Einst vor tausend Jahren 479,
 612 Anm. 12
Elisabeth 54
Elisabeth, Kaiserin von Öster-
 reich/Ungarn 31
Emil Kolb 540 Anm. 48
Endymion 222, 301, 564
 Anm. 51
Engel, Mia 576 Anm. 95 u. 97
Engelhardt, Josef 544 Anm. 15
Englert, Josef (Jup der Magier)
 257, 403, 572 Anm. 37
Die Entscheidung (N. H.) 259 f.
Eos 470
Das Erbe 617 Anm. 72
Das Erdkühlein (N. H.) 444 ff.,
 529, 603 Anm. 57
*Erinnerungen eines Neunzigjähri-
 gen* (310), 575 Anm. 85
Erné, Nino 613 Anm. 17
Erster Tag im neuen Haus 401
Die Erzählungen (2 Bde.) 573

Anm. 53, 575 Anm. 91
Euripides 328, 445, 452, 463, 608 Anm. 93
Der Europäer 573 Anm. 57, 575 Anm. 91
Evrimow, General 87

Fabius Cunctator s. Quintus Fabius Maximus
Fabulierbuch 336, 580 Anm. 39
Fahrt im Aeroplan 566 Anm. 28
Faistauer, Anton 121
Farnell 602 Anm. 53
Feigl, Friedrich 553 Anm. 54
Fein, Erwin 543 Anm. 9, 599 Anm. 3
Fein, Trude 543 Anm. 9, 578 Anm. 20, 588 Anm. 3
Feinhals, Josef (Collofino) 572 Anm. 37
Fest am Samstagabend 191f., 401
Feuchtwanger, Lion 244f.
Feuerbach, Anselm 78
Findung (N. H.) 170, 557 Anm. 37
Fischer, Hedwig 264, (526)
Fischer, Samuel (u. Verlag) 264, 282, 306, 335, (336), 393f., 516, 524, 525, 526, 527, 528, 547 Anm. 37, 556 Anm. 32, 558 Anm. 39, 561 Anm. 21, 579 Anm. 33, 580 Anm. 39, 590 Anm. 12, 597 Anm. 25
Floren, Josef 609 Anm. 101
Fontana, Oskar Maurus 113, 242, Abb. 258, 550 Anm. 19, 559 Anm. 4
Fontane, Theodor *Cecile* 51f.
Fragment aus der Jugendzeit 64, 540 Anm. 43
Franz Ferdinand, Erzherzog von Österreich 83, (84)
Franz(iskus) von Assisi 189f.
Franz Joseph, Kaiser von Österreich/Ungarn 29, (31), 76, (83), 84f., 95f., 119
Freedman, Ralph 573 Anm. 55, 590 Anm. 16
Freese, Rudolf 615 Anm. 52, 618 Anm. 78
Fretz (u. Wasmuth-Verlag) 376, 528, 589 Anm. 12
Freud, Sigmund 62, 66, 117, 255, 542f. Anm. 6 u. 7, 596f. Anm. 25
Der Freundin (N. H.) 46
Freundschaft eines Lebens (N. H.) 48
Frey, Dagobert 549 Anm. 4
Fried, Rose (Galerie) 551 Anm. 37
Friedell, Egon 92, 115, 116, 547 Anm. 34, 551 Anm. 27
Frisé, Adolf 543 Anm. 11
Fröbe-Kapteyn, Olga 599 Anm. 43
Für Ninon 401
Funke, Helene 136, 242, Abb. 258, 343, 553 Anm. 54
Furtwängler, Adolf 462

Gärtners Traum 327, 578 Anm. 15
Gamelin, Maurice-Gustave 466, 609 Anm. 102
Ganymed 601f. Anm. 54
Garibaldi 540 Anm. 49
Gasser, Manuel 251f., 567 Anm. 42 u. 43
Gedenkblätter 569 Anm. 64
Die Gedichte (suhrkamp taschenbuch, 2 Bde.) 560 Anm. 13 u. 18, 566 Anm. 17 u. 28, 570 Anm. 9, 572 Anm. 42, 573 Anm. 52, 574 Anm. 70, 575 Anm. 93, 576 Anm. 99, 581 Anm. 51, 594 Anm. 91, 614 Anm. 39, 620 Anm. 90

Die Gedichte (Zürich 1942) 55,
  369, 528, 589 Anm. 11 u. 12
Gedichte des Malers 198
Der Geiger 581 Anm. 51
George, Stefan 113, 116
Geroe-Tobler, Maria (Mareili)
  Abb. 258, 275, 383
Gertrud 55, 58, 313, 315, 503,
  540 Anm. 47, 542 Anm. 53,
  572 Anm. 41, 576 Anm. 99
Gesammelte Briefe (4 Bde.) 541
  Anm. 52, 542 Anm. 53, 569
  Anm. 3, 570 Anm. 7, 572
  Anm. 38, 575 Anm. 84, 576
  Anm. 98 u. 104, 578 Anm. 25,
  582 Anm. 55, 56, 58, 618
  Anm. 80
Gesammelte Erzählungen (4 Bde.)
  573 Anm. 53 u. 57, 575 Anm.
  85 u. 91
Geschichte einer Heimkehr
  (N. H.) 88
Der gestohlene Koffer 595
  Anm. 95
Gewissen 190
Gide, André Abb. 269, 383
Gilardi (Familie) 564 Anm. 1
Das Glasperlenspiel 11, 219, 274,
  278f., 282, 300, 301, 304,
  313, 315, 317, 318, (Abb.
  325), 332, 334, 335f., 361,
  (364), 365ff., 393, 406f., 434,
  436, 437, 440, 448f., 472,
  479, 480, 488f., 504, 527,
  528, 565 Anm. 13, 569 Anm.
  63 u. 3, 570 Anm. 12, 572
  Anm. 37, 573f. Anm. 66, 576
  Anm. 100, 106, 107, 578 Anm.
  21, 579 Anm. 28, 29, 30, 589f.
  Anm. 9 u. 12, 597 Anm. 36,
  610 Anm. 111, (615 Anm. 54),
  616 Anm. 56
*Materialien zu Das Glasperlen-
  spiel* 569 Anm. 3 u. 4, 570
  Anm. 18, 576 Anm. 10, 106,
  107, 578 Anm. 21, 579 Anm.
  29, 30, 31, 580 Anm. 35, 615
  Anm. 54 u. 55
Gnefkow, Edmund 593 Anm. 61
Goebbels, Joseph 579 Anm. 33
Göbel, W. 614 Anm. 34
Göring, Hermann 321
Goethe, Joh. Wolfgang v. 48, 49,
  50, *Werther/Dichtung und
  Wahrheit* 51, 52, *Wilhelm Mei-
  ster* 91, 191, 250, *Westöstlicher
  Diwan/Dichtung und Wahrheit*
  338, *Wilhelm Meister* 418,
  425, 454f., 512, 539 Anm. 34,
  543 Anm. 8, 560 Anm. 17, 567
  Anm. 37, 595 Anm. 1, 617
  Anm. 63
Goethe-Preis / Frankfurt 373,
  Abb. 374, 528, 591 Anm. 26,
  594 Anm. 77
Gogh, Vincent van 202
Gold, Hugo 537 Anm. 25
Gold, Johanna (Dziunia) 45ff.,
  49, (56), 63f., (66), 69, (154),
  524 Anm. 88, 542 Anm. 3, 547
  Anm. 36
Golgatha Egon Schieles (B. F. D.)
  156
Gorgo-Medusa 429, 460ff.,
  468f., 490, 517, 529, 530,
  606 Anm. 84, 607 Anm. 91,
  608f. Anm. 92, 93, 98, 609
  Anm. 101
Goya, Francisco José 122
Green, Graham 587 Anm. 92
Green, Julian 353, 585 Anm. 82
  u. 83
Greiner, Siegfried *Hermann
  Hesse, Jugend in Calw* 576
  Anm. 102
*Griechisches Reisetagebuch u.
  Notizen* (N. H.) 596 Anm. 21,
  597 Anm. 33, 604 Anm. 68,

69, 71, 73, 605 Anm. 76 u. 77, 607 Anm. 87 u. 89, 608 Anm. 94, 609 Anm. 99 u. 104, 610 Anm. 110 u. 112
Griensteidl (Café) 545 Anm. 22
Grimm, Jacob und Wilhelm, *Märchen* 443f., 529, 602 Anm. 54 u. 55, 603 Anm. 57, 614 Anm. 34
Gropius, Walter 555 Anm. 18
Großmann (Familie) 111, 550 Anm. 14
Großmann, Janina 553 Anm. 54
Großmann (Maler) 570 Anm. 9
Grosz, George 121, 123
Gryphius, Andreas 430f., 471
Günther, Joachim 584 Anm. 72
Gütersloh, Albert Paris 121, 552f. Anm. 45
Gulbransson, Olaf 123
Gundert (Familie) 507f., 617 Anm. 70
Gundert, Adele (Schwester von Hermann Hesse) Abb. 258, 273, 318, 323, 383, 568 Anm. 55, 575 Anm. 83, 577 Anm. 111, 587 Anm. 93, 592 Anm. 41, 615 Anm. 55, 618 Anm. 78
Gundert, Hermann (Gräzist) 477, 611 Anm. 6 u. 7
Gundert, Hermann (Großvater von Hermann Hesse) 303, 516, 617 Anm. 70
Gundert, Irmgard (-Yu) 506f., 519, 539 Anm. 36, 540 Anm. 46, 609 Anm. 103, 610 Anm. 1, 611f. Anm. 9 u. 10, 617 Anm. 59 u. 71, 620 Anm. 88
Gundert, Julie geb. Dubois (Großmutter von Hermann Hesse) 496
Gundert, Wilhelm (Vetter von Hermann Hesse) 506, 616 Anm. 58, 617 Anm. 70

Haas, Willy 553 Anm. 52, 573 Anm. 61
Habe, Hans 371f., 590 Anm. 16
Haecker, Wilhelm (u. Frau) Abb. 258
Härtling, Peter 584 Anm. 72
Hamsun, Knut 184, 357
Hannemann, Dieter 594 Anm. 90
Hartmann, Otto (u. Familie) Abb. 258, 601 Anm. 51, 615 Anm. 55
Hasenclever, Walter 614 Anm. 34
Haußmann, Conrad 576 Anm. 99
Heckenrose (N. H.) 109
Heimeran, Ernst (u. Verlag) 611 Anm. 6
Die Heimkehr 540 Anm. 48
Heine, Heinrich 546 Anm. 31
Heine, Th. Th. 123
Helbig, Wolfgang 462, 549 Anm. 7
Helios 301
Hellmann, Julie (Lulu) 309
Hemingway, Ernest 587 Anm. 92
Henry, Marc 115
Hephaistos 470, 608 Anm. 93
Hera 415, (416), 419, 429, 449, 450, 452ff., 470, 473, 474, 519, 520, 528, 529, 530, 600 Anm. 49, 605 Anm. 78 u. 81, 606f. Anm. 82, (84), 85, 607 Anm. 88, 608f. Anm. 92, 93, 98, 619 Anm. 84
Herakles 429, 452, 457, 461, 467, 608 Anm. 93
Herbst (B. F. D.) 116f.
Herder, Joh. Gottfried 49
Herkules 422, 596 Anm. 12
Hermand, Josl 552 Anm. 38
Hermann, Elisabeth (Pseudonym Ninon Hesses) 52, 54
Hermann Hesse. Eine Werkgeschichte (Hg. Siegfried Unseld) 576 Anm. 99

Hermann Hesses Fabulierbuch
(N. H.) 580 Anm. 39
Hermann Hesse. Sein Leben in Bildern und Texten (Hg. Volker Michels) 575 Anm. 94, 578 Anm. 24, 618 Anm. 80
Hermann Hesse. Stationen seines Lebens, des Werkes und seiner Wirkung (Katalog d. Schiller-Nationalmuseums) 615 Anm. 48
Hermann Lauscher s. *Hinterlassene Schriften und Gedichte*
Hermes 382, 439, 447, 460, 606 Anm. 82, 607 Anm. 91
Herodot 597 Anm. 35
Herr Korbes (Gedanken über Korbes) 401, 443, 601 Anm. 51
Herrad von Landsberg (Äbtissin) 574 Anm. 74
Herrmann-Neiße, Max 361
Herz, Ellen s. Dolbin, Ellen
Herzl, Theodor 76f., 131, 544 Anm. 12
Hesiod 429, 438, 446, 461, 463
Hesse, Adele s. Gundert, Adele
Hesse, Bruno (ältester Sohn von Hermann Hesse) 230, 495, 497, 499f., 501, *Erinnerung an meine Eltern* 565 Anm. 9, 613 Anm. 28, 615 Anm. 44 u. 46
Hesse, Heiner (zweiter Sohn von Hermann Hesse) 229, 475, 498, 511, 514, 565 Anm. 7, 578 Anm. 25, 603 Anm. 58, 610 Anm. 3, 617 Anm. 69, 618 Anm. 80
Hesse-Söhne (gemeinsam) 195, 229, 279, 313, 383 u. 415 (mit Frauen und Kindern), 483, 494ff., 525, 542 Anm. 2, 615 Anm. 47

Hesse, Johannes (Vater von Hermann Hesse) 294f., 308, 310, 318, (367), 402, (486), 496, 508ff., 514, 516, 524, 572 Anm. 41, 592 Anm. 41, 597 Anm. 36, 618 Anm. 74
Hesse, Maria (Mia) geb. Bernoulli (erste Ehefrau von Hermann Hesse und Mutter der drei Söhne) (10), (195), 210, 229, 254, 279, 286f., 293, 313, (393), 495, 524, 525, 542 Anm. 2
Hesse, Marie (Mutter von Hermann Hesse) 12, 210, 286, 300, 303, 306, 307ff., 316, 318, (367), 486, (508ff.), (514), 515f., 524, 560f. Anm. 18, 574f. Anm. 78, 575 Anm. 82, *Ein Lebensbild*. Hg. Adele Gundert 576 Anm. 101, 597 Anm. 36
Hesse, Martin (jüngster Sohn von Hermann Hesse) 229, 267, Abb. 325, 336, 526, 614 Anm. 41
Hesse, Marulla (Schwester von Hermann Hesse) 500, 618 Anm. 78
Hesse, Ruth geb. Wenger (zweite Ehefrau von Hermann Hesse) (10), 169, 170, 199, 204, 207, 221f., 286, 287, 293, 304f., (393), 525, 528
Heumond 294, 572 Anm. 43
Heuss, Theodor 383, 400
Himmler, Heinrich 370
Hindenburg, Paul v. B. u. v. 185, (231), 339, 340
Hinterlassene Schriften und Gedichte von Hermann Lauscher 9, 21, 49, 54, 55, 59, 145, 282, 308, 366, 377, 503, 531 Anm. 3, 539f. Anm. 43, 540 Anm.

629

45, 542 Anm. 54, 571 Anm.
21, 572 Anm. 37, 573 Anm.
55, 574 Anm. 75
Hiob 272, 397f., 438, 485, 538
 Anm. 31, 594 Anm. 74
Hippolytos 470
Hirth, Georg 544 Anm. 13
Hitler, Adolf 13, 334, 335, 336,
 339f., 371, 374, 404, 405,
 497, 571 Anm. 22
Hölderlin, Friedrich 19, 91, 441,
 446, 496, 512
Hofer, Karl 226, 564 Anm. 2
Hoffmann, E. T. A. 159
Hoffmann, Josef 544 Anm. 15,
 552 Anm. 40
Hoffmann, Richard 601 Anm. 50
Hofmannsthal, Hugo von 50, 80,
 92, 179f., 547f. Anm. 42, 559
 Anm. 47, 597 Anm. 35
Hofrichter, Martha 553 Anm. 54
Hofstätter, Hans Hellmut 552
 Anm. 41
Hogarth, William 122
Hollitzer, Carl Leopold 115, 116,
 123, 171, 551 Anm. 27
Holten, Otto von 560 Anm. 12
Homer 40, 232, 398, 409, 429,
 433, 435, 436, 438, 439, 441,
 446f., 449, 450, 452, 454,
 455, 456, 458f., 460, 461f.,
 462f., 465, 470, 492, 581
 Anm. 53, 598 Anm. 40, 600
 Anm. 49, 603 Anm. 59, 604
 Anm. 60 u. 62, 606 Anm. 82,
 83, (85), (609 Anm. 109)
Hubacher, Hermann 9
Humboldt, Wilhelm von 400,
 513, 617 Anm. 66
Humm, Lili (Abb. 325)
Humm, Rudolf Jakob 283, *Die
 Inseln* 337f., 339, 383, 545
 Anm. 26, 564 Anm. 3, 571
 Anm. 24, 577 Anm. 3, 580
Anm. 40, 588 Anm. 5, 604f.
 Anm. 73, 618 Anm. 80
Hunde (B. F. D.) 248f., 553
 Anm. 53, Nachwort dazu
 (N. H.) 248f.

Ibsen, Henrik, *Hedda Gabler*
 53f., 539 Anm. 42, Abb. 123,
 Die Frau am Meer 200f., 561
 Anm. 27
Ich fließe so dahin (N. H.) 167
*Ich trat in einer dämmerkühlen
 Kirche Raum* (N. H.) 107f.
Ide, Ayao 618 Anm. 84
Im Flugzeug 566 Anm. 28
Im Philisterland 576 Anm. 103
In der alten Sonne 540 Anm. 49,
 579 Anm. 32
Innen und Außen 575 Anm. 85
Iris 286, 293, 525, 571 Anm. 30
Isenberg (Familie) 507
Isenberg, Carlo (Neffe von Hermann Hesse) 576 Anm. 107,
 615 Anm. 55
Isenberg, Karl (Halbbruder von
 Hermann Hesse) 208
Isenberg, Lise (219f.), 563
 Anm. 46
Itten, Johannes 555 Anm. 18

Jacobsen, Jens Peter, *Niels Lyhne*
 49, 51, 93
Jakob, Anna (Pseudonym Ninon
 Hesses) 259, 568 Anm. 50
Jason 452
Jean Paul (eigentl. Joh. Paul
 Friedr. Richter) 167ff., 194,
 408, 556f. Anm. 27, 29, 30,
 31, 33, 557 Anm. 35
Jensen, W. 596 Anm. 25
Joseph II., römisch-deutscher Kaiser 25, 534 Anm. 11, 536
 Anm. 24
*Julius Abdereggs erste und zweite
 Kindheit* 503

Jung, Carl Gustav 303, 371, 439, 440f., 531 Anm. 7, 574 Anm. 68, 599 Anm. 43 u. 44, 602 Anm. 56
Jung (-Neugeboren), Hildegard 207

Kafka, Franz 255, 614 Anm. 34
Kaganoff Banzion C. 535 Anm. 13
Kaindl, Raimund Friedrich 30, 534 Anm. 11, 535 Anm. 14
Kaiser, Georg 370
Kallimachos 445
Kaminfegerchen 329, 578 Anm. 17
Kamin, Gerhard 616 Anm. 57
Kampmann-Carossa, Eva 581 Anm. 53
Kandinsky, Wassily 275
Kant, Immanuel 159
Karl I., Kaiser von Österreich/Ungarn 96, 130
Karl Eugen Eiselein 540 Anm. 49
Katharina II. 564 Anm. 1
Katzen (B. F. D.) 553 Anm. 53
Kehlmann, Karl-Heinz 364f., 384ff., 490, 528, 566 Anm. 29, 592 Anm. 43, 615 Anm. 49
Kehlmann, Lilly geb. Ausländer (Schwester von Ninon Hesse) (35), (56), 86, (94), (131), 141, (143), 153, 176, 242, (271), 284, (285), 323, 364f., 384ff., 394, 402, 412, 414, 415, 480, 481, 485, 490, 494, 502, 506, 524, 528, 545 Anm. 28, 554f. Anm. 5 u. 7, 566 Anm. 29, (585 Anm. 85), 591 Anm. 37, 592 Anm. 43, 593 Anm. 45, 594 Anm. 87, 595 Anm. 93, 601 Anm. 52, 612 Anm. 13 u. 14, 613 Anm. 18, 614 Anm. 39, 615 Anm. 49

Keine Rast (Seele, banger Vogel) 294, 572 Anm. 42
Keller, Gottfried 49, 50, 52, 93, 336, 497
Kerber, Hedwig s. Carossa, Hedwig
Kerényi, Karl 10, 301, 360, 383, 439f., 441f., 447, 457, 527, 529, 573 Anm. 63, 578 Anm. 17, 587 Anm. 101, 591 Anm. 26, 593 Anm. 61, 599 Anm. 43 u. 47, 600f. Anm. 49, 604 Anm. 63, 606 Anm. 85, 607 Anm. 86, 609 Anm. 101, 618 Anm. 80
Kerényi, Magda (578 Anm. 17), (587 Anm. 101), 599 Anm. 43
Kesten, Hermann 536 Anm. 23
Kiesler, Friedrich 161
Kinder- und Hausmärchen der Brüder Grimm (Hg. Ninon Hesse) 602 Anm. 54
Kinderseele 402, 594 Anm. 86
Kindheit und Jugend vor Neunzehnhundert (2 Bde., Hg. Ninon Hesse/Gerhard Kirchhoff) Bd. I., 508ff., (518), (519), (520), 530, 575 Anm. 82, 617 Anm. 60 u. 64, 618 Anm. 73, 74, 76; Bd. II. (519), 575 Anm. 82 u. 83, 577 Anm. 110, 598 Anm. 36, 617 Anm. 63 u. 64
Kindheitserinnerungen (N. H.) 526
Kirchhoff, Gerhard 375, 444, 514, 575 Anm. 82, 593 Anm. 58 u. 69, 615 Anm. 51, 617 Anm. 64, 620 Anm. 87
Kisch, Egon Erwin 79
Kläber, Kurt 333
Klauber, Irma 543 Anm. 9
Klee, Paul 275
Klein und Wagner 220, 254, 315, 567f. Anm. 45

Kleine Freuden, März in der Stadt
560 Anm. 14, *Aus meiner
Schülerzeit* 561 Anm. 35, *Arosa
als Erlebnis* 566 Anm. 26, *Zwischen Sommer und Herbst* 573
Anm. 62, *Verbummelter Tag*
575 Anm. 79; 614 Anm. 35
Kleine Reise (N. H.) 577 Anm. 10
Kleines Tagebuch aus der Sommerfrische (N. H.) 228
Kleist, Heinrich von 42
Klimt, Gustav 77, 120, 121, 544
Anm. 14 u. 15, 552 Anm. 45
Klinge, Günther 490, 595 Anm.
99, 609 Anm. 107, 613 Anm.
16, 31, 33, 617 Anm. 61, 618
Anm. 77
Klingsors letzter Sommer 147,
(148), 186, (207), 225, 226,
229, (290), 294, 297, 304,
306, 314, 315, 503, 525, 574
Anm. 71
Knarren eines geknickten Astes
481f., 483, 612f. Anm. 15
Knulp 92, 93f., 96, 146, 503,
524, 547 Anm. 37, 589 Anm. 7
Koester, Rudolf 219, 563 Anm.
43
Kolb, Annette 177f., 199, 484,
558 Anm. 39, 40, 41, 42, 43
Kolb, Walter (Oberbürgermeister/
Frankfurt) (400)
Kolig, Anton 121
Kollwitz, Käthe 121
Konfuzius 304
Die Kongruenz (N. H.) (468),
609 Anm. 108
Kornfeld, Paul 551 Anm. 34
Korrodi, Eduard 580 Anm. 37
Der Kranke 401, 566 Anm. 16
Krankheit 576 Anm. 99
Kraus, Karl 91f. 115, 116, 249,
546 Anm. 31 u . 32, 551 Anm.
27 u. 31

Kreis, Nelly s. Seidl-Kreis
Krieg und Frieden 528, 590 Anm.
17, 593 Anm. 51
Krisis. Ein Stück Tagebuch 190f.,
194, 209, 216, 219, 302, 313,
526, 559f. Anm. 12, 560 Anm.
16 u. 18, 561 Anm. 21, 566
Anm. 17
Kronos 607 Anm. 88
Kubin, Alfred 553 Anm. 54, 570
Anm. 9, 582 Anm. 55 u. 58,
615 Anm. 55
Die Kunst des Müßiggangs (Kurze
Prosa aus dem Nachlaß) 540
Anm. 43, 566 Anm. 27 u. 28,
569 Anm. 6, 572 Anm. 40
Kunze, Emil 462f., 601f. Anm.
53, 608 Anm. 95
Kurgast 221, 294, 556 Anm. 32,
572 Anm. 46, 593 Anm. 46,
595 Anm. 95
Kurze Prosa aus dem Nachlaß s.
Die Kunst des Müßiggangs
Kurzgefaßter Lebenslauf 204, 561
Anm. 31
Kyrene 452

Ladidel 59, 540 Anm. 48, 541
Anm. 52
Lagerlöf, Selma *Gösta Berling* 49,
442
Lang, Josef Bernhard (Longus)
229, 531 Anm. 7, 572 Anm. 37
Lang (Tochter) 229
La Roche, Elisabeth 54, (308),
539f. Anm. 43,
540 Anm. 46
Lauffer, Siegfried 463, 608 Anm.
96 u. 97, 609 Anm. 100, 611
Anm. 9, 613 Anm. 30
Lauffer (Lehrer) 316
Léandre 122
Leb wohl Frau Welt 521
Le Corbusier 552 Anm. 42

Le Fort, Gertrud von 591 Anm. 20
Lektüre für Minuten 589 Anm. 8
Lenau, Nikolaus 49
Lenclos, Anne de gen. Ninon 24, 533f. Anm. 8, 534 Anm. 9
Leochares 598 Anm. 38
Lessing, Gotth. Ephraim 159
Leto 447, 600 Anm. 49
Leuthold, Alice 185, 207, 280, 559 Anm. 7, 618 Anm. 78
Leuthold, Fritz 185, 329, 383, 403, 559 Anm. 7, 572 Anm. 37, 618 Anm. 78
Die Liebende (N. H.) 256, 568 Anm. 50
Das Lied von Abels Tod 298, 573 Anm. 52
Löbl, Elisabeth (Clara) 173, 358, 362f., 383, 557f. Anm. 38
Loewy, Emanuel 103f., 424f., 549 Anm. 8 u. 9, 596 Anm. 17
Londoner Notizen und Tagebuch (N. H.) 596 Anm. 10, 13, 19
Loos, Adolf 119f., 552 Anm. 42 u. 43
Lucchini (Familie) 564 Anm. 1
Ludwig XVI. von Frankreich 166
Lüthi, Max 603 Anm. 57
Luft, Maria 585 Anm. 85
Luftreise 566 Anm. 27, 572 Anm. 40
Luschnat, David 333, 578 Anm. 25
Luther, Martin 616 Anm. 56
Lykurg 433

Maass, Joachim 284, 349 ff., 355f., 377, 378, 436, 527, 571 Anm. 26, 581 Anm. 41, 583f. Anm. 71, 584 Anm. 72, 73, 74, 75, 76, 77, 585 Anm. 81, 82, 85, 86, 87, 88, 586f. Anm. 89, 90, 92, 591 Anm. 24

Märchen 525
März in der Stadt 560 Anm. 14
Magie der Farben 592 Anm. 41
Mahler, Gustav 62, 113, 114, 129, 360
Makart, Hans 78, 544f. Anm. 19
Mann, Elisabeth 264
Mann, Golo 515
Mann, Heinrich 614 Anm. 34
Mann, Katia 81, 264f., (526), 569 Anm. 60
Mann, Thomas 81, 92, 264, 313, 333, 366, 375, 403, 496, 526, 547 Anm. 33, 569 Anm. 3, 580 Anm. 36 u. 37, 590f. Anm. 20, 615 Anm. 55, 618 Anm. 80
Man warnt vor dem Beruf des Dichters 401
Marc Aurel 584 Anm. 76
Mardersteig, Kurt 614 Anm. 35
Maria Theresia 25, 534 Anm. 11
Margit (Stubenmädchen) 480, 612 Anm. 14
Marie Antoinette 166
Marinatos, Spyridon 463, 608f. Anm. 98
Markwalder, Franz Xaver und Josef 593 Anm. 46
Martin, Victor 611 Anm. 6
Masereel, Frans 121
Matisse, Henri 275, 570 Anm. 9
Maupassant, Guy de 165
Mazzucchetti, Lavinia 376
Meid, Hans 282, 570 Anm. 19, 571 Anm. 22
Meine Kindheit 298, 618 Anm. 74
Mein Glaube 304
Meisner, Heinrich 617 Anm. 66
Der Mensch und sein Haus 267, 569 Anm. 62
Menander, *Dyskolos* 76ff., 610f. Anm. 5, 611 Anm. 6

Mendelssohn, Peter de 183, 219, 559 Anm. 3, 563 Anm. 44
Meran, Graf von 86
Merkwürdige Nachricht von einem anderen Stern 297, 573 Anm. 51
Metamorphose (B. F. D.) 156
Metsu, Gabriel 105
Metternich, Fürst von 83
Meuli, Karl 607 Anm. 86
Meyer, Erika 593 Anm. 47
Meyrink, Gustav 614 Anm. 34
Michels, Ursula 618 Anm. 80
Michels, Volker 520, 567 Anm. 42, 570 Anm. 12, 575 Anm. 94, 578 Anm. 24, 590 Anm. 15, 618 Anm. 80, 620 Anm. 89
Mieris, Frans von 105
Mileck, Joseph 10, 219, 560 f. Anm. 18, 563 Anm. 45, 569 Anm. 3, 572 Anm. 37, 574 Anm. 77, 590 Anm. 19
Miller, Norbert 556 Anm. 31
Minos 558 Anm. 45
Mitsch, Egon 553 Anm. 46
Mörike, Eduard 49, 496, 501
Moholy-Nagy 555 Anm. 18
Moilliet, Louis (Louis der Grausame) 229, 572 Anm. 37
Molière (eigentl. Jean-Baptiste Poquelin) 24, 611 Anm. 6
Moll, Carl 544 Anm. 15
Molo, Clemente 481, 482, (483), 612 Anm. 11
Molt, Emil (u. Frau) Abb. 258
Mombert, Alfred 583 Anm. 70
Mommsen, Theodor 607 Anm. 86
Montanus, Martin 445, 603 Anm. 57
Die Morgenlandfahrt (9), 11, (257), (278), 291f., 293, 295, 302, 305 f., 366, (403), (439), 527, 568 Anm. 54, 572 Anm. 35, 574 Anm. 72 u. 74
Morgenthaler, Ernst 215, 336, 401, 528, 580 Anm. 38
Moser, Hans 229
Moser, Koloman 552 Anm. 40
Moses 197
Mosse (Zeitungskonzern) 172
Motherley, Johanna 513, 617 Anm. 66
Mozart, Wolfg. Amadeus 205, 410, 437, 481, 483, 595 Anm. 7
Mühll, Peter von der 611 Anm. 6
Mühsam, Erich 116, 551 Anm. 29
Müller, Karl Otfried 462
Müßige Gedanken (494), 614 Anm. 39
Musil, Robert 81 f., 222, 276, 543 Anm. 11, 545 Anm. 26, 564 Anm. 49, 614 Anm. 34
Musset, Alfred de 24

Nachbarn 55, 540 Anm. 49
Nach einem Traum Ninons 297, 401, 572 Anm. 48
Nach einer Krankheit (Tagebuch) (298), 573 Anm. 54
Nachtgedanken 401
Narziß und Goldmund 10, 169, (244), 245 f., 306 f., 314, 315, 317, 345 f., 366, 393, (437), 505, 526, 557 Anm. 36, 567 Anm. 34, 576 Anm. 95, 616 Anm. 56
Natalina s. Bazzari
Natter, Edmund 593 Anm. 49
Nebehay, Christian M. 544 Anm. 14, 553 Anm. 46
Nein, keine Lieder (N. H.) 78
Nereus 470
Nero, Kaiser von Rom 427
Nietzsche, Friedrich 420, 436, 437, 538 Anm. 30, 595 Anm.

6, 597 Anm. 36
Nikolaus II., Zar von Rußland
140, 546 Anm. 29
Ninon 191, 235, 401, 560
Anm. 16
Niobe 438, 600 Anm. 49
Nobel(-Preis) 375f., 378, 381,
383, 404, 480, 481, 499, 528,
590f. Anm. 20, 591 Anm. 26,
594 Anm. 77
Noder, Anton 564 Anm. 4
Novalis 496
Die Nürnberger Reise 206, 221,
272, 526, 531 Anm. 2, 569
Anm. 1

Oetinger, Friedrich Christoph
505, 615 Anm. 55, 616
Anm. 56
Ofner (Staatsrat) 553 Anm. 55
Olbrich, Joseph Maria 544
Anm. 15
Oppenheim, Moritz 88, 546
Anm. 30
Orlik, Emil 282, 570 Anm. 19,
571 Anm. 22
Orpheus 249
Otto, Walter F. 446, 455, 462,
603f. Anm. 59, 604 Anm. 60,
606 Anm. 82, 609 Anm. 101
Ovid 596 Anm. 22, 600 Anm. 49

Paalen, Bella (Schwester von
B. F. Dolbin) 114, 359, 581
Anm. 50
Pannwitz, Rudolf 569 Anm. 63,
578 Anm. 21, 615 Anm. 54
Paradies-Traum 560 Anm. 18
Pater Matthias 59, 540 Anm. 48
Pauly-Wissowa 602 Anm. 53
Pausanias 433, 434, 597 Anm.
35, 608 Anm. 93
Pegasos 461
Peleus 452

Perrault, Charles 603 Anm. 57
Persephone 470
Perseus 429, 453, 460, 607
Anm. 91
Pestalozzi (Prof.) 609 Anm. 109
Peter Camenzind 11, 13, 17, 18f.,
20ff., 32, 42, 46, 48, 49, 51,
54, 55, 58, 59, 64, 91, 93, 94,
106, 113, 145, 187, 189f.,
218f., 273, 311, 317, 366,
377, 407, (465), 516, 524, 531
Anm. 1 u. 3, 540 Anm. 43, 44,
46, 541 Anm. 52, 542 Anm.
53, 565 Anm. 5, 575 Anm. 87
u. 90
Pheidias 424
Philippson, Paula 383, 441,
445f., 449, 451, 457, 519,
527, 597 Anm. 36, 603 Anm.
59, 604 Anm. 61, 62, 67, 606
Anm. 85
Picard, Max 282, 571 Anm. 22
Picasso, Pablo 276
Pickhardt, Carl 343
Piktors Verwandlungen (244),
286, 287f., (290), 293, 297,
302, 528, 571 Anm. 31
Pindar 384, 445, 463, 468, 494
Plato 40, 56f., 59, (80)
Pötscher, W. 607 Anm. 85
Polgar, Alfred 79, 123, 553
Anm. 53
Politik des Gewissens 580f. Anm.
33, 590 Anm. 15, 16, 17
Pollak, Ernst (Vater von B. F.
Dolbin) 113, 114, 116, 132,
550f. Anm. 24, 551 Anm. 25
Pollak (Bruder von B. F. Dolbin)
114
Pollak (Mutter von B. F. Dolbin)
114
Portmann, Adolf 501
Porubski, Franz 536 Anm. 21
Poseidon 449, 458, 460, 461,

470, 606 Anm. 85
Potnia Theron 608 Anm. 92, 609 Anm. 98
Powys, John Cowper *Wolf Solent* 442f., 450, 601 Anm. 50
Preller-Robert 602 Anm. 53
Prometheus 451, 600 Anm. 49
Properz 427, 596 Anm. 22
Prosa aus dem Nachlaß (Hg. N. H.) 487, 502f., 530, 615 Anm. 50
Proust, Marcel 52, 248f., 513, 567 Anm. 37
Psychologia Balnearia (s. auch *Kurgast*) 556 Anm. 32
Purrmann, Hans 275f., 283, 383, 570 Anm. 9

Quintus Fabius Maximus (Cunctator) 466, 600 Anm. 102
Quorm 503

Raabe, Wilhelm (-Preis) 594 Anm. 77
Radaceanu, Lothar (eigentl. Wurzer) 566 Anm. 29
Ramuz, Charles Ferdinand 577 Anm. 2
Reichenbach, G. 566 Anm. 27
Reichenbach, Karl 566 Anm. 25
Reinhardt, Karl 603 Anm. 59
Reinhart, Georg 403
Reisch, Emil 103, 549 Anm. 7
Reist(-Quartett, Bern) 481
Rembrandt, Rijen van 105
Renner, Karl 131, 547 Anm. 38
Renner, Ludwig 587 Anm. 96, 597 Anm. 35, 604 Anm. 66, 609 Anm. 109
Rethy, Else 116
Rezzori, Gregor von 535 Anm. 19
Rhomaios 463
Riegl, Alois 100f., 159, 548 Anm. 1

Riggenbach, Otto 375
Rigi-Tagebuch 407f., 528, 595 Anm. 94 u. 95
Rilke, Rainer Maria 92, 116
Ringelnatz, Joachim (eigentl. Hans Bötticher) 159, Abb. 160, 555 Anm. 17, 573 Anm. 60
Ringier, Martha 11
Ritter, Joachim 2
Robert Aghion 64
Roda-Roda, Alexander (eigentl. Friedrich Rosenfeld) 116, 551 Anm. 28
Röder, Werner 588 Anm. 1
Rohbra, Kurt Karl 613 Anm. 23 u. 32
Rohde, Erwin 599 Anm. 47
Rohrer, R. M. (Verlag) 603 Anm. 57
Rohuz, Walter s. Radaceanu, Lothar
Rolland, Romain 618 Anm. 80
Romantische Lieder 309
Rom-Tagebuch (N. H.) 595 Anm. 2, 4, 5, 8, 596 Anm. 14
Rooth, Anna Birgitta 603 Anm. 57
Roscher, Wilh. Heinrich 462
Rosenberg, Jakob 358f., 362
Rosenfeld, Doris (Umschlag), 4
Rosenfeld (Familie) Abb. 258
Roßhalde 64, 72, 146, 565 Anm. 5
Rotes Haus (237), 566 Anm. 18
Roth, Joseph 80, 536 Anm. 23, 538f. Anm. 31, 545 Anm. 24
Rowohlt, Ernst (u. Verlag) 543 Anm. 11, 613 Anm. 34, 615 Anm. 45
Rüdiger, Horst 560 Anm. 17
Rundbrief aus Sils Maria 616 Anm. 58
Rundbriefe (u. d. T. *Briefe an Freunde*) 401

Saint-Simon, Claude Henry de 513, 617 Anm. 65
Salis, Arnold von 610 Anm. 109
Salvendy, F. 553 Anm. 54
Der Sarg (N. H.) 152f., (521), 554 Anm. 6
Saturn 301
Saur, K.G. (Verlag) 588 Anm. 1
Schaaf, Gitta 584 Anm. 71
Schaber, Will 550 Anm. 17, 551 Anm. 38, 555 Anm. 11, 581 Anm. 42, 43, 50
Schädelin, Walter 541 Anm. 53
Schäfer, Wilhelm 245
Schall, Franz 565 Anm. 13
Schames, Samson 343
Scheffel, Viktor von 535 Anm. 16
Scherl (Zeitungskonzern) 172
Scherz (Verlag) 544 Anm. 13
Schiele, Egon 121, 123, 124, 135, 136, 156, 242
Schiler, Fanny 615 Anm. 55
Schiller, Friedrich von 31, 400, 425, 455, (496), (497), 605 Anm. 81
Schizophren 313, 575 Anm. 94
Schlaflosigkeit (N. H.) 74
Schlegel, Friedrich von 561 f. Anm. 35
Schliemann, Heinrich 549 Anm. 7
Schlosser, Julius R. von 103, 164, 221, 548 Anm. 3, 549 Anm. 6
Schmetterlinge 573 Anm. 49
Schmid, Hans Rudolf 572 Anm. 38
Schnitzler, Arthur 50, 80, 92, 545 Anm. 23
Schoeck, Othmar 565 f. Anm. 15, 572 Anm. 37
Schönberg, Arnold 62, 116, 120
Der schöne Traum 299, 573 Anm. 57
Schön ist die Jugend 316, 376 Anm. 105

Schon entschwindest du mir (N. H.) 144 f.
Schopenhauer, Artur 420
Schrempf, Christoph 531 Anm. 2, 576 Anm. 98
Schröder, Rudolf Alexander 581 Anm. 53
Schütt-Hennings, Annemarie 229, 275, 565 Anm. 6, 570 Anm. 8, 578 f. Anm. 19 u. 26, 609 Anm. 105, 619 Anm. 86
Schumann, Robert 115
Schussen, Wilhelm 590 Anm. 14
Schwab, Gustav 614 Anm. 34
Schwarz, Egon 2, 594 f. Anm. 92
Schwarzschild, Leopold 335, 579 Anm. 33
Der schwere Weg 299 f., 573 Anm. 58
Schwind, Moritz von 105, 159
Seelig, Carl 207
Sehnsucht (N. H.) 170, (557 Anm. 37)
Seidl-Kreis, Nellie 214 f., 221, 222, 554 Anm. 5, 562 Anm. 37 u. 38, 564 Anm. 48, 586 f. Anm. 92, 593 Anm. 48, 50, 57, 60, 68, 70, 594 Anm. 89, 595 Anm. 97 u. 106, 604 Anm. 70, 609 Anm. 106
Selene 222, 301, 564 Anm. 51
Seneca 584 Anm. 76
Sévigné, Marie de 166
Siddhartha 205 f., 294, 401, 505, 594 Anm. 84
Materialien zu *Siddhartha* 561 Anm. 33, 573 Anm. 54, 589 Anm. 10
Die sieben Nächte (N. H.) 187 ff., 557 Anm. 37
Simon, Erika 606 Anm. 82
Sinclair, Emil (Pseudonym für Hermann Hesse) 169, 525, 557 Anm. 34

Sinclairs Notizbuch 272, 569
  Anm. 1
Singer, Erich 72, 543 Anm. 9
Sisyphus 600 Anm. 49
Sizilien-Reisetagebuch (N. H.)
  596 Anm. 16, 20, 24, 597
  Anm. 26, 27, 29, 605 Anm. 75
Skala, Frank 553 Anm. 54
Slevogt, Max 282, 571 Anm. 22
Sophie von Hohenberg 83
So gib mir deine Hand (N. H.)
  257
Somogyi, Tamar 538 Anm. 30
Sophokles 7, 320, 445, 467, 468,
  600 Anm. 49
Späte Gedichte 530
Späte Prosa. Neue Folge 529
Spazierfahrt in der Luft 566
  Anm. 28
Sperber, Manès 27, 536 Anm. 22,
  537f. Anm. 29
Spiegler (Frau) 554 Anm. 3
Die Stadt 297, 573 Anm. 50
Stan(n)a s. Drasić, Stana
Stargardt, J. A. (Auktionshaus)
  560 Anm. 15
Stefanek-Mónos, Kató 329, 578
  Anm. 17
Stein, Charlotte von 48, 539
  Anm. 34
Stein, Josia Friedrich von 539
  Anm. 34
Steinen, Herlint von den 591
  Anm. 38, 602 Anm. 53, 605
  Anm. 74, 609 Anm. 102
Der Steppenwolf 2, 10, 11, 12,
  14, 168, 186, 190, 194, 205,
  (209), 217, 219, 243, 245, 246,
  254, 302, 314, 315, 317, 366,
  (367), (384), 393, 437, 449,
  525, 526, 556f. Anm. 33, 559
  Anm. 8, 560 Anm. 12 u. 18,
  561 Anm. 21 u. 32, 562 Anm.
  38, 572 Anm. 37, 589 Anm. 7

Sternberger, Dolf 544 Anm. 13
Sternfeld, W. 579 Anm. 27
Stifter, Adalbert 184, 186, 253
Strabo 597 Anm. 35
Strauss, Richard 179f., 558 Anm.
  46, 559 Anm. 47
Stresemann, Gustav 185
Strzygowski, Josef 101 f., 548 f.
  Anm. 3
Stuck, Franz von 570 Anm. 9
Stürgkh, Graf 95
Stunden im Garten 282, 356f.,
  527, 571 Anm. 21, 587
  Anm. 93
Süskind, W. E. 584 Anm. 72
Suhrkamp, Peter (u. Verlag) 284,
  369, 378, 383, 391, 393 ff.,
  396, 398, 399, 400, 415, 475,
  485, 497, 502, 521, 527, 528,
  530, 531 Anm. 1, 571 Anm.
  27, 579 f. Anm. 33, 589 f. Anm.
  12, 591 Anm. 25, 593 Anm.
  55, 56, 62, 64, 65, 67, 72, 594
  Anm. 75, 76, 78, 595 Anm. 98
  u. 104, 614 Anm. 36
Swoboda, Karl Maria 548 Anm. 1

Tagebuch 1920/21 s. Materialien
  zu *Siddhartha*
Tagebuch der Schmerzen (N. H.)
  277
Tagebuch eines Entgleisten 206,
  314
Tagebuch vom Juli 1933 281,
  335, 365, 570 Anm. 18
Die Tageszeiten (N. H.) Abb. 211
Tagore, Rabindranath 614
  Anm. 34
Tal, E. P. (Verlag) 556 Anm. 29
Tantalus 600 Anm. 49
Terborch, Gerard 105
Tessiner Herbsttag (268), 569
  Anm. 64
Tetzner, Lisa 333

Der Teufel ist tot (N. H.) 602 Anm. 55

Theseus 179f., 419, 558 Anm. 45 u. 46

Thetis 452, 470

Thibault(s) Abb. 258

Thomas, Hans (Gesellschaft) 571 Anm. 20

Thomann, Margit 563 Anm. 39

Thomann, Max 570 Anm. 7, 576 Anm. 104

Thukydides 597 Anm. 36

Tiberius 427

Tibull 596 Anm. 22

Tiedemann, E. 579 Anm. 27

Tolstoi, Leo 397

Trakl, Georg 614 Anm. 34

Traumfährte 401, 528, 589 Anm. 12, 594 Anm. 83

Treu, M. 611 Anm. 6

Trieb (B. F. D.) Abb. 155

Trost der Nacht 237, 566 Anm. 16

Trudel (Haushaltshilfe und Nichte von Hermann Hesse) 480, 481, 612 Anm. 14

Tschudi (Schweizer Bundesrat) 498f.

Typheus 608 Anm. 93

Über einen Teppich (275), 569 Anm. 6

Über Hermann Hesse (2 Bde.) 543 Anm. 9, 567 Anm. 42, 571 Anm. 21, 26, 27, 577 Anm. 12, 578 Anm. 20, 588 Anm. 3, 593 Anm. 62, 595 Anm. 92, 96, 100

Uhland, Ludwig 496

Ullstein (Verlag) 172, 554 Anm. 6

Umwege 55, 58f., 64, 524, 540 Anm. 48, 541 Anm. 52

Unseld, Siegfried 485f., 486f., 501, (502), (518f.), 522, 576 Anm. 99, 591 Anm. 25, 620 Anm. 91

Unterm Rad 17, 23, (168), 486, 508

Untersee 563 Anm. 42

Vandenbrook (Firma) 592 Anm. 43

Venator (Auktionshaus) 568 Anm. 54

Verbummelter Tag (308), 575 Anm. 79

Verführer 191

Der Verführer spricht (B. F. D.) 157f.

Vergänglichkeit (Ich fließe so dahin) (N. H.) 167

Vergil *Aeneis* 428, 445, 596 Anm. 23, 603 Anm. 57

Die Verlobung 540 Anm. 49, 573 Anm. 53

Die verlorene Spiritusmaschine (N. H.) 228

Verlorenheit 313, 405, 594 Anm. 91

Verse in schlafloser Nacht 237, 566 Anm. 17

Versuche und Gedanken zur Treue (N. H.) 276

Vesper, Will 335, 372, 580 Anm. 35 u. 36

Der vierte Lebenslauf Josef Knechts 317, 503ff., 576f. Anm. 108 u. 109, 615 Anm. 53, 616 Anm. 56

Viertel, Berthold 80

Vischer, Peter d. J. 584 Anm. 77

Vogel 286, 288ff., 301, 302, (358), 401, 528, 571 Anm. 33

Voltaire 24, 534 Anm. 9

Vom Baum des Lebens (Gedichtauswahl) 401, 579 Anm. 32, 594 Anm. 84

Von meinen Wünschen soll ich dir erzählen? (N. H.) 223
Von Wesen und Herkunft des Glasperlenspiels 570 Anm. 12, 579 Anm. 28
Vor- oder Halbgeborene sind wir nur Abb. 326, 327, 401
Voß, Joh. Heinrich (438), 598 Anm. 40

Waagner, Biro & Kurz (Firma) 550 Anm. 21
Wagner, Ernst 121
Wagner, Otto 552 Anm. 42
Wagner, Richard 338
Wagner, Rudolf 535 Anm. 15 u. 17
Wahle, Richard 26, 66, 535 Anm. 18
Waissenberger, Robert 544 Anm. 15, 552 Anm. 39
Waldinger, Ernst 534 Anm. 12
Walter, Bruno 360
Walter Kömpf 540 Anm. 49
Wanderung 237, 566 Anm. 18, 571f. Anm. 34
Wann ich am liebsten an dich denke (N. H.) Abb. 196
Was hat die Traumfee in der Wunderbüchse 401
Wassermann, Jakob (u. Familie) 264, 526, 544 Anm. 18
Wassmer, Margrit 362, 384, 390, 399, 408, 531 Anm. 5, 561 Anm. 27, 577 Anm. 1, 578 Anm. 16, 586 Anm. 92, 587 Anm. 95, 588 Anm. 3, 591 Anm. 27, 30, 31, 32, 33, 34, 35, 36, 39, 592 Anm. 40 u. 42, 593 Anm. 52, 53, 59, 66, 594 Anm. 80, 595 Anm. 103, 105, 7, 613 Anm. 19, 24, 29, 619 Anm. 85
Wassmer, Max 229, 378ff., 383, 384, 481, 488, 496f., 528, 529, 572 Anm. 37, 591 Anm. 27, 613 Anm. 20, 21, 22, 26, 27
Wassmer, Tilly 229
Watteau, Jean-Antoine 166
Wattenwyl (Antiquariat) 310
Webern, Anton von 116
Wedekind, Frank 115, 129
Weigel, Hans 545 Anm. 22
Weiss, Peter 361, 476, 610 Anm. 4
Weiße Rosen (N. H.) 106f.
Weißgerber (Maler) 570 Anm. 9
Weizsäcker (Frau) Abb. 258
Wells (Weltgeschichte) 255
Welti, Friedrich Emil 267, 569 Anm. 61
Welti, Helene 208, 277, 564 Anm. 4 u. 5, 569 Anm. 61, 576 Anm. 96, 577 Anm. 3, 586 Anm. 92
Der Weltverbesserer 540 Anm. 48
Wenger, Lisa 206, 207
Wenger, Ruth s. Hesse, Ruth
Wenger, Theo 206, 207
Werfel, Franz 614 Anm. 34
Wesselski, Albert 603 Anm. 57
Wickhoff, Franz 100, 101, 159, 548 Anm. 2 u. 3, 549 Anm. 4
Widerlicher Traum 251
Wiegand, Eleonore (später Schorr, Eleonore) 333, 578 Anm. 22
Wiegand, Heinrich 9, 208, 234, 328, 333, 566 Anm. 22, 24, 25, 27, 569 Anm. 59 u. 3, 578 Anm. 22, 582 Anm. 55, 618 Anm. 80
Wie ist doch wenig Liebe in der Welt (N. H.) 126f.
Wieland, Christoph Martin 49
Wiese, Benno von 2
Wilamowitz-Moellendorff, Ulrich von 425, 596 Anm. 18

Winckelmann, Johann Joachim 104, 424, 425
Wiser, Max Graf 333
Witz, Konrad 199
Wolf, Hugo 210
Wolff, Helen 491f., 494, 614 Anm. 34
Wolff, Kurt (u. Verlag) 491ff., 530, 613f. Anm. 34, 614 Anm. 35 u. 37
Wrase, Siegfried 574 Anm. 74
Der Wüstling 209
Wurzer, Lothar s. Radaceanu
Wyczolkowski, Leon 105, 106
Wyss, Bernhard 611 Anm. 6

Yu-Gundert, Irmgard s. Gundert, Irmgard

Zalozicki, Alexis 242, 593 Anm. 45
Der Zauber des Erzählens (N. H.) 580 Anm. 39
Der Zauberer 573 Anm. 65
Zeller, Bernhard 496, 497, 501, 523, 529, 573 Anm. 65, 579 Anm. 32, 614 Anm. 34, 35, 37, 42, 615 Anm. 45 u. 48
Zeller, Eugen 377, 591 Anm. 23
Zeppelin, Ferdinand Graf von 240
Zeus 187, 189, 415, 419, (422), 429, 436, (438), 439, 446, 447, 448, 451, 452ff., 470, 473, 474, 598 Anm. 41, 600 Anm. 49, 601 Anm. 53, 605 Anm. 73, 606 Anm. 83 u. 85, 607 Anm. 91, 608 Anm. 93
Zille, Heinrich 123
Zinzendorf, Graf 616 Anm. 55
Ziolkowski, Theodore 576f. Anm. 109, 616 Anm. 56
Zirner, K. 553 Anm. 54
Zohn, Harry 535 Anm. 12
Zoo (B. F. D.) 249, 553 Anm. 53
Zsolnay (Verlag) 601 Anm. 50
Zucker, Friedrich 476
Zu einem Bildnis s. auch *Bildnis Ninon* 574 Anm. 70
Zu einem Vor- oder Halbjahresgeburtstag 326, 327
Zum ersten Geburtstag im neuen Haus 270, 401
Zum ersten Tag im neuen Haus 267, 401
Zum Gedächtnis (des Vaters) (Hg. Adele Gundert u. Hermann Hesse) 592 Anm. 41, 618 Anm. 46
Zum Tode des Vaters (N. H.) 144f.
Zweig, Stefan 208, 362, 588 Anm. 2
Zwischen Sommer und Herbst (300), 573 Anm. 62
Zwölf Gedichte (Handschrift) 592 Anm. 41
Der Zyklon 64, 312, 575 Anm. 91

Dank

gilt vornehmlich Frau Lilly Kehlmann, Wien, der Schwester Ninon Hesses. Sie hat mir die Rechte an deren Schriften übertragen und die Entstehung meines Manuskriptes erzählend, prüfend und bestätigend gefördert. Daß sich über diese zunächst zweckbestimmte Beziehung hinaus zwischen uns eine von Vertrauen und Sympathie getragene Freundschaft entwickelte, bedeutet mir Geschenk und Auszeichnung.

Sehr herzlich danke ich auch Bruno und Heiner Hesse, den Söhnen Hermann Hesses, und Isabelle Hesse, der Ehefrau seines verstorbenen dritten Sohnes, Martin. Sie haben meine Arbeit bereitwillig unterstützt und waren mir bei der Beschaffung von Quellenmaterial behilflich.

Daneben wurde mir von Professor Dr. Bernhard Zeller und seinen Mitarbeitern am Deutschen Literaturarchiv des Schiller-Nationalmuseums in Marbach jederzeit Hilfe zuteil. Manch wichtigen Fund verdanke ich der Sachkenntnis und Geduld Winfried Feifels in der Handschriftenabteilung. Auch die Schweizerische Landesbibliothek in Bern trug zur Quellenbeschaffung bei. Im Dolbin-Archiv des Instituts für Zeitungsforschung der Stadt Dortmund gab mir Dr. Margot Lindemann wertvolle Anregungen. Dr. Siegfried Unseld, Suhrkamp Verlag, gebührt Dank für seine Genehmigung, aus Hesses Schriften zu zitieren. Will Schaber, der Verwalter des Nachlasses B. F. Dolbins, gestattete mir, dessen Schriften nach eigenem Ermessen auszuwerten. Besonders danke ich Volker Michels, dem editorischen Verwalter des literarischen Nachlasses Hermann Hesses, der dieses Buch als Lektor betreute. Ihm bin ich ebenso wie Ursula Michels-Wenz, Mitherausgeberin der Gesammelten Briefe Hesses und Übersetzerin von Sekundärliteratur über Hesse, durch gemeinsame Bemühungen um Texte und Interpretationen freundschaftlich verbunden.

Professor Dr. Siegfried Lauffer, Ordinarius für alte Geschichte in München, förderte mein Vorhaben durch die kritische Durchsicht von Texten Ninon Hesses über ihre archäologischen Forschungen. Ich danke aber auch denen, die wie Dr. Elisabeth Löbl, Irmgard Yu-Gundert und Annemarie Schütt-Hennings durch ihr ständiges Interesse an meiner Arbeit zu deren Gelingen beitrugen, und ebenso allen, die mir bei Befragungen oder Tonbandinterviews oder durch die Überlassung ihrer Korrespondenz mit dem Ehepaar Hesse die notwendigen Informationen vermittelten. So konnte ich außer Hesses Briefen und dem Briefwechsel Ninon Hesses mit Fred Dolbin und Hermann Hesse noch auswerten, was sie an folgende Empfänger schrieb: Beda Alemann, Elly Amstein, Lis Andreae, Joseph und

Erika Ausländer, Emmy Ball-Hennings, Elsy Bodmer, Els Bucherer-Feustel, Paul Böckmann, Martin Buber, Nino Erné, Rudolf Freese, Sig. Freytag als Architekt der Casa rossa, Maria Geroe, Johanna Gold, Julia Gonzales, Hermann Gundert, Wilhelm und Helene Gundert, Bruno, Heiner und Martin Hesse, Ellen Herz, Ayao Ide, Karl Kerényi, Gerhard Kirchhoff, Günther Klinge, Elisabeth La Roche, Siegfried Lauffer, Elisabeth Löbl, Erika Meyer-Shiver, Lavinia Mazzucchetti, Ludwig Renner, Otto Riggenbach, Kurt Karl Rohbra, Nelly Seidl-Kreis, Annemarie Schütt-Hennings, Edith Spiegler, Herlint von den Steinen, Peter Suhrkamp, Margit Thomann, Max und Margrit Wassmer, Marianne Weber, Helene Welti, Heinrich und Eleonore Wiegand, Irmgard Yu-Gundert, Bernhard Zeller.

Die Photos stammen zum großen Teil aus dem Hesse-Nachlaß; viele von ihnen hat Martin Hesse aufgenommen. Sie wurden mir von der Hermann-Hesse-Stiftung, dem Deutschen Literatur-Archiv in Marbach und dem Suhrkamp Verlag zur Verfügung gestellt. Darüber hinaus verdanke ich Lilly Kehlmann, dem Dolbin-Archiv und einigen privaten Eigentümern die Erweiterung des Bildteils.

Zu erwähnen, daß die Deutsche Forschungsgemeinschaft in Bonn-Bad Godesberg mir in den Jahren 1980/81 einen Teil meiner Auslagen für die Sammlung des Nachlasses erstattete, ist eine selbstverständliche Pflicht des Dankes.

Im August 1982 *Gisela Kleine*

Hermann Hesse
im Suhrkamp Verlag und Insel Verlag

Gesammelte Schriften in sieben Bänden. Leinen und Leder
Gesammelte Briefe in vier Bänden. Unter Mitwirkung von Heiner Hesse herausgegeben von Ursula und Volker Michels. Leinen
Gesammelte Werke. Werkausgabe in den suhrkamp taschenbüchern in zwölf Bänden. st 1600
Gesammelte Erzählungen. Geschenkausgabe mit farbigem Dekorüberzug in Schmuckkassette. Sechs Bände.
Die Romane und die großen Erzählungen. Jubiläumsausgabe mit farbigem Dekorüberzug in Schmuckkassette. Acht Bände.

Hermann Hesse Lesebücher
Jedem Anfang wohnt ein Zauber inne. Lebensstufen. Zusammengestellt von Volker Michels. Paperback
Eigensinn macht Spaß. Individuation und Anpassung. Zusammengestellt von Volker Michels. Paperback
Wer lieben kann, ist glücklich. Über die Liebe. Zusammengestellt von Volker Michels. Paperback
Die Hölle ist überwindbar. Krisis und Wandlung. Zusammengestellt von Volker Michels. Paperback
Das Stumme spricht. Herkunft und Heimat. Natur und Kunst. Zusammengestellt von Volker Michels. Paperback
Die Einheit hinter den Gegensätzen. Religionen und Mythen. Zusammengestellt von Volker Michels. Paperback

Einzelausgaben
Aus Indien. Aufzeichnungen, Tagebücher, Gedichte, Betrachtungen und Erzählungen. Neu zusammengestellt und ergänzt von **Volker Michels**. st 562
Aus Kinderzeiten. Gesammelte Erzählungen Band 1. 1900-1905. Zusammengestellt von Volker Michels. st 347
Bäume. Betrachtungen und Gedichte. Mit Fotografien von **Imme Techentin**. Zusammenstellung der Texte von Volker Michels. it 455
Bericht aus Normalien. Humoristische Erzählungen, Gedichte und Anekdoten. Herausgegeben und mit einem Nachwort von **Volker Michels**. st 1308
Berthold. Erzählung. st 1198
Beschreibung einer Landschaft. Schweizer Miniaturen. Herausgegeben und mit einem Vorwort versehen von Siegfried Unseld. st 1970
Der Bettler. Zwei Erzählungen. Mit einem Nachwort von **Max Rychner**. st 1376

Hermann Hesse
im Suhrkamp Verlag und Insel Verlag

Casanovas Bekehrung und Pater Matthias. Zwei Erzählungen. st 1196
Demian. Die Geschichte von Emil Sinclairs Jugend. BS 95 und st 206
Eigensinn. Autobiographische Schriften. Auswahl und Nachwort von Siegfried Unseld. BS 353
Emil Kolb. Erzählung. st 1202
Der Europäer. Gesammelte Erzählungen Band 3. 1909-1918. Zusammengestellt von Volker Michels. st 384
Franz von Assisi. Mit Fresken von Giotto und einem Essay von Fritz Wagner. it 1069
Freunde. Erzählung. st 1284
Gedenkblätter. Erinnerungen an Zeitgenossen. Neu durchgesehen und um Texte aus dem Nachlaß ergänzt von Volker Michels. st 963
Die Gedichte. 1892-1962. 2 Bde. Neu eingerichtet und um Gedichte aus dem Nachlaß erweitert von Volker Michels. st 381
Die Gedichte. Herausgegeben und mit einem Nachwort versehen von Volker Michels. Leinen
Gedichte des Malers. Zehn Gedichte mit farbigen Zeichnungen. it 893
Gertrud. Roman. st 890
Das Glasperlenspiel. Versuch einer Lebensbeschreibung des Magister Ludi Josef Knecht samt Knechts hinterlassenen Schriften. Leinen und st 79
Glück. Späte Prosa. Betrachtungen. BS 344
Die Heimkehr. Erzählung. st 1201
Hermann Hesse Lesebuch. Ausgewählt und herausgegeben von Volker Michels. st 1975
Hermann Lauscher. Mit frühen, teils unveröffentlichten Zeichnungen und einem Nachwort von Gunter Böhmer. it 206
Heumond. Erzählung. st 1194
Im Garten. Betrachtungen und Gedichte. Zusammengestellt und mit einem Nachwort von Volker Michels. Mit zahlreichen Abbildungen. it 1329
In der alten Sonne. Erzählung. st 1378
Innen und Außen. Gesammelte Erzählungen Band 4. 1919-1955. st 413
Iris. Ausgewählte Märchen. BS 369
Italien. Schilderungen, Tagebücher, Gedichte, Aufsätze, Buchbesprechungen und Erzählungen. Herausgegeben und mit einem Nachwort von Volker Michels. st 689
Jahreszeiten. Betrachtungen, Gedichte und Aquarelle zu den 12 Monaten. Herausgegeben von Volker Michels. Großdruck. it 2339
Josef Knechts Lebensläufe. BS 541

Hermann Hesse
im Suhrkamp Verlag und Insel Verlag

Karl Eugen Eiselein. Erzählung. st 1192

Kinderseele. Erzählung. st 1203

Kindheit des Zauberers. Ein autobiographisches Märchen. Handgeschrieben, illustriert und mit einer Nachbemerkung versehen von Peter Weiss. it 67

Kindheit und Jugend vor Neunzehnhundert. Hermann Hesse in Briefen und Lebenszeugnissen. Band 1: 1877- 1895. Ausgewählt und herausgegeben von Ninon Hesse. Leinen und st 1002

Kindheit und Jugend vor Neunzehnhundert. Hermann Hesse in Briefen und Lebenszeugnissen. Band 2: 1895-1900. Herausgegeben von Ninon Hesse. Fortgesetzt und erweitert von Gerhard Kirchhoff. Leinen und st 1150

Klein und Wagner. Novelle. st 116

Kleine Freuden. Verstreute und kurze Prosa aus dem Nachlaß. Herausgegeben und mit einem Nachwort von Volker Michels. st 360

Klingsors letzter Sommer. Erzählung mit farbigen Bildern vom Verfasser. BS 608

Klingsors letzter Sommer. Erzählung. st 1195

Knulp. Drei Geschichten aus dem Leben Knulps. BS 75

Knulp. Drei Geschichten aus dem Leben Knulps. Mit dem Fragment ›Knulps Ende‹. Mit sechzehn Steinzeichnungen von Karl Walser. it 394

Knulp. Erweitert um Fragmente aus dem Nachlaß. st 1571

Krisis. Ein Stück Tagebuch. BS 747

Die Kunst des Müßiggangs. Kurze Prosa aus dem Nachlaß. Herausgegeben und mit einem Nachwort von Volker Michels. st 100

Kurgast. Aufzeichnungen von einer Badener Kur. st 383

Ladidel. Erzählung. st 1200

Der Lateinschüler. Erzählung. st 1193

Legenden. Zusammengestellt von Volker Michels. BS 472 und st 909

Lektüre für Minuten. Gedanken aus seinen Büchern und Briefen. Herausgegeben von Volker Michels. Paperback und st 7

Lektüre für Minuten. Neue Folge. Gedanken aus seinen Büchern und Briefen. Herausgegeben von Volker Michels. st 240

Das Lied des Lebens. Die schönsten Gedichte. Paperback

Eine Literaturgeschichte in Rezensionen und Aufsätzen. Herausgegeben von Volker Michels. st 252

Die Märchen. Zusammengestellt von Volker Michels. st 291

Magie der Farben. Aquarelle aus dem Tessin. Mit Betrachtungen und Gedichten zusammengestellt und mit einem Nachwort versehen von Volker Michels. it 482

Hermann Hesse
im Suhrkamp Verlag und Insel Verlag

Magie des Buches. Betrachtungen. BS 542

Die Marmorsäge. Zwei Erzählungen. st 1381

Mein Glaube. Eine Dokumentation. Auswahl und Nachwort von Siegfried Unseld. BS 300

Mit der Reife wird man immer jünger. Betrachtungen und Gedichte über das Alter. Herausgegeben von Volker Michels. Großdruck. it 2311

Mit Hermann Hesse durch das Jahr. Mit Reproduktionen von 13 aquarellierten Federzeichnungen von Hermann Hesse. Paperback

Mit Hermann Hesse durch Italien. Ein Reisebegleiter durch Oberitalien. Mit farbigen Fotografien. Herausgegeben von Volker Michels. it 1120

Mit Hermann Hesse reisen. Betrachtungen und Gedichte. Herausgegeben von Volker Michels. it 1242

Die Morgenlandfahrt. Eine Erzählung. BS 1 und st 750

Musik. Betrachtungen, Gedichte, Rezensionen und Briefe. Mit einem Essay von Hermann Kasack. Eine Dokumentation. Ausgewählt und zusammengestellt von Volker Michels. BS 483 und st 1217

Narziß und Goldmund. Erzählung. BS 65 und st 274

Die Nürnberger Reise. st 227

Peter Camenzind. Erzählung. st 161

Piktors Verwandlungen. Ein Liebesmärchen, vom Autor handgeschrieben und illustriert, mit ausgewählten Gedichten und einem Nachwort versehen von Volker Michels. it 122

Politik des Gewissens. Die politischen Schriften. 1914-1962. 2 Bände. Vorwort von Robert Jungk. Herausgegeben von Volker Michels. Leinen und st 656

Robert Aghion. Erzählung. st 1379

Roßhalde. Roman. st 312

Schmetterlinge. Betrachtungen, Erzählungen, Gedichte. Zusammengestellt und mit einem Nachwort versehen von Volker Michels. it 385

Schön ist die Jugend. Erzählung. st 1380

Schriften zur Literatur. Band 1. Leinenkaschiert

Schriften zur Literatur. Band 2. Leinenkaschiert

Siddhartha. Eine indische Dichtung. BS 227 und st 182

Sinclairs Notizbuch. Mit aquarellierten Federzeichnungen des Verfassers. BS 839

Die späten Gedichte. Mit einer Nachbemerkung. IB 803

Die Stadt. Ein Märchen, ins Bild gebracht von Walter Schmögner. it 236

Der Steppenwolf. Aquarelle von Gunter Böhmer. BS 869

Hermann Hesse
im Suhrkamp Verlag und Insel Verlag

Der Steppenwolf. Erzählung. st 175

Stufen. Ausgewählte Gedichte. BS 342

Stunden im Garten. Zwei Idyllen. Mit teils farbigen Zeichnungen von Gunter Böhmer. IB 999

Tessin. Betrachtungen und Gedichte. Mit ca. 32 Aquarellen des Verfassers. Herausgegeben und eingeleitet von Volker Michels. Leinen und it 1494

Tractat vom Steppenwolf. Nachwort von Beda Allemann. es 84

Unterm Rad. Roman in der Urfassung. Herausgegeben und mit einem Essay von Volker Michels. Illustrationen Gunter Böhmer. Leinen und BS 981

Unterm Rad. Erzählung. st 52

Der verbannte Ehemann oder Anton Schievelbeyn's ohnfreywillige Reisse nacher Ost-Indien. Handgeschrieben und illustriert von Peter Weiss. Mit einem erstmals veröffentlichten Opernlibretto von Hermann Hesse. it 260

Die Verlobung. Gesammelte Erzählungen Band 2. 1906-1908. st 368

Der vierte Lebenslauf Josef Knechts. Zwei Fassungen. Mit einem Nachwort von Theodore Ziolkowski. Herausgegeben von Ninon Hesse. st 1261

Vom Baum des Lebens. Ausgewählte Gedichte. Mit einem Nachwort von Volker Michels. IB 45 4

Von guten Büchern. Rezensionen aus den Jahren 1900-1910. Herausgegeben von Volker Michels in Zusammenarbeit mit Heiner Hesse. Leinen

Von Wesen und Herkunft des Glasperlenspiels. Die vier Fassungen der Einleitung zum Glasperlenspiel. Herausgegeben und mit einem Essay »Zur Entstehung des Glasperlenspiels« von Volker Michels. st 382

Walter Kömpff. Erzählung. st 1199

Wanderung. Aufzeichnungen mit farbigen Bildern vom Verfasser. BS 444

Die Welt der Bücher. Betrachtungen und Aufsätze zur Literatur. Zusammengestellt von Volker Michels. st 415

Der Weltverbesserer und Doktor Knölges Ende. Zwei Erzählungen. st 1197

Zarathustras Wiederkehr. Ein Wort an die deutsche Jugend und andere Aufrufe gegen den Herdengeist von rechts und links. Herausgegeben von Volker Michels. st 2228

Der Zwerg. Ein Märchen. Mit Illustrationen von Rolf Köhler. it 636

Der Zyklon. Zwei Erzählungen. st 1377

Hermann Hesse
im Suhrkamp Verlag und Insel Verlag

Briefe

Ausgewählte Briefe. Erweiterte Ausgabe. Zusammengestellt von Hermann Hesse und Ninon Hesse. st 211

Briefe an Freunde. Rundbriefe 1946-1962. Zusammengestellt von Volker Michels. st 380

Hermann Hesse – Rudolf Jakob Humm. Briefwechsel. Herausgegeben von Ursula und Volker Michels. Leinen

Hermann Hesse – Thomas Mann. Briefwechsel. Herausgegeben von Anni Carlsson (1968), erweitert von Volker Michels (1975), mit einem Vorwort von Prof. Theodore Ziolkowski, aus dem Amerikanischen übersetzt von Ursula Michels-Wenz. Leinen und BS 441

Hermann Hesse – Peter Suhrkamp. Briefwechsel 1945-1959. Herausgegeben von Siegfried Unseld. Leinen

Aquarelle

Hermann Hesse – Kalender auf das Jahr 1994. Mit 13 farbig reproduzierten Aquarellen des Dichters und Leitgedanken aus Hermann Hesses Werken in Handschriften des Verfassers

Hermann Hesse als Maler. 44 Aquarelle mit Texten von Hermann Hesse. Ausgewählt und mit einem Nachwort versehen von Volker Michels. Leinen

Schallplatten

Hermann Hesse – Sprechplatte. Langspielplatte

Hermann Hesse liest ›Über das Alter‹. Zusammengestellt von Volker Michels. Langspiel-Sprechplatte

Materialien, Literatur zu Hermann Hesse

Hermann Hesse. Sein Leben in Bildern und Texten. Mit einem Vorwort von Hans Mayer. Herausgegeben von Volker Michels. Leinen und it 1111

Hermann Hesse. Leben und Werk im Bild. Mit dem ›kurzgefaßten Lebenslauf‹ von Hermann Hesse. it 36

Hermann Hesse in Augenzeugenberichten. Herausgegeben von Volker Michels. Leinen und st 1865

Materialien zu Hermann Hesse, ›Demian‹. 1. Band: Entstehungsgeschichte. Herausgegeben von Volker Michels. st 1947

Materialien zu Hermann Hesses ›Das Glasperlenspiel‹. Erster Band. Texte von Hermann Hesse. Herausgegeben von Volker Michels. st 80

Materialien zu Hermann Hesses Siddhartha. Erster Band. Texte von Hermann Hesse. Herausgegeben von Volker Michels. st 129

Hermann Hesse
im Suhrkamp Verlag und Insel Verlag

Texte über Siddhartha. Zweiter Band. Herausgegeben von Volker Michels. st 282

Materialien zu Hermann Hesses ›Der Steppenwolf‹. Herausgegeben von Volker Michels. st 53

Über Hermann Hesse. Erster Band (1904-1962). Herausgegeben von Volker Michels. st 331

Über Hermann Hesse. Zweiter Band (1963-1977). Herausgegeben von Volker Michels. st 332

Hermann Hesses weltweite Wirkung. Internationale Rezeptionsgeschichte. Band 1. Herausgegeben von Martin Pfeifer. st 386

Hermann Hesses weltweite Wirkung. Internationale Rezeptionsgeschichte. Band 2. Herausgegeben von Martin Pfeifer. st 506

Hermann Hesses weltweite Wirkung. Internationale Rezeptionsgeschichte. Band 3. Herausgegeben von Martin Pfeifer. st 1927

Hugo Ball: Hermann Hesse. Sein Leben und sein Werk. st 385

Ralph Freedman: Hermann Hesse. Autor der Krisis. Eine Biographie. Aus dem Amerikanischen von Ursula Michels-Wenz. Kartoniert und st 1991

Marie Hesse: Ein Lebensbild in Briefen und Tagebüchern. Mit einem Essay von Siegfried Greiner. Mit frühen Lithographien von Gunter Böhmer. it 261

Adrian Hsia: Hermann Hesse und China. Darstellung, Materialien und Interpretation. Gebunden und st 673

Reso Karalaschwili: Hermann-Hesse-Studien. st 2156

Gisela Kleine: Zwischen Welt und Zaubergarten. Ninon und Hermann Hesse: Leben im Dialog. st 1384

Martin Pfeifer: Hesse-Kommentar zu sämtlichen Werken. st 1740

Siegfried Unseld: Begegnungen mit Hermann Hesse. st 218

Siegfried Unseld: Hermann Hesse. Werk und Wirkungsgeschichte. Revidierte und erweiterte Fassung der Ausgabe von 1973. Mit zahlreichen Abbildungen. Leinen und it 1112

Frauenforschung und Feminismus
im Suhrkamp Taschenbuch Verlag

Die armen Frauen. Frauen und Sozialpolitik. Herausgegeben von Ilona Kickbusch und Barbara Riedmüller. es 1156

Aus der Zeit der Verzweiflung. Zur Genese und Aktualität des Hexenbildes. Beiträge von Gabriele Becker, Silvia Bovenschen, Helmut Brackert, Sigrid Brauner, Ines Brenner, Gisela Morgenthal, Klaus Schneller, Angelika Tümmler. es 840

Johann Jakob Bachofen: Das Mutterrecht. Eine Untersuchung über die Gynaikokratie der alten Welt nach ihrer religiösen und rechtlichen Natur. Eine Auswahl, herausgegeben von Hans-Jürgen Heinrichs. stw 135

Seyla Benhabib: Selbst und Kontext. Geschlecht, Gemeinschaft und Postmoderne in der zeitgenössischen Ethik. es 1725

Berühmte Frauen. Kalender 1992. Erstellt von Luise F. Pusch. st 1992

Berühmte Frauen. Kalender 1993. Von Luise F. Pusch. st 1993

Berühmte Frauen. Kalender 1994. Von Luise F. Pusch. st 1994

Silvia Bovenschen: Die imaginierte Weiblichkeit. Exemplarische Untersuchungen zu kulturgeschichtlichen und literarischen Präsentationsformen des Weiblichen. es 921

Briefe berühmter Frauen. Von Liselotte von der Pfalz bis Rosa Luxemburg. Herausgegeben von Claudia Schmölders. it 1505

Judith Butler: Das Unbehagen der Geschlechter. Aus dem Amerikanischen von Kathrina Menke. es 1722

Dekonstruktiver Feminismus. Literaturwissenschaft in Amerika. Herausgegeben von Barbara Vinken. es 1678

Denkverhältnisse. Feminismus und Kritik. Herausgegeben von Elisabeth List und Herlinde Studer. es 1407

Feminismus. Inspektion der Herrenkultur. Ein Handbuch. Herausgegeben von Luise F. Pusch. es 1192

Nancy Fraser: Widerspenstige Praktiken. Macht, Diskurs, Geschlecht. es 1726

Frauen, die pfeifen. Verständigungstexte. Herausgegeben von Ruth Geiger, Hilke Holinka, Claudia Rosenkranz, Sigrid Weigel. es 968

Frauensituation. Veränderungen in den letzten zwanzig Jahren. Herausgegeben von Uta Gerhardt und Yvonne Schütze. stw 726

Ute Frevert: Frauen-Geschichte. Zwischen bürgerlicher Verbesserung und Neuer Weiblichkeit. NHB. es 1284

Ute Gerhard: Verhältnisse und Verhinderungen. Frauenarbeit, Familie und Rechte der Frauen im 19. Jahrhundert. Mit Dokumenten. es 933

Dagmar von Gersdorff: Dich zu lieben kann ich nicht verlernen. Das Leben der Sophie Brentano-Mereau. it 1276

Frauenforschung und Feminismus
im Suhrkamp Taschenbuch Verlag

Das Geschlecht der Natur. Feministische Beiträge zur Geschichte und Theorie der Naturwissenschaften. Herausgegeben von Barbara Orland und Elvira Scheich. es 1727

Susan Griffin: Frau und Natur. Das Brüllen in ihr. Aus dem Amerikanischen von Renate Stendhal. es 1405

Barbara Hahn: Unter falschem Namen. Von der schwierigen Autorschaft der Frauen. es 1723

Gunnar Heinsohn / Rolf Knieper / Otto Steiger: Menschenproduktion. Allgemeine Bevölkerungstheorie der Neuzeit. es 914

Die Hexen der Neuzeit. Studien zur Sozialgeschichte eines kulturellen Deutungsmusters. Herausgegeben von Claudia Honegger. es 743

Luce Irigaray: Ethik der sexuellen Differenz. es 1362

– Speculum. Spiegel des anderen Geschlechts. Aus dem Französischen übersetzt von Xenia Rajewsky, Gabriele Ricke, Gerburg Treusch-Dieter und Regine Othmer. es 946

Ann Jones: Frauen, die töten. Aus dem Amerikanischen von Ebba D. Drolshagen. es 1350

Die Listen der Mode. Herausgegeben von Silvia Bovenschen. es 1338

Lohn: Liebe. Zum Wert der Frauenarbeit. Herausgegeben von Alice Schwarzer. es 1225

Claude Meillassoux: »Die wilden Früchte der Frau«. Über häusliche Produktion und kapitalistische Wirtschaft. Übersetzt von Eva Moldenhauer. stw 447

Marie-Odile Métral: Die Ehe. Analyse einer Institution. Mit einem Vorwort von Philipp Ariés. Übersetzt von Max Looser. stw 357

Juliet Mitchell: Psychoanalyse und Feminismus. Freud, Reich, Laing und die Frauenbewegung. Aus dem Englischen von Brigitte Stein und Holger Fliessbach. st 1122

Mütter berühmter Männer. Zwölf biographische Portraits. Herausgeben von Luise F. Pusch. it 1356

Ulrike Prokop: Weiblicher Lebenszusammenhang. Von der Beschränktheit der Strategien und der Unangemessenheit der Wünsche. es 808

Psychoanalyse der weiblichen Sexualität. Herausgegeben von Janine Chasseguet-Smirgel. Aus dem Französischen übersetzt von Grete Osterwald. es 697

Luise F. Pusch: Alle Menschen werden Schwestern. Feministische Sprachkritik. es 1565

– Das Deutsche als Männersprache. Aufsätze und Glossen zur feministischen Linguistik. es 1217 und st 1915

Frauenforschung und Feminismus
im Suhrkamp Taschenbuch Verlag

Rechtsalltag von Frauen. Herausgegeben von Ute Gerhard und Jutta Limbach. es 1423

Reflexionen vor dem Spiegel. Herausgegeben von Farideh Akashe-Böhme. Mit zahlreichen Abbildungen. es 1724

Adrienne Rich: Um die Freiheit schreiben. Beiträge zur Frauenbewegung. Aus dem Amerikanischen von Barbara von Bechtolsheim. es 1583

Heidi Rosenbaum: Formen der Familie. Untersuchung zum Zusammenhang von Familienverhältnissen, Sozialstruktur und sozialem Wandel in der deutschen Gesellschaft des 19. Jahrhunderts. stw 374

Giselher Rüpke: Schwangerschaftsabbruch und Grundgesetz. Eine Antwort auf das in der Entscheidung des Bundesverfassungsgerichts vom 25. 2. 1975 ungelöste Verfassungsproblem. Nachwort von Peter Schneider. es 815

Werner Schiffauer: Die Gewalt der Ehre. Erklärungen zu einem deutsch-türkischen Sexualkonflikt. st 894

Schreibende Frauen. Frauen – Literatur – Geschichte. Vom Mittelalter bis zur Gegenwart. Herausgegeben von Hiltrud Gnüg und Renate Möhrmann. st 1603

Schwestern berühmter Männer. Zwölf biographische Porträts. Herausgegeben von Luise F. Pusch. Redaktionelle Mitarbeit: Jutta Wasels. it 796

Georg Simmel: Schriften zur Philosophie und Soziologie der Geschlechter. Herausgegeben und eingeleitet von Heinz-Jürgen Dahme und Klaus Christian Köhnke. es 1333

Bram van Stolk / Cas Wouters: Frauen im Zwiespalt. Zwischen Frauenhaus und Zuhause: Beziehungsprobleme im Wohlfahrtsstaat. Übersetzt von Michael Schröter. Mit einem Vorwort von Norbert Elias. stw 685

Töchter berühmter Männer. Neun biographische Portraits. Herausgegeben von Luise E. Pusch. it 979

Von fremden Frauen. Frausein und Geschlechterbeziehungen in nichtindustriellen Gesellschaften. Herausgegeben von der Arbeitsgruppe Ethnologie, Wien. stw 784

Von fremden Stimmen. Weibliches und männliches Sprechen im Kulturvergleich. Herausgegeben von Susanne Günthner und Helga Kotthoff. es 1721

Nike Wagner: Geist und Geschlecht. Karl Kraus und die Erotik der Wiener Moderne. es 1446

Frauenforschung und Feminismus
im Suhrkamp Taschenbuch Verlag

Wahnsinnsfrauen. Herausgegeben von Sibylle Duda und Luise F. Pusch. Erstausgabe. st 1876

Ingeborg Weber-Kellermann: Die deutsche Familie. Versuch einer Sozialgeschichte. st 185

Weiblichkeit in geschichtlicher Perspektive. Fallstudien und Reflexionen zu Grundproblemen der historischen Frauenforschung. Herausgegeben von Ursula A. J. Becher und Jörn Rüsen. stw 725

Uwe Wesel: Der Mythos vom Matriarchat. Über Bachofens Mutterrecht und die Stellung von Frauen in frühen Gesellschaften vor der Entstehung staatlicher Herrschaft. stw 333

Wie männlich ist die Wissenschaft? Herausgegeben von Karin Hausen und Helga Nowotny. stw 590